EU-Datenschutz-Grundverordnung (DSGVO)

Paul Voigt
Axel von dem Bussche

EU-Datenschutz-Grundverordnung (DSGVO)

Praktikerhandbuch

unter vollständiger Berücksichtigung des deutschen Datenschutz-Anpassungs- und -Umsetzungsgesetzes EU (DSAnpUG-EU)

Paul Voigt
Taylor Wessing
Berlin
Deutschland

Axel von dem Bussche
Taylor Wessing
Hamburg
Deutschland

ISBN 978-3-662-56186-7   ISBN 978-3-662-56187-4 (eBook)
https://doi.org/10.1007/978-3-662-56187-4

Die Deutsche Nationalbibliothek verzeichnet diese Publikation in der Deutschen Nationalbibliografie; detaillierte bibliografische Daten sind im Internet über http://dnb.d-nb.de abrufbar.

© Springer-Verlag GmbH Germany 2018
Erweiterte Übersetzung der englischen Ausgabe: The EU General Data Protection Regulation (GDPR) von Paul Voigt und Axel von dem Bussche, © Springer International Publishing AG 2017. Alle Rechte vorbehalten.
Das Werk einschließlich aller seiner Teile ist urheberrechtlich geschützt. Jede Verwertung, die nicht ausdrücklich vom Urheberrechtsgesetz zugelassen ist, bedarf der vorherigen Zustimmung des Verlags. Das gilt insbesondere für Vervielfältigungen, Bearbeitungen, Übersetzungen, Mikroverfilmungen und die Einspeicherung und Verarbeitung in elektronischen Systemen.
Die Wiedergabe von Gebrauchsnamen, Handelsnamen, Warenbezeichnungen usw. in diesem Werk berechtigt auch ohne besondere Kennzeichnung nicht zu der Annahme, dass solche Namen im Sinne der Warenzeichen- und Markenschutz-Gesetzgebung als frei zu betrachten wären und daher von jedermann benutzt werden dürften.
Der Verlag, die Autoren und die Herausgeber gehen davon aus, dass die Angaben und Informationen in diesem Werk zum Zeitpunkt der Veröffentlichung vollständig und korrekt sind. Weder der Verlag, noch die Autoren oder die Herausgeber übernehmen, ausdrücklich oder implizit, Gewähr für den Inhalt des Werkes, etwaige Fehler oder Äußerungen. Der Verlag bleibt im Hinblick auf geografische Zuordnungen und Gebietsbezeichnungen in veröffentlichten Karten und Institutionsadressen neutral.

Gedruckt auf säurefreiem und chlorfrei gebleichtem Papier

Springer ist Teil von Springer Nature
Die eingetragene Gesellschaft ist Springer-Verlag GmbH Deutschland
Die Anschrift der Gesellschaft ist: Heidelberger Platz 3, 14197 Berlin, Germany

Vorwort

Personenbezogene Daten spielen für Unternehmen eine zunehmend wichtige Rolle. Sie sind längst ein bedeutendes Wirtschaftsgut und werden alltäglich zur Durchführung von internen wie externen Geschäftsprozessen erhoben und verarbeitet. Zum Schutz der Rechte und Freiheiten der betroffenen Personen findet aus diesem Grunde gleichlaufend eine Verschärfung von Datenschutzpflichten statt, deren Umsetzung Unternehmen vor eine komplexe Aufgabe stellt. Diese agieren heute regelmäßig grenzüberschreitend und auch Datenflüsse machen vor Landesgrenzen keinen Halt. Bisher sahen sich Unternehmen daher mit der Herausforderung konfrontiert, mehrere nationale Datenschutzregime gleichzeitig berücksichtigen zu müssen. Dies hemmte den grenzüberschreitenden Datenaustausch. Eine diesbezügliche Abhilfe in Europa soll ab Mai 2018 die EU-Datenschutz-Grundverordnung („DSGVO") schaffen. Diese harmonisiert das Datenschutzrecht in allen EU-Mitgliedstaaten und findet aufgrund ihres weiten Anwendungsbereichs nicht nur auf in der EU ansässige Unternehmen Anwendung, sondern stellt zugleich ein Pflichtenprogramm für solche Unternehmen auf, die auf dem Binnenmarkt tätig sind. Bei einer Verletzung der datenschutzrechtlichen Pflichten drohen Bußgelder in Millionenhöhe.

Dieses Handbuch soll Unternehmen – auch solchen mit Konzernstrukturen – praxisorientierte, verständliche und fundierte Hinweise und Hilfestellungen zur Umsetzung der DSGVO geben. Dabei werden die datenschutzrechtlichen Grundlagen nicht nur erläutert, sondern zugleich mit Praxisbeispielen illustriert. Die sich in Deutschland auf Grundlage des Datenschutz-Anpassungs- und -Umsetzungsgesetzes EU („BDSG-neu") ergebenden Besonderheiten wurden dabei umfassend berücksichtigt und dargestellt. Dem Handbuch ist außerdem eine „Checkliste" der wichtigsten Datenschutzpflichten vorangestellt, die maßgebliche Problemfelder in Kurzform darlegt und Verweise auf die entsprechenden Teile dieses Buches enthält. Ein Annex enthält die Normen der DSGVO und verknüpft diese mit den relevanten Erwägungsgründen sowie den zugehörigen Normen des BDSG-neu, sodass alle maßgeblichen Normen übersichtlich abgebildet werden. Gleichzeitig verweist der Annex in die zugehörigen Kapitel des Handbuchs – das Handbuch kann also auch ähnlich wie ein Kommentar verwendet werden, da der Annex die Recherche anhand konkreter Artikel der DSGVO gestattet.

Bei der Entstehung dieses Handbuches konnten wir auf langjährige Praxiserfahrung bei der umfassenden Beratung deutscher, europäischer sowie außereuropäischer

Unternehmen in datenschutzrechtlichen Fragestellungen zurückgreifen. Dabei lassen wir den Leser an unserem Praxiswissen im europäischen wie deutschen Datenschutzrecht teilhaben.

Ausgehend von der hohen Praxisrelevanz der künftigen Rechtsänderungen durch die DSGVO ist zudem unser englischsprachiges Praxishandbuch „EU General Data Protection Regulation – A practical guide", das „Schwesterwerk" zu diesem Handbuch jüngst in Erstauflage bei Springer Nature erschienen. Beide Handbücher ermöglichen zusammen eine umfassende Erfassung des künftigen Datenschutzrechts aus europäischer und nationaler Perspektive in deutscher sowie englischer Sprache. Besonders für in internationalen Konzernen tätige deutsche Juristen bietet die gebündelte Verwendung beider Werke die Möglichkeit, nationale Besonderheiten in einen globalen Kontext zu setzen und Kollegen außerhalb Deutschlands verständlich zu machen.

Für die umfassende Unterstützung bei beiden Projekten möchten wir uns bei Frau Dr. Brigitte Reschke und Frau Julia Bieler vom Verlag Springer Nature, sowie unserer herausragenden wissenschaftlichen Mitarbeiterin Rita Danz bedanken.

Stets dankbar sind wir auch für Hinweise, Anregungen und Kritik zu diesem Buch, die Sie gerne per Email an p.voigt@taylorwessing.com oder a.bussche@taylorwessing.com richten können.

Berlin und Hamburg, August 2017

Paul Voigt
Axel Freiherr von dem Bussche

Inhaltsverzeichnis

1	**Einleitung und „Checkliste"**	1
1.1	Gesetzgeberischer Hintergrund und bisherige Rechtslage	1
	1.1.1 Die EG-Datenschutzrichtlinie	1
	1.1.2 Die Datenschutz-Grundverordnung	2
	1.1.3 Das Datenschutz-Anpassungs- und -Umsetzungsgesetz EU	3
1.2	Checkliste – Die wichtigsten datenschutzrechtlichen Pflichten	4
	1.2.1 Datenschutzorganisation	4
	1.2.2 Rechtmäßigkeit der Datenverarbeitung	7
	Referenzen	9
2	**Anwendungsbereich der DSGVO**	11
2.1	In welchen Fällen ist die Verordnung anwendbar? – sachlicher Anwendungsbereich	11
	2.1.1 „Verarbeitung"	11
	2.1.2 „Personenbezogene Daten"	13
	2.1.3 Ausnahmen vom sachlichen Anwendungsbereich	19
2.2	Auf wen ist die Verordnung anwendbar? – persönlicher Anwendungsbereich	20
	2.2.1 „Verantwortlicher"	21
	2.2.2 „Auftragsverarbeiter"	24
	2.2.3 Von der DSGVO geschützte Personen	25
2.3	Wo ist die Verordnung anwendbar? – räumlicher Anwendungsbereich	25
	2.3.1 Datenverarbeitung im Rahmen der Tätigkeiten einer EU-Niederlassung	27
	2.3.2 Verarbeitung personenbezogener Daten von innerhalb der EU befindlichen betroffenen Personen	31
2.4	Anwendungsbereich des BDSG-neu	34
	Referenzen	36
3	**Anforderungen an die Datenschutzorganisation**	39
3.1	Rechenschaftspflicht	39
3.2	Allgemeine Pflichten	41

	3.2.1	Verantwortlichkeit, Haftung und allgemeine Pflichten des Verantwortlichen	41
	3.2.2	Die Verteilung von Verantwortlichkeiten zwischen gemeinsam für die Verarbeitung Verantwortlichen („Joint controllers")	43
	3.2.3	Zusammenarbeit mit den Aufsichtsbehörden	46
3.3	Technische und organisatorische Maßnahmen	47
	3.3.1	Angemessenes Datenschutzniveau	48
	3.3.2	Mindestanforderungen	48
	3.3.3	Risikobasierter Ansatz bezüglich Datenschutz	50
	3.3.4	Die NIS-Richtlinie	52
3.4	Verzeichnisse über Verarbeitungstätigkeiten	54
	3.4.1	Inhalt und Zweck der Verzeichnisse	54
	3.4.2	Dokumentation der Zwecke der Datenverarbeitung	55
	3.4.3	Ausnahme von der Pflicht zum Führen der Verzeichnisse. . .	56
3.5	Datenschutz-Folgenabschätzung („Data Protection Impact Assessment")	58
	3.5.1	Betroffene Arten von Verarbeitungstätigkeiten	59
	3.5.2	Vornahme der Folgenabschätzung	60
3.6	Datenschutzbeauftragter	65
	3.6.1	Pflicht zur Benennung	66
	3.6.2	Anforderungen an den Datenschutzbeauftragten.	72
	3.6.3	Stellung des Datenschutzbeauftragten	75
	3.6.4	Aufgaben des Datenschutzbeauftragten.	78
3.7	Datenschutz durch Technikgestaltung und durch datenschutzfreundliche Voreinstellungen („Privacy by Design and by Default").	81
3.8	Verletzungen des Schutzes personenbezogener Daten („Data Breach Notification")	84
	3.8.1	Verletzung des Schutzes personenbezogener Daten	84
	3.8.2	Meldung an die Aufsichtsbehörde	85
	3.8.3	Benachrichtigung der betroffenen Personen	89
3.9	Verhaltensregeln, Zertifizierungen, Siegel, etc.	92
	3.9.1	Verhältnis zwischen Verhaltensregeln und Zertifizierungen.	92
	3.9.2	Verhaltensregeln („Codes of Conduct").	94
	3.9.3	Zertifizierungen, Datenschutzsiegel und –prüfzeichen („Certifications, seals and marks")	99
3.10	Auftragsverarbeiter	103
	3.10.1	Privilegierte Stellung des Auftragsverarbeiters	103
	3.10.2	Verpflichtung des Verantwortlichen bei der Auswahl eines Auftragsverarbeiters	104
	3.10.3	Pflichten des Auftragsverarbeiters	106
	3.10.4	Hinzuziehung eines „Unter-Auftragsverarbeiters"	108
Referenzen	108

4 Materielle Anforderungen ... 113
4.1 Verarbeitungsgrundsätze ... 113
4.1.1 Rechtmäßigkeit, Verarbeitung nach Treu und Glauben, Transparenz ... 114
4.1.2 Zweckbindung ... 115
4.1.3 Datenminimierung ... 117
4.1.4 Richtigkeit ... 118
4.1.5 Speicherbegrenzung ... 118
4.1.6 Integrität und Vertraulichkeit ... 119
4.2 Rechtsgrundlagen für die Datenverarbeitung ... 119
4.2.1 Verarbeitung auf der Grundlage der Einwilligung der betroffenen Person ... 119
4.2.2 Verarbeitung auf der Grundlage eines gesetzlichen Erlaubnistatbestandes ... 129
4.2.3 Verarbeitung besonderer Kategorien personenbezogener Daten ... 145
4.3 Datenübermittlungen an Drittländer ... 155
4.3.1 Angemessenheitsbeschlüsse ... 157
4.3.2 Einwilligung ... 158
4.3.3 Standardvertragsklauseln ... 159
4.3.4 EU-U.S. Privacy Shield ... 163
4.3.5 Binding Corporate Rules ... 166
4.3.6 Verhaltensregeln, Zertifizierungsverfahren, etc. ... 171
4.3.7 Ausnahmen für bestimmte Fälle ... 172
4.3.8 Benennung eines Vertreters durch nicht in der EU niedergelassene Unternehmen ... 176
4.4 Eingeschränktes „Konzernprivileg" ... 178
4.4.1 Eigenständige Datenschutzverantwortlichkeit jedes Gruppenunternehmens ... 179
4.4.2 Erleichterungen in Bezug auf die materiellen Anforderungen ... 180
4.4.3 Erleichterungen in Bezug auf die Datenschutzorganisation ... 181
Referenzen ... 182

5 Rechte der betroffenen Personen ... 185
5.1 Transparenz und Modalitäten ... 185
5.1.1 Die Art und Weise der Kommunikation mit den betroffenen Personen ... 186
5.1.2 Die Form der Kommunikation ... 187
5.2 Informationspflicht des Verantwortlichen bei Erhebung der personenbezogenen Daten ... 188
5.2.1 Zeitpunkt der Information ... 189

		5.2.2	Erhebung der Daten bei der betroffenen Person	189
		5.2.3	Erhebung der Daten von einer anderen Quelle	191
		5.2.4	Einschränkung der Informationspflichten nach dem BDSG-neu	192
		5.2.5	Praxishinweise	195
	5.3	Informationen über auf den Antrag der betroffenen Personen hin ergriffene Maßnahmen		196
		5.3.1	Art und Weise der Bereitstellung der Informationen	196
		5.3.2	Frist für die Bereitstellung der Informationen	198
		5.3.3	Unterrichtung im Falle Nicht-Tätigwerdens	198
		5.3.4	Bestätigung der Identität der betroffenen Person.	199
	5.4	Auskunftsrecht		199
		5.4.1	Umfang des Auskunftsrechts	199
		5.4.2	Einschränkungen des Auskunftsrechts nach dem BDSG-neu	201
		5.4.3	Zurverfügungstellen der personenbezogenen Daten	203
		5.4.4	Praxishinweise	205
	5.5	Recht auf Löschung, auf Berichtung und auf Einschränkung der Verarbeitung		206
		5.5.1	Recht auf Berichtigung	206
		5.5.2	Recht auf Löschung	208
		5.5.3	Recht auf Einschränkung der Verarbeitung	220
		5.5.4	Mitteilungspflicht gegenüber Dritten im Zusammenhang mit der Berichtigung oder Löschung personenbezogener Daten oder der Einschränkung der Verarbeitung, Art. 19 . .	224
	5.6	Recht auf Datenübertragbarkeit		225
		5.6.1	Anwendungsbereich & Ausübung des Rechts auf Datenübertragbarkeit	226
		5.6.2	Technische Spezifikationen	232
		5.6.3	Übermittlung der Daten	233
		5.6.4	Verhältnis zum Recht auf Löschung	233
		5.6.5	Ausschluss des Rechts auf Datenübertragbarkeit	234
	5.7	Widerspruchsrecht		235
		5.7.1	Gründe für einen Widerspruch gegen die Verarbeitung. . . .	236
		5.7.2	Einschränkungen im BDSG-neu	238
		5.7.3	Ausübung des Rechts & Rechtsfolgen.	239
		5.7.4	Informationspflicht	240
	5.8	Automatisierte Entscheidungsfindung		240
		5.8.1	Anwendungsbereich des Verbots	241
		5.8.2	Ausnahmen vom Verbot nach der DSGVO	243
		5.8.3	Ausnahme vom Verbot nach dem BDSG-neu	244
		5.8.4	Angemessene Schutzmaßnahmen	245
	5.9	Beschränkungen der Betroffenenrechte		246
	Referenzen			247

6	**Zusammenarbeit mit den Aufsichtsbehörden**		251
	6.1 Bestimmung der zuständigen Aufsichtsbehörde		251
	6.2 One-Stop-Shop		252
	6.3 Bestimmung der federführenden Aufsichtsbehörde		254
		6.3.1 Bestimmung anhand der Hauptniederlassung des Unternehmens	254
		6.3.2 Bestimmung bei Fehlen einer Niederlassung des Unternehmens in der EU	257
		6.3.3 Ausnahme: lokale Zuständigkeit	258
		6.3.4 One-Stop-Shop auf nationaler Ebene nach dem BDSG-neu	259
	6.4 Zusammenarbeit und Kohärenzverfahren		260
		6.4.1 Europäischer Datenschutzausschuss	261
		6.4.2 Verfahren zur Zusammenarbeit	261
		6.4.3 Kohärenzverfahren	262
	Referenzen		262
7	**Rechtsdurchsetzung und Sanktionen nach der DSGVO**		265
	7.1 Aufgaben und Untersuchungsbefugnisse der Aufsichtsbehörden		265
		7.1.1 Größere Konsistenz der Untersuchungsbefugnisse innerhalb der EU	266
		7.1.2 Regelungen zu aufsichtsbehördlichen Befugnissen im BDSG-neu	266
		7.1.3 Umfang der Untersuchungsbefugnisse	268
		7.1.4 Ausübung der Befugnisse	270
	7.2 Zivilrechtliche Haftung		270
		7.2.1 Recht auf Schadensersatz	271
		7.2.2 Schadensersatzpflichtige	273
		7.2.3 Exkulpationsmöglichkeit	274
	7.3 Sanktionen		275
		7.3.1 Abhilfebefugnisse der Aufsichtsbehörden	276
		7.3.2 Gründe für Bußgelder und Bußgeldbeträge	277
		7.3.3 Verhängung von Bußgeldern, inkl. mildernden Umständen	278
		7.3.4 Sanktionierung von Unternehmensgruppen	279
		7.3.5 Sanktionen und Verfahrensvorschriften des BDSG-neu	280
		7.3.6 Praxishinweise	282
	7.4 Rechtsbehelfe		282
		7.4.1 Rechtsbehelfe von datenverarbeitenden Unternehmen	282
		7.4.2 Rechtsbehelfe von betroffenen Personen	284
	Referenzen		287
8	**Nationale Besonderheiten**		289
	8.1 Vielzahl von Öffnungsklauseln		289
		8.1.1 Öffnungsklauseln innerhalb der allgemeinen Bestimmungen der DSGVO	289

		8.1.2	Gesetzgebungskompetenz der EU-Mitgliedstaaten in besonderen Verarbeitungssituationen..................	294

        8.1.2 Gesetzgebungskompetenz der EU-Mitgliedstaaten in besonderen Verarbeitungssituationen.................. 294
        8.1.3 Regelungen im BDSG-neu zu besonderen Verarbeitungssituationen............................ 295
  8.2 Beschäftigtendatenschutz................................. 297
        8.2.1 Öffnungsklausel................................. 297
        8.2.2 Regelungen des § 26 BDSG-neu................... 299
        8.2.3 Arbeitnehmervertretungsorgan in Deutschland (Betriebsrat)................................... 304
  8.3 Telemediendatenschutz................................. 306
  Referenzen... 309

9 Besondere Verarbeitungssituationen.......................... 311
  9.1 Big Data.. 311
        9.1.1 Anwendbarkeit der DSGVO...................... 312
        9.1.2 Rechenschaftspflicht............................ 313
        9.1.3 Einhaltung der Verarbeitungsgrundsätze............. 314
  9.2 Cloud Computing....................................... 315
        9.2.1 Verteilung der Verantwortlichkeiten................ 315
        9.2.2 Auswahl eines geeigneten Cloud-Serviceanbieters....... 316
        9.2.3 Cloud-Serviceanbieter in Drittländern............... 317
  9.3 Internet of Things...................................... 317
        9.3.1 Rechtsgrundlage für Datenverarbeitungen im IoT........ 317
        9.3.2 Datenschutz durch Technikgestaltung und durch datenschutzfreundliche Voreinstellungen............. 319
  Referenzen... 320

10 Praktische Umsetzung der Vorgaben der DSGVO................ 321
  10.1 Schritt 1: „Lücken"-Analyse............................. 322
  10.2 Schritt 2: Risikoanalyse................................ 323
  10.3 Schritt 3: Projektkonzeption und Ressourcen-/Budgetplanung.... 323
  10.4 Schritt 4: Implementierung.............................. 324
  10.5 Schritt 5: Nationale Zusatzanforderungen................... 325
  Referenzen... 326

Annex I – Gegenüberstellung der Vorschriften und entsprechenden Erwägungsgründe der DSGVO sowie der korrespondierenden Vorschriften des BDSG-neu............. 327

Stichwortverzeichnis... 529

Einleitung und „Checkliste"   1

Die rechtlichen Anforderungen an Datenverarbeitungen unterliegen stetem Wandel und für Unternehmen wird es zunehmend schwieriger festzustellen, ob ihre Datenverarbeitungstätigkeiten gesetzeskonform sind. Dies gilt vor allem im internationalen Kontext. Daten können naturgemäß ohne weiteres Landesgrenzen überwinden und spielen in der globalen digitalen Wirtschaft eine zentrale Rolle. In den vergangenen Jahren haben sie sich zu einem wertvollen Wirtschaftsgut entwickelt und werden bereits als „Währung der Zukunft" bezeichnet.[1] Die Verarbeitung personenbezogener Daten findet im Rahmen zahlloser wirtschaftlicher und sozialer Tätigkeiten statt, wobei Fortschritte in der Informationstechnik die Verarbeitung und den Austausch dieser Daten immer mehr erleichtern.[2] In diesem Zusammenhang hat der europäische Gesetzgeber die Datenschutz-Grundverordnung (DSGVO) verabschiedet, um eine weitergehende Harmonisierung der Datenschutzregeln innerhalb der EU-Mitgliedstaaten zu erreichen und das Datenschutzniveau zugunsten der von der Verarbeitung betroffenen Personen zu erhöhen. Die DSGVO tritt zum 25. Mai 2018 in Kraft. Aufgrund ihres äußerst weiten, transnationalen Anwendungsbereichs wird sie auch auf zahllose Unternehmen außerhalb der EU Anwendung finden.

1.1 Gesetzgeberischer Hintergrund und bisherige Rechtslage

1.1.1 Die EG-Datenschutzrichtlinie

Vor mehr als 20 Jahren erkannte die Europäische Gemeinschaft (jetzt: Europäische Union) die Notwendigkeit zur Angleichung der Datenschutzstandards in ihren Mitgliedstaaten, um grenzüberschreitende Datenübertragungen innerhalb der EG

---

[1] Reiners, ZD 2015, 51, 55; Martini, in: Paal/Pauly, DSGVO, Art. 25 (2017), Rn. 45 – der Daten als „Rohstoff des 21. Jahrhunderts" bezeichnet

[2] ErwGr. 4 EG-Datenschutzrichtlinie

(jetzt: EU) zu erleichtern. Zu dieser Zeit wichen die nationalen Bestimmungen zum Datenschutz stark voneinander ab und konnten keine Rechtssicherheit in Bezug auf grenzüberschreitende Verarbeitungsvorgänge bieten – weder für betroffene Personen, noch für Verantwortliche oder Auftragsverarbeiter.[3]

1995 verabschiedete die Europäische Gemeinschaft daher die *Richtlinie 95/46/EG* des Europäischen Parlaments und des Rates vom 24. Oktober 1995 zum Schutz natürlicher Personen bei der Verarbeitung personenbezogener Daten und zum freien Datenverkehr (kurz: die *EG-Datenschutzrichtlinie*). Zielstellung war es, den Schutz für die Grundrechte und -freiheiten betroffener Personen im Hinblick auf Datenverarbeitungsvorgänge europaweit zu harmonisieren und den freien Datenverkehr zwischen den EU-Mitgliedstaaten zu gewährleisten.[4]

Richtlinien der Europäischen Union sind in den Mitgliedstaaten nicht direkt anwendbar, sondern bedürfen einer Umsetzung in nationales Recht. Zu diesem Zweck muss jeder EU-Mitgliedstaat jeweils einen Umsetzungsrechtsakt erlassen. Aus diesem Grund verfehlte die EG-Datenschutzrichtlinie schließlich ihr Ziel der Angleichung des Datenschutzniveaus innerhalb der EU: es bildeten sich zwischen den EU-Mitgliedstaaten unterschiedliche Datenschutz-Regime heraus, welche sich aus den jeweils verabschiedeten nationalen Umsetzungsgesetzen ergaben. Datenverarbeitungstätigkeiten, die in einem EU-Mitgliedstaat rechtskonform waren, konnten in einem anderen Mitgliedstaat im Hinblick auf die spezifische Ausführung der Datenverarbeitung rechtswidrig sein.

1.1.2 Die Datenschutz-Grundverordnung

Im Jahr 2016 verabschiedete der europäische Gesetzgeber die Datenschutz-Grundverordnung, welche die EG-Datenschutzrichtlinie von 1995 ab Mai 2018 ersetzt. Sie ist das Ergebnis eines schwierigen und langen Verhandlungsprozesses, der aufgrund zahlloser Änderungsvorschläge zum Gesetzestext vier Jahre bis zur Verabschiedung der endgültigen Verordnung in Anspruch nahm.

Die aufgezeigte Fragmentierung des Datenschutzes innerhalb der EU-Mitgliedstaaten und die daraus resultierenden Rechtsunsicherheiten wurden als Hemmnis für die unionsweite Ausübung von Wirtschaftstätigkeiten angesehen und führten zu Wettbewerbsverzerrungen.[5] Im Gegensatz zur EG-Datenschutzrichtlinie ist die Datenschutz-Grundverordnung deshalb *direkt anwendbar* – Umsetzungsrechtsakte aufseiten der EU-Mitgliedstaaten sind nicht mehr erforderlich. Durch die so erzeugte Angleichung der Datenschutzvorschriften soll die DSGVO zu mehr Rechtssicherheit innerhalb der EU führen und Hindernisse für den grenzüberschreitenden Austausch personenbezogener Daten beseitigen.

---

[3] Polenz, in: Kilian/Heussen, Computerrechts-Handbuch, Grundbegriffe (2013), Rn. 3
[4] ErwGr. 3 DSGVO
[5] ErwGr. 9 DSGVO

Die EU möchte mit der DSGVO das Vertrauen der Bürger zurückgewinnen, indem über die Schaffung eines einheitlichen Rechtsrahmens ein verantwortungsbewusster Umgang mit ihren personenbezogenen Daten sichergestellt werden soll. Auf dieser Grundlage möchte der europäische Gesetzgeber eine Förderung der digitalen Wirtschaft im europäischen Binnenmarkt erreichen.[6] Unternehmen treffen zudem nach der DSGVO neue Datenschutzpflichten, gleichzeitig werden bereits bestehende datenschutzrechtliche Verpflichtungen verschärft. Der europäische Gesetzgeber hat unter Berücksichtigung der Herausforderungen der globalen Wirtschaft, neuer Technologien sowie neuer Geschäftsmodelle für die Verordnung einen äußert weiten Anwendungsbereich vorgesehen. Schließlich wurden nicht nur die datenschutzrechtlichen Pflichten, sondern auch der Bußgeldrahmen signifikant erhöht. Daher sollten Unternehmen ihre datenschutzrelevanten Verarbeitungsprozesse einer sorgfältigen Prüfung unterziehen und gegebenenfalls Anpassungen vornehmen, um sie in Einklang mit den Vorgaben der DSGVO zu bringen.

1.1.3 Das Datenschutz-Anpassungs- und -Umsetzungsgesetz EU

Die DSGVO ist als Verordnung in allen ihren Teilen verbindlich und gilt ohne mitgliedstaatlichen Umsetzungsakt unmittelbar.[7] Damit verbleibt den nationalen Gesetzgebern im Anwendungsbereich der DSGVO grundsätzlich keine Regelungsmöglichkeit. Allerdings lässt die DSGVO über *zahlreiche Öffnungsklauseln* den EU-Mitgliedstaaten Raum zur Schaffung ergänzender nationaler Regelungen. Dadurch wird es auch zukünftig nationale Besonderheiten im Datenschutzrecht geben.

Als erster EU-Mitgliedstaat hat Deutschland von diesem Gestaltungsspielraum Gebrauch gemacht und bereits im November 2016 – wenige Monate nach Verabschiedung der DSGVO – den ersten Entwurf für ein deutsches Gesetz zur Umsetzung der Verordnung vorgelegt.[8] Das Gesetz dient nicht nur der Ausfüllung des gesetzgeberischen Spielraums gemäß der Öffnungsklauseln der DSGVO sondern zugleich der Umsetzung der Richtlinie (EU) 2016/680 zum Datenschutz in Strafsachen.[9]

---

[6] ErwGr. 7, 9 DSGVO

[7] Ruffert, in: Calliess/Ruffert, EUV/AEUV, Art. 288 AEUV (2016) Rn. 19 f.; St. Rspr. bspw. EuGH, Entscheidung vom 14. Dezember 1971, Politi/Finanzministerium Italien, Rs. 43/71, ErwGr. 9; EuGH, Entscheidung vom 17. Mai 1972, Orsolina Leonesio./.Italien, ErwGr. 5 f.

[8] Die österreichische Regierung veröffentlichte Anfang Juni 2017 ihren ersten Entwurf für ein Datenschutz-Anpassungsgesetz. Aktuelle Informationen zum Gesetzgebungsverfahren sind verfügbar unter https://www.help.gv.at/Portal.Node/hlpd/public/content/171/Seite.1710942.html, zuletzt aufgerufen am 14. Juni 2017

[9] Richtlinie (EU) 2016/680 des Europäischen Parlaments und des Rates vom 27. April 2016 zum Schutz natürlicher Personen bei der Verarbeitung personenbezogener Daten durch die zuständigen Behörden zum Zweck der Verhütung, Ermittlung, Aufdeckung oder Verfolgung von Straftaten oder der Strafvollstreckung sowie zum freien Datenverkehr und zur Aufhebung des Rahmenbeschlusses 2008/977/JI des Rates

Das *Datenschutz-Anpassungs- und -Umsetzungsgesetz EU* (nachfolgend *kurz*: BDSG-neu) ersetzt das alte BDSG (*kurz*: BDSG-alt) und tritt im Gleichlauf mit der DSGVO am 25. Mai 2018 in Kraft.[10] Infolge kritischer Stimmen zum Entwurf wurden entsprechende Änderungsvorschläge im Laufe des Gesetzgebungsverfahrens eingearbeitet.[11] Das BDSG-neu wurde schließlich am 27. April 2017 vom Bundestag beschlossen und der Bundesrat stimmte dem Gesetz am 12. Mai 2017 zu. Inwieweit die Regelungen insgesamt mit dem Europarecht, insbesondere der DSGVO, vereinbar sind, wird sich in naher Zukunft zeigen. Die Kritik an den beschlossenen Regelungen hält auch nach dem Inkrafttreten an.[12]

1.2 Checkliste – Die wichtigsten datenschutzrechtlichen Pflichten

Für einen kursorischen Überblick über die datenschutzrechtlichen Pflichten nach der DSGVO fasst die nachfolgende „Checkliste" die *wichtigsten Pflichten* für datenverarbeitende Unternehmen zusammen. Zudem enthält die Liste Verweise auf die entsprechenden Kapitel und Abschnitte dieses Handbuchs.

1.2.1 Datenschutzorganisation

Unternehmen werden erhebliche Anstrengungen unternehmen müssen, um ihre interne Datenschutzorganisation in Einklang mit den Anforderungen der DSGVO zu bringen. Diverse organisatorische Verpflichtungen sind künftig zu erfüllen.

Verzeichnis von Verarbeitungstätigkeiten
Verantwortliche und Auftragsverarbeiter müssen Verzeichnisse über ihre Verarbeitungstätigkeiten führen. Diese sollen – soweit sie ordnungsgemäß umgesetzt und aufrechterhalten werden – den Nachweis der Umsetzung der Vorgaben der DSGVO gegenüber den Aufsichtsbehörden ermöglichen und zudem bei der Erfüllung von Informationspflichten gegenüber den betroffenen Personen als Hilfsmittel dienen. Die Verzeichnisse müssen unter anderem Informationen zum Verarbeitungszweck, den Kategorien der verarbeiteten personenbezogenen Daten sowie eine Beschreibung der eingesetzten technischen und organisatorischen Schutzmaßnahmen enthalten. Abschn. 3.4 enthält detaillierte Informationen zu Inhalt und Zweck der Verzeichnisse sowie zu den – in der Praxis selten anwendbaren – Ausnahmen von dieser datenschutzrechtlichen Pflicht.

---

[10] Art. 8 Abs. 1 BDSG-neu

[11] Bundesrat (2017) Beschlussdrucksache 110/17(B); Deutscher Bundestag (2017a) Beschlussempfehlung; kritisch Zimmer-Helfrich, ZD 2017, 51, 51 ff.; Helfrich, ZD 2017, 97, 98; Deutscher Bundestag. Online-Dienste (2017b) Kritik

[12] Krempl (2017) Datenschutzreform; ZD-Aktuell 2017, 05637; Helfrich, ZD 2017, 97, 98

Benennung eines Datenschutzbeauftragten

Privatunternehmen sind zur Ernennung eines Datenschutzbeauftragten verpflichtet, soweit ihre Kerntätigkeit – also Tätigkeiten, die für die Umsetzung der Geschäftsstrategie maßgeblich sind – in der Durchführung von Verarbeitungstätigkeiten besteht, welche aufgrund ihrer Art, ihres Umfangs und/oder ihrer Zwecke eine umfangreiche regelmäßige und systematische Überwachung von betroffenen Personen erforderlich machen oder wenn die Kerntätigkeit in der umfangreichen Verarbeitung besonderer Kategorien personenbezogener Daten (bspw. Gesundheitsdaten) besteht. Hinzu kommen im nationalen Kontext nach dem BDSG-neu weitere Fälle, die eine Benennungspflicht auslösen. Unternehmensgruppen steht es frei für alle oder mehrere Gruppenunternehmen einen gemeinsamen Datenschutzbeauftragten zu benennen. Der Datenschutzbeauftragte ist anhand seiner Expertise und beruflichen Qualifikation auszuwählen. Dadurch soll sichergestellt werden, dass er seine Pflichten ordnungsgemäß erfüllen kann, wie z. B. die Überwachung der Einhaltung der Vorschriften der DSGVO durch das Unternehmen. Nähere Ausführungen finden sich in Abschn. 3.6.

Datenschutz-Folgenabschätzung

Sollte eine geplante Verarbeitungstätigkeit, insbesondere unter Verwendung neuer Technologien, zu einem hohen Risiko für die Rechte und Freiheiten der betroffenen Personen führen, müssen Unternehmen eine präventive Datenschutz-Folgenabschätzung vornehmen, um geeignete Maßnahmen zur Minimierung des Datenschutzrisikos zu ermitteln. Das Unternehmen konsultiert vor der Verarbeitung die Aufsichtsbehörde, wenn aus dieser Datenschutz-Folgenabschätzung hervorgeht, dass die Verarbeitung ein hohes Risiko zur Folge hätte, sofern der Verantwortliche keine Maßnahmen zur Eindämmung des Risikos trifft. Zudem erstellen und veröffentlichen die Aufsichtsbehörden künftig Listen von Verarbeitungsvorgängen (sog. „black- and whitelists"), für die eine Datenschutz-Folgenabschätzung erforderlich oder nicht erforderlich ist. Für Details zum Umfang der Datenschutz-Folgenabschätzung, sowie zu den betroffenen Verarbeitungstätigkeiten siehe Abschn. 3.5.

Datenschutz durch Technikgestaltung und durch datenschutzfreundliche Voreinstellungen

Die DSGVO legt einen Schwerpunkt auf präventive Datenschutzkonzepte. Da die Verpflichtung zur Berücksichtigung und Umsetzung der Prinzipien von Datenschutz durch Technikgestaltung und durch datenschutzfreundliche Voreinstellungen bußgeldbewährt ist, sollten sich Unternehmen dieser Themen ernsthaft annehmen, siehe Abschn. 3.7. Dies gilt insbesondere für solche Unternehmen, deren Kerntätigkeiten in der Verarbeitung großer Mengen personenbezogener Daten bestehen, siehe dazu Abschn. 9.1.

Technischer und organisatorischer Datenschutz

Unternehmen müssen technische und organisatorische Datenschutzmaßnahmen treffen, um die Sicherheit der von ihnen verarbeiteten personenbezogenen Daten zu gewährleisten. Das angemessene Datenschutzniveau ist im konkreten Fall anhand des Risikopotenzials der jeweiligen Datenverarbeitungstätigkeiten zu ermitteln. Einzelheiten zur Bestimmung des Risikopotenzials sowie zu den angemessenen Datenschutzmaßnahmen werden in Abschn. 3.3 dargelegt.

Rechte betroffener Personen
Betroffene Personen haben umfangreiche Informationsrechte gegenüber datenverarbeitenden Unternehmen. Letztere müssen proaktiv zahlreiche Pflichten gegenüber den betroffenen Personen erfüllen, wie etwa die Erteilung von Informationen über die Verarbeitung, das Löschen von personenbezogenen Daten oder die Berichtigung unvollständiger personenbezogener Daten. Vor allem das neu eingeführte Recht auf Datenübertragbarkeit wird Unternehmen vor Herausforderungen stellen, da sie ihren Kunden auf Anfrage deren Datensätze in einem interoperablen Format zur Verfügung stellen müssen. Die Einzelheiten zu den verschiedenen Betroffenenrechten sind in Kap. 4 dargestellt.

Melde- und Benachrichtigungspflichten bei Datenschutzverletzungen
Die DSGVO führt eine allgemeine Meldepflicht der Verantwortlichen gegenüber den Aufsichtsbehörden für Datenschutzverletzungen (sog. „data breach notifications") ein. Eine Datenschutzverletzung kann u. a. zur Vernichtung, zum Verlust oder zur unbefugten Offenlegung von personenbezogenen Daten führen. Die Meldung gegenüber den Aufsichtsbehörden muss regelmäßig innerhalb eines Zeitraums von 72 Stunden nach Bekanntwerden der Verletzung erfolgen. Im Falle eines Zwischenfalls mit hohem Risiko für die Rechte und Freiheiten der betroffen Personen hat der Verantwortliche die Verletzung zusätzlich auch den betroffenen Personen mitzuteilen. In einem derartigen Fall werden die Aufsichtsbehörden den Verantwortlichen bei der Kommunikation unterstützen. Die Einzelheiten werden in Abschn. 3.8 dargestellt.

Datenschutzmanagement
Soweit auf Grundlage des Budgets und der Ressourcen eines Unternehmens möglich, kann die Einhaltung der Vorgaben der DSGVO mithilfe eines Datenschutz-Managementsystems sichergestellt und überwacht werden. Dabei handelt es sich um ein internes Compliance-System, welches die Erfüllung datenschutz- und sicherheitsbezogener Pflichten überprüft, siehe Abschn. 3.2.1. Ein Vier-Phasen-Plan zur praktischen Implementierung eines solchen Systems wird in Kap. 10 dargestellt.

Benennung eines Vertreters durch nicht in der EU niedergelassene Unternehmen
Unternehmen, auf die die DSGVO Anwendung findet, obwohl sie keine Niederlassung in der EU haben, müssen einen Vertreter in der EU benennen. Dieser soll als Anlaufstelle für betroffene Personen und Aufsichtsbehörden dienen, siehe Abschn. 4.3.8.

Verhaltensregeln & Datenschutzzertifizierungen
Auch wenn deren Verwendung nicht verpflichtend ist, weist die DSGVO Selbstregulierungsinstrumenten, wie Verhaltensregeln und Datenschutzzertifizierungen,

eine erhöhte praktische Relevanz zu. Während Verhaltensregeln die Verpflichtungen der DSGVO für einen bestimmten Sektor oder eine bestimmte Technologie präzisieren, dienen Datenschutzzertifizierungen dem Nachweis der Einhaltung der Vorgaben der DSGVO bzgl. der zertifizierten Verarbeitungstätigkeiten. Die Verwendung dieser Instrumente erleichtert den Nachweis der Einhaltung der DSGVO gegenüber den Aufsichtsbehörden, Abschn. 3.9. Zudem können Unternehmen diese Instrumente als geeignete Datenschutz-Garantien für Datentransfers in Drittländer nutzen, siehe Abschn. 4.3.6.

1.2.2 Rechtmäßigkeit der Datenverarbeitung

Zusätzlich zu ihren organisatorischen Verpflichtungen nach der DSGVO müssen Unternehmen die materielle Rechtmäßigkeit ihrer Datenverarbeitungsvorgänge sicherstellen. Dies betrifft auch konzerninterne Datenverarbeitungen, sowie Datentransfers in Drittländer und Verarbeitungstätigkeiten unter Einbeziehung eines Auftragsverarbeiters.

Rechtsgrundlagen für die Verarbeitung
Datenverarbeitungstätigkeiten unterliegen einem generellen Verbot mit Erlaubnisvorbehalt. Die meisten der in der DSGVO vorgesehenen Rechtsgrundlagen für eine Verarbeitung waren bereits in der EG-Datenschutzrichtlinie enthalten. Die Voraussetzungen für die Einholung einer wirksamen Einwilligung der betroffenen Personen in die Datenverarbeitung wurden verschärft, wie in Abschn. 4.2.1 dargestellt. Andere gesetzliche Erlaubnistatbestände sind, unter anderem, die Notwendigkeit der Verarbeitung zur Vertragserfüllung oder die überwiegenden berechtigten Interessen des Verantwortlichen an der Datenverarbeitung. Zudem sollten sich Unternehmen bewusst machen, dass eine Änderung des Verarbeitungszwecks nur in begrenzten Fällen zulässig ist. Einzelheiten werden in Abschn. 4.2.2.5 dargestellt.

Konzerninterne Datenverarbeitungen
Die DSGVO sieht kein Konzernprivileg vor, sodass jedes Konzernunternehmen selbst für die Einhaltung der datenschutzrechtlichen Standards im Rahmen seiner Verarbeitungstätigkeiten verantwortlich ist. Deshalb müssen auch konzerninterne Datentransfers von einer Rechtsgrundlage gedeckt sein, grundsätzlich im gleichen Maß wie jeder Datentransfer an sonstige Dritte, siehe Abschn. 4.4.

Besondere Kategorien personenbezogener Daten
Besondere Kategorien von personenbezogenen Daten beziehen sich, unter anderem, auf die politischen Meinungen, religiösen oder weltanschaulichen Überzeugungen oder die Gesundheit der betroffenen Personen. Diese Daten sind besonders schutzwürdig und ihre Verarbeitung kann nur unter Einsatz angemessener Schutzmaßnahmen erfolgen, die dem hohen Risikopotenzial der Verarbeitungssituation entsprechen. Da Beschäftigtendaten unter Umständen auch Informationen zur Gesundheit von Mitarbeitern enthalten, werden Unternehmen von diesen Einschränkungen

regelmäßig betroffen sein. Dabei müssen sie beachten, dass die Verarbeitung besonderer Kategorien personenbezogener Daten verboten ist, soweit diese nicht durch die Einwilligung der betroffenen Personen oder durch die Notwendigkeit der Verarbeitung in einem Arbeits- oder Sozialversicherungskontext gerechtfertigt ist. Einzelheiten zu den verschiedenen Arten besonderer Kategorien personenbezogener Daten sowie zu den rechtlichen Grundlagen für ihre Verarbeitung sind Abschn. 4.2.3 zu entnehmen.

Auftragsverarbeitung
Die DSGVO qualifiziert den Auftragsverarbeiter nicht als Dritten. Deshalb liegt die Weitergabe personenbezogener Daten an einen Auftragsverarbeiter im freien Ermessen des Verantwortlichen und bedarf keines eigenen materiell-rechtlichen Erlaubnistatbestandes. Es ist zu beachten, dass dies auch für die Beteiligung von Auftragsverarbeitern außerhalb der EU gilt. Nichtsdestotrotz ist der Verantwortliche zur Auswahl eines geeigneten Auftragsverarbeiters verpflichtet, welcher ein angemessenes Datenschutzniveau gewährleisten kann. In diesem Zusammenhang treffen den Auftragsverarbeiter auch eigene, bußgeldbewährte Pflichten nach der DSGVO. Einzelheiten werden in Abschn. 3.10 dargestellt.

Generelle Anforderungen an Datenübermittlungen in Drittländer
Werden personenbezogene Daten an Empfänger außerhalb der EU übermittelt, muss dieser Transfer bestimmten Garantien entsprechen, um ein angemessenes Datenschutzniveau beim Empfänger zu gewährleisten. Unternehmen müssen in zwei Stufen sicherstellen, dass die Verarbeitungstätigkeit (i) von einer Rechtsgrundlage gedeckt ist und (ii) dass der Transfer vom Empfänger einzuhaltenden Garantien unterliegt. Die verschiedenen Garantiemechanismen sind in Abschn. 4.3 beschrieben. Aus Unternehmenssicht von hoher praktischer Relevanz sind:

EU-Standardvertragsklauseln Der in der EU niedergelassene Datenexporteur und der außerhalb der EU niedergelassene Datenimporteur können einen Vertrag auf der Grundlage von Standarddatenschutzklauseln (sog. EU-Standardvertragsklauseln) schließen. Dabei handelt es sich um Sets von Vertragsklauseln, die von der Europäischen Kommission oder einer der nationalen Aufsichtsbehörden verabschiedet werden. Werden die Klauseln vollständig und unverändert übernommen, dienen sie als ausreichende Garantiemaßnahme für internationale Datentransfers, siehe Abschn. 4.3.3 für Einzelheiten.

EU-U.S. Privacy Shield Datentransfers in die USA, die in Konzernstrukturen häufig stattfinden, können auf Grundlage des EU-U.S. Privacy Shields erfolgen. Dabei handelt es sich um einen Rechtsakt, der von der Europäischen Kommission verabschiedet wurde. Er ermöglicht U.S.-Unternehmen eine (Selbst-)Zertifizierung bzgl. der Einhaltung eines angemessenen Datenschutzniveaus. Die Privacy Shield-Prinzipien sowie seine Wirkungsweise und ein Ausblick auf jüngere rechtliche Entwicklungen sind in Abschn. 4.3.4 dargestellt.

Binding Corporate Rules Konzerne oder Gruppen von Unternehmen, die eine gemeinsame Wirtschaftstätigkeit ausüben, können sich als geeignete Garantien Binding Corporate Rules auferlegen. Diese legen für die beteiligten Unternehmen eine weltweite Datenschutz-Policy im Hinblick auf Datentransfers zu Gruppenmitgliedern in Empfängerländern außerhalb der EU fest, die kein hinreichendes Datenschutzniveau vorweisen können. Ihre Wirkungsweise, ihr Mindestinhalt sowie das einzuhaltende Genehmigungsverfahren sind in Abschn. 4.3.5 beschrieben.

Referenzen

Bundesrat (2017) Beschlussdrucksache 110/17(B)
Deutscher Bundestag (2017a) Beschlussempfehlung des Innenausschusses, Drucksache 18/12084
Deutscher Bundestag. Online-Dienste (2017b) Kritik von Sachverständigen an geplanter Datenschutz-Novelle. https://www.bundestag.de/dokumente/textarchiv/2017/kw13-pa-innen-datenschutz/499054. Zugegriffen: 13. Juni 2017
Helfrich M (2017) DSAnpUG-EU: Ist der sperrige Name hier schon Programm? S 97–98
Krempl S (2017) Datenschutzreform: EU-Kommission droht Deutschland mit Vertragsverletzungsverfahren. https:// www.heise.de/newsticker/meldung/Datenschutzreform-EU-Kommission-droht-Deutschland-mit-Vertragsverletzungsverfahren-3689759.html. Zugegriffen: 13. Juni 2017
Martini M (2017) Art. 25 DSGVO. In: Paal BP, Pauly DA (Hrsg) Beck'sche Kompaktkommentare Datenschutz-Grundverordnung, 1. Aufl. C.H. Beck, München
Polenz S (2013) Rechtsquellen und Grundbegriffe des allgemeinen Datenschutzes. In: Kilian W, Heussen B (Hrsg) Computerrechts-Handbuch, Stand 8/2013. C.H. Beck, München
Reiners W (2015) Datenschutz in der Personal Data Economy – Eine Chance für Europa. ZD 5(2):51–55
Ruffert M (2016) Art. 288 AEUV. In: Calliess C, Ruffert M (Hrsg) EUV/AEUV, 5. Aufl. C.H. Beck, München
Zimmer-Helfrich A (2017) BDSG-neu: BMI-Entwurf für ein Datenschutz-Anpassungs- und -Umsetzungsgesetz EU, Interview. ZD 7(2):51–54

Anwendungsbereich der DSGVO

Die Einhaltung der Vorgaben der DSGVO wird den betroffenen Unternehmen eine regelmäßig zeit- und kostenintensive Überprüfung ihrer bisherigen Datenschutzstandards abverlangen. Deshalb sollten Unternehmen zunächst prüfen, ob sie vom Inkrafttreten der DSGVO betroffen sind, also ob die Verordnung überhaupt auf sie Anwendung findet.

2.1 In welchen Fällen ist die Verordnung anwendbar? – sachlicher Anwendungsbereich

Artikel 2 – Sachlicher Anwendungsbereich
1. Diese Verordnung gilt für die ganz oder teilweise automatisierte Verarbeitung personenbezogener Daten sowie für die nichtautomatisierte Verarbeitung personenbezogener Daten, die in einem Dateisystem gespeichert sind oder gespeichert werden sollen.

[…]

Vereinfacht gesagt umfasst der sachliche Anwendungsbereich der DSGVO *jegliche Verarbeitungen personenbezogener Daten*. Die Verordnung wird daher für Unternehmen relevant, sobald sie Verarbeitungstätigkeiten jedweder Art vornehmen. Der (sachliche) Anwendungsbereich ist *sehr weit zu interpretieren*, um ein hohes Schutzniveau zu gewährleisten.

2.1.1 „Verarbeitung"

„Verarbeitung" bezieht sich auf jeden mit oder ohne Hilfe automatisierter Verfahren ausgeführten *Vorgang oder jede solche Vorgangsreihe im Zusammenhang mit personenbezogenen Daten*, Art. 4 Nr. 2 DSGVO. Jeder Umgang mit Daten wird praktisch von dieser Definition erfasst. Beispiele sind das Erheben, das Erfassen, die Organisation, das Ordnen, die Speicherung, das Löschen oder die Vernichtung von Daten. Der offene Wortlaut ergibt sich aus dem Ziel des europäischen Gesetzgebers, den Anwendungsbereich unabhängig von technologischen Veränderungen bestimmen zu können.[1] Er umfasst sowohl Verarbeitungen, die *ganz als auch teilweise mithilfe automatisierter Verfahren* durchgeführt werden, wobei sich letzteres auf Verarbeitungen bezieht, bei denen bestimmte Verarbeitungsschritte von natürlichen Personen ausgeführt werden, z. B. durch die Erfassung von Daten in einem Computersystem.[2]

> **Beispiel**
> - Personenbezogene Daten werden durch den Einsatz von Computern, Smartphones, Webcams, Dashcams oder Kameradrohnen verarbeitet
> - Personenbezogene Daten werden mittels Wearables oder anderer smart devices (z. B. Smart Cars) erhoben[3]

Die offene Definition der „Verarbeitung" umfasst auch kurzzeitige Nutzungen kleiner Datenmengen.[4]

> **Beispiel**
> - Personenbezogene Daten werden von einem IT-System zwischengespeichert, wie z. B. im Verlauf eines Browsers
> - Personenbezogene Daten werden auf einem Computerbildschirm angezeigt

Manuelle Datenverarbeitung
Ausgehend von der Legaldefinition ist auch die manuelle Datenverarbeitung als „Verarbeitung" i. S. d. DSGVO anzusehen. Im Gegensatz zu automatisierten Verarbeitungsvorgängen unter Einsatz von Technologie wird die manuelle Verarbeitung *vollständig von Menschen ausgeführt* – ohne Einsatz von Maschinen oder anderen Werkzeugen. Naturgemäß verlaufen diese Tätigkeiten wesentlich langsamer als automatisierte Verarbeitungsvorgänge, sodass deutlich geringere Datenmengen verarbeitet werden können. Deshalb unterfallen manuelle Datenverarbeitungen der DSGVO nur, wenn *zwei Bedingungen* erfüllt sind:

- Die betroffenen Daten müssen in einem *Dateisystem* gespeichert sein oder sollen dort gespeichert werden (Art. 2 Abs. 1 DSGVO). Ausgehend von vorbestimmten Ordnungskriterien werden Daten in einem Dateisystem in verschiedene Gruppen eingeteilt und systematisch verwaltet; und

---

[1] ErwGr. 15 DSGVO
[2] Ernst: in: Paal/Pauly, DSGVO, Art. 2 (2017), Rn. 6
[3] Beispiele aus *Ernst*, in: Paal/Pauly, DSGVO, Art. 2 (2017), Rn. 5–6
[4] Laue/Nink/Kremer, Datenschutzrecht, Einführung (2016) Rn. 10, siehe auch für die nachfolgenden Beispiele

- Die verschiedenen Datengruppen müssen *anhand vorbestimmter Kriterien geordnet* sein.[5] Die Verordnung gibt keine Voraussetzungen bzgl. dieser Kriterien vor.

Ausgehend von den unter der alten Rechtslage relevanten Kriterien und der weiten Interpretation der DSGVO sollten bspw. chronologisch, alphabetisch oder anhand anderer Kriterien geordnete Akten diese Bedingungen erfüllen.[6]

> **Beispiel**
>
> Eine Arztpraxis speichert ihre Patientendaten in Papierakten. Diese Akten sind alphabetisch anhand der Nachnamen der Patienten in mehreren Aktenschränken sortiert. Es gibt bspw. eine Schublade für alle Nachnamen, die mit „A" beginnen, eine für alle Nachnamen die mit „B" beginnen und so weiter.
>
> In diesem Beispiel sind die Patientendaten alphabetisch sortiert. Dadurch sind die Daten in einem Dateisystem anhand festgelegter Kriterien gespeichert und fallen somit in den sachlichen Anwendungsbereich der DSGVO.

2.1.2 „Personenbezogene Daten"

Wie soeben dargelegt fällt jeder systematische Umgang mit Daten unter den Begriff der „Verarbeitung" i.S.d. DSGVO.[7] Der Begriff „Daten" bezieht sich auf Informationen bzw. Einzelangaben.[8] Außerdem müssen die Daten „personenbezogen" sein, um in den Anwendungsbereich der Verordnung zu fallen. Daten haben einen Personenbezug, soweit sie sich auf eine *identifizierte oder identifizierbare natürliche Person* beziehen, Art. 4 Nr. 1 DSGVO. Sie fallen also in den Anwendungsbereich der Verordnung, sobald die Identifizierung einer Person aufgrund der vorhandenen Daten möglich ist, was bedeutet, dass eine Person direkt oder indirekt mittels Zuordnung zu einem Kennungsmerkmal ermittelt werden kann. Dies ist der Fall, sobald die *Zuordnung der Daten zu einem oder mehreren Charakteristika*, die Ausdruck der physischen, physiologischen, psychischen, genetischen, wirtschaftlichen, kulturellen oder sozialen Identität dieser natürlichen Person sind, möglich ist. Dabei kann es sich bspw. handeln um:

- Den Namen einer Person[9];
- Identifikationsnummern, wie Sozialversicherungsnummer, Personalnummer oder Personalausweisnummer;

---

[5] ErwGr. 15 DSGVO
[6] Plath, in: Plath, BDSG/DSGVO, Art. 2 DSGVO (2016), Rn. 7
[7] Barlag, in: Roßnagel, DSGVO, Anwendungsbereich (2017), Rn. 7
[8] Ernst, in: Paal/Pauly, DSGVO, Art. 4 (2017), Rn. 3; siehe auch Dammann, in: Simitis, BDSG, § 3 (2014), Rn. 4–6
[9] Barlag, in: Roßnagel, DSGVO, Anwendungsbereich (2017), Rn. 8

- Standortdaten;
- Online-Kennungen (dies kann IP-Adressen oder Cookies einschließen[10]).

Die DSGVO ist *nicht* auf die *Daten Verstorbener* anwendbar.[11] Hierbei ist aber zu beachten, dass es sich bei derartigen Daten zugleich um die personenbezogenen Daten eines lebenden Verwandten oder Nachkömmlings des Verstorbenen handeln kann.[12] Solche Daten können bspw. Aufschluss über Erbkrankheiten von Nachkommen des Verstorbenen liefern.[13] In diesem Fall unterfallen sie dem Anwendungsbereich der DSGVO.

2.1.2.1 Identifizierbarkeit der betroffenen Person

Wie soeben erwähnt, muss die Identifizierung der betroffenen Person nicht unmittelbar anhand der Daten möglich sein, um zur Anwendbarkeit der DSGVO zu führen. Die bloße Möglichkeit der Identifizierung, also die „Identifizierbarkeit", stellt bereits einen hinreichenden Personenbezug der Daten i. S. d. DSGVO her. Die Identifizierung wird dabei erst durch die *Kombination verschiedener Informationen* möglich, die für sich allein keinen Rückschluss auf den Betroffenen zugelassen hätten, aber einen solchen in der Zusammenschau ermöglichen. Der Wortlaut des Art. 4 Nr. 1 DSGVO lässt offen, wer zur Identifizierung der betroffenen Person in der Lage sein muss, was darauf hindeutet, dass zusätzliche Informationen für die Identifizierung nicht zwingend im Datenbestand des Verantwortlichen/Auftragsverarbeiters vorhanden sein müssen.

Relative Kriterien

Unter der EG-Datenschutzrichtlinie waren zur Bestimmung der Wahrscheinlichkeit einer Identifizierarbeit alle Mittel zu berücksichtigen, die vom Verantwortlichen oder einem Dritten vernünftigerweise zum Erhalt zusätzlicher Informationen eingesetzt werden konnten (ErwGr. 26 EG-Datenschutzrichtlinie). In diesem Zusammenhang wurde allerdings kontrovers diskutiert, ob relative oder absolute Kriterien zur *Feststellung der vernünftigerweise bestehenden Wahrscheinlichkeit* heranzuziehen sind.[14] Die Verwendung absoluter Kriterien würde dazu führen, dass die Definition „personenbezogener Daten" bereits erfüllt ist, sobald *irgendjemand die Möglichkeit zur Zuordnung* der verarbeiteten Daten zu einer natürlichen Person hat.[15] Im Oktober 2016 entschied der EuGH, dass das tatsächliche Identifikationsrisiko unwesentlich erscheint, wenn die Zuordnung der Daten zu einem Individuum einen unverhältnismäßigen Aufwand in Bezug auf Zeit, Kosten und Personaleinsatz

---

[10] ErwGr. 30 DSGVO

[11] ErwGr. 27 DSGVO

[12] Ernst, in: Paal/Pauly, DSGVO, Art. 4 (2017), Rn. 6; Schild, in: Wolff/Brink, BeckOK, Art. 4 DSGVO (2016), Rn. 5; siehe auch Dammann, in: Simitis, BDSG, § 3 (2014), Rn. 17

[13] Siehe auch Dammann, in: Simitis, BDSG, § 3 (2014), Rn. 17

[14] Für Literaturangaben zu beiden Ansichten, siehe Voigt, MMR 2009, 377, 378 ff.; Bergt, ZD 2015, 365, 365 ff.

[15] Siehe auch Herbst, NVwZ 2016, 902, 904

erfordert, wobei es sich bei den vorgenannten Faktoren um *relative Kriterien* handelt.[16] Wenn also die Identifizierung des Betroffenen für den Verantwortlichen/Auftragsverarbeiter ausgehend von seiner Möglichkeit zum Zugriff auf zusätzliche Informationen ohne unverhältnismäßigen Aufwand möglich ist, gelten die Daten als „personenbezogene Daten". Auch wenn das Urteil des EuGH auf Grundlage der EG-Datenschutzrichtlinie ergangen ist, enthält die DSGVO Indikatoren dafür, dass relative Kriterien auch weiterhin Anwendung finden werden.[17] Daher gilt eine Person als identifizierbar, wenn die *fehlenden Informationen*, welche eine Identifizierung ermöglichen, *(leicht) zugänglich* sind, beispielsweise weil sie im Internet oder von einem (kommerziellen) Informationsdienst veröffentlicht wurden. Auch die Kenntnis Dritter von diesen Informationen ist zu berücksichtigen, sobald eine Chance besteht, dass der Verantwortliche/Auftragsverarbeiter Zugriff auf dieses Wissen erhält. So können von einem Verantwortlichen gespeicherte dynamische IP-Adressen personenbezogene Daten der betroffenen Person sein, sofern dem Verantwortlichen bspw. rechtliche Mittel zur Verfügung stehen, die vernünftigerweise eingesetzt werden können, um mithilfe Dritter (Internetzugangsanbietern oder zuständigen Behörden) die betreffende Person anhand der gespeicherten IP-Adressen bestimmen zu lassen.[18] Im Umkehrschluss: sobald keine realistische Chance besteht, dass der Verantwortliche/Auftragsverarbeiter Zugriff auf die Information erlangt, gilt eine Person nicht als identifizierbar.

Umstände des Einzelfalls
Um eine Identifizierbarkeit zu beurteilen sind des Weiteren die Umstände des Einzelfalls zu berücksichtigen. Dies bezieht sich u. a. auf[19]:

- Die für die Identifizierung notwendigen *zeitlichen und monetären Mittel*;
- Die zum Verarbeitungszeitpunkt verfügbare Technologie sowie *technologische Entwicklungen*;
- Der *Zweck der Verarbeitung*.

Die Verpflichtung zur Berücksichtigung technologischer Entwicklungen könnte sich in der Praxis als Herausforderung erweisen, da sie vorsieht, dass Verantwortliche/Auftragsverarbeiter die absehbaren oder wahrscheinlichen Entwicklungen in ihre Beurteilung einfließen lassen müssen.[20] Ist der Verarbeitungszweck nur über

---

[16] EuGH, Entscheidung vom 19. Oktober 2016, Breyer/Bundesrepublik Deutschland, C-582/14, ErwGr. 46

[17] Hiermit ist beispielsweise ErwGr. 26 DSGVO gemeint, der die Worte „ sollten alle Mittel berücksichtigt werden, die [...] nach allgemeinem Ermessen wahrscheinlich genutzt werden" und „sollten alle objektiven Faktoren, wie die Kosten der Identifizierung und der dafür erforderliche Zeitaufwand, herangezogen werden" verwendet; zustimmend siehe Piltz, K&R 2016, 557, 561; Barlag, in: Roßnagel, DSGVO, Anwendungsbereich (2017), Rn. 9 ff.; Schreiber, in: Plath, BDSG/DSGVO, Art. 4 DSGVO (2016), Rn. 9; ablehnend siehe Buchner, DuD 2016, 155, 156

[18] BGH, Urteil vom 16. Mai 2017, Breyer, VI ZR 135/13, S. 10

[19] ErwGr. 26 DSGVO

[20] Piltz, K&R 2016 557, 561

eine Identifikation der betroffenen Personen erreichbar, kann unterstellt werden, dass der Verantwortliche/Auftragsverarbeiter über die Mittel zur Identifizierung dieser Betroffenen verfügt.[21] Kurz gesagt, je einfacher und schneller eine natürliche Person ermittelt werden kann, desto eher handelt es sich um eine „identifizierbare natürliche Person".

2.1.2.2 Anonymisierung und Pseudonymisierung

Anonymisierung
Anonymisierung ist eine Technik zur *Veränderung* personenbezogener Daten mit dem Ergebnis, dass *keine Verbindung* der Daten *zu einer natürlichen Person (mehr) besteht*. Anonymisierte Daten sind Informationen, die entweder keinen Bezug zu einer identifizierten oder identifizierbaren Person haben, oder es handelt sich um personenbezogene Daten, bei denen der Personenbezug aufgrund einer durchgeführten Anonymisierung nicht mehr besteht.[22] Die Anonymisierung kann durch eine Reihe verschiedener *Techniken* erreicht werden, die in der Regel in eine der *beiden nachfolgenden Kategorien* fallen:

1. *Randomisierung*: Diese Technik besteht in der Veränderung der Genauigkeit von Daten, um die starke Verbindung zwischen den Daten und der betroffenen Person zu entfernen. Werden die Daten hinreichend ungenau bzw. unzuverlässig, können sie nicht mehr einer bestimmten Person zugeordnet werden.[23]
2. *Verallgemeinerung*: Diese Technik besteht in der Verallgemeinerung/Verwässerung der Merkmale der betroffenen Personen, indem der entsprechende Bezugspunkt oder die Reihenfolge der Daten verändert wird (z. B. Bezug der Daten zu einer Region anstelle einer Stadt, zu einem Monat anstelle einer Woche).[24]

Im Falle einer erfolgreichen Anonymisierung ist die *DSGVO nicht anwendbar*.[25] Derartige Techniken werden häufig im Zusammenhang mit statistischen oder Forschungszwecken angewandt. Sobald der Verantwortliche/Auftragsverarbeiter die anonymisierten Informationen allerdings mit hinreichender Wahrscheinlichkeit wiederherstellen kann, handelt es sich um personenbezogene Daten im Anwendungsbereich der DSGVO.

Beispiel

Für sein anstehendes zwanzigstes Jubiläum möchte ein privater Nachhilfeanbieter herausfinden, wie viele seiner bisher betreuten Schüler eine Universität besucht haben und, sofern dies der Fall war, was sie studiert haben. Zu diesem

---

[21] Siehe auch Art.-29-Datenschutzgruppe, WP 136 (2007), S. 19 ff.
[22] ErwGr. 26 DSGVO
[23] Siehe auch Art.-29-Datenschutzgruppe, WP 216 (2014), S. 12
[24] Siehe auch Art.-29-Datenschutzgruppe, WP 216 (2014), S. 16
[25] ErwGr. 26 DSGVO

Zweck erhebt der Anbieter die Daten seiner Nachhilfeschüler der vergangenen 20 Jahre und kontaktiert diese via E-Mail, in welcher um die Teilnahme an einer Online-Befragung gebeten wird. Um die Daten der betroffenen Personen zu anonymisieren enthält die Umfrage keine Fragen zu Namen, E-Mail-Adressen, Abschlussjahrgängen oder Geburtsdaten der Teilnehmer. Deren IP-Adressen werden außerdem bei der Teilnahme nicht gespeichert. Um zudem die Identifizierung ehemaliger Nachhilfeschüler, die in ungewöhnlicheren Studienfächern ihren Abschluss gemacht haben aufgrund dieser Informationen zu verhindern werden Studienfächer nicht gesondert abgefragt, sondern lediglich verschiedene Studienfelder erfasst, bspw. „Naturwissenschaften", „Rechts- und Wirtschaftswissenschaften", „Sozial- und Erziehungswissenschaften" und „Sprach- und Kulturwissenschaften".[26]

In diesem Beispiel versucht der Nachhilfeanbieter die Erfassung von Informationen zu vermeiden, die eine Identifizierung einzelner Umfrage-Teilnehmer ermöglichen, z. B. aufgrund ihres Namens, Geburtsdatums oder sogar ungewöhnlicher Studienfächer. Durch die Reduzierung der erfassten Menge an Daten auf das notwendige Minimum zur Auswertung der Umfrage ist die Wahrscheinlichkeit einer Re-Identifizierung der Teilnehmer verschwindend gering. Deshalb ist die Anonymisierung der Daten erfolgreich und die DSGVO findet keine Anwendung.

Vorteile der Anonymisierung
Die Anonymisierung bietet eine Reihe von Vorteilen für den Verantwortlichen/ Auftragsverarbeiter. Unternehmen sammeln und speichern häufig große (manchmal sogar exzessive) Datenmengen, obwohl sie letztlich nur einen kleinen Teil der Datenmenge für ihre Verarbeitungstätigkeiten benötigen. Die *Nicht-Erfassung oder Löschung* der überschüssigen Daten kann dabei helfen, eine Anonymisierung der Daten herbeizuführen, um so die Anwendbarkeit der DSGVO zu verhindern. In Bezug auf die Verarbeitung rein anonymer Daten unterliegt der Verantwortliche/ Auftragsverarbeiter nicht den verschiedenen Datenschutzverpflichtungen der Verordnung (siehe Kap. 3). Zusätzlich kann eine derartige *Datenminimierung* Zeit, Kosten und personelle Ressourcen einsparen. Unternehmen sollten das Inkrafttreten der DSGVO als Chance begreifen und den möglichen Einsatz von Anonymisierungstechniken in Betracht ziehen, damit die Anwendbarkeit der DSGVO und entsprechend das Risiko eines bußgeldbewährten Datenschutzverstoßes minimiert werden kann.

Praxishinweise[27]
Da sich der europäische Gesetzgeber bislang nicht zu den Standards für eine erfolgreiche Anonymisierung geäußert hat, ist zur Verbesserung der Datensicherheit eine Kombination von Randomisierungs- und Verallgemeinerungstechniken ratsam.

---

[26] Siehe auch Dammann, in: Simitis, BDSG, § 3 (2014), Rn. 201 ff.
[27] Siehe auch Art.-29-Datenschutzgruppe, WP 216 (2014), S. 6, 7, 12, 16, 23–25

Da der Anonymisierung stets ein *Risikofaktor* anhaftet, muss dieser bei der Bewertung verfügbarer Anonymisierungstechniken entsprechend der Schwere und Wahrscheinlichkeit des identifizierten Risikos Berücksichtigung finden. Als Konsequenz daraus ergibt sich, dass die optimale Anonymisierungslösung stets auf Einzelfallbasis zu bestimmen ist. Dies schließt eine *Bewertung des Verarbeitungskontextes* ein: „alle" Mittel, die „vernünftigerweise" für eine Re-Identifikation zur Verfügung stehen, müssen Berücksichtigung finden. Sobald die optimale Anonymisierungslösung gefunden ist, erfordert ihre Anwendung eine sorgfältige technische Implementierung, um die Widerstandsfähigkeit der technologischen Umsetzung zu erhöhen. Auch nach ihrer Anwendung bedarf die Anonymisierungstechnik einer *durchgehenden Überwachung,* um dem ihr inhärenten Risikopotenzial effektiv zu begegnen, vor allem was das Identifizierungsrisiko bzgl. nicht-anonymisierter Teile der Datenbank betrifft.

Pseudonymisierung
Pseudonymisierung ist in der Praxis ein gebräuchliches Mittel, um die Möglichkeit zur Identifikation betroffener Personen anhand ihrer Daten zu vermeiden. Es handelt sich um die Verarbeitung personenbezogener Daten in einer Weise, in der die Daten *ohne Hinzuziehung zusätzlicher Informationen nicht mehr* einer *spezifischen betroffenen Person zugeordnet* werden können, Art. 4 Nr. 5 DSGVO. Dies kann erreicht werden, indem der Name des Betroffenen oder andere Merkmale durch bestimmte Angaben ersetzt werden. Die zusätzlichen Informationen, die eine Identifizierung möglich machen würden, müssen *gesondert aufbewahrt* werden. Außerdem muss die Pseudonymisierung durch den Einsatz technischer und organisatorischer Mittel zusätzlich gesichert werden. Dies kann über eine *Verschlüsselung* der Daten erreicht werden, wobei der Schlüssel nur wenigen Personen mitgeteilt wird.

Es muss beachtet werden, dass, im Gegensatz zu anonymisierten Daten, pseudonymisierte Daten noch in den *Anwendungsbereich der DSGVO* fallen, da das Risiko einer Re-Identifikation höher ist als bei anonymisierten Daten. Nichtsdestotrotz handelt es sich bei der Pseudonymisierung um eine Möglichkeit für Verantwortliche und Auftragsverarbeiter, ihre Datenschutzverpflichtungen nach der DSGVO zu erfüllen und deren Einhaltung so auch nachzuweisen:[28]

- Pseudonymisierung ist ein geeignetes Mittel zur Umsetzung des Prinzips des Datenschutzes durch Technikgestaltung (siehe Abschn. 3.7).
- Pseudonymisierung kann das Risikopotenzial der Verarbeitungstätigkeiten auf solche Weise verändern, dass der Verantwortliche von seiner Pflicht zur Meldung von Datenschutzverletzungen bzgl. der pseudonymisierten Daten entbunden wird (siehe Abschn. 3.8).
- Pseudonymisierung kann eine geeignete Schutzmaßnahme darstellen, um einen Wechsel des Verarbeitungszwecks zu rechtfertigen (siehe Abschn. 4.2.2.5).

---

[28] ErwGr. 28 DSGVO; Laue/Nink/Kremer, Datenschutzrecht, Einführung (2016), Rn. 27, siehe letztere auch für die nachfolgenden Ausführungen

- Erfolgreiche Pseudonymisierung kann zugunsten des Verantwortlichen in all jenen Fällen berücksichtigt werden, in denen seine Interessen gegen die der betroffenen Personen abzuwägen sind, z. B. in Fällen, bei denen die Datenverarbeitung auf die überwiegenden berechtigten Interessen des Verantwortlichen gestützt werden soll (siehe Abschn. 4.2.2.2).

> **Beispiel**
>
> Eine Unternehmensgruppe besteht u. a. aus den Unternehmen A und B. A sammelt personenbezogene Daten von den Kunden der Unternehmensgruppe, während B die personenbezogenen Daten erhält, um ein Profiling durchzuführen (Kundenpräferenzen, etc.). Bevor B die Daten erhält, werden sie jedoch pseudonymisiert, indem die persönlichen Kundeninformationen, wie Namen und Adressen, entfernt und durch Referenznummern ersetzt werden. Die Zuordnungsregel für die Referenznummern wird vom gemeinsamen Datenschutzbeauftragten der Unternehmensgruppe aufbewahrt, der angewiesen ist, die Zuordnungsregel gegenüber den Angestellten von B nicht offenzulegen.
>
> In diesem Beispiel ist es B nicht möglich, die Daten den jeweiligen Kunden ohne Kenntnis der Zuordnungsregel zuzuordnen, wobei letztere B nicht bekannt ist. Die personenbezogenen Daten sind daher für B pseudonymisiert. Allerdings sind die Daten nicht anonymisiert und die DSGVO findet Anwendung, da ein gewisses Re-Identifikationsrisiko besteht. Es kann nicht mit hinreichender Sicherheit davon ausgegangen werden, dass B keine Kenntnis von der Zuordnungsregel oder von der Identität einzelner Kunden erlangt, z. B. durch andere Angestellte (von A) oder für den Fall, dass der Datenschutzbeauftragte seine Anweisungen verletzt.[29]

Erfolgreiche Pseudonymisierung kann Datenschutz gewährleisten. Im Umkehrschluss bedeutet dies jedoch für den Fall, dass die angewandte Pseudonymisierungstechnik den Schutz der zusätzlichen Informationen nicht hinreichend gewährleisten kann, dass die Datenschutzverpflichtungen nach der DSGVO auf andere Weise oder durch zusätzliche technische und organisatorische Maßnahmen zu erfüllen sind.[30]

2.1.3 Ausnahmen vom sachlichen Anwendungsbereich

Art. 2 Abs. 2 DSGVO sieht vier Ausnahmen vom sachlichen Anwendungsbereich der Verordnung vor. Unter anderem ist die Verordnung nicht in den Bereichen der Sicherheitspolitik (lit. b) oder der Strafverfolgung (lit. d) anwendbar. Aus wirtschaftlicher Sicht ist die wichtigste Ausnahme jedoch in lit. c geregelt, nach der die Verordnung keine Anwendung auf die „Verarbeitung personenbezogener Daten durch natürliche Personen zur Ausübung *ausschließlich persönlicher oder*

---

[29] Beispiel aus Laue/Nink/Kremer, Datenschutzrecht, Einführung (2016), Rn. 30
[30] ErwGr. 26 DSGVO

familiärer Tätigkeiten" findet. Die Begrifflichkeiten sind anhand der Verkehrsanschauung zu interpretieren und umfassen personenbezogene Daten, die für Freizeitzwecke, Hobbys, Urlaubs- oder Unterhaltungszwecke, für die Benutzung sozialer Netzwerke oder als Teil einer privaten Adress-, Geburtstags- oder anderen Terminsammlung, z. B. zur Erfassung von Jahrestagen, verarbeitet werden.[31]

Es ist zu beachten, dass, sofern die Verarbeitung sowohl privat als auch beruflich genutzte Informationen betrifft, eine Anwendung der Ausnahme nicht in Betracht kommt.[32] Das Wort „ausschließlich" impliziert eine *enge Interpretation* der Bestimmung.[33] Der Begriff der beruflichen Tätigkeit sollte jedwede wirtschaftliche Betätigung erfassen, unabhängig davon ob sie vergütet wird, sowie vorbereitende Maßnahmen für eine solche Betätigung, wie Werbemaßnahmen oder das Überlassen personenbezogener Daten, um einen Service zu erhalten.[34]

Beispiel

Nach der Rechtsprechung des EuGH handelt es sich beim Betrieb einer Überwachungskamera, bei der das aufgenommene Videomaterial auf einem Aufzeichnungsgerät durchgängig gespeichert wird und die von einer Person auf ihrem Privatgrundstück zum Schutz von Eigentum, Gesundheit und Leben der Grundstückseigner installiert wird, die aber zugleich einen öffentlichen Bereich überwacht (bspw. eine öffentliche Straße oder einen Gehweg) nicht um eine Datenverarbeitung im Rahmen „ausschließlich persönlicher oder familiärer Tätigkeiten".[35]

Von dieser Ausnahmeregelung kann nur die jeweilige natürliche Person profitieren, bei der die Voraussetzungen für die Ausnahme vorliegen. Daraus ergibt sich, dass Verantwortliche und Auftragsverarbeiter, die die Mittel zur Verarbeitung personenbezogener Daten zur Ausübung ausschließlich persönlicher oder familiärer Tätigkeiten schaffen, nicht von dieser profitieren können.[36]

2.2 Auf wen ist die Verordnung anwendbar? – persönlicher Anwendungsbereich

Die DSGVO ist auf jeden anwendbar, der personenbezogene Daten *verarbeitet oder für die Verarbeitung verantwortlich* ist. Angesichts der wirtschaftlichen Bedeutung von Daten werden vor allem Unternehmen vom Inkrafttreten der DSGVO betroffen

---

[31] Ernst, in: Paal/Pauly, DSGVO, Art. 2 (2017), Rn. 18; ErwGr. 18 DSGVO; Plath, in: Plath, BDSG/DSGVO, Art. 2 DSGVO (2016), Rn. 13
[32] ErwGr. 18 DSGVO; Plath, in: Plath, BDSG/DSGVO, Art. 2 DSGVO (2016), Rn. 13; Barlag, in: Roßnagel, DSGVO, Anwendungsbereich (2017), Rn. 12
[33] Plath, in: Plath, BDSG/DSGVO, Art. 2 DSGVO (2016), Rn. 14
[34] Ernst, in: Paal/Pauly, DSGVO, Art. 2 (2017), Rn. 19
[35] EuGH, Entscheidung vom 11. Dezember 2014, František Ryneš/Úřad pro ochranu osobních údajů, C-212/13, ErwGr. 35
[36] ErwGr. 18 DSGVO

sein. Da die *Rechtsform* des Unternehmens für die Anwendbarkeit der Verordnung unerheblich ist, existieren eine Vielzahl unterschiedlicher Normadressaten. Den verschiedenen Akteuren, die in den Anwendungsbereich der DSGVO fallen, werden von der Verordnung unterschiedliche Rollen und Pflichten im Hinblick auf den Datenschutz zugewiesen. Um den persönlichen Anwendungsbereich der DSGVO und die daraus resultierenden Datenschutzverpflichtungen zu bestimmen muss festgestellt werden, bei wem es sich um einen „Verantwortlichen" oder einen „Auftragsverarbeiter" handelt und wer dem Schutz durch die DSGVO unterliegt.

2.2.1 „Verantwortlicher"

Ein „Verantwortlicher" ist jede natürliche oder juristische Person, Behörde, Einrichtung oder andere Stelle, die allein oder gemeinsam mit anderen über die Zwecke und Mittel der Verarbeitung von personenbezogenen Daten entscheidet, Art. 4 Nr. 7 DSGVO. Diese Legaldefinition stimmt mit derjenigen aus der EG-Datenschutzrichtlinie überein. Sie besteht *im Wesentlichen aus drei Elementen*:

- Eine natürliche oder juristische Person, Behörde, Einrichtung oder andere Stelle,
- Die allein oder gemeinsam mit anderen,
- Über die Zwecke und Mittel der Datenverarbeitung bestimmt.

2.2.1.1 Natürliche oder juristische Person, Behörde, Einrichtung oder andere Stelle ...

Die *Rechtsform* des Verantwortlichen ist für die Anwendbarkeit der datenschutzrechtlichen Verpflichtungen gemäß der DSGVO irrelevant. Konzernen sollte bewusst sein, dass die DSGVO kein Konzernprivileg vorsieht. Jedes Unternehmen innerhalb der Konzernstruktur ist eigenständig für die Datenverarbeitungstätigkeiten verantwortlich, die unter seiner Kontrolle ausgeführt werden (siehe Abschn. 4.4). Als Folge daraus ist jedes dieser Unternehmen als Verantwortlicher i.S.d. Verordnung anzusehen.

Unternehmensintern werden die Entscheidungen über die Datenverarbeitung jeweils von dem/den Geschäftsführer(n) oder dem Vorstand der Gesellschaft getroffen. Allerdings handeln diese Personen für die Gesellschaft, sodass letztere als Verantwortlicher gilt.[37] Dies erscheint auch unternehmensstrategisch angesichts der drohenden Bußgelder und etwaiger Ansprüche wegen Datenschutzverstößen vorzugswürdig, da diese Verantwortlichkeitszuweisung den betroffenen Personen langfristig einen verlässlicheren Ansprechpartner zur Ausübung ihrer Rechte gegenüberstellt.[38]

---

[37] Siehe auch Art.-29-Datenschutzgruppe, WP 169 (2010), S. 15–16
[38] Siehe auch Art.-29-Datenschutzgruppe, WP 169 (2010), S. 15; Wybitul/Schultze-Melling, Datenschutz (2014), Rn. 72–73

Dennoch kann nicht vollständig ausgeschlossen werden, dass einzelne Personen Entscheidungen für eine Gesellschaft treffen und aufgrund der jeweiligen Umstände des Einzelfalls als Verantwortliche zu qualifizieren sind. Dies wäre z. B. der Fall, wenn eine natürliche Person innerhalb der Gesellschaft personenbezogene Daten für ihre eigenen Zwecke nutzt, wobei diese Nutzung außerhalb der Ziele und Kontrolle der Tätigkeiten der Gesellschaft liegt.[39]

2.2.1.2 ... Allein oder gemeinsam mit anderen ...

Der europäische Gesetzgeber hat im Rahmen der Verordnung eine klare Verteilung der Verantwortlichkeiten angestrebt und aus diesem Grund das Konzept der *„gemeinsam für die Verarbeitung Verantwortlichen"* in Art. 26 DSGVO gesetzlich geregelt. Werden die Zwecke und Mittel der Verarbeitung von mehreren Unternehmen gemeinsam festgelegt, teilen diese ihre Pflichten nach der DSGVO und haben für eine klare Verteilung der Verantwortlichkeiten hinsichtlich der verschiedenen Datenschutzpflichten zu sorgen.

Die gemeinsame Verantwortlichkeit kann *ganz unterschiedliche Formen* annehmen: die Beteiligten können eine sehr enge Beziehung zueinander haben (z. B. indem sie alle Zwecke und Mittel der Verarbeitung gemeinsam festlegen) oder eine weniger enge Beziehung (z. B. indem sie teilweise die gleichen Zwecke verfolgen).[40] Eine ausführliche Darstellung mit Beispielen ist in Abschn. 3.2.2 zu finden.

Vor diesem Hintergrund ist es besonders wichtig, Verantwortliche und Auftragsverarbeiter voneinander abzugrenzen. Wie soeben gezeigt, kann die gemeinsame Verantwortlichkeit ganz unterschiedliche Formen annehmen und diverse Akteure können bei der Verarbeitung personenbezogener Daten miteinander interagieren oder verbunden sein.[41] Bis zur Schaffung der DSGVO wurde das Konzept der gemeinsamen Verantwortlichkeit gesetzlich nur erwähnt, aber nicht definiert. Als Folge daraus wurde es in der *Praxis nur selten* angewandt. Sobald sich die Aufsichtsbehörden, Gerichte oder Rechtswissenschaftler mit mehreren Akteuren konfrontiert sahen, gingen sie eher von einem Fall der Auftragsverarbeitung aus (in anderen Worten: von einem Verantwortlichen, der die Verarbeitung an einen oder mehrere Auftragsverarbeiter delegiert).[42] Diese Situation wird sich mit Inkrafttreten der DSGVO und der gesetzlichen Einführung der gemeinsamen Verantwortlichkeit *höchstwahrscheinlich ändern*. Die nachfolgenden Kriterien können zur Abgrenzung zwischen Verantwortlichen und Auftragsverarbeitern herangezogen werden. Sie zeigen auf, in welchen Fällen es sich bei dem infrage stehenden Unternehmen, welches die Verarbeitungstätigkeit für einen Auftraggeber ausführt, aller Wahrscheinlichkeit nach um einen *Verantwortlichen* und nicht um einen Auftragsverarbeiter handelt – ausgehend von dessen Einfluss auf die Zwecke und/oder Mittel der Verarbeitung:[43]

---

[39] Siehe auch Art.-29-Datenschutzgruppe, WP 169 (2010), S. 16
[40] Siehe auch Art.-29-Datenschutzgruppe, WP 169 (2010), S. 19
[41] Siehe auch Art.-29-Datenschutzgruppe, WP 169 (2010), S. 19
[42] Dovas, ZD 2016, 512, 514
[43] Kriterien aus v.d.Bussche/Voigt, in: v.d.Bussche/Voigt, Konzerndatenschutz, Auftragsdatenverarbeitung (2014) Rn. 22–26; Gola/Wronka, Arbeitnehmerdatenschutz (2013), Rn. 277

- *Freiheit von Weisungen* durch den Auftraggeber, der die Verarbeitungtätigkeit an das Unternehmen delegiert hat;
- *Zusammenführung* der zur Verarbeitung erhaltenen Daten mit eigenen Datenbanken;
- Nutzung der Daten für *eigene Zwecke*, die nicht zwingend mit dem Auftraggeber vereinbart wurden;
- Die verarbeiteten Daten wurden auf Grundlage einer *rechtlichen Beziehung* zwischen dem verarbeitenden Unternehmen und den Betroffenen erhoben;
- *Verantwortlichkeit* des verarbeitenden Unternehmens für die Rechtmäßigkeit und Richtigkeit der Verarbeitungsvorgänge.

2.2.1.3 ... Über die Zwecke und Mittel der Datenverarbeitung bestimmt

Datenschutzrechtliche Verantwortlichkeit knüpft nicht an die Ausführung der Verarbeitungstätigkeit, sondern an die *Entscheidungsbefugnis* in Bezug auf die Verarbeitungstätigkeit. Die in diesem Zusammenhang zu stellenden Fragen sind: Warum findet die Verarbeitung statt und wer hat sie initiiert?[44] Während es dem Verantwortlichen obliegt, über die Zwecke und wesentlichen Elemente der Datenverarbeitung zu bestimmen kann die Entscheidung über die technischen und organisatorischen Mittel der Verarbeitung – zumindest teilweise – an jemand anderen delegiert werden. Genauer gesagt bedeutet dies, dass der Verantwortliche u. a. festlegen muss, welche Daten verarbeitet werden sollen, für wie lange, wer Zugriff auf die Daten erhalten soll und welche Sicherheitsmaßnahmen ergriffen werden müssen. Weniger entscheidende Aspekte der Verarbeitung, bspw. die Auswahl der genutzten Hard- oder Software, müssen nicht zwingend vom Verantwortlichen vorgegeben werden.[45]

Eine Entscheidungsbefugnis hinsichtlich der Datenverarbeitung kann sich aus einer *expliziten oder impliziten rechtlichen* Verantwortlichkeit oder aus einer *tatsächlichen Einflussmöglichkeit* auf die Zwecke und Mittel der Verarbeitung ergeben:[46]

- Explizite rechtliche Verantwortlichkeit entsteht für Behörden durch Rechtsvorschriften, die ihnen eine Zuständigkeit zuweisen (z. B. im Verwaltungsrecht). Implizite rechtliche Verantwortlichkeit ergibt sich aus allgemeinen Rechtsvorschriften oder ständiger Rechtspraxis in verschiedenen Bereichen (Zivilrecht, Handelsrecht, Arbeitsrecht, ...), wie die Verantwortlichkeit des Arbeitgebers bzgl. der Daten seiner Arbeitnehmer oder eines Vereins in Bezug auf die Daten der eigenen Mitglieder oder Förderer.
- Ein tatsächlicher Einfluss auf die Verarbeitungsvorgänge kann i.d.R. durch eine Untersuchung des Vertragsverhältnisses zwischen den Parteien festgestellt

---

[44] Siehe auch Art.-29-Datenschutzgruppe, WP 169 (2010), S. 8
[45] Siehe auch Art.-29-Datenschutzgruppe, WP 169 (2010), S. 14 ff.
[46] Laue/Nink/Kremer, Datenschutzrecht, Einführung (2016), Rn. 48–52; siehe auch Art.-29-Datenschutzgruppe, WP 169 (2010), S. 10–12, 14

werden. Diese Untersuchung ermöglicht es, Rückschlüsse auf die Verantwortlichkeit zu ziehen, sodass diese einer oder mehreren der Vertragsparteien zugewiesen werden kann.

2.2.2 „Auftragsverarbeiter"

Neben dem Verantwortlichen erlegt die Verordnung auch dem „Auftragsverarbeiter" Datenschutzverpflichtungen auf. Letzterer ist definiert als natürliche oder juristische Person, Behörde, Einrichtung oder andere Stelle, die personenbezogene Daten *im Auftrag* des Verantwortlichen verarbeitet, Art. 4 Nr. 8 DSGVO. Daher beruht die Beteiligung eines Auftragsverarbeiters an der Datenverarbeitung auf einer *Entscheidung des Verantwortlichen*. Der Verantwortliche kann sich entweder dafür entscheiden, die Datenverarbeitung intern durchzuführen (z. B. durch seine eigenen Angestellten) oder alle oder einen Großteil der Verarbeitungstätigkeiten an eine externe Stelle zu delegieren, was letztere potenziell zu einem „Auftragsverarbeiter" macht.[47] Zwei Bedingungen müssen für die Qualifizierung als Auftragsverarbeiter erfüllt sein:

- Es muss sich um eine vom Verantwortlichen *unabhängige* juristische oder natürliche Person handeln; und
- Diese muss personenbezogene Daten *im Auftrag* des Verantwortlichen verarbeiten.[48]

Auftragsverarbeiter können bspw. *Cloud Computing*-Anbieter oder Betreiber von Rechenzentren sein.[49] Was die Rechtsform angeht, gilt das zum Verantwortlichen gesagte auch für den Auftragsverarbeiter. Folglich können ganz verschiedenartige Akteure als Auftragsverarbeiter gelten. Zudem können mehrere Auftragsverarbeiter zeitgleich mit der Verarbeitung beauftragt werden. Dies geschieht in der Praxis mit zunehmender Häufigkeit, wobei diese Auftragsverarbeiter entweder jeweils in einer direkten Vertragsbeziehung mit dem Verantwortlichen stehen oder als Unterbeauftragte durch den Auftragsverarbeiter, der vom Verantwortlichen zur Verarbeitung angewiesen wurde, mit der Ausführung eines Teils der Verarbeitungstätigkeiten beauftragt werden.[50] Es ist zu beachten, dass ein Auftragsverarbeiter zu einem (gemeinsam für die Verarbeitung) Verantwortlichen wird, sobald er den Umfang seines Auftrags überschreitet und eine Position erreicht, die es ihm ermöglicht über die Zwecke oder Mittel der Verarbeitung zu entscheiden (siehe auch die Ausführungen in Abschn. 2.2.1.2 und 3.2.2).[51]

---

[47] Siehe auch Art.-29-Datenschutzgruppe, WP 169 (2010), S. 25
[48] Siehe auch Art.-29-Datenschutzgruppe, WP 169 (2010), S. 25
[49] Siehe auch Gola/Klug/Körffer, in: Gola/Schomerus, BDSG, § 11 (2015), Rn. 7–8
[50] Siehe auch Art.-29-Datenschutzgruppe, WP 169 (2010), S. 27
[51] Art. 26 Abs. 10 DSGVO; siehe auch Art.-29-Datenschutzgruppe, WP 169 (2010), S. 25

2.2.3 Von der DSGVO geschützte Personen

Während der Kreis der von der DSGVO mit Datenschutzpflichten belegten Personen bereits beschrieben wurde, steht infrage, wer von dem geschaffenen Schutzniveau profitiert. Die DSGVO enthält Vorschriften zum Schutz *natürlicher Personen*, Art. 1 Abs. 1 DSGVO. Jede natürliche Person, unabhängig von ihrer Nationalität oder ihrem Aufenthaltsort, kann vom Schutz durch die Verordnung profitieren.[52]

Besonderer Schutz von Minderjährigen
Grundsätzlich werden alle natürlichen Personen unabhängig von ihrem Alter vom Schutz durch die DSGVO erfasst. *Kinder* profitieren jedoch von einem besonderen, verstärkten Schutz durch die Verordnung, da sie sich der Risiken, Konsequenzen und erforderlichen Sicherheitsmaßnahmen sowie ihrer Rechte in Bezug auf eine Verarbeitung ihrer personenbezogenen Daten weniger bewusst sind als Erwachsene (siehe auch Abschn. 4.2.1.6).[53]

Kein Schutz juristischer Personen
Juristische Personen profitieren, unabhängig von ihrer Rechtsform, nicht von einem Schutz durch die DSGVO.[54] Das ergibt sich daraus, dass der europäische Gesetzgeber den Schutz natürlicher Personen in Bezug auf ihre Grundrechte aus Art. 8 der EU-Grundrechtecharta sowie Art. 16 AEUV (Vertrag über die Arbeitsweise der Europäischen Union) stärken wollte.[55] Dennoch können die Daten juristischer Personen als personenbezogene Daten i.S.d. DSGVO gelten, soweit sie Informationen bzgl. der mit der juristischen Person *in Verbindung stehenden natürlichen Personen* enthalten, bspw. Informationen zu den Geschäftsanteilen einer Person oder ihrer Funktion innerhalb der Gesellschaft.[56] Zudem besteht bzgl. juristischer Personen eine Ausnahme: die *Ein-Mann-Gesellschaft* ist als natürliche Person anzusehen, da es nicht möglich ist, die geschäftlichen und personenbezogenen Daten in dieser Konstellation voneinander zu trennen.[57]

2.3 Wo ist die Verordnung anwendbar? – räumlicher Anwendungsbereich

Artikel 3 – Räumlicher Anwendungsbereich
1. Diese Verordnung findet Anwendung auf die Verarbeitung personenbezogener Daten, soweit diese im Rahmen der Tätigkeiten einer Niederlassung eines

---

[52] ErwGr. 14 DSGVO
[53] ErwGr. 38 DSGVO
[54] ErwGr. 14 EG-Datenschutzrichtlinie
[55] ErwGr. 1 DSGVO
[56] Ernst, in: Paal/Pauly, DSGVO, Art. 4 (2017), Rn. 5; siehe auch Dammann, in: Simitis, BDSG, § 3 (2014), Rn. 19, 44
[57] Blume, EDPL 2015, 258, 258

Verantwortlichen oder eines Auftragsverarbeiters in der Union erfolgt, unabhängig davon, ob die Verarbeitung in der Union stattfindet.

2. Diese Verordnung findet Anwendung auf die Verarbeitung personenbezogener Daten von betroffenen Personen, die sich in der Union befinden, durch einen nicht in der Union niedergelassenen Verantwortlichen oder Auftragsverarbeiter, wenn die Datenverarbeitung im Zusammenhang damit steht

(a) betroffenen Personen in der Union Waren oder Dienstleistungen anzubieten, unabhängig davon, ob von diesen betroffenen Personen eine Zahlung zu leisten ist;

(b) das Verhalten betroffener Personen zu beobachten, soweit ihr Verhalten in der Union erfolgt.

3. Diese Verordnung findet Anwendung auf die Verarbeitung personenbezogener Daten durch einen nicht in der Union niedergelassenen Verantwortlichen an einem Ort, der aufgrund Völkerrechts dem Recht eines Mitgliedstaats unterliegt.

Obwohl es sich bei der DSGVO um eine europäische Verordnung handelt, macht ihr räumlicher Anwendungsbereich an den Außengrenzen der EU nicht Halt. Angesichts einer zunehmend globalen Wirtschaft mit multi-nationalen Unternehmensgruppen und grenzüberschreitenden Datentransfers wurden internationale Aspekte beim Verfassen der DSGVO stark berücksichtigt. Ihre *transnationale Anwendbarkeit* soll umfassend die Privatsphäre der betroffenen Personen schützen sowie faire Wettbewerbsbedingungen auf dem EU-Binnenmarkt gewährleisten. Zudem soll über die DSGVO das Phänomen des *Forum Shopping* verhindert werden: aufgrund der bisher bestehenden unterschiedlichen Datenschutzstandards in den EU-Mitgliedstaaten konnten Unternehmen ihren Geschäftssitz, neben anderen Faktoren, anhand des relativ zu den anderen Mitgliedstaaten niedrigsten nationalen Datenschutzniveaus auswählen. Daher sieht die europäische Regelung nun einen auffallend weiten räumlichen Anwendungsbereich vor.[58]

Aus räumlicher Sicht unterscheidet die DSGVO nicht zwischen Verantwortlichem und Auftragsverarbeiter und sieht für beide den gleichen *räumlichen Anwendungsbereich* vor. Die Verordnung findet hauptsächlich in den folgenden beiden Fällen Anwendung[59]:

- Die Verarbeitung der personenbezogenen Daten findet *im Rahmen der Tätigkeiten einer EU-Niederlassung* des Verantwortlichen oder Auftragsverarbeiters statt; oder

---

[58] EuGH, Entscheidung vom 13. Mai 2014, Google Spain, C-131/12, ErwGr. 54

[59] Zudem findet die DSGVO Anwendung auf die Verarbeitung personenbezogener Daten durch einen nicht in der EU niedergelassenen Verantwortlichen an einem Ort, der aufgrund Völkerrechts dem Recht eines EU-Mitgliedstaats unterliegt, Art. 3 Abs. 3 DSGVO.

- Die Verarbeitung betrifft die *personenbezogenen Daten natürlicher Personen, die sich in der EU befinden* und wird durch einen nicht in der EU niedergelassenen Verantwortlichen oder Auftragsverarbeiter durchgeführt.

2.3.1 Datenverarbeitung im Rahmen der Tätigkeiten einer EU-Niederlassung

Gemäß Art. 3 Abs. 1 DSGVO findet die DSGVO auf die Verarbeitung personenbezogener Daten Anwendung, die im Rahmen der Tätigkeiten einer Niederlassung eines Verantwortlichen oder eines Auftragsverarbeiters in der EU erfolgt, unabhängig davon, ob die Verarbeitung selbst in der EU stattfindet oder nicht. Die Vorschrift wendet das *Niederlassungsprinzip* an, wonach die Rechtswahl anhand der Niederlassung des Unternehmens erfolgt. Daraus ergibt sich für die DSGVO, dass ihre Anwendbarkeit nicht zwingend vom Ort der eigentlichen Datenverarbeitung abhängt.

2.3.1.1 Flexibles Konzept bzgl. des Begriffs der Niederlassung

Der Begriff der „*Niederlassung*" erfordert die effektive und tatsächliche Ausübung einer Tätigkeit mittels einer festen Einrichtung.[60]

Eine „*feste Einrichtung*" ist nicht durch eine bestimmte Rechtsform gekennzeichnet, sodass es unerheblich ist, ob es sich bei der jeweiligen Einrichtung um eine Zweigstelle oder um eine Tochtergesellschaft mit eigener Rechtspersönlichkeit handelt.[61] Um eine hohes Datenschutzniveau zu gewährleisten kann der Begriff der „Niederlassung" nicht restriktiv interpretiert werden.[62] Der *Grad an Beständigkeit* einer Einrichtung ist anhand des besonderen Charakters der Tätigkeiten und der in Rede stehenden Dienstleistungen zu bestimmen.[63] Beide Bestandteile des Begriffes müssen in Verbindung miteinander interpretiert werden. Schon das Vorhandensein eines einzigen Vertreters in einem EU-Mitgliedstaat kann unter bestimmten Umständen ausreichen, um eine Niederlassung zu begründen, sofern der Vertreter durch die für seine Dienstleistungen erforderlichen Mittel mit einem ausreichenden Grad an Beständigkeit tätig ist.[64] Das Vorhandensein einer „Niederlassung" ist damit stets von den *Umständen des Einzelfalls* abhängig. Auch das bloße Vorhandensein eines Bankkontos oder eines Postfaches kann ausgehend von den konkreten Umständen des Einzelfalls eine feste Einrichtung darstellen.[65] Somit muss von einer formalistischen Sichtweise Abstand genommen werden. Auch der Ort der Eintragung eines Unternehmens im Handelsregister muss nicht zwingend der ausschließliche Ort der

---

[60] ErwGr. 22 DSGVO
[61] ErwGr. 22 DSGVO
[62] EuGH, Entscheidung vom 13. Mai 2014, Google Spain, C-131/12, ErwGr. 53
[63] EuGH, Entscheidung vom 1. Oktober 2015, Weltimmo, C-230/14, ErwGr. 29
[64] Barlag, in: Roßnagel, DSGVO, Anwendungsbereich (2017), Rn. 16; EuGH, Entscheidung vom 1. Oktober 2015, Weltimmo, C-230/14, ErwGr. 30
[65] Plath, in: Plath, BDSG/DSGVO, Art. 3 DSGVO (2016), Rn. 8

Niederlassung sein, wobei er jedoch ein starkes Indiz für das Bestehen einer Niederlassung bildet.[66]

Der Grad an Beständigkeit ist im Zusammenhang mit der konkreten Art der Tätigkeit zu bestimmen, z. B. ob ein Unternehmen seine Dienstleistungen ausschließlich über das Internet anbietet.[67] In diesem Fall könnte das Vorhandensein einer Einrichtung, die in das Anbieten oder in die Verwaltung dieser Dienstleistungen involviert ist, eine „Niederlassung" i.S.d. Verordnung darstellen.[68] Der Grad an Stabilität sowie die Rolle der Tätigkeiten der Einrichtung für die Datenverarbeitung müssen miteinander abgewogen werden. Die wirtschaftliche Tätigkeit innerhalb der festen Einrichtung kann letztlich eine untergeordnete sein, bspw. das Betreiben einer Website zum Anbieten der Dienstleistungen.[69] Sowohl personelle als auch materielle Ressourcen können eine „feste Einrichtung" bilden.

> **Beispiel**
>
> Eine nicht innerhalb der EU eingetragene Gesellschaft hat ein Bankkonto, ein Postfach, sowie einen Vertreter in einem EU-Mitgliedstaat, der als alleiniger Ansprechpartner für die Kunden aus diesem EU-Mitgliedstaat zur Verfügung steht.[70]
>
> In diesem Beispiel dürften die personellen und materiellen Ressourcen der Gesellschaft in dem betreffenden EU-Mitgliedstaat eine „feste Einrichtung" darstellen und daher als Niederlassung anzusehen sein.

2.3.1.2 Datenverarbeitung „im Rahmen ihrer Tätigkeiten"

Da die Datenverarbeitung nur „im Rahmen der Tätigkeiten" der Niederlassung erfolgen muss, ist es nicht erforderlich, dass die EU-Niederlassung die Verarbeitungstätigkeiten selbst ausführt.[71] Um dem räumlichen Anwendungsbereich der DSGVO zu unterfallen reicht es aus, wenn die Einrichtung mit ihren Tätigkeiten die von der Gesellschaft ausgeführten Verarbeitungstätigkeiten *wirtschaftlich unterstützt*, bspw. durch das Bewerben und den Vertrieb von Werbeflächen, die von einem Suchmaschinenanbieter angeboten werden, um dessen Dienstleistungen profitabel zu machen.[72] Letztlich muss allerdings ein Zusammenhang zwischen der wirtschaftlichen Tätigkeit der Niederlassung und der Datenverarbeitung bestehen.[73]

---

[66] EuGH, Entscheidung vom 1. Oktober 2015, Weltimmo, C-230/14, ErwGr. 29
[67] EuGH, Entscheidung vom 1. Oktober 2015, Weltimmo, C-230/14, ErwGr. 29
[68] Kartheuser/Schmitt, ZD 2016, 155, 158
[69] EuGH, Entscheidung vom 1. Oktober 2015, Weltimmo, C-230/14, ErwGr. 31 ff.
[70] EuGH, Entscheidung vom 1. Oktober 2015, Weltimmo, C-230/14
[71] EuGH, Entscheidung vom 13. Mai 2014, Google Spain, C-131/12, ErwGr. 52; Plath, in: Plath, Art. 3 (2016), Rn. 9
[72] EuGH, Entscheidung vom 13. Mai 2014, Google Spain, C-131/12, ErwGr. 55; Plath, in: Plath, Art. 3 (2016), Rn. 9
[73] EuGH, Entscheidung vom 13. Mai 2014, Google Spain, C-131/12, ErwGr. 52

Wie soeben gezeigt, ist damit der Ort der Ausführung der eigentlichen Verarbeitung – ob innerhalb oder außerhalb der EU – für die Anwendbarkeit der DSGVO im Rahmen dieser Vorschrift nicht entscheidend.[74] Diese Regelung basiert auf der EuGH-Rechtsprechung im „Google Spain"-Urteil.[75]

> **Beispiel**
>
> Eine nicht innerhalb der EU eingetragene Gesellschaft unterhält ein Büro in einem EU-Mitgliedstaat, welches keine Verarbeitungstätigkeiten ausführt, aber durch welches Kundenbeziehungen aufgebaut werden. Über das Büro wird eine beträchtliche Anzahl an Kunden für die Gesellschaft akquiriert, sodass es einen erheblichen Anteil am wirtschaftlichen Erfolg des Unternehmens hat.
>
> In diesem Beispiel werden über das in der EU befindliche Büro der Gesellschaft Kundenbeziehungen aufgebaut, sodass letzteres ein beachtliches Maß an Beständigkeit aufweist und als „Niederlassung" anzusehen ist. Obwohl in der Niederlassung keine Verarbeitungstätigkeiten ausgeführt werden, trägt sie maßgeblich zum wirtschaftlichen Erfolg des Unternehmens. Folglich ist die DSGVO auf die nicht-europäische Gesellschaft anwendbar.

2.3.1.3 Wichtige Anwendungsfälle

Basierend auf den obigen Ausführungen, ist Art. 3 Abs. 1 DSGVO in einer Vielzahl unterschiedlicher Situationen anwendbar und betrifft potenziell auch Unternehmen außerhalb der EU:

> **Beispiel**
>
> **Ein EU-Unternehmen verarbeitet und erhebt personenbezogene Daten**
>
> Unternehmen A ist ein französischer Weinhersteller, der seine Produkte in allen EU-Mitgliedstaaten anbietet. Zu diesem Zweck betreibt A nicht nur eine Weinhandlung in Paris, sondern auch einen Online-Shop. Die Namen und Adressen der Kunden werden als Kontaktinformationen zur Auslieferung von Bestellungen gespeichert.
>
> In diesem Beispiel ist A der Verantwortliche in Bezug auf die Verarbeitung personenbezogener Daten (die innerhalb der EU erhoben werden), da A Kundendaten verarbeitet. A hat seine einzige Niederlassung in Frankreich. Daher führt A die Verarbeitung der Kundendaten im Rahmen der Tätigkeiten seiner französischen (und damit europäischen) Niederlassung aus, sodass A in den räumlichen Anwendungsbereich der DSGVO fällt.

---

[74] Laue/Nink/Kremer, Datenschutzrecht, Einführung (2016), Rn. 79, siehe auch für nachfolgendes Beispiel

[75] EuGH, Entscheidung vom 13. Mai 2014, Google Spain, C 131/12

> **Beispiel**
>
> **Ein EU-Unternehmen erhebt personenbezogene Daten in einem EU-Mitgliedstaat und beauftragt einen in einem anderen EU-Mitgliedstaat niedergelassenen Auftragsverarbeiter mit der Datenverarbeitung**

Unternehmen B ist eine italienische Airline, die Flüge in ganz Europa durchführt. Flugtickets können nur online gebucht werden. Um die Buchungsprozesse erfolgreich durchzuführen, müssen die Kundendaten verarbeitet und gespeichert werden. Da B eine große Kundenbasis hat, sammelt sich eine sehr große Menge an Kundendaten an. Daher speichert B die Daten mittels eines Cloud Services des spanischen Unternehmens C. Die Zwecke und Mittel der Verarbeitung werden von B bestimmt.

In diesem Beispiel ist B ein in Italien niedergelassener Verantwortlicher. Die Datenverarbeitung wird durch C ausgeführt, der in Spanien niedergelassen ist, während die Zwecke und Mittel der Verarbeitung von B vorgegeben werden. Daher ist C ein Auftragsverarbeiter. Sowohl Verantwortlicher (B) als auch Auftragsverarbeiter (C) sind in der EU niedergelassen (in verschiedenen EU-Mitgliedstaaten, genauer gesagt Italien und Spanien). Da beide ihren Aktivitäten im Rahmen ihrer EU-Niederlassungen nachgehen, findet die DSGVO auf B und auf C Anwendung.

> **Beispiel**
>
> **Ein EU-Unternehmen lässt Datenverarbeitungen durch einen Unternehmen in einem Drittland ausführen**

Unternehmen E ist ein deutscher Personaldienstleister, der Zeitarbeiter an große Autohersteller in ganz Europa vermittelt. Aufgrund seiner großen und ständig wechselnden Datenbank mit zur Verfügung stehenden Zeitarbeitern, speichert E die Personaldaten aus dem Bewerbungsprozess mittels eines Cloud Services, welcher vom US-Unternehmen F betrieben wird. Die Zwecke und Mittel der Verarbeitung werden dabei durch E vorgegeben.

In diesem Beispiel ist E ein in Deutschland niedergelassener Verantwortlicher. F ist ein Auftragsverarbeiter, der in den USA tätig ist. Die DSGVO ist auf E anwendbar, da E ein innerhalb der EU niedergelassener Verantwortlicher ist und die Datenverarbeitung im Rahmen seiner Tätigkeiten stattfindet (= das Anbieten von Personaldienstleistungen in der EU). Was F betrifft, kann die DSGVO nur zur Anwendung gelangen, soweit für F der EU-Binnenmarkt einen Zielmarkt darstellt (Art. 3 Abs. 2 DSGVO). In jedem Fall muss E den F vertraglich zur Einhaltung angemessener Schutzstandards i. S. d. DSGVO verpflichten, um seine eigenen Datenschutzverpflichtungen aus der Verordnung zu erfüllen.

2.3.2 Verarbeitung personenbezogener Daten von innerhalb der EU befindlichen betroffenen Personen

Falls weder der Verantwortliche, noch der Auftragsverarbeiter eine Niederlassung in der EU unterhalten, kann die DSGVO dennoch zur Anwendung gelangen. Um sicherzustellen, dass den betroffenen Personen ihre Datenschutzrechte nicht entzogen werden, hat der europäische Gesetzgeber den räumlichen Anwendungsbereich des EU-Datenschutzrechts durch die *Einführung des Marktortprinzips* in Art. 3 Abs. 2 DSGVO ausgeweitet. Nach diesem Prinzip hängt die Anwendbarkeit der Verordnung davon ab, wo die *vertragliche Leistung* angeboten wird. Im Großen und Ganzen ist entscheidend, wo das Vertragsangebot stattfindet. Art. 3 Abs. 2 DSGVO wird daher für Unternehmen relevant, die *Kunden im EU-Binnenmarkt* anvisieren. Unternehmen sollten bedenken, dass die Nationalität ihrer Kunden dabei irrelevant ist, solange sich diese in der EU befinden (siehe Abschn. 2.3.2.3). Darüber hinaus sind sie möglicherweise zur Bestellung eines Vertreters in der EU verpflichtet (siehe Abschn. 4.3.8), der als Anlaufstelle für betroffene Personen und Aufsichtsbehörden fungieren soll.

2.3.2.1 Das Anbieten von Waren oder Dienstleistungen in der EU

Gemäß Art. 3 Abs. 2 lit. a DSGVO fallen Datenverarbeitungen, die mit dem Anbieten von Waren oder Dienstleistungen in der EU zusammenhängen, unabhängig davon, ob für die Ware oder Dienstleistung ein Entgelt zu entrichten ist, in den territorialen Anwendungsbereich der DSGVO. Dies wird vor allem Auswirkungen auf internationale Konzerne haben, die derartige Dienste über das Internet anbieten.[76] Um festzustellen, ob Waren oder Dienstleistungen auf den EU-Binnenmarkt ausgerichtet sind, ist zu prüfen, ob der Verantwortliche/Auftragsverarbeiter mit seinen Angeboten explizit Kunden in einem oder mehreren EU-Mitgliedstaaten ansprechen möchte.[77] Beispielsweise richtet ein australisches Unternehmen seine Waren oder Dienstleistungen nicht spezifisch auf Kunden in Großbritannien oder Irland aus nur weil seine Website auf Englisch verfügbar ist. Dem fraglichen Unternehmen muss es darauf ankommen, *europäische Kunden anzusprechen*. Die bloße Zugänglichkeit einer Website, einer E-Mail-Adresse oder anderer Kontaktdaten oder die Verwendung einer Sprache, die auch in dem Drittland, in dem das fragliche Unternehmen etabliert ist, gebräuchlich ist, reicht nicht aus, um ihm derartige Geschäftsabsichten zu unterstellen.[78] Dennoch können *Indizien* dafür, dass europäische Kunden angesprochen werden sollen, die folgenden sein:[79]

- Die Verwendung einer Sprache die in einem oder mehreren EU-Mitgliedstaaten hauptsächlich gesprochen wird; oder
- Die akzeptierten Währungen (v.a. der Euro); oder

---

[76] Barlag, in: Roßnagel, DSGVO, Anwendungsbereich (2017), Rn. 18
[77] ErwGr. 23 DSGVO
[78] ErwGr. 23 DSGVO
[79] Die folgenden Beispiele entstammen (teilweise) ErwGr. 23 DSGVO; sowie EuGH, Entscheidung vom 7. Dezember 2010, Alpenhof, verbundene Fälle C-585/08 und C-144/09, ErwGr. 80–84

- Die Erwähnung von Kunden oder Nutzern in der EU; oder
- Die Möglichkeit der Lieferung in einen oder mehrere EU-Mitgliedstaaten; oder
- Der Domainname der Website bezieht sich auf einen oder mehrere EU-Mitgliedstaaten („xxx.com/de", „xxx.es", ...).

> **Beispiel**
> **Ein Unternehmen in einem Drittland bietet Waren in EU-Mitgliedstaaten an**

Das australische Unternehmen H betreibt einen Online-Shop. Das Unternehmen hat keine Tochtergesellschaften oder Vertreter im Ausland und der Online-Shop ist nur in englischer Sprache verfügbar. H speichert Kundendaten. Zahlungen werden in Australischen Dollar sowie in Euro akzeptiert und Lieferungen sind auch nach Deutschland, Frankreich und Italien möglich. Sobald Kunden aus diesen EU-Mitgliedstaaten H's Website aufrufen, werden sie von der Domain „H.au" auf „H.com/de"; „H.com/fr", etc. umgeleitet.

In diesem Beispiel erlauben die spezifischen Domainnamen für europäische Kunden, die Möglichkeit der Zahlung in Euro, sowie die Möglichkeit der Lieferung in ausgewählte EU-Mitgliedstaaten den Schluss, dass H seine Waren Kunden in der EU anbietet. Die DSGVO ist aus diesem Grund anwendbar.

> **Beispiel**
> **Ein Unternehmen in einem Drittland bietet Dienstleistungen in EU-Mitgliedstaaten an**

US-Unternehmen I betreibt ein Portal für Peer-to-Peer-Vermietungen von Ferienwohnungen. Über I's Website können Nutzer aus der ganzen Welt ihre Wohnungen an Touristen vermieten. Um eine Wohnung über I's Website anbieten zu können muss jeder Nutzer einen Benutzerkonto einrichten und eine Reihe von Informationen zur Verfügung stellen, wie den eigenen Namen sowie die Adresse der Wohnung. I speichert diese Nutzerdaten. Wenn eine Person I's Website aufruft, wird sie anhand ihrer IP-Geolokalisierungsdaten zu einer lokal angepassten Website umgeleitet. Wenn beispielsweise ein Nutzer aus „Frankreich" die Website aufruft, erscheint sie auf französischer Sprache und der Domainname ändert sich von „I.com" zu „I.com/fr". Die Mietpreise werden dann in Euro und nicht in US Dollar angezeigt.

In diesem Beispiel legen verschiedene Indizien den Schluss nahe, dass I Nutzer in der EU ansprechen möchte: die Möglichkeit zum Wechseln der Sprache und der angezeigten Währung in solche, die in EU-Mitgliedstaaten üblich sind und die veränderten Domainnahmen deuten darauf hin, dass I (auch) Kunden in der EU ansprechen möchte. Daher ist die DSGVO anwendbar.

2.3.2.2 Beobachtung des Verhaltens europäischer Kunden

Gemäß Art. 3 Abs. 2 lit. b DSGVO fällt jede Datenverarbeitung in den räumlichen Anwendungsbereich der DSGVO, die damit im Zusammenhang steht das in der

EU stattfindende Verhalten von Kunden zu überwachen. Um zu bestimmen, ob ein Verhalten als „Beobachtung" im Sinne dieser Bestimmung zu qualifizieren ist, muss festgestellt werden, ob die Online-Aktivitäten von Personen nachverfolgt werden. Dies betrifft auch die potenzielle Nutzung von Datenverarbeitungstechniken, die im *Profiling* des Verhaltens von Personen bestehen.[80] Eine „Beobachtung" liegt insbesondere vor, wenn die Verarbeitung stattfindet, um Entscheidungen über die betroffene Person zu treffen oder um ihre Präferenzen, Verhaltensweisen und Meinungen zu analysieren oder vorherzusagen.[81]

Kurz gesagt wird jede Art von *Web-Tracking* als Beobachtung einzustufen sein, beispielsweise über Cookies oder Social Media Plug-Ins.[82] Web-Tracking-Tools ermöglichen es Website-Betreibern das Verhalten der Website-Nutzer zu analysieren, z. B. durch Erhebungen darüber, für wie lange, wie oft oder auf welche Weise (z. B. durch eine Suchmaschine oder aufgrund einer Online-Werbung) die Website besucht wurde. Normalerweise wird das Analyse-Tool einen *Cookie* mit einer einmaligen ID auf dem Computer des Website-Nutzers speichern. Diese ID wird von dem Tool verwendet, um den Browser des jeweiligen Nutzers zu identifizieren, sobald dieser die Website wieder aufruft und um auf diese Weise sein Verhalten systematisch zu analysieren. Profiling kann auf ganz unterschiedliche Art und Weise und mithilfe verschiedener Tools erfolgen. In dieser Hinsicht ist zu beachten, dass auch ohne Cookies der Browser eines Nutzers den Website-Betreibern erlauben könnte, die betroffene Person zu identifizieren und so ihr Verhalten zu beobachten: jeder Browser überträgt unweigerlich eine Anzahl von Daten beim Zugriff auf eine Website an den Betreiber, um eine optimierte Anzeige der jeweiligen Website zu ermöglichen, wie beispielsweise die Art und Version des Browsers und des Betriebssystems, installierte Plug-Ins (z. B. Flash Plug-In), Sprach-, Header- und Cookie-Einstellungen, die verwendete Monitorauflösung und die Zeitzone.[83] Diese Daten erlauben es dem Website-Betreiber, einen einzigartigen *Browser-Fingerprint* zu erzeugen, welcher, in Kombination mit zusätzlichen Informationen wie IP-Adressen, eine Identifikation der Nutzer ermöglicht, sobald diese die betreffende Website erneut besuchen.[84]

Beispiel

Das in Hong Kong niedergelassene Unternehmen J vertreibt Möbel und Wohnaccessoires online. Die Produkte können nur in US Dollar bezahlt werden und eine Lieferung nach Europa wird nicht angeboten. Allerdings möchte J den europäischen Markt analysieren, da J eine Geschäftserweiterung in Betracht zieht. Jeder, der J's Website aufruft, muss sich mit der Verwendung von Cookies einverstanden erklären und J analysiert die IP-Geolokalisationsdaten um zu bestimmen, in welchem Land sich der jeweilige Website-Nutzer befindet. J verarbeitet

---

[80] ErwGr. 24 DSGVO
[81] ErwGr. 24 DSGVO
[82] Schantz, NJW 2016, 1841, 1842; Hornung, ZD 2012, 99, 102
[83] Alich/Voigt, CR 2012, 344, 345
[84] Alich/Voigt, CR 2012, 344, 346–347

die gewonnenen Daten um herauszufinden, wie viele europäische Nutzer aus welchen EU-Mitgliedstaaten die Website aufrufen und für welche Produkte sie sich hauptsächlich interessieren.

In diesem Beispiel verwendet J Web-Tracking-Tools, um die Präferenzen der europäischen Nutzer zu analysieren. Aus diesem Grund ist die DSGVO auf J anwendbar.

2.3.2.3 Zeitpunkt des Aufenthalt der betroffenen Personen in der EU

Angesichts einer globalen Wirtschaft verlieren Merkmale wie Nationalität und Wohnort an Bedeutung für die Anwendbarkeit von Datenschutzvorschriften und der *Ort, an dem sich eine Person aufhält*, wird zum entscheidenden Anknüpfungspunkt. Daher bezieht sich auch Art. 3 Abs. 2 DSGVO auf betroffene Personen „in der Union" bzw. „ihr Verhalten in der Union". Allerdings ist klarstellungsbedürftig, zu welchem Zeitpunkt sich ein Betroffener in der EU aufhalten muss, um vom Schutz durch die DSGVO profitieren zu können. Der Wortlaut von Art. 1 Abs. 1 DSGVO liefert darauf keinerlei Hinweise. Möglicherweise könnte der Zeitpunkt der Datenverarbeitung selbst für die Anwendbarkeit der DSGVO entscheidend sein.[85] Daraus würde sich ergeben, dass ein EU-Bürger, der sich z. B. in den USA im Urlaub befindet, für Verarbeitungen, die im Zeitraum seiner Reise stattfinden, nicht vom Schutz durch die DSGVO profitieren kann.[86] Da diese Auslegung dem gesetzgeberischen Zweck der Maximierung des Datenschutzes wohl nicht gerecht werden kann, scheint es sachgerechter, dass der *Zeitpunkt der Datenerhebung* (in einem weiten Verständnis) entscheidend sein soll.[87] Auf diese Weise, müssen alle der Erhebung nachfolgenden Datenverarbeitungsschritte den Anforderungen der DSGVO entsprechen, unabhängig davon, wo sich die betroffene Person jeweils geografisch zum Verarbeitungszeitpunkt aufhält.[88]

2.4 Anwendungsbereich des BDSG-neu

Wie in den vorherigen Abschnitten dargestellt (siehe Abschn. 2.1 bis Abschn. 2.3), regelt die DSGVO umfassend den sachlichen, persönlichen und räumlichen Anwendungsbereich des neuen Datenschutzrechts. Die Rechtsform der Verordnung lässt *keinen Spielraum für gesetzliche Beschränkungen oder Erweiterungen* dieser Vorschriften.[89] Aus diesem Grund erscheint es zunächst überraschend, dass § 1 BDSG-neu umfassend den Anwendungsbereich des Gesetzes regelt.[90] Die Vorschrift dient

---

[85] Albrecht, CR 2016 88, 90; Plath, in: Plath, BDSG/DSGVO, Art. 3 (2016), Rn. 14

[86] Plath, in: Plath, BDSG/DSGVO, Art. 3 (2016), Rn. 14

[87] In diese Richtung gehend argumentiert Plath, in: Plath, BDSG/DSGVO, Art. 3 (2016), Rn. 14

[88] Plath, in: Plath, BDSG/DSGVO, Art. 3 (2016), Rn. 14

[89] Siehe Abschn. 1.1.3; Ruffert, in: Calliess/Ruffert, EUV/AEUV, Art. 288 AEUV (2016) Rn. 19 f.;

[90] Teilweise wird der Verordnungstext wiedergegeben, was im Hinblick auf das europarechtliche Normwiederholungsverbot in der Kritik stand: Bundesrat (2017) Beschlussdrucksache 110/17(B), 4 f.; a.A. Greve, NVwZ 2017, 737, 743

2.4 Anwendungsbereich des BDSG-neu

jedoch dazu, die Rechtslage im Hinblick auf das *Zusammenspiel* der drei verschiedenen *datenschutzrechtlichen Regelungsbereiche in Deutschland* klarzustellen:

- die DSGVO,
- das BDSG-neu, und
- bereichsspezifische nationale Regelungen zum Datenschutz, die nicht im BDSG-neu enthalten sind.[91]

Aufgrund ihrer unmittelbaren Geltung und dem europarechtlichen Anwendungsvorrang gehen die Regelungen der DSGVO, soweit nicht eine Ausformung durch Öffnungsklauseln gestattet ist, denen des BDSG-neu vor (§ 1 Abs. 5 BDSG-neu), wobei auch *bereichsspezifische nationale Datenschutzregelungen* die entsprechenden Regelungen des *BDSG-neu grundsätzlich verdrängen* (§ 1 Abs. 2 BDSG-neu).

Das BDSG-neu gilt für Datenverarbeitungen durch öffentliche und durch nicht-öffentliche Stellen, § 1 Abs. 1, 4 BDSG-neu. Weil mit dem BDSG-neu auch eine europäische Richtlinie[92] umgesetzt wird, die maßgeblich öffentliche Stellen betrifft, beziehen sich auch zahlreiche Normen des BDSG-neu spezifisch auf öffentliche Stellen. Das Gesetz enthält daher *nur teilweise für Privatunternehmen relevante* Regelungen.

Das BDSG-neu soll auf Privatunternehmen Anwendung finden:

- die als Verantwortlicher oder Auftragsverarbeiter personenbezogene Daten in Deutschland verarbeiten;
- bei denen Datenverarbeitungen im Rahmen der Tätigkeiten einer deutschen Niederlassung des Verantwortlichen oder Auftragsverarbeiters erfolgen; oder
- die als Verantwortliche oder Auftragsverarbeiter zwar keine Niederlassung in der EU oder im EWR haben, aber dennoch in den Anwendungsbereich der DSGVO fallen, weil sie mit ihren Tätigkeiten Kunden auf dem deutschen Markt anvisieren.[93]

Über diese Regelung wird der *territoriale Anwendungsbereich* des BDSG-neu umgrenzt. Eine ausdrückliche *Kollisionsregel* für Fälle, in denen neben dem BDSG-neu auch *nationale DSGVO-Umsetzungsgesetze anderer Mitgliedstaaten* potenziell zur Anwendung gelangen, ist allerdings nicht vorgesehen. Die gleichzeitige Anwendbarkeit mehrerer nationaler DSGVO-Umsetzungsgesetze wird für grenzüberschreitend agierende Unternehmen allerdings künftig ein alltägliches Problem darstellen.

---

[91] Greve, NVwZ 2017, 737, 738

[92] Richtlinie (EU) 2016/680 des Europäischen Parlaments und des Rates vom 27. April 2016 zum Schutz natürlicher Personen bei der Verarbeitung personenbezogener Daten durch die zuständigen Behörden zum Zweck der Verhütung, Ermittlung, Aufdeckung oder Verfolgung von Straftaten oder der Strafvollstreckung sowie zum freien Datenverkehr und zur Aufhebung des Rahmenbeschlusses 2008/977/JI des Rates

[93] Bundestag (2017) Drucksache 18/11325, 79 f.; § 1 Abs. 4 Nr. 1–3 BDSG-neu

So ist es bspw. denkbar, dass ein nicht-europäisches Unternehmen mit seinen Verarbeitungstätigkeiten sowohl den deutschen als auch den österreichischen Markt anvisiert. Aus dem Anwendungsvorrang des Europarechts resultiert in diesem Fall zunächst die Anwendbarkeit der DSGVO. Dies vereinfacht jedoch nicht die Rechtslage im Bereich der Öffnungsklauseln, die die Schaffung nationaler Bestimmungen durch die EU-Mitgliedstaaten ausdrücklich zulassen. Zur Umsetzung dieses gesetzgeberischen Gestaltungsspielraums wurde auch das BDSG-neu geschaffen, welches gemäß § 1 Abs. 4 Nr. 3 BDSG-neu in diesem Fall zur Anwendung gelangen würde. Sähe das österreichische DSGVO-Umsetzungsgesetz dann eine vergleichbare Anwendbarkeitsregelung vor, wären beide nationalen Gesetze von dem betroffenen Unternehmen nebeneinander anzuwenden.[94] Damit wird zumindest im Bereich der Öffnungsklauseln das komplizierte Geflecht aus nationalen Besonderheiten und unterschiedlichen nationalen Anforderungen an eine rechtmäßige Datenverarbeitung aufrechterhalten. Die Problematik fehlender oder nicht hinreichend klarer Kollisionsregelungen in den nationalen Umsetzungsgesetzen dürfte in Anbetracht der mit der DSGVO angestrebten Vollharmonisierung damit künftig erheblichen Diskussionsbedarf auslösen.[95]

Referenzen

Albrecht JP (2016) Das neue EU-Datenschutzrecht – von der Richtlinie zur Verordnung. CR 32(2):88–98

Alich S, Voigt P (2012) Mitteilsame Browser – Datenschutzrechtliche Bewertung des Trackings mittels Browser-Fingerprints. CR 28(5):344–348

Art.-29-Datenschutzgruppe (2007) Stellungnahme 4/2007 zum Begriff „personenbezogene Daten", WP 136 (zitiert nach englischem Original)

Art.-29-Datenschutzgruppe (2010) Stellungnahme 1/2010 zu den Begriffen „für die Verarbeitung Verantwortlicher" und „Auftragsverarbeiter", WP 169 (zitiert nach englischem Original)

Art.-29-Datenschutzgruppe (2014) Stellungnahme 5/2014 zu Anonymisierungstechniken, WP 216 (zitiert nach englischem Original)

Barlag C (2017) Anwendungsbereich der Datenschutz-Grundverordnung. In: Roßnagel A (Hrsg.) Europäische Datenschutz-Grundverordnung, Vorrang des Unionsrechts – Anwendbarkeit des nationalen Rechts, 1. Aufl. Nomos, Baden-Baden

Bergt M (2015) Die Bestimmbarkeit als Grundproblem des Datenschutzrechts – Überblick über den Theorienstreit und Lösungsvorschlag. ZD 5(8):365–371

Blume P (2015) The Data Subject. EDPL 1(4):258–264

Buchner B (2016) Grundsätze und Rechtmäßigkeit der Datenverarbeitung unter der DSGVO. DuD 40(3):155–161

Bundesrat (2017) Beschlussdrucksache 110/17(B)

Dammann U (2014) § 3 BDSG. In: Simitis S (Hrsg) Bundesdatenschutzgesetz, 8. Aufl. Nomos, Baden-Baden

Deutscher Bundestag (2017) Drucksache 18/11325

Dovas M-U (2016) Joint Controllership – Möglichkeiten oder Risiken der Datennutzung? ZD 6(11):512–517

---

[94] Siehe auch Karg, ZD 2013, 371, 373
[95] Siehe auch Karg, ZD 2013, 371, 373

Ernst S (2017) Art. 2, 4 DSGVO. In: Paal BP, Pauly DA (Hrsg) Beck'sche Kompaktkommentare Datenschutz-Grundverordnung, 1. Aufl. C.H. Beck, München

Gola P, Wronka G (Hrsg) (2013) Handbuch zum Arbeitnehmerdatenschutz, 6. Aufl. DATAKONTEXT GmbH, Frechen

Gola P, Klug C, Körffer B (2015) § 11 BDSG. In: Gola P, Schomerus R (Hrsg) Bundesdatenschutzgesetz Kommentar, 12. Aufl. C.H. Beck, München

Greve H (2017) Das neue Bundesdatenschutzgesetz. NVwZ 36(11):737–744

Herbst T (2016) Was sind personenbezogene Daten? NVwZ 35(13):902–906

Hornung G (2012) Eine Datenschutz-Grundverordnung für Europa? – Licht und Schatten im Kommissionsentwurf vom 25.1.2012. ZD 2(3):99–106

Karg M (2013) Anwendbares Datenschutzrecht bei Internet-Diensteanbietern – TMG und BDSG vs. Konzernstrukturen? ZD 3(8):371–375

Kartheuser I, Schmitt F (2016) Der Niederlassungsbegriff und seine praktischen Auswirkungen. ZD 6(4):155–159

Laue P, Nink J, Kremer S (Hrsg) (2016) Einführung. In: Das neue Datenschutzrecht in der betrieblichen Praxis, 1. Aufl. Nomos, Baden-Baden

Piltz C (2016) Die Datenschutz-Grundverordnung. K&R (9):557–567

Plath K-U (Hrsg) (2016) Art. 2, 3 DSGVO. In: BDSG/DSGVO, 2. Aufl. Verlag Dr. Otto Schmidt, Köln

Ruffert M (2016) Art. 288 AEUV. In: Calliess C, Ruffert M (Hrsg) EUV/AEUV, 5. Aufl. C.H. Beck, München

Schantz P (2016) Die Datenschutz-Grundverordnung – Beginn einer neuen Zeitrechnung im Datenschutzrecht. NJW 69(26):1841–1847

Schild HH (2016) Art. 4 DSGVO. In: Wolff HA, Brink S (Hrsg) Beck'scher Online-Kommentar Datenschutzrecht, 18. Aufl. C.H. Beck, München

Schreiber L (2016) Art. 4 DSGVO. In: Plath K-U (Hrsg) BDSG/DSGVO, 2. Aufl. Verlag Dr. Otto Schmidt, Köln

Voigt P (2009) Datenschutz bei Google. MMR 12(6):377–382

Von Dem Bussche AF, Voigt P (Hrsg) (2014) Auftragsdatenverarbeitung im Konzern. In: Konzerndatenschutz Rechtshandbuch, 1. Aufl. C.H. Beck, München

Wybitul T, Schultze-Melling J (2014) Datenschutz im Unternehmen: Handbuch, 2. Aufl. Fachmedien Recht und Wirtschaft, Frankfurt am Main

Anforderungen an die Datenschutzorganisation   3

Die DSGVO führt Haftungserweiterungen und erhöhte Bußgelder ein (siehe Kap. 7). Deshalb sollten Unternehmen besonders gewissenhaft bei der Anpassung ihrer Datenschutzmaßnahmen vorgehen, um den erhöhten Schutzstandards gerecht zu werden. Viele Unternehmen werden erhebliche Anstrengungen unternehmen müssen, um ein Datenschutz-Managementsystem zu implementieren, welches den Anforderungen der DSGVO entspricht. Jedoch wird die EU-weite Harmonisierung der Datenschutzregeln die unternehmensinterne Datenschutzorganisation zukünftig auch erleichtern.

Die DSGVO verfolgt einen *risikobasierten Ansatz* in Bezug auf das zu garantierende Datenschutzniveau. Die nachfolgenden Abschnitte enthalten Einzelheiten zu den verschiedenen organisatorischen Anforderungen nach der DSGVO für Verantwortliche und – in eingeschränktem Maße – auch für Auftragsverarbeiter.

3.1 Rechenschaftspflicht

Während die EG-Datenschutzrichtlinie eine Rechenschaftspflicht nicht ausdrücklich vorsah, führt die DSGVO dieses *Grundprinzip* in Art. 5 Abs. 2 DSGVO ein. Danach obliegt die *Verantwortlichkeit für die Einhaltung der Vorgaben der DSGVO* in Bezug auf die Verarbeitungstätigkeiten sowie die *Pflicht zum Nachweis dieser Einhaltung* dem *Verantwortlichen*.

Das Prinzip der Rechenschaftspflicht besteht aus zwei Elementen:

1. Die Verpflichtung des Verantwortlichen, die *Einhaltung der DSGVO sicherzustellen*; und
2. Die *Befähigung* des Verantwortlichen, diese *Einhaltung* gegenüber den Aufsichtsbehörden *nachzuweisen*.

Verpflichtung, die Einhaltung der DSGVO sicherzustellen
Die allgemeine Rechenschaftspflicht ist *direkt durchsetzbar* und ihre Verletzung kann mit Bußgeldern von bis zu EUR 20.000.000,00 bzw. bis zu 4 % des weltweiten Jahresumsatzes geahndet werden (Art. 83 Abs. 5 lit. a DSGVO, siehe Abschn. 7.3). Die drohenden Bußgelder sollen den Druck auf Verantwortliche erhöhen, geeignete Datenschutzmaßnahmen zu ergreifen. Das Prinzip wird durch die verschiedenen materiellen und organisatorischen Datenschutzverpflichtungen nach der DSGVO genauer spezifiziert (siehe Kap. 3 und 4).[1] In diesem Zusammenhang soll darauf hingewiesen werden, dass auch Auftragsverarbeiter eigene, durchsetzbare Verpflichtungen aus der DSGVO treffen (siehe Abschn. 3.10 für Einzelheiten).

Das Rechenschaftsprinzip soll den Verantwortlichen für den Datenschutz sensibilisieren und seine Verpflichtung zur Einhaltung eines angemessenen Schutzniveaus stärken. Bevor der Verantwortliche Datenverarbeitungstätigkeiten aufnehmen möchte, muss er zur Einhaltung der DSGVO-Anforderungen angemessene technische und organisatorische Maßnahmen umsetzen.[2] Zu den geeigneten Maßnahmen gehören *interne Policies*, die Nutzung skalierbarer Programme zur Umsetzung von Datenschutzprinzipien und andere Maßnahmen, welche insbesondere die Prinzipien von „Datenschutz durch Technikgestaltung" und „durch datenschutzfreundliche Voreinstellungen" berücksichtigen.[3]

Fähigkeit, die Einhaltung der Vorgaben der DSGVO nachzuweisen
Aufgrund ihrer Rechenschaftspflicht müssen Verantwortliche bei entsprechenden Nachfragen dazu in der Lage sein, gegenüber den Aufsichtsbehörden die *Einhaltung der Vorgaben der DSGVO nachzuweisen*. Diese Pflicht umfasst ausdrücklich auch die Fähigkeit des Verantwortlichen, die Einhaltung der Verarbeitungsgrundsätze nach Art. 5 Abs. 1 DSGVO, wie den Grundsatz der Rechtmäßigkeit und Transparenz der Verarbeitung oder den Grundsatz der Datenminimierung (siehe Abschn. 4.1 für Einzelheiten), zu belegen. Weil die Verarbeitungsgrundsätze durch die verschiedenen materiellen und organisatorischen Pflichten der DSGVO weiter konkretisiert werden, müssen Unternehmen die Einhaltung auch dieser näher spezifizierten Vorgaben umfassend nachweisen können. Die *Verzeichnisse über Verarbeitungstätigkeiten* sind dabei eine wichtige Hilfestellung zur Erfüllung der Rechenschaftspflicht, da sie Details zu den Datenflüssen des Unternehmens enthalten (siehe Abschn. 3.4). Ein gewissenhaftes Führen der Verzeichnisse ist folglich unentbehrlich. Letzteres ergibt sich bereits daraus, dass die Verzeichnisse auf entsprechende Nachfrage hin den Aufsichtsbehörden vorzulegen sind. Sie dienen insofern auch der Überprüfung der Verarbeitungstätigkeiten des Unternehmens.[4] Ein Datenschutz-Managementsystem, sofern dessen Einführung im Unternehmen

---

[1] Siehe auch Art.-29-Datenschutzgruppe, WP 173 (2010b), S. 8
[2] Schantz, in: Wolff/Brink, BeckOK, Art. 5 DSGVO (2017), Rn. 38; Art.-29-Datenschutzgruppe, WP 173 (2010b), S. 11–12, 19
[3] ErwGr. 78 DSGVO; Art.-29-Datenschutzgruppe, WP 173 (2010b), S. 3–4
[4] ErwGr. 82 DSGVO

verhältnismäßig ist, kann ebenfalls für die Erfüllung der Rechenschaftspflicht hilfreich sein. Ein solches System ermöglicht die Überwachung und Dokumentation der stattfindenden Verarbeitungstätigkeiten (siehe Abschn. 3.2.1). Zudem sollten Unternehmen von der Expertise des Datenschutzbeauftragten, sofern ein solcher benannt wurde, profitieren und seinen Ratschlag hinsichtlich der bestmöglichen Erfüllung der Rechenschaftspflicht einholen. Obwohl Art. 5 Abs. 2 DSGVO keine formellen Anforderungen an die Erfüllung der Rechenschaftspflicht stellt, ist eine Verschriftung grundsätzlich empfehlenswert.[5] Der Verantwortliche sollte interne Policies schaffen und Maßnahmen umsetzen, die den Nachweis der Einhaltung der DSGVO gewährleisten.

Die Befähigung zum Nachweis ist für Unternehmen von besonderer Relevanz im Hinblick auf die hohen drohenden Bußgelder für Verstöße gegen die DSGVO von bis zu EUR 20,000,000 bzw. bis zu 4 % des weltweiten Jahresumsatzes (siehe Abschn. 7.3).

3.2 Allgemeine Pflichten

Die allgemeinen Datenschutzpflichten von Verantwortlichen und Auftragsverarbeitern werden in den Art. 24 bis 31 DSGVO dargelegt. Die meisten dieser Vorschriften greifen bereits unter der EG-Datenschutzrichtlinie bestehende Verpflichtungen wieder auf. Dennoch werden auch einige neue Pflichten eingeführt, wie z. B. die Pflicht zum Führen von Verzeichnissen über Verarbeitungstätigkeiten (Art. 31 DSGVO).[6]

3.2.1 Verantwortlichkeit, Haftung und allgemeine Pflichten des Verantwortlichen

Art. 24 DSGVO sieht als allgemeine Regel die datenschutzrechtliche Verantwortlichkeit und *Haftung des Verantwortlichen* für jede Datenverarbeitungstätigkeit vor, die von ihm oder in seinem Auftrag ausgeführt wird. Als Konsequenz daraus ist er zur Umsetzung *geeigneter technischer und organisatorischer Maßnahmen* verpflichtet, um sicherzustellen und nachweisen zu können, dass die Verarbeitung in Einklang mit der Verordnung erfolgt, Art. 24 Abs. 1 DSGVO. Besagte Maßnahmen sollten unter Berücksichtigung der Art, des Umfangs, der Umstände und des Zwecks der Datenverarbeitung, sowie der Schwere der Risiken für die Rechte und Freiheiten der Betroffenen getroffen werden.[7] Die Datenschutz-Folgenabschätzung (siehe Abschn. 3.5) unterstützt bei der Bestimmung, welche Maßnahmen ergriffen werden sollten, um diesen Anforderungen gerecht zu werden.

---

[5] Herbst, in: Kühling/Buchner, DSGVO, Art. 5 (2017), Rn. 80
[6] Eine vergleichbare Pflicht zum Führen einer Verfahrensübersicht war im deutschen Datenschutzrecht bereits in §§ 4 g Abs. 2, 4e Satz 1 BDSG-alt vorgesehen.
[7] ErwGr. 74 DSGVO

Datenschutz-Managementsystem

Gemäß Art. 24 Abs. 2 DSGVO müssen die Maßnahmen des Verantwortlichen die Anwendung geeigneter Datenschutzvorkehrungen umfassen, sofern dies in einem angemessenen Verhältnis zu den durchgeführten Verarbeitungstätigkeiten steht. Diese Pflicht kann über die Einführung eines *risikobasierten* Datenschutz-Managementsystems erfüllt werden. Ein Datenschutz-Managementsystem kann dazu beitragen, angemessene technische und organisatorische Maßnahmen zur Erreichung des von der DSGVO vorgesehenen Datenschutzniveaus umzusetzen. Nichtsdestotrotz müssen Unternehmen abwägen, ob die Einführung eines Datenschutz-Managementsystems für sie verhältnismäßig ist, da dessen Einführung einen nicht unerheblichen Aufwand erfordert.

Ein Datenschutz-Managementsystem ist ein *internes Compliance-System*, welches die Erfüllung datenschutz- und sicherheitsbezogener Pflichten innerhalb des Unternehmens sicherstellt.[8] Angesichts der potenziellen Haftung für die Verletzung von Datenschutzpflichten ist eine gewissenhafte Implementierung von Datenschutzstandards innerhalb des Unternehmens unerlässlich und liegt nicht zuletzt im Hinblick auf drohende Bußgelder auch im wirtschaftlichen Interesse des Unternehmens.[9] Ein Datenschutz-Managementsystem besteht typischerweise aus einem IT-Sicherheitskonzept, welches die technische und organisatorische Ausführung und Sicherung von Datenverarbeitungstätigkeiten umsetzt und überwacht sowie diese Tätigkeiten dokumentiert, um die Vorgaben der DSGVO zu erfüllen.[10] Strukturell unterscheidet sich ein Datenschutz-Managementsystem grundsätzlich nicht von anderen Managementsystemen, wie z. B. Systemen zum Qualitätsmanagement oder zur Informationssicherheit.[11] Daher kann das Datenschutz-Managementsystem auf *vertrauten bzw. bereits vorhandenen Strukturen basieren.*

Ein zentrales Datenschutz-Managementsystem kann dazu beitragen, zusätzliche Kosten und Arbeitsaufwand zu vermeiden. Unternehmen können die *Synergien* nutzen, die ein solches System bieten kann, sei es für die Entwicklung von Schutzkonzepten, die Durchführung von Datenschutztrainings für Mitarbeiter oder die Erstellung von Berichten und Dokumentationen.[12] Der Datenschutzbeauftragte, falls benannt (siehe Abschn. 3.6), könnte im Mittelpunkt des Datenschutz-Managementsystems stehen und als Ansprechpartner für Betroffene und Aufsichtsbehörden agieren.[13] Angesichts der verschärften Datenschutzverpflichtungen nach der DSGVO sowie der erhöhten Bußgelder, sollten Verantwortliche die Einführung eines Datenschutz-Managementsystems ernsthaft in Betracht ziehen. Je größer ein Unternehmen und seine Komplexität, desto nützlicher und verhältnismäßiger dürfte die Einführung eines Datenschutz-Managementsystems sein.

---

[8] Siehe auch Scholz, in: Simitis, BDSG, § 3a (2014), Rn. 44
[9] Wybitul, CCZ 2016, 194, 198
[10] Laue/Nink/Kremer, Datenschutzrecht, Technischer Datenschutz (2016), Rn. 30
[11] Siehe auch Egle/Zeller, in: v.d.Bussche/Voigt Konzerndatenschutz, Datenschutzmanagement (2014), Rn. 5
[12] Siehe auch Egle/Zeller, in: v.d.Bussche/Voigt, Konzerndatenschutz, Datenschutzmanagement (2014), Rn. 4
[13] Wichtermann, ZD 2016, 421, 422

Der Verantwortliche sollte angesichts seiner *Rechenschaftspflicht* in Bezug auf ein angemessenes Datenschutzniveau gemäß Art. 5 Abs. 2 DSGVO (siehe Abschn. 3.1) in jedem Fall in der Lage sein, die Einhaltung der Vorschriften der Verordnung nachzuweisen. Aus diesem Grund muss das unternehmensinterne Datenschutz-Management ihn in die Lage versetzen können, die *Rechtmäßigkeit* der Verarbeitungstätigkeiten *zu dokumentieren*, vor allem durch das Führen von Verarbeitungsverzeichnissen (siehe Abschn. 3.4).

3.2.2 Die Verteilung von Verantwortlichkeiten zwischen gemeinsam für die Verarbeitung Verantwortlichen („Joint controllers")

Wie zuvor erwähnt, hat der EU-Gesetzgeber das Konzept der "gemeinsam für die Verarbeitung Verantwortlichen" („Joint controllers") in Art. 26 DSGVO eingeführt, um eine *klare Zuteilung der Verantwortlichkeiten* zu erreichen.[14] Betroffene Personen dürfen bezüglich des Schutzes ihrer personenbezogenen Daten nicht schlechter gestellt werden, sobald sie mit einer Mehrzahl datenverarbeitender Unternehmen konfrontiert sind.[15] Gemeinsam Verantwortliche können die Zwecke der Verarbeitung gemeinsam festlegen mit der Konsequenz, dass sie gleichermaßen für den Datenschutz verantwortlich sind. Sie können den Prozess aber auch aufteilen und getrennt Verantwortung für die jeweiligen Verarbeitungsschritte übernehmen. Dies kann bei verbundenen Unternehmen in einer Konzernstruktur der Fall sein, die sich die Verantwortung teilen. Die gemeinsam Verantwortlichen können eine sehr enge Beziehung (z. B. gemeinsam alle Zwecke und Mittel der Verarbeitung festlegen) oder eine weniger enge Beziehung haben (z. B. teilweise die Verarbeitungszwecke gemeinsam festlegen).[16] Allerdings führt die bloße Tatsache, dass verschiedene Unternehmen im Rahmen der Datenverarbeitung zusammenarbeiten nicht zwingend dazu, dass es sich bei ihnen um gemeinsam Verantwortliche handelt; ein Austausch von Daten zwischen verschiedenen Beteiligten ohne gemeinsame Zwecke oder Verarbeitungsmittel kann auch lediglich einen bloßen Datentransfer zwischen verschiedenen Verantwortlichen darstellen.[17]

3.2.2.1 Die Beziehung zwischen gemeinsam für die Verarbeitung Verantwortlichen

Als gemeinsam Verantwortliche i. S. d. Art. 26 DSGVO müssen

- Zwei oder mehr *Verantwortliche*
- *Gemeinsam* die Zwecke und Mittel der Verarbeitung *festlegen*.

---

[14] ErwGr. 79 DSGVO
[15] Dovas, ZD 2016, 512, 514
[16] Siehe auch Art.-29-Datenschutzgruppe, WP 169 (2010a), S. 19
[17] Siehe auch Art.-29-Datenschutzgruppe, WP 169 (2010a), S. 19

Jedes beteiligte Unternehmen muss eigenständig als Verantwortlicher i. S. d. DSGVO angesehen werden können (siehe Abschn. 2.2.1). Zudem müssen die Verantwortlichen im Hinblick auf die spezifischen Verarbeitungstätigkeiten auf eine solche Art und Weise *kooperieren*, dass sie entweder die Zwecke oder aber die wesentlichen Elemente hinsichtlich der Verarbeitungsmittel, die sie zu Verantwortlichen machen, gemeinsam festlegen.[18] *Objektive Kriterien* werden dafür ausschlaggebend sein, ob Unternehmen als gemeinsam Verantwortliche gelten. Es ist also unerheblich, ob sich die Verantwortlichen vertraglich zur Teilung der Verantwortung verpflichtet haben, solange sie dies tatsächlich tun.[19]

> **Beispiel**
>
> Unternehmen D ist ein Autohersteller. Um Elektroautos zu bewerben kooperiert D mit anderen Autoherstellern, den Unternehmen X, Y und Z, indem sie gemeinsam eine Werbe-Website erstellen, die Nutzerdaten (u. a. IP-Adressen) sammelt. D, X, Y und Z legen gemeinsam fest, welche und wessen Daten auf diese Weise verarbeitet werden sollen.
>
> In diesem Beispiel bestimmen D, X, Y und Z gemeinsam die Zwecke und Mittel der Datenverarbeitung und gelten damit als gemeinsam für die Verarbeitung Verantwortliche gem. Art. 26 DSGVO. Sie müssen eine Vereinbarung u. a. darüber treffen, wer welche Datenschutzpflichten zu erfüllen hat und die wesentlichen Punkte der Vereinbarung den Website-Nutzern zur Verfügung stellen.

> **Beispiel**
>
> Unternehmen B ist eine Fluggesellschaft. Um mehr Kunden zu gewinnen arbeitet B mit Unternehmen X zusammen, welches eine Plattform für Hotelbuchungen betreibt. Wenn ein Besucher auf X's Website nach einem Hotelzimmer sucht, werden ihm entsprechende Flugverbindungen von B vorgeschlagen. Hotelzimmer und Flug können dann zusammen gebucht werden. B und X legen gemeinsam wesentliche Mittel zur Datenverarbeitung fest, bspw. welche Daten für wie lang gespeichert werden sollen, um es beiden Unternehmen zu ermöglichen, die jeweiligen Elemente der Buchungen zu bestätigen, und wer zu diesem Zweck auf die Daten zugreifen kann.
>
> In diesem Beispiel bestimmen B und X gemeinsam den Zweck und die Mittel der Verarbeitung und verwenden die Daten, um ihren jeweiligen Teil der Buchung (Hotelzimmer/Flug) zu bestätigen. Aus diesem Grund sind B und X als gemeinsam für die Verarbeitung Verantwortliche i.S.d. Art. 26 DSGVO anzusehen. Sie müssen eine Vereinbarung u. a. darüber treffen, wer welche Datenschutzpflichten zu erfüllen hat und die wesentlichen Punkte der Vereinbarung den Plattform-Nutzern zur Verfügung stellen.

---

[18] Siehe auch Art.-29-Datenschutzgruppe, WP 169 (2010a), S. 19
[19] Dovas, ZD 2016, 512, 515

Gemeinsam für die Verarbeitung Verantwortliche haben *in transparenter Form* festzulegen, wer von ihnen welche Verpflichtungen nach der DSGVO erfüllt, insbesondere was die Wahrnehmung der Rechte der betroffenen Personen und die Erfüllung der Informationspflichten angeht, Art. 26 Abs. 1 Satz 2 DSGVO. Sie können eine *gemeinsame Anlaufstelle* für die betroffenen Personen festlegen, Art. 26 Abs. 1 Satz 3 DSGVO. All dies soll durch den *Abschluss einer Vereinbarung* erfolgen. In ihr soll festlegt werden, welcher der Verantwortlichen für die Erfüllung welcher Verpflichtungen aus der DSGVO, insbesondere der Informationspflichten, verantwortlich sein soll.[20] Soweit die Verantwortlichen eine solche Vereinbarung nicht treffen, drohen ihnen Bußgelder von bis zu EUR 10.000.000,00 oder bis zu 2 % des weltweiten Jahresumsatzes gem. Art. 83 Abs. 4 lit. a DSGVO.

3.2.2.2 Die Verpflichtungen der gemeinsam Verantwortlichen

Da jeder der gemeinsam Verantwortlichen als "Verantwortlicher" i.S.d. DSGVO gilt (siehe Abschn. 2.2.1), muss jeder von ihnen den entsprechenden Datenschutzverpflichtungen aus der Verordnung nachkommen. Das bedeutet, dass jeder Verantwortliche die verschiedenen organisatorischen und materiellen Anforderungen (siehe Kap. 3 und 4) der DSGVO einhalten muss und, demgemäß, der Datentransfer zwischen den gemeinsam Verantwortlichen ebenfalls rechtmäßig sein muss.

Zudem treffen gemeinsam Verantwortliche einige *zusätzliche Pflichten* nach der DSGVO:

- Wie soeben gezeigt, müssen die gemeinsam Verantwortlichen eine Vereinbarung zur *Verteilung der Verantwortlichkeiten* treffen.
- Jeder der gemeinsam Verantwortlichen muss seine Verpflichtungen unter der DSGVO, wie in diesem Kapitel dargestellt, entsprechend *der geschlossenen Vereinbarung* erfüllen.
- Die wesentlichen Punkte der Vereinbarung müssen den betroffenen Personen zur Verfügung gestellt werden. Dies kann bspw. durch eine Zugriffsmöglichkeit auf den Websites der Verantwortlichen erfolgen.

Die Erfüllung dieser Verpflichtungen könnte es erfordern, im Vorfeld eine umfangreiche *Datenschutz-Folgenabschätzung* durchzuführen (soweit anwendbar, siehe Abschn. 3.5), sowie, falls angemessen, die Einbindung eines *Datenschutz-Managementsystems* vorzunehmen (siehe Abschn. 3.2.1). Wo verschiedene Verantwortliche gemeinsam Daten verarbeiten, kann es angemessen und wirtschaftlich sinnvoll sein, einen erweiterten Untersuchungsumfang für die Datenschutz-Folgenabschätzung festzulegen.[21] Es bleibt zu beachten, dass, trotz der klaren Zuteilung von Verantwortlichkeiten zwischen den gemeinsamen Verantwortlichen, betroffene Personen ihre Rechte bei und gegenüber jedem der Verantwortlichen geltend machen können, Art. 26 Abs. 3 DSGVO.

---

[20] Plath, in: Plath, BDSG/DSGVO, Art. 26 DSGVO (2016), Rn. 5
[21] ErwGr. 92 DSGVO

3.2.2.3 Verpflichtung, den betroffenen Personen Informationen bereitzustellen

Da "das Wesentliche der Vereinbarung" zwischen den gemeinsam Verantwortlichen *den betroffenen Personen zur Verfügung zu stellen* ist (Art. 26 Abs. 2 Satz 2 DSGVO), sind verschiedene Aspekte für die Bereitstellung dieser Informationen zu berücksichtigen:[22]

- Obwohl eine *schriftliche Bereitstellung* der Informationen über die Vereinbarung nicht gesetzlich vorgeschrieben wird, ist sie dennoch sinnvoll, um Bußgelder zu vermeiden, indem die Verfügbarkeit der Vereinbarung für betroffene Personen auf diese Weise sichergestellt wird.
- Das Gebot der *Transparenz* unter der DSGVO sollte beim Zurverfügungstellen der Vereinbarung Beachtung finden. Jegliche Information gegenüber Betroffenen muss präzise, leicht zugänglich und verständlich sein und hat in klarer und einfacher Sprache und, wo angemessen, mithilfe visueller Elemente zu erfolgen.[23]
- *Kinder* werden von der DSGVO besonders geschützt. Sofern die Verarbeitungstätigkeiten (hauptsächlich) Kinder betreffen, müssen die Informationen so zur Verfügung gestellt werden, dass für Minderjährige verständlich ist, was mit ihren personenbezogenen Daten geschieht.

3.2.3 Zusammenarbeit mit den Aufsichtsbehörden

Gemäß Art. 31 DSGVO besteht eine grundsätzliche Verpflichtung zur Zusammenarbeit mit den Aufsichtsbehörden. Diese Verpflichtung trifft den Verantwortlichen, den Auftragsverarbeiter sowie, falls vorhanden, deren in der EU ansässige Vertreter. Diese Pflicht wird *durch andere Bestimmungen der DSGVO präzisiert* und soll die Kooperation mit den Aufsichtsbehörden stärken, z. B. durch Art. 30 Abs. 4 DSGVO (Zurverfügungstellen des Verzeichnisses von den Verarbeitungstätigkeiten).

3.2.3.1 Kooperation auf Anfrage der Aufsichtsbehörde

Gemäß Art. 31 DSGVO hat die Zusammenarbeit *auf "Anfrage"* der Aufsichtsbehörden hin zu erfolgen. Im Umkehrschluss bedeutet dies, dass der Verantwortliche/Auftragsverantwortliche nicht auf eigene Initiative hin mit den Aufsichtsbehörden zusammenarbeiten muss. Dennoch mag eine freiwillige Kooperation sinnvoll sein, da sie als mildernder Faktor für die Festlegung von Bußgeldern oder anderen Sanktionen Berücksichtigung finden kann (siehe Kap. 7).

Die Anfrage der Aufsichtsbehörde stellt *keinen Verwaltungsakt* dar, sondern dient vielmehr der Vorbereitung der Entscheidungen und Handlungen der Aufsichtsbehörden (welche ihrerseits jeweils in Form eines Verwaltungsakts erfolgen).[24] Als

---

[22] Martini, in: Paal/Pauly, DSGVO, Art. 26 (2017), Rn. 24–25

[23] ErwGr. 58 DSGVO

[24] Martini, in: Paal/Pauly, DSGVO, Art. 31 (2017), Rn. 25

Konsequenz daraus ergibt sich, dass die Anfrage *keiner Begründung bedarf.*[25] Dennoch muss sie hinreichend genau sein, um die Zwecke und Ziele der Nachprüfung zu bezeichnen und es so dem Verantwortlichen/Auftragsverarbeiter ermöglichen, Umfang und Detailtiefe seiner Pflicht zur Zusammenarbeit selbst zu bewerten und, falls notwendig, seine Verteidigungsrechte auszuüben.[26]

3.2.3.2 Einführung eines Verwaltungsverfahrens

Art. 31 DSGVO stellt insoweit eine gesetzliche Neuerung dar, als es sich um eine Vorschrift zum *Verwaltungsverfahren* auf europäischer Ebene handelt.[27] Art. 31 DSGVO soll eine funktionierende Rechtspflege sicherstellen, sodass die Pflicht zur Zusammenarbeit auch die Pflicht zur Bereitstellung von Informationen und Beweismitteln gegenüber den Aufsichtsbehörden enthält.[28] Nichtsdestotrotz bestimmen sich die Einzelheiten zum Ablauf des Verwaltungsverfahrens anhand der entsprechenden nationalen Vorschriften der EU-Mitgliedstaaten. Die grundsätzliche Kooperationspflicht nach der DSGVO ist *nicht vollstreckbar*, da die Verordnung eine entsprechende Vorschrift nicht vorsieht. Aus diesem Grund richtet sich die Vollstreckbarkeit nach anderen europarechtlichen Bestimmungen oder den Rechtsordnungen der EU-Mitgliedstaaten bzgl. des jeweils national einschlägigen Verwaltungsverfahrens.[29] Da die verschiedenen Elemente der Kooperationspflicht durch andere Bestimmungen der DSGVO präzisiert werden, die ihrerseits gesondert vollstreckbar sind, würde es ohnehin nur in äußerst seltenen Fällen einer Vollstreckung der allgemeinen Kooperationspflicht bedürfen.

3.3 Technische und organisatorische Maßnahmen

Technische und organisatorische Maßnahmen (TOM) sollen den Schutz personenbezogener Daten sicherstellen. Art. 32 DSGVO verpflichtet sowohl den *Verantwortlichen als auch* den *Auftragsverarbeiter* zum Ergreifen solcher Maßnahmen. Hierbei handelt es sich um eine der grundlegendsten Verpflichtungen nach der DSGVO. Ihre Verletzung kann mit Bußgeldern in Höhe von bis zu EUR 10.000.000,00 oder bis zu 2 % des weltweiten Jahresumsatzes geahndet werden, Art. 83 Abs. 4 DSGVO. Während Datenschutz durch Technikgestaltung den *Datenschutz* im Vorfeld der Verarbeitungstätigkeiten gewährleisten soll, müssen technische und organisatorische Maßnahmen während des Verarbeitungsprozesses ergriffen werden.[30] Diese Verpflichtung von Verantwortlichem und Auftragsverarbeiter umfasst deren Pflicht sicherzustellen, dass ihnen unterstellte natürliche Personen personenbezogene Daten nur auf Anweisung des Verantwortlichen hin verarbeiten, Art. 32 Abs. 4 DSGVO.

---

[25] Martini, in: Paal/Pauly, DSGVO, Art. 31 (2017), Rn. 25
[26] Siehe auch EuGH, NJW 1989, 3080, 3082; Martini, in: Paal/Pauly, DSGVO, Art. 31 (2017), Rn. 25
[27] Martini, in: Paal/Pauly, DSGVO, Art. 31 (2017), Rn. 45
[28] Martini, in: Paal/Pauly, DSGVO, Art. 31 (2017), Rn. 17
[29] Für weitere Einzelheiten siehe Martini, in: Paal/Pauly, DSGVO, Art. 31 (2017), Rn. 10 f.
[30] Barlag, in: Roßnagel, DSGVO, Datenschutz durch Technik (2017), Rn. 194

3.3.1 Angemessenes Datenschutzniveau

Bei angemessenen Maßnahmen kann es sich um jede Maßnahme in Verbindung mit der Verarbeitung personenbezogener Daten handeln, die ein angemessenes Datenschutzniveau nach der DSGVO bzgl. der betroffenen Daten sicherstellt.[31] Art. 32 DSGVO beschränkt die Bandbreite der möglichen Maßnahmen nicht. Ausgehend vom offenen Wortlaut der Vorschrift steht eine *Vielzahl denkbarer technischer und organisatorischer Maßnahmen* zur Auswahl. Beispiele umfassen:[32]

- Minimierung der Verarbeitung personenbezogener Daten;
- Pseudonymisierung (so früh wie möglich) (siehe Abschn. 2.1.2.2);
- Der betroffenen Person ermöglichen, die Verarbeitungsvorgänge zu überprüfen;
- Schaffung und Verbesserung von Sicherheitsfeatures;
- Die präventiven Schutzkonzepte Datenschutz durch Technikgestaltung und durch datenschutzfreundliche Voreinstellungen (siehe Abschn. 3.7);
- Bauliche Maßnahmen zur Verhinderung eines unbefugten physischen Zugriffs auf personenbezogene Daten, wie bspw. gesicherte Räume, Wachpersonal, passwortgesicherter Zugang oder Mitarbeiterkennungsmaßnahmen, etc.;
- Regelmäßige Schulungen von Angestellten im Hinblick auf Datenschutz;
- Kodierte Datentransfers;
- Regelmäßige Überprüfungen des Datenschutzniveaus, usw.

Beispiel

Der Login zu Apps/Websites kann durch eine Zwei-Faktor-Authentifizierung erfolgen, welche aus einem Passwort und z. B. einem QR-Code oder einem physischen Schlüsselelement im Besitz des Nutzers (Chipkarte, USB-Stick, …) besteht.[33] Dieses Vorgehen erhöht die Sicherheit der Daten, da es unwahrscheinlicher ist, dass Dritte Zugriff auf zwei Authentifizierungskomponenten anstelle von einer einzigen erlangen können.

3.3.2 Mindestanforderungen

Art. 32 Abs. 1 Halbsatz 2 DSGVO legt die Mindestanforderungen hinsichtlich des Niveaus an Datenschutz fest. Die aufgezählten Maßnahmen sind zur Gewährleistung eines angemessenen Maßes an Datenschutz erforderlich. Die gesetzliche Auflistung ist nicht abschließend.

---

[31] Siehe auch Ernestus, in: Simitis, BDSG, § 9 (2014), Rn. 20

[32] Beispiele aus ErwGr. 78 DSGVO; siehe auch Ernestus, in: Simitis, BDSG, § 9 (2014), Rn. 22, 155

[33] Siehe auch Völkel, DSRITB 2015, 35, 46 ff.

- *Art. 32 Abs. 1 lit. a DSGVO – Pseudonymisierung und Verschlüsselung*: Diese Maßnahmen gelten als besonders effektiv im Hinblick auf Datensicherheit und werden daher vonseiten des Gesetzgebers empfohlen. Eine Verpflichtung zu deren Umsetzung besteht allerdings nicht. Genau wie bei einer *Pseudonymisierung* (zu den Einzelheiten siehe Abschn. 2.1.2.2), können *verschlüsselte Daten* noch immer einer bestimmten betroffenen Person zugeordnet werden. Allerdings wurden die Daten durch eine Verschlüsselungstechnik derartig verändert, dass sie – vor allem bei Übertragungen – nicht mehr in Unkenntnis des Schlüssels bestimmten Personen zugeordnet werden können.[34]
- *Art. 32 Abs. 1 lit. b DSGVO – Fähigkeit, dauerhaft die Vertraulichkeit, Integrität, Verfügbarkeit und Belastbarkeit der Verarbeitungsmittel sicherzustellen:* **Vertraulichkeit, Integrität, Verfügbarkeit und Belastbarkeit** sind die Kernelemente moderner Verarbeitungsdienste.[35] Dieses Sicherheitsziel stellt hohe Anforderungen an IT-Systeme.[36] Da diese Ziele "auf Dauer" zu gewährleisten sind, müssen sie mittels der Systeme gewissenhaft und auf tragfähige Art und Weise umgesetzt werden.[37]
- *Art. 32 Abs. 1 lit. c DSGVO – Fähigkeit die Verfügbarkeit personenbezogener Daten und den Zugang zu ihnen im Falle eines physischen/technischen Zwischenfalls rasch wiederherzustellen:* Im Hinblick darauf, dass *Datenverlust* eines der größten Risiken im Zusammenhang mit IT-Systemen ist, müssen sich Verantwortliche und Auftragsverarbeiter auf diese Problematik einstellen, bspw. durch die Einrichtung von *Back-up-Systemen* oder Notstromaggregaten.[38] Was mit dem Begriff „rasch" gemeint ist, wird nicht klargestellt. Dennoch sollten Unternehmen umgehend in der Lage sein festzustellen, ob eine Datenschutzverletzung stattgefunden hat und diese umgehend kommunizieren.[39] Aus diesem Grund sollte die Wiederherstellung der betroffenen Daten so schnell wie möglich erfolgen.
- *Art. 32 Abs. 1 lit. d DSGVO – Verfahren zur regelmäßigen Überprüfung, Bewertung und Evaluierung der Wirksamkeit der technischen und organisatorischen Maßnahmen:* Die durchgehende Verpflichtung zur Wahrung des Datenschutzes erfordert eine konstante *Aufrechterhaltung und Wartung* der angewandten technischen und organisatorischen Maßnahmen. Das Datenschutz-Managementsystem (siehe Abschn. 3.2.1) kann eine effektive Erfüllung dieser Pflicht ermöglichen. Die Regelmäßigkeit der Überprüfungen hängt vom Risikolevel hinsichtlich des Datenschutzes (siehe nachfolgenden Abschnitt) ab und könnte im Laufe der Zeit Anpassungen erfordern.[40]

---

[34] Martini, in: Paal/Pauly, DSGVO, Art. 32 (2017), Rn. 34
[35] Martini, in: Paal/Pauly, DSGVO, Art. 32 (2017), Rn. 35
[36] Grages, in: Plath, BDSG/DSGVO, Art. 32 DSGVO (2016), Rn. 6
[37] Martini, in: Paal/Pauly, DSGVO, Art. 32 (2017), Rn. 40
[38] Martini, in: Paal/Pauly, DSGVO, Art. 32 (2017), Rn. 41
[39] ErwGr. 87 DSGVO
[40] Grages, in: Plath, BDSG/DSGVO, Art. 32 DSGVO (2016), Rn. 7

Die Einhaltung genehmigter *Verhaltensregeln* oder eines genehmigten *Zertifizierungsverfahrens* (siehe Abschn. 3.9) kann als Nachweis über die Einhaltung der Verpflichtung zum Datenschutz dienen, Art. 32 Abs. 3 DSGVO.

3.3.3 Risikobasierter Ansatz bezüglich Datenschutz

Die DSGVO verfolgt einen risikobasierten Ansatz im Hinblick darauf, welche technischen und organisatorischen Datenschutzmaßnahmen in einer spezifischen Verarbeitungssituation angemessen sind. Das erforderliche Datenschutzniveau ist im Einzelfall auf Grundlage einer *objektiven Risikobewertung* zu bestimmen.[41] Die Bewertung sollte hauptsächlich auf potenzielle Risiken für betroffene Personen Bezug nehmen, wobei auch die Risiken für bzw. durch Dritte sowie Verantwortliche/Auftragsverarbeiter zu berücksichtigen sind.

Risiken für betroffene Personen
Da Datenverarbeitungen in Grundrechte der betroffenen Personen eingreifen, müssen die legitimen Interessen an deren Durchführung mit dem Interesse an einem effektiven Datenschutz in Einklang gebracht werden. Dies betrifft insbesondere solche Risiken, die durch die unbeabsichtigte oder unrechtmäßige Vernichtung, Verlust, Veränderung oder unbefugte Offenlegung von bzw. unbefugten Zugang zu personenbezogenen Daten entstehen, Art. 32 Abs. 2 DSGVO.

Ein *erhöhtes Risiko* besteht, wenn:[42]

- Die Wahrscheinlichkeit des Eintretens von Diskriminierungen, Identitätsdiebstahl oder –betrug, einem finanziellen Verlust, einer Rufschädigung oder anderen erheblichen wirtschaftlichen oder gesellschaftlichen Nachteilen besteht;
- Betroffene Personen um ihre Rechte und Freiheiten gebracht werden können oder an der Ausübung einer Kontrolle über ihre personenbezogenen Daten gehindert werden könnten;
- Besondere Kategorien personenbezogener Daten (siehe Art. 9 Abs. 1 DSGVO) betroffen sind;
- Persönliche Aspekte, bspw. die Vorlieben der betroffenen Person, ausgewertet werden;
- Personenbezogene Daten von Kindern oder anderen schutzbedürftigen Personen verarbeitet werden;
- Eine große Menge personenbezogener Daten oder eine große Anzahl betroffener Personen betroffen ist.

Risiken durch Dritte
Im Rahmen der Interessenabwägung müssen auch identifizierbare *Risiken für* die Rechte und Freiheiten der *betroffenen Personen durch Dritte* berücksichtigt werden.

---

[41] ErwGr. 76 DSGVO
[42] ErwGr. 75 DSGVO

Dies betrifft u. a. Situationen, in denen sich *staatliche Stellen* über eine Intervention Zugang zu den Daten verschaffen können (z. B. in Bezug auf Telekommunikationsdaten, Fluggastdaten, …).[43]

Risiken für Verantwortliche und Auftragsverarbeiter
Zudem sind auch die drohenden Risiken für Verantwortliche und Auftragsverarbeiter zu berücksichtigen. Relevante Faktoren für die Entwicklung angemessener Maßnahmen sind die Kosten der Einbindung von Schutzmaßnahmen sowie Art, Umfang, Kontext und Zweck(e) der Datenverarbeitung, Art. 32 Abs. 1 DSGVO. Die Risiken für Verantwortliche und Auftragsverarbeiter sind z. B.:[44]

- Rechtliche Risiken, die sich aus seiner Verletzung von Datenschutzpflichten ergeben (z. B. Bußgelder, andere Sanktionen, …);
- Finanzielle Risiken (z. B. Schadensersatzforderungen, Kosten für die Verbesserung des Datenschutz-Managementsystems, …);
- Geschäftliche Risiken (z. B. Risiken für den Ruf des Unternehmens, das Nichterreichen von Geschäftszielen, Überbelastung des Managements, …).

Obwohl die Interessen von Verantwortlichen und Auftragsverarbeitern eine Rolle für die Risikobewertung spielen, sind sie nicht geeignet, eine generelle *Herabsetzung des von der DSGVO vorgeschriebenen Datenschutzniveaus* zu rechtfertigen.

Datenschutzkonzept
Die Interessenabwägung soll das Erreichen von Datenschutz auf *verhältnismäßige Art und Weise* ermöglichen. Sie führt zu einer einzelfallbasierten Ausdifferenzierung der Datenschutzpflichten, um ein angemessenes Verhältnis zwischen Aufwand und Nutzen der anzuwendenden Datenschutzmaßnahmen für die durch die Verordnung Betroffenen herzustellen.[45]

Die Ergebnisse der Risikobewertung dienen als Grundlage für die Entwicklung eines angemessenen Datenschutzkonzepts. Zu diesem Zweck ist es hilfreich, die Datenverarbeitungstätigkeiten anhand ihres Risikopotenzials zu klassifizieren (sehr hohe Risiken/hohe Risiken/mittlere Risiken/niedrige Risiken, …) und ausgehend davon ein entsprechendes Sicherheitskonzept für jede der Kategorien auszuarbeiten.[46] Dies wird im Rahmen eines Datenschutz-Managementsystems eine wesentliche Rolle spielen (siehe Abschn. 3.2.1). Der Aufwand zur Implementierung von Datenschutzmaßnahmen soll auf dasjenige Maß beschränkt sein, welches *wirtschaftlich berechtigterweise* vom Verantwortlichen/Auftragsverarbeiter *erwartet werden kann*.[47]

---

[43] Thoma, ZD 2013, 578, 579
[44] Thoma, ZD 2013, 578, 579
[45] Veil, ZD 2015, 347, 348
[46] Thoma, ZD 2013, 578, 579
[47] Martini, in: Paal/Pauly, DSGVO, Art. 32 (2017), Rn. 60

3.3.4 Die NIS-Richtlinie

Im Juli 2016 hat die EU die Richtlinie (EU) 2016/1148 des Europäischen Parlaments und des Rates vom 6. Juli 2016 über Maßnahmen zur Gewährleistung eines hohen gemeinsamen Sicherheitsniveaus von *Netz- und Informationssystemen* in der Union (kurz: NIS-Richtlinie) verabschiedet, um gemeinschaftliche Netzsicherheitsstandards zu schaffen.

Datenschutz und *IT-Sicherheit* gehen in vielerlei Hinsicht Hand in Hand: das beste Datenschutzkonzept kann die betroffenen Personen nicht schützen, sofern das zur Verarbeitung verwendete IT-System einfach gehackt werden kann.[48] Aus diesem Grund kann eine geforderte Anwendbarkeit sowohl von DSGVO und NIS-Richtlinie Verantwortliche und Auftragsverarbeiter gleichermaßen zur Implementierung *technischer und organisatorischer Maßnahmen* verpflichten.

3.3.4.1 Umsetzung in nationales Recht
Wie kurz in Abschn. 1.1 erwähnt, sind europäische Richtlinien nicht direkt anwendbar, sondern bedürfen einer *Umsetzung* ins nationale Recht der EU-Mitgliedstaaten. Daraus ergibt sich, dass auch eine Umsetzung der NIS-Richtlinie erforderlich ist, wobei diese bis zum 9. Mai 2018 zu erfolgen hat. Genau wie bei der EG-Datenschutzrichtlinie (siehe Abschn. 1.1), kann es durch die Umsetzung in die verschiedenen nationalen Rechtsordnungen zu unterschiedlichen Schutzniveaus innerhalb der EU-Mitgliedstaaten kommen. *Nationale Unterschiede* könnten die Rechtssicherheit sowie die Effektivität der Regelungen der NIS-Richtlinie beeinträchtigen. Es wird sich zeigen müssen, ob die NIS-Richtlinie effektive IT-Sicherheitsstandards innerhalb der EU künftig hinreichend gewährleisten kann.

Rechtsentwicklung in Deutschland
Die Umsetzung der NIS-Richtlinie ist in Deutschland bereits teilweise abgeschlossen. Das im Juli 2015 in Kraft getretene IT-Sicherheitsgesetz, welches der Änderung mehrerer deutscher Gesetze, wie dem Atomgesetz, dem Telemediengesetz und dem Telekommunikationsgesetz, diente, setzt die Zielstellungen der Richtlinie bereits weitreichend um. Die darüber hinaus erforderliche Rechtsanpassung, insbesondere hinsichtlich Regelungen für Anbieter „digitaler Dienste", erfolgt in einem entsprechenden Gesetz zur Umsetzung der NIS-Richtlinie.[49]

3.3.4.2 Beschränkter Anwendungsbereich
Der Anwendungsbereich der NIS-Richtlinie ist jedoch beschränkt und betrifft nur bestimmte Arten von Unternehmen.[50] Sie verpflichtet die „Betreiber *wesentlicher Dienste*" und die *„Anbieter digitaler Dienste"*, basierend auf dem vorhandenen

---

[48] Voigt, MMR 2016, 429, 430

[49] Gesetzesentwurf aus dem Januar 2017 abrufbar unter http://www.bmi.bund.de/SharedDocs/Downloads/DE/Gesetzestexte/Entwuerfe/entwurf-umsetzung-nis-richtlinie.pdf; zuletzt aufgerufen am 14. Juni 2017

[50] Für weitere Einzelheiten siehe Voigt/Gehrmann, ZD 2016, 355, 355 ff.

Stand der Technik, geeignete und verhältnismäßige technische und organisatorische Maßnahmen zu ergreifen, um die Risiken für die Sicherheit der „*Netz- und Informationssysteme*", die sie für ihre Tätigkeiten nutzen, zu bewältigen, Art. 14 Abs. 1, 16 Abs. 1 NIS-Richtlinie. Genau wie die DSGVO folgt die NIS-Richtlinie einem *risikobasierten Ansatz* im Hinblick auf IT-Sicherheit.[51] Im Einzelnen ist sie anwendbar auf:

- *Netzwerk- und Informationssysteme:*[52] Hierbei handelt es sich um elektronische Kommunikationsnetze (Kabel, Radio, Internet, optische oder elektromagnetische Ausrüstungen, etc.) oder Vorrichtungen, die auf der Grundlage eines Programms die automatische Verarbeitung digitaler Daten durchführen, sowie digitale Daten die zum Zwecke ihres Betriebs verarbeitet werden; durch
- *Betreiber wesentlicher Dienste:*[53] Öffentliche oder private Einrichtungen, die netzwerk- oder informationssystembasierte Services anbieten, die für die Aufrechterhaltung *kritischer gesellschaftlicher/wirtschaftlicher Tätigkeiten* unerlässlich sind und bei denen ein Sicherheitsvorfall eine erhebliche Störung bei der Bereitstellung eines solchen Dienstes bewirken würde. Derartige Services müssen den *Sektoren* Energie (Elektrizität, Öl, Gas), Verkehr (Luft-, Schienen, Wasser- und Straßenverkehr), Banken und Finanzdienstleistungen, Gesundheit, Trinkwasserversorgung oder digitale Infrastruktur angehören; oder
- *Anbieter digitaler Dienste:*[54] Die Anbieter von Online-Marktplätzen, Suchmaschinen und Cloud Computing-Services. Die NIS-Richtlinie ist außerdem auf Anbieter digitaler Dienste außerhalb der EU anwendbar, sofern sie ihre Dienste in der EU anbieten.[55]

3.3.4.3 IT-Sicherheitspflichten und Sanktionen

Die NIS-Richtlinie soll eine hohes Niveau an Netzwerksicherheit gewährleisten und zugleich ein Maximum an Serviceverfügbarkeit für die Nutzer digitaler und wesentlicher Dienste sicherstellen.[56] Aus diesem Grund müssen die Betreiber/Anbieter wesentlicher oder digitaler Dienste angemessene, risikobasierte technische und organisatorische Maßnahmen treffen, die dem Stand der Technik entsprechen, siehe Art. 14 Abs. 1, 16 Abs. 1 NIS-Richtlinie.

Außerdem müssen beide Kategorien von Dienste-Anbietern *Vorfälle* mit erheblichen Auswirkungen auf die Serviceverfügbarkeit den zuständigen (nationalen) Behörden *melden*, Art. 14 Abs. 2, 3, Art. 16 Abs. 2, 3 NIS-Richtlinie. Die Erheblichkeit bestimmt sich, neben anderen Faktoren, anhand der Anzahl betroffener Nutzer, der Dauer des Zwischenfalls sowie seiner geografischen Auswirkung.

---

[51] ErwGr. 49, 57 NIS-Richtlinie
[52] Art. 4 Nr. 1 NIS-Richtlinie
[53] Art. 5 in Verbindung mit Annex II NIS-Richtlinie
[54] Art. 4 Nr. 5, 6, 17, 18, 19 in Verbindung mit Annex III NIS-Richtlinie
[55] ErwGr. 65 NIS-Richtlinie
[56] Kipker, ZD-Aktuell 2016, 05363

Die EU-Mitgliedstaaten sollen Vorschriften über *Sanktionen* für Verstöße gegen die IT-Sicherheitspflichten nach der NIS-Richtlinie erlassen, die wirksam, angemessen und abschreckend sein müssen, Art. 21 NIS-Richtlinie. Es bleibt abzuwarten, wie hoch die Sanktionen in den verschiedenen EU-Mitgliedstaaten ausfallen werden.

3.4 Verzeichnisse über Verarbeitungstätigkeiten

Art. 30 DSGVO verpflichtet *Verantwortliche und Auftragsverarbeiter* oder, soweit vorhanden, deren *Vertreter in der EU* dazu, Verzeichnisse über ihre Verarbeitungstätigkeiten zu führen. Bei dieser Verpflichtung handelt es sich um eine besondere Ausprägung der Rechenschaftsplicht des Verantwortlichen bzw. Auftragsverarbeiters.

3.4.1 Inhalt und Zweck der Verzeichnisse

Die gesetzlichen Anforderungen an den Mindestinhalt der Verarbeitungsverzeichnisse weichen für Verantwortliche und Auftragsverarbeiter leicht voneinander ab. Die Verzeichnisse sollen die nachfolgenden Informationen enthalten:

Die Tab. 3.1 verdeutlicht, dass die vom Verantwortlichen zu führenden Verzeichnisse inhaltlich umfangreicher sein müssen als diejenigen des Auftragsverarbeiters. Dies ist dem Umstand geschuldet, dass der Verantwortliche die vorrangige Verantwortlichkeit für die Gewährleistung des Datenschutzes entsprechend der DSGVO trägt und die Verzeichnisse der Erfüllung seiner Rechenschaftspflicht dienen sollen.[57] Die Verzeichnisse sind *schriftlich* zu führen, was auch *in einem elektronischen Format* erfolgen kann, Art. 30 Abs. 3 DSGVO.

Die Verzeichnisse sollen die *Transparenz* in Bezug auf die Verarbeitungstätigkeiten erhöhen.[58] Ein gewissenhaftes Führen der Verzeichnisse ist ratsam, da sie:

- Auf Anfrage den Aufsichtsbehörden zur Verfügung zu stellen sind, um diesen die Überwachung der Verarbeitungstätigkeiten zu ermöglichen[59];
- Die Einhaltung der Vorgaben der DSGVO nachweisen können; und
- Dabei helfen, die Informationsansprüche der betroffenen Personen zu erfüllen, vor allem, wenn sie ihre Rechte nach der DSGVO ausüben (siehe Abschn. 5.3).[60]

Darüber hinaus kann eine *Verletzung* der Verpflichtung zum Führen der Verzeichnisse mit Bußgeldern von bis zu EUR 10.000.000,00 oder bis zu 2 % des weltweiten Jahresumsatzes bestraft werden, siehe Art. 83 Abs. 4 DSGVO. Um die zum Führen der Verzeichnisse benötigten Informationen zusammenzutragen, sind die

---

[57] ErwGr. 82 DSGVO

[58] Marschall, in: Roßnagel, DSGVO, Dokumentation (2017), Rn. 161; ErwGr. 39 DSGVO

[59] Art. 30 Abs. 4 DSGVO; ErwGr. 82 DSGVO

[60] Marschall, in: Roßnagel, DSGVO, Dokumentation (2017), Rn. 161; Hornung, ZD 2012, 99, 101

Tab. 3.1 Inhalt der Verarbeitungsverzeichnisse

Verzeichnisse des Verantwortlichen, Art. 30 Abs. 1 DSGVO	Verzeichnisse des Auftragsverarbeiters, Art. 30 Abs. 2 DSGVO
Name und Kontaktdaten des (/der gemeinsamen) Verantwortlichen, ggf. des Vertreters sowie des etwaig vorhandenen Datenschutzbeauftragten	Name und Kontaktdaten des Auftragsverarbeiters sowie des/der (gemeinsam) Verantwortlichen, in dessen/deren Auftrag verarbeitet wird, ggf. des Vertreters sowie des etwaig vorhandenen Datenschutzbeauftragten
Zwecke der Verarbeitung	Kategorien der Verarbeitungen
Beschreibung der Kategorien betroffener Personen & der betroffenen personenbezogenen Daten	–
Kategorien von Empfängern, gegenüber denen die Daten offengelegt wurden oder werden sollen (inkl. Empfängern in Drittstaaten oder internationalen Organisationen)	–
Übermittlungen von personenbezogenen Daten an einen Drittstaat/eine internationale Organisation einschließlich Dokumentation der geeigneten Sicherheitsmaßnahmen	Übermittlungen von personenbezogenen Daten an einen Drittstaat/eine internationale Organisation einschließlich Dokumentation der geeigneten Sicherheitsmaßnahmen
Vorgesehene Fristen für die Löschung der verschiedenen Datenkategorien	–
Allgemeine Beschreibung der technischen und organisatorischen Maßnahmen	Allgemeine Beschreibung der technischen und organisatorischen Maßnahmen

verschiedenen Abteilungen des Unternehmens, die mit personenbezogenen Daten in Berührung kommen, zu befragen und zu beteiligen.[61] Dies könnte über Fragebögen, mithilfe von Interviews und/oder über spezialisierte Software erfolgen.[62]

3.4.2 Dokumentation der Zwecke der Datenverarbeitung

Da die vom Verantwortlichen zu führenden Verzeichnisse die *Zwecke der Datenverarbeitung* wiedergeben müssen, ist zu prüfen, wie detailliert die Zwecke beschrieben und dokumentiert werden sollen. Einerseits sollen die Verzeichnisse eine

---

[61] Siehe auch v.d.Bussche/Voigt, in: v.d.Bussche/Voigt, Konzerndatenschutz, Verarbeitungsübersicht (2014), Rn. 4

[62] Siehe auch v.d.Bussche/Voigt, in: v.d.Bussche/Voigt, Konzerndatenschutz, Verarbeitungsübersicht (2014), Rn. 4

oberflächliche Einschätzung der Rechtmäßigkeit der Verarbeitungstätigkeiten ermöglichen und die Zwecke müssen daher auf eine Art und Weise dokumentiert werden, die eine derartige Bewertung ermöglicht.[63] Andererseits sollte der Zweck in den Verzeichnissen nicht zu eng umrissen werden, da dies zu einer Einschränkung des Umfangs der rechtmäßigen Datenverarbeitung führen wird.[64] Da der angemessene *Detailgrad* hinsichtlich des Inhalts der Verzeichnisse unklar bleibt, bedarf es wohl künftig einer näheren Klarstellung durch Rechtsprechung und Aufsichtsbehörden. Die deutschen Landes-Aufsichtsbehörden haben bereits eine Arbeitsgruppe gegründet, die zeitnah eine Muster-Vorlage für ein Verzeichnis über Verarbeitungstätigkeiten erarbeiten soll.[65] Die französische Aufsichtsbehörde hat ein solches Muster bereits vorgelegt.[66]

3.4.3 Ausnahme von der Pflicht zum Führen der Verzeichnisse

Da das Führen der Verarbeitungsverzeichnisse zeitaufwendig und (potenziell) kostenintensiv sein wird, sind diesbezüglich Ausnahmeregelungen vorgesehen. Art. 30 Abs. 5 DSGVO sieht eine Ausnahme vom Anwendungsbereich der Verpflichtung für jedes Unternehmen und jede Einrichtung vor, die *weniger als 250 Mitarbeiter* beschäftigt. Diese Ausnahme soll den Bedürfnissen von *Kleinstunternehmen* sowie von *kleinen und mittleren Unternehmen* Rechnung tragen.[67] Sie verfügen aller Wahrscheinlichkeit nach nicht über ausreichende personelle und finanzielle Mittel, um diese Datenschutzpflicht umzusetzen. Die Ausnahme ist jedoch in Verbindung mit darüber hinaus geltendem EU-Recht zu interpretieren.[68] Daraus ergibt sich, dass, unabhängig von der Anzahl der Mitarbeiter, Unternehmen mit einem *Jahresumsatz* von mehr als EUR 50 Millionen und/oder einer Jahresbilanz von mehr als EUR 43 Millionen nicht von der Ausnahme profitieren können.[69]

---

[63] Siehe auch v.d.Bussche/Voigt, in: v.d.Bussche/Voigt, Konzerndatenschutz, Verarbeitungsübersicht (2014), Rn. 7

[64] Siehe auch v.d.Bussche/Voigt, in: v.d.Bussche/Voigt, Konzerndatenschutz, Verarbeitungsübersicht (2014), Rn. 7

[65] Bayrisches Landesamt für Datenschutzaufsicht, Verzeichnis (2016a), S. 2

[66] Verfügbar ausschließlich auf französischer Sprache und abrufbar unter https://www.cnil.fr/fr/cartographier-vos-traitements-de-donnees-personnelles, zuletzt aufgerufen 12. Juli 2017

[67] ErwGr. 13 DSGVO

[68] Gemäß ErwGr. 13 DSGVO, v. a. in Verbindung mit der Empfehlung der Europäischen Kommission vom 6. Mai 2003 betreffend die Definition der Kleinstunternehmen sowie der kleinen und mittleren Unternehmen (K (2003) 1422).

[69] Art. 2 des Anhangs der Empfehlung der Europäischen Kommission vom 6. Mai 2003 betreffend die Definition der Kleinstunternehmen sowie der kleinen und mittleren Unternehmen (K (2003) 1422).

Gegenausnahmen von der Anwendbarkeit der Ausnahme
Art. 30 Abs. 5 DSGVO enthält *drei Bedingungen für die Anwendbarkeit* der Ausnahmeregelung, die deren praktischen Nutzen drastisch reduzieren. Sobald eine der kumulativen Bedingungen nicht erfüllt ist, müssen auch Kleinstunternehmen, kleine und mittlere Unternehmen Verzeichnisse über ihre Verarbeitungstätigkeiten führen. Diese Gegenausnahmen lauten wie folgt:

- *Die Verarbeitung birgt ein Risiko für die Rechte und Freiheiten der betroffenen Personen*: Da praktisch jede Verarbeitungstätigkeit ein Risiko für die Rechte und Freiheiten der betroffenen Personen birgt, wollte der Gesetzgeber wahrscheinlich nur solche Tätigkeiten von der Pflicht zum Führen der Verzeichnisse ausnehmen, die geringe Risiken für die Rechte und Freiheiten mit sich bringen.[70] Die Vorschrift sollte so interpretiert werden, dass nur solche Verarbeitungstätigkeiten das Führen von Verzeichnissen erforderlich machen, deren Risikopotenzial dasjenige übersteigt, welches jeder Verarbeitungstätigkeit inhärent ist.[71]
- *Die Verarbeitung erfolgt nicht nur gelegentlich*: Verarbeitungstätigkeiten dürften als "gelegentlich" anzusehen sein, wenn sie eine untergeordnete Rolle innerhalb der Tätigkeiten des Verantwortlichen/Auftragsverarbeiters spielen und nur innerhalb eines sehr kurzen Zeitraums oder gar einmalig stattfinden.[72]
- *Besondere Kategorien personenbezogener Daten (Art. 9 Abs. 1 DSGVO) oder personenbezogene Daten über strafrechtliche Verurteilungen und Straftaten werden verarbeitet*: Es gilt zu beachten, dass es für die Erfüllung dieser Gegenausnahme bereits ausreichen sollte, wenn irgendein Teil der verarbeiteten Daten – egal wie groß oder klein – in eine der besonderen Kategorien fällt.[73] Daraus ergibt sich, dass die meisten Unternehmen von der Ausnahmeregelung wohl kaum profitieren können, da die Verarbeitung von Beschäftigtendaten regelmäßig auch Daten über die Gesundheit der Mitarbeiter einschließt, sodass diese Gegenausnahme zur Anwendung gelangt.

Wie soeben gezeigt, ist der Anwendungsbereich dieser Gegenausnahmen nur im Grundsatz gesetzlich festgelegt. In der Praxis werden Unternehmen nur in äußerst seltenen Fällen von der Anwendbarkeit der Ausnahme profitieren können.[74] Dies steht im Zusammenhang mit der Tatsache, dass, obwohl die erste und dritte Gegenausnahme möglicherweise nicht erfüllt sind, Datenverarbeitungen nur selten ausschließlich „gelegentlich" (zweite Gegenausnahme) stattfinden. Bspw. muss jedes Unternehmen regelmäßig Personaldaten zu Abrechnungszwecken verarbeiten,

---

[70] Martini, in: Paal/Pauly, DSGVO, Art. 30 (2017), Rn. 32
[71] Spoerr, in: Wolff/Brink, BeckOK, Art. 30 DSGVO (2016), Rn. 21
[72] Martini, in: Paal/Pauly, DSGVO, Art. 30 (2017), Rn. 33 f.
[73] Martini, in: Paal/Pauly, DSGVO, Art. 30 (2017), Rn. 35
[74] So auch die Datenschutzkonferenz, Kurzpapier Nr. 1 (2017), S. 1

sodass die Verarbeitung nicht nur „gelegentlich" erfolgt. Der *praktische Nutzen* der Gegenausnahmen ist daher äußerst *zweifelhaft*. In der Konsequenz ergibt sich, dass Kleinst-, kleine und mittlere Unternehmen häufig zum Führen von Verzeichnissen über ihre Verarbeitungstätigkeiten verpflichtet sein werden. Es könnte sich für diese Unternehmen als praktikable Lösung erweisen, grundsätzlich Verzeichnisse der Verarbeitungstätigkeiten zu führen und lediglich solche Verarbeitungstätigkeiten nicht in die Verzeichnisse aufzunehmen, die als gelegentlich anzusehen sind.[75]

3.5 Datenschutz-Folgenabschätzung („Data Protection Impact Assessment")

Birgt eine Art der Datenverarbeitung, insbesondere unter Verwendung neuer Technologien, voraussichtlich eine *hohes Risiko* für die Rechte und Freiheiten der betroffenen Personen angesichts ihrer Art, ihres Umfangs, ihrer Umstände und Zwecke, so hat der Verantwortliche[76] vorab eine *Abschätzung der Folgen* der vorgesehenen Verarbeitungsvorgänge für den Schutz personenbezogener Daten durchzuführen, Art. 35 Abs. 1 Satz 1 DSGVO. Zudem können auch bereits stattfindende Verarbeitungsvorgänge Gegenstand einer Datenschutz-Folgenabschätzung werden, z. B. wenn eine Änderung der Verarbeitungszwecke oder der von der Verarbeitung betroffenen Daten zu einer Veränderung des Risikopotenzials der Verarbeitungstätigkeiten führt, siehe Art. 35 Abs. 11 DSGVO.[77] Die Datenschutz-Folgenabschätzung soll den Schutz der personenbezogenen Daten sicherstellen und die Einhaltung der Bestimmungen der DSGVO nachweisen.[78] Die Datenschutz-Folgenabschätzung umfasst eine Bewertung der Ursache, Art, Besonderheit und Schwere des Datenschutzrisikos.[79] Es handelt sich um ein *präventives Datenschutzinstrument*.

Die Abschätzung erfolgt in *zwei Schritten*:

1. Der Verantwortliche führt eine interne Risikoabschätzung durch und
2. Im Falle der Identifizierung eines hohen Risikos sind die Aufsichtsbehörden ggf. zu konsultieren.[80]

---

[75] Dieses Vorgehen wird von der belgischen Datenschutzaufsichtsbehörde als zulässig erachtet. https://www.privacycommission.be/sites/privacycommission/files/documents/recommandation_06_2017_0.pdf, zuletzt aufgerufen 12. Juli 2017 (S. 7, Empfehlung in französischer Sprache verfügbar)

[76] Gemäß ErwGr. 95 DSGVO soll der Auftragsverarbeiter den Verantwortlichen, soweit erforderlich und auf dessen Anfrage hin, bei der Gewährleistung der Einhaltung der sich aus der Datenschutz-Folgenabschätzung sowie der vorherigen Konsultation der Aufsichtsbehörden ergebenden Auflagen unterstützen. Siehe auch Art. 28 Abs. 3 Satz 2 lit. f DSGVO, gemäß dem der Vertrag zwischen Verantwortlichem und Auftragsverarbeiter vorsehen soll, dass der Auftragsverarbeiter den Verantwortlichen bei der Erfüllung seiner Verpflichtungen aus Art. 35, 36 DSGVO unterstützt.

[77] Laue/Nink/Kremer, Datenschutzrecht, Technischer Datenschutz (2016), Rn. 67

[78] ErwGr. 90 DSGVO

[79] ErwGr. 84 DSGVO

[80] v.d.Bussche, in: Plath, BDSG/DSGVO, Art. 35 DSGVO (2016), Rn. 3

3.5.1 Betroffene Arten von Verarbeitungstätigkeiten

Entsprechend des *risikobasierten Ansatzes* der DSGVO hat der Verantwortliche eine Prognose hinsichtlich der Auswirkungen seiner künftigen Verarbeitungstätigkeiten anzustellen, sofern er die Wahrscheinlichkeit eines hohen Risikos festgestellt hat (siehe Abschn. 3.3.3). Wann ein solches hohes Risiko vorliegt, wird allerdings nicht klar gestellt.

Eine einzige Folgenabschätzung kann für eine Reihe ähnlicher Verarbeitungsvorgänge mit ähnlich hohen Risiken durchgeführt werden, Art. 35 Abs. 1 Satz 2 DSGVO. Außerdem kann eine *thematisch breitere Folgenabschätzung* verhältnismäßig und unter ökonomischen Gesichtspunkten zweckmäßig sein, wenn bspw. mehrere Verantwortliche eine gemeinsame Anwendung, Plattform oder Verarbeitungsumgebung für einen Wirtschaftssektor einführen möchten.[81]

Vor allem der Einsatz *neuer Technologien* erfordert eine sorgfältige Abschätzung der mit der geplanten Verarbeitung verbundenen Risiken und Auswirkungen.[82] Dasselbe gilt für *neue Arten von Verarbeitungstätigkeiten* sowie Verarbeitungstätigkeiten, für die noch keine Datenschutz-Folgenabschätzung durch den Verantwortlichen erfolgt ist oder für die sich die Notwendigkeit einer Folgenabschätzung erst im Laufe der seit der ursprünglichen Verarbeitung *vergangenen Zeit* ergibt.[83]

Art. 35 Abs. 2 lits. a-c DSGVO enthält *Regelbeispiele* für risikobehaftete Datenverarbeitungstätigkeiten, die demnach die Durchführung einer Datenschutz-Folgenabschätzung erforderlich machen:

- *Systematische und umfassende Bewertung personenbezogener Daten*: Eine Folgenabschätzung ist notwendig, soweit eine systematische und umfassende Bewertung persönlicher Aspekte natürlicher Personen mittels einer automatisierten Verarbeitung stattfindet und diese als Grundlage für Entscheidungen mit Rechtswirkung oder ähnlich beeinträchtigenden Folgen für die Betroffenen dient. Dies umfasst auch *Profiling*.
- *Verarbeitung besonderer Kategorien personenbezogener Daten*: Die *umfangreiche* Verarbeitung besonderer Kategorien personenbezogener Daten (Art. 9 Abs. 1 DSGVO) oder von personenbezogenen Daten über strafrechtliche Verurteilungen und Straftaten erfordert eine Datenschutz-Folgenabschätzung.
- *Überwachung öffentlich zugänglicher Bereiche*: Eine Folgenabschätzung ist auch für den Fall einer *systematischen umfangreichen Überwachung* öffentlich zugänglicher Bereiche erforderlich, vor allem im Falle des Einsatzes opto-elektronischer Einrichtungen, also von entsprechenden Videokameras.[84] Dies berücksichtigt den einschüchternden Effekt einer öffentlichen Überwachung von Personen, welche grundsätzlich geeignet ist, das Recht auf Privatsphäre zu beeinträchtigen.[85]

---

[81] ErwGr. 92 DSGVO
[82] Art. 35 Abs. 1 DSGVO
[83] ErwGr. 89 DSGVO
[84] ErwGr. 91 DSGVO
[85] Martini, in: Paal/Pauly, DSGVO, Art. 35 (2017), Rn. 31

Eine ganze Reihe von *Verarbeitungsaktivitäten* wird eine Datenschutz-Folgenabschätzung erforderlich machen. Dies betrifft bspw. Vorgänge, die auf die Verarbeitung großer Datenmengen auf regionaler, nationaler oder transnationaler Ebene abzielen oder wenn sie auf andere Weise potenziell eine große Anzahl von Personen betreffen könnten.[86] Außerdem können risikoreiche Verarbeitungsvorgänge in Bezug auf die Rechte und Freiheiten der betroffenen Personen, z. B. ausgehend von der Sensibilität der verarbeiteten Daten oder des Einsatzes neuer Technologien, eine Datenschutz-Folgenabschätzung erforderlich machen, vor allem für den Fall, dass solche Vorgänge die Ausübung der Rechte durch die betroffenen Personen erschweren.[87]

Die vorstehenden Ausführungen machen deutlich, dass eine Datenschutz-Folgenabschätzung in ganz unterschiedlichen Fällen notwendig werden kann. Die Vielfalt der betroffenen Situationen und der einzelfallbasierte Ansatz machen es für den Verantwortlichen sehr schwer zu entscheiden, ob eine Datenschutz-Folgenabschätzung durchgeführt werden muss oder nicht. Es bedarf daher einer Klarstellung durch die Aufsichtsbehörden, in welchen Fällen eine Folgenabschätzung notwendig wird. Eine diesbezügliche Stellungnahme der Art.-29-Datenschutzgruppe liegt bereits vor, in welcher Beispiele für risikoreiche Verarbeitungsvorgänge genannt werden, wie z. B. die Überwachung von Mitarbeiteraktivitäten oder die Auswertung von Daten aus Social Media-Profilen zur Erstellung von Profilen für Kontaktverzeichnisse.[88] Werden von einer Verarbeitungstätigkeit mehrere der Regelbeispiele aus Art. 35 Abs. 2 DSGVO zeitgleich erfüllt, sollte eine Datenschutzfolgenabschätzung durchgeführt werden.[89] Darüber hinaus kann u. a. das Vorliegen eines oder mehrerer der folgenden Kriterien zur Erforderlichkeit einer Datenschutz-Folgenabschätzung führen:[90]

- Bewertung von persönlichen Aspekten der betroffenen Person oder Scoring;
- Automatisierte Entscheidungen mit rechtlicher oder in ähnlicher Weise erheblich beeinträchtigender Wirkung für die betroffene Person;
- Verarbeitung von Datensätzen, die Daten aus mehreren Quellen vergleichen oder kombinieren;
- Neuartige Verarbeitungsvorgänge oder Verarbeitung unter Einsatz neuer Technologien;
- Übermittlungen von Daten in Drittländer.

3.5.2 Vornahme der Folgenabschätzung

Ausgehend von dem *präventiven Schutzansatz* der DSGVO umfasst die Folgenabschätzung inhaltlich Verarbeitungsvorgänge von ihrer Vorbereitung bis hin zu ihren nachträglichen Auswirkungen.

---

[86] ErwGr. 91 DSGVO
[87] ErwGr. 91 DSGVO
[88] Art.-29-Datenschutzgruppe, WP 248 (2017), 10
[89] Art.-29-Datenschutzgruppe, WP 248 (2017), 9 f.
[90] Die folgenden Kriterien wurden entnommen aus Art.-29-Datenschutzgruppe, WP 248 (2017), 7 ff.

3.5.2.1 Mindestanforderungen

Art. 35 Abs. 7 DSGVO sieht *Mindestanforderungen* hinsichtlich des Umfangs der Datenschutz-Folgenabschätzung vor. Dabei handelt es sich im Einzelnen um:

- Eine systematische Beschreibung der geplanten Verarbeitungsvorgänge und Zwecke der Verarbeitung, ggf. einschließlich der vom Verantwortlichen verfolgten berechtigten Interessen;
- Eine Bewertung der Notwendigkeit und Verhältnismäßigkeit der Verarbeitungsvorgänge in Bezug auf deren Zweck(e);
- Eine Bewertung der Risiken für die Rechte und Freiheiten der betroffenen Personen; und
- Die zur Bewältigung der Risiken geplanten Abhilfemaßnahmen.

Bei der Bewertung der verfügbaren Abhilfemaßnahmen zur Bewältigung der festgestellten Risiken sollte der Verantwortliche die geplanten Garantien, Sicherheitsvorkehrungen und Verfahren, die den Schutz der personenbezogenen Daten ermöglichen und die den Nachweis dafür bilden sollen, dass die DSGVO eingehalten wird, analysieren, Art. 35 Abs. 7 lit. d DSGVO. Dabei hat der Verantwortliche die Rechte und berechtigten Interessen der betroffenen Personen und etwaiger sonstiger Betroffener zu berücksichtigen.[91] Die DSGVO sieht keine anderen Voraussetzungen hinsichtlich des Umfangs der Folgenabschätzung vor, sodass die rechtlichen Vorgaben für diesen Prozess *sehr vage* gehalten sind.[92]

> **Beispiel**
>
> Ein Unternehmen möchte eine Anwendung zur Verhinderung von Datenverlusten einführen, die den gesamten E-Mail-Verkehr des Unternehmens hinsichtlich möglicher „Leaks" von Geschäftsgeheimnissen scannt. Da alle E-Mails, die als personenbezogene Daten der jeweiligen Kommunikationspartner anzusehen sind, vom Scan betroffen sind, könnte es sich dabei um eine Verarbeitungstätigkeit handeln, die eine systematische und umfassende Bewertung personenbezogener Daten mittels einer automatisierten Verarbeitung vornimmt. Somit könnte die Durchführung einer Datenschutz-Folgenabschätzung erforderlich sein.
>
> In diesem Beispiel muss der Umfang der Folgenabschätzung dergestalt angelegt sein, dass als Ergebnis Lösungen für die potenziellen Sicherheitsrisiken gefunden werden. Dafür muss das Unternehmen die potenziellen Risiken im Zusammenhang mit dem Verarbeitungszweck, der im Schutz von Betriebsgeheimnissen besteht, beurteilen. Darüber hinaus sind die Notwendigkeit und Verhältnismäßigkeit der Verarbeitung in Bezug auf den angestrebten Zweck zu

---

[91] Siehe Art. 35 Abs. 7 lit. d DSGVO
[92] v.d.Bussche, in: Plath, BDSG/DSGVO, Art. 35 DSGVO (2016), Rn. 17

bewerten. Die Risiken für die personenbezogenen Daten der Mitarbeiter sind ebenfalls in die Folgenabschätzung mit einzubeziehen, genau wie die Risiken für die personenbezogenen Daten der Empfänger der E-Mails.

Sollten *hinsichtlich* des *Risikos* der durchgeführten Verarbeitungsvorgänge *Änderungen eintreten*, hat der Verantwortliche die Vorgänge erneut hinsichtlich ihrer Vereinbarkeit mit der DSGVO zu bewerten, Art. 35 Abs. 11 DSGVO.

Weiterhin sind vom Verantwortlichen bei der Beurteilung seine etwaige Einhaltung genehmigter *Verhaltensregeln* (siehe Abschn. 3.9.2) sowie gegebenenfalls der Standpunkt der *betroffenen Personen* und ihrer Vertreter zu berücksichtigen.[93]

3.5.2.2 Einbeziehung des Datenschutzbeauftragten

Sofern ein solcher benannt wurde, hat der Verantwortliche den *Rat* des Datenschutzbeauftragten (siehe Abschn. 3.6) bei der Durchführung der Datenschutz-Folgenabschätzung einzuholen, Art. 35 Abs. 2 DSGVO.[94] Obwohl es sich bei der Durchführung der Datenschutz-Folgenabschätzung um eine Pflicht des Verantwortlichen handelt, kann der Datenschutzbeauftragte in diesem Zusammenhang eine wichtige und nützliche Rolle einnehmen, indem er dem Verantwortlichen bei der Durchführung Hilfestellungen gibt.[95] Aus diesem Grund ist es für Letzteren ratsam den Rat des Datenschutzbeauftragten u. a. bezüglich der nachfolgenden Themenstellungen einzuholen:[96]

- Ob eine Datenschutz-Folgenabschätzung durchzuführen ist oder nicht;
- Welche Methoden zu deren Durchführung zur Anwendung gelangen sollten;
- Ob sie intern oder extern durchgeführt werden sollte;
- Welche Sicherheitsmaßnahmen (einschließlich technischer und organisatorischer Maßnahmen) zur Abhilfe der Risiken für die Rechte der betroffenen Personen ergriffen werden sollten;
- Ob die Datenschutz-Folgenabschätzung sachgemäß durchgeführt wurde oder nicht und ob die Ergebnisse in Einklang mit der DSGVO stehen.

3.5.2.3 Ausnahmen

Art. 35 Abs. 10 DSGVO sieht eine Ausnahme von der Pflicht zur Durchführung einer Datenschutz-Folgenabschätzung vor, sofern *drei Voraussetzungen* vorliegen:

- Der Verantwortliche ist Regelungssubjekt eines Rechtsakts der EU oder eines EU-Mitgliedstaats, welcher die Verarbeitung als notwendig zur Erfüllung einer Rechtspflicht oder zur Ausführung einer im öffentlichen Interesse liegenden Aufgabe oder zur Ausführung öffentlicher Gewalt, die auf den Verantwortlichen übertragen wurde, ansieht[97];

---

[93] Art. 35 Abs. 8, 9 DSGVO

[94] Siehe auch Art. 39 Abs. 1 lit. c DSGVO zum Datenschutzbeauftragten

[95] Art.-29-Datenschutzgruppe, WP 243 (2016), S. 16

[96] Für weitere Einzelheiten siehe Art.-29-Datenschutzgruppe, WP 243 (2016), S. 16 ff.

[97] Siehe Art. 35 Abs. 10, 6 Abs. 1 lits. c, e DSGVO

- Jener Rechtsakt bezieht sich auf die konkret stattfindenden Verarbeitungsvorgänge; und
- Eine allgemeine Folgenabschätzung bzgl. der Vorgänge hat bereits im Zusammenhang mit dem Erlass der Rechtsgrundlage stattgefunden.

Weiterhin ist die Durchführung einer Datenschutz-Folgenabschätzung nicht verpflichtend, soweit die Datenverarbeitung personenbezogene *Daten* – egal in welchem Umfang – *von Patienten oder Mandanten* betrifft und durch einen einzelnen *Arzt*, sonstigen Angehörigen eines Gesundheitsberufs oder einen *Anwalt* durchgeführt wird.[98]

3.5.2.4 Rolle der Aufsichtsbehörde

Der Aufsichtsbehörde kommt im Rahmen der Datenschutz-Folgenabschätzung eine Schlüsselrolle zu, da sie den *Verantwortlichen* nicht nur individuell sondern auch über die Veröffentlichung allgemeiner Listen eine Hilfestellung bieten kann.

Blacklists und whitelists

Gemäß Art. 35 Abs. 4, 5 DSGVO erlässt jede nationale Aufsichtsbehörde sogenannte "blacklists" und "whitelists", welche jeweils eine Auflistung von Verarbeitungstätigkeiten enthalten, die eine Datenschutz-Folgenabschätzung erfordern bzw. nicht erfordern. Damit ist es Aufgabe der Aufsichtsbehörden klarzustellen, welche Tätigkeiten sie als besonders risikobehaftet einstufen, was zu einer größeren Rechtsklarheit für die Verantwortlichen im Hinblick auf ihre Datenschutzpflichten nach der DSGVO führen wird.[99] Während der Erlass von „whitelists" für die Behörden verpflichtend ist, ist die Ausarbeitung von „blacklists" optional.[100]

Da die Anwendbarkeit der DSGVO vom technischen Wandel unabhängig sein soll,[101] können diese *Listen niemals abschließend* sein, da durch technische Innovationen und besondere Verarbeitungskonstellationen risikoreiche Verarbeitungsvorgänge entstehen können, die in den Listen nicht enthalten sind.[102]

Für den Fall, dass eine in der Liste aufgeführte Verarbeitungstätigkeit Auswirkungen auf mehrere EU-Mitgliedstaaten hat, arbeiten die betroffenen Aufsichtsbehörden im Rahmen des Kohärenzverfahrens zusammen (siehe Art. 63 DSGVO und Abschn. 6.4), um den Inhalt ihrer Listen entsprechend zu *konsolidieren*, Art. 35 Abs. 6 DSGVO.

Unternehmen sollten prüfen, ob die von ihnen vorgesehenen Verarbeitungstätigkeiten in den „blacklists" oder „whitelists" des EU-Mitgliedstaats enthalten sind, in welchem sie ihre Datenverarbeitung ausführen wollen. Ist dies der Fall, können die Listen als Richtlinie hinsichtlich der Erforderlichkeit einer Datenschutz-Folgenabschätzung dienen und auf diese Weise zur Einsparung von Zeit und Kosten führen.

---

[98] ErwGr. 91 DSGVO
[99] Martini, in: Paal/Pauly, DSGVO, Art. 35 (2017), Rn. 33
[100] Siehe der Wortlaut von Art. 35 Abs. 4 „erstellt" und Abs. 5 „kann […] erstellen".
[101] ErwGr. 15 DSGVO
[102] Martini, in: Paal/Pauly, DSGVO, Art. 35 (2017), Rn. 36; Hansen, in: Wolff/Brink, BeckOK, Art. 35 DSGVO (2016), Rn. 18

Vorherige Konsultation

Der Verantwortliche konsultiert vor der Verarbeitung die Aufsichtsbehörde gem. Art. 36 Abs. 1 DSGVO, wenn:

- Aus der Datenschutz-Folgenabschätzung hervorgeht, dass die Verarbeitung ein *hohes Risikopotenzial* birgt (siehe Abschn. 3.3.3); und
- Besagte Verarbeitung das festgestellte hohe Risiko zur Folge hätte, wenn der Verantwortliche *keine Maßnahmen zur Eindämmung* dieses Risikos treffen würde.[103]

Die Konsultation ist *als solche kein Genehmigungsverfahren* in Bezug auf die Verarbeitungsvorgänge und ihr Unterbleiben führt nicht zur Rechtswidrigkeit der Datenverarbeitung.[104] Allerdings kann die Verletzung dieser Vorschrift mit Bußgeldern von bis zu EUR 10.000.000,00 oder bis zu 2 % des weltweiten Jahresumsatzes geahndet werden (siehe Art. 83 Abs. 4 lit. a DSGVO). In Anbetracht dieser hohen möglichen Bußgelder, dürfte die Konsultationspflicht *de facto* wie ein Genehmigungsverfahren wirken.[105]

Der *Zeitrahmen* für den Ablauf der Konsultation wird von Art. 36 Abs. 2 DSGVO vorgegeben: falls die Aufsichtsbehörde der Auffassung ist, dass die geplante Verarbeitung nicht in Einklang mit der DSGVO steht, unterbreitet sie dem Verantwortlichen binnen acht Wochen nach Erhalt des Konsultationsersuchens schriftliche Empfehlungen, wobei sich die Frist um bis zu sechs weitere Wochen verlängern kann. Die Frist kann ausgesetzt werden, bis die Aufsichtsbehörde die für die Konsultation erforderlichen, angeforderten Informationen vom Verantwortlichen erhalten hat.[106] Allerdings führt die fehlende Reaktion der Aufsichtsbehörde innerhalb der vorgegebenen Frist nicht dazu, dass sie ihr Recht zum Eingreifen entsprechend ihrer Befugnisse und Aufgaben nach der DSGVO nicht mehr ausüben kann, insbesondere verliert sie auch nicht die Befugnis, Verarbeitungsvorgänge zu untersagen.[107]

Zum Zwecke der Konsultation hat der Verantwortliche der Aufsichtsbehörde gemäß Art. 36 Abs. 3 DSGVO folgende Informationen zur Verfügung zu stellen:

- Angaben zu den jeweiligen Zuständigkeiten von Verantwortlichen, gemeinsam Verantwortlichen und der beteiligten Auftragsverarbeiter;
- Zwecke und Mittel der beabsichtigten Verarbeitung;

---

[103] Es wird teilweise argumentiert, dass eine Konsultation in Anbetracht von ErwGr 94 DSGVO nur erforderlich ist, falls der Verantwortliche zu der Einschätzung kommt, dass er dem hohen Risiko nicht durch geeignete Maßnahmen im Hinblick auf verfügbare Technologien und Umsetzungskosten angemessen begegnen kann. Siehe: Hansen, in: Wolff/Brink, BeckOK, Art. 36 DSGVO (2016), Rn. 3; Paal, in: Paal/Pauly, DSGVO, Art. 36 (2017), Rn. 5

[104] Für weitere Einzelheiten siehe v.d.Bussche, in: Plath, BDSG/DSGVO, Art. 36 DSGVO (2016), Rn. 1

[105] v.d.Bussche, in: Plath, BDSG/DSGVO, Art. 36 DSGVO (2016), Rn. 2

[106] Art. 36 Abs. 2 Satz 3 DSGVO

[107] ErwGr. 94 DSGVO

- Die für den Datenschutz vorgesehenen Maßnahmen und Garantien;
- Ggf. die Kontaktdaten des/der Datenschutzbeauftragten;
- Die Datenschutz-Folgenabschätzung (siehe oben); sowie
- Alle sonstigen von der Aufsichtsbehörde angeforderten Informationen.

Vor allem der letzte Punkt der Aufzählung berechtigt die Aufsichtsbehörde dazu, umfangreiche Informationen anzufordern.[108] Allerdings kann die Aufsichtsbehörde, im Einklang mit europarechtlichen Vorgaben, nur solche Informationen anfordern, die für die Konsultation notwendig sind und sich in einem *angemessenen und zumutbaren Rahmen* halten.[109]

Gemäß Art. 36 Abs. 5 DSGVO könnte das Recht der EU-Mitgliedstaaten eine Pflicht des Verantwortlichen zur vorherigen Konsultation der Aufsichtsbehörde vorsehen, wenn die Verarbeitungstätigkeiten zur Erfüllung einer im *öffentlichen Interesse* liegenden Aufgabe ausgeführt werden.

3.5.2.5 Praxishinweise

Unabhängig von der Pflicht zur Durchführung der Datenschutz-Folgenabschätzung müssen Unternehmen stets zunächst die *Rechtmäßigkeit ihrer Verarbeitungsvorgänge sicherstellen*. Dafür müssen sie prüfen, dass für ihre Tätigkeiten eine entsprechende Rechtsgrundlage zur Datenverarbeitung vorliegt (siehe Abschn. 4.2).

Erst wenn eine entsprechende Rechtsgrundlage für die Verarbeitung vorhanden ist und diese damit materiell rechtmäßig ist, müssen Unternehmen prüfen, ob eine *Datenschutz-Folgenabschätzung erforderlich wird* (siehe Abschn. 3.5.1) und, sofern dies der Fall ist, diese durchführen. Sie ermöglicht es Unternehmen, angemessene Datenschutzmaßnahmen zu identifizieren und zu implementieren, um auf diese Weise auch ihre organisatorischen Datenschutzpflichten zu erfüllen. Dabei sollte beachtet werden, dass *auch bereits vor Inkrafttreten der DSGVO* (also vor dem 25. Mai 2018) *stattfindende Verarbeitungsvorgänge* eine Folgenabschätzung erfordern können.

3.6 Datenschutzbeauftragter

Bis zu ihrer Einführung in die DSGVO war die Pflicht zur Benennung eines Datenschutzbeauftragten in den *meisten EU-Mitgliedstaaten weitgehend unbekannt*.[110] Die obligatorische Benennung eines Datenschutzbeauftragten wird allerdings im deutschen Datenschutzrecht bereits seit mehr als 30 Jahren vorgeschrieben und hat sich als Erfolgsmodell erwiesen.[111] Im Rahmen der DSGVO wird der Datenschutzbeauftragte eine Schlüsselrolle im Hinblick auf die Einhaltung der Vorgaben der Verordnung spielen.

---

[108] v.d.Bussche, in: Plath, BDSG/DSGVO, Art. 36 DSGVO (2016), Rn. 5

[109] Hansen, in: Wolff/Brink, BeckOK, Art. 36 DSGVO (2016), Rn. 20; Paal, in: Paal/Pauly, DSGVO, Art. 36 (2017), Rn. 20

[110] Allerdings sahen einige EU-Mitgliedstaaten bisher die Möglichkeit der freiwilligen Benennung eines Datenschutzbeauftragten vor, wie bspw. Polen, Frankreich und Schweden.

[111] Hoeren, ZD 2012, 355, 355

3.6.1 Pflicht zur Benennung

Art. 37 DSGVO regelt, in welchen Fällen eine Pflicht zur Benennung eines Datenschutzbeauftragten besteht. Sowohl der Verantwortliche als auch der Auftragsverarbeiter können von dieser Verpflichtung betroffen sein. Außerdem ermöglicht es Art. 37 Abs. 4 DSGVO den EU-Mitgliedstaaten sowie der EU Rechtsvorschriften zu erlassen, die den Verantwortlichen, den Auftragsverarbeiter oder Verbände und andere Vereinigungen, die Kategorien von Verantwortlichen oder Auftragsverarbeitern vertreten, zur Benennung eines Datenschutzbeauftragten verpflichten. Es wird sich zeigen, ob und in welchem Umfang die EU-Mitgliedstaaten von ihrer Kompetenz anhand dieser *Öffnungsklausel* Gebrauch machen werden.[112]

Entsprechend des *risikobasierten Ansatzes* der DSGVO besteht ein Zusammenhang zwischen der Pflicht zur Benennung eines Datenschutzbeauftragten nach Art. 37 DSGVO und der jeweils durchgeführten Datenverarbeitungsvorgänge, allerdings nicht zur Größe des Verantwortlichen/Auftragsverarbeiters selbst (z. B. Anzahl an Mitarbeitern).[113]

Nach Art. 37 Abs. 1 lits. b, c DSGVO sind *private Unternehmen*[114] zur Benennung eines Datenschutzbeauftragten in folgenden Fällen verpflichtet:

- *Regelmäßige und systematische Überwachung:* Die *Kerntätigkeiten* bestehen in der Durchführung von Verarbeitungsvorgängen, die aufgrund ihrer Art, ihres Umfangs und/oder ihrer Zwecke eine *umfangreiche* regelmäßige und systematische Überwachung von betroffenen Personen erforderlich machen.
- *Besondere Kategorien personenbezogener Daten*: Die *Kerntätigkeiten* bestehen in der umfangreichen Verarbeitung besonderer Kategorien personenbezogener Daten oder von personenbezogenen Daten (Art. 9 Abs. 1 DSGVO) über strafrechtliche Verurteilungen und Straftaten.

Die DSGVO führt die Begriffe „Kerntätigkeit" und „umfangreich" (für letztere siehe Abschn. 3.6.1.1) nicht weiter aus, sodass das Ausmaß der Benennungspflicht einer genaueren Erläuterung bedarf.

Sobald die Benennung stattgefunden hat, veröffentlicht der Verantwortliche/Auftragsverarbeiter die *Kontaktdaten* des Datenschutzbeauftragten und teilt diese Daten der Aufsichtsbehörde mit.[115] Da der Datenschutzbeauftragte als Anlaufstelle

---

[112] Zumindest Deutschland hat dies, wie angesichts der bisherigen deutschen Rechtslage abzusehen war, auch getan. Einzelheiten dazu im Abschn. 3.6.1.2.

[113] Marschall/Müller, ZD 2016, 415, 416

[114] Behörden und öffentliche Stellen sind ebenfalls zur Benennung eines Datenschutzbeauftragten verpflichtet, mit Ausnahme von Gerichten, die im Rahmen ihrer justiziellen Tätigkeit handeln, wobei mehrere Behörden/öffentliche Stellen unter Berücksichtigung ihrer Organisationsstruktur und ihrer Größe einen gemeinsamen Datenschutzbeauftragten benennen können, siehe Art. 37 Abs. 1 lit. a, Abs. 3 DSGVO

[115] Art. 37 Abs. 7 DSGVO

für betroffene Personen dienen soll, ist eine durchgängige Verfügbarkeit seiner Kontaktdaten sicherzustellen, bspw. durch Veröffentlichung auf der Website des Unternehmens.[116]

3.6.1.1 Spezifische Kerntätigkeiten des Unternehmens

"Kerntätigkeit" bezieht sich auf die Haupttätigkeiten eines Unternehmens und nicht auf die Verarbeitung personenbezogener Daten als Nebentätigkeit.[117] Kerntätigkeiten sind Geschäftsbereiche, die für die Umsetzung der Geschäftsstrategie des Unternehmens entscheidend sind und bei denen es sich nicht bloß um routinemäßige, administrative Tätigkeiten handelt.[118]

> **Beispiel**
>
> Unternehmen H betreibt einen Online-Shop für Schuhe. Zu diesem Zweck speichert es Kundendaten. H's Zielgruppe sind europäische Kunden in Deutschland, Frankreich und Italien.
>
> In diesem Beispiel verarbeitet H Kundendaten, da die Daten zur Verarbeitung und Ausführung von Bestellungen notwendig sind. Die Verarbeitungstätigkeit stellt jedoch nur eine Nebentätigkeit im Hinblick auf H's Kerntätigkeit, die im Verkauf von Schuhen besteht, dar. Daraus ergibt sich, dass H nicht zur Benennung eines Datenschutzbeauftragten verpflichtet sein dürfte.

> **Beispiel**
>
> Unternehmen J verkauft Möbel über das Internet und beobachtet den europäischen Markt, da es über eine dahingehende Erweiterung seines Geschäfts nachdenkt. Jeder, der die Website aufruft, muss sich mit der Verwendung von Cookies einverstanden erklären und J analysiert daraufhin die Geolokationsdaten um festzustellen, aus welchem Land der Nutzer stammt. J verarbeitet die gewonnenen Daten um herauszufinden, wie viele europäische Kunden aus welchen EU-Mitgliedstaaten seine Website besuchen und für welche Produkte sie sich hauptsächlich interessieren.
>
> In diesem Beispiel nutzt J Web-Tracking um sein Geschäft potenziell zu erweitern, welches im Verkauf von Möbeln besteht. Das Web-Tracking soll J eine Analyse des europäischen Marktes mittels seines Online-Shops ermöglichen. Daher ist die Datenverarbeitung für J Mittel zum Zweck und soll ihm zur Entwicklung seines Geschäfts dienen. Einerseits versucht J also einen neuen Geschäftszweig zu entwickeln, was Teil seiner Geschäftsstrategie ist und damit als „Kerntätigkeit" i. S. d. DSGVO gelten könnte. Andererseits beobachtet J das Verhalten von jedem, der die Website aufruft, also auch von bereits bestehenden

---

[116] Paal, in: Paal/Pauly, DSGVO, Art. 37 (2017), Rn. 17
[117] ErwGr. 97 DSGVO
[118] Jaspers/Reif, RdV 2016, 61, 62

Kunden weltweit, sodass die Verarbeitung eine bloße Geschäftsanalyse sein könnte, die nicht als „Kerntätigkeit" anzusehen wäre. Allerdings ist der alleinige Zweck von J's Verarbeitungstätigkeiten derjenige, europäische Kunden zu gewinnen und sein Geschäft in der EU zu entwickeln. Dabei handelt es sich um einen wichtigen Teil von J's Geschäftsstrategie. Dies spricht dafür, dass J zur Benennung eines Datenschutzbeauftragten verpflichtet sein dürfte.[119]

Beispiel

Unternehmen E ist ein Personaldienstleister, der Zeitarbeiter an große Automobilhersteller in ganz Europa vermittelt. E hat einen großen und ständig wechselnden Bestand an Mitarbeitern in seiner Datenbank.

In diesem Beispiel verarbeitet E personenbezogene Daten, um seine Personaldienstleistungen erbringen zu können. Dabei handelt es sich um E's Kerntätigkeit. Damit ist E – soweit die anderen Voraussetzungen von Art. 37 Abs. 1 lits. b oder c DSGVO erfüllt sind (regelmäßige und systematische Überwachung als Kerntätigkeit/Verarbeitung besonderer Kategorien personenbezogener Daten als Kerntätigkeit) – zur Benennung eines Datenschutzbeauftragten verpflichtet.

3.6.1.2 Pflicht zur Benennung nach dem BDSG-neu

Art. 37 Abs. 4 DSGVO ermöglicht es den EU-Mitgliedstaaten in ihrem nationalen Recht weitere Fälle vorzusehen, in denen die Benennung eines Datenschutzbeauftragten erforderlich wird. Deutschland hat von dieser Öffnungsklausel über die Schaffung des § 38 BDSG-neu Gebrauch gemacht. In § 38 Abs. 1 BDSG-neu sind *zwei zusätzliche Situationen* vorgesehen, in denen eine Pflicht zur Benennung eines Datenschutzbeauftragten besteht, die sich im Wesentlichen an der *bisherigen Rechtslage orientieren.*[120]

Gemäß § 38 Abs. 1 Satz 1 BDSG-neu besteht für Verantwortliche und Auftragsverarbeiter eine Pflicht zur Benennung eines Datenschutzbeauftragten, soweit sie:

- *in der Regel*: Bei der Bestimmung der die Bestellpflicht auslösenden Personenzahl ist vom Regelbetrieb des Unternehmens auszugehen, wobei kurzzeitige Schwankungen in der Personenzahl nach oben oder unten unbeachtlich sind.[121] Ein konkreter Zeitraum zur Bestimmung des Normalbetriebs lässt sich nur in Kenntnis der spezifischen Ziele und Aktivitätsbedingungen des Unternehmens angeben, dürfte jedoch in aller Regel mindestens ein Jahr betragen.[122] Auch

---

[119] Für Einzelheiten siehe auch Gierschmann, ZD 2016, 51, 52; CIPL, Project Paper (2016), S. 15

[120] § 4 f Abs. 1 Sätze 1, 4, 6 BDSG-alt

[121] Siehe auch v.d.Bussche, in: Plath, BDSG/DSGVO, § 4 f BDSG (2016), Rn. 8, Moos, in: Wolff/Brink, BeckOK, § 4 f BDSG (2015), Rn. 13; Simitis, in: Simitis, BDSG, § 4 f (2014), Rn. 19

[122] Siehe auch Simitis, in: Simitis, BDSG, § 4 f (2014), Rn. 19; Gola/Klug/Körffer, in: Gola/Schomerus, BDSG, § 4 f (2015), Rn. 11; einen kürzeren Zeitraum befürwortend Scheja, in: Taeger/Gabel, BDSG, § 4 f (2013), Rn. 21

eine dauerhaft geschaffene Stelle im Unternehmen, die von wechselnden Personen jeweils zeitlich befristet besetzt wird, ist als Teil des Normalbetriebs zu berücksichtigen.[123]
- *mindestens zehn Personen*: Die Verwendung des „Personen"-Begriffs impliziert ein weites Begriffsverständnis, welches nicht nur die Arbeitnehmer eines Unternehmens umfasst, sondern jede für das Unternehmen tätige Person.[124]
- *ständig*: Der Begriff erfordert keine dauerhafte Beschäftigung mit der Datenverarbeitung, wohl aber eine gewisse Kontinuität, sodass es auch ausreicht, wenn die Person immer dann tätig wird, wenn eine Verarbeitung notwendig ist.[125]
- *mit der automatisierten Verarbeitung personenbezogener Daten beschäftigen*: Berücksichtigungsfähig sind Verarbeitungen, die sowohl ganz als auch teilweise mithilfe automatisierter Verfahren durchgeführt werden, also auch solche, bei denen bestimmte Verarbeitungsschritte von natürlichen Personen ausgeführt werden.[126] Es ist bereits ausreichend, wenn ein Zugriff auf personenbezogene Daten möglich ist, sodass grundsätzlich jede Person, die im Rahmen ihrer Tätigkeit Zugriff auf E-Mails, das Internet oder andere Datenbanken hat, zu berücksichtigen ist.[127] Die im Zusammenhang mit der Verarbeitung ausgeführte Tätigkeit muss durch eine gewisse Weisungsbefugnis aufseiten des Unternehmens gekennzeichnet sein.[128]

§ 38 Abs. 1 Satz 2 BDSG-neu sieht außerdem unabhängig von der Anzahl der mit der Verarbeitung beschäftigten Personen im Unternehmen eine Pflicht zur Benennung eines Datenschutzbeauftragten vor, soweit:

- *Verarbeitungen vorgenommen werden, die einer Datenschutz-Folgenabschätzung unterliegen* (siehe dazu Abschn. 3.5): Diese Regelung führt zu einer beachtlichen Ausweitung der Bestellpflicht, da eine Datenschutz-Folgenabschätzung auf Grundlage einer subjektiven Risikoeinschätzung des Verantwortlichen hin vorgenommen wird, sodass der sich daraus ergebenden Frage der Bestellpflicht ein gewisser Grad an Rechtsunsicherheit in Bezug auf die „Richtigkeit" der Einschätzung des Unternehmens anhaftet. Da der Verantwortliche das Einschätzungs- und damit Haftungsrisiko trägt, könnte es zu Fällen kommen, in denen eine Folgenabschätzung vorgenommen wird und in diesem Zusammenhang die Bestellung eines Datenschutzbeauftragten erfolgt, aber bei denen sich letztlich herausstellt,

---

[123] Siehe auch Moos, in: Wolff/Brink, BeckOK, § 4 f BDSG (2015), Rn. 13
[124] Siehe auch v.d.Bussche, in: Plath, BDSG/DSGVO, § 4 f BDSG (2016), Rn. 8
[125] Siehe auch Scheja, in: Taeger/Gabel, BDSG, § 4 f (2013), Rn. 21; Gola/Klug/Körffer, in: Gola/Schomerus, BDSG, 4 f (2015), Rn. 12
[126] Siehe dazu Abschn. 2.1.1
[127] Siehe auch v.d.Bussche/Voigt, in: v.d.Bussche/Voigt, Konzerndatenschutz, Der Datenschutzbeauftrage (2014), Rn. 5; Simitis, in: Simitis, BDSG, § 4 f (2014), Rn. 28; Scheja, in: Taeger/Gabel, BDSG, § 4 f (2013), Rn. 22
[128] Siehe auch Moos, in: Wolff/Brink, BeckOK, § 4 f BDSG (2015), Rn. 11; Gola/Klug, NJW 2007, 118, 120

dass die Verarbeitung voraussichtlich kein hohes Risiko birgt und damit weder eine Folgenabschätzung noch die Bestellung eines Datenschutzbeauftragten erforderlich gewesen wären. In derartigen Fällen würde künstlich eine Pflicht zur Bestellung des Datenschutzbeauftragten ausgelöst werden. Der Umgang mit derartigen Situationen und die Auslegung dieser Vorschrift bleiben insoweit vage und sollten künftig eine Klarstellung durch die deutschen Aufsichtsbehörden erfahren.

- *personenbezogene Daten geschäftsmäßig zum Zweck der (anonymisierten) Übermittlung oder für Zwecke der Markt- oder Meinungsforschung verarbeitet werden*: Die Bestellpflicht ergibt sich hier aus dem erhöhten Risikopotenzial der durchgeführten Verarbeitungsaktivitäten auf Grundlage von zwei Faktoren.[129] Zunächst indiziert die „Geschäftsmäßigkeit" eine gesteigerte Intensität der Verarbeitung, da darunter eine gewisse Dauer bzw. jedenfalls beabsichtigte regelmäßige Wiederholung der Tätigkeit zu verstehen ist.[130] Außerdem existiert bei den erfassten Verarbeitungstätigkeiten in der Regel ein großer Kreis von potenziellen Verwendern der personenbezogenen Daten oder betroffenen Personen.[131]

Mit § 38 Abs. 1 BDSG-neu wird die niedrige Verbindlichkeitsschwelle bzgl. der Bestellung eines Datenschutzbeauftragten nach bisheriger Rechtslage aufrechterhalten. Für deutsche Unternehmen dürften sich damit in der Praxis vergleichsweise geringfügige Rechtsänderungen ergeben.

3.6.1.3 Gemeinsamer Datenschutzbeauftragter einer Unternehmensgruppe

Art. 37 Abs. 2 DSGVO ermöglicht es einer *Unternehmensgruppe*, einen einzigen, gemeinsamen Datenschutzbeauftragten zu benennen, sofern dieser von jeder Niederlassung aus leicht erreicht werden kann. Dies erleichtert konzerninterne Datenverarbeitungen zu einem gewissen Grad (siehe auch Abschn. 4.4), da derselbe Datenschutzbeauftragte auf diese Weise nur ein *einziges Mal* für alle/mehrere Gruppenunternehmen *benannt wird* und nicht (wie nach bisheriger deutscher Rechtslage) gesondert von jedem beteiligten Unternehmen benannt werden muss.

Der Gesetzgeber hat nicht klargestellt, was unter „*leicht erreichbar*" zu verstehen ist. Dies könnte sich bspw. auf die technische oder tatsächliche Erreichbarkeit des Datenschutzbeauftragten beziehen.[132] Angesichts seiner Funktion, Ratschläge und Hilfestellung zur Einhaltung der Vorgaben der DSGVO zu erteilen sollte sich die Erreichbarkeit danach bestimmen, ob die Gruppenunternehmen wissen, wer der zuständige Datenschutzbeauftragte ist und wie sie ihn zur Einholung von Ratschlägen erreichen können.[133] Vor der Benennung eines Datenschutzbeauftragten sollten

---

[129] Siehe auch Simitis, in: Simitis, BDSG, § 4 f (2014), Rn. 15

[130] Siehe auch Simitis, in: Simitis, BDSG, § 4 f (2014), Rn. 15; Scheja, in: Taeger/Gabel, BDSG, § 4 f (2013), Rn. 26

[131] Siehe auch Simitis, in: Simitis, BDSG, § 4 f (2014), Rn. 15

[132] Marschall/Müller, ZD 2016, 415, 417

[133] v.d.Bussche, in: Plath, BDSG/DSGVO, Art. 37 DSGVO (2016), Rn. 8

Unternehmen daher mögliche sprachliche und kommunikative Herausforderungen einer näheren Bewertung unterziehen.[134] Es sollte ausreichend sein, wenn eine Kommunikation mit dem gemeinsamen Datenschutzbeauftragten auf Englisch möglich ist und dieser, soweit erforderlich, bei der Kommunikation mit den verschiedenen Gruppenunternehmen von deren zweisprachigem, lokalen Personal unterstützt wird. Auch die persönliche Erreichbarkeit muss intern sowie extern sichergestellt werden, was bspw. über die Einrichtung einer Hotline, eines Kontaktformulars auf der Website des Unternehmens oder einer Sprechstunde des Datenschutzbeauftragten für Beschäftigte im Unternehmen umgesetzt werden könnte.[135]

3.6.1.4 Freiwillige Benennung eines Datenschutzbeauftragten

Art. 37 Abs. 4 DSGVO ermöglicht es Unternehmen freiwillig einen Datenschutzbeauftragten zu benennen, wenn sie dazu nicht gemäß Art. 37 Abs. 1 DSGVO verpflichtet sind. Unternehmen sollten bewerten, ob sie von dieser Möglichkeit in Anbetracht ihrer wirtschaftlichen Lage und ihrer Verarbeitungstätigkeiten Gebrauch machen wollen. Zudem kann ist es ratsam sein, freiwillig einen Datenschutzbeauftragten zu benennen, wenn nicht zweifelsohne feststeht, ob das Unternehmen zur Benennung eines Datenschutzbeauftragten gemäß Art. 37 Abs. 1 DSGVO verpflichtet ist, da auf diese Weise einer etwaigen Verletzung der Vorschrift entgegengewirkt wird. Darüber hinaus könnte ein freiwillig benannter Datenschutzbeauftragter die Verletzung nationaler, datenschutzrechtlicher Besonderheiten verhindern, da Bestehen und Anwendungsbereich dieser Vorschriften nicht allen Unternehmen hinreichend klar sein dürften. Weil Datenschutzbeauftragte u. a. über juristisches Fachwissen verfügen müssen (Abschn. 3.6.2.1), kann auch hinsichtlich des nationalen Datenschutzrechts auf dessen Expertise zurückgegriffen werden. Ein freiwillig benannter Datenschutzbeauftragter ist für Unternehmen darüber hinaus im Hinblick darauf vorteilhaft, dass er eine wichtige Rolle für die Einhaltung der Vorgaben der Verordnung und die Aufrechterhaltung der umfassenden Gesetzeskonformität auf nationaler sowie europäischer Ebene spielen kann.

Allerdings sollten Unternehmen beachten, dass ein freiwillig benannter Datenschutzbeauftragter die auf den gesetzlich zu benennenden Datenschutzbeauftragten anwendbaren Bestimmungen der DSGVO wohl ebenfalls einhalten muss und damit alle gesetzlichen Pflichten, die diese Position mit sich bringt, zu erfüllen hat (siehe unten). Die DSGVO unterscheidet nicht zwischen Datenschutzbeauftragten, die freiwillig oder zwingend benannt wurden. Wollen Unternehmen vermeiden, dass den freiwillig benannten „Datenschutzbeauftragten" alle Pflichten nach der DSGVO treffen, sollten sie die entsprechende Position *nicht als* „Datenschutzbeauftragter"

---

[134] Art.-29-Datenschutzgruppe, WP 243 (2016), S. 10; Marschall/Müller, ZD 2016, 415, 417; Jaspers/Reif, RdV 2016, 61, 63

[135] Landes-Datenschutzbeauftragter NRW, FAQ, https://www.ldi.nrw.de/mainmenu_Datenschutz/submenu_Datenschutzbeauftragte/Inhalt/Datenschutzbeauftragte_nach_der_DSGVO_und_der_JI-RL/Inhalt/I_Benennung_eines_Datenschutzbeauftragten__Artikel_37_DSGVO_Artikel_32_JI-Richtlinie/Unter_welchen_Voraussetzungen_liegt_eine_leichte_Erreichbarkeit_nach_Artikel_37_Absatz_2_DSGVO_vor_.php, zuletzt aufgerufen am 29. Juni 2017

bezeichnen, sondern bspw. als „Kontaktperson".[136] Dies ermöglicht es auch Außenstehenden, wie den betroffenen Personen, festzustellen, ob es sich bei der benannten Person um einen Datenschutzbeauftragten i.S.d. DSGVO handelt oder nicht.

3.6.2 Anforderungen an den Datenschutzbeauftragten

In Anbetracht der Schlüsselrolle des Datenschutzbeauftragten für den Datenschutz müssen die Bewerber um diese Position einige (gesetzliche) Anforderungen erfüllen.

3.6.2.1 Qualifikationen
Gemäß Art. 37 Abs. 5 DSGVO wird der Datenschutzbeauftragte auf der Grundlage seiner:

- *Beruflichen Qualifikation*;
- Seines *Fachwissens* auf dem Gebiet von Datenschutzrecht und -praxis; sowie
- Seiner *Fähigkeit* zur Erfüllung der gesetzlichen Aufgaben eines Datenschutzbeauftragten ausgewählt.

Da die Eignung eines Kandidaten mit seiner Fähigkeit zur Erfüllung der gesetzlichen Aufgaben des Datenschutzbeauftragten in Zusammenhang steht, ist seine Befähigung in Bezug auf die konkreten Verarbeitungstätigkeiten des jeweiligen Unternehmens zu bewerten.[137] Das erforderliche Maß an Fachwissen sollte anhand der jeweiligen Verarbeitungstätigkeiten und dem erforderlichen Schutzniveau für die vom Verantwortlichen/Auftragsverarbeiter konkret verarbeiteten personenbezogenen Daten ermittelt werden.[138] Ausgehend von der deutschen Rechtsprechung, die zukünftig beispielhaft von den Gerichten in der EU herangezogen werden könnte, bestimmt sich die Eignung eines Kandidaten anhand eines *Zusammenspiels seines* rechtlichen, organisatorischen und technischen *Wissens*.[139]

Natürliche oder juristische Person als Datenschutzbeauftragter
Die DSGVO lässt nicht erkennen, ob natürliche und juristische Personen gleichermaßen zum Datenschutzbeauftragten benannt werden können. Die Möglichkeit der Benennung einer *juristischen Person* war innerhalb der deutschen

---

[136] Für weitere Einzelheiten siehe auch CIPL, Project Paper (2016), S. 2, 6, 19

[137] v.d.Bussche, in: Plath, BDSG/DSGVO, Art. 37 DSGVO (2016), Rn. 10

[138] ErwGr. 97 DSGVO

[139] v.d.Bussche, in: Plath, BDSG/DSGVO, Art. 37 DSGVO (2016), Rn. 11; siehe auch v.d.Bussche, in: Plath, BDSG/DSGVO, § 4 f BDSG (2016), Rn. 28; Simitis, in: Simitis, BDSG, § 4 f (2014), Rn. 84; Gola/Klug/Körffer, in: Gola/Schomerus, BDSG, § 4 f (2015), Rn. 20 ff.

Rechtswissenschaft höchst umstritten.[140] Da die Anforderungen an einen Datenschutzbeauftragten nicht an spezifische Eigenschaften natürlicher Personen anknüpfen, Art. 37 DSGVO die Benennung juristischer Personen nicht ausdrücklich verbietet und externe Datenschutzbeauftragte häufig als juristische Person organisiert sind, sollte die Benennung einer juristischen Person zum Datenschutzbeauftragten möglich sein.[141]

§ 38 *BDSG-neu* bezieht sich auf „eine Datenschutzbeauftragte oder einen Datenschutzbeauftragten". Ob die *geschlechterspezifische Formulierung* der Norm darauf hindeutet, dass der deutsche Gesetzgeber lediglich von der Möglichkeit zur Benennung natürlicher Personen als Datenschutzbeauftragte ausgeht, bleibt unklar. Sollte dies der Fall sein, so müsste die Vorschrift europarechtskonform ausgelegt werden, da die Art. 37, 38 DSGVO – wie soeben gezeigt – einer Benennung von juristischen Personen als Datenschutzbeauftragte wohl nicht im Wege stehen.

3.6.2.2 Interner oder externer Datenschutzbeauftragter

Der Verantwortliche/Auftragsverarbeiter hat die Wahl zwischen der Benennung eines internen oder externen Datenschutzbeauftragten, Art. 37 Abs. 6 DSGVO.

Der interne Datenschutzbeauftragte ist ein *Arbeitnehmer* des Verantwortlichen/Auftragsverarbeiters. Der externe Datenschutzbeauftragte wird seine Aufgaben auf der Grundlage eines *Dienstleistungsvertrags* erfüllen. Welche Variante den Bedürfnissen des Verantwortlichen/Auftragsverarbeiters am besten entspricht, ist anhand der spezifischen Datenverarbeitungstätigkeiten des Unternehmens sowie der Unternehmensgröße und dem zur Verfügung stehenden Budget zu bestimmen. In der Tab. 3.2 sind einige der Punkte dargestellt, die bei der Entscheidung zu berücksichtigen sind:[142]

3.6.2.3 Benennung auf unbestimmte oder bestimmte Zeit

Die DSGVO schließt die Möglichkeit der Benennung eines Datenschutzbeauftragten auf Zeit nicht aus. Dienstleistungsverträge zwischen dem Verantwortlichen/Auftragsverarbeiter und dem externen Datenschutzbeauftragten werden insofern regelmäßig begrenzt. Da es sich bei internen Datenschutzbeauftragten um zeitlich unbefristet eingestellte Arbeitnehmer handelt, werden sie häufig auf unbestimmte Zeit zum Datenschutzbeauftragten benannt und die Kündigung des Arbeitsvertrages kann nur unter bestimmten, engen Voraussetzungen erfolgen. Es besteht grundsätzlich

---

[140] Zustimmend siehe auch v.d.Bussche, in: Plath, BDSG/DSGVO, § 4 f BDSG (2016), Rn. 26; Simitis, in: Simitis, BDSG, § 4 f (2014), Rn. 48; Scheja, in: Taeger/Gabel, BDSG, § 4 f (2013), Rn. 82; ablehnend siehe auch Gola/Klug/Körffer, in: Gola/Schomerus, BDSG, § 4 f (2015), Rn. 19; Schaffland/Wiltfang, in: Schaffland/Wiltfang, BDSG, § 4 f (2016), Rn. 45

[141] Siehe auch v.d.Bussche, in: Plath, BDSG/DSGVO, § 4 f BDSG (2016), Rn. 26

[142] Siehe auch v.d.Bussche/Voigt, in: v.d.Bussche/Voigt, Konzerndatenschutz, Der Datenschutzbeauftragte (2014), Rn. 10–12

Tab. 3.2 Praktische Anhaltspunkte für die Entscheidung zwischen internem und externem Datenschutzbeauftragten

Interner Datenschutzbeauftragter	Externer Datenschutzbeauftragter
Besserer Einblick in das Geschäft und die (Verarbeitungs-)Tätigkeiten des Unternehmens (wichtig im Falle komplexer Konzernstrukturen/Verarbeitungsvorgänge)	Bereits bestehende Expertise und hoher Grad an Professionalität
Insider-Perspektive wird die Einführung eines Datenschutz-Managementsystems entsprechend der Bedürfnisse des Unternehmens erleichtern	Wird zumeist eine angemessene Versicherung haben, welche die eintretenden Folgen etwaiger Aufgabenverletzungen abdeckt
Je größer ein Unternehmen, desto zeitaufwendiger wird die Überwachung der Verarbeitungstätigkeiten sein	Kein Arbeitsvertrag im Gegensatz zum internen Datenschutzbeauftragten, weshalb das Unternehmen nicht die vertraglichen Verpflichtungen eines Arbeitgebers gegenüber dem externen Datenschutzbeauftragten hat; kein besonderer Kündigungsschutz (siehe auch Abschn. 3.6.3.3)
Kann ohne Schwierigkeiten als interner Ansprechpartner für jedes Konzernunternehmen bzw. jeden Geschäftsbereich dienen	
Empfehlenswert für:	**Empfehlenswert für:**
Größere Unternehmen	Kleine und mittlere Unternehmen
Unternehmensgruppen	
Unternehmen, die Verarbeitungstätigkeiten mit hohem Risiko durchführen	

auch die Möglichkeit zum Abschluss eines befristeten Arbeitsvertrags oder auch die Option, lediglich die Benennung des Arbeitnehmers zum Datenschutzbeauftragten zeitlich zu begrenzen. Allerdings sollte zur Gewährleistung eines konstanten Datenschutzniveaus sowie zur durchgängigen Überwachung der Verarbeitungstätigkeiten ein geeigneter Datenschutzbeauftragter nicht nur auf kurze Zeit benannt werden.

Während der Vorschlag zur DSGVO noch einen Benennungszeitraum von mindestens zwei Jahren vorsah,[143] wurde diese Anforderung in den endgültigen Text der Verordnung nicht übernommen. Allerdings ist es ratsam, den Datenschutzbeauftragten dennoch für *mindestens zwei Jahre* zu benennen um seine Unabhängigkeit sicherzustellen und für eine konsistente Überwachung der Verarbeitungstätigkeiten des Unternehmens zu sorgen.

---

[143] Art. 35 Abs. 7 Vorschlag der Europäischen Kommission für die DSGVO (KOM(2012) 11 final; 2012/0011 (KOD)).

3.6.2.4 Formelle Anforderungen

Die DSGVO sieht weder eine Mindestzeitraum für die Benennung des Datenschutzbeauftragten, noch formelle Anforderungen für dessen Benennung vor. Allerdings ist *Schriftform* ratsam, da sie Dokumentations- und Beweiszwecken dient.[144]

3.6.3 Stellung des Datenschutzbeauftragten

Art. 38 DSGVO regelt die Stellung des Datenschutzbeauftragten innerhalb des Unternehmens. Um erfolgreich seinen Aufgaben als Datenschutzbeauftragter nachkommen zu können muss der Verantwortliche/Auftragsverarbeiter:

- Sicherstellen, dass der Datenschutzbeauftragte ordnungsgemäß und *frühzeitig* in alle mit dem Schutz personenbezogener Daten zusammenhängenden Fragen eingebunden wird, Art. 38 Abs. 1 DSGVO; und
- Die für die Erfüllung der Aufgaben des Datenschutzbeauftragten *erforderlichen Ressourcen*, seinen Zugang zu personenbezogenen Daten und Verarbeitungsvorgängen sowie die zur Erhaltung seines Fachwissens erforderlichen Ressourcen zur Verfügung stellen, Art. 38 Abs. 2 DSGVO. Dies umfasst u. a. das Zurverfügungstellen von einem geeigneten Arbeitsplatz, IT, finanziellen Mitteln, Fachliteratur, personellen Mitteln sowie ausreichender Zeit, um seinen Verpflichtungen nachzukommen.[145]

Der Datenschutzbeauftragte muss so gestellt werden, dass er seine Aufgaben und Pflichten auf *unabhängige* Art und Weise erfüllen kann.[146] Aus diesem Grund hat der Datenschutzbeauftragte weder vom Verantwortlichen noch vom Auftragsverarbeiter Weisungen bzgl. der Ausübung seiner Aufgaben zu erhalten, Art. 38 Abs. 3 Satz 1 DSGVO. Dementsprechend berichtet der Datenschutzbeauftragte unmittelbar der höchsten Managementebene des Verantwortlichen oder des Auftragsverarbeiters.[147] Allerdings wird nicht klargestellt, ob der Datenschutzbeauftragte auch jede Routineinformation der höchsten Managementebene mitzuteilen hat. Aus Gründen der Praktikabilität innerhalb von Konzernstrukturen sollte der Datenschutzbeauftragte immer in die Lage versetzt werden, der höchsten Managementebene berichten zu können, dazu aber nur dann verpflichtet sein, wenn ernstzunehmende Datenschutzproblematiken auftreten.[148] Die Unabhängigkeit des Datenschutzbeauftragten soll potenzielle Interessenkonflikte vermeiden, da der Verantwortliche/Auftragsverarbeiter durch eine Einflussnahme das Ziel des Datenschutzes beeinträchtigen könnte.[149]

---

[144] Zustimmend siehe Jaspers/Reif, RdV 2016, 61, 63; Paal, in: Paal/Paul, DSGVO, Art. 37 (2017), Rn. 18; Marschall/Müller, ZD 2016, 415, 416

[145] Siehe auch v.d.Bussche, in: Plath, BDSG/DSGVO, § 4 f BDSG (2016), Rn. 45; Jaspers/Reif, RdV 2016, 61, 65

[146] ErwGr. 97 DSGVO

[147] Art. 38 Abs. 3 Satz 3 DSGVO

[148] Siehe auch CIPL, Project Paper (2016), S. 9

[149] Paal, in: Paal/Pauly, DSGVO, Art. 38 (2017), Rn. 9

3.6.3.1 Anlaufstelle für betroffene Personen und Aufsichtsbehörden

Der Datenschutzbeauftragte dient als *Anlaufstelle* für betroffene Personen, da diese ihn zu allen mit der Verarbeitung ihrer personenbezogenen Daten und mit der Wahrnehmung ihrer Rechte gemäß der DSGVO in Zusammenhang stehenden Fragen zu Rate ziehen können, Art. 38 Abs. 4 DSGVO. Dies zwingt den Datenschutzbeauftragten gewissermaßen dazu, eine *neutrale Position* innerhalb des verantwortlichen/ auftragsverarbeitenden Unternehmens aufrechtzuerhalten, da er sowohl die von den durchgeführten Verarbeitungstätigkeiten betroffenen Personen, als auch diejenigen, die diese durchführen, zu beraten hat.[150]

Zusätzlich dient der Datenschutzbeauftragte auch als Anlaufstelle für die Aufsichtsbehörden, Art. 39 Abs. 1 lit. e DSGVO. Dies umfasst auch die vorherige Konsultation gemäß Art. 36 DSGVO (siehe Abschn. 3.5.2.4). Im BDSG-neu wurde die Beziehung des Datenschutzbeauftragten zu den Aufsichtsbehörden wechselseitig ausgestaltet (siehe Abschn. 3.6.3.4).

3.6.3.2 Verschwiegenheitspflicht

Der Datenschutzbeauftragte ist nach dem Recht der EU/der EU-Mitgliedstaaten bei der Erfüllung seiner Aufgaben an die Wahrung der Geheimhaltung oder der Vertraulichkeit gebunden, Art. 38 Abs. 5 DSGVO. Die DSGVO enthält demnach keine eigenen Vorschriften zur Geheimhaltung, sondern greift auf *bestehendes Recht* zurück. Dies hat zur Folge, dass die Verschwiegenheitspflicht durch das Recht der EU-Mitgliedstaaten teilweise begrenzt sein könnte.[151]

Geheimhaltungspflicht nach dem BDSG-neu

Deutschland hat von der Öffnungsklausel aus Art. 38 Abs. 5 DSGVO in § 6 Abs. 5 Satz 2, Abs. 6 BDSG-neu Gebrauch gemacht, die über § 38 Abs. 2 BDSG-neu auch auf den Datenschutzbeauftragten von Privatunternehmen Anwendung finden. Danach steht dem Datenschutzbeauftragten nicht nur aus beruflichen Gründen ggf. ein Zeugnisverweigerungsrecht zu, sondern er ist auch zur *Verschwiegenheit über die Identität der betroffenen Person* sowie über Umstände, die Rückschlüsse auf die betroffene Person zulassen, verpflichtet, soweit er nicht durch die betroffene Person von der Verschwiegenheit befreit wird.

3.6.3.3 Abberufung oder Benachteiligung

Der Datenschutzbeauftragte darf vom Verantwortlichen/Auftragsverarbeiter wegen der Erfüllung seiner Aufgaben nicht abberufen oder benachteiligt werden, Art. 38 Abs. 3 Satz 2 DSGVO. Im Umkehrschluss ergibt sich daraus, dass die Abberufung oder eine anderweitige Benachteiligung des Datenschutzbeauftragten aus anderen Gründen, z. B. vertraglicher oder wirtschaftlicher Natur, grundsätzlich möglich bleibt.[152] Allerdings können die vorgenannten zulässigen Gründe nicht dazu

---

[150] Marschall/Müller, ZD 2016, 415, 420

[151] v.d.Bussche, in: Plath, BDSG/DSGVO, Art. 38 DSGVO (2016), Rn. 6

[152] v.d.Bussche, in: Plath, BDSG/DSGVO, Art. 38 DSGVO (2016), Rn. 10

vorgehalten werden, um den Datenschutzbeauftragten wegen der Erfüllung seiner Aufgaben abzuberufen oder auf andere Weise zu benachteiligen, da dies Art. 38 Abs. 3 Satz 2 DSGVO ausgehend vom gesetzgeberischen Zweck entgegen laufen würde.[153]

Kündigungsschutz nach dem BDSG-neu
Besteht nach der DSGVO oder dem BDSG-neu die Pflicht zur Bestellung eines Datenschutzbeauftragten (siehe Abschn. 3.6.1), so profitiert der interne Datenschutzbeauftragte als Arbeitnehmer in Deutschland vom besonderen Kündigungsschutz des § 6 Abs. 4 BDSG-neu in entsprechender Anwendung des § 626 BGB. Danach ist eine Kündigung des Arbeitsverhältnisses mit dem Datenschutzbeauftragten unzulässig, es sei denn, dass Tatsachen vorliegen, die das Unternehmen zur *Kündigung aus wichtigem Grund* ohne Einhaltung einer Kündigungsfrist berechtigen. Dafür muss sich eine Unzumutbarkeit der Fortführung des Arbeitsverhältnisses aus einer Interessenabwägung der Umstände des Einzelfalls ergeben, wobei eine mildere Reaktion dem Arbeitgeber des Datenschutzbeauftragten nicht zugemutet werden kann.[154] Der *Kündigungsschutz* des als Datenschutzbeauftragten tätigen Arbeitnehmers wirkt auch über das Ende seiner Tätigkeit als Datenschutzbeauftragter hinaus, da danach innerhalb eines Jahres weiterhin nur eine außerordentliche Kündigung seines Arbeitsverhältnisses in Betracht kommt, § 6 Abs. 4 Satz 3 BDSG-neu.

3.6.3.4 Rolle der Aufsichtsbehörden nach dem BDSG-neu
Nach deutschem Recht dient der Datenschutzbeauftragte nicht nur – wie in Art. 39 Abs. 1 lit. e DSGVO vorgesehen – als Anlaufstelle für die Aufsichtsbehörde, sondern wird im Wege einer *wechselseitigen Beziehung* von dieser beraten und mit Rücksicht auf seine typischen Bedürfnisse unterstützt, § 40 Abs. 6 Satz 1 BDSG-neu. Dabei handelt es sich um eine Ergänzung der Zuständigkeiten der Aufsichtsbehörden.[155] Dies könnte dem Datenschutzbeauftragten insbesondere bei kritischen Rechtsfragen eine wichtige Hilfestellung bieten.

Zugleich erweitert die Vorschrift auch die Befugnisse der *Aufsichtsbehörden* in Bezug auf den Datenschutzbeauftragten, da sie gemäß § 40 Abs. 6 Satz 2 BDSG-neu dessen *Abberufung verlangen können*, wenn:

- *der Datenschutzbeauftragte die für die Erfüllung seiner Aufgaben erforderliche Fachkunde nicht besitzt* (siehe Abschn. 3.6.2.1): Diese Vorschrift entspricht im Wesentlichen der bisherigen Rechtslage.[156] Die Aufsichtsbehörde könnte Kenntnis von der fehlenden Eignung eines Datenschutzbeauftragten aus Anlass von Beschwerden, aber auch im Rahmen der Ausübung ihrer Untersuchungsbefugnisse

---

[153] v.d.Bussche, in: Plath, BDSG/DSGVO, Art. 38 DSGVO (2016), Rn. 10
[154] Weidenkaff, in: Palandt, BGB, § 626 (2017), Rn. 38–41
[155] Deutscher Bundestag (2017), Drucksache 18/11325, 108
[156] Siehe § 38 Abs. 5 Satz 3 BDSG-alt

(siehe Abschn. 7.1) erhalten.[157] Entsprechende Fachkundemängel könnten in umfassender Untätigkeit, fehlender Durchsetzungskraft im Unternehmen oder aber im Unvermögen, bisherige Tätigkeiten durch Verzeichnisse über Verarbeitungstätigkeiten oder anderweitige Dokumentation zu belegen, bestehen.[158] Aus Gründen der Verhältnismäßigkeit muss zunächst geprüft werden, ob die fachlichen Defizite des Datenschutzbeauftragten durch eine Nachschulung oder anderweitige Maßnahme zeitnah behoben werden können[159]; oder

- *die zusätzlichen Aufgaben und Pflichten des Datenschutzbeauftragten zu einem schwerwiegenden Interessenkonflikt führen* (siehe Abschn. 3.6.4.1): Wann ein Interessenkonflikt „schwerwiegend" ist, wird vom deutschen Gesetzgeber nicht klargestellt und dürfte sich in den nächsten Jahren erst durch die Praxis der Aufsichtsbehörden konkretisieren. Die nötige Schwere des Konflikts dürfte zumindest gegeben sein, wenn die Position einer Person im Unternehmen z. B. als Leiter der IT-Abteilung mit einer Bestellung als Datenschutzbeauftragter inkompatibel ist (siehe Abschn. 3.6.4.1).

3.6.4 Aufgaben des Datenschutzbeauftragten

Art. 39 DSGVO regelt die gesetzlichen Aufgaben des Datenschutzbeauftragten, die hauptsächlich aus Informations-, Zusammenarbeits- und Überwachungspflichten bestehen. Gemäß Art. 39 Abs. 1 DSGVO obliegen dem Datenschutzbeauftragten *zumindest folgende Aufgaben*:

- Unterrichtung und Beratung des Verantwortlichen/Auftragsverarbeiters und ihrer Beschäftigten hinsichtlich ihrer Datenschutzpflichten;
- Überwachung der Einhaltung des Datenschutzrechts sowie der Datenschutzstrategien des Verantwortlichen/Auftragsverarbeiters, einschließlich der diesbezüglichen Überprüfungen;
- Zuweisung von Zuständigkeiten, Sensibilisierung und Schulung der an den Verarbeitungsvorgängen beteiligten Mitarbeiter;
- Beratung – auf Anfrage – im Zusammenhang mit der Datenschutz-Folgenabschätzung sowie Überwachung ihrer Durchführung (siehe Abschn. 3.5);
- Zusammenarbeit mit der Aufsichtsbehörde (dies umfasst nicht die Pflicht zur Meldung von Datenschutzverstößen, siehe Abschn. 3.5.2.4); und
- Tätigkeit als Anlaufstelle für die Aufsichtsbehörde.

Die gesetzlichen Mindestaufgaben des Datenschutzbeauftragten zeigen, dass ihm eine entscheidende Rolle für den Datenschutz innerhalb des Unternehmens zukommt.

---

[157] Siehe auch Brink, in: Wolff/Brink, BeckOK, § 38 BDSG (2017), Rn. 81

[158] Siehe auch Brink, in: Wolff/Brink, BeckOK, § 38 BDSG (2017), Rn. 81; Gola/Schomerus, in: Gola/Schomerus, BDSG, § 38 (2015), Rn. 27

[159] Siehe auch Petri, in: Simitis, BDSG, § 38 (2014), Rn. 74; Brink, in: Wolff/Brink, BeckOK, § 38 BDSG (2017), Rn. 82

3.6.4.1 Zusätzliche Aufgaben und Interessenkonflikte

Gemäß Art. 38 Abs. 6 DSGVO kann der Datenschutzbeauftragte auch andere zusätzliche Aufgaben und Pflichten wahrnehmen, solange der Verantwortliche/Auftragsverarbeiter sicherstellt, dass diese nicht zu einem *Interessenkonflikt* führen.

In diesem Zusammenhang sollten Unternehmen in Betracht ziehen, dass ein interner Datenschutzbeauftragter zur Erfüllung anderer Aufgaben im Unternehmen auf der Grundlage v. a. seines Arbeitsvertrages verpflichtet sein könnte, welcher daher auf seine Vereinbarkeit mit der Stellung als Datenschutzbeauftragter hin überprüft werden muss.[160] Schon seiner Funktion nach kann der Datenschutzbeauftragte keine Aufgaben übernehmen, die im Zusammenhang mit der Datenverarbeitung stehen. Es würde zu einem Interessenkonflikt führen, wenn der Datenschutzbeauftragte über die *Zwecke und Mittel* der Datenverarbeitung entscheidet oder die Rechtmäßigkeit der Verarbeitungsvorgänge selbst sicherstellt, da er nicht seine eigene Einhaltung der Vorgaben der DSGVO überwachen kann.[161] Aufgrund von Unterschieden in der Organisationsstruktur eines jeden Unternehmens müssen derartige Problematiken auf *Einzelfallbasis* geprüft werden.[162] Als allgemeine Regel kann festgehalten werden, dass es nicht möglich sein wird, jemanden zum Datenschutzbeauftragten zu benennen, der eine der folgenden Positionen im Unternehmen einnimmt:[163]

- Eine *gehobene Managementposition* (Geschäftsführer, CEO, COO, Chief Financial oder Chief Medical Officer);
- Die *Leiter* der IT-, Marketing- oder Personalabteilung;
- Andere Positionen auf einer niedrigeren Ebene in der Organisationsstruktur, soweit sie eine Festlegung der Zwecke und Mittel der Verarbeitung ermöglichen.

3.6.4.2 Praxishinweise

Sofern benannt, wird der Datenschutzbeauftragte regelmäßig eine Schlüsselrolle für die Einhaltung des Datenschutzrechts durch das Unternehmen spielen.[164] Zusätzlich zu seinen Mindestaufgaben nach der DSGVO kann es sich deshalb als sinnvoll erweisen, ihm weitere Aufgaben zuzuweisen, um sein Fachwissen zum Datenschutz maximal einsetzen zu können. Daher ist es wichtig, Interessenkonflikte frühzeitig zu identifizieren und zu vermeiden. Abhängig von den Tätigkeiten, der Größe und der Struktur des Unternehmens sollte der Verantwortliche/Auftragsverarbeiter die folgende Vorgehensweise befolgen, um Interessenkonflikte zu vermeiden:[165]

---

[160] Siehe auch Scheja, in: Taeger/Gabel, BDSG, § 4 f (2013), Rn. 72
[161] Art.-29-Datenschutzgruppe, WP 243 (2016), S. 15; Schefzig, ZD 2015, 503, 505
[162] Art.-29-Datenschutzgruppe, WP 243 (2016), S. 15
[163] Siehe auch v.d.Bussche, in: Plath, BDSG/DSGVO, § 4 f BDSG (2016), Rn. 31; Scheja, in: Taeger/Gabel, BDSG, § 4 f (2013), Rn. 73; Art.-29-Datenschutzgruppe, WP 243 (2016), S. 15 ff.
[164] Siehe Abschn. 3.6.4 für weitere Einzelheiten.
[165] Ausführungen entstammen größtenteils Art.-29-Datenschutzgruppe, WP 243 (2016), S. 16

- Diejenigen Positionen im Unternehmen identifizieren, die mit der Stellung als Datenschutzbeauftragter nicht vereinbar sind;
- *Interne Richtlinien* aufstellen, die Interessenkonflikte vermeiden sollen;
- In diese Richtlinien eine grundsätzliche Erklärung zu Interessenkonflikten aufnehmen;
- Erklären, dass der jeweilige Datenschutzbeauftragte keinem Interessenkonflikt hinsichtlich seiner Position unterliegt, um auf diese Problematik aufmerksam zu machen;
- *Sicherheitsvorkehrungen* in den internen Richtlinien vorsehen.

Die *Stellenausschreibung* für die Position als Datenschutzbeauftragter oder der Dienstleistungsvertrag mit dem externen Datenschutzbeauftragten muss hinreichend präzise und detailliert sein, um Interessenkonflikte im Vorfeld zu vermeiden. In diesem Kontext sollte beachtet werden, dass potenzielle Interessenkonflikte auf verschiedene Art und Weise entstehen können, je nachdem, ob der Datenschutzbeauftragte intern oder extern bestellt werden soll.

3.6.4.3 Sanktionen und Haftung

Die DSGVO sieht keine Vorschriften zur Haftung oder Sanktionierung des Datenschutzbeauftragten vor. Es ist daher unklar, ob der Datenschutzbeauftragte einer strafrechtlichen, verwaltungsrechtlichen oder gesellschaftsrechtlichen Haftung unterliegen kann.[166] Da jedoch der Verantwortliche/Auftragsverarbeiter für die Verarbeitungstätigkeiten verantwortlich ist und einer Haftung nach der DSGVO unterliegt, sieht die Verordnung eine persönliche Haftung des Datenschutzbeauftragten aufgrund seiner Beraterfunktion nicht vor.[167] Allerdings könnte das Recht der EU-Mitgliedstaaten eine solche Haftung vorsehen.

Nichtsdestotrotz ist der Datenschutzbeauftragte grundsätzlich für die ordnungsgemäße Erfüllung seiner Aufgaben verantwortlich. Aus diesem Grund kann es auf Grundlage von Rechtsnormen der EU-Mitgliedstaaten dazu kommen, dass betroffene Personen oder der Verantwortliche/Auftragsverarbeiter *Ersatzansprüche für Schäden*[168] gegenüber dem Datenschutzbeauftragten geltend machen können, die durch eine Verletzung seiner Pflichten entstanden sind.[169] Unter anderem kann nationales Recht es Unternehmen ermöglichen, Ersatzansprüche auf der Grundlage des Arbeitsverhältnisses mit dem Datenschutzbeauftragten geltend zu machen. Allerdings können die EU-Mitgliedstaaten ebenso das Ausmaß derartiger Forderungen durch ihr jeweiliges nationales Arbeitsrecht einschränken.

---

[166] CIPL, Project Paper (2016), S. 21
[167] CIPL, Project Paper (2016), S. 21
[168] Bspw. nach deutschem Recht, dürften Verantwortliche Schadensersatzforderungen (unter sehr engen Voraussetzungen) gegen den Datenschutzbeauftragten geltend machen können.
[169] Paal, in: Paal/Pauly, DSGVO, Art. 39 (2017), Rn. 12

3.7 Datenschutz durch Technikgestaltung und durch datenschutzfreundliche Voreinstellungen („Privacy by Design and by Default")

Art. 25 DSGVO sieht konkrete Datenschutzinstrumente vor: Unternehmen sind dazu angehalten, von den Konzepten Datenschutz durch Technikgestaltung und Datenschutz durch datenschutzfreundliche Voreinstellungen Gebrauch zu machen– vor allem bzgl. digitaler Datenverarbeitungen.[170]

Datenschutz durch Technikgestaltung („Privacy by Design")
Das Konzept von Datenschutz durch Technikgestaltung (Art. 25 Abs. 1 DSGVO) basiert auf der Erkenntnis, dass die Bedingungen für Datenverarbeitungen hauptsächlich durch die jeweils verwendete *Soft- und Hardware* bestimmt werden.[171] Die zunehmende Geschwindigkeit des technischen Fortschritts macht Datenschutz durch Technikgestaltung zum regulatorischen Ansatz der Zukunft.[172] Technische Konzepte zum präventiven Datenschutz sollen als Grundlage für *minimal invasive* Verarbeitungsvorgänge dienen.[173] Bei der Entwicklung neuer Technologien sollen *Entwickler und Hersteller* zur Berücksichtigung des Prinzips der Datenminimierung verpflichtet sein.[174] Beispiele umfassen auf Datenminimierung ausgerichtete IT-Systeme sowie die umfassende und zeitnahe *Pseudonymisierung* personenbezogener Daten.[175] Fragebögen oder anderweitige Formulare zur Datenerhebung könnten beispielsweise so entworfen werden, dass der Umfang und die Menge der erhobenen Daten auf dasjenige Maß begrenzt wird, welches zur Erreichung des Verarbeitungszwecks absolut notwendig ist.[176]

> **Beispiel**
> Es sollte geprüft werden, ob Login-Daten für Websites/Apps zukünftig noch dauerhaft in einem Cookie gespeichert werden sollten. Anstatt dessen könnten Programmierer von Websites, sofern aus Praktikabilitätsgründen umsetzbar, sogar eine Funktion einbinden, die Benutzer automatisch beim Verlassen der Website oder Schließen der App abmeldet.[177]

---

[170] Martini, in: Paal/Pauly, DSGVO, Art. 24 (2017), Rn. 5
[171] Siehe auch Conrad/Hausen, in: Auer-Reinsdorff/Conrad, Handbuch IT, Telemedien (2016), Rn. 165
[172] Siehe auch Conrad, in: Auer-Reinsdorff/Conrad, Handbuch IT, Compliance (2016) Rn. 217
[173] Siehe auch Conrad, in: Auer-Reinsdorff/Conrad, Handbuch IT, Compliance (2016) Rn. 217
[174] Siehe auch Schulz, CR 2012, 204, 204; ErwGr. 78 DSGVO; Barlag, in: Roßnagel, DSGVO, Datenschutz durch Technik (2017), Rn. 227
[175] ErwGr. 78 DSGVO; Wybitul/Draf, BB 2016, 2101, 2104
[176] Beispiel aus Scholz, in: Simitis, BDSG, § 3a (2014), Rn. 35
[177] Siehe auch Völkel, DSRITB 2015, 35, 47

Bei der Entwicklung neuer Produkte sollte das Management des jeweiligen Unternehmens bereits in einer frühen Phase des Projekts darauf hinarbeiten, Entwickler und Designer auf diese Verpflichtung aufmerksam zu machen.[178]

Datenschutz durch datenschutzfreundliche Voreinstellungen („Privacy by Default")

Das Konzept des Datenschutzes durch datenschutzfreundliche Voreinstellungen (Art. 25 Abs. 2 DSGVO) soll Verbraucher gegen den unter Unternehmen weitverbreiteten Trend schützen, so viele personenbezogene Daten wie möglich zu verarbeiten.[179]

Nach diesem Schutzkonzept sollen bereits standardmäßig nur solche personenbezogenen Daten erhoben werden, die zur Erreichung des jeweiligen Verarbeitungszwecks erforderlich sind. Das Konzept setzt bei der *Menge der gesammelten personenbezogenen Daten*, dem Ausmaß ihrer Verarbeitung, ihrer Speicherdauer und ihrer Zugänglichkeit an.[180] Zu diesem Zwecke muss der Verantwortliche angemessene *technische und organisatorische Maßnahmen* einsetzen. Sofern sich der Verantwortliche eines Auftragsverarbeiters bedient, muss letzterer dem Verantwortlichen die Möglichkeit zur Umsetzung von Datenschutz durch datenschutzfreundliche Voreinstellungen einräumen.

Datenschutzfreundliche Voreinstellungen stellen in der Regel ein Maximum an Privatsphäre sicher, sodass Nutzer die Einstellungen eines Dienstes oder Produktes bei erstmaliger Benutzung nicht verändern müssen, um ihre Daten zu schützen.[181] Sofern Nutzer dies dennoch tun möchten, z. B. um eine weitergehende Nutzung ihrer Daten zu ermöglichen oder um diese mit anderen zu teilen müssen sie die Einstellungen eigenständig verändern und somit ein Opt-In vornehmen.[182] Das Konzept des Datenschutzes durch datenschutzfreundliche Voreinstellungen wird vor allem denjenigen Personen zu Gute kommen, die weder über das technische Wissen noch über die Zeit verfügen, um selbst datenschutzfreundliche Einstellungen vorzunehmen.[183] Zudem wird durch die steigende Komplexität und Vielfalt von Online-Diensten und Möglichkeiten zur Datenverwendung die Einschätzbarkeit der Auswirkungen der technischen Einstellungen auf den Datenschutz für die Nutzer immer schwieriger.

Ein klassischer Anwendungsfall dürften datenschutzfreundliche Voreinstellungen sein, die bei der Einholung der Einwilligung der Betroffenen in die Datenverarbeitung bereits vorgenommen wurden (siehe Abschn. 4.2.1).[184]

---

[178] Gierschmann, ZD 2016, 51, 53
[179] Martini, in: Paal/Pauly, DSGVO, Art. 25 (2017), Rn. 45
[180] Gierschmann, ZD 2016, 51, 53
[181] Plath, in: Plath, BDSG/DSGVO, Art. 25 (2016), Rn. 9; siehe auch Scholz, in: Simitis, BDSG, § 3a (2014), Rn. 40
[182] Siehe auch Scholz, in: Simitis, BDSG, § 3a (2014), Rn. 40
[183] Siehe auch Scholz, in: Simitis, BDSG, § 3a (2014), Rn. 40
[184] Plath, in: Plath, BDSG/DSGVO, Art. 25 DSGVO (2016), Rn. 9

Ausmaß der Verpflichtung bleibt unklar
Verletzungen des Art. 25 DSGVO können mit Bußgeldern (siehe Abschn. 7.3) von bis zu EUR 10.000.000,00 oder bis zu 2 % des weltweiten Jahresumsatzes sanktioniert werden, siehe Art. 83 Abs. 4 DSGVO. In diesem Zusammenhang sollte Beachtung finden, dass die Hersteller von IT-Lösungen und Produkten auch dann haftbar gemacht werden könnten, wenn sie an den mittels ihrer Produkte durchgeführten Verarbeitungstätigkeiten gar nicht beteiligt sind. Leider ist der Wortlaut von Art. 25 DSGVO äußerst *vage* formuliert und es mangelt an weitergehenden Definitionen oder Beispielen, um das Ausmaß der Verpflichtungen klarzustellen. Aus diesem Grund wird wohl erst die Rechtsprechung in den nächsten Jahren mehr Rechtsklarheit herstellen können.[185]

Ein genehmigtes *Zertifizierungsverfahren* (siehe Abschn. 3.9.3) kann dazu dienen diese Verpflichtungen zu präzisieren und außerdem als Mittel herangezogen werden, um den Nachweis der Einhaltung der Konzepte von Datenschutz durch Technikgestaltung und durch datenschutzfreundliche Voreinstellungen ggü. den Aufsichtsbehörden zu erleichtern, Art. 25 Abs. 3 DSGVO. Technische Voreinstellungen könnten bspw. für ihre Datenschutzfreundlichkeit zertifiziert werden und entsprechend als übereinstimmend mit den Vorgaben der DSGVO bestätigt werden.

Umsetzung
Um das geeignete Maß zur Umsetzung des technischen Datenschutzes zu ermitteln sollten sich Unternehmen einen Überblick über ihre Datenflüsse verschaffen und prüfen, wo zusätzliches *Datenschutzpotenzial* besteht.[186] Vor allem *Pseudonymisierung* und *Anonymisierung* sollten als praktische Umsetzung der Vorgaben von Art. 25 DSGVO in Betracht gezogen werden.[187]

Sofern benannt, sollten Unternehmen auf das Fachwissen des *Datenschutzbeauftragten* zurückgreifen (siehe Abschn. 3.6) und mit ihm frühzeitig beraten, wann und wo technische Datenschutzmaßnahmen potenziell vorgenommen werden könnten.[188]

Das Konzept von Datenschutz durch datenschutzfreundliche Voreinstellungen kann technisch grundsätzlich jederzeit durch eine Produktanpassung umgesetzt werden, während eine datenschutzfreundliche Technikgestaltung nur während des Entwicklungsprozesses möglich ist. Aus diesem Grund sind datenschutzfreundliche Voreinstellungen zu einem gewissen Grad praktikabler, sodass sie in der Praxis möglicherweise eine vorrangige Nutzung erfahren werden, bspw. indem die bisher verwandten technischen Einstellungen von Software, Anwendungen, Geräten oder Benutzerkonten zu *datenschutzfreundlichen Voreinstellungen* verändert werden.[189] Dennoch sollte bereits im Vorfeld des Markteintritts neuer Dienste oder Produkte ein datenschutzfreundlicher Entwicklungsansatz verfolgt werden.

---

[185] Barlag, in: Roßnagel, DSGVO, Datenschutz durch Technik (2017), Rn. 231; siehe auch Scholz, in: Simitis, BDSG, § 3a (2014), Rn. 18a

[186] Laue/Nink/Kremer, Datenschutzrecht, Technischer Datenschutz (2016), Rn. 7

[187] v.d.Bussche/Zeiter, EDPL 2016, 576, 577

[188] v.d.Bussche/Zeiter, EDPL 2016, 576, 577; Gierschmann, ZD 2016, 51, 53

[189] v.d.Bussche/Zeiter, EDPL 2016, 576, 577

3.8 Verletzungen des Schutzes personenbezogener Daten („Data Breach Notification")

Die meisten EU-Mitgliedstaaten sahen bisher keine generelle Meldepflicht des Verantwortlichen für Datenschutzverletzungen vor.[190] Mit der DSGVO wird eine solche Meldepflicht sowohl gegenüber den Aufsichtsbehörden als auch gegenüber betroffenen Personen eingeführt. Dadurch sollen die Rechte und Freiheiten der Betroffenen über ein *höheres Maß an Transparenz* geschützt werden.[191] Eine etwaige Meldepflicht entsteht, sofern es zu einer *Verletzung des Schutzes personenbezogener Daten* kommt. Allerdings kommt die Meldepflicht auch dann nicht in allen Fällen zur Anwendung.

3.8.1 Verletzung des Schutzes personenbezogener Daten

Gemäß Art. 4 Nr. 12 DSGVO handelt es sich bei einer "Verletzung des Schutzes personenbezogener Daten" um eine *Verletzung der Sicherheit*, die, ob *unbeabsichtigt oder unrechtmäßig*, zur *Vernichtung, zum Verlust, zur Veränderung, oder zur unbefugten Offenlegung* von beziehungsweise zum *unbefugten Zugang zu personenbezogenen Daten führt*, die übermittelt, gespeichert oder auf sonstige Weise verarbeitet wurden.[192] Eine Datenschutzverletzung kann durch einen *technischen oder physischen Zwischenfall* auftreten. Definitionsgemäß muss es sich bei den betroffenen Daten um personenbezogene Daten handeln (siehe Abschn. 2.1.2) und diese müssen vor Eintritt der Verletzung übermittelt, gespeichert oder auf sonstige Weise verarbeitet worden sein.[193] Die Definition setzt weder Vorsatz noch Fahrlässigkeit voraus und umfasst daher jegliche Form der Datenschutzverletzung – egal wie oder weshalb sie stattgefunden hat, sogar *versehentliche Verletzungen* werden umfasst.[194]

Es geht aus der Regelung nicht hervor, ob es für eine „unbefugte Offenlegung oder Zugang" erforderlich ist, dass die Offenlegung bzw. der Zugang tatsächlich stattgefunden hat oder ob die *Möglichkeit einer Offenlegung bzw. eines Zugangs zu den Daten* bereits eine Verletzung darstellt.[195] Ausgehend vom risikobasierten

---

[190] Gierschmann, ZD 2016, 51, 53. Theoretisch war in Deutschland eine solche Pflicht bisher in § 42a BDSG vorgesehen, die jedoch in der Praxis aufgrund ihres eingeschränkten Anwendungsbereichs äußerst selten zur Anwendung kam. Auch bereichsspezifische Meldepflichten im Bereich des Telemediendatenschutzes sind in § 15a TMG und § 93 Abs. 3 TKG vorgesehen, wobei Verstöße gegen die Vorschriften nicht bußgeldbewährt sind.
[191] Martini, in: Paal/Pauly, DSGVO, Art. 33 (2017), Rn. 10
[192] Vgl. Mit Art. 32 Abs. 1 lit. c DSGVO
[193] Schreiber, in: Plath, BDSG/DSGVO, Art. 4 DSGVO (2016), Rn. 41
[194] Ernst, in: Paal/Pauly, DSGVO, Art. 4 (2017), Rn. 95; Martini, in: Paal/Pauly, DSGVO, Art. 33 (2017), Rn. 16
[195] Ernst, in: Paal/Pauly, DSGVO, Art. 4 (2017), Rn. 94

Ansatz der DSGVO sollte letzteres der Fall sein.[196] Daraus ergibt sich, dass bereits der Verlust eines Datenträgers oder der Zugang zu verschlüsselten Datenbanken als Datenschutzverletzung anzusehen sind.[197]

3.8.2 Meldung an die Aufsichtsbehörde

Im Falle einer Datenschutzverletzung hat der Verantwortliche diese der zuständigen Aufsichtsbehörde *unverzüglich und möglichst binnen 72 Stunden*, nachdem ihm die Verletzung bekannt wurde, zu melden, Art. 33 Abs. 1 DSGVO. Eine Verletzung dieser Meldepflicht kann mit einem *Bußgeld* von bis zu EUR 10.000.000,00 oder bis zu 2 % des weltweiten Jahresumsatzes geahndet werden, Art. 83 Abs. 4 DSGVO.

3.8.2.1 Meldepflicht des Auftragsverarbeiters

Gemäß Art. 33 Abs. 2 DSGVO trifft den Auftragsverarbeiter keine Pflicht zur Meldung einer Datenschutzverletzung gegenüber den Aufsichtsbehörden, sondern nur gegenüber dem Verantwortlichen. Nichtsdestotrotz hat der Auftragsverarbeiter den *Verantwortlichen unverzüglich* (siehe unten) über die Datenschutzverletzung zu *informieren*. Hierbei handelt es sich um eine originäre Verpflichtung des Auftragsverarbeiters nach der DSGVO,[198] deren Verletzung mit einem Bußgeld von bis zu EUR 10.000.000,00 oder bis zu 2 % des weltweiten Jahresumsatzes sanktioniert werden kann, Art. 83 Abs. 4 DSGVO.

Weiterhin soll der *Vertrag* zwischen dem Verantwortlichen und dem Auftragsverarbeiter gem. Art. 28 Abs. 3 Satz 2 lit. f DSGVO bestimmen, dass der Auftragsverarbeiter den Verantwortlichen bei der Erfüllung seiner Meldepflichten unterstützt.

3.8.2.2 Meldefrist

Beginn
Die Meldefrist beginnt mit der Kenntnisnahme des Verantwortlichen von der Datenschutzverletzung, Art. 33 Abs. 1 DSGVO. Allerdings kann dem Verordnungstext nicht entnommen werden, wie schnell der Verantwortliche von einer aufgetretenen Verletzung *Kenntnis zu erlangen* hat. Ausgehend vom risikobasierten Ansatz der DSGVO und der Pflicht zur Implementierung entsprechender technischer und organisatorischer Maßnahmen (siehe Abschn. 3.3) sollten Datenschutzverletzungen, die im Zusammenhang mit risikoreichen Verarbeitungsvorgängen auftreten, schneller zu entdecken sein als solche, die in weniger risikobehafteten Situationen auftreten.[199]

---

[196] Ernst, in: Paal/Pauly, DSGVO, Art. 4 (2017), Rn. 94
[197] Ernst, in: Paal/Pauly, DSGVO, Art. 4 (2017), Rn. 94
[198] Laue/Nink/Kremer, Datenschutzrecht, Technischer Datenschutz (2016), Rn. 49
[199] Grages, in: Plath, BDSG/DSGVO, Art. 33 DSGVO (2016), Rn. 3

Aus dem Verordnungstext geht nicht hervor, ob eine etwaige Kenntnis des *Auftragsverarbeiters* von der Datenschutzverletzung dem Verantwortlichen zuzurechnen ist. Sollte dies der Fall sein, so würde die Meldefrist mit Kenntnisnahme durch den Auftragsverarbeiter unabhängig davon beginnen, wann der Verantwortliche tatsächlich Kenntnis von der Datenschutzverletzung erlangt. Gegen ein solches Verständnis spricht die Tatsache, dass sowohl den Verantwortlichen als auch den Auftragsverarbeiter gem. Art. 33 DSGVO jeweils eigene Meldepflichten treffen und beide unabhängig voneinander für etwaige Verletzungen dieser Pflichten nach Art. 83 Abs. 4 DSGVO sanktioniert werden können.[200] Für eine Zurechnung der Kenntnis des Auftragsverarbeiters spricht allerdings das Ziel eines effektiven Schutzes der Rechte und Freiheiten der betroffenen Personen. Je schneller Meldungen über Datenschutzverletzungen erfolgen, desto besser können die Rechte der betroffenen Personen gewahrt werden, da angemessene Schutzmaßnahmen dann schneller ergriffen werden. Obwohl der Auftragsverarbeiter dem Verantwortlichen Datenschutzverletzungen unverzüglich zu melden hat, sieht die Verordnung keine Frist zur Erfüllung dieser Meldepflicht vor (vgl. Art. 33 Abs. 2 DSGVO). Wird die Kenntnis des Auftragsverarbeiters dem Verantwortlichen nicht zugerechnet, so würde sich die Meldefrist von 72 Stunden des Verantwortlichen gegenüber den Aufsichtsbehörden in der Praxis regelmäßig verlängern, da der Zeitraum für die Meldung des Auftragsverarbeiters an den Verantwortlichen nicht zu berücksichtigen wäre. Ein solches praktisches Überschreiten der 72 Stunden-Frist könnte die Effektivität von Gegenmaßnahmen beeinträchtigen. Weiterhin ist für die Zurechnung der Kenntnis zu berücksichtigen, dass der Auftragsverarbeiter nicht als „Dritter" i.S.d. DSGVO gilt, sodass der Verantwortliche grds. die Verantwortung für die Handlungen des Auftragsverarbeiters trägt (siehe Abschn. 3.10). Dies würde für eine Zurechnung sprechen. Somit ist nicht ausgeschlossen, dass die Kenntnis des Auftragsverarbeiters von Datenschutzverletzungen dem Verantwortlichen künftig zuzurechnen ist.

Für die Bestimmung des Beginns der Meldefrist ist die etwaige Organisationsstruktur des betroffenen Unternehmens irrelevant.[201] Allein die *tatsächliche Kenntnisnahme* des Verantwortlichen von der Verletzung ist entscheidend: sobald es ihm möglich ist, eine Meldung entsprechend Art. 33 DSGVO zu machen, läuft die Meldefrist.[202] Dem Verantwortlichen wird es daher in der Regel nicht möglich sein, vor der Meldung einer Datenschutzverletzung eine umfassende rechtliche Bewertung der Situation vorzunehmen. Aus diesem Grund erscheint es denkbar, dass Unternehmen künftig präventiv Verletzungen melden werden, bevor sie den jeweiligen Vorfall vollständig bewertet haben.[203]

---

[200] Grages, in: Plath, BDSG/DSGVO, Art. 33 DSGVO (2016), Rn. 12

[201] Martini, in: Paal/Pauly, DSGVO, Art. 33 (2017), Rn. 33; Grages, in: Plath, BDSG/DSGVO, Art. 33 DSGVO (2016), Rn. 3

[202] Martini, in: Paal/Pauly, DSGVO, Art. 33 (2017), Rn. 18

[203] v.d.Bussche/Zeiter/Brombach, DB 2016, 1359, 1361; Gierschmann, ZD 2016, 51, 53

Unverzüglich/binnen 72 Stunden
Der Verantwortliche hat Datenschutzverletzungen unverzüglich und möglichst binnen 72 Stunden zu melden, nachdem ihm die Verletzung bekannt geworden ist. Allerdings ist auch eine Meldung binnen 72 Stunden nicht zwingend als „unverzüglich" anzusehen (obwohl eine zügigere Meldung wohl nur in sehr begrenzten Fällen möglich sein dürfte). Die *Unverzüglichkeit* einer Meldung ist unter Berücksichtigung der Art und Schwere der Datenschutzverletzung sowie ihrer Konsequenzen und negativen Auswirkungen auf die betroffenen Personen zu ermitteln.[204] Je mehr Risiken eine Datenschutzverletzung für die Rechte und Freiheiten der betroffenen Personen birgt, desto schneller muss eine Meldung erfolgen.[205] Allerdings kann eine Meldung in bestimmten Fällen bei Vorliegen berechtigter Gründe mehr als 72 Stunden erfordern. Ist dies der Fall, so ist der Meldung an die Aufsichtsbehörde gemäß Art. 33 Abs. 1 Satz 2 DSGVO eine *Begründung für die Verzögerung* beizufügen.

Unternehmen sollten das Überschreiten der Meldefrist dennoch vermeiden, um zusätzlichen Kosten und eventuellen Bußgelder zu entgehen. Über die sehr knapp bemessene Meldefrist entsteht für Unternehmen faktisch die Pflicht zur fortlaufenden Überwachung ihrer Verarbeitungsvorgänge und Datenflüsse. Insbesondere die Annahme spezifischer Data Breach Notification Policies oder einer diesbezüglichen Standard Operating Procedure dürfte sich für Unternehmen als sinnvoll erweisen. Auch die Einführung eines Datenschutz-Managementsystems, soweit im konkreten Fall angemessen, kann eine entsprechende Hilfestellung bieten (siehe Abschn. 3.2.1).

3.8.2.3 Formelle Anforderungen
Art. 33 Abs. 3 DSGVO regelt die *Mindestanforderungen* hinsichtlich des Inhalts einer Meldung an die Aufsichtsbehörde. Sie muss folgende Angaben enthalten:

- eine Beschreibung der Art der Datenschutzverletzung (soweit möglich mit Angabe der Kategorien und der ungefähren Zahl der betroffenen Personen und Datensätze);
- Namen und Kontaktdaten des Datenschutzbeauftragten/der sonstigen Anlaufstelle;
- eine Beschreibung der wahrscheinlichen Folgen der Datenschutzverletzung; und
- eine Beschreibung der vom Verantwortlichen ergriffenen oder vorgeschlagenen Maßnahmen zur Behebung der Datenschutzverletzung.

Eine unverzügliche, inhaltlich unvollständige Meldung ist einer inhaltlich vollständigen, späteren Meldung vorzuziehen. Aus diesem Grund ist es zulässig, Informationen ohne unangemessene weitere Verzögerung *schrittweise zur Verfügung zu stellen*, wenn und soweit sie nicht zur gleichen Zeit bereitgestellt werden können, Art. 33 Abs. 4 DSGVO.

---

[204] ErwGr. 87 DSGVO
[205] Grages, in: Plath, BDSG/DSGVO, Art. 33 DSGVO (2016), Rn. 4

Die DSGVO stellt keine Voraussetzungen bzgl. der Form einer Meldung auf. Die *Schriftform* ist im Hinblick auf den gesetzlich vorgegebenen Mindestinhalt für Meldungen allerdings anzuraten.[206]

3.8.2.4 Ausnahme: kein Risiko für betroffene Personen

Art. 33 Abs. 1 DSGVO sieht eine Ausnahme von der Meldepflicht des Verantwortlichen vor: eine Meldung an die Aufsichtsbehörde ist nicht erforderlich, wenn die Datenschutzverletzung *voraussichtlich nicht zu einem Risiko* für die Rechte und Freiheiten natürlicher Personen *führt*. Um das Risikopotenzial einer Verletzung einzuschätzen, sind die drohenden physischen, materiellen und immateriellen Schäden für natürliche Personen zu berücksichtigen.[207] Auch wenn der Verantwortliche unter Berücksichtigung der Umstände ein lediglich *geringes Risiko* für die Rechte und Freiheiten der betroffenen Personen identifiziert, dürfte ihn keine Pflicht zur Meldung der Verletzung an die Aufsichtsbehörde treffen.[208] Ein Risiko muss nicht zwingend im Moment der Verletzung vorhanden sein.[209] Der Verantwortliche muss vielmehr eine *Prognose* vornehmen, um zu bewerten, ob die Datenschutzverletzung zukünftige Risiken birgt.[210]

Der *Verantwortliche* trägt das Risiko für den Fall, dass die Aufsichtsbehörde seine Einschätzung des Risikopotenzials nicht teilt und aufgrund dessen eine Verletzung der Meldepflicht annimmt, was zur Verhängung eines signifikanten Bußgelds führen kann.[211] Im Hinblick darauf sollten Verantwortliche ein niederschwelliges Meldeverhalten verfolgen.[212]

> **Beispiel**
>
> Unternehmen A betreibt einen Online-Shop und expandiert sein Geschäft mithilfe von Werbemaßnahmen und durch das Anbieten immer neuer Produkte sehr schnell. A's europäischer Kundenstamm wächst rasch, was demzufolge auch auf die Datenbank mit den Kontaktdaten (Namen, Adressen, Telefonnummern, E-Mail-Adressen) und Kreditkarteninformationen (für Zahlungszwecke) der Kunden zutrifft, welche A mithilfe eines Computerprogramms führt. Bei einem Softwareupdate wird ein Virus auf A's Computersystem installiert und die Datenbank gehackt. Dadurch erhält ein unbekannter Dritter Zugriff auf die Datenbank, einschließlich der Kreditkarteninformationen der Kunden. A ist besorgt, dass die Daten für unbekannte Zwecke an Dritte verbreitet werden könnten und z. B. für Betrugsversuche verwendet werden könnten.

---

[206] Marschall, DuD 2015, 183, 186; Martini, in: Paal/Pauly, DSGVO, Art. 33 (2017), Rn. 31

[207] ErwGr. 85 DSGVO

[208] Martini, in: Paal/Pauly, DSGVO, Art. 33 (2017), Rn. 22; Grages, in: Plath, BDSG/DSGVO, Art. 33 DSGVO (2016), Rn. 6

[209] Siehe den Wortlaut von Art. 33 Abs. 1 DSGVO: „zu einem Risiko […] führt".

[210] Martini, in: Paal/Pauly, DSGVO, Art. 33 (2017), Rn. 25

[211] Grages, in: Plath, BDSG/DSGVO, Art. 33 DSGVO (2016), Rn. 7

[212] Grages, in: Plath, BDSG/DSGVO, Art. 33 DSGVO (2016), Rn. 7

Die unbefugte Offenlegung der Kundendaten in diesem Beispiel ist eine Datenschutzverletzung. Der Zwischenfall betrifft eine große Anzahl natürlicher Personen und umfasst, unter anderem, die Offenlegung ihrer Kreditkarteninformationen gegenüber einer unbekannten Anzahl von Personen. Diese Situation birgt ein hohes Risiko für ihr Recht auf Privatsphäre. Daher muss A die Datenschutzverletzung umgehend der zuständigen Aufsichtsbehörde melden. Die Meldung muss, neben anderen Angaben, die Kontaktdaten von A sowie die Informationen enthalten, dass Kreditkarteninformationen der Kunden offengelegt wurden, welche Bedenken A bzgl. des Schicksals dieser Daten hat und welche Abhilfemaßnahmen A in Bezug auf die entstandenen Risiken treffen möchte.

3.8.2.5 Dokumentationspflicht

Gemäß Art. 33 Abs. 5 DSGVO ist der Verantwortliche dazu verpflichtet, *jegliche Datenschutzverletzungen* zu dokumentieren, einschließlich aller im Zusammenhang mit der Verletzung stehenden Fakten, ihrer Auswirkungen und der ergriffenen Abhilfemaßnahmen.

Diese Dokumentation soll der Aufsichtsbehörde die *Überprüfung der Einhaltung* der Vorschriften zur Meldepflicht ermöglichen und kann zudem vom Verantwortlichen genutzt werden, um ein ggf. identifiziertes Vorliegen einer Ausnahme von der Meldepflicht nachzuweisen.[213]

3.8.3 Benachrichtigung der betroffenen Personen

Stellt der Verantwortliche bei einer Datenschutzverletzung die Wahrscheinlichkeit eines hohen Risikos für die persönlichen Rechte und Freiheiten natürlicher Personen fest, so hat er die betroffenen Personen *unverzüglich* von dieser Verletzung zu benachrichtigen, Art. 34 Abs. 1 DSGVO. Die Benachrichtigung soll es den betroffenen Personen ermöglichen, notwendige Vorsichtsmaßnahmen zu treffen und sollte daher eine Beschreibung der Art der Datenschutzverletzung sowie an die betroffenen Personen gerichtete Empfehlungen zur Minderung etwaiger nachteiliger Auswirkungen enthalten.[214]

Sollte die *Aufsichtsbehörde* auf Grundlage einer erhaltenen Meldung feststellen, dass wegen einer bestimmten Datenschutzverletzung die Wahrscheinlichkeit eines hohen Risikos für die betroffenen Personen besteht, kann sie vom Verantwortlichen verlangen, diese zu benachrichtigen.[215]

Ausnahmen von der Benachrichtigungspflicht nach der DSGVO
Gemäß Art. 34 Abs. 3 DSGVO ist eine Benachrichtigung nicht erforderlich, soweit eine der folgenden Bedingungen erfüllt ist:

---

[213] Martini, in: Paal/Pauly, DSGVO, Art. 33 (2017), Rn. 55
[214] ErwGr. 86 DSGVO; für Einzelheiten siehe Art. 34 Abs. 2 DSGVO in Verbindung mit Art. 33 Abs. 3 DSGVO
[215] Art. 34 Abs. 4 DSGVO

- Der Verantwortliche hat geeignete *technische und organisatorische Sicherheitsvorkehrungen* getroffen und diese auf die von der Verletzung betroffenen Daten angewandt; oder
- Der Verantwortliche hat durch *nachfolgende Maßnahmen* sichergestellt, dass das hohe Risiko für die Rechte und Freiheiten der Betroffenen aller Wahrscheinlichkeit nach nicht mehr besteht; oder
- Die Benachrichtigung wäre mit einem *unverhältnismäßigen Aufwand* verbunden (stattdessen soll dann eine öffentliche Bekanntmachung oder eine ähnliche Informationsmaßnahme erfolgen).

Um die Erforderlichkeit einer Benachrichtigung der betroffenen Personen insgesamt zu vermeiden sollten Unternehmen eine Verschlüsselung all jener personenbezogenen Daten in Betracht ziehen, bei denen eine Datenschutzverletzung eine entsprechende Benachrichtigungspflicht auslösen würde. Dies betrifft risikoreiche Verarbeitungsvorgänge, z. B. Tätigkeiten, die besondere Kategorien personenbezogener Daten betreffen (siehe Abschn. 4.2.3).

Ausnahme von der Benachrichtigungspflicht nach dem BDSG-neu
§ 29 BDSG-neu sieht eine Ausnahme von der Benachrichtigungspflicht gegenüber den betroffenen Personen aus *Geheimhaltungsgründen* vor. Danach besteht die Pflicht nicht, soweit durch die Benachrichtigung Informationen offenbart würden, die nach einer Rechtsvorschrift oder ihrem Wesen nach, insbesondere wegen der überwiegenden berechtigten Interessen eines Dritten, geheim gehalten werden müssen, § 29 Abs. 1 Satz 3 BDSG-neu.

Daten sind ihrem Wesen nach geheimhaltungsbedürftig, wenn der mit der Geheimhaltung verfolgte, von der Rechtsordnung als schutzbedürftig anerkannte Zweck durch die Offenbarung der Informationen im Rahmen der Benachrichtigung in gravierender Weise beeinträchtigt würde.[216] Die wesensmäßige Geheimhaltungsbedürftigkeit könnte sich u. a. aus der *Funktion der Daten* ergeben.[217] Gesundheitsdaten sind bspw. ihrem Wesen nach nicht geheim, da die Grundrechte eines jeden Patienten diesem ein grundsätzliches Einsichtsrecht zugestehen.[218] Dieses Beispiel verdeutlicht, dass der *praktische Anwendungsbereich* dieser Ausnahmeregelung *äußerst begrenzt* sein dürfte.

Allerdings könnte sich die Geheimhaltungsbedürftigkeit der Informationen auch aus dahingehenden *überwiegenden berechtigten Interessen eines Dritten* ergeben. Der Begriff „berechtigt" legt ein weites Begriffsverständnis nahe: die Interessen müssen angesichts der konkreten Situation berechtigt erscheinen und können *rechtlicher, wirtschaftlicher ideeller oder anderer Natur* sein.[219] „Dritter" ist jede

---
[216] Siehe auch Mallmann, in: Simitis, BDSG, § 19 (2014), Rn. 98; Mester, in: Taeger/Gabel, BDSG, § 19 (2013), Rn. 34
[217] Siehe auch Worms, in: Wolff/Brink, BeckOK, § 19 BDSG (2017), Rn. 93
[218] Siehe auch Mallmann, in: Simitis, BDSG, § 19 (2014), Rn. 100; Dix, in: Simitis, BDSG, § 34 (2014), Rn. 76; Gola/Klug/Körffer, in: Gola/Schomerus, BDSG, § 19 (2015), Rn. 28
[219] Siehe auch Plath, in: Plath, BDSG/DSGVO, § 28 BDSG (2016), Rn. 47; Plath, in: Plath, BDSG/DSGVO, Art. 6 DSGVO (2016), Rn. 21

natürliche oder juristische Person, Behörde, Einrichtung oder andere Stelle, außer der betroffenen Person, dem Verantwortlichen, dem Auftragsverarbeiter und den für letztere mit der Verarbeitung beschäftigten Personen.[220] Die Ausnahme von der Benachrichtigungspflicht auf Grundlage dieser Vorschrift ist das Ergebnis einer Interessenabwägung. Diese kann letztlich trotz Vorhandensein berechtigter Geheimhaltungsinteressen zugunsten dem Interesse der betroffenen Person an der Benachrichtigung von der Datenschutzverletzung ausfallen, insbesondere unter Berücksichtigung für sie drohender Schäden.[221]

Rolle der Aufsichtsbehörden und des Europäischen Datenschutzausschusses
Die Benachrichtigung betroffener Personen soll in enger Absprache mit der Aufsichtsbehörde erfolgen.[222] Letztere ist auch befugt festzustellen, ob eine der Bedingungen des Art. 34 Abs. 3 DSGVO erfüllt ist und kann Weisungen hinsichtlich der Benachrichtigung der betroffenen Personen erteilen.[223]

Beispiel

Die Kundendatenbank von Unternehmen A wurde mittels eines bei einem Softwareupdate auf dem Computersystem installierten Virus gehackt. Die Kundendaten, einschließlich Kreditkarteninformationen, wurden einer unbekannten Anzahl Dritter offengelegt und möglicherweise für eine weitergehende Nutzung verbreitet, wie bspw. für die Begehung von Betrugsversuchen. A hat bereits eine Meldung über die Datenschutzverletzung an die zuständige Aufsichtsbehörde gemacht, welche eine Benachrichtigung der betroffenen Personen für notwendig erachtet.

In diesem Beispiel bringt die Offenlegung der Kreditkarteninformationen ein hohes Risiko für die Rechte und Freiheiten der betroffenen Personen mit sich. Daher muss A unverzüglich die Kunden über die Offenlegung ihrer personenbezogenen Daten benachrichtigen. A muss den Betroffenen seine Kontaktdaten mitteilen, den Zwischenfall, die wahrscheinlichen Konsequenzen der Verletzung sowie die von ihm beabsichtigten Abhilfemaßnahmen beschreiben. Im Rahmen dieser Abläufe steht die Aufsichtsbehörde A beratend zur Seite, damit A den betroffenen Personen nützliche Ratschläge zum Umgang mit der Datenschutzverletzung und ihren Folgen erteilen kann.

Gemäß Art. 70 Abs. 1 lit. h DSGVO stellt der Europäische Datenschutzausschuss (siehe Abschn. 6.4) Leitlinien, Empfehlungen und bewährte Verfahren bereit, um die Beurteilung zu erleichtern, ob eine Datenschutzverletzung voraussichtlich ein hohes Risiko für die Rechte und Freiheiten natürlicher Personen zur Folge hat. In Anbetracht der drohenden Bußgelder und dem Mangel an konkreten rechtlichen

---

[220] Art. 4 Nr. 10 DSGVO
[221] § 29 Abs. 1 Satz 4 BDSG-neu
[222] ErwGr. 86 DSGVO
[223] See Art. 34 Abs. 4 DSGVO und ErwGr. 86 DSGVO

Einschätzungskriterien dürften diese Leitlinien künftig eine wichtige Rolle für die Meldepraxis einnehmen.[224]

3.9 Verhaltensregeln, Zertifizierungen, Siegel, etc.

Während Selbstregulierung im amerikanischen Datenschutzrecht eine wichtige Rolle spielt, wurde dieser Ansatz von der EU und den EU-Mitgliedstaaten bisher weitgehend vernachlässigt.[225] Art. 40–43 DSGVO führen *Selbstregulierungsmechanismen* ein, welche die Einhaltung der DSGVO erleichtern sollen, z. B. in Bezug auf die Pflicht zur Einrichtung geeigneter technischer und organisatorischer Maßnahmen (siehe Abschn. 3.3).

3.9.1 Verhältnis zwischen Verhaltensregeln und Zertifizierungen

Richtig eingesetzt, bieten Verhaltensregeln („Codes of Conduct") und Zertifizierungen („Certifications") eine schnelle und flexible Lösung, um auf datenschutzrechtliche Herausforderungen zu reagieren und können dazu beitragen, das Vertrauen der betroffener Personen in die Verarbeitungstätigkeiten bzgl. ihrer personenbezogenen Daten zu stärken.[226] Beide Instrumente können *kombiniert oder einzeln verwendet* werden, um die Einhaltung der DSGVO nachzuweisen.

Sowohl Verhaltensregeln als auch Zertifizierungen bieten Unternehmen eine Möglichkeit, ihren Kunden gegenüber nachzuweisen, dass Datenschutzpflichten ernst genommen werden.[227] Allerdings erfüllen diese beiden Instrumente *verschiedene Nachweiszwecke* nach der DSGVO.

Verhaltensregeln sollen die organisatorischen und materiellen Datenschutzanforderungen der DSGVO für eine bestimmte Verarbeitungssituation, ein bestimmtes Produkt oder einen bestimmten Sektor *präzisieren*.[228] Dadurch ermöglichen es die Verhaltensregeln Unternehmen selbst einzuschätzen, ob und wie ihre Tätigkeiten mit der DSGVO in Einklang stehen. Allerdings können sie nicht als Beweismittel bzgl. der Einhaltung der DSGVO gegenüber den Aufsichtsbehörden dienen. Verhaltensregeln liefern vielmehr eine praktische Interpretation der abstrakten Vorschriften der DSGVO. Im Gegensatz dazu konkretisieren Zertifizierungen die gesetzlichen Anforderungen nicht, sondern dienen vielmehr *dem Nachweis* der Vereinbarkeit der durchgeführten Verarbeitungstätigkeiten mit der Verordnung gegenüber den Aufsichtsbehörden.[229] Daher ist das Verhältnis dieser beiden Selbstregulierungsinstrumente komplementär.

---

[224] Grages, in: Plath, BDSG/DSGVO, Art. 34 (2016), Rn. 5

[225] Kranig/Peintinger, ZD 2014, 3, 3; v.Braunmühl, in: Plath, BDSG/DSGVO, Art. 40 DSGVO (2016), Rn. 1

[226] Laue/Nink/Kremer, Datenschutzrecht, Selbstregulierung (2016), Rn. 1

[227] Hunton & Williams, The proposed Regulation (2015), S. 36

[228] v.Braunmühl, in: Plath, BDSG/DSGVO, Art. 40 DSGVO (2016), Rn. 8

[229] Bergt, DSRITB 2016, 483, 496

3.9 Verhaltensregeln, Zertifizierungen, Siegel, etc.

Beide Instrumente können außerdem eine wichtige Rolle im Rahmen von Datentransfers zu *Drittstaaten* einnehmen, da sie das für solche Transfers erforderliche angemessene Datenschutzniveau nachweisen können (für Einzelheiten siehe Abschn. 4.3.6).

Unternehmen müssen auf Einzelfallbasis entscheiden, ob und welcher Selbstregulierungsansatz ihren Bedürfnissen am besten entspricht. In der Tab. 3.3 finden

Tab. 3.3 Praktische Empfehlungen für die Auswahl zwischen Verhaltensregeln und Zertifizierungen

Verhaltensregeln, Art. 40, 41	Zertifizierungen, Art. 42, 43
Ein Unternehmen möchte eine praktische Interpretation seiner Verpflichtungen nach der DSGVO einführen in Bezug auf • einen ganzen Sektor • einen bestimmten Datenverarbeitungskontext • eine bestimmte Technologie • ein bestimmtes Produkt	Ein Unternehmen möchte diee Einhaltung der DSGVO nachweisen in Bezug auf • spezifische Verarbeitungstätigkeiten • eine bestimmte Art von Verarbeitungstätigkeit
Verfahren	**Verfahren**
• Das Unternehmen muss selbständig die eigene Einhaltung der jeweiligen Verhaltensregeln fortlaufend überprüfen. • Überwachungsstellen/Aufsichtsbehörden werden mehr oder weniger nicht-routinemäßige Kontrollen zur Verifizierung der durchgängigen Einhaltung der Verhaltensregeln aufseiten des Unternehmens durchführen.	• Der Erhalt einer Zertifizierung erfordert im Vorfeld eine kostenintensive und umfassende Überprüfung der eigenen Verarbeitungsvorgänge, welche von einer Zertifizierungsstelle/Aufsichtsbehörde zertifiziert werden sollen. • Im Falle des positiven Ausgangs einer entsprechenden Prüfung erhält das Unternehmen eine Zertifizierung für die betroffenen Verarbeitungsvorgänge.
Empfehlenswert wenn	**Empfehlenswert wenn**
• Unternehmen möchten ein Instrument zur Selbstkontrolle, um zu entscheiden ob alle/ein Großteil ihrer Verarbeitungstätigkeiten in Einklang mit der DSGVO stehen. • Große/größere Konzerne möchten ein Selbstregulierungsinstrument, das zu ihren speziellen sektor- oder produktbezogenen Anforderungen passt. • Unternehmen möchten ein schnelles und effizientes Instrument zur Selbstkontrolle, welches als Richtlinie dienen soll, um einen Großteil ihrer Verarbeitungstätigkeiten in Einklang mit der DSGVO zu bringen.	• Unternehmen möchten ein Instrument zum Nachweis der Einhaltung der DSGVO für ausgewählte Verarbeitungstätigkeiten. • Unternehmen haben ein Bedürfnis nach Rechtssicherheit hinsichtlich der Einhaltung der DSGVO bei bestimmten Verarbeitungstätigkeiten.

sich einige der Erwägungen, die bei der Auswahl zwischen beiden Instrumenten in Betracht zu ziehen sind[230]:

3.9.2 Verhaltensregeln („Codes of Conduct")

Gemäß der DSGVO sollen die EU-Mitgliedstaaten, die Aufsichtsbehörden, der Europäische Datenschutzausschuss (siehe Art. 68 ff. DSGVO) und die Europäische Kommission die *Ausarbeitung* von Verhaltensregeln, die nach Maßgabe der Besonderheiten der einzelnen Verarbeitungsbereiche und der besonderen Bedürfnisse von Kleinstunternehmen sowie kleinen und mittleren Unternehmen zur ordnungsgemäßen Anwendung der Verordnung beitragen sollen, *fördern*, Art. 40 Abs. 1 DSGVO. Im Vergleich zur EG-Datenschutzrichtlinie[231] enthält die Verordnung weitaus *detaillierte Vorschriften* darüber, wie und in welchen Fällen Verhaltensregeln ausgearbeitet werden können und wie sie überwacht und genehmigt werden.[232]

3.9.2.1 Zweck und Ausarbeitung

Art. 40, 41 DSGVO ermöglichen die Ausarbeitung eines *Gefüges bindender Verhaltensregeln,* welche die richtige Anwendung und Umsetzung der Vorgaben der DSGVO sicherstellen sollen. Auf richtige Art und Weise verwendet, liefern Verhaltensregeln eine *praktische Interpretation* der abstrakten datenschutzrechtlichen Verpflichtungen der DSGVO.[233] Zu diesem Zweck sollen sie unbestimmte Rechtsbegriffe und allgemeine Anforderungen zur Einhaltung der DSGVO näher bestimmen und/oder dabei helfen, Entscheidungsspielräume hinsichtlich des Datenschutzniveaus auszufüllen.[234]

Verhaltensregeln können sich auf jeden Regelungsbereich der DSGVO beziehen. Art. 40 Abs. 2 DSGVO gibt beispielhaft einige Fälle vor, wann Verhaltensregeln die praktische Anwendung der DSGVO konkretisieren können (die Aufzählung ist nicht abschließend):

- faire und transparente Verarbeitung (siehe Abschn. 4.1.1);
- die berechtigten Interessen des Verantwortlichen in bestimmten Zusammenhängen;
- Erhebung personenbezogener Daten;
- Pseudonymisierung personenbezogener Daten (siehe Abschn. 2.1.2.2);
- Unterrichtung der Öffentlichkeit und der betroffenen Personen (siehe Abschn. 5.1 und 5.2);

---

[230] v.Braunmühl, in: Plath, BDSG/DSGVO, Art. 40 DSGVO (2016), Rn. 8; v.Braunmühl, in: Plath, BDSG/DSGVO, Art. 42 DSGVO (2016), Rn. 5

[231] Siehe Art. 27 EG-Datenschutzrichtlinie

[232] Laue/Nink/Kremer, Datenschutzrecht, Selbstregulierung (2016), Rn. 4

[233] Laue/Nink/Kremer, Datenschutzrecht, Selbstregulierung (2016), Rn. 6; siehe auch Wronka, RdV 2014, 93, 94

[234] Bergt, DSRITB 2016, 483, 485

3.9 Verhaltensregeln, Zertifizierungen, Siegel, etc.

- Ausübung der Rechte betroffener Personen (siehe Kap. 4);
- Unterrichtung und Schutz von Kindern;
- angemessene organisatorische und technische Maßnahmen für die Sicherheit der Datenverarbeitung (siehe Abschn. 3.3);
- die Meldung von Datenschutzverletzungen an Aufsichtsbehörden und die Benachrichtigung der betroffenen Personen (siehe Abschn. 3.8);
- die Übermittlung personenbezogener Daten an Drittländer/internationale Organisationen (siehe Abschn. 4.3);
- außergerichtliche Verfahren und sonstige Streitbeilegungsverfahren.

Verhaltensregeln bieten eine *sektor- oder technologiebezogene* Lösung, da sie, wie zuvor erwähnt, die praktische Einhaltung der DSGVO in Bezug auf einen bestimmten Verarbeitungskontext, ein bestimmtes Produkt oder einen bestimmten Sektor konkretisieren.[235]

Gemäß Art. 40 Abs. 2 DSGVO können sie von Verbänden und anderen Vereinigungen, die *Kategorien von Verantwortlichen/Auftragsverarbeitern* vertreten, ausgearbeitet, geändert oder erweitert werden. Bei solchen Verbänden kann es sich um Berufs- oder Branchenverbände, Industrie- und Handelskammern o. Ä. handeln.[236] Der Begriff „andere Vereinigungen" schließt auch Unternehmensgruppen ein.[237] Bei der Ausarbeitung von Verhaltensregeln sollten diese Verbände/Vereinigungen die maßgeblichen Interessenträger, möglichst auch die betroffenen Personen, konsultieren und die auf diese Weise erhaltenen Eingaben und Stellungnahmen berücksichtigen.[238]

Verhaltensregeln sollen nicht nur eine materielle Interpretation der Vorschriften der DSGVO liefern, sondern müssen gleichzeitig *Verfahrensregeln* („Verfahren") vorsehen, die es der jeweiligen Überwachungsstelle (oder, falls (noch) keine Überwachungsstelle akkreditiert wurde – der Aufsichtsbehörde) ermöglichen, die Einhaltung der materiellen Vorgaben der Verhaltensregeln durch das jeweilige Unternehmen zu überwachen, Art. 40 Abs. 4 DSGVO. Der Detaillierungsgrad dieser Verfahrensregeln ist von Umfang und Inhalt der jeweiligen Verhaltensregeln abhängig zu machen.[239] Ausgehend von der Absicht des europäischen Gesetzgebers, die Ausarbeitung von Verhaltensregeln zu fördern, dürften an den Regelungsinhalt dieser Verfahrensregeln keine zu hohen Anforderungen zu stellen sein.[240]

---

[235] Kranig/Peintinger, ZD 2014, 3, 3; v.Braunmühl, in: Plath, BDSG/DSGVO, Art. 40 DSGVO (2016), Rn. 8

[236] Laue/Nink/Kremer, Datenschutzrecht, Selbstregulierung (2016), Rn. 5

[237] v.Braunmühl, in: Plath, BDSG/DSGVO, Art. 40 DSGVO (2016), Rn. 10; Paal, in: Paal/Pauly, DSGVO, Art. 40 (2017) Rn. 11

[238] ErwGr. 99 DSGVO

[239] Paal, in: Paal/Pauly, DSGVO, Art. 40 (2017), Rn. 18

[240] Paal, in: Paal/Pauly, DSGVO, Art. 40 (2017), Rn. 18

3.9.2.2 Genehmigungsverfahren

Das Genehmigungsverfahren unterscheidet sich je nachdem, ob die ausgearbeiteten Verhaltensregeln Gültigkeit in einem EU-Mitgliedstaat oder Gültigkeit in mehreren Mitgliedstaaten haben sollen.

Gültigkeit in einem EU-Mitgliedstaat
Nach der erfolgreichen Ausarbeitung von Verhaltensregeln legt der jeweilige Verband/die jeweilige Vereinigung den Entwurf der zuständigen nationalen *Aufsichtsbehörde* vor,[241] Art. 40 Abs. 5 Satz 1 DSGVO. Letztere gibt eine Stellungnahme darüber ab, ob der Entwurf mit der DSGVO vereinbar ist und genehmigt ihn, gesetzt dem Fall, dass der Entwurf ausreichende geeignete Garantien bietet.[242] Sofern sich die Verhaltensregeln nicht auf Verarbeitungsvorgänge in mehreren EU-Mitgliedstaaten beziehen und die zuständige Aufsichtsbehörde sie genehmigt hat, nimmt diese Aufsichtsbehörde die Verhaltensregeln in ein Verzeichnis auf und veröffentlicht sie.[243] Verantwortlichen/Auftragsverarbeitern steht die Einhaltung dieser Verhaltensregeln dann frei, um sie für die Erfüllung bestimmter Regelungsbereiche der DSGVO zu nutzen. Es ist zu beachten, dass die Erfüllung der Datenschutzvorgaben durch Einhaltung der Verhaltensregeln nur für die Verarbeitungtätigkeiten in demjenigen EU-Mitgliedstaat rechtssicher möglich ist, dessen Aufsichtsbehörde die jeweiligen Verhaltensregeln genehmigt und veröffentlich hat.

Gültigkeit in mehreren EU-Mitgliedstaaten
Bezieht sich der Entwurf der Verhaltensregeln auf Verarbeitungtätigkeiten in mehreren EU-Mitgliedstaaten, umfasst das Genehmigungsverfahrungen weitere Schritte. Zunächst legt die zuständige nationale Aufsichtsbehörde den Entwurf dem Europäischen Datenschutzausschuss für eine Stellungnahme vor (siehe Abschn. 6.4).[244] Wird in der Stellungnahme bestätigt, dass der Entwurf mit der DSGVO vereinbar ist, übermittelt der Europäische Datenschutzausschuss ihn an die Europäische Kommission.[245] Letztere kann im Wege von Durchführungsrechtsakten beschließen, dass dem Entwurf *generelle Gültigkeit* in der EU zugestanden wird und ihn dann in geeigneter Weise veröffentlichen, Art. 30 Abs. 9, 10 DSGVO.

3.9.2.3 Überwachungsstellen
Gemäß Art. 41 Abs. 1 DSGVO[246] akkreditiert die zuständige Aufsichtsbehörde (siehe Art. 51 ff. DSGVO) *unabhängige Stellen* zur Überwachung der Einhaltung

---

[241] Für Regelungen zur Zuständigkeit der Aufsichtsbehörden siehe Art. 51 ff. DSGVO

[242] Art. 40 Abs. 5 Satz 2 DSGVO

[243] Art. 40 Abs. 6 DSGVO

[244] Art. 40 Abs. 7 DSGVO

[245] Art. 40 Abs. 8 DSGVO

[246] Art. 41 DSGVO findet keine Anwendung auf Verarbeitungtätigkeiten, die von öffentlichen Behörden und Einrichtungen ausgeführt werden, 41 Abs. 6 DSGVO

3.9 Verhaltensregeln, Zertifizierungen, Siegel, etc.

von Verhaltensregeln.[247] Wie soeben ausgeführt, müssen Verhaltensregeln auch Verfahrensregeln vorsehen, die den zuständigen Stellen eine Überwachung der *Einhaltung der Verhaltensregeln* durch Verantwortliche/Auftragsverarbeiter ermöglichen sollen.[248] Dies wird Aufgabe der Überwachungsstellen sein. Sie ergreifen geeignete Maßnahmen im Falle einer *Verletzung der Verhaltensregeln*, einschließlich eines vorläufigen oder endgültigen Ausschlusses des Verantwortlichen/Auftragsverarbeiters von den Verhaltensregeln und unterrichten die zuständige Aufsichtsbehörde über derartige Maßnahmen, Art. 41 Abs. 4, 5 DSGVO.

Eine Überwachungsstelle kann bei Erfüllung der Voraussetzungen des Art. 41 Abs. 2 DSGVO akkreditiert werden[249]:

- *Unabhängigkeit und Fachwissen* hinsichtlich des Gegenstands der Verhaltensregeln. Dies dürfte eine sektor- oder technologiebezogene Expertise der jeweiligen Überwachungsstelle erforderlich machen;
- Die Überwachungsstelle hat *Verfahren* festgelegt, die es ihr ermöglichen zu bewerten, ob Verantwortliche/Auftragsverarbeiter die Verhaltensregeln anwenden können. Darüber hinaus sollen die Verfahren dazu dienen, die Einhaltung der Verhaltensregeln zu überwachen und die ordnungsgemäße Verwendung der Verhaltensregeln regelmäßig zu überprüfen. Um diese Voraussetzung zu erfüllen könnte die Stelle dazu aufgefordert werden, vor ihrer Akkreditierung ein Überprüfungskonzept vorzulegen, welches eine systematische Überwachung der Verhaltensregeln ermöglicht;
- Die Überwachungsstelle hat Verfahren und Strukturen festgelegt, mit denen sie *Beschwerden* über Verletzungen der Verhaltensregeln nachgeht;
- Die Aufgaben/Pflichten der Überwachungsstelle dürfen nicht zu einem *Interessenkonflikt* führen. Ein solcher Konflikt kann entstehen, wenn die Stelle direkt oder indirekt einer Tätigkeit in demjenigen Bereich nachgeht, der von den Verhaltensregeln geregelt wird.

Detaillierte Kriterien für die Akkreditierung einer Stelle werden von der jeweils zuständigen Aufsichtsbehörde festgelegt, Art. 41 Abs. 3 DSGVO. Eine Akkreditierung wird durch die Aufsichtsbehörde widerrufen, wenn die Voraussetzungen für eine Akkreditierung nicht oder nicht mehr erfüllt sind oder wenn die Überwachungsstelle Maßnahmen ergreift, die nicht mit der DSGVO vereinbar sind.[250] Obwohl die *Aufsichtsbehörden* zur Akkreditierung von Überwachungsstellen nicht rechtlich verpflichtet sind, sind sie in der Praxis dennoch wahrscheinlich, da die Aufsichtsbehörde auf diese Weise ihre Arbeitsbelastung reduzieren kann. Während

---

[247] Einige Autoren halten die Akkreditierung für eine Pflicht der Aufsichtsbehörde, siehe Paal, in: Paal/Pauly, DSGVO, Art. 41 (2017), Rn. 5; andere sehen sie als optionales Überwachungsinstrument, siehe Laue/Nink/Kremer, Datenschutzrecht, Selbstregulierung (2016), Rn. 15
[248] Art. 40 Abs. 4 DSGVO
[249] Für weitere Einzelheiten siehe Laue/Nink/Kremer, Datenschutzrecht, Selbstregulierung (2016), Rn. 16
[250] Art. 41 Abs. 5 DSGVO

die akkreditierten Stellen lediglich die Einhaltung von Verhaltensregeln durch Unternehmen überwachen, überwachen die Aufsichtsbehörden weiterhin die Einhaltung der Vorschriften der DSGVO durch die Unternehmen.

Im Falle einer Verletzung ihrer Pflichten aus Art. 41 DSGVO, kann eine akkreditierte Überwachungsstelle mit Bußgeldern von bis zu EUR 10.000.000,00 oder bis zu 2 % des weltweiten Jahresumsatzes sanktioniert werden, Art. 83 Abs. 4 lit. c DSGVO.

3.9.2.4 Rechtsfolgen/Vorteile

Die Einhaltung oder Nichteinhaltung von Verhaltensregeln führt nicht zu bindenden *Rechtsfolgen*. Daher sollten Verbände/Vereinigungen, die einen Entwurf für Verhaltensregeln vorgelegt haben, deren Einhaltung gegenüber ihren Mitgliedern durchaus aktiv bewerben.[251] Verhaltensregeln können nicht den Nachweis der Einhaltung der DSGVO gegenüber den Aufsichtsbehörden erbringen. Allerdings stellen Unternehmen, die *Verhaltensregeln einhalten und dies auch fortlaufend sicherstellen*, ein gewisses Datenschutzniveau entsprechend der Verhaltensregeln sicher und werden so letztlich weniger Anstrengungen unternehmen müssen, um die Erfüllung der Vorgaben der DSGVO nachzuweisen.

Zudem bringt die Einhaltung genehmigter Verhaltensregeln eine Reihe von *Vorteilen* für den jeweiligen Verantwortlichen/Auftragsverarbeiter mit sich, da sie den Nachweis der Erfüllung verschiedener Verpflichtungen unter der DSGVO *erleichtert*:

- Art. 24 Abs. 3 DSGVO: Die Einhaltung genehmigter Verhaltensregeln durch den Verantwortlichen (siehe Abschn. 3.2) oder Auftragsverarbeiter (siehe Abschn. 3.10) kann dem Nachweis der Erfüllung seiner allgemeinen Pflichten in Bezug auf die Datenschutzorganisation nach der DSGVO dienen;
- Art. 32 Abs. 3 DSGVO: Die Einhaltung genehmigter Verhaltensregeln kann als Faktor herangezogen werden, um die Erfüllung der Pflicht zum Ergreifen geeigneter technischer und organisatorischer Maßnahmen durch den Verantwortlichen/Auftragsverarbeiter nachzuweisen (siehe Abschn. 3.3);
- Art. 35 Abs. 8 DSGVO: Die Einhaltung genehmigter Verhaltensregeln ist bei der Beurteilung der Auswirkungen der durchgeführten Verarbeitungsvorgänge, insbesondere für die Zwecke einer Datenschutz-Folgenabschätzung, gebührend zu berücksichtigen (siehe Abschn. 3.5);
- Art. 40 Abs. 3 DSGVO: Die Einhaltung genehmigter Verhaltensregeln mit genereller Gültigkeit kann geeignete Garantien im Rahmen der Übermittlung personenbezogener Daten in Drittländer bieten (siehe Abschn. 4.3.6);
- Art. 83 Abs. 2 lit. j DSGVO: Die Einhaltung genehmigter Verhaltensregeln ist bei der Festlegung der Höhe von *Bußgeldern* für eine Verletzung der DSGVO gebührend zu berücksichtigen (siehe Abschn. 7.3).

---

[251] Kranig/Peintinger, ZD 2014, 3, 4; Laue/Nink/Kremer, Datenschutzrecht, Selbstregulierung (2016), Rn. 19

Zudem hat sich die Aufsichtsbehörde, welche die betreffenden Verhaltensregeln genehmigt hat, insoweit gebunden, als dass der Inhalt der jeweiligen Verhaltensregeln bei der *Interpretation der Verpflichtungen* der Verantwortlichen/Auftragsverarbeiter nach der DSGVO zu berücksichtigen ist.[252] Daraus folgt, dass die Aufsichtsbehörde regelmäßig keine rechtmäßige Entscheidung treffen kann, die dem Inhalt der von ihr genehmigten Verhaltensregeln widerspricht.[253]

3.9.3 Zertifizierungen, Datenschutzsiegel und –prüfzeichen („Certifications, seals and marks")

Zertifizierungen, Datenschutzsiegel und -prüfzeichen sollen die *Transparenz* von Verarbeitungsvorgängen erhöhen und deren *Übereinstimmung* mit den Vorgaben der DSGVO nachweisen, sodass betroffene Personen schnell das Datenschutzniveau der jeweiligen Produkte und Dienstleistungen einschätzen können.[254] Wie auch bei Verhaltensregeln sollen die EU-Mitgliedstaaten, die Aufsichtsbehörden, der Europäische Datenschutzausschuss (siehe Art. 68 ff. DSGVO) sowie die Europäische Kommission die Einführung von datenschutzspezifischen Zertifizierungsverfahren sowie von Datenschutzsiegeln und -prüfzeichen fördern, unter besonderer Berücksichtigung der Interessen von Kleinst-, sowie mittleren und kleinen Unternehmen, Art. 42 Abs. 1 DSGVO. Letzteres legt nahe, dass das Zertifizierungsverfahren so *preiswert* wie möglich sein soll, um auch mit den begrenzten finanziellen Ressourcen derartiger Unternehmen durchführbar zu sein.[255]

3.9.3.1 Zweck und Inhalt
Den inhaltlichen Bezugspunkt eines Zertifizierungsverfahrens, Datenschutzsiegels oder -prüfzeichens bilden die Verarbeitungsvorgänge des Verantwortlichen/Auftragsverarbeiters, Art. 42 Abs. 1 DSGVO. Die verschiedenen Instrumente unterscheiden sich in der Verordnung nur terminologisch, jedoch nicht konzeptionell voneinander.[256] Ihre jeweils kennzeichnenden Merkmale sollen zukünftig gem. Art. 43 Abs. 8, 9 DSGVO von der *Europäischen Kommission* näher spezifiziert werden.

Zertifizierungsmechanismen können dem Verantwortlichen/Auftragsverarbeiter einen *Wettbewerbsvorteil* auf dem Markt verschaffen, da sie den Nachweis ermöglichen, dass bestimmte Verarbeitungstätigkeiten in Einklang mit den von der DSGVO vorgeschriebenen Datenschutzstandards stattfinden.[257] So kann eine Zertifizierung

---

[252] Bergt, DSRITB 2016, 483, 491; v.Braunmühl, in: Plath, BDSG/DSGVO, Art. 40 DSGVO (2016), Rn. 18

[253] Bergt, DSRITB 2016, 483, 493

[254] ErwGr. 100 DSGVO

[255] Laue/Nink/Kremer, Datenschutzrecht, Selbstregulierung (2016), Rn. 28; v.Braunmühl, in: Plath, BDSG/DSGVO, Art. 42 DSGVO (2016), Rn. 8

[256] Paal, in: Paal/Pauly, DSGVO, Art. 42 (2017), Rn. 5

[257] Bergt, DSRITB 2016, 483, 496

das Vertrauen der betroffenen Personen in die Verarbeitungstätigkeiten des Verantwortlichen/Auftragsverarbeiters stärken und eine positive Außenwirkung entfalten. Vor allem geben sie den zertifizierten Unternehmen *eigene Gewissheit* darüber, dass ihre Verarbeitungsvorgänge als datenschutzrechtskonform bestätigt wurden (für nähere Einzelheiten zu den Vorteilen einer Zertifizierung siehe unten in Abschn. 3.9.3.4).

Obwohl diese Mechanismen die Übereinstimmung mit der DSGVO bestätigen sollen, entbinden sie den Verantwortlichen/Auftragsverarbeiter nicht von ihrer Pflicht zur Einhaltung der Datenschutzvorschriften und schränken auch nicht die Befugnisse der Aufsichtsbehörden zur Überwachung dieser Gesetzeskonformität ein.[258] Allerdings erleichtern sie die Erbringung entsprechender Nachweise und damit die Erfüllung der Rechenschaftspflicht.[259]

3.9.3.2 Zertifizierungsverfahren

Die DSGVO enthält keine detaillierten Vorschriften über den Ablauf des Zertifizierungsverfahrens, sondern regelt nur dessen *Grundprinzipien*.[260] Die zuständige nationale Aufsichtsbehörde gibt die Kriterien für die Erteilung von Zertifizierungen vor, Art. 42 Abs. 5 DSGVO.[261] Eine Zertifizierung kann von der zuständigen Aufsichtsbehörde oder von einer Zertifizierungsstelle erteilt werden (siehe unten für Einzelheiten zu letzterer).[262]

Gemäß Art. 42 Abs. 3 DSGVO muss die Zertifizierung *freiwillig* und über ein *transparentes Verfahren* zugänglich sein. Um eine Zertifizierung zu erhalten, muss der Verantwortliche/Auftragsverarbeiter der Zertifizierungsstelle oder der zuständigen Aufsichtsbehörde alle für die Durchführung des Zertifizierungsverfahrens erforderlichen Informationen zur Verfügung stellen und einen in diesem Zusammenhang erforderlichen Zugang zu seinen Verarbeitungstätigkeiten gewähren, Art. 42 Abs. 6 DSGVO. Die Zertifizierung wird für eine Höchstdauer von *drei Jahren* erteilt und kann verlängert werden, sofern der Verantwortliche/Auftragsverarbeiter die für die Zertifizierung erforderlichen Voraussetzungen weiterhin erfüllt.[263]

Zertifizierungen könnten künftig zu einem wichtigen Datenschutzinstrument für Verantwortliche/Auftragsverarbeiter werden. Allerdings wird ihr Erfolg maßgeblich von der Schaffung praktisch relevanter, gemeinsamer Zertifizierungsmechanismen für mehrere EU-Mitgliedstaaten abhängen, da grenzüberschreitende, EU-weite Verarbeitungsvorgänge heute Marktstandard sind.

---

[258] Art. 42 Abs. 4 DSGVO

[259] Laue/Nink/Kremer, Datenschutzrecht, Selbstregulierung (2016), Rn. 41

[260] Laue/Nink/Kremer, Datenschutzrecht, Selbstregulierung (2016), Rn. 27

[261] Zudem kann die Europäische Kommission Durchführungsrechtsakte erlassen, die die Voraussetzungen der Zertifizierungsverfahren präzisieren, siehe Art. 43 Abs. 8, 9 DSGVO.

[262] Art. 42 Abs. 5 DSGVO

[263] Art. 42 Abs. 7 DSGVO

3.9.3.3 Zertifizierungsstellen

Wie bereits erwähnt können nicht nur Aufsichtsbehörden und der Europäische Datenschutzausschuss Zertifizierungsverfahren durchführen, sondern auch Zertifizierungsstellen. Letztere werden von der zuständigen *Aufsichtsbehörde* akkreditiert,[264] wobei die Akkreditierung für eine Höchstdauer von fünf Jahren erteilt wird und verlängert werden kann.[265]

Um akkreditiert werden zu können, muss eine *Zertifizierungsstelle* eine Reihe von Voraussetzungen gemäß Art. 43 Abs. 2 DSGVO erfüllen, die im Wesentlichen denen für Überwachungsstellen entsprechen (siehe Abschn. 3.9.2.3), wie Unabhängigkeit, Fachwissen, die Festlegung von Erteilungsverfahren und die Abwesenheit von Interessenkonflikten. Weitere detaillierte Akkreditierungskriterien sind von der zuständigen Aufsichtsbehörde festzulegen.[266] Eine erteilte Akkreditierung wird von der Aufsichtsbehörde widerrufen, wenn die Voraussetzungen für die Akkreditierung nicht oder nicht mehr erfüllt sind oder wenn eine Zertifizierungsstelle Maßnahmen ergreift, die nicht mit der DSGVO vereinbar sind.[267]

Die Zertifizierungsstellen sollen, nachdem sie die Aufsichtsbehörde darüber informiert haben, Zertifizierungen erteilen oder verlängern und dafür verantwortlich sein, die angemessene Bewertung, die der Zertifizierung oder deren Widerruf zugrunde liegt, durchzuführen und der Aufsichtsbehörde die Gründe für die Erteilung oder den Widerruf der beantragten Zertifizierung mitzuteilen.[268]

Akkreditierung in Deutschland

§ 39 BDSG-neu regelt unter Verweis auf entsprechende Vorschriften des Akkreditierungsstellengesetzes das Verfahren für die Akkreditierung von Zertifizierungsstellen in Deutschland. Die Akkreditierungsentscheidung wird von der *Deutschen Akkreditierungsstelle* unter Mitwirkung und im Einvernehmen mit der für die datenschutzrechtliche Aufsicht über die Zertifizierungsstelle zuständigen Aufsichtsbehörde des Bundes oder der Länder gefällt. Die zum erfolgreichen Abschluss des Akkreditierungsverfahrens erforderliche Erteilung einer Befugnis erfolgt letztlich durch die *zuständige Aufsichtsbehörde* auf Grundlage der beschlossenen Akkreditierung.

3.9.3.4 Rechtsfolgen/Vorteile

Zertifizierungen schaffen Unternehmen Gewissheit darüber, dass ihre zertifizierten Verarbeitungstätigkeiten *von offizieller Stelle* als übereinstimmend mit den Vorgaben der DSGVO *bestätigt* wurden. Auch wenn diese Bestätigung keine bindende

---

[264] Oder, soweit benannt, einer nationale Akkreditierungsstelle, siehe Art. 43 Abs. 1 DSGVO.

[265] Art. 43 Abs. 4 DSGVO

[266] Art. 43 Abs. 3, 6 DSGVO. Diese Anforderungen werden von der Aufsichtsbehörde in leicht zugänglicher Form veröffentlicht und an den Europäischen Datenschutzausschuss übermittelt.

[267] Art. 43 Abs. 7 DSGVO

[268] Art. 43 Abs. 1, 4, 5 DSGVO

Rechtswirkung hat und die Untersuchungsbefugnisse der Aufsichtsbehörden nicht beschränkt, wird sie die Beweislast hinsichtlich der Einhaltung der DSGVO maßgeblich erleichtern (siehe die Ausführungen zu den Rechtsfolgen von Verhaltensregeln oben in Abschn. 3.9.2.4, außer für Art. 35 Abs. 8 DSGVO). Zudem können gem. Art. 25 Abs. 3 DSGVO Zertifizierungen dazu verwendet werden, die Einhaltung der Prinzipien von Datenschutz durch Technikgestaltung und durch datenschutzfreundliche Voreinstellungen gegenüber den Aufsichtsbehörden nachzuweisen (siehe Abschn. 3.7). Wenn eine Aufsichtsbehörde die ordnungsgemäße Einhaltung der DSGVO durch ein zertifiziertes Unternehmen überprüft, wird der Prüfungsumfang zudem weniger weit ausfallen, da die Zertifizierung bereits ein gewisses Datenschutzniveau entsprechend der DSGVO nachweist.

Intern können Zertifizierungen von Unternehmen verwendet werden, um ihren Arbeitnehmern und, wo vom nationalen Recht des jeweiligen EU-Mitgliedsstaats vorgesehen, der Arbeitnehmervertretung nachzuweisen, dass die Verarbeitungstätigkeiten bzgl. *Beschäftigtendaten* zertifiziert wurden und damit dem hohen Datenschutzniveau der DSGVO entsprechen.

Extern können Zertifizierungen eine positive Außenwirkung entfalten und so einen *Wettbewerbsvorteil* für das Unternehmen auf dem Markt generieren. Zertifizierungen können dabei unterstützen, das Vertrauen der Kunden zu festigen sowie potenzielle *Geschäftspartner zu gewinnen*. Beispielsweise dürfte sich ein Verantwortlicher eher für einen Auftragsverarbeiter entscheiden, dessen Verarbeitungstätigkeiten als übereinstimmend mit der DSGVO zertifiziert wurden als für einen, bei dem eine solche Prüfung nicht stattgefunden hat.

Gemäß Art. 83 Abs. 2 lit. j DSGVO ist bei der Festlegung der Höhe von Bußgeldern durch die Aufsichtsbehörden die Einhaltung genehmigter Zertifizierungsverfahren gebührend zu berücksichtigen. Dabei dürften den zertifizierten Unternehmen nur *sehr selten Bußgelder in Bezug auf zertifizierte Verarbeitungstätigkeiten* drohen. Sofern eine Zertifizierung durch die Aufsichtsbehörde erteilt wurde, ist letztere insoweit gebunden, als dass sie die zertifizierten Verarbeitungsvorgänge bereits als übereinstimmend mit den Vorgaben der DSGVO bewertet hat und daher nicht rechtmäßig im Nachhinein von ihrer Entscheidung abweichen kann, um z. B. Bußgelder zu verhängen. Bei Zertifizierung durch eine Zertifizierungsstelle ist letztere zunächst von einer Aufsichtsbehörde akkreditiert worden, was dazu führt, dass die Aufsichtsbehörde in gewissem Maße auch durch Entscheidungen der Zertifizierungsstelle gebunden wird.

Allerdings hat die Aufsichtsbehörde laut Art. 58 Abs. 2 lit. h DSGVO die Befugnis, die *Zertifizierungsstelle anzuweisen*, eine *erteilte Zertifizierung zu widerrufen* oder keine Zertifizierung zu erteilen, wenn die Voraussetzungen für die Zertifizierung nicht oder nicht mehr erfüllt werden. Diese Vorschrift gewährt der Aufsichtsbehörde *faktisch ein Vetorecht* in Bezug auf Zertifizierungen, die von Zertifizierungsstellen erteilt werden. Daraus folgt aber auch, dass die Sanktionierung zertifizierter Unternehmen in der Praxis äußerst unwahrscheinlich sein wird (z. B. könnte eine Kollusion zwischen einem Unternehmen und einer Zertifizierungsstelle die Grundlage für Sanktionen bilden).

3.10 Auftragsverarbeiter

Grundsätzlich ist der Verantwortliche für die Erfüllung der Datenschutzverpflichtungen verantwortlich und haftbar. Das bedeutet aber nicht, dass der Verantwortliche die Datenverarbeitung selbst ausführen muss. Er kann stattdessen einen Auftragsverarbeiter mit der Durchführung beauftragen. Datenverarbeitungen durch einen Auftragsverarbeiter sollen nur auf *Weisung des Verantwortlichen* hin erfolgen, Art. 29 DSGVO. Aus diesem Grund waren unter der EG-Datenschutzrichtlinie allein Verantwortliche für die Rechtmäßigkeit der Verarbeitung verantwortlich, auch wenn sie sich eines Auftragsverarbeiters bedienten. Die DSGVO verfolgt einen modifizierten Ansatz, indem dem Auftragsverarbeiter nunmehr eigene Verpflichtungen auferlegt und sie so ein Stück weit mitverantwortlich gemacht werden. Für deren Verletzung drohen dem Auftragsverarbeiter Bußgelder von bis zu EUR 10.000.000,00 oder bis zu 2 % des weltweiten Jahresumsatzes, Art. 83 Abs. 4 DSGVO.

3.10.1 Privilegierte Stellung des Auftragsverarbeiters

Der Auftragsverarbeiter ist nach der DSGVO kein *"Dritter"* in Bezug auf die Datenverarbeitung. Ein Dritter wird gesetzlich definiert als eine Person „außer der betroffenen Person, dem Verantwortlichen, dem Auftragsverarbeiter [...]", Art. 4 Nr. 10 DSGVO. Im Vergleich zu Dritten genießt der Auftragsverarbeiter eine privilegierte Stellung, da seine *Einbeziehung* durch den Verantwortlichen keiner besonderen gesetzlichen Grundlage bedarf und eine vorherige Einwilligung durch die betroffenen Personen nicht erforderlich ist.[269] Da die DSGVO nicht zwischen Auftragsverarbeitern innerhalb und außerhalb der EU unterscheidet sollten letztere ebenfalls diese privilegierte Position innehaben. Gleiches gilt für die Verarbeitung besonderer Kategorien personenbezogener Daten durch einen Auftragsverarbeiter, die mangels anderweitiger Regelungen nicht als Ausnahmefall von der Privilegierung anzusehen sein dürfte.[270]

---

[269] In diese Richtung argumentierend siehe Voigt, CR 2017, 428, 430, dort Fn. 25; Schmid/Kahl, ZD 2017, 54, 56–57; Plath, in: Plath, BDSG/DSGVO, Art. 28 DSGVO (2016), Rn. 3; siehe auch Hullen, in: v.d.Bussche/Voigt, Konzerndatenschutz, Ausblick (2014), Rn. 84; Koós/Englisch, ZD 2014, 276, 284; Martini, in: Paal/Pauly, DSGVO, Art. 28 (2017), Rn. 8–10; Spoerr, in: Wolff/Brink, BeckOK, Art. 28 DSGVO (2016), Rn. 29–32; Bayrisches Landesamt für Datenschutzaufsicht, Auftragsverarbeitung (2016b), S. 1; und ausgehend von der bisherigen deutschen Rechtslage mit ähnlichem Wortlaut: v.d.Bussche/Voigt, in: v.d.Bussche/Voigt, Konzerndatenschutz, Rechtliche Anforderungen (2014), Rn. 73; Weber/Voigt, ZD 2011, 74, 74; Scholz/Lutz, CR 2011, 424, 424–425; ablehnend siehe Härting, ITRB 2016, 137, 138; Hofmann, in: Roßnagel, DSGVO, Auftragsdatenverarbeitung (2017), Rn. 251; Nebel/Richter, ZD 2012, 407, 411; Roßnagel/Richter/Nebel, ZD 2013, 103, 105

[270] Schmid/Kahl, ZD 2017, 54, 56

Allerdings bleibt zu beachten, dass Datentransfers zu Auftragsverarbeitern in Drittländern außerhalb der EU mit geeigneten, zusätzlichen Garantien abzusichern sind (siehe Abschn. 4.3).

Um das von der DSGVO angestrebte Datenschutzniveau zu gewährleisten wird die *privilegierte Einbeziehung* des Auftragsverarbeiters durch die zusätzlichen von den Auftragsverarbeitern zu befolgenden *Datenschutzpflichten* nach Art. 28 DSGVO wieder ausgeglichen.

3.10.2 Verpflichtung des Verantwortlichen bei der Auswahl eines Auftragsverarbeiters

Wenn der Verantwortliche sich für die Beauftragung eines Auftragsverarbeiters entscheidet, hat er gemäß Art. 28 Abs. 1 DSGVO nur solche Auftragsverarbeiter auszuwählen, die ein hinreichendes Datenschutzniveau bieten können. Das ist der Fall, sofern der Auftragsverarbeiter *geeignete technische und organisatorische Maßnahmen* durchführt, die sicherstellen, dass die Verarbeitung in Einklang mit den Anforderungen der DSGVO erfolgt und dass der Schutz der Rechte der betroffenen Personen gewährleistet ist. Ein Auftragsverarbeiter kann seine Eignung durch die Einhaltung genehmigter *Verhaltensregeln* oder *Zertifizierungsmechanismen* nachweisen (siehe Abschn. 3.9), Art. 28 Abs. 5 DSGVO. Auch aus diesem Grund dürften beide Instrumente zukünftig eine größere praktische Nutzung erfahren als bisher.

Den Verantwortlichen trifft damit die Pflicht, vor der Auswahl eines bestimmten Auftragsverarbeiters zu überprüfen, ob dieser Auftragsverarbeiter angemessene technische und organisatorische Datenschutzmaßnahmen getroffen hat und er hat sich nach getroffener Auswahl regelmäßig dahingehend zu versichern, dass diese Maßnahmen aufrechterhalten werden.[271] Es handelt sich dabei um eine fortwährende Verpflichtung des Verantwortlichen.[272]

Auftragsverarbeitungsvereinbarung

Um den Auftragsverarbeiter zur Einhaltung der vom Verantwortlichen aufgestellten Verarbeitungsvoraussetzungen zu verpflichten, schließen die Parteien einen *Vertrag* oder ein anderes Rechtsinstrument, Art. 28 Abs. 3 DSGVO. Der Vertrag ist *schriftlich abzufassen*, wobei auch ein elektronisches Format Verwendung finden kann.[273] In Deutschland mussten entsprechende Verträge bisher nach § 11 Abs. 2 Satz 2 BDSG-alt in echter Schriftform i.S.d. § 125 BGB abgefasst werden. Dem gegenüber werden die formalen Voraussetzungen durch die DSGVO gelockert. Unter der EG-Datenschutzrichtlinie war der Abschluss einer solchen Vereinbarung zwar verpflichtend, allerdings regelte diese nur die grundlegenden Pflichten der Parteien. Eine Ausnahme im europäischen Rechtsraum bildete hingegen die deutsche Regelung des § 11

---

[271] Plath, in. Plath, BDSG/DSGVO, Art. 28 DSGVO (2016), Rn. 8; Martini, in: Paal/Pauly, DSGVO, Art. 28 (2017), Rn. 21; Spoerr, in: Wolff/Brink, BeckOK, Art. 28 DSGVO (2016), Rn. 35

[272] Martini, in: Paal/Pauly, DSGVO, Art. 28 (2017), Rn. 21

[273] Siehe Art. 28 Abs. 9 DSGVO

3.10 Auftragsverarbeiter

Abs. 2 Satz 2 BDSG-alt, die bereits die Aufnahme ähnlicher Regelungen in den Vertrag voraussetzte, wie sie auch nach der DSGVO erforderlich werden.[274] Unter der DSGVO muss die Vereinbarung die Beziehung zwischen Verantwortlichem und Auftragsverarbeiter sowie deren jeweilige Verpflichtungen entsprechend detaillierter festlegen, als es noch unter der EG-Datenschutzrichtlinie der Fall war. Die Vereinbarung muss zunächst Regelungen in Bezug auf folgende Einzelheiten der Verarbeitung enthalten:

- Gegenstand der Verarbeitung;
- Dauer der Verarbeitung;
- Art und Zweck der Verarbeitung;
- Die Art der personenbezogenen Daten;
- Die Kategorien betroffener Personen;
- Die Pflichten und Rechte des Verantwortlichen.

Abgesehen von diesen grundlegenden Regelungen muss die Auftragsverarbeitungsvereinbarung zudem *Einzelheiten zu verschiedenen Pflichten des Auftragsverarbeiters* vorsehen:

- Der Vertrag regelt, dass der Auftragsverarbeiter die personenbezogenen Daten nur auf dokumentierte Weisung des Verantwortlichen hin verarbeitet, Art. 28 Abs. 3 Satz 2 lit. a DSGVO. Dies stellt keine formellen Anforderungen hinsichtlich der Erteilung der Weisungen durch den Verantwortlichen auf, sondern verpflichtet vielmehr den Auftragsverarbeiter zur Dokumentation der Weisungen, die er erhält.[275] Die Pflicht soll es erleichtern, die Einhaltung der DSGVO im Rahmen der Verarbeitung nachzuweisen und ist damit für beide Parteien bedeutsam.[276] Mündliche Weisungen, die z. B. in dringenden Fällen erteilt wurden, sollten zumindest nachträglich dokumentiert werden.[277]
- Der Vertrag soll unter anderem eine *Verschwiegenheitspflicht* vorsehen.
- Der Vertrag verpflichtet den Auftragsverarbeiter zum Ergreifen *geeigneter technischer und organisatorischer Maßnahmen* (siehe die Aufzählung in Art. 28 Abs. 3 DSGVO) (siehe Abschn. 3.3).
- Der Auftragsverarbeiter unterstützt den Verantwortlichen dabei, seiner Pflicht zur *Beantwortung von Anträgen betroffener Personen auf Wahrnehmung ihrer Rechte* nachzukommen, denn betroffene Personen können ihre Rechte nicht direkt gegenüber dem Auftragsverarbeiter geltend machen (siehe Abschn. 5.3).
- Gemäß Art. 28 Abs. 3 Satz 2 lit. f DSGVO regelt die Vereinbarung zwischen Verantwortlichem und Auftragsverarbeiter, dass der Auftragsverarbeiter den *Verantwortlichen* bei der Einhaltung seiner Pflichten in Bezug auf Datenschutzverletzungen *unterstützt* (siehe Abschn. 3.8).

---

[274] Für Einzelheiten zum sog. „Zehn-Punkte-Katalog" siehe v.d.Bussche/Voigt, in: v.d.Bussche/Voigt, Konzerndatenschutz, Auftragsdatenverarbeitung (2014), Rn. 52 ff.
[275] Martini, in: Paal/Pauly, DSGVO, Art. 28 (2017), Rn. 39
[276] Laue/Nink/Kremer, Datenschutzrecht, Verarbeitung durch Dritte (2016), Rn. 18
[277] Laue/Nink/Kremer, Datenschutzrecht, Verarbeitung durch Dritte (2016), Rn. 18

- Der Auftragsverarbeiter unterstützt den Verantwortlichen bei der Durchführung einer präventiven *Datenschutz-Folgenabschätzung* (siehe Abschn. 3.5).
- Der Auftragsverarbeiter muss zur *Löschung aller personenbezogenen Daten nach Abschluss* der Erbringung *der Verarbeitungsleistungen* für den Verantwortlichen verpflichtet werden, sofern nicht eine Rechtspflicht des Auftragsverarbeiters zur Speicherung der personenbezogenen Daten besteht.
- Der Auftragsverarbeiter wird dazu verpflichtet, dem Verantwortlichen alle erforderlichen *Informationen* zum Nachweis der Einhaltung seiner Pflichten hinsichtlich der Beauftragung eines Auftragsverarbeiters *zur Verfügung zu stellen* und Überprüfungen – einschließlich Inspektionen, die vom Verantwortlichen oder einem anderen von diesem beauftragten Prüfer durchgeführt werden – zu ermöglichen und zu diesen beizutragen.

Da die Anforderungen der DSGVO an den Inhalt der Auftragsverarbeitungsvereinbarung zwischen Verantwortlichem und Auftragsverarbeiter über diejenigen der EG-Datenschutzrichtlinie erheblich hinausgehen, sollten bereits *bestehende Vereinbarungen* einer Überprüfung hinsichtlich ihrer Vereinbarkeit mit der DSGVO unterzogen werden. Wie soeben erwähnt, erwarten deutsche Unternehmen diesbezüglich keine großen Veränderungen, da sich die Regelungen der DSGVO maßgeblich an denen des BDSG-alt orientieren. Bestehende deutsche Auftragsverarbeitungsvereinbarungen können damit mit kleineren Anpassungen auch unter der DSGVO Verwendung finden.[278]

Die DSGVO sieht in Art. 28 Abs. 7, 8 DSGVO die Möglichkeit für die Europäische Kommission und die Aufsichtsbehörden vor, *Standardvertragsklauseln* festzulegen, die zukünftig, ganz oder teilweise, als Grundlage für die Auftragsverarbeitungsvereinbarung zwischen Verantwortlichem und Auftragsverarbeiter dienen können.[279] Bisher wurden derartige Standardvertragsklauseln auf Grundlage der DSGVO jedoch noch nicht verabschiedet.

3.10.3 Pflichten des Auftragsverarbeiters

Den Auftragsverarbeiter treffen verschiedenste Datenschutzpflichten, die sich, wie soeben ausgeführt, zum einen aus seiner Vereinbarung mit dem Verantwortlichen ergeben, zum anderen aber auch unmittelbar aus der DSGVO. Wie zuvor erwähnt drohen dem Auftragsverarbeiter im Falle einer Verletzung dieser Verpflichtungen Bußgelder von bis zu EUR 10.000.000,000 oder bis zu 2 % des weltweiten Jahresumsatzes, siehe Art. 83 Abs. 4 DSGVO. Die wichtigsten sich unmittelbar aus der DSGVO ergebenden Verpflichtungen sind:

---

[278] Voigt, CR 2017, 428, 430
[279] Siehe Art. 28 Abs. 6 GDPR; ErwGr. 109 DSGVO. Diese Standardvertragsklauseln dürfen nicht mit denjenigen verwechselt werden, die nach Art. 46 DSGVO als Garantiemaßnahme für internationale Datentransfers dienen können. Siehe Abschn. 4.3.3 für Einzelheiten zu Letzteren.

3.10 Auftragsverarbeiter

- Die Pflicht, geeignete *technische und organisatorische Maßnahmen* zu ergreifen; die Einhaltung der Pflicht kann, unter anderem, durch die Einhaltung von genehmigten Verhaltensregeln oder Zertifizierungsmechanismen nachgewiesen werden (siehe Abschn. 3.9). Den Auftragsverarbeiter trifft die Pflicht zum Datenschutz im gleichen Umfang wie den Verantwortlichen, einschließlich des Einsatzes von Pseudonymisierungstechniken, der Pflicht zur Sicherstellung der Vertraulichkeit, Integrität, Verfügbarkeit und Belastbarkeit der Verarbeitungsdienste, der Möglichkeit die Verfügbarkeit personenbezogener Daten und den Zugang zu ihnen im Falle eines physischen/technischen Zwischenfalls rasch wiederherzustellen, etc. (siehe Abschn. 3.2.1);
- Die Pflicht zur Bestellung eines *Vertreters* in der EU nach Art. 27 DSGVO, sofern der Auftragsverarbeiter außerhalb der EU niedergelassen ist;
- Die Pflicht zum Führen von *Verzeichnissen über Verarbeitungstätigkeiten*, Art. 31 Abs. 2 DSGVO (siehe Abschn. 3.4); allerdings sind die gesetzlichen Anforderungen an den Inhalt der Verzeichnisse weniger umfassend als für den Verantwortlichen. Die Verzeichnisse sind den Aufsichtsbehörden auf Anfrage zur Verfügung zu stellen;
- Die Pflicht zur *Zusammenarbeit* mit den Aufsichtsbehörden, Art. 31 DSGVO; und
- Die Pflicht zur Benennung eines Datenschutzbeauftragten gemäß Art. 37 ff. DSGVO, sofern die gesetzlichen Voraussetzungen einer Benennungspflicht vorliegen (siehe Abschn. 3.6).

Im Falle einer Verletzung seiner Pflichten können die betroffenen Personen Schadensersatzansprüche gegenüber dem Auftragsverarbeiter gemäß Art. 82 DSGVO geltend machen, sofern sie aufgrund der Pflichtverletzung einen Schaden erlitten haben (siehe Abschn. 7.2).

In Ausnahmefällen kann es der Auftragsverarbeiter *verweigern, einer Weisung* des Verantwortlichen *Folge zu leisten*, sofern er der Auffassung ist, dass diese gegen die DSGVO verstößt, Art. 28 Abs. 3 DSGVO. Die Grundlage für die Verweigerung bildet demnach eine subjektive rechtliche Einschätzung des Auftragsverarbeiters; dieses Recht soll ihn davor schützen, Weisungen befolgen zu müssen, die seiner Rechtsauffassung widersprechen.[280] In einem solchen Fall informiert der Auftragsverarbeiter den Verantwortlichen unverzüglich über seine Entscheidung. Allerdings wird gesetzlich nicht vorgeschrieben, wie der Verantwortliche auf eine derartige Benachrichtigung zu reagieren hat und wie Unstimmigkeiten bzgl. seiner Weisungen zu lösen sind.[281] Zudem besteht auch keine Pflicht des Auftragsverarbeiters, die Weisungen des Verantwortlichen einer rechtlichen Prüfung zu unterziehen.

---

[280] Martini, in: Paal/Pauly, DSGVO, Art. 28 (2017), Rn. 56
[281] Martini, in: Paal/Pauly, DSGVO, Art. 28 (2017), Rn. 58

3.10.4 Hinzuziehung eines „Unter-Auftragsverarbeiters"

Der Auftragsverarbeiter kann, mit *vorheriger gesonderter schriftlicher Genehmigung* des Verantwortlichen, einen „Unter-Auftragsverarbeiter" hinzuziehen, Art. 28 Abs. 2 DSGVO. Zudem kann der Verantwortliche eine vorherige, allgemeine Genehmigung für solche Beauftragungen erteilen. Ist dies der Fall, informiert der Auftragsverarbeiter den Verantwortlichen über jede beabsichtigte Änderung in Bezug auf die Hinzuziehung oder die Ersetzung der Auftragsverarbeiter. Jeder weitere Auftragsverarbeiter muss durch einen *Vertrag* oder ein anderes Rechtsinstrument dieselben Datenschutzpflichten auferlegt bekommen, die in dem Vertrag oder anderen Rechtsinstrument zwischen dem Verantwortlichen und dem Auftragsverarbeiter festgelegt sind, Art. 28 Abs. 4 Satz 1 DSGVO. Daraus ergibt sich, dass jeden Unter-Auftragsverarbeiter die gleichen Pflichten wie jeden Auftragsverarbeiter gemäß der DSGVO treffen. Für den Fall, dass der Subunternehmer seinen Datenschutzpflichten nicht nachkommt, haftet allerdings der vom Verantwortlichen beauftragte Auftragsverarbeiter gegenüber diesem für die Einhaltung der Pflichten des Unterauftragnehmers.[282]

Referenzen

Art.-29-Datenschutzgruppe (2010a) Stellungnahme 1/2010 zu den Begriffen „für die Verarbeitung Verantwortlicher" und „Auftragsverarbeiter". WP 169 (zitiert nach englischem Original)

Art.-29-Datenschutzgruppe (2010b) Stellungnahme 3/2010 zum Grundsatz der Rechenschaftspflicht. WP 173 (zitiert nach englischem Original)

Art.-29-Datenschutzgruppe (2016) Guidelines on Data Protection Officers. WP 243

Art.-29-Datenschutzgruppe (2017) Guidelines on Data Protection Impact Assessment (DPIA) and determining whether processing is „likely to result in a high risk" for the purposes of Regulation 2016/279. WP 248

Barlag C (2017) Datenschutz durch Technikgestaltung. In: Roßnagel A (Hrsg) Europäische Datenschutz-Grundverordnung, Vorrang des Unionsrechts – Anwendbarkeit des nationalen Rechts, 1. Aufl. Nomos, Baden-Baden

Bayrisches Landesamt für Datenschutzaufsicht (2016a) Verzeichnis von Verarbeitungstätigkeiten. https://www.lda.bayern.de/media/baylda_ds-gvo_5_processing_activities.pdf. Zugegriffen: 29. Juni 2017

Bayrisches Landesamt für Datenschutzaufsicht (2016b) Auftragsverarbeitung nach der DSGVO. https://www.lda.bayern.de/media/baylda_ds-gvo_10_processor.pdf. Zugegriffen: 29. Juni 2017

Bergt M (2016) Die Bedeutung von Verhaltensregeln und Zertifizierungen nach der Datenschutz-Grundverordnung. DSRITB 7:483–500

Brink S (2017) § 38 BDSG. In: Wolff HA, Brink S (Hrsg) Beck'scher Online-Kommentar Datenschutzrecht, 20. Aufl. C.H. Beck, München

CIPL (2016) GDPR Project DPO Paper from 17 November 2016. https://www.huntonprivacyblog.com/wp-content/uploads/sites/18/2016/11/final_cipl_gdpr_dpo_paper_17_november_2016.pdf. Zugegriffen: 19. Dez. 2016

---

[282] Siehe Art. 28 Abs. 4 Satz 2 DSGVO

Conrad I (2016) Compliance, IT-Sicherheit, Ordnungsmäßigkeit der Datenverarbeitung. In: Auer-Reinsdorff A, Conrad I (Hrsg) Handbuch IT- und Datenschutzrecht, 2. Aufl. C.H. Beck, München
Conrad I, Hausen D (2016) Datenschutz der Telemedien. In: Auer-Reinsdorff A, Conrad I (Hrsg) Handbuch IT- und Datenschutzrecht, 2. Aufl. C.H. Beck, München
Datenschutzkonferenz (2017) Kurzpapier Nr. 1: Verzeichnis von Verarbeitungstätigkeiten – Art. 30 DSGVO. https://www.baden-wuerttemberg.datenschutz.de/wp-content/uploads/2017/07/DSK_KPNr_1_Verzeichnis_Verarbeitungstätigkeiten.pdf#. Zugegriffen: 19. Juli 2017
Deutscher Bundestag (2017) Drucksache 18/11325
Dix A (2014) § 34 BDSG. In: Simitis S (Hrsg) Bundesdatenschutzgesetz, 8. Aufl. Nomos, Baden-Baden
Dovas M-U (2016) Joint Controllership – Möglichkeiten oder Risiken der Datennutzung? ZD 6(11):512–517
Egle M, Zeller A (2014) Datenschutzmanagement im Konzern. In: Von Dem Bussche AF, Voigt P (Hrsg) Konzerndatenschutz Rechtshandbuch, 1. Aufl. C.H. Beck, München
Ernestus W (2014) § 9 BDSG. In: Simitis S (Hrsg) Bundesdatenschutzgesetz, 8. Aufl. Nomos, Baden-Baden
Ernst S (2017) Art. 4 DSGVO. In: Paal BP, Pauly DA (Hrsg) Beck'sche Kompaktkommentare Datenschutz-Grundverordnung, 1. Aufl. C.H. Beck, München
EuGH (1989) Zulässigkeit von Zwangsmaßnahmen und Durchsuchungen durch EG-Kommission. NJW 42(48):3080–3084
Gierschmann S (2016) Was „bringt" deutschen Unternehmen die DSGVO? – Mehr Pflichten, aber die Rechtsunsicherheit bleibt. ZD 6(2):51–55
Gola P, Klug C (2007) Neuregelungen zur Bestellung betrieblicher Datenschutzbeauftragter. NJW 60(3):118–122
Gola P, Klug C, Körffer B (2015) §§ 4 f, 19 BDSG. In: Gola P, Schomerus R (Hrsg) Bundesdatenschutzgesetz Kommentar, 12. Aufl. C.H. Beck, München
Gola P, Schomerus R (Hrsg) (2015) § 38 BDSG. In: Bundesdatenschutzgesetz Kommentar, 12. Aufl. C.H. Beck, München
Grages J-M (2016) Art. 32, 33, 34 DSGVO. In: Plath K-U (Hrsg) BDSG/DSGVO, 2. Aufl. Verlag Dr. Otto Schmidt, Köln
Hansen M (2016) Art. 35, 36 DSGVO. In: Wolff HA, Brink S (Hrsg) Beck'scher Online-Kommentar Datenschutzrecht, 18. Aufl. C.H. Beck, München
Härting N (2016) Auftragsverarbeitung nach der DSGVO. ITRB (6):137–140
Herbst T (2017) Art. 5 DSGVO. In: Kühling J, Buchner B (Hrsg) Datenschutz-Grundverordnung, 1. Aufl. C.H. Beck, München
Hoeren T (2012) Der betriebliche Datenschutzbeauftragte – Neuerungen durch die geplante DSGVO. ZD 2(8):355–358
Hofmann J (2017) Die Auftragsverarbeitung (Cloud Computing). In: Roßnagel A (Hrsg) Europäische Datenschutz-Grundverordnung, Vorrang des Unionsrechts – Anwendbarkeit des nationalen Rechts, 1. Aufl. Nomos, Baden-Baden
Hornung G (2012) Eine Datenschutz-Grundverordnung für Europa? – Licht und Schatten im Kommissionsentwurf vom 25.1.2012. ZD 2(3):99–106
Hullen N (2014) Ausblick auf die EU-Datenschutz-Grundverordnung. In: von dem Bussche AF, Voigt P (Hrsg) Konzerndatenschutz Rechtshandbuch, 1. Aufl. C.H. Beck, München
Hunton & Williams (2015) The proposed EU General Data Protection Regulation. https://www.huntonregulationtracker.com/files/Uploads/Documents/EU%20Data%20Protection%20Reg%20Tracker/Hunton_Guide_to_the_EU_General_Data_Protection_Regulation.pdf. Zugegriffen: 19. Dez. 2016
Jaspers A, Reif Y (2016) Der Datenschutzbeauftragte nach der Datenschutz-Grundverordnung: Bestellpflicht, Rechtsstellung und Aufgaben. RdV 32(2):61–68
Kipker D-K (2016) The EU NIS Directive Compared to the IT Security Act – Germany is Well Positioned for the new European Cybersecurity Space, ZD-Aktuell 6(20): 05363

Koós C, Englisch B (2014) Eine „neue" Auftragsdatenverarbeitung? – Gegenüberstellung der aktuellen Rechtslage und derDSGVO in der Fassung des LIBE-Entwurfs. ZD 4(6):276–285

Kranig T, Peintinger S (2014) Selbstregulierung im Datenschutzrecht – Rechtslage in Deutschland, Europa und den USA unter Berücksichtigung des Vorschlags zur DSGVO. ZD 4(1):3–9

Laue P, Nink J, Kremer S (Hrsg) (2016) Selbstregulierung; Technischer und Organisatorischer Datenschutz; Verarbeitung durch Dritte und im Ausland. In: Das neue Datenschutzrecht in der betrieblichen Praxis, 1. Aufl. Nomos, Baden-Baden

Mallmann O (2014) § 19 BDSG. In: Simitis S (Hrsg) Bundesdatenschutzgesetz, 8. Aufl. Nomos, Baden-Baden

Marschall K (2015) Datenpannen – „neue" Meldepflicht nach der europäischen DSGVO? DuD 39(3):183–189

Marschall K (2017) Datenschutzfolgenabschätzung und Dokumentation. In: Roßnagel A (Hrsg) Europäische Datenschutz-Grundverordnung, Vorrang des Unionsrechts – Anwendbarkeit des nationalen Rechts, 1. Aufl. Nomos, Baden-Baden

Marschall K, Müller P (2016) Der Datenschutzbeauftragte im Unternehmen zwischen BDSG und DSGVO – Bestellung, Rolle, Aufgaben und Anforderungen im Fokus europäischer Veränderungen. ZD 6(9):415–420

Martini M (2017) Art. 24, 25, 26, 28, 30, 31, 32, 33, 35 DSGVO. In: Paal BP, Pauly DA (Hrsg) Beck'sche Kompaktkommentare Datenschutz-Grundverordnung, 1. Aufl. C.H. Beck, München

Mester BA (2013) § 19 BDSG. In: Taeger J, Gabel D (Hrsg) BDSG, 2. Aufl. Fachmedien Recht und Wirtschaft, Frankfurt am Main

Moos F (2015) § 4 f BDSG. In: Wolff HA, Brink S (Hrsg) Beck'scher Online-Kommentar Datenschutzrecht, 20. Aufl. C.H. Beck, München

Nebel M, Richter P (2012) Datenschutz bei Internetdiensten nach der DSGVO – Vergleich der deutschen Rechtslage mit dem Kommissionsentwurf. ZD 2(9):407–413

Paal BP (2017) Art. 36, 37, 38, 40, 41, 42 DSGVO. In: Paal BP, Pauly DA (Hrsg) Beck'sche Kompaktkommentare Datenschutz-Grundverordnung, 1. Aufl. C.H. Beck, München

Petri TB (2014) § 38 BDSG. In: Simitis S (Hrsg) Bundesdatenschutzgesetz, 8. Aufl. Nomos, Baden-Baden

Plath K-U (2016) Art. 6, 25, 26, 28 DSGVO; § 28 BDSG. In: Plath K-U (Hrsg) BDSG/DSGVO, 2. Aufl. Verlag Dr. Otto Schmidt, Köln

Roßnagel A, Richter P, Nebel M (2013) Besserer Internetdatenschutz für Europa – Vorschläge zur Spezifizierung der DSGVO. ZD 3(3):103–108

Schaffland H-J, Wiltfang N (2016) § 4 f BDSG. In: Schaffland H-J, Wiltfang N (Hrsg) Bundesdatenschutzgesetz, Stand: Juni 2016. Erich Schmidt Verlag, Berlin

Schefzig J (2015) Der Datenschutzbeauftragte in der betrieblichen Datenschutzorganisation – Konflikt zwischen Zuverlässigkeit und datenschutzrechtlicher Verantwortung. ZD 5(11):503–507

Scheja G (2013) § 4 f BDSG. In: Taeger J, Gabel D (Hrsg) BDSG, 2. Aufl. Fachmedien Recht und Wirtschaft, Frankfurt am Main

Schmid G, Kahl T (2017) Verarbeitung „sensibler" Daten durch Cloud-Anbieter in Drittstaaten. ZD 7(2):54–57

Scholz M, Lutz H (2011) Standardvertragsklauseln für Auftragsverarbeiter und § 11 BDSG. CR 27(7):424–428

Scholz P (2014) § 3a BDSG. In: Simitis S (Hrsg) Bundesdatenschutzgesetz, 8. Aufl. Nomos, Baden-Baden

Schreiber L (2016) Art. 4 DSGVO. In: Plath K-U (Hrsg) BDSG/DSGVO, 2. Aufl. Verlag Dr. Otto Schmidt, Köln

Schulz S (2012) Privacy by Design. CR 27(3):204–208

Schulz S (2017) Art. 5 DSGVO. In: Wolff HA, Brink S (Hrsg) Beck'scher Online-Kommentar Datenschutzrecht, 19. Aufl. C.H. Beck, München

Simitis S (2014) § 4 f BDSG. In: Simitis S (Hrsg) Bundesdatenschutzgesetz, 8. Aufl. Nomos, Baden-Baden

Spoerr W (2016) Art. 28, 30 DSGVO. In: Wolff HA, Brink S (Hrsg) Beck'scher Online-Kommentar Datenschutzrecht, 18. Aufl. C.H. Beck, München

Thoma F (2013) Risiko im Datenschutz – Stellenwert eines systematischen Risikomanagements in BDSG und DSGVO-E. ZD 3(11):578–581

Veil W (2015) DSGVO: Risikobasierter Ansatz statt rigides Verbotsprinzip – Eine erste Bestandsaufnahme. ZD 5(8):347–353

Voigt P (2016) Dauerbrenner IT-Sicherheit – Nun macht Brüssel Druck. MMR 19(7):429–430

Voigt P, Gehrmann M (2016) Die europäische NIS-Richtlinie – Neue Vorgaben zur Netz- und IT-Sicherheit. ZD 6(8):355–358

Voigt P (2017) Konzerninterner Datentransfer, Praxisanleitung zur Schaffung eines Konzernprivilegs. CR 33(7):428–433

Völkel C (2015) Wearables und Gesundheitsdaten: Möglichkeiten und Grenzen zur cloudbasierten Nutzung durch Ärzte und Krankenversicherungen aus datenschutzrechtlicher Sicht. DSRITB 6:35–52

von Braunmühl P (2016) Art. 40, 42 DSGVO. In: Plath K-U (Hrsg) BDSG/DSGVO, 2. Aufl. Verlag Dr. Otto Schmidt, Köln

von dem Bussche AF (2016) Art. 35, 36, 37, 38 DSGVO; § 4 f BDSG. In: Plath K-U (Hrsg) BDSG/DSGVO, 2. Aufl. Verlag Dr. Otto Schmidt, Köln

von dem Bussche AF, Zeiter A, Brombach T (2016) Die Umsetzung der Vorgaben der EU-Datenschutz-Grundverordnung durch Unternehmen. DB 69(23):1359–1365

von dem Bussche AF, Voigt P (2014) Auftragsdatenverarbeitung im Konzern; Der Datenschutzbeauftragte; Rechtliche Anforderungen an Datenverarbeitungen; Verarbeitungsübersicht und Verfahrensverzeichnis. In: von dem Bussche AF, Voigt P (Hrsg) Konzerndatenschutz Rechtshandbuch, 1. Aufl. C.H. Beck, München

von dem Bussche AF, Zeiter A (2016) Practitioner's corner – Implementing the EU General Data Protection Regulation: A Business Perspective. EDPL 2(4):576–581

Weber MP, Voigt P (2011) Internationale Auftragsdatenverarbeitung – Praxisempfehlungen für die Auslagerung von IT-Systemen in Drittstaaten mittels Standardvertragsklauseln. ZD 1(2):74–78

Weidenkaff W (2017) § 626 BGB. In: Palandt, BGB, 76. Aufl. C.H. Beck, München

Wichtermann, M (2016) Einführung eines Datenschutz-Management-Systems im Unternehmen–Pflicht oder Kür? – Kurzüberblick über die Erweiterungen durch die DSGVO. ZD 6(9):421–422

Worms C (2017) § 19 BDSG. In: Wolff HA, Brink S (Hrsg) Beck'scher Online-Kommentar Datenschutzrecht, 20. Aufl. C.H. Beck, München

Wronka G (2014) Anmerkungen zu den Verhaltensregeln der Deutschen Versicherungswirtschaft. RdV 30(2):93–96

Wybitul T (2016) Welche Folgen hat die Datenschutz-Grundverordnung für Compliance? CCZ 9(5):194–198

Wybitul T, Draf O (2016) Projektplanung und Umsetzung der EU-Datenschutz-Grundverordnung im Unternehmen. BB (35):2101–2107

Materielle Anforderungen 4

Prinzipiell unterliegt jegliche Verarbeitung personenbezogener Daten einem Verbot mit Erlaubnisvorbehalt. Aus diesem Grund bedürfen Verantwortliche und Auftragsverarbeiter einer wirksamen Rechtsgrundlage für ihre Verarbeitungstätigkeiten. Da es dem europäischen Gesetzgeber nicht möglich ist, ein hinreichendes Datenschutzniveau in Drittländern außerhalb der EU zu garantieren, erfordern derartige *internationale Datentransfers* gemäß der DSGVO zusätzliche Garantiemaßnahmen, um ein angemessenes Datenschutzniveau konstant zu gewährleisten. In den nachfolgenden Abschnitten werden die materiellen Anforderungen an eine mit der DSGVO konforme Datenverarbeitung im Einzelnen dargestellt.

4.1 Verarbeitungsgrundsätze

Art. 5 DSGVO legt Verarbeitungsgrundsätze nieder, denen *jede Datenverarbeitungstätigkeit* im Anwendungsbereich der Verordnung entsprechen muss.[1] Eine etwaige *Verletzung* dieser Verarbeitungsgrundsätze kann mit Bußgeldern von bis zu EUR 20.000.000,00 oder bis zu 4 % des weltweiten Jahresumsatzes sanktioniert werden (Art. 83 Abs. 5 lit. a DSGVO). Daher sollte die Datenschutzstruktur der betroffenen Unternehmen diesen Grundsätzen in jedem Fall entsprechen.[2] Hinzu kommt, dass die Verarbeitungsgrundsätze zukünftig aller Wahrscheinlichkeit nach zur *Auslegung* der anderen Bestimmungen der DSGVO herangezogen werden.[3]

Gemäß Art. 5 Abs. 2 DSGVO ist der Verantwortliche für die Einhaltung der Verarbeitungsgrundsätze und den entsprechenden Nachweis verantwortlich. Diese

---

[1] Siehe auch EuGH, Entscheidung vom 13. Mai 2014, Google Spain, C-131/12, ErwGr. 71
[2] Wybitul, DSGVO im Unternehmen, Kap. III (2016) Rn. 64
[3] Plath, in: Plath, BDSG/DSGVO, Art. 5 DSGVO (2016), Rn. 2

Rechenschaftspflicht wird durch die anderen Pflichten des Verantwortlichen nach der DSGVO näher konkretisiert (siehe Kap. 3).

4.1.1 Rechtmäßigkeit, Verarbeitung nach Treu und Glauben, Transparenz

Personenbezogene Daten müssen auf rechtmäßige Weise, nach Treu und Glauben und in einer für die betroffene Person nachvollziehbaren Weise verarbeitet werden, Art. 5 Abs. 1 lit. a DSGVO. Aus diesem Grund kann eine Verarbeitung nur stattfinden, sofern sie von einer gesetzlichen Erlaubnisgrundlage oder der Einwilligung der betroffenen Person gedeckt ist. Natürlichen Personen muss es möglich sein zu *verstehen*, was mit ihren personenbezogenen Daten geschieht. Daher sollte für sie nachvollziehbar sein, dass ihre personenbezogenen Daten gesammelt, verwendet, analysiert oder auf andere Weise verarbeitet werden und in welchem Ausmaß sie genutzt werden oder zukünftig genutzt werden sollen.[4] Der Grundsatz der Transparenz erfordert insbesondere, dass den betroffenen Personen folgende Informationen zur Verfügung gestellt werden:[5]

- Informationen zur *Identität des Verantwortlichen*;
- Informationen zu den *Zwecken* der Datenverarbeitung;
- Weitere für die betroffenen Personen relevante Informationen in Bezug auf ihr Recht, eine Bestätigung und Auskunft darüber zu erhalten, welche sie betreffenden personenbezogene Daten verarbeitet werden;
- Informationen und Aufklärung hinsichtlich der Risiken, Vorschriften, Garantien und Rechte im Zusammenhang mit der Verarbeitung personenbezogener Daten und darüber, wie sie ihre diesbezüglichen Rechte geltend machen können.

Die Informationsrechte werden durch die Regelungen der Art. 13–14 DSGVO (siehe Abschn. 5.2) zusätzlich substantiiert. Insbesondere sollten die *konkreten Zwecke*, zu denen die personenbezogenen Daten verarbeitet werden, eindeutig und rechtmäßig sein und zum Zeitpunkt der Erhebung der Daten feststehen.[6] Jegliche Information und Kommunikation in Bezug auf die Verarbeitung sollte für die Betroffenen leicht zugänglich und verständlich sein, letzteres durch die Verwendung *einfacher und klarer Sprache*.[7] Sofern angemessen, können gegebenenfalls zusätzlich visuelle Elemente verwendet werden.[8] Die Informationen können außerdem in elektronischer Form bereitgestellt werden, z. B. auf einer Website.[9]

---

[4] ErwGr. 39 DSGVO
[5] ErwGr. 39 DSGVO
[6] ErwGr. 39 DSGVO
[7] ErwGr. 39, 58 DSGVO
[8] ErwGr. 58 DSGVO; Ein Praxisbeispiel für den Einsatz unterstützender, visueller Elemente bieten die Privatsphäre-Seiten von Google: https://privacy.google.com/index.html#, zuletzt aufgerufen am 25. Januar 2017
[9] ErwGr. 58 DSGVO

4.1.2 Zweckbindung

Personenbezogene Daten müssen für *festgelegte, eindeutige und legitime Zwecke* erhoben werden und dürfen nicht in einer mit diesen Zwecken nicht zu vereinbarenden Weise weiterverarbeitet werden, Art. 5 Abs. 1 lit. b DSGVO.[10] Der Zweck der Datenverarbeitung spielt eine Schlüsselrolle für die Rechtmäßigkeit der Verarbeitungstätigkeiten des Verantwortlichen/Auftragsverarbeiters. Anhand des Verarbeitungszwecks lässt sich feststellen, ob die Verarbeitungsgrundsätze der Datenminimierung, Richtigkeit und Speicherbegrenzung eingehalten werden.[11]

4.1.2.1 Legitimität
„Legitimität" erfordert die *Rechtskonformität* des Verarbeitungszwecks im weitesten Sinn.[12] Dies umfasst jegliches geschriebenes Recht und Gewohnheitsrecht, Primär- und Sekundärrecht, Verordnungen, bindende Präzedenzfälle, Verfassungsprinzipien, Grundrechte und andere Rechtsprinzipien sowie Rechtsprechung, da all diese Rechtssätze von den zuständigen Gerichten berücksichtigt und interpretiert werden würden.[13] Die Legitimität eines Verwendungszwecks kann sich im Laufe der Zeit verändern, abhängig von wissenschaftlichen und technologischen Entwicklungen oder von gesellschaftlichen und kulturellen Veränderungen.[14]

4.1.2.2 Detaillierungsgrad des Verarbeitungszwecks
Bei der Durchführung weitergehender Verarbeitungstätigkeiten sollten Unternehmen sicherstellen, dass diese Vorgänge mit dem ursprünglichen Verarbeitungszweck vereinbar sind. Dies ermöglicht eine Weiterverarbeitung der Daten für den geänderten Zweck. Liegt eine Vereinbarkeit der Zwecke nicht vor, so kann die Weiterverarbeitung nur erfolgen, sofern eine erneute Einwilligung der Betroffenen eingeholt wird oder eine gesetzliche Rechtfertigung für die Änderung des Verarbeitungszwecks auf der Grundlage von nationalem Recht der EU-Mitgliedstaaten existiert (siehe Abschn. 4.2.2.5). Der *Detaillierungsgrad des Verarbeitungszwecks, der den betroffenen Personen mitgeteilt wird, kann* aufgrund seiner Anpassung an die spezifische Verarbeitungssituation einzelfallbezogen *variieren*.[15] Bei der Festlegung des Detaillierungsgrads sollten Unternehmen den allgemeinen Verarbeitungskontext berücksichtigen, insbesondere die vernünftigen Erwartungen der betroffenen Personen und den Grad der Allgemeinverständlichkeit des jeweiligen Zwecks für alle Beteiligten.[16]

---

[10] Eine Weiterverarbeitung für im öffentlichen Interesse liegende Archivzwecke, für wissenschaftliche oder historische Forschungszwecke oder für statistische Zwecke gilt gemäß Art. 89 Abs. 1 DSGVO nicht als unvereinbar mit den ursprünglichen Zwecken, siehe Art. 5 Abs. 1 lit. b DSGVO

[11] Frenzel, in: Paal/Pauly, DSGVO, Art. 5 (2017), Rn. 23; Dammann, ZD 2016, 307, 311

[12] Monreal, ZD 2016, 507, 509; siehe auch Art.-29-Datenschutzgruppe, WP 203 (2013), S. 20

[13] Siehe auch Art.-29-Datenschutzgruppe, WP 203 (2013), S. 20

[14] Siehe auch Art.-29-Datenschutzgruppe, WP 203 (2013), S. 20

[15] Siehe auch Art.-29-Datenschutzgruppe, WP 203 (2013), S. 51

[16] Siehe auch Art.-29-Datenschutzgruppe, WP 203 (2013), S. 51

Wichtige Erwägungen für die Festlegung des Detaillierungsgrads sind, unter anderem[17]:

- Je größer die Anzahl der betroffenen Personen und je größer der von der Verarbeitung betroffene geografische Bereich, desto genauer müssen die Verarbeitungszwecke bestimmt werden, da Personen ganz unterschiedlicher Altersstufen oder kultureller Hintergründe potenziell von der Verarbeitung betroffen sind;
- Ein größerer Detaillierungsgrad ist erforderlich, sofern die Verarbeitung das Maß übersteigt, dass im gegebenen Verarbeitungskontext üblich ist;
- Eine detaillierte Beschreibung des Verarbeitungszwecks unter Vermeidung generalisierender Oberbegriffe kann die Verständlichkeit für die betroffenen Personen erhöhen;
- Weiterhin können *mehrschichtige Datenschutzhinweise* hilfreich sein, um die Transparenz der Informationen an die Betroffenen zu erhöhen. Das bedeutet, dass die grundlegenden Informationen den betroffenen Personen auf sehr verständliche und benutzerfreundliche Art und Weise mitgeteilt werden, während Zusatzinformationen (z. B. über einen Link zu einer genaueren Beschreibung der Verarbeitungsvorgänge auf einer anderen Website) nur denjenigen bereitgestellt werden, die eine weitergehende Klarstellung wünschen.[18]

Beispiel

D ist ein großer Automobilhersteller, der in Form einer Unternehmensgruppe strukturiert ist. Seine Personalabteilung rekrutiert einen neuen Mitarbeiter. Der Arbeitsvertrag wird von besagtem Mitarbeiter mit der Gruppengesellschaft in Deutschland (D-Deutschland) abgeschlossen. Zu diesem Zweck verarbeitet D-Deutschland die personenbezogenen Daten dieses Mitarbeiters. Allerdings ist der direkte Vorgesetzte des neuen Mitarbeiters bei einem anderen Gruppenunternehmen in den Niederlanden (D-Niederlande) beschäftigt. Daher sollen die personenbezogenen Daten des Mitarbeiters auch an D-Niederlande übermittelt werden.

In diesem Beispiel ist D's Verarbeitung der Mitarbeiterdaten durch D-Deutschland im Rahmen eines Einstellungsprozesses üblich, um den Abschluss eines Arbeitsvertrags herbeizuführen. Auch die Einbeziehung des zukünftigen direkten Vorgesetzten des Mitarbeiters ist in diesem Zusammenhang üblich und sollte vom Zweck der Datenverarbeitung zur Einstellung des Mitarbeiters gedeckt sein. Allerdings ist der direkte Vorgesetzte des Mitarbeiters bei einer anderen Gruppengesellschaft angestellt. Eine Datenverarbeitung durch jene Gruppengesellschaft übersteigt das im Einstellungskontext Übliche. Daher muss D den Mitarbeiter über die beabsichtigte Übermittlung seiner personenbezogenen Daten innerhalb des Konzerns informieren, wenn er den Verarbeitungszweck dem Mitarbeiter im Vorfeld der Verarbeitung mitteilt.

---

[17] Siehe auch Art.-29-Datenschutzgruppe, WP 203 (2013), S. 51 ff.
[18] Siehe auch Art.-29-Datenschutzgruppe, WP 203 (2013), S. 16

4.1.3 Datenminimierung

Die personenbezogenen Daten sollten für die Zwecke, zu denen sie verarbeitet werden, *angemessen und erheblich sowie* auf das für die Zwecke ihrer Verarbeitung notwendige Maß *beschränkt* sein.[19] Es besteht keine Pflicht, die Datenverarbeitung auf ein absolutes Minimum zu limitieren, sondern die Datenerhebung ist vielmehr im Verhältnis zum Verarbeitungszweck auf ein angemessenes Niveau zu beschränken.[20] Dafür ist vor Beginn der Verarbeitungstätigkeiten eine Prüfung ihrer Verhältnismäßigkeit vorzunehmen. Unternehmen sollten sich dabei die Frage stellen, ob die erhobenen Daten zur Erreichung des Verarbeitungszwecks tatsächlich notwendig sind.[21] Zusammenfassend kann festgehalten werden, dass der Grundsatz der Datenminimierung darauf abzielt, die *Datenerhebung* im Verhältnis zum Verarbeitungszweck auf das kleinstmögliche Maß zu *reduzieren*.[22]

Technische und organisatorische Maßnahmen sollen die Einhaltung dieses Verarbeitungsgrundsatzes sicherstellen. Dies betrifft unter anderem die Konzepte von Datenschutz durch Technikgestaltung und Datenschutz durch datenschutzfreundliche Voreinstellungen (siehe Abschn. 3.7). Wie zuvor erwähnt sind Anonymisierungs- und Pseudonymisierungstechniken eine Möglichkeit, um die Erhebung überschüssiger Daten zu vermeiden (siehe Abschn. 2.1.2.2). Sowohl präventive Maßnahmen als auch Maßnahmen während der Verarbeitung sind denkbar. Zudem spielt der Grundsatz der *Speicherbegrenzung* für die Datenminimierung eine wichtige Rolle (siehe Abschn. 4.1.5). Überschüssige oder überflüssig gewordene Daten sollten so schnell wie möglich gelöscht werden.

> **Beispiel**
>
> Unternehmen D ist ein großer Automobilhersteller. Seine Personalabteilung rekrutiert neue Mitarbeiter, um das Unternehmen zu vergrößern. Die Lebensläufe der Bewerber werden im Hinblick auf deren Potenzial für die offenen Stellen ausgewertet. Die Lebensläufe enthalten u. a. persönliche Angaben und Kontaktdaten der Bewerber, Angaben zu deren bisherigen Beschäftigungsverhältnissen, ihrem Bildungsweg, Qualifikationen und anderen Fähigkeiten. D hat einen Bewerbungsschluss festgelegt. Sobald D eine Bewerbung erhält, wird das Eingangsdatum automatisch zusammen mit der jeweiligen Bewerbung gespeichert.
>
> Um die Datenerhebung zu minimieren sollte D festlegen, welche Daten erforderlich sind, um herauszufinden, welche Bewerber am besten für die offenen Stellen qualifiziert sind. Ab einem bestimmten Zeitpunkt im Verlauf des Auswahlprozesses werden alle noch in Betracht kommenden Bewerber bestimmte Qualifikationen gemeinsam haben (wie z. B. bestimmte Schul- oder

---

[19] ErwGr. 39 DSGVO
[20] Plath, in: Plath, BDSG/DSGVO, Art. 5 DSGVO (2016), Rn. 10 f.
[21] Frenzel, in: Paal/Pauly, DSGVO, Art. 5 (2017), Rn. 35
[22] Frenzel, in: Paal/Pauly, DSGVO, Art. 5 (2017), Rn. 34

Universitätsabschlüsse). Daher sollte D ständig überprüfen, welche Daten zur erfolgreichen Fortführung des Auswahlprozesses noch benötigt werden und, sofern auf angemessene Weise möglich, überschüssige Daten im Verlauf des Prozesses löschen. Was den Bewerbungsschluss betrifft, so ist die Speicherung des Eingangsdatums der Bewerbung nützlich, da sie das fristgerechte Einreichen der Bewerbung nachweisen kann. Allerdings sollte D nach Ablauf der Bewerbungsfrist die Eingangsdaten löschen, da sie ab diesem Zeitpunkt zur Fortführung des Auswahlprozesses nicht mehr notwendig sind.[23]

4.1.4 Richtigkeit

Gemäß Art. 5 Abs. 1 lit. d DSGVO müssen personenbezogene Daten *sachlich richtig* und erforderlichenfalls *auf dem neuesten Stand* sein. Es sind alle angemessenen Maßnahmen zu treffen, damit personenbezogene Daten, die im Hinblick auf die Zwecke ihrer Verarbeitung unrichtig sind, unverzüglich gelöscht oder berichtigt werden.[24] Da Daten die Rekonstruktion einer bestimmten Situation oder der Merkmale einer Person ermöglichen müssen sie sachlich richtig sein, da ihre Verwendung unter Umständen relevante Rechtsfolgen herbeiführen wird.[25] Sie sollten die Realität zu jeder Zeit bestmöglich widerspiegeln. Dieser Verarbeitungsgrundsatz wird auch durch andere Bestimmungen der DSGVO gestärkt, beispielsweise durch die Rechte der betroffenen Personen auf *Berichtigung und Löschung* ihrer personenbezogenen Daten (siehe Abschn. 5.5).

4.1.5 Speicherbegrenzung

Personenbezogene Daten müssen in einer Form gespeichert werden, die die Identifizierung der betroffenen Personen nur so lange ermöglicht, wie es für die Erreichung der Verarbeitungszwecke erforderlich ist, Art. 5 Abs. 1 lit. e DSGVO.[26] Die Speicherfrist muss auf das *unbedingt erforderliche Mindestmaß* beschränkt werden.[27] Um das Grundprinzip der Speicherbegrenzung umzusetzen, sollte der Verantwortliche Fristen für die Löschung oder regelmäßige Überprüfung der personenbezogenen Daten vorsehen.[28] Diese Vorschrift wird durch die Pflicht des Verantwortlichen zur Löschung personenbezogener Daten gemäß Art. 17 DSGVO substantiiert (siehe Abschn. 5.5.2).

---

[23] Frenzel, in: Paal/Pauly, DSGVO, Art. 5 (2017), Rn. 35–37
[24] Art. 5 Abs. 1 lit. d DSGVO
[25] Frenzel, in: Paal/Pauly, DSGVO, Art. 5 (2017), Rn. 39
[26] Es ist zu beachten, dass personenbezogene Daten länger gespeichert werden dürfen, soweit sie ausschließlich für im öffentlichen Interesse liegende Archivzwecke oder für wissenschaftliche und historische Forschungszwecke oder für statistische Zwecke gemäß Art. 89 Abs. 1 DSGVO verarbeitet werden, siehe Art. 5 Abs. 1 lit. e DSGVO.
[27] ErwGr. 39 DSGVO
[28] ErwGr. 39 DSGVO

> **Beispiel**
>
> Um die Speicherbegrenzung erfolgreich umzusetzen sollten Unternehmen *Data Retention Policies* aufstellen.[29] Dabei handelt es sich um Leitfäden, die festlegen, welche Daten gespeichert werden und wie dies in Übereinstimmung mit den datenschutzrechtlichen Vorgaben zu erfolgen hat. In den Retention Policies wird festgelegt, wie Daten organisiert, welche Daten zukünftig verarbeitet und auf welche Weise und wie lang die verschiedenen Kategorien von Daten für die Verarbeitung benötigt werden. Zudem sind Fristen für die Löschung nicht (mehr) benötigter Daten festzulegen.

4.1.6 Integrität und Vertraulichkeit

Personenbezogene Daten müssen durch geeignete technische und organisatorische Maßnahmen in einer Weise verarbeitet werden, die eine angemessene Sicherheit der personenbezogenen Daten gewährleistet, einschließlich den Schutz vor unbefugter oder unrechtmäßiger Verarbeitung und vor unbeabsichtigtem Verlust, unbeabsichtigter Zerstörung oder unbeabsichtigter Schädigung, Art. 5 Abs. 1 lit. f DSGVO. Dieser Verarbeitungsgrundsatz wird über die verschiedenen Anforderungen an die Datenschutzorganisation nach der DSGVO umgesetzt (siehe Kap. 3).

4.2 Rechtsgrundlagen für die Datenverarbeitung

Datenverarbeitungstätigkeiten können nur rechtmäßig erfolgen, sofern sie von der Einwilligung der betroffenen Personen oder einem anderen Erlaubnistatbestand gedeckt sind. Jegliche Datenverarbeitung, unerheblich davon, ob sie innerhalb oder außerhalb der EU stattfindet, unterliegt einem Verbot mit Erlaubnisvorbehalt. Zusätzlich unterliegt die Verarbeitung von personenbezogenen Daten im Zusammenhang mit Kindern oder betreffend besonderer Kategorien personenbezogener Daten weitergehenden Einschränkungen. Im Geltungsbereich des deutschen BDSG-neu sollte außerdem die Sonderregelung zur Videoüberwachung öffentlich zugänglicher Räume sowie zum Beschäftigtendatenschutz Beachtung finden.

4.2.1 Verarbeitung auf der Grundlage der Einwilligung der betroffenen Person

Im Vergleich zur EG-Datenschutzrichtlinie[30] stellt die DSGVO strengere Anforderungen an die Einholung einer wirksamen Einwilligung der betroffenen Personen.[31] Sie stärkt zudem den rechtlichen Schutz bei der Einwilligung durch Kinder.

---

[29] Grützner/Jakob, Compliance A-Z (2015)

[30] Siehe Art. 2 lit. h, 7 lit. a EG-Datenschutzrichtlinie

[31] So auch Bergt, in: Koreng/Lachenmann, Formularhandbuch, I II. (2018), S. 865

Schließlich unterliegt eine Einwilligung in die Verarbeitung besonderer Kategorien personenbezogener Daten strengeren Anforderungen (siehe Abschn. 4.2.3 für Einzelheiten). Daher sollten Unternehmen ihre derzeitige Praxis bzgl. der Einholung von Einwilligungen im Hinblick auf deren Vereinbarkeit mit der DSGVO überprüfen. Für deutsche Unternehmen sollte der diesbezügliche Aufwand geringer ausfallen, da die Anforderungen an wirksame Einwilligungen nach dem BDSG-alt strenger waren als bislang in vielen anderen EU-Mitgliedstaaten.

Gemäß Art. 4 Nr. 11 DSGVO meint Einwilligung jede freiwillig für den bestimmten Fall, in informierter Weise und unmissverständlich abgegebene Willensbekundung in Form einer Erklärung oder einer sonstigen eindeutigen bestätigenden Handlung, mit der die betroffene Person zu verstehen gibt, dass sie mit der Verarbeitung der sie betreffenden personenbezogenen Daten einverstanden ist.

4.2.1.1 Beweislast

Wenn die Verarbeitung auf Grundlage einer Einwilligung erfolgen soll muss der Verantwortliche nachweisen können, dass die betroffene Person ihre Einwilligung tatsächlich erteilt hat, Art. 7 Abs. 1 DSGVO. Damit trägt der Verantwortliche die Beweislast, was bspw. relevant wird, sofern ein Betroffener behauptet, nicht oder nicht wirksam in die Verarbeitung eingewilligt zu haben.[32] Diese Beweislastverteilung korrespondiert mit der Rechenschaftspflicht des Verantwortlichen gemäß Art. 5 Abs. 2 DSGVO hinsichtlich der Rechtmäßigkeit der Datenverarbeitung (siehe Abschn. 4.1.1).[33]

Die Beweislast dürfte vor allem im Zusammenhang mit *online* eingeholten Einwilligungen relevant werden, da die DSGVO keine formellen Anforderungen an die wirksame Erteilung einer Einwilligung stellt.[34]

Beispiel

Um eine Einwilligung im Internet einzuholen kann sich in der Praxis ein Double-Opt-In-Verfahren anbieten. Es besteht aus zwei Schritten.[35] In einem ersten Schritt erteilt die betroffene Person ihre Einwilligung über eine Online-Maske, in der sie auch ihre E-Mail-Adresse angeben muss. In einem zweiten Schritt erhält die betroffene Person dann eine Bestätigungs-E-Mail an jene E-Mail-Adresse, die einen personalisierten Hyperlink enthält. Diesem muss die betroffene Person folgen, um die Einwilligung zu finalisieren.

Auf diese Weise kann der Verantwortliche nachweisen, dass eine Einwilligung eingeholt wurde und v. a., dass diese auch von derjenigen Person eingeholt wurde, deren Daten verarbeitet werden sollen, da die Bestätigungs-E-Mail einen Missbrauch der E-Mail-Adresse der betroffenen Person durch Dritte ausschließen soll.

---

[32] Plath, in: Plath, BDSG/DSGVO, Art. 7 DSGVO (2016), Rn. 3
[33] Piltz, K&R 2016, 557, 564; Plath, in: Plath, BDSG/DSGVO, Art. 7 DSGVO (2016), Rn. 3
[34] Plath, in: Plath, BDSG/DSGVO, Art. 7 DSGVO (2016), Rn. 4
[35] Beispiel aus Plath, in: Plath, BDSG/DSGVO, Art. 7 DSGVO (2016), Rn. 4

4.2.1.2 Unmissverständlichkeit (formelle Anforderungen)

Die DSGVO stellt keine *formellen Anforderungen* an die Erteilung der Einwilligung. Während nach alter Rechtslage die Rechtsordnungen einiger EU-Mitgliedstaaten derartige Voraussetzungen vorsahen[36] kann die Einwilligung nach der DSGVO etwa in Form einer mündlichen oder schriftlichen Erklärung, auch elektronisch, erteilt werden.[37] Nichtsdestotrotz ist aufgrund der Beweislastverteilung zu Lasten des Verantwortlichen zumindest Textform anzuraten. Aufgrund der hohen Praktikabilität werden sich zahlreiche Unternehmen wohl künftig für die elektronische Einholung der Einwilligung entscheiden. Um die Wirksamkeit der Einwilligung dann nachweisen zu können, ist eine Protokollierung der *elektronisch erteilten Einwilligung* erforderlich.[38]

Einwilligung im Rahmen einer schriftlichen Erklärung, die noch andere Sachverhalte betrifft
Erfolgt die Einwilligung der betroffenen Person durch eine *schriftliche Erklärung*, die noch andere Sachverhalte betrifft, so muss das Ersuchen um Einwilligung in verständlicher und leicht zugänglicher Form in einer klaren und einfachen Sprache so erfolgen, dass es von den anderen Sachverhalten klar zu unterscheiden ist, Art. 7 Abs. 2 DSGVO. Es ist ratsam, die Bitte um Einwilligung in der schriftlichen Erklärung (z. B. Allgemeinen Geschäftsbedingungen) *grafisch hervorzuheben* und das Wort „Einwilligung" ausdrücklich zu verwenden, da das Ersuchen auf diese Weise eindeutig wahrgenommen werden kann.[39] Sofern eine solche Einwilligung unwirksam erteilt wird, sind nur die Teile der Erklärung nicht verbindlich, die einen Verstoß gegen die DSGVO darstellen, Art. 7 Abs. 2 Satz 2 DSGVO. Damit sieht die DSGVO eine Teilbarkeit der schriftlichen Erklärung vor, indem die Wirksamkeit derjenigen Bestimmungen, die sich nicht auf die Einwilligung beziehen, von der etwaigen Unwirksamkeit der Einwilligung unberührt bleiben.[40]

Eindeutige bestätigende Handlung
Die zuvor erwähnten Maßnahmen sollen sicherstellen, dass sich die betroffene Person der Tatsache bewusst ist, dass sie eine Einwilligung in die Verarbeitung ihrer personenbezogenen Daten erteilt[41] und somit die Unmissverständlichkeit der Handlung sicherstellen. In der Praxis muss eine *eindeutige bestätigende Handlung* der betroffenen Person erfolgen, die darin bestehen könnte[42]:

---

[36] Das deutsche Datenschutzrecht erforderte bspw. bisher gem. § 4a Abs. 1 Satz 3 BDSG-alt grundsätzlich, dass die Einwilligung schriftlich zu erteilen ist.
[37] ErwGr. 32 DSGVO
[38] Laue/Nink/Kremer, Datenschutzrecht, Zulässigkeit (2016), Rn. 6–7
[39] Plath, in: Plath, BDSG/DSGVO, Art. 7 DSGVO (2016), Rn. 8
[40] Frenzel, in: Paal/Pauly, DSGVO, Art. 7 (2017) Rn. 15; Stemmer, in: Wolff/Brink, BeckOK, Art. 7 DSGVO (2017), Rn. 65–68
[41] ErwGr. 42 DSGVO
[42] ErwGr. 32 DSGVO; v.d.Bussche/Zeiter, EDPL 2016, 576, 580

- Ein nicht bereits vorausgewähltes Kästchen auf einer Internetseite anzuklicken;
- Technische Einstellungen für Dienste der Informationsgesellschaft auszuwählen (so wie Browser-Einstellungen, die den Einsatz von Cookies ermöglichen);
- Eine andere Erklärung oder Handlung vorzunehmen, mit der im jeweiligen Kontext eindeutig das Einverständnis mit der beabsichtigten Datenverarbeitung signalisiert wird.

Im Gegensatz dazu stellen *Stillschweigen*, bereits angekreuzte Kästchen oder die Untätigkeit der betroffenen Person keine Einwilligung dar.[43] Ein Opt-out-Modell dürfte damit grundsätzlich unzulässig sein.[44]

4.2.1.3 Freiwilligkeit

Die Einwilligung muss freiwillig erteilt werden. Sie gilt als nicht freiwillig, wenn die betroffene Person keine echte oder *freie Wahl* hat oder nicht in der Lage ist, ihre Einwilligung zu verweigern oder zurückzuziehen, ohne dadurch Nachteile zu erleiden.[45]

Klares Ungleichgewicht

Um die Freiwilligkeit der Einwilligung sicherzustellen kann diese in Fällen, in denen zwischen der betroffenen Person und dem Verantwortlichen ein *klares Ungleichgewicht* besteht, nicht als wirksame Rechtsgrundlage für die Datenverarbeitung dienen.[46] Ein klares Ungleichgewicht besteht insbesondere, wenn es sich bei dem Verantwortlichen um eine Behörde handelt.[47] Allerdings hat der Gesetzgeber keine anderen Beispiele für ein solches Ungleichgewicht vorgegeben. Daher wird der Begriff in Zukunft einer näheren Klarstellung bedürfen. Der europäische Gesetzgeber hat aus einer früheren Entwurfsfassung der DSGVO das Bestehen eines klaren Ungleichgewichts im Rahmen eines Arbeitsverhältnisses als Beispielfall gestrichen.[48] Nichtsdestotrotz könnte in Arbeitsverhältnissen aufgrund des Abhängigkeitsverhältnisses der Mitarbeiter ein Ungleichgewicht vorliegen. Dies ist jedoch stets anhand des konkreten Falls zu prüfen. Der deutsche Gesetzgeber hat in § 26 BDSG-neu Kriterien zur Beurteilung der Freiwilligkeit der Einwilligung im Beschäftigungskontext geschaffen (siehe dazu Abschn. 8.2.2.3).

---

[43] ErwGr. 32 DSGVO

[44] v.d.Bussche/Zeiter, EDPL 2016, 576, 580; v.d.Bussche/Zeiter/Brombach, DB 2016, 1359, 1362; Frenzel, in: Paal/Pauly, DSGVO, Art. 7 (2017), Rn. 15; Bergt, in: Koreng/Lachenmann, Formularhandbuch, I II. (2018), S. 865; ablehnend Piltz, K&R 2016, 557, 563

[45] ErwGr. 42 DSGVO

[46] ErwGr. 43 DSGVO

[47] ErwGr. 43 DSGVO

[48] v.d.Bussche/Zeiter/Brombach, DB 2016, 1359, 1363; Gierschmann, ZD 2016, 51, 54; Laue/Nink/Kremer, Datenschutzrecht, Zulässigkeit (2016), Rn. 16

Verbot einer Einwilligung als Bedingung für die Erfüllung eines Vertrags (Koppelungsverbot)

Bei der Bewertung der Freiwilligkeit der Einwilligung ist zu berücksichtigen, ob, unter anderem, die *Erfüllung eines Vertrags*, einschließlich der Erbringung einer Dienstleistung, von der Einwilligung abhängig gemacht wird, obwohl diese Einwilligung für die Erfüllung gar nicht erforderlich ist, Art. 7 Abs. 4 DSGVO. Die Verordnung verbietet es somit, die vertragliche Leistung von der Erteilung einer nicht erforderlichen Einwilligung abhängig zu machen („Koppelungsverbot").[49] Das Ausmaß dieses Verbotes bleibt *unklar*. Es könnte potenziell nur ein entsprechendes Vorgehen von Anbietern mit einer Monopolstellung betreffen,[50] bei denen die Betroffenen keine Ausweichmöglichkeiten auf alternative Anbieter vergleichbarer Leistungen haben. Allerdings legen weder der Wortlaut von Art. 7 Abs. 4 DSGVO, noch die entsprechenden Erwägungsgründe 42, 43 eine entsprechend enge Interpretation nahe. Daher kann die vertragliche Leistung unter Umständen grundsätzlich nicht mehr an eine Einwilligung in die Datenverarbeitung geknüpft werden, wenn die Verarbeitung für das Anbieten der Leistung nicht erforderlich ist.[51] Davon wäre dann jedes Unternehmen betroffen, auch ohne Monopolstellung. Eine Koppelung der Einwilligung an die Nutzung eines Angebots wäre dann gar nicht mehr möglich bzw. würde das Einrichten eines Alternativangebots ohne Einwilligungsabgabe verlangen (z. B. statt „Zahlung" mit Daten die Einrichtung einer entgeltpflichtigen Variante).[52] Die deutschen Landes-Aufsichtsbehörden halten allerdings die Bereitstellung von Dienstleistungsangeboten, die eine Einwilligung zur werblichen Nutzung von Daten verlangen als möglich, sofern die Nutzer bei Vertragsschluss auf eine solche „Zahlung" mit ihren Daten klar und verständlich hingewiesen werden.[53]

Diese Verpflichtung wird in besonderem Maße Online-Services betreffen, die gegen die Bereitstellung personenbezogener Daten angeboten werden. Offenbar möchte der europäische Gesetzgeber Personen vor einer *„Ausbeutung"* ihrer personenbezogenen Daten schützen, da diese zu einem wichtigen Wirtschaftsgut für Unternehmen geworden sind. Die praktischen Auswirkungen dieser Norm bleiben abzuwarten. Unternehmen sollten jedoch die Erhebung „unnötiger" Daten in Zukunft einschränken, da eine Verletzung von Art. 7 Abs. 4 DSGVO mit Bußgeldern von bis zu EUR 20.000.000,00 oder bis zu 4 % des weltweiten Jahresumsatzes geahndet werden kann, Art. 83 Abs. 5 DSGVO.

---

[49] ErwGr. 43 DSGVO

[50] Plath, in: Plath, BDSG/DSGVO, Art. 7 DSGVO (2016), Rn. 14 f.

[51] v.d.Bussche/Zeiter/Brombach, DB 2016,1359, 1362; Dammann, ZD 2016, 307, 311; Gierschmann, ZD 2016, 51, 54; Schantz, NJW 2016, 1841, 1845

[52] Gierschmann, ZD 2016, 51, 54; v.d.Bussche/Zeiter/Brombach, DB 2016, 1359, 1362; v.d.Bussche/Zeiter, EDPL 2016, 576, 580

[53] Datenschutzkonferenz, Kurzpapier Nr. 3 (2017a), S. 2; Bayrisches Landesamt für Datenschutzaufsicht, Verarbeitung für Werbung (2017b) S. 1

4.2.1.4 Für den bestimmten Fall in informierter Weise abgegebene Einwilligung

Gemäß Art. 4 Nr. 11 DSGVO erfordert eine Einwilligung eine für den bestimmten Fall in informierter Weise abgegebene Willensbekundung der betroffenen Person bezüglich der Verarbeitung ihrer personenbezogenen Daten. Daher sollte sich der *Betroffene* zumindest der folgenden Umstände bewusst sein:

- der Identität des Verantwortlichen; und
- der Verarbeitungszwecke, für welche die personenbezogenen Daten bestimmt sind.[54]

Die betroffene Person ist über alle Zwecke der Datenverarbeitung zu informieren. Daraus ergibt sich, dass, sobald eine Verarbeitung mehreren Zwecken dient, die Einwilligung in Bezug auf all diese Zwecke eingeholt werden muss.[55] Die Einwilligung der betroffenen Person muss sich auf die jeweilige Verarbeitungssituation beziehen und kann nicht in Form einer generellen Einwilligung erteilt werden.[56]

Gesonderte Einwilligung für verschiedene Verarbeitungsvorgänge
Eine Einwilligung gilt nicht als freiwillig erteilt, wenn zu verschiedenen Verarbeitungsvorgängen von personenbezogenen Daten keine gesonderte Einwilligung erteilt werden kann, obwohl dies im Einzelfall angebracht ist.[57] Ob eine jeweils gesonderte Einwilligung angebracht ist hängt vom spezifischen Verarbeitungskontext ab. Im Falle verschiedener Verarbeitungsvorgänge, die Teil einer einzigen (Dienst-)Leistung sind und die sich nicht ohne erheblichen Aufwand trennen lassen sollte die Einholung gesonderter Einwilligungen nicht notwendig sein.[58]

Beispiel

Unternehmen G betreibt ein soziales Netzwerk im Internet. Zu diesem Zweck sammelt und speichert G personenbezogene Daten. G vertreibt Werbeflächen auf den Internetseiten des sozialen Netzwerks an Drittunternehmen. Diese Unternehmen können verhaltensbasierte Werbung anbieten. Sofern eine Person sich für das soziale Netzwerk registrieren möchte muss sich der zukünftige Nutzer mit der Verwendung seiner personenbezogenen Daten für verhaltensbasierte Werbung einverstanden erklären, um die Registrierung für das soziale Netzwerk erfolgreich abzuschließen.

---

[54] ErwGr. 42 DSGVO
[55] ErwGr. 32 DSGVO
[56] Piltz, K&R 2016, 557, 563
[57] ErwGr. 43 DSGVO
[58] Laue/Nink/Kremer, Datenschutzrecht, Zulässigkeit (2016), Rn. 18

In diesem Beispiel muss G seine Nutzer über die verschiedenen Verarbeitungszwecke (= Betreiben des sozialen Netzwerks und verhaltensbasierte Werbung) in Kenntnis setzen, bevor sie ihre Einwilligung erteilen. G's Nutzer könnten sich zur Einwilligung in verhaltensbasierte Werbung gezwungen fühlen, um das Risiko eines Ausschlusses von sozialen Interaktionen im Netzwerk zu vermeiden. Daher sollten Nutzer in die Lage versetzt werden, eine freiwillige und einzelfallbezogene Einwilligung bzgl. des Erhalts verhaltensbasierter Werbung zu erteilen, unabhängig von ihrem Zugang zum sozialen Netzwerk. Zu diesem Zweck könnte G beim Registrierungsvorgang ein Pop-up-Fenster einsetzen, welches die Nutzer über die beabsichtigten Verarbeitungsvorgänge und etwaige Alternativen dazu informiert. Besagtes Pop-up-Fenster könnte den Nutzern die Möglichkeit bieten auszuwählen, mit welchen Nutzungen ihrer personenbezogenen Daten sie sich einverstanden erklären und ihnen die Konsequenzen einer Verweigerung der Einwilligung bzgl. einzelner Nutzungsarten, wie bspw. verhaltensbasierter Werbung, aufzeigen.[59]

4.2.1.5 Widerruf

Art. 7 Abs. 3 DSGVO sieht ausdrücklich die Möglichkeit für betroffene Personen vor, ihre Einwilligung in die Datenverarbeitung *jederzeit* zu widerrufen. Durch den Widerruf der Einwilligung wird die Rechtmäßigkeit der aufgrund der Einwilligung bis zum Widerruf erfolgten Verarbeitung nicht berührt.[60] Damit hat die Ausübung des Widerrufs nur Wirkung für die Zukunft. Das Widerrufsrecht der betroffenen Person, welches bereits in der EG-Datenschutzrichtlinie vorgesehen war, wird Unternehmen die Einholung einer wirksamen Einwilligung von den Betroffenen erschweren. Schließlich müssen sie sich jederzeit auf einen möglichen Widerruf einstellen, durch den sie die Rechtsgrundlage für die Datenverarbeitung verlieren. Diese Problematik kann ggf. verhindert werden, indem neben der Einwilligung noch eine andere Rechtsgrundlage für die Verarbeitung herangezogen wird.

Der Verantwortliche hat die betroffene Person vor deren Einwilligung über ihr Widerrufsrecht *in Kenntnis zu setzen*, Art. 7 Abs. 3 Satz 3, 13 Abs. 2 lit. c DSGVO.[61] Eine Verletzung dieser Informationspflicht kann mit Bußgeldern von bis zu EUR 20.000.000,00 oder bis zu 4 % des weltweiten Jahresumsatzes bestraft werden, Art. 83 Abs. 5 lit. b DSGVO. Zudem muss der Widerruf der Einwilligung so *einfach* wie die Erteilung der Einwilligung sein, Art. 7 Abs. 3 Satz 4 DSGVO.

4.2.1.6 Einwilligung eines Kindes in Bezug auf Dienste der Informationsgesellschaft

Da Kinder besonders schutzwürdig sind[62] unterliegt die Einholung ihrer Einwilligung strengeren Voraussetzungen. So stellt Art. 8 DSGVO *besondere Anforderungen* an die Einwilligung eines Kindes in Bezug auf *Dienste der Informationsgesellschaft*.

---

[59] Siehe auch Art.-29-Datenschutzgruppe, WP 187 (2011), S. 18–19

[60] Art. 7 Abs. 3 Satz 2 DSGVO

[61] Plath, in: Plath, BDSG/DSGVO, Art. 7 DSGVO (2016), Rn. 11

[62] ErwGr. 38 DSGVO

Dieser besondere Schutz betrifft insbesondere die Verwendung personenbezogener Daten von Kindern für Werbezwecke oder für die Erstellung von Persönlichkeits- oder Nutzerprofilen und die Erhebung von personenbezogenen Daten von Kindern bei der Nutzung von Diensten, die Kindern direkt angeboten werden.[63]

Anwendbarkeit der Vorschrift
Die Vorschrift ist anwendbar, sofern die nachfolgenden Voraussetzungen erfüllt sind:

- Die Verarbeitungstätigkeit wird auf der Grundlage einer *Einwilligung* der betroffenen Person i.S.d. Art. 6 Abs. 1 Satz 1 lit. a DSGVO durchgeführt;
- Die Einwilligung bezieht sich auf *Dienste der Informationsgesellschaft*. Damit ist jede in der Regel gegen Entgelt elektronisch im Fernabsatz und auf individuellen Abruf eines Empfängers erbrachte Dienstleistung gemeint, Art. 4 Nr. 25 DSGVO in Verbindung mit Art. 1 Abs. 2 lit. b Richtlinie (EU) 2015/1535:
  - *Im Fernabsatz*: eine Dienstleistung, die ohne gleichzeitige physische Anwesenheit der Vertragsparteien erbracht wird;
  - *Elektronisch erbracht*: die Dienstleistung wird mittels Geräten für die elektronische Verarbeitung (einschließlich digitaler Kompression) und Speicherung von Daten am Ausgangspunkt gesendet und am Endpunkt empfangen und wird vollständig über Draht, über Funk, auf optischem oder anderem elektromagnetischem Wege gesendet, weitergeleitet und empfangen;
  - *Auf individuellen Abruf eines Empfängers*: die Dienstleistung wird durch die Übertragung von Daten auf individuelle Anforderung erbracht;

Beispiel
Beispiele für Dienste der Informationsgesellschaft sind u. a. Online-Plattformen zum Anbieten von Waren und Dienstleistungen, Online-Informationsdienste und der Zugang, die Nutzung und die Informationen aus Kommunikationsnetzwerken, Online-Suchdienste, Streaming-Dienste, soziale Netzwerke, …[64]

- Die Dienstleistung wird einem Kind *direkt angeboten*. Dies ist der Fall bei Dienstleistungen, die vornehmlich junge Kunden ansprechen sollen. Hinweise darauf bilden die Verwendung von kindgerechter Sprache, Inhalten oder Illustrationen.[65] Art. 8 DSGVO findet keine Anwendung auf Dienste, die zwar auch von Kindern genutzt werden, sich aber nicht primär auf eine solche Nutzung ausrichten (z. B. Online-Shops für Kleidung, Schuhe oder Schreibwaren).[66]

---

[63] ErwGr. 38 DSGVO

[64] Laue/Nink/Kremer, Datenschutzrecht, Zulässigkeit (2016), Rn. 48; Gola/Schulz, ZD 2013, 475, 477; Nebel/Richter, ZD 2012, 407, 410

[65] Gola/Schulz, ZD 2013, 475, 478; Laue/Nink/Kremer, Datenschutzrecht, Zulässigkeit (2016), Rn. 49

[66] Gola/Schulz, ZD 2013, 475, 478; Laue/Nink/Kremer, Datenschutzrecht, Zulässigkeit (2016), Rn. 49; ablehnend siehe Frenzel, in: Paal/Pauly, DSGVO, Art. 8 (2017), Rn. 7

> **Beispiel**
>
> Ein Unternehmen (welches in den räumlichen Anwendungsbereich der DSGVO fällt) betreibt eine Online-Enzyklopädie, die sich an Schulkinder im Alter von 8 bis 18 Jahren richtet. Daher enthalten die verschiedenen Einträge klar formulierte, grundlegende Informationen und keinen detaillierten, wissenschaftlichen Inhalt. Die Enzyklopädie ist in einfacher und leicht verständlicher Sprache abgefasst und enthält zahlreiche Darstellungen und Illustrationen.
>
> In diesem Beispiel richtet sich die Online-Enzyklopädie direkt an Kinder. Hinweise darauf bilden ihre Inhalte, die Verwendung einfacher und verständlicher Sprache sowie das Layout mit Illustrationen. Das Unternehmen möchte personenbezogene Daten auf der Grundlage von Einwilligungen verarbeiten. Da es sich bei den Nutzern um Kinder handelt müssen deren Einwilligungen den gesetzlichen Anforderungen des Art. 8 DSGVO gerecht werden (siehe die Ausführungen weiter unten).

Bedingungen für die wirksame Einwilligung eines Kindes
Unabhängig von der individuellen Persönlichkeitsentwicklung eines Kindes legt Art. 8 Abs. 1 DSGVO das Mindestalter für eine wirksame Einwilligung durch Minderjährige auf *16 Jahre* fest.

In Bezug auf Kinder, die das 16. Lebensjahr noch nicht vollendet haben, ist eine Datenverarbeitung nur rechtmäßig, sofern und soweit eine Einwilligung durch den *Träger der elterlichen Verantwortung* für das Kind oder mit dessen Zustimmung erteilt wird, Art. 8 Abs. 1 Satz 2 DSGVO.[67] Allerdings können die EU-Mitgliedstaaten durch Rechtsvorschriften zu diesen Zwecken eine niedrigere Altersgrenze vorsehen, die jedoch nicht unter dem vollendeten dreizehnten Lebensjahr liegen darf.[68] Dies hat zur Folge, dass innerhalb der EU die Bedingungen für die wirksame Einwilligung von Kindern im Alter zwischen 13 und 16 Jahren variieren können.

Gemäß Art. 8 Abs. 2 DSGVO unternimmt der Verantwortliche unter Berücksichtigung der verfügbaren Technik angemessene Anstrengungen, um sich zu vergewissern, dass die Einwilligung durch den Träger der elterlichen Verantwortung für das Kind oder mit dessen Zustimmung erteilt wurde. Somit ist es die Pflicht des Verantwortlichen, zu *dokumentieren*, dass die Einwilligung rechtmäßig erteilt wurde. Allerdings bleibt unklar, welche Anstrengungen als angemessen zu betrachten sind. Mithin obliegt es den Aufsichtsbehörden und der Rechtsprechung diese Begrifflichkeiten künftig zu präzisieren. Eine Verletzung der Überprüfungs- und Dokumentationspflicht kann mit Bußgeldern von bis zu EUR 10.000.000,00 oder bis zu 2 % des weltweiten Jahresumsatzes belegt werden, Art. 83 Abs. 4 lit. a DSGVO.

---

[67] Gemäß ErwGr. 38 DSGVO sollte die Einwilligung des Trägers der elterlichen Verantwortung im Zusammenhang mit Präventions- oder Beratungsdiensten, die unmittelbar einem Kind angeboten werden, nicht erforderlich sein.

[68] Siehe Art. 8 Abs. 1 Satz 3 DSGVO. Es ist sehr wahrscheinlich, dass die EU-Mitgliedstaaten von dieser Öffnungsklausel Gebrauch machen, um das Mindestalter für die Einwilligung ihren nationalen Regelungen zur Geschäftsfähigkeit anzupassen. Deutschland hat dies im BDSG-neu allerdings nicht getan, sodass die Regelungen der DSGVO zur Anwendung gelangen.

Es sollte beachtet werden, dass die Vorschriften zur Einwilligung von Kindern das *allgemeine Vertragsrecht* der EU-Mitgliedstaaten, wie etwa die Vorschriften zur Gültigkeit, zum Zustandekommen oder zu den Rechtsfolgen eines Vertrags in Bezug auf ein Kind, unberührt lassen, Art. 8 Abs. 3 DSGVO. Dies hat zur Folge, dass die Rechtmäßigkeit der Verarbeitungstätigkeit nicht zwingend zur Wirksamkeit des zugrunde liegenden Vertrags führt.[69]

4.2.1.7 Praxishinweise

Da die Vorschriften bzgl. einer wirksamen Einwilligung von der bisherigen Rechtslage abweichen müssen Unternehmen ihre Einwilligungspraxis zeitnah einer Überprüfung im Hinblick auf deren Vereinbarkeit mit der DSGVO unterziehen. Von den deutschen Aufsichtsbehörden wurde die grundsätzliche Fortgeltung von mit dem BDSG-alt konformen Alt-Einwilligungen unter der DSGVO jedoch bereits bestätigt.[70]

Vor allem das in Art. 7 Abs. 4 DSGVO vorgesehene Verbot, eine Vertragsleistung an die Einwilligung in eine Datenverarbeitung, welche für das Anbieten der Leistung nicht notwendig ist, zu knüpfen, wird zahlreichen Unternehmen Schwierigkeiten bereiten (siehe oben). Daher sollten Unternehmen die Verwendung *alternativer Rechtsgrundlagen* für ihre Verarbeitungstätigkeiten in diesem Bereich in Betracht ziehen. So könnten sie vermeiden, die Datenverarbeitung auf Grundlage einer Einwilligung durchführen zu müssen. Unternehmen könnten, sofern möglich, Art. 6 Abs. 1 Satz 1 Satz 1 lit. b DSGVO als Rechtsgrundlage nutzen (siehe die nachfolgenden Abschnitte für Einzelheiten), welcher Datenverarbeitungen, die für einen Vertrag erforderlich sind, ermöglicht.[71]

Angesichts der auf dem Verantwortlichen ruhenden Beweislast kann sich ein Double-Opt-in-Verfahren für die Einholung der Einwilligung in verschiedenen Fällen als praktikabel erweisen (siehe Abschn. 4.2.1.1). Insbesondere bei Verarbeitungsvorgängen auf der Grundlage der Einwilligung eines Kindes nach Art. 8 DSGVO könnte das *Double-Opt-In-Verfahren* aus folgenden Schritten bestehen:[72]

- Zuerst wird mithilfe einer Online-Maske das Alter des Kindes und (sofern das Kind das 16. Lebensjahr noch nicht vollendet hat) die E-Mail-Adresse des Trägers der elterlichen Verantwortung (anstelle der eigenen E-Mail-Adresse des Kindes) erfasst;

---

[69] Frenzel, in: Paal/Pauly, DSGVO, Art. 8 (2017), Rn. 15

[70] Für Deutschland gilt auf der Grundlage eines entsprechenden Beschlusses der Aufsichtsbehörden im Düsseldorfer Kreis, dass bisher rechtswirksame Einwilligungen auch unter der DSGVO fortgelten, ohne, dass die verstärkten Informationspflichten aus Art. 13 DSGVO gegenüber den betroffenen Personen erfüllt sein müssen. Dies gilt unter der Voraussetzung, dass die Alt-Einwilligungen der Art nach den Bedingungen der DSGVO an eine wirksame Einwilligung entsprechen. Stellungnahme abrufbar unter https://datenschutz-berlin.de/attachments/1254/2016-Duesseldorfer-Kreis-Alteinwilligung.pdf?1474624406, zuletzt aufgerufen am 19. Juni 2017

[71] Härting, DSGVO (2016), Rn. 396

[72] Gola/Schulz, ZD 2013, 475, 479; Düsseldorfer Kreis, Anwendungshinweise (2014), S. 11

- Danach muss der Träger der elterlichen Verantwortung seine Einwilligung mittels eines personalisierten Hyperlinks in der Bestätigungs-E-Mail erteilen, welche er/sie nach dem Ausfüllen der Online-Maske erhalten hat.

4.2.2 Verarbeitung auf der Grundlage eines gesetzlichen Erlaubnistatbestandes

Sofern eine Datenverarbeitungstätigkeit nicht auf der Grundlage einer Einwilligung gemäß Art. 6 Abs. 1 Satz 1 lit. a DSGVO erfolgen soll, kann sie auf der Grundlage eines anderen gesetzlichen Erlaubnistatbestandes aus Art. 6 DSGVO erfolgen. Die Erlaubnistatbestände sind abstrakt formuliert und stehen teilweise einer näheren rechtlichen Ausformung durch Rechtsvorschriften der EU-Mitgliedstaaten offen.[73] Sowohl ihre Voraussetzungen, als auch ihre Anwendbarkeit sowie das Vorhandensein zusätzlicher Erlaubnistatbestände können sich dadurch in den verschiedenen EU-Mitgliedstaaten unterscheiden, sodass es diesbezüglich wohl auch in Zukunft zu spürbaren Unterschieden in den verschiedenen EU-Mitgliedstaaten kommen wird.[74] Insoweit sollte bspw. in Deutschland die Regelung des § 26 BDSG-neu zur Datenverarbeitung im Beschäftigungskontext Beachtung finden (siehe für Einzelheiten Abschn. 8.2.2).

Bisher führten Unternehmen *in der Praxis* ihre Verarbeitungsvorgänge häufig auf der Grundlage *mehrerer Erlaubnistatbestände* aus. Sofern ein Unternehmen Daten bspw. auf der Grundlage der Notwendigkeit einer Datenverarbeitung für die Ausführung eines Vertrags verarbeitete, holte besagtes Unternehmen häufig zusätzlich die Einwilligung der betroffenen Person ein. Dieser präventive Ansatz sollte die Rechtmäßigkeit der Verarbeitungsvorgänge für den Fall sicherstellen, dass eine oder mehrere der verwendeten Erlaubnistatbestände nicht mehr erfüllt werden könnten. Dieser Ansatz kann auch unter der DSGVO beibehalten werden. Allerdings sollten Unternehmen zwischen den verschiedenen Alternativen eine primäre Rechtsgrundlage auswählen. Dies ist ratsam, da die *Voraussetzungen* für eine wirksame Einwilligung und auch für die anderen zur Verfügung stehenden Rechtsgrundlagen in der DSGVO näher *konkretisiert und verschärft* wurden. Unternehmen sollten vor Beginn der Datenverarbeitung bestimmen, welcher Erlaubnistatbestand am besten zu ihren geplanten Verarbeitungstätigkeiten passt. Entsprechend ihrer *Rechenschaftspflicht* (siehe Abschn. 3.1) müssen Unternehmen dazu in der Lage sein nachzuweisen, dass die Voraussetzungen des jeweiligen Erlaubnistatbestands vorliegen. Wenn Daten z. B. auf Grundlage der überwiegenden berechtigten Interessen des Verantwortlichen verarbeitet werden sollen, müssen Unternehmen sowohl das Vorliegen dieser Interessen als auch deren Legitimität nachweisen können (siehe Abschn. 4.2.2.2).

---

[73] Art. 6 Abs. 2, 3 DSGVO ermöglichen es den EU-Mitgliedstaaten und der EU, Rechtsvorschriften zur Schaffung oder Präzisierung von Rechtsgrundlagen für die Datenverarbeitung zu schaffen.

[74] v.d.Bussche/Zeiter/Brombach, DB 2016, 1359, 1363; Roßnagel/Nebel/Richter, ZD 2015, 455, 460

Artikel 6 – Rechtmäßigkeit der Verarbeitung
1. Die Verarbeitung ist nur rechtmäßig, wenn mindestens eine der nachstehenden Bedingungen erfüllt ist:

a) die betroffene Person hat ihre Einwilligung zu der Verarbeitung der sie betreffenden personenbezogenen Daten für einen oder mehrere bestimmte Zwecke gegeben;

b) die Verarbeitung ist für die Erfüllung eines Vertrags, dessen Vertragspartei die betroffene Person ist, oder zur Durchführung vorvertraglicher Maßnahmen erforderlich, die auf Anfrage der betroffenen Person erfolgen;

c) die Verarbeitung ist zur Erfüllung einer rechtlichen Verpflichtung erforderlich, der der Verantwortliche unterliegt;

d) die Verarbeitung ist erforderlich, um lebenswichtige Interessen der betroffenen Person oder einer anderen natürlichen Person zu schützen;

e) die Verarbeitung ist für die Wahrnehmung einer Aufgabe erforderlich, die im öffentlichen Interesse liegt oder in Ausübung öffentlicher Gewalt erfolgt, die dem Verantwortlichen übertragen wurde;

f) die Verarbeitung ist zur Wahrung der berechtigten Interessen des Verantwortlichen oder eines Dritten erforderlich, sofern nicht die Interessen oder Grundrechte und Grundfreiheiten der betroffenen Person, die den Schutz personenbezogener Daten erfordern, überwiegen, insbesondere dann, wenn es sich bei der betroffenen Person um ein Kind handelt.

[…]

4.2.2.1 Erforderlichkeit der Verarbeitung für einen Vertrag

Eine Datenverarbeitung ist rechtmäßig, wenn sie für die Erfüllung eines Vertrags, dessen *Vertragspartei die betroffene Person ist*, oder zur Durchführung vorvertraglicher Maßnahmen erforderlich ist, die auf Anfrage der betroffenen Person erfolgen, Art. 6 Abs. 1 Satz 1 lit. b DSGVO. Diese Vorschrift stimmt inhaltlich mit derjenigen der EG-Datenschutzrichtlinie überein.[75]

Das Tatbestandsmerkmal „Erfüllung eines Vertrags" ist weit auszulegen und umfasst daher jegliche Datenverarbeitung in einem vertraglichen Kontext[76] unabhängig davon, in welcher *Phase des Vertrags* sie erfolgt.[77] Die Erforderlichkeit der

---

[75] Art. 7 Abs. 1 lit. b EG-Datenschutzrichtlinie: „Die Mitgliedstaaten sehen vor, daß die Verarbeitung personenbezogener Daten lediglich erfolgen darf, wenn […] die Verarbeitung erforderlich für die Erfüllung eines Vertrags, dessen Vertragspartei die betroffene Person ist, oder für die Durchführung vorvertraglicher Maßnahmen, die auf Antrag der betroffenen Person erfolgen ist."

[76] ErwGr. 44 DSGVO

[77] Laue/Nink/Kremer, Datenschutzrecht, Zulässigkeit (2016), Rn. 26; Plath, in: Plath, BDSG/DSGVO, Art. 6 DSGVO (2016), Rn. 9

Verarbeitung ist mittels einer Zusammenschau des Verarbeitungszwecks und der Vertragsklauseln zu bestimmen.[78] Eine Verarbeitung ist erforderlich, soweit ein Vertrag ohne deren Durchführung *nicht erfüllt werden kann*.[79] Diese Tatbestandsvoraussetzungen schränken auch die *Menge* personenbezogener Daten, die anhand dieser Bestimmung rechtmäßig verarbeitet werden können ein, da diese auf dasjenige Maß begrenzt ist, welches für die Erfüllung des Vertrags erforderlich ist. Dieser Umfang ist immer anhand des konkreten Falls zu bestimmen.

Beispiel

Unternehmen X betreibt einen Online-Shop und ein Kunde kauft X' Waren. X kann solche Kundendaten auf der Grundlage von Art. 6 Abs. 1 Satz 1 lit. b DSGVO verarbeiten, die für die Erfüllung des Vertrags mit dem Kunden erforderlich sind.

In diesem Beispiel wurde ein Kaufvertrag zwischen X und dem Kunden geschlossen. Um die gekauften Waren an den Kunden ausliefern zu können und so seine Verpflichtungen aus dem Vertrag zu erfüllen muss X den Namen und die Adresse des Kunden sowie die Art und Anzahl der gekauften Waren, die verwendete Zahlweise und die Versandinformationen verarbeiten. Je nach verwendeter Zahlweise muss X unter Umständen auch die Kontoinformationen des Kunden verarbeiten. Zahlt der Kunde bspw. per Nachnahme, muss X die Kontodaten zur Ausführung der Lieferung nicht verarbeiten. Andere personenbezogene Daten sollten zum Ermöglichen der Vertragserfüllung nicht erforderlich sein außer für den Fall, dass ein Kunde Waren kauft, die gesetzlichen Beschränkungen unterliegen (z. B. Altersbeschränkungen, aufgrund derer X das Alter des Kunden erheben muss).[80]

Außerdem kann eine Datenverarbeitung auf Grundlage von Art. 6 Abs. 1 Satz 1 lit. b DSGVO erfolgen, soweit sie zur Durchführung von vorvertraglichen Maßnahmen auf Anfrage der betroffenen Person hin erforderlich ist. Dem Wortlaut der Vorschrift nach muss zwar die betroffene Person, nicht jedoch der Verantwortliche zwingend Partei des angestrebten Vertragsverhältnisses sein. Daher könnten Datenverarbeitungstätigkeiten, die der Verantwortliche aufgrund ihrer Erforderlichkeit für einen Vertrag zwischen der betroffenen Person und einem *Dritten* ausführt, von diesem Erlaubnistatbestand gedeckt sein.[81] Allerdings ist Voraussetzung des Erlaubnistatbestands, dass die Verarbeitung auf Anfrage der betroffenen Person erfolgt.

---

[78] Plath, in: Plath, BDSG/DSGVO, Art. 6 DSGVO (2016), Rn. 11; Frenzel, in: Paal/Pauly, DSGVO, Art. 6 (2017), Rn. 14

[79] Frenzel, in: Paal/Pauly, DSGVO, Art. 6 (2017), Rn. 14

[80] Siehe auch Taeger, in: Taeger/Gabel, BDSG, § 28 (2013), Rn. 52

[81] In diese Richtung argumentierend: Laue/Nink/Kremer, Datenschutzrecht, Zulässigkeit (2016), Rn. 26; Plath, in: Plath, BDSG/DSGVO, Art. 6 DSGVO (2016), Rn. 11

4.2.2.2 Wahrung berechtigter Interessen des Verantwortlichen

Art. 6 Abs. 1 Satz 1 lit. f DSGVO enthält eine *Generalklausel*, die als Erlaubnistatbestand für die Datenverarbeitung in der Praxis von großer Relevanz ist und die bereits in der EG-Datenschutzrichtlinie vorgesehen war.[82] Gemäß dieser Vorschrift ist die Datenverarbeitung zulässig, soweit sie zur Wahrung der berechtigten Interessen des Verantwortlichen oder eines Dritten erforderlich ist, sofern nicht die Interessen oder Grundrechte und Grundfreiheiten der betroffenen Person, die den Schutz personenbezogener Daten erfordern, überwiegen. Der Wortlaut der Vorschrift ist sehr vage gehalten und enthält zahlreiche unbestimmte Rechtsbegriffe, die einer näheren Auslegung bedürfen. Zusammengefasst ist eine Verarbeitung auf der Grundlage von Art. 6 Abs. 1 Satz 1 lit. f DSGVO rechtmäßig, wenn als Ergebnis einer Interessenabwägung die berechtigten Interessen des Verantwortlichen/eines Dritten an der Datenverarbeitung gegenüber denjenigen der betroffenen Personen am Unterbleiben der Datenverarbeitung überwiegen.

Berechtigte Interessen des Verantwortlichen/eines Dritten

Der Verantwortliche trägt die Beweislast hinsichtlich der von ihm angeführten berechtigten Interessen. Die Interessen müssen angesichts der konkreten Verarbeitungssituation berechtigt erscheinen und können *rechtlicher, wirtschaftlicher ideeller oder anderer Natur* sein.[83] Es kann sich um jedes gesetzeskonforme Interesse handeln, sodass dieses Tatbestandsmerkmal sehr weit interpretiert wird.[84]

Zwecke der Direktwerbung

Die DSGVO erkennt explizit an, dass eine Verarbeitung personenbezogener Daten zum *Zwecke der Direktwerbung* als eine einem berechtigten Interesse dienende Verarbeitung betrachtet werden kann.[85] Allerdings hält das Gesetz keine Definition des Begriffs „Zwecke der Direktwerbung" bereit. Es dürfte sich um das (insbesondere personalisierte) Ansprechen von betroffenen Personen mit werblichen Inhalten etwa durch E-Mails oder auch mit Werbeanzeigen und -bannern auf einer Website oder in einer App handeln.[86] Nichtsdestotrotz ist die Werbung nur rechtmäßig, sofern die Interessenabwägung zugunsten des Verantwortlichen ausfällt. Dies wird insbesondere der Fall sein, wenn die betroffene Person aufgrund ihres Verhältnisses zum Verantwortlichen vernünftigerweise mit einer Nutzung ihrer personenbezogenen Daten für Werbezwecke rechnen kann.[87] Informiert der Verantwortliche transparent und umfassend über eine vorgesehene werbliche Nutzung der personenbezogenen Daten, geht die Erwartung der betroffenen Person in aller Regel auch dahin, dass

---

[82] Gemäß Art. 6 Abs. 1 Satz 1 Satz 2 DSGVO gilt dieser Erlaubnistatbestand nicht für die von Behörden in Erfüllung ihrer Aufgaben vorgenommenen Datenverarbeitung.

[83] Siehe auch Plath, in: Plath, BDSG/DSGVO, § 28 BDSG (2016), Rn. 47

[84] Plath, in: Plath, BDSG/DSGVO, Art. 6 DSGVO (2016), Rn. 21

[85] ErwGr. 47 DSGVO

[86] Piltz, K&R 2016, 557, 565

[87] Plath, in: Plath, BDSG/DSGVO, Art. 6 DSGVO (2016), Rn. 21

ihre Kundendaten entsprechend genutzt werden.[88] Je eingriffsintensiver die Werbemaßnahmen, desto eher dürfte ein Interesse der betroffenen Person am Ausschluss der Datenverarbeitung überwiegen, z. B. bei der Bildung von Kundenprofilen.[89]

IT-Sicherheit
Die DSGVO erkennt in der Verarbeitung personenbezogener Daten in einem für die Verhinderung von *Betrug* oder für die Gewährleistung der *Netz- und Informationssicherheit* unbedingt erforderlichen Umfang ein berechtigtes Interesse des jeweiligen Verantwortlichen an.[90] Dies ist der Fall, soweit durch die Verarbeitung die Fähigkeit eines Netzwerks oder IT-Systems gewährleistet wird, mit einem vorgegebenen Grad an Zuverlässigkeit Störungen oder widerrechtliche/mutwillige Eingriffe abzuwehren, welche die Verfügbarkeit, Authentizität, Vollständigkeit und Vertraulichkeit von gespeicherten oder übermittelten personenbezogenen Daten sowie die Sicherheit damit zusammenhängender Dienste beeinträchtigen, die über diese Netze oder Informationssysteme angeboten werden bzw. zugänglich sind.[91] Eine solche Verarbeitung kann bspw. der Verhinderung des Zugangs Unbefugter zu elektronischen Kommunikationsnetzen und der Verhinderung der Verbreitung schädlicher Programmcodes sowie der Verhinderung von „Denial of Service"-Angriffen und Schädigungen von Computer- und elektronischen Kommunikationssystemen dienen.[92]

> **Beispiel**
> Ein berechtigtes Interesse des Verantwortlichen kann z. B. in folgenden Fällen bestehen:
>
> - Videoüberwachung auf Privatgrundstücken (z. B. Kaufhäuser, Tankstellen, …), sofern sie notwendig und verhältnismäßig ist
> - Strategische Analyse von Kundendaten, um das Waren- oder Dienstleistungsangebot zu verbessern oder um Kunden zu halten oder zu werben
> - Überprüfung von Mitarbeiterdaten, um Korruption vorzubeugen
> - Einführung interner Meldesysteme (Whistleblowing)
> - Arbeitgeber überwachen die Internetnutzung ihrer Mitarbeiter im Falle eines existierenden Verbots der Nutzung für private Zwecke
> - Bonitätsprüfung von Kunden
> - Speicherung von Daten zu Beweiszwecken
> - Offenlegung personenbezogener Daten (z. B. von Schlüsselmitarbeitern) im Rahmen einer Due Diligence[93]

---

[88] Datenschutzkonferenz, Kurzpapier Nr. 3 (2017a), S. 1
[89] Datenschutzkonferenz, Kurzpapier Nr. 3 (2017a), S. 2
[90] ErwGr 47 DSGVO
[91] ErwGr. 47, 49 DSGVO
[92] ErwGr. 49 DSGVO
[93] Frenzel, in: Paal/Pauly, DSGVO, Art. 6 (2017), Rn. 31; Laue/Nink/Kremer, Datenschutzrecht, Zulässigkeit (2016), Rn. 35; siehe auch Plath, in: Plath, BDSG/DSGVO, § 28 BDSG (2016), Rn. 55–74; Taeger, in: Taeger/Gabel, BDSG, § 28 (2013), Rn. 66–79

Interessen Dritter

Zudem kann Art. 6 Abs. 1 Satz 1 lit. f DSGVO als Rechtsgrundlage für Verarbeitungstätigkeiten dienen, die im Interesse *Dritter* durchgeführt werden. Dies ist für Unternehmen von hoher praktischer Relevanz, da sie häufig Daten im Interesse anderer verarbeiten, bspw. ihrer Kunden.[94]

> **Beispiel**
>
> - Der Verantwortliche ist ein Anwalt, Steuerberater oder Wirtschaftsprüfer, der personenbezogene Daten im Auftrag seiner Kunden verarbeitet.
> - Der Transfer von Kundendaten durch ein Unternehmen an seinen Rechtsnachfolger
> - Bonitätsprüfungen, die durch eine Kreditauskunftei durchgeführt werden[95]

Gemeinsam für die Verarbeitung Verantwortliche

Sofern *gemeinsam für die Verarbeitung Verantwortliche* personenbezogene Daten verarbeiten, wird für Datentransfers zwischen ihnen in einer Vielzahl an Fällen ein berechtigtes Interesse bestehen.[96]

Rechte und Interessen der betroffenen Personen

Im Rahmen der Interessenabwägung sind die die *vernünftigen Erwartungen* der betroffenen Person, die auf ihrer Beziehung zu dem Verantwortlichen beruhen, zu berücksichtigen.[97] In diesem Zusammenhang sollte der Verantwortliche insbesondere mögliche Auswirkungen auf die *Privatsphäre* der betroffenen Personen berücksichtigen.[98] Genau wie beim Verantwortlichen können die Rechte und Interessen der betroffenen Personen einer ideellen, wirtschaftlichen, sozialen, beruflichen privaten oder anderen Natur sein.[99] Die spezifische Natur der für die Verarbeitung bestimmten personenbezogenen Daten beeinflusst den Ausgang der Interessenabwägung; die Auswirkungen auf die Rechte der betroffenen Personen können z. B. schwerwiegender sein, sofern besonders sensible Daten betroffen sind.

---

[94] Hullen, in: v.d.Bussche/Voigt, Konzerndatenschutz, Ausblick (2014), Rn. 17; Plath, in: Plath, BDSG/DSGVO, Art. 6 DSGVO (2016), Rn. 18

[95] Hullen, in: v.d.Bussche/Voigt, Konzerndatenschutz, Ausblick (2014), Rn. 17; Plath, in: Plath, BDSG/DSGVO, Art. 6 DSGVO (2016), Rn. 18

[96] Plath, in: Plath, BDSG/DSGVO, Art. 6 DSGVO (2016), Rn. 18

[97] ErwGr. 47 DSGVO

[98] Siehe auch v.d.Bussche/Voigt, in: v.d.Bussche/Voigt, Konzerndatenschutz, Rechtliche Anforderungen (2014), Rn. 35

[99] Siehe auch v.d.Bussche/Voigt, in: v.d.Bussche/Voigt, Konzerndatenschutz, Rechtliche Anforderungen (2014), Rn. 35

Interessenabwägung

Die Interessenabwägung erfordert eine sorgfältige Evaluierung der *jeweiligen Verarbeitungssituation*. Die Abwägung muss eine Identifikation der relevanten Abwägungsgesichtspunkte, eine Bestimmung ihres Inhalts und, als letzter Schritt, deren gegenseitige Abwägung umfassen.[100]

Drei Aspekte sind im Rahmen von Art. 6 Abs. 1 Satz 1 lit. f DSGVO gegeneinander abzuwägen:

- Die berechtigten Interessen des Verantwortlichen/eines Dritten;
- Die Notwendigkeit der Verarbeitung in Bezug auf diese berechtigten Interessen; und
- Keine überwiegenden Interessen der betroffenen Personen.

Um zu bewerten, ob die Rechte der betroffenen Personen insgesamt überwiegen oder nicht müssen die *Konsequenzen der Verarbeitung* auf diese Rechte und Freiheiten sowie der drohende Grad ihrer Beeinträchtigung bewertet werden.[101] In diesem Zusammenhang ist zu beachten, dass die berechtigten Interessen von *Kindern* besonderer Berücksichtigung bedürfen.[102]

Im Rahmen der Abwägung sind die *vernünftigen Erwartungen* der betroffenen Personen ausgehend von ihrer Beziehung zum Verantwortlichen zu berücksichtigen.[103] Ausgehend von der *Art dieser Beziehung* (z. B. sofern die betroffene Person ein Kunde des Verantwortlichen ist oder etwa für ihn arbeitet) kann die betroffene Person zum Zeitpunkt und im Kontext der Erhebung ihrer personenbezogenen Daten ganz unterschiedliche, vernünftige Erwartungen hinsichtlich der anstehenden Verarbeitung ihrer Daten haben.[104]

Teilweise müssen betroffene Personen in bestimmten Arten von Beziehungen mit dem Verantwortlichen vernünftigerweise nicht mit einer weitergehenden Verarbeitung ihrer Daten rechnen.[105] Ausgehend vom hohen Stellenwert der Beziehung der Beteiligten für die Interessenabwägung, dürfte der Erlaubnistatbestand besonders im Falle von Vertragsbeziehungen relevant werden. Dies dürfte insbesondere für die Verarbeitung von Daten im Rahmen einer Vertragsbeziehung gelten, deren Verarbeitung zur Erreichung des Vertragszwecks nicht erforderlich ist, sodass diese nicht auf der Grundlage von Art. 6 Abs. 1 Satz 1 lit. b DSGVO als Erlaubnistatbestand erfolgen kann.[106]

---

[100] Frenzel, in: Paal/Pauly, DSGVO, Art. 6 (2017), Rn. 31
[101] Siehe auch Simitis, in: Simitis, BDSG, § 28 (2014), Rn. 127
[102] Art. 6 Abs. 1 Satz 1 lit. f DSGVO
[103] ErwGr. 47 DSGVO
[104] ErwGr. 47 DSGVO
[105] ErwGr. 47 DSGVO
[106] Siehe auch v.d.Bussche/Voigt, in: v.d.Bussche/Voigt, Konzerndatenschutz, Rechtliche Anforderungen (2014), Rn. 32

Als Ergebnis der Interessenabwägung dürften die *Interessen der betroffenen Person* letztlich *nicht* gegenüber denjenigen des Verantwortlichen/Dritten *überwiegen*. Daraus ergibt sich, dass die Verarbeitung für den Verantwortlichen *erforderlich* ist, sofern der Zweck der Verarbeitung nicht in zumutbarer Weise mit weniger schwerwiegenden Mitteln in Bezug auf die Interessen der betroffenen Personen unter Wahrung der gleichen wirtschaftlichen Effizienz erreicht werden kann.[107]

> **Beispiel**
>
> Unternehmen Y übermittelt an Unternehmen Z personenbezogene Daten im Rahmen einer Due Diligence. Diese wird durchgeführt, weil Z eine große Beteiligung an Y erwerben möchte. Bei den personenbezogenen Daten handelt es sich um Informationen zu den Schlüsselmitarbeitern von Y. Diese Mitarbeiter sind ein wichtiger Faktor für Z's Investition, da sie in hohem Maße den Wert von Y ausmachen. Y und Z haben eine Verschwiegenheitsvereinbarung abgeschlossen, die auch Vertragsstrafen vorsieht.
>
> In diesem Beispiel stellen die betroffenen personenbezogenen Daten einen wichtigen Faktor für den erfolgreichen Share Deal dar, da sie maßgeblich Z's Entscheidung für oder gegen die Investition beeinflussen. Aus diesem Grund sind weniger einschneidende Mittel, wie die Übermittlung anonymisierter oder pseudonymisierter Daten, keine Option, da die unveränderten personenbezogenen Daten entscheidungsrelevant sind. Z's Interesse hinsichtlich des Erhalts der Daten von Y wird nicht von den Interessen oder Rechten der Schlüsselmitarbeiter verdrängt, da deren Rechte durch Z's Verpflichtung zur Verschwiegenheit sichergestellt werden.[108]

Es sollte berücksichtigt werden, dass Entscheidungen hinsichtlich der Interessenabwägung unter Einbeziehung des, soweit benannten, *Datenschutzbeauftragten* (siehe Abschn. 3.6) getroffen werden sollten.[109] Die Nutzung seiner Expertise ist im Hinblick auf die drohenden Bußgelder für Verletzungen von Art. 6 DSGVO in Höhe von bis zu EUR 20.000.000,00 oder bis zu 4 % des weltweiten Jahresumsatzes (Art. 83 Abs. 5 lit. a DSGVO) besonders sinnvoll.

Konzerninterne Datentransfers
Neben den bisher genannten Beispielen, könnte Art. 6 Abs. 1 Satz 1 lit. f DSGVO eine wichtige Rolle für konzerninterne Datentransfers spielen. Art. 6 Abs. 1 Satz 1 lit. f DSGVO könnte zumindest in manchen Fällen als Erlaubnistatbestand für *konzerninterne Datenverarbeitungstätigkeiten* dienen, da die Übertragung personenbezogener Daten in einer Unternehmensgruppe für interne Verwaltungszwecke, einschließlich der Verarbeitung von Kunden- oder Mitarbeiterdaten, im berechtigten

---
[107] Plath, in: Plath, BDSG/DSGVO, Art. 6 DSGVO (2016), Rn. 23
[108] Siehe auch Taeger, in: Taeger/Gabel, BDSG, § 28 (2013), Rn. 69
[109] Frenzel, in: Paal/Pauly, DSGVO, Art. 6 (2017), Rn. 27

Interesse der Gruppenunternehmen liegen dürfte.[110] Aus Sicht der Unternehmensgruppe ist es diesbezüglich von Vorteil, dass die berechtigten Interessen Dritter bei diesem Erlaubnistatbestand im Rahmen der Interessenabwägung Berücksichtigung finden, da die Gruppenunternehmen Dritte i.S.d. DSGVO sind (siehe, auch zum „eingeschränkten Konzernprivileg" Abschn. 4.4).[111] Allerdings muss auf Einzelfallbasis abgewogen werden, ob die berechtigten Interessen der beteiligten Konzernunternehmen gegenüber denjenigen der betroffenen Personen überwiegen und damit, ob die beabsichtigte konzerninterne Datenverarbeitung rechtmäßig ist.[112]

4.2.2.3 Rechtliche Verpflichtung des Verantwortlichen und Datenverarbeitung im öffentlichen Interesse

Eine Datenverarbeitung ist rechtmäßig, sofern sie zur Erfüllung einer rechtlichen Verpflichtung, der der Verantwortliche unterliegt, oder für die Wahrnehmung einer Aufgabe, die im öffentlichen Interesse liegt oder in Ausübung öffentlicher Gewalt, die dem Verantwortlichen übertragen wurde, erfolgt, erforderlich ist. Der Wortlaut von Art. 6 Abs. 1 Satz 1 lits. c, e DSGVO entspricht weitgehend den bisher gültigen Erlaubnistatbeständen der EG-Datenschutzrichtlinie.[113] Für die Verarbeitung sollte eine Grundlage im Recht der EU oder eines EU-Mitgliedstaats bestehen, wobei nicht erforderlich ist, dass diese Rechtsgrundlage ein parlamentarisches Gesetz ist.[114] Die jeweilige Rechtsgrundlage kann sich auch auf mehrere Verarbeitungsvorgänge beziehen.[115]

Gemäß Art. 6 Abs. 2 DSGVO können die EU-Mitgliedstaaten spezifischere Bestimmungen zur Konkretisierung dieser Erlaubnistatbestände beibehalten oder *einführen*, indem sie konkrete Anforderungen für die Verarbeitung festlegen. Entsprechende Regelungen müssen nicht nur die Zwecke der Verarbeitung konkretisieren sondern auch die allgemeinen Anforderungen der DSGVO an die Verarbeitung entsprechend anpassen, wie bspw. in Bezug auf die Rechtmäßigkeit der Verarbeitung, die betroffenen Arten von Daten, etc.[116] In der Folge könnten zukünftig *nationale Besonderheiten* in Bezug auf diese beiden Erlaubnistatbestände entstehen.

Der Wortlaut von Art. 6 Abs. 2 DSGVO erlaubt es ausdrücklich, rechtliche Bestimmungen „*beizubehalten*", die also bereits vor Einführung der DSGVO existierten.

---

[110] ErwGr. 48 DSGVO

[111] Lachenmann, DSRITB 2016, 535, 541

[112] Dazu näher Voigt, CR 2017, 428, 429

[113] Art. 7 Abs. 1 EG-Datenschutzrichtlinie: "Die Mitgliedstaaten sehen vor, dass die Verarbeitung personenbezogener Daten lediglich erfolgen darf, wenn" lit. c „die Verarbeitung ist für die Erfüllung einer rechtlichen Verpflichtung erforderlich, der der für die Verarbeitung Verantwortliche unterliegt" oder lit. e „die Verarbeitung ist erforderlich für die Wahrnehmung einer Aufgabe, die im öffentlichen Interesse liegt oder in Ausübung öffentlicher Gewalt erfolgt und dem für die Verarbeitung Verantwortlichen oder dem Dritten, dem die Daten übermittelt werden, übertragen wurde".

[114] ErwGr. 41, 45 DSGVO. Die entsprechende Rechtsgrundlage sollte klar und präzise sein und ihre Anwendung sollte für die Rechtsunterworfenen vorhersehbar sein.

[115] ErwGr. 45 DSGVO

[116] Siehe Art. 6 Abs. 3 DSGVO; ErwGr. 45 DSGVO für nähere Einzelheiten.

Dennoch sollten die EU-Mitgliedstaaten ihre bereits bestehenden Vorschriften einer rechtlichen Überprüfung in Bezug auf deren Übereinstimmung mit den Voraussetzungen des Art. 6 Abs. 2, 3 DSGVO unterziehen und diese ggf. anpassen.

4.2.2.4 Schutz der lebenswichtigen Interessen betroffener Personen

Gemäß Art. 6 Abs. 1 Satz 1 lit. d DSGVO ist die Verarbeitung rechtmäßig, wenn sie erforderlich ist, um *lebenswichtige Interessen* der betroffenen Person oder einer anderen natürlichen Person zu schützen. Grundsätzlich sollten die Daten nur aufgrund dieser Bestimmung verarbeitet werden, sofern die Verarbeitung offenkundig nicht auf eine andere Rechtsgrundlage gestützt werden kann.[117] Damit ist dieser Erlaubnistatbestand *subsidiär*, was bspw. in Fällen relevant wird, in denen die Verarbeitungsvorgänge zugleich wichtigen öffentlichen Interessen (was eine Anwendung des Erlaubnistatbestands des Art. 6 Abs. 1 Satz 1 lit. e DSGVO nahe legt) als auch lebenswichtigen Interessen betroffener Personen dienen.[118]

4.2.2.5 § 4 BDSG-neu: Videoüberwachung öffentlich zugänglicher Räume

Mit § 4 BDSG-neu wurde eine dem § 6b BDSG-alt weitgehend entsprechende Regelung zur Videoüberwachung in öffentlich zugänglichen Räumen geschaffen.[119] Dabei handelt es sich um gesellschaftlich kontrovers diskutierte Form der Datenverarbeitung.[120] Die DSGVO sieht keine spezifischen Regelungen zur Videoüberwachung vor. Da die Videoüberwachung in der Überwachung öffentlich zugänglicher Räume besteht, sollte eine *Datenschutz-Folgenabschätzung* (siehe Abschn. 3.5.1) in jedem Fall erforderlich sein.[121] Die *Europarechtskonformität* von § 4 BDSG-neu ist dennoch höchst *zweifelhaft*, da u. a. unklar bleibt, woraus sich die Regelungskompetenz des deutschen Gesetzgebers für die in der Norm vorgesehene Rechtsgrundlage für die Verarbeitung ergeben soll.[122] Künftige Rechtsentwicklungen sollten daher beobachtet werden. Die Videoüberwachung öffentlich zugänglicher Räume ist gemäß dem BDSG-neu nur *unter drei Bedingungen zulässig*:

---

[117] ErwGr. 46 DSGVO

[118] ErwGr. 46 DSGVO: Dies kann bspw. bei einer Verarbeitung für humanitäre Zwecke einschließlich der Überwachung von Epidemien und deren Ausbreitung oder bei humanitären Notfällen insbesondere bei Naturkatastrophen oder vom Menschen verursachten Katastrophen der Fall sein.

[119] Deutscher Bundestag (2017a) Drucksache 18/11325, S. 81

[120] Siehe auch Brink, in: Wolff/Brink, BeckOK, § 6b BDSG (2017), Rn. 4; Scholz, in: Simitis, BDSG, § 6b (2014), Rn. 7–11

[121] Bayrisches Landesamt für Datenschutzaufsicht, Videoüberwachung (2017a), S. 1

[122] Es könnte sich um eine Präzisierung von Art. 6 Abs. 1 Satz 1 lit. e DSGVO im Rahmen der Öffnungsklauseln des Art. 6 Abs. 2, 3 DSGVO handeln. Allerdings gibt die Norm Wertungsgesichtspunkte für eine Interessenabwägung zwischen der betroffenen Person und dem Verantwortlichen vor, sodass es sich um eine Konkretisierung von Art. 6 Abs. 1 Satz 1 lit. f DSGVO handeln dürfte, welcher einer Konkretisierung mangels Öffnungsklausel nicht offensteht. Dazu genauer Wolff (2017) Stellungnahme, S. 10; Helfrich, ZD 2017, 97, 98; siehe auch Krempl (2017) Datenschutzreform

1. das Vorliegen eines zulässigen Verarbeitungszwecks aus § 4 Abs. 1 BDSG-neu;
2. die Erforderlichkeit der Videoüberwachung für diesen Zweck; und
3. das Überwiegen des berechtigten Interesses des Verantwortlichen gegenüber denjenigen der betroffenen Personen.

Zulässige Verarbeitungszwecke
§ 4 Abs. 1 BDSG-neu regelt die Voraussetzungen für eine Zulässigkeit der Beobachtung öffentlich zugänglicher Räume mit opto-elektronischen Einrichtungen. Die gleichen Voraussetzungen finden entsprechend auf die Speicherung oder Verwendung der über die Beobachtung gewonnenen Daten Anwendung, § 4 Abs. 3 BDSG-neu. Bei einer Beobachtung handelt es sich um das *optische Erfassen von Geschehnissen/Personen* mithilfe dieser Einrichtungen für eine gewisse Dauer in Bereichen, die dem öffentlichen Verkehr gewidmet sind oder nach dem erkennbaren Willen des Berechtigten von einem offenen Personenkreis genutzt oder betreten werden können.[123] Für die Anwendbarkeit der Norm ist es nicht erforderlich, dass einzelne Personen gezielt beobachtet werden.[124] § 4 Abs. 1 Satz 1 BDSG-neu sieht drei Fälle vor, in denen eine Videoüberwachung zulässig sein kann, wobei nur zwei davon für Privatunternehmen relevant werden dürften. Danach ist eine Überwachung zulässig, soweit sie erforderlich ist:

- *zur Wahrnehmung des Hausrechts*: Das Hausrecht beinhaltet die Befugnis des Hausrechtsinhabers[125] zu entscheiden, wer bestimmte Gebäude oder befriedetes Besitztum betreten und darin verweilen darf, sodass der Hausrechtsinhaber die zum Schutz des Objekts und der sich darin aufhaltenden Personen sowie die zur Abwehr unbefugten Betretens erforderlichen Maßnahmen ergreifen kann.[126] Eine in diesem Zusammenhang erfolgende Videoüberwachung kann daher als *präventives* (Verhinderung von Rechtsverstößen) oder als *repressives Mittel* (Beweissicherung) erfolgen.[127] Die Beobachtungsbefugnis endet grundsätzlich an der Grundstücksgrenze.[128] Oftmals wird die Durchführung der Videoüberwachung vom Hausrechtsinhaber an private Sicherheitsdienste o. Ä. delegiert, die regelmäßig selbst über die konkreten Verarbeitungszwecke und –mittel bestimmen

---

[123] Siehe auch Brink, in: Wolff/Brink, BeckOK, § 6b BDSG (2017), Rn. 27, 28, 33; Scholz, in: Simitis, BDSG, § 6b (2014), Rn. 63–67

[124] Siehe auch Scholz, in: Simitis, BDSG, § 6b (2014), Rn. 67

[125] Wer zur Ausübung des Hausrechts berechtigt ist, richtet sich nach den §§ 535, 859 ff., 904, 1004 BGB, § 123 StGB und § 21 WEG. Dabei könnte es sich sowohl um den Eigentümer als auch den unmittelbaren Besitzer eines Raumes handeln, wie z. B. Mieter.

[126] Siehe auch Zscherpe, in: Taeger/Gabel, BDSG, § 6b (2013), Rn. 34; Scholz, in: Simitis, BDSG, § 6b (2014), Rn. 73; Brink, in: Wolff/Brink, BeckOK, § 6b BDSG (2017), Rn. 45

[127] Siehe auch Scholz, in: Simitis, BDSG, § 6b (2014), Rn. 75

[128] Siehe auch Zscherpe, in: Taeger/Gabel, BDSG, § 6b (2013), Rn. 37; Becker, in: Plath, BDSG/DSGVO, § 6b BDSG (2016), Rn. 16; Gola/Klug/Körffer, in: Gola/Schomerus, BDSG, § 6b (2015), Rn. 16

und damit selbst als Verantwortliche gelten.[129] Aus diesem Grund können sich die Sicherheitsdienste mangels Berechtigung nicht auf das Hausrecht ihres Auftraggebers als Verarbeitungszweck berufen, sondern allenfalls auf den im nachfolgenden beschriebenen Zulässigkeitstatbestand (berechtigte Interessen für konkrete Zwecke) zurückgreifen.[130]

- *zur Wahrnehmung berechtigter Interessen für konkret festgelegte Zwecke*: Sowohl das berechtigte Interesse als auch der konkrete Verarbeitungszweck sind zu dokumentieren. Ein berechtigtes Interesse kann jedes mit der Rechtsordnung in Einklang stehende Interesse rechtlicher, wirtschaftlicher oder ideeller Natur sein.[131] Trotz des zunächst weiten Begriffsverständnisses ist der Erlaubnistatbestand *eng auszulegen*, sodass nicht jedes konkret verfolgte Interesse zur Rechtmäßigkeit der Verarbeitung führen kann.[132] Die Berufung auf eine als Haupt- oder wesentlichen Nebenzweck der Geschäftstätigkeit durchgeführte Beobachtung ist bspw. nicht möglich, wie z. B. mit dem Ziel einer Vermarktung der durch die Beobachtung gewonnenen Aufnahmen oder deren Nutzung zu reinen Werbezwecken.[133] Eine Überwachung zum Zweck der *Abwehr einer konkreten Gefahr* sollte dahingegen rechtmäßig sein.[134]

Erforderlichkeit der Verarbeitung

Voraussetzung für die Rechtmäßigkeit der Videoüberwachung ist, dass sie zum Erreichen eines der beiden normierten Verarbeitungszwecke erforderlich ist, § 4 Abs. 1 Satz 1 a.E., Abs. 3 Satz 1 BDSG-neu. Eine Überwachung ist erforderlich, soweit der *Verarbeitungszweck ohne deren Durchführung nicht erfüllt* werden kann.[135] Im konkreten Fall darf kein anderes, gleich wirksames Mittel zur Verfügung stehen, welches im Hinblick auf die Rechte der betroffenen Personen weniger einschneidend ist.[136] Dies ist bzgl. des Ausmaßes der Videoüberwachung auch in räumlicher und zeitlicher Hinsicht zu beachten.[137]

---

[129] Siehe auch Scholz, in: Simitis, BDSG, § 6b (2014), Rn. 76

[130] Siehe auch Scholz, in: Simitis, BDSG, § 6b (2014), Rn. 76

[131] Plath, in: Plath, BDSG/DSGVO, Art. 6 DSGVO (2016), Rn. 21; siehe auch Plath, in: Plath, BDSG/DSGVO, § 28 BDSG (2016), Rn. 47

[132] Siehe auch Brink, in: Wolff/Brink, BeckOK, § 6b BDSG (2017), Rn. 47 ff.; Scholz, in: Simitis, BDSG, § 6b (2014), Rn. 78 ff.

[133] Siehe auch Scholz, in: Simitis, BDSG, § 6b (2014), Rn. 78; Zscherpe, in: Taeger/Gabel, BDSG, § 6b (2013), Rn. 42

[134] Siehe auch Brink, in: Wolff/Brink, BeckOK, § 6b BDSG (2017), Rn. 52; a.A., der bereits eine abstrakte Gefährdungslage als ausreichend ansieht: Scholz, in: Simitis, BDSG, § 6b (2014), Rn. 79

[135] Frenzel, in: Paal/Pauly, DSGVO, Art. 6 (2017), Rn. 14

[136] Siehe auch Scholz, in: Simitis, BDSG, § 6b (2014), Rn. 86; Brink, in: Wolff/Brink, BeckOK, § 6b BDSG (2017), Rn. 60

[137] Siehe auch Scholz, in: Simitis, BDSG, § 6b (2014), Rn. 89 ff.; Brink, in: Wolff/Brink, BeckOK, § 6b BDSG (2017), Rn. 66

Interessenabwägung

Weiterhin dürfen keine Anhaltspunkte bestehen, dass schutzwürdige Interessen der betroffenen Personen dem Verarbeitungsinteresse des Verantwortlichen überwiegen, § 4 Abs. 1 Satz 1 a.E., Abs. 3 Satz 1 BDSG-neu. Damit muss eine dem Erlaubnistatbestand des Art. 6 Abs. 1 Satz 1 lit. f DSGVO entsprechende, umfassende Interessenabwägung durchgeführt werden (siehe Abschn. 4.2.2.2). Nur wenn das *Interesse* des Verantwortlichen (Wahrnehmung des Hausrechts/sonstiges berechtigtes Interesse) an der Videoüberwachung *im konkreten Fall überwiegt*, ist die Verarbeitung rechtmäßig. Die Abwägungsentscheidung wird dabei durch die Wertung des § 4 Abs. 1 Satz 2 BDSG-neu beeinflusst.[138] Möchte der Betreiber eine Videoüberwachung in bestimmten, normativ aufgezählten Anlagen einsetzen und die Schutzgüter Leben, Gesundheit oder Freiheit von dort aufhältigen Personen können betroffen sein, wird die Abwägungsentscheidung regelmäßig zugunsten der Zulässigkeit des Einsatzes der Videoüberwachung geprägt sein.[139] Bei diesen *Anlagen* kann es sich handeln um:

- öffentlich zugängliche großflächige Anlagen, wie insbesondere Sport-, Versammlungs- und Vergnügungsstätten, Einkaufszentren oder Parkplätze; oder
- Fahrzeuge und öffentlich zugängliche großflächige Einrichtungen des öffentlichen Schienen-, Schiffs- und Busverkehrs.

Die genaue Auslegung dieser Fallgestaltungen bleibt unklar, insbesondere in Bezug darauf, wann eine Anlage oder Einrichtung als „großflächig" anzusehen ist. Davon dürften zumindest auch Bahnhöfe umfasst sein. Auch die Formulierung „Schutzgüter … können betroffen sein" lässt offen, ob die Rechtsgüter der betroffenen Personen konkret oder abstrakt gefährdet sein müssen.

Kennzeichnungspflicht

§ 4 Abs. 2 BDSG-neu sieht für Verantwortliche eine Kennzeichnungspflicht vor, die in jedem Fall Beachtung finden sollte. Eine ähnliche Pflicht war bereits nach alter Rechtslage vorgesehen, wobei unklar blieb, ob es sich dabei in Bezug auf die Videoüberwachung um eine Rechtmäßigkeitsvoraussetzung oder um eine bloße Ordnungsvorschrift handelte.[140] Diese Unsicherheit dürfte sich auch in Zukunft fortsetzen, wobei ein *Verstoß* in jedem Fall *bußgeldbewährt* ist und daher vermieden werden sollte.

Gemäß § 4 Abs. 2 BDSG-neu sind der Umstand der Beobachtung und der Name und die Kontaktdaten des Verantwortlichen durch geeignete Maßnahmen zum frühestmöglichen Zeitpunkt kenntlich zu machen. Entsprechende Hinweisschilder mit

---

[138] Deutscher Bundestag (2017a), Drucksache 18/11325, S. 81

[139] Deutscher Bundestag (2017a), Drucksache 18/11325, S. 81

[140] Für eine Auslegung als Rechtmäßigkeitsvoraussetzung nach bisheriger Rechtslage siehe Bayreuther, NZA 2005, 1038 (1040); a.A. Becker, in: Plath, BDSG/DSGVO, § 6b BDSG (2016), Rn. 27; Gola/Klug/Körffer, in: Gola/Schomerus, BDSG, § 6b (2015), Rn. 26; Scholz, in: Simitis, BDSG, § 6b (2014), Rn. 102

den erforderlichen Angaben sind daher auf erkennbare Art und Weise anzubringen, sodass sie für die betroffene Person *ohne Suchaufwand wahrnehmbar* sein müssen, was nicht nur für deren Größe und Platzierung sondern auch im Hinblick auf deren notwendige Anzahl zu beachten ist.[141] Da die entsprechenden Hinweise frühestmöglich wahrnehmbar sein müssen, sollten sie in jedem Fall erkennbar sein, bevor der von der Videoüberwachung erfasste Bereich von der betroffenen Person betreten wird.

4.2.2.6 Änderung des Verarbeitungszwecks

Da es sich bei der Zweckbindung um einen der Verarbeitungsgrundsätze der DSGVO handelt (siehe Abschn. 4.1.2) ist eine Änderung des Verarbeitungszwecks nach Erhebung der personenbezogenen Daten nur unter bestimmten, in Art. 6 Abs. 4 DSGVO genannten Voraussetzungen möglich.

Die Vorschrift sieht *drei Möglichkeiten* vor, um die Rechtmäßigkeit einer Verarbeitung zu einem anderen Zweck als demjenigen, zu dem die personenbezogenen Daten ursprünglich erhoben wurden, zu begründen:

- Die Einholung der *Einwilligung* der betroffenen Person hinsichtlich einer Verarbeitung ihrer Daten zu einem anderen Zweck als demjenigen, zu dem sie erhoben wurden; oder
- Die Verarbeitung zu einem geänderten Zweck beruht auf einer *Rechtsvorschrift der EU oder der EU-Mitgliedstaaten*, welche in einer demokratischen Gesellschaft eine notwendige und verhältnismäßige Maßnahme zum Schutz der in Art. 23 DSGVO genannten Ziele darstellt (nationale Sicherheit, Verteidigung, öffentliche Sicherheit, …); oder
- Die Verarbeitung zu einem anderen Zweck ist mit demjenigen, zu dem die personenbezogenen Daten ursprünglich erhoben wurden, *vereinbar*.

Vereinbarkeit der Verarbeitungszwecke

Da besonders die letzte der drei Möglichkeiten einer näheren Ausführung bedarf, hat der europäische Gesetzgeber verschiedenen Kriterien zur Bestimmung der *Vereinbarkeit* der Verarbeitungszwecke in Art. 6 Abs. 4 lits. a-e DSGVO aufgenommen (die Aufzählung ist nicht abschließend):

- *Jede Verbindung zwischen den Zwecken*: Je größer der Unterschied zwischen den Zwecken der ursprünglichen Datenerhebung und der weiteren Verarbeitung, desto eher spricht dies gegen deren Vereinbarkeit.[142] Sofern sich der geänderte Verarbeitungszweck bereits auf Grundlage des Erhebungszwecks der Daten abgezeichnet hat oder gar als nächstlogischer Schritt impliziert wurde, spricht dies für eine Vereinbarkeit der Verarbeitungszwecke[143];

---

[141] Siehe auch Brink, in: Wolff/Brink, BeckOK, § 6b BDSG (2017), Rn. 83; Scholz, in: Simitis, BDSG, § 6b (2014), Rn. 107

[142] Siehe auch Art.-29-Datenschutzgruppe, WP 203 (2013a), S. 24

[143] Siehe auch Art.-29-Datenschutzgruppe, WP 203 (2013a), S. 24

- *Der Zusammenhang, in dem die personenbezogenen Daten erhoben wurden, insbesondere hinsichtlich des Verhältnisses zwischen den betroffenen Personen und dem Verantwortlichen*: Es ist zu prüfen, was eine vernünftige Person in der Situation der betroffenen Person im Hinblick auf die Verarbeitung ihrer Daten im gegebenen Erhebungskontext erwarten würde.[144] Grundsätzlich gilt, je schwerwiegender oder je weniger absehbar die Auswirkungen der zukünftigen Verarbeitung sind, desto unwahrscheinlicher ihre Vereinbarkeit mit dem ursprünglichen Verarbeitungszweck[145];
- *Die Art der personenbezogenen Daten*: Da bspw. besondere Kategorien personenbezogener Daten (siehe Abschn. 4.2.3) äußerst sensibel sind, dürfte eine Änderung des Verarbeitungszwecks bzgl. dieser Daten nur in sehr wenigen Fällen zulässig sein;
- *Die möglichen Folgen der beabsichtigten Weiterverarbeitung für die betroffenen Personen*: Sowohl positive als auch negative Folgen sollten Berücksichtigung finden[146];
- *Das Vorhandensein geeigneter Garantien*: Dies umfasst auch Verschlüsselung oder Pseudonymisierung. Die Implementierung zusätzlicher technischer und organisatorischer Maßnahmen könnte sich als wichtiges Mittel für die Praxis erweisen, um positiv hinsichtlich der Vereinbarkeit der Verarbeitungszwecke Berücksichtigung zu finden.[147]

Angesichts der vorgenannten Kriterien ist die Vereinbarkeit der Zwecke einzelfallbezogen zu prüfen, was zukünftig aller Wahrscheinlichkeit nach zu Rechtsunsicherheit führen wird.[148] Sind die Verarbeitungszwecke vereinbar, so kann die Verarbeitung weiterhin auf Grundlage desjenigen Erlaubnistatbestands erfolgen, der für die Erhebung der personenbezogenen Daten genutzt wurde.[149]

Beispiel

Unternehmen H betreibt einen Online-Shop für Schuhe. H erhebt die Namen der Kunden, Versandadressen und Zahlungsinformationen. Diese Daten werden von H verarbeitet, um Bestellungen von Kunden durchzuführen und Bezahlvorgänge auszuführen.

Diese Verarbeitungstätigkeiten sind mit dem Prinzip der Zweckbindung (= Betreiben eines Online-Shops für Schuhe) vereinbar und bedürfen keine weitergehenden rechtlichen Analyse.

---

[144] Siehe auch Art.-29-Datenschutzgruppe, WP 203 (2013a), S. 24
[145] Siehe auch Art.-29-Datenschutzgruppe, WP 203 (2013a), S. 26
[146] Siehe auch Art.-29-Datenschutzgruppe, WP 203 (2013a), S. 25
[147] Siehe auch Art.-29-Datenschutzgruppe, WP 203 (2013a), S. 27
[148] Gierschmann, ZD 2016, 51, 54; für zahlreiche Beispiele hinsichtlich der verschiedenen Aspekte für die Prüfung der Vereinbarkeit siehe Art.-29-Datenschutzgruppe, WP 203 (2013a), S. 56 ff.
[149] ErwGr. 50 DSGVO

H möchte die E-Mail-Adressen der Kunden sowie deren Bestellverlauf nutzen, um ihnen personalisierte Angebote zu unterbreiten und um sie über Rabattaktionen zu informieren. Zudem möchte H die Kundendaten, einschließlich Namen, E-Mail-Adressen, Telefonnummern und Bestellverlauf, an einen Geschäftskontakt übermitteln, der einen Online-Shop für Kleidung eröffnet hat.

In beiden Fällen kann H nicht unterstellen, dass diese Weiternutzung der Daten mit dem ursprünglichen Erhebungszweck ohne weiteres vereinbar ist und muss dahingehend eine weitergehende rechtliche Bewertung vornehmen.[150]

Regelungen im BDSG-neu

§ 24 Abs. 1 BDSG-neu sieht Situationen vor, in denen eine *Weiterverarbeitung* personenbezogener Daten durch Unternehmen *unabhängig davon* erfolgen kann, *ob die Zwecke* der Weiterverarbeitung mit dem ursprünglichen Verarbeitungszweck *vereinba*r sind.[151] Der Bundesgesetzgeber hat zur Schaffung der Norm von seinem Regelungsspielraum aus Art. 6 Abs. 4 DSGVO Gebrauch gemacht, der die EU-Mitgliedstaaten zum Erlass von Regelungen zur Änderung des Verarbeitungszwecks ermächtigt.[152] Danach kommt eine Änderung des Verarbeitungszwecks in zwei Konstellationen in Betracht:

- die Zweckänderung ist zur Abwehr von Gefahren für die staatliche oder öffentliche Sicherheit oder zur Verfolgung von Straftaten erforderlich: Zur Rechtfertigung der Zweckänderung müssen konkrete Anhaltspunkte für das Vorliegen einer Gefahr oder für eine bestimmte Straftat vorliegen, sodass an die Begründung der Zweckänderung hohe Anforderungen gestellt werden.[153];

Beispiel

Unternehmen X setzt zur Wahrnehmung des Hausrechts auf dem Betriebsgelände Videoüberwachung ein, um präventiv Rechtsverstöße zu verhindern. X zeichnet dabei die vermeintliche Begehung eines Verbrechens durch eine Person mit der Videoüberwachung auf und möchte diese Daten zum Zwecke der Strafverfolgung an die Behörden übermitteln.

In diesem Beispiel dient die Videoüberwachung präventiven Sicherheitszwecken. Die Übermittlung der Kameraaufnahmen, die X vornehmen möchte, dient jedoch repressiven Strafverfolgungszwecken, sodass es sich dabei um einen anderen Verarbeitungszweck handelt als demjenigen, zu dem die Videoüberwachung durchgeführt wird. Daher bedarf es einer gesonderten Rechtfertigung für

---

[150] Siehe auch Art.-29-Datenschutzgruppe, WP 203 (2013a), S. 22–23

[151] Deutscher Bundestag (2017a), Drucksache 18/11325, S. 96

[152] Diese Regelungen müssen in einer demokratischen Gesellschaft eine notwendige und verhältnismäßige Maßnahme zum Schutz der in Art. 23 DSGVO genannten Ziele darstellen. Hier sollte es sich um die Ziele aus Art. 23 Abs. 1 lits. c, j DSGVO handeln, vgl. auch Deutscher Bundestag (2017a), Drucksache 18/11325, S. 96

[153] Siehe auch Wolff, in: Wolff/Brink, BeckOK, § 28 BDSG (2015), Rn. 106; Simitis, in: Simitis, BDSG, § 28 (2014), Rn. 191 f.

die Übermittlung des Videomaterials. § 24 Abs. 1 Nr. 1 BDSG-neu ermöglicht eine Änderung des Verarbeitungszwecks zur Strafverfolgung. Hier liegen konkrete Anhaltspunkte für ein vermeintliches Verbrechen vor, sodass X die Daten auf Grundlage dieser Regelung übermitteln kann.

- oder *die Zweckänderung ist zur Geltendmachung, Ausübung oder Verteidigung zivilrechtlicher Ansprüche erforderlich*: Dies sollte sowohl die Geltendmachung von Ansprüchen in einem Gerichtsverfahren als auch in einem außergerichtlichen Verfahren umfassen.

In beiden Fällen muss die *Zweckänderung erforderlich* sein. Dies ist der Fall, wenn die Ziele der Gefahrenabwehr oder Anspruchsdurchsetzung nicht ohne die weitergehende Verarbeitung erreicht werden können. Zudem dürfen die Interessen der betroffenen Person an dem Ausschluss der Verarbeitung laut § 24 Abs. 1 BDSG-neu a.E. nicht ggü. dem Interesse des Verantwortlichen an der weitergehenden Verarbeitung überwiegen. Dies ist im jeweiligen Einzelfall zu prüfen.

Eine Änderung des Verarbeitungszwecks in Bezug auf *besondere Kategorien personenbezogener Daten* (siehe Abschn. 4.2.3.1) unterliegt nach § 24 Abs. 2 BDSG-neu der zusätzlichen Bedingung, dass die weitergehende Verarbeitung einen Ausnahmetatbestand aus Art. 9 Abs. 2 DSGVO oder § 22 BDSG-neu (siehe Abschn. 4.2.3.2 und Abschn. 4.2.3.3) erfüllt. Auch hinsichtlich der *Videoüberwachung öffentlicher Räume* (siehe Abschn. 4.2.2.5) ist eine Besonderheit zu beachten: nach § 4 Abs. 3 Satz 3 BDSG-neu kann eine Zweckänderung auf Grundlage des BDSG-neu lediglich für die in § 24 Abs. 1 Nr. 1 BDSG-neu normierten Zwecke erfolgen.

4.2.3 Verarbeitung besonderer Kategorien personenbezogener Daten

Personenbezogene Daten, die ihrem Wesen nach hinsichtlich der Grundrechte und Grundfreiheiten natürlicher Personen besonders sensibel sind, verdienen besonderen Schutz.[154] Gemäß Art. 9 Abs. 1 DSGVO ist die Verarbeitung derartiger personenbezogener Daten grundsätzlich untersagt. Allerdings enthält die Vorschrift einige Ausnahmen von diesem Verbot. Daneben erfordert die Verarbeitung bestimmter Arten sensibler personenbezogener Daten gemäß Art. 10 DSGVO die Anwendung zusätzlicher Sicherheitsmaßnahmen.

4.2.3.1 Besondere Kategorien personenbezogener Daten

Besondere Kategorien personenbezogener Daten sind solche, aus denen die *rassische und ethnische Herkunft, politische Meinungen, religiöse oder weltanschauliche Überzeugungen* oder die *Gewerkschaftszugehörigkeit* hervorgehen, sowie

---

[154] ErwGr. 51 DSGVO

genetische Daten, biometrische Daten zur eindeutigen Identifizierung einer natürlichen Person, *Gesundheitsdaten* oder Daten zum *Sexualleben oder der sexuellen Orientierung* einer natürlichen Person, Art. 9 Abs. 1 DSGVO. Sowohl genetische als auch biometrische Daten wurden in der EG-Datenschutzrichtlinie als geschützte Daten-Kategorien nicht explizit genannt, aber haben nun in die Aufzählung der DSGVO Eingang gefunden.

Diese Kategorien personenbezogener Daten erfordern besondere Schutzmaßnahmen, da sie Rückschlüsse in Bezug auf natürliche Personen zulassen, die in engem Zusammenhang zu deren Grundrechten und -freiheiten stehen. Daher birgt deren Verarbeitung ein hohes Risikopotenzial:

- Daten, aus denen die *rassische oder ethnische Herkunft* einer Person hervorgeht, sind höchst sensibel, da sie zur Diskriminierung einer natürlichen Person führen könnten. Solche Daten können u. U. den Vor- und Nachnamen einer Person, ihren Geburtsort, ihre Muttersprache sowie die Namen ihrer Eltern umfassen, welche in Kombination miteinander Rückschlüsse auf die Herkunft einer Person zulassen.[155]
- Daten, aus denen *politische Meinungen* hervorgehen, umfassen u. a. Informationen zur Mitgliedschaft einer Person in einer politischen Partei, zur Beteiligung an Petitionen, zur Teilnahme an Demonstrationen, politischen Versammlungen oder ähnlichen Veranstaltungen.[156] Diese Kategorie umfasst Daten zur Unterstützung einer bestimmten politischen Idee in gleichem Maße wie zu deren Ablehnung.[157]
- Daten über *religiöse oder weltanschauliche Überzeugungen* sind Informationen, die Rückschlüsse auf die bestehende oder nicht bestehende Religionszugehörigkeit einer Person zulassen, wobei die Vorschrift gleichermaßen den Schutz religiöser Überzeugungen und der Religionsausübung bezweckt.[158]
- Daten über eine etwaige *Gewerkschaftszugehörigkeit* bedürfen eines besonderen Schutzes, um das Recht natürlicher Personen auf Kollektivverhandlungen und Kollektivmaßnahmen aus Art. 28 der Grundrechte-Charta der EU zu gewährleisten und, vor allem, eine Diskriminierung von Personen auf dem Arbeitsmarkt aufgrund ihrer Gewerkschaftszugehörigkeit zu verhindern.[159]
- Der Terminus „*Gesundheitsdaten*" umfasst personenbezogene Daten, die sich auf die körperliche oder geistige Gesundheit einer natürlichen Person, einschließlich der Erbringung von Gesundheitsdienstleistungen, beziehen und aus denen Informationen über deren Gesundheitszustand hervorgehen.[160]

---

[155] Frenzel, in: Paal/Pauly, DSGVO, Art. 9 (2017), Rn. 11
[156] Weichert, in: Kühling/Buchner, DSGVO, Art. 9 (2017), Rn. 27
[157] Weichert, in: Kühling/Buchner, DSGVO, Art. 9 (2017), Rn. 27; siehe auch Simitis, in: Simitis, BDSG, § 3 (2014), Rn. 260
[158] Weichert, in: Kühling/Buchner, DSGVO, Art. 9 (2017), Rn. 28
[159] Weichert, in: Kühling/Buchner, DSGVO, Art. 9 (2017), Rn. 30
[160] Art. 4 Nr. 15 DSGVO

- Daten über das *Sexualleben oder die sexuelle Orientierung* einer Person sind besonders sensibel. Dies umfasst auch Daten zur genauen Identität des/der Partner/s einer natürlichen Person.[161]
- *Genetische Daten* sind personenbezogene Daten zu den ererbten oder erworbenen genetischen Eigenschaften einer natürlichen Person, die eindeutige Informationen über die Physiologie oder die Gesundheit dieser natürlichen Person liefern und insbesondere aus der Analyse einer biologischen Probe der betreffenden natürlichen Person gewonnen wurden.[162]
- *Biometrische Daten* sind mit speziellen technischen Verfahren gewonnene personenbezogene Daten zu den physischen, physiologischen oder verhaltenstypischen Merkmalen einer natürlichen Person, die die eindeutige Identifizierung dieser natürlichen Person ermöglichen oder bestätigen, wie Gesichtsbilder oder daktyloskopische Daten.[163]

4.2.3.2 Ausnahmen von dem Verbot der Verarbeitung besonderer Kategorien personenbezogener Daten

Art. 9 Abs. 2 DSGVO enthält mehrere Ausnahmen vom Verbot der Verarbeitung besonderer Kategorien personenbezogener Daten.[164] Die Aufzählung ist *abschließend*:

1. *Einwilligung der betroffenen Person:* Die betroffene Person kann in die Verarbeitung ihrer von Art. 9 Abs. 1 DSGVO erfassten Daten für einen oder mehrere festgelegte Zwecke *ausdrücklich einwilligen*. Eine solche bestätigende Handlung muss nicht nur die allgemeinen Bedingungen für eine wirksame Einwilligung unter Art. 7, 8 DSGVO erfüllen (siehe Abschn. 4.2.1 für Einzelheiten), sondern muss sich auch *ausdrücklich auf* die von der Verarbeitung betroffenen *besonderen Kategorien personenbezogener Daten beziehen*.[165] Gemäß Art. 9 Abs. 2 lit. a DSGVO kann das Recht der EU oder der EU-Mitgliedstaaten vorsehen, dass das *Verarbeitungsverbot* in Bezug auf besondere Kategorien personenbezogener Daten durch die Einwilligung der betroffenen Person nicht aufgehoben wird. Es ist unwahrscheinlich, dass es auf europäischer Ebene zur Schaffung einer derartigen Vorschrift kommt, da die EU nur in begrenzten Kompetenzfeldern zur

---

[161] Weichert, in: Kühling/Buchner, DSGVO, Art. 9 (2017), Rn. 42; siehe auch Meents/Hinzpeter, in: Taeger/Gabel, BDSG, § 35 (2013), Rn. 22

[162] Art. 4 Nr. 13 DSGVO

[163] Art. 4 Nr. 14 DSGVO. Gemäß ErwGr. 51 DSGVO sollte die Verarbeitung von Lichtbildern nicht grundsätzlich als Verarbeitung besonderer Kategorien von personenbezogenen Daten angesehen werden, da Lichtbilder nur dann von der Definition des Begriffs „biometrische Daten" erfasst werden, wenn sie mit speziellen technischen Mitteln verarbeitet werden, die die eindeutige Identifizierung oder Authentifizierung einer natürlichen Person ermöglichen.

[164] Siehe Art. 9 Abs. 2 lits. a-j DSGVO

[165] Laue/Nink/Kremer, Datenschutzrecht, Zulässigkeit (2016), Rn. 62

Gesetzgebung ermächtigt ist.[166] Was EU-Mitgliedstaaten betrifft, so liegt es in deren Ermessen, ob und in welchem Maße sie die Möglichkeit zur Einwilligung einschränken. Da ein solches Verarbeitungsverbot in das Recht der betroffenen Personen auf informationelle Selbstbestimmung eingreift, dürfte eine gesetzliche Einschränkung nur in begrenzten Fällen rechtmäßig sein.[167]

2. *Arbeits- und Sozialrecht*: Die Verarbeitung ist erforderlich, damit der Verantwortliche/die betroffene Person die ihm/ihr aus dem *Arbeitsrecht und dem Recht der sozialen Sicherheit und des Sozialschutzes* erwachsenden Rechte ausüben und seinen/ihren diesbezüglichen Pflichten nachkommen kann, soweit dies nach EU-Recht oder dem Recht der EU-Mitgliedstaaten oder einer Kollektivvereinbarung nach dem Recht der EU-Mitgliedstaaten, welches geeignete Garantien für die Grundrechte und die Interessen der betroffenen Person vorsieht, zulässig ist. Diese Vorschrift berücksichtigt, dass v. a. Arbeitgeber regelmäßig besondere Kategorien personenbezogener Daten, wie bspw. Gesundheitsdaten, im Rahmen des Arbeitsverhältnisses verarbeiten müssen.[168] Die *Regelung*, welche die Verarbeitung ermöglicht, muss Garantien vorsehen, die an dem hohen Datenschutzniveau für besondere Kategorien personenbezogener Daten nach der DSGVO zu messen sind.[169]

3. *Schutz lebenswichtiger Interessen*: Die Verarbeitung ist erforderlich, um die lebenswichtigen Interessen der betroffenen Person oder einer anderen natürlichen Person zu schützen und die betroffene Person ist aus körperlichen oder rechtlichen Gründen außerstande, ihre Einwilligung in die Verarbeitung zu geben. *Lebenswichtige Interessen* sind alle *existenziellen Bedürfnisse und Interessen*, insbesondere der Schutz des Lebens und der körperlichen Integrität.[170] Im Gegensatz zum Wortlaut macht das Unvermögen der betroffenen Person ihre Wünsche nicht unbeachtlich. Der *mutmaßliche Wille* des Betroffenen wird entscheidend sein; sofern Kenntnis darüber besteht, dass die betroffene Person – unabhängig von den riskierten, lebenswichtigen Interessen – ihre Einwilligung in die Verarbeitung nicht erteilt hätte, kann eine Rechtmäßigkeit der Verarbeitung nicht aus dieser Vorschrift folgen.[171]

4. *Vereinigung oder sonstige Organisation ohne Gewinnerzielungsabsicht*: Die Verarbeitung erfolgt auf der Grundlage geeigneter Garantien durch eine politisch, weltanschaulich, religiös oder gewerkschaftlich ausgerichtete Stiftung,

---

[166] Gemäß des Prinzips der begrenzten Einzelermächtigung kann die EU nur dann gesetzgeberisch tätig werden, wenn sie durch die EU-Mitgliedstaaten dazu ermächtigt wurde. Frenzel, in: Paal/Pauly, DSGVO, Art. 9 (2017), Rn. 22

[167] Frenzel, in: Paal/Pauly, DSGVO, Art. 9 (2017), Rn. 23

[168] Frenzel, in: Paal/Pauly, DSGVO, Art. 9 (2017), Rn. 26

[169] Plath, in: Plath, BDSG/DSGVO, Art. 9 DSGVO (2016), Rn. 15; Frenzel, in: Paal/Pauly, DSGVO, Art. 9 (2017), Rn. 27–28

[170] Siehe auch Plath, in: Plath, BDSG/DSGVO, § 28 BDSG (2016), Rn. 210

[171] Frenzel, in: Paal/Pauly, DSGVO, Art. 9 (2017), Rn. 29; siehe auch Taeger, in: Taeger/Gabel, BDSG, § 28 (2013), Rn. 227

Vereinigung oder sonstige Organisation ohne Gewinnerzielungsabsicht im Rahmen ihrer rechtmäßigen Tätigkeiten und unter der Voraussetzung, dass sich die Verarbeitung ausschließlich auf die (ehemaligen) Mitglieder der Organisation oder auf Personen bezieht, die im Zusammenhang mit deren Tätigkeitszweck regelmäßige Kontakte mit ihr unterhalten. Um unter diese Ausnahmeregelung zu fallen ist allein die *Zielstellung* der Organisation und nicht ihre Rechtsform oder -struktur entscheidend.[172] Ausgehend von den Zielen derartiger Organisationen hängt deren *Funktionalität* zumeist von einer rechtlichen Erlaubnis zur Verarbeitung sensibler personenbezogener Daten ab.[173] Die Vorschrift ermöglicht es jedoch nicht, die Daten ohne Einwilligung der betroffenen Personen nach außen offenzulegen. Da Art. 9 DSGVO eine ausdrückliche Einwilligung im Hinblick auf die Verarbeitung besonderer Kategorien personenbezogener Daten erfordert, sollten diese Einwilligungsvoraussetzungen auch in Bezug auf diese Ausnahmeregelung gelten.[174]

5. *Offensichtlich öffentlich gemachte Daten*: Die Verarbeitung bezieht sich auf personenbezogene Daten, die die betroffene Person offensichtlich öffentlich gemacht hat. Die Veröffentlichung muss auf einer *freien Entscheidung* des Betroffenen beruhen.[175] Dies kann Daten aus öffentlich zugänglichen Verzeichnissen, Websites, Listen, Foren oder sogar von Profilen in sozialen Netzwerken, die ohne Benutzerkonto zugänglich sind, betreffen.[176]

6. *Geltendmachung von Rechtsansprüchen*: Die Verarbeitung ist zur Geltendmachung, Ausübung oder Verteidigung von *Rechtsansprüchen* oder bei Handlungen der Gerichte im Rahmen ihrer justiziellen Tätigkeit erforderlich. Dies umfasst die Geltendmachung von Ansprüchen in einem Gerichtsverfahren, einem Verwaltungsverfahren oder einem außergerichtlichen Verfahren.[177] Die Sensibilität der personenbezogenen Daten, die Art. 9 DSGVO unterfallen, erfordert eine besonders *sorgfältige Interessenabwägung* im Rahmen dieser Vorschrift.

Beispiel

Der ehemalige Patient A eines Krankenhauses verklagt letzteres. Das Krankenhaus verwendet A's Krankenakte, um sich gegen die geltend gemachten Ansprüche im Rahmen des Verfahrens zu verteidigen.

---

[172] Siehe auch Plath, in: Plath, BDSG/DSGVO, § 28 BDSG (2016), Rn. 219

[173] Siehe auch Simitis, in: Simitis, BDSG, § 28 (2014), Rn. 330; Taeger, in: Taeger/Gabel, BDSG, § 28 (2013), Rn. 240

[174] Plath, in: Plath, BDSG/DSGVO, Art. 9 DSGVO (2016), Rn. 18

[175] Plath, in: Plath, BDSG/DSGVO, Art. 9 DSGVO (2016), Rn. 19; siehe auch Plath, in: Plath, BDSG/DSGVO, § 28 BDSG (2016), Rn. 211; Gola/Klug/Körffer, in: Gola/Schomerus, BDSG, § 28 (2015), Rn. 77; Simitis, in: Simitis, BDSG, § 28 (2014), Rn. 303

[176] Laue/Nink/Kremer, Datenschutzrecht, Zulässigkeit (2016), Rn. 60; siehe auch Simitis, in: Simitis, BDSG, § 28 (2014), Rn. 303; Plath, in: Plath, BDSG/DSGVO, § 28 BDSG (2016), Rn. 211

[177] ErwGr. 52 DSGVO

In diesem Beispiel enthält die Krankenakte A's Gesundheitsdaten und unterliegt damit gem. Art. 9 DSGVO besonderem Schutz. Allerdings verwendet das Krankenhaus die Daten, um sich gegen Rechtsansprüche des A zu verteidigen. In diesem Fall ist die Verarbeitung der sensiblen Daten für Beweiszwecke im Rahmen des Gerichtsverfahrens erforderlich. Dadurch überwiegt die Notwendigkeit der Verarbeitung von A's Daten gegenüber dessen Recht auf Privatsphäre, damit im Rahmen des Verfahrens Nachweise erbracht werden können.

7. *Gründe eines erheblichen öffentlichen Interesses*: Die Verarbeitung ist auf der Grundlage des *Rechts der EU oder eines EU-Mitgliedstaats* aus Gründen eines erheblichen öffentlichen Interesses erforderlich. Dieser Rechtssatz muss in angemessenem Verhältnis zu dem verfolgten Ziel stehen, den Wesensgehalt des Rechts auf Datenschutz wahren und angemessene und spezifische Maßnahmen zur Wahrung der Grundrechte und Interessen der betroffenen Person vorsehen. Da ein „*erhebliches*" Interesse erforderlich ist sollten dahingehend hohe Anforderungen zu stellen sein. Entsprechend gewichtige Gründe dürften Grundrechte sowie die Wahrung des Bestands des Staates oder der Schutz von Leben, Gesundheit oder Freiheit natürlicher Personen darstellen.[178]
8. *Gesundheitsvorsorge*: Die Verarbeitung ist für die in Art. 9 Abs. 2 lit. h DSGVO aufgezählten Zwecke der Gesundheitsvorsorge (Zwecke der Gesundheitsvorsorge oder der Arbeitsmedizin, Beurteilung der Arbeitsfähigkeit von Beschäftigten, medizinische Diagnostik, Versorgung oder Behandlung im Gesundheits-/Sozialbereich, Verwaltung von Systemen und Diensten im Gesundheits-/Sozialbereich) auf der Grundlage des *Rechts* der EU oder eines EU-Mitgliedstaats oder aufgrund *eines Vertrags* mit einem Angehörigen eines Gesundheitsberufs erforderlich. Sofern die Verarbeitung auf der Grundlage eines solchen Vertrags erfolgt, muss diese durch Fachpersonal oder unter dessen Verantwortung durchgeführt werden und das Fachpersonal muss nach dem Recht der EU oder eines EU-Mitgliedstaats einer *Geheimhaltungspflicht* unterliegen (z. B. Ärzte), Art. 9 Abs. 3 DSGVO. Dies soll den Datenschutz für solche Fälle sicherstellen, in denen die Verarbeitung besonderer Kategorien personenbezogener Daten nicht aufgrund eines Rechtsakts erfolgt.
9. *Bereich der öffentlichen Gesundheit*: Die Verarbeitung ist aus Gründen des öffentlichen Interesses im Bereich der öffentlichen Gesundheit auf der Grundlage des Rechts der EU oder eines EU-Mitgliedstaats erforderlich. Tragfähige Gründe könnten der Schutz vor schwerwiegenden grenzüberschreitenden Gesundheitsgefahren oder die Gewährleistung hoher Qualitäts- und Sicherheitsstandards bei der Gesundheitsversorgung und bei Arzneimitteln und Medizinprodukten sein.[179]
10. *Forschungszwecke*: Die Verarbeitung ist auf der *Grundlage des Rechts* der EU oder eines EU-Mitgliedstaats für im öffentlichen Interesse liegende

---

[178] ErwGr. 52 DSGVO; siehe auch Heckmann, in: Taeger/Gabel, BDSG, § 13 (2013), Rn. 63
[179] Siehe ErwGr. 54 DSGVO für Einzelheiten

4.2 Rechtsgrundlagen für die Datenverarbeitung

Archivzwecke, für wissenschaftliche oder historische Forschungszwecke oder für statistische Zwecke erforderlich. Diese Tätigkeiten erfolgen im öffentlichen Interesse und sollen daher von einer Ausnahmeregelung profitieren. Nichtsdestotrotz müssen der Regelung unterfallende Verarbeitungsvorgänge angemessenen Garantien unterliegen, die sicherstellen, dass angemessene technische und organisatorische *Maßnahmen* ergriffen werden. Dadurch sollte insbesondere der Grundsatz der Datenminimierung gewahrt werden (siehe Abschn. 4.1.3).[180] Die Garantien müssen der sensiblen Natur der personenbezogenen Daten Rechnung tragen.

Zusätzlich ermöglicht es Art. 9 Abs. 4 DSGVO den *EU-Mitgliedstaaten zusätzliche Bedingungen*, einschließlich Beschränkungen, *einzuführen oder aufrechtzuerhalten*, soweit die Verarbeitung von genetischen, biometrischen oder Gesundheitsdaten betroffen ist.

4.2.3.3 Konkretisierung der Verbotsausnahmen im BDSG-neu

Mehrere der in Art. 9 Abs. 2 DSGVO geregelten Ausnahmen vom Verbot der Verarbeitung besonderer Kategorien personenbezogener Daten sind einer *Ausgestaltung durch nationale Regelungen zugänglich*. Von diesem Gesetzgebungsspielraum wurde in § 22 BDSG-neu Gebrauch gemacht. Mit der Vorschrift werden vier der Verbotsausnahmen konkretisiert, wobei drei davon für Privatunternehmen relevant werden. Der deutsche Gesetzgeber hat von seiner Befugnis zur Einschränkung der Möglichkeit zur Einwilligung der betroffenen Personen in die Verarbeitung besonderer Kategorien personenbezogener Daten aus Art. 9 Abs. 2 lit. a DSGVO keinen Gebrauch gemacht hat.[181] Für bereichsspezifische Ausnahmen vom Verarbeitungsverbot im BDSG-neu siehe Abschn. 8.1.3.

Art. 9 Abs. 2 lit. b DSGVO, Arbeits- und Sozialrecht

Mit § 22 Abs. 1 Nr. 1 lit. a BDSG-neu wird die Verbotsausnahme des Art. 9 Abs. 2 lit. b DSGVO (siehe oben Abschn. 4.2.3.2) dahingehend konkretisiert, dass eine Verarbeitung besonderer Kategorien personenbezogener Daten erfolgen kann, wenn sie erforderlich ist, um die aus dem Recht der *sozialen Sicherheit und des Sozialschutzes* erwachsenden Rechte auszuüben und den diesbezüglichen Pflichten nachzukommen. Die Regelung entspricht dem Wortlaut der DSGVO beinahe vollständig. Die entsprechende Konkretisierung dieser Verbotsausnahme für den Bereich des *Arbeitsrechts* findet sich in der bereichsspezifischen Regelung des § 26 Abs. 3 BDSG-neu (siehe dazu auch Abschn. 8.2.2). Dieser sieht als Bedingung der Rechtmäßigkeit einer Verarbeitung im Kontext des Arbeitsverhältnisses eine *zusätzliche Interessenabwägung* vor, sodass eine Verarbeitung sensibler Daten zur Erfüllung arbeitsrechtlicher Rechte und Pflichten nur erfolgen kann, wenn das Interesse des

---

[180] ErwGr. 156 DSGVO; Frenzel, in: Paal/Pauly, DSGVO, Art. 9 (2017), Rn. 46

[181] Für das Arbeitsverhältnis wurde im BDSG-neu eine Regelung zur Beurteilung der Freiwilligkeit der Einwilligung getroffen, vgl. § 26 Abs. 2 BDSG-neu. Siehe Abschn. 8.2.2 für Einzelheiten.

Verantwortlichen an der Verarbeitung gegenüber den Schutzinteressen der betroffenen Person an einem Ausschluss der Verarbeitung überwiegt. Da bereichsspezifische Regelungen dem BDSG-neu vorgehen (siehe Abschn. 2.4) sollten Unternehmen entsprechende Vorschriften im Bereich des Arbeits- und Sozialrechts beachten.

Art. 9 Abs. 2 lit. h DSGVO, Gesundheitsvorsorge und Arbeitsmedizin
§ 22 Abs. 1 Nr. 1 lit. b BDSG-neu entspricht weitestgehend dem Wortlaut der Verbotsausnahme aus Art. 9 Abs. 2 lit. h DSGVO und ermöglicht die Verarbeitung besonderer Kategorien personenbezogener Daten, wenn sie zum Zweck der Gesundheitsvorsorge, für die Beurteilung der Arbeitsfähigkeit des Beschäftigten, für die medizinische Diagnostik, die Versorgung oder Behandlung im Gesundheits- oder Sozialbereich oder für die Verwaltung von Systemen und Diensten im Gesundheits- und Sozialbereich oder aufgrund eines Vertrags der betroffenen Person mit einem Angehörigen eines Gesundheitsberufs erforderlich ist. Lediglich auf eine explizite Nennung der Arbeitsmedizin wurde verzichtet, da der Begriff der Gesundheitsvorsorge auch die arbeitsmedizinische Vorsorge beinhaltet.[182] Die Formulierung der Norm bzgl. des „Vertrags der betroffenen Person mit einem Angehörigen eines Gesundheitsberufes" als Verarbeitungsgrundlage soll klarstellen, dass es sich dabei um einen *Behandlungsvertrag* gem. §§ 630a ff. BGB handeln soll.[183] Damit kann es sich bei dem Verantwortlichen für die Datenverarbeitung sowohl um (Zahn-)Ärzte, Psychotherapeuten als auch um Angehörige anderer Heilberufe, wie Hebammen, Masseure, Physiotherapeuten, Logopäden oder Heilpraktiker handeln.[184]

Die Rechtmäßigkeit der Verarbeitung unterliegt außerdem der zusätzlichen Bedingung, dass die Daten von ärztlichem Personal oder durch sonstige Personen, die einer entsprechenden *Geheimhaltungspflicht* unterliegen, verarbeitet oder unter deren Aufsicht verarbeitet werden. Die Regelung bezieht damit auch medizinisches Hilfspersonal oder zur Geheimhaltung von Patientendaten besonders verpflichtete Verwaltungsmitarbeiter ein.[185]

Art. 9 Abs. 2 lit. i DSGVO, öffentliches Interesse im Bereich der öffentlichen Gesundheit
Nach § 22 Abs. 1 Nr. 1 lit. c BDSG-neu besteht eine Ausnahme vom Verarbeitungsverbot, wenn die die Verarbeitung aus Gründen des *öffentlichen Interesses im Bereich der öffentlichen Gesundheit*, wie dem Schutz vor schwerwiegenden grenzüberschreitenden Gesundheitsgefahren oder zur Gewährleistung hoher Qualitäts- und Sicherheitsstandards bei der Gesundheitsversorgung und bei Arzneimitteln und Medizinprodukten erforderlich ist. Diese Vorschrift entspricht maßgeblich dem

---

[182] Vgl. Bundestag, Drucksache 18/11325, S. 95

[183] Vgl. Bundestag, Drucksache 18/11325, S. 95

[184] Vgl. Bundestag, Drucksache 18/11325, S. 95; siehe auch Taeger, in: Taeger/Gabel, BDSG, § 28 (2013), Rn. 235

[185] Vgl. Bundestag, Drucksache 18/11325, S. 95; siehe auch Taeger, in: Taeger/Gabel, BDSG, § 28 (2013), Rn. 235

4.2 Rechtsgrundlagen für die Datenverarbeitung

Wortlaut des Art. 9 Abs. 2 lit. i DSGVO und soll als nationale Rechtsgrundlage für die Verarbeitung dienen. Diese Vorschrift dürfte jedoch häufig von bereichsspezifischen Regelungen verdrängt werden, da keine hinreichende Kompetenz des Bundesgesetzgebers zur abschließenden Regelung in diesem Bereich besteht.[186]

Aus Klarstellungsgründen macht § 22 Abs. 1 Nr. 1 lit. c BDSG-neu deutlich, dass in diesem Verarbeitungskontext insbesondere die berufsrechtlichen und strafrechtlichen Vorgaben zur Wahrung des *Berufsgeheimnisses* einzuhalten sind, welche in Deutschland insbesondere über § 203 StGB und die einschlägigen Berufsordnungen sichergestellt sind.[187]

Garantien zur Wahrung der Grundrechte und Interessen der betroffenen Personen

Die Konkretisierung der betroffenen Regelungen des Art. 9 Abs. 2 DSGVO steht unter der Bedingung, dass das nationale Recht *angemessene Garantien* zur Wahrung der Grundrechte und Interessen der betroffenen Personen vorsieht. Diese Vorgabe wurde mit § 22 Abs. 2 BDSG-neu umgesetzt.[188] Danach sind entsprechende Maßnahmen unter Berücksichtigung des Stands der Technik, der Implementierungskosten und der Art, des Umfangs, der Umstände und der Zwecke der Verarbeitung sowie der unterschiedlichen Eintrittswahrscheinlichkeit und Schwere der mit der Verarbeitung verbundenen Risiken zu ergreifen. Die angemessenen Schutzmaßnahmen sind daher *einzelfallbasiert* ausgehend von der Situation des konkreten Verantwortlichen *zu bestimmen*. § 22 Abs. 2 Satz 2 BDSG-neu *zählt beispielhaft* („insbesondere") geeignete Maßnahmen *auf*:

- *technisch organisatorische Maßnahmen* (siehe Abschn. 3.3);
- *Maßnahmen, die gewährleisten, dass nachträglich überprüft und festgestellt werden kann, ob und von wem personenbezogene Daten eingegeben, verändert oder entfernt worden sind*: Dies dürfte sich vor allem auf technische Vorkehrungen beziehen;
- *Sensibilisierung der an Verarbeitungsvorgängen Beteiligten*: Interne Mitarbeiterschulungen sollten bereits als vorbereitende Maßnahme zur Umsetzung der Vorgaben der DSGVO vorgenommen werden (siehe Kap. 10) und können eine entsprechende Sensibilisierung mit umfassen;
- *Benennung eines Datenschutzbeauftragten*: Da zahlreiche Unternehmen ohnehin eine Pflicht zur Benennung eines Datenschutzbeauftragten treffen wird (siehe Abschn. 3.6.1) dürfte sich dieser Handlungsvorschlag auf die freiwillige Benennung eines Datenschutzbeauftragten beziehen;
- *Beschränkung des Zugangs zu den personenbezogenen Daten innerhalb der verantwortlichen Stelle und von Auftragsverarbeitern*: Dabei handelt es sich um

---

[186] Vgl. Bundestag, Drucksache 18/11655, S. 18. Dies dürfte sich auf die Gegenstände der konkurrierenden Gesetzgebung aus Art. 74 Abs. 1 Nr. 19, 19a GG beziehen.
[187] Vgl. Bundestag, Drucksache 18/11325, S. 95
[188] Vgl. Bundestag, Drucksache 18/11325, S. 95

eine spezifische technische und organisatorische Maßnahmen, die sowohl in Form einer physischen als auch einer technischen Zugangsbarriere ausgestaltet werden könnte (siehe Abschn. 3.3.1);
- *Pseudonymisierung personenbezogener Daten* (siehe Abschn. 2.1.2.2);
- *Verschlüsselung personenbezogener Daten* (siehe Abschn. 3.3.2);
- *Sicherstellung der Fähigkeit, Vertraulichkeit, Integrität, Verfügbarkeit und Belastbarkeit der Systeme und Dienste im Zusammenhang mit der Verarbeitung personenbezogener Daten einschließlich der Fähigkeit, die Verfügbarkeit und den Zugang bei einem physischen oder technischen Zwischenfall rasch wiederherzustellen*: Dieses Sicherheitsziel wird auch durch den europäischen Gesetzgeber vorgegeben, sodass die Wiederholung dieser Vorgabe überflüssig erscheint (siehe Abschn. 3.3.2);
- *die Einrichtung eines Verfahrens zur regelmäßigen Überprüfung, Bewertung und Evaluierung der Wirksamkeit der technischen und organisatorischen Maßnahmen*: Dabei könnte es sich, sofern in der Situation des Verantwortlichen angemessen, um ein Datenschutz-Managementsystem handeln (siehe Abschn. 3.2.1); oder
- *spezifische Verfahrensregelungen, die im Fall einer Übermittlung oder Verarbeitung für andere Zwecke die Einhaltung der Vorgaben des BDSG-neu und der DSGVO sicherstellen*: Dies könnte sich z. B. auf die Festlegung unternehmensinterner Standards beziehen, die vorgeben, woran die Vereinbarkeit des ursprünglichen und des geänderten Verarbeitungszwecks zu messen ist.

4.2.3.4 Personenbezogene Daten über strafrechtliche Verurteilungen und Straftaten

Die Verarbeitung personenbezogener Daten über strafrechtliche Verurteilungen und Straftaten oder damit zusammenhängende Sicherungsmaßregeln[189] aufgrund eines *Erlaubnistatbestands* des Art. 6 Abs. 1 DSGVO (siehe Abschn. 4.2.2 für Einzelheiten) *darf nur*:

- Unter *behördlicher Aufsicht* vorgenommen werden; das Ausmaß einer derartigen Aufsicht ist unklar, aber die Rechtsetzung hinsichtlich des Verwaltungsverfahrens und der Verwaltungsorganisation obliegt den EU-Mitgliedstaaten;[190] oder
- Wenn dies nach dem *Recht der EU oder der EU-Mitgliedstaaten*, welches geeignete Garantien für die Rechte und Freiheiten der betroffenen Personen vorsieht, zulässig ist.

Diese erhöhten Zulässigkeitsvoraussetzungen für die Verarbeitung entsprechen dem hohen Grad an Sensibilität der betroffenen Daten. Strafrechtliche Verurteilungen können natürliche Personen für lange Zeit stigmatisieren.[191] Daher sieht Art. 10 DSGVO (im Gegensatz zu Art. 9 DSGVO in Bezug auf besondere Kategorien

---

[189] Gemäß Art. 10 Satz 2 DSGVO darf ein umfassendes Register der strafrechtlichen Verurteilungen nur unter behördlicher Aufsicht geführt werden.
[190] Frenzel, in: Paal/Pauly, DSGVO, Art. 10 (2017), Rn. 6
[191] Frenzel, in: Paal/Pauly, DSGVO, Art. 10 (2017), Rn. 1

personenbezogener Daten) keine Ausnahmeregelungen vergleichbar mit Art. 9 Abs. 2 DSGVO vor, die es erlauben, von den Voraussetzungen des Art. 10 DSGVO abzuweichen.[192]

Allerdings können die EU-Mitgliedstaaten mittels Rechtsvorschriften für eine Datenverarbeitung im Beschäftigungskontext Ausnahmen von Art. 10 DSGVO einführen, bspw. um die Daten des polizeilichen Führungszeugnisses eines Bewerbers zu erheben und zu verarbeiten, bevor ihm eine Stellung des Vertrauens im Unternehmen zugewiesen wird.[193]

4.2.3.5 Anforderungen an die Datenschutzorganisation hinsichtlich der Verarbeitung sensibler Daten

Da die Verarbeitung besonderer Kategorien personenbezogener Daten gem. Art. 9, 10 DSGVO *besonders risikogeneigt* in Bezug auf die Rechte und Freiheiten der betroffenen Personen ist, stellt die DSGVO besondere Anforderungen hinsichtlich ihrer Verarbeitung auf. Dies entspricht dem risikobasierten Ansatz der DSGVO (siehe Abschn. 3.3.3). Somit wird eine umfängliche Verarbeitung besonderer Kategorien personenbezogener Daten folgende Maßnahmen erforderlich machen:

- Die Durchführung einer *Datenschutz-Folgenabschätzung* gemäß Art. 35 Abs. 2 lit. b DSGVO (siehe Abschn. 3.5); und
- Die Benennung eines *Datenschutzbeauftragten* gemäß Art. 37 Abs. 1 lit. c DSGVO, sofern es sich bei diesen Verarbeitungsvorgängen um die Kerntätigkeit des Verantwortlichen/Auftragsverarbeiters handelt (siehe Abschn. 3.6); sowie
- Die Implementierung angemessener *technischer und organisatorischer Maßnahmen* entsprechend dem hohen Risikopotenzial der Verarbeitungssituation (siehe Abschn. 3.3).

4.3 Datenübermittlungen an Drittländer

Für das Tagesgeschäft multinationaler Unternehmen und Konzerne sind grenzüberschreitende Datenübermittlungen unerlässlich. Dabei kommt es oft zu einer Übermittlung von Daten in sogenannte „Drittländer", wobei es sich bei letzteren um *alle Länder handelt, die nicht Mitgliedstaat der EU sind.*[194] Die Gewährleistung des

---

[192] Frenzel, in: Paal/Pauly, DSGVO, Art. 10 (2017), Rn. 1

[193] Die Zulässigkeit derartiger Verarbeitungstätigkeiten war nach alter deutscher Rechtslage umstritten, siehe Gola/Wronka, Arbeitnehmerdatenschutz (2013), Rn. 561; Simitis, in: Simitis, BDSG, § 32 (2014), Rn. 46

[194] Länder, die Mitglied des Europäischen Wirtschaftsraums sind, aber bei denen es sich nicht um EU-Mitgliedstaaten handelt, können einen Beschluss über die Anwendbarkeit der DSGVO fassen. Dies betrifft Island, Liechtenstein und Norwegen. Was den Vorgänger der DSGVO betrifft, so hat der Gemeinsame EWR-Ausschuss (der für derartige Beschlüsse zuständig ist) einen Beschluss über die Anwendbarkeit der EG-Datenschutzrichtlinie im Jahr 1999 gefasst, also erst 4 Jahre nach ihrer Verabschiedung durch die EU. Pauly, in: Paal/Pauly, DSGVO, Vorbem. zu Art. 44 ff. (2017), Rn. 3

Datenschutzes in diesen Verarbeitungssituationen ist eine der größten Herausforderungen für das Datenschutzrecht.[195]

Grenzüberschreitende Datentransfers erfordern nach der DSGVO das Ergreifen von Schutzmaßnahmen, um ein angemessenes Datenschutzniveau in dem die Daten empfangenden Drittland zu gewährleisten. Gemäß Art. 44 DSGVO ist jedwede Übermittlung personenbezogener Daten, die bereits verarbeitet werden oder nach ihrer Übermittlung in ein *Drittland* oder eine internationale Organisation verarbeitet werden sollen, nur zulässig, wenn die in den Art. 44 ff. DSGVO niedergelegten Bedingungen eingehalten werden. Dies gilt auch für eine *etwaige Weiterübermittlung* der personenbezogenen Daten durch den Empfänger im Drittland/die internationale Organisation in ein anderes Drittland/an eine andere internationale Organisation. Die von der DSGVO vorgesehenen Sicherheitsmaßnahmen für Datenübermittlungen in Drittländer sollen gewährleisten, dass die Schutzvoraussetzungen der DSGVO auch bei Weiterübermittlungen in solche Drittländer eingehalten werden, damit dort ein mit der DSGVO vergleichbares Datenschutzniveau aufrechterhalten werden kann.

Die rechtlichen Anforderungen für grenzüberschreitende Datenübermittlungen nach der DSGVO sind vergleichbar mit denjenigen der EG-Datenschutzrichtlinie, wobei die Vorschriften der DSGVO einen höheren Detaillierungsgrad aufweisen. Der hohe Stellenwert des Datenschutzes im Zusammenhang mit internationalen Datenübermittlungen wird auch über die hohen drohenden *Bußgelder* für Verletzungen der Art. 44–49 DSGVO deutlich, die sich auf bis zu EUR 20.000.000,00 oder bis zu 4 % des weltweiten Jahresumsatzes belaufen können, Art. 83 Abs. 5 lit. c DSGVO.

Der bereits in der EG-Datenschutzrichtlinie vorgesehene Ansatz, demgemäß die Rechtmäßigkeit von Datenübermittlungen in Drittländer die Erfüllung von zwei zu unterscheidenden Prüfungsschritten erfordert, wurde auch in der DSGVO beibehalten:

1. In einem ersten Schritt muss die Datenübermittlung ganz allgemein die Voraussetzungen für die *Rechtmäßigkeit von Datenverarbeitungstätigkeiten in der EU* erfüllen (siehe Abschn. 4.2) und bedarf damit der Einwilligung des Betroffenen oder das Vorliegen eines anderen gesetzlichen Erlaubnistatbestands.
2. In einem zweiten Schritt muss die Datenübermittlung jedoch zusätzlich den Anforderungen der Art. 44 ff. DSGVO entsprechen, um ein *angemessenes Datenschutzniveau* im Drittland zu gewährleisten. Sofern entsprechende Garantien nicht verfügbar sind, kann die Datenübermittlung nicht stattfinden, auch wenn die Voraussetzungen des ersten Schritts erfüllt worden sind.

Nur wenn beide – streng voneinander zu unterscheidende – Prüfungsschritte erfolgreich durchgeführt worden sind, dürfen die Daten an Empfänger in einem Drittland übermittelt werden.[196] Die nachfolgenden Abschn. 4.3.1 bis 4.3.7 behandeln die

---

[195] Karg, VuR 2016, 457, 457
[196] Ausführlich zur Prüfungssystematik v.d. Bussche, in: Moos, Datennutzungsverträge, Teil 5 III, (2014), Rn. 3 ff.

verschiedenen Alternativen, welche die DSGVO für die Erfüllung der Voraussetzungen des zweiten Schrittes bereithält.

4.3.1 Angemessenheitsbeschlüsse

Eine Übermittlung personenbezogener Daten in ein Drittland oder an eine internationale Organisation darf vorgenommen werden, wenn die *Europäische Kommission* beschlossen hat, dass das betreffende Drittland, ein Gebiet oder ein oder mehrere spezifische Sektoren in diesem Drittland oder die betreffende internationale Organisation ein angemessenes Datenschutzniveau bietet, Art. 45 Abs. 1 DSGVO. Die rechtliche Konzeption dieses „*Angemessenheitsbeschlusses*" entspricht derjenigen nach bisheriger Rechtslage. Datenübermittlungen an „sichere" Drittländer bedürfen keiner besonderen Genehmigung durch die Aufsichtsbehörde.[197]

In Übereinstimmung mit der Rechtsprechung des EuGH[198] regelt Art. 45 Abs. 2 DSGVO die Kriterien für die Prüfung der Angemessenheit des bestehenden Schutzniveaus, wie beispielsweise das Datenschutzrecht des Drittlands, dessen Umsetzung und Überwachung sowie internationale Verpflichtungen. Die Kriterien müssen nicht alle gleichermaßen erfüllt werden, da die Angemessenheit des Datenschutzniveaus anhand einer Zusammenschau aller *Umstände des Einzelfalls* zu bestimmen ist.[199] Im Falle eines positiven Ergebnisses der Bewertung fasst die Europäische Kommission einen Angemessenheitsbeschluss im Wege eines *Durchführungsrechtsakts*,[200] der einen Mechanismus zur regelmäßigen Überprüfung vorsieht, den territorialen und sektoralen Anwendungsbereich konkretisiert und ggf. die zuständige Aufsichtsbehörde(n) im Drittland angibt.[201] Von der Europäischen Kommission *bereits erlassene Angemessenheitsbeschlüsse* bleiben solange in Kraft, bis sie geändert, ersetzt oder aufgehoben werden, Art. 45 Abs. 9 DSGVO.

Die Europäische Kommission hat bisher Andorra, Argentinien, Kanada (Handelsorganisationen), die Färöer Inseln, Guernsey, Israel, die Isle of Man, Jersey, Neuseeland, die Schweiz, die USA nur sehr eingeschränkt in Bezug auf die nunmehr unter dem Privacy Shield zertifizierten Unternehmen (siehe Abschn. 4.3.4 zum EU-U.S. Privacy Shield) und Uruguay als Länder mit einem angemessenen

---

[197] Art. 45 Abs. 1 Satz 2 DSGVO; ErwGr. 103 DSGVO

[198] EuGH, Entscheidung vom 6. Oktober 2015, Maximilian Schrems./.Data Protection Commissioner, C-362/14

[199] v.d.Bussche, in: Plath, BDSG/DSGVO, Art. 45 DSGVO (2016), Rn. 2

[200] Die Europäische Kommission veröffentlicht im Amtsblatt der Europäischen Union und auf ihrer Website eine Liste aller Drittländer beziehungsweise Gebiete und spezifischen Sektoren in einem Drittland und aller internationalen Organisationen, für die sie durch Beschluss festgestellt hat, dass sie ein angemessenes Schutzniveau gewährleisten bzw. nicht mehr gewährleisten, Art. 45 Abs. 8 DSGVO.

[201] Art. 45 Abs. 3 DSGVO

Datenschutzniveau anerkannt.[202] In Folge der Safe Harbor-Entscheidung des EuGH[203] hat die Europäische Kommission die bereits gefassten Angemessenheitsbeschlüsse mit einem Durchführungsbeschluss vom 16. Dezember 2016[204] aktualisiert, um etwaige illegitime Beschränkungen der Befugnisse der Aufsichtsbehörden aufzuheben.[205]

4.3.2 Einwilligung

Unabhängig von der Angemessenheit des Datenschutzniveaus im Drittland kann eine Übermittlung personenbezogener Daten in jenes Drittland stattfinden, sofern die betroffene Person in die vorgeschlagene Datenübermittlung *ausdrücklich eingewilligt* hat, Art. 49 Abs. 1 lit. a DSGVO.[206] Dies entspricht dem Recht der betroffenen Personen auf informationelle Selbstbestimmung, welches es ihnen ermöglicht, über ihre personenbezogenen Daten nach freiem Ermessen zu disponieren.[207]

Zusätzlich zu den Anforderungen an eine wirksame Einwilligung nach der DSGVO (siehe Abschn. 4.2.1) muss sich die Einwilligung ausdrücklich auf die *beabsichtigte(n) Übermittlung(en) beziehen*. Eine konkludente Einwilligung oder eine allgemeine Genehmigung werden diesen Anforderungen nicht gerecht.[208] Die betroffene Person muss im Vorfeld über die für sie bestehenden möglichen Risiken derartiger Datenübermittlungen bei Fehlen eines Angemessenheitsbeschlusses und anderweitiger geeigneter Garantien *unterrichtet werden*, Art. 49 Abs. 1 lit. a DSGVO. Eine Datenschutzerklärung muss daher mindestens darauf hinweisen, dass ein dem europäischen Datenschutzniveau ähnliches Datenschutzniveau in dem Drittland nicht gewährleistet werden kann.[209] Zudem muss die betroffene Person darüber informiert werden, welche Daten für die Übermittlung vorgesehen sind, wer der *Empfänger* sein wird und *wo er sich befindet*. Allerdings ist das Ausmaß der Informationspflicht nicht vollständig klar. Es bleibt abzuwarten, ob und inwieweit Einzelheiten über das Datenschutzrecht des Drittlands oder die nach der Gefahrenlage abzusehenden Risiken der betroffenen Person kommuniziert werden müssen.[210]

---

[202] Für Einzelheiten siehe http://ec.europa.eu/justice/data-protection/international-transfers/adequacy/index_en.htm, zuletzt aufgerufen am 18. Januar 2017

[203] EuGH, Entscheidung vom 6. Oktober 2015, Maximilian Schrems./.Data Protection Commissioner, C-362/14

[204] Europäische Kommission, Durchführungsbeschluss (EU) 2016/2295 vom 16. Dezember 2016 (2016)

[205] Squire Patton Boggs (US) LLP, Data Privacy (2017)

[206] Diese Ausnahme gilt nicht für Tätigkeiten, die Behörden in Ausübung ihrer hoheitlichen Befugnisse durchführen, Art. 49 Abs. 3 DSGVO.

[207] Pauly, in: Paal/Pauly, DSGVO, Art. 49 (2017), Rn. 5

[208] v.d.Bussche, in: Plath, BDSG/DSGVO, Art. 49 DSGVO (2016), Rn. 2; Laue/Nink/Kremer, Datenschutzrecht, Verarbeitung durch Dritte (2016), Rn. 60

[209] v.d.Bussche, in: Plath, BDSG/DSGVO, Art. 49 DSGVO (2016), Rn. 2

[210] v.d.Bussche, in: Plath, BDSG/DSGVO, Art. 49 DSGVO (2016), Rn. 2

Die Umsetzung der Informationspflicht dürfte sich in der Praxis als aufwendig erweisen. Bisher haben Unternehmen die betroffenen Personen über die Empfänger in den Drittländern häufig mittels Bezugnahme/eines Hyperlinks auf eine *Liste* der Empfänger informiert. Da sich die Zahl, der Name oder die Rechtsform der Empfänger verändern können oder neue Empfänger im Laufe der Zeit hinzukommen, bedürfen die Listen einer fortlaufenden Aktualisierung. Die Informationspflicht gegenüber den betroffenen Personen ist jedenfalls nicht erfüllt, wenn derartige Veränderungen der betroffenen Person nicht mitgeteilt werden.

Abgesehen von den Anforderungen hinsichtlich der Einholung einer wirksamen Einwilligung sollte auch das jederzeitige Recht der betroffenen Personen zum Widerruf ihrer Einwilligung gemäß der DSGVO (siehe Abschn. 4.2.1.5) Beachtung finden. Daher dürfte es in den meisten Fällen nicht ratsam sein, die Einwilligung als Rechtsgrundlage für *internationale Datenübermittlungen* zu verwenden.

4.3.3 Standardvertragsklauseln

Auch wenn ein Drittland kein angemessenes Datenschutzniveau entsprechend der Vorgaben der DSGVO bietet sind Unternehmen dennoch an einer Übermittlung von Daten in solche Drittländer interessiert. Um das Datenschutzdefizit *auszugleichen* können das datenübermittelnde Unternehmen und der Empfänger im Drittland EU-Standardvertragsklauseln gemäß Art. 46 Abs. 2 lits. c, d DSGVO vereinbaren.[211] Unter der EG-Datenschutzrichtlinie stellten sie in der Praxis bisher ein beliebtes Instrument für grenzüberschreitende Datentransfers dar.[212]

Bei der Verwendung von Standardvertragsklauseln durch die Vertragsparteien wird ein angemessenes Datenschutzniveau nur durch den Drittland-Empfänger, der Vertragspartei ist, garantiert, was selbstverständlich nicht dazu führt, dass das betreffende Drittland vollständig als sicheres Empfängerland für Datenübermittlungen aus der EU gilt. Durch Verwendung der Standardvertragsklauseln werden nur die Vertragsparteien, also im Regelfall ein in der EU ansässiges und ein außereuropäisches Unternehmen vertraglich gebunden. Letzteres wird zur Einhaltung eines angemessenen Datenschutzniveaus verpflichtet, welches mit demjenigen in der EU vergleichbar ist. Es wird folglich um das empfangende Unternehmen eine „Datenschutzzelle" gebildet, die punktuell ein angemessenes Datenschutzniveau garantiert, welches ansonsten in dem jeweiligen Drittland nicht hinreichend besteht.

4.3.3.1 Erlass und Neuerungen im Verfahren
Im Vergleich zur EG-Datenschutzrichtlinie werden mit der DSGVO Neuerungen hinsichtlich des Verfahrens zum Erlass von Standardvertragsklauseln eingeführt:

---

[211] Pauly, in: Paal/Pauly, DSGVO, Art. 46 (2017), Rn. 1
[212] Siehe auch v.d.Bussche/Voigt, in: v.d.Bussche/Voigt, Konzerndatenschutz, Datenübermittlungen (2014), Rn. 27

- Bisher stellten einige EU-Mitgliedstaaten strengere rechtliche Anforderungen an internationale Datenübermittlungen: neben der Verwendung von Standardvertragsklauseln mussten die betroffenen Unternehmen in einigen EU-Mitgliedstaaten ein zusätzliches Genehmigungsverfahren für ihre geplanten Datenübermittlungen durchlaufen,[213] welches von der jeweiligen nationalen Aufsichtsbehörde durchgeführt wurde.[214] Ausgehend vom Wortlaut des Art. 46 Abs. 2 DSGVO („ohne dass hierzu eine besondere Genehmigung einer Aufsichtsbehörde erforderlich wäre") ist dies nach der DSGVO nicht mehr zulässig. Sofern eine Datenübermittlung den Voraussetzungen der Art. 44 ff. DSGVO entspricht ist ein zusätzliches *Genehmigungsverfahren* nicht erforderlich.[215]
- Bisher war nur die Europäische Kommission zum Erlass von Standardvertragsklauseln befugt. Gemäß der DSGVO können neben der Europäischen Kommission künftig auch die nationalen *Aufsichtsbehörden* der EU-Mitgliedstaaten Standardvertragsklauseln erlassen, Art. 46 Abs. 2 lit. d DSGVO. Allerdings müssen diese von der Europäischen Kommission im Rahmen eines Prüfverfahrens genehmigt werden.

4.3.3.2 Wirkungsweise

Das datenübermittelnde Unternehmen in der EU und das Empfängerunternehmen im Drittland außerhalb der EU können einen Vertrag auf der Grundlage von Standardvertragsklauseln schließen, um ein angemessenes Datenschutzniveau im Rahmen der Datenübermittlung zu gewährleisten. Um als geeignete Garantie für internationale Datenübermittlungen nach der DSGVO gemäß Art. 46 DSGVO angesehen werden zu können, sind die Standardvertragsklauseln *vollständig und unverändert* zu übernehmen.[216] Nichtsdestotrotz hindert die Verwendung von Standardvertragsklauseln den Verantwortlichen/Auftragsverarbeiter nicht daran, sie in umfangreicheren Verträgen zu verwenden oder weitere Klauseln oder zusätzliche Garantien hinzuzufügen, solange diese weder mittelbar noch unmittelbar im Widerspruch zu den Standardvertragsklauseln stehen oder die Grundrechte und -freiheiten der betroffenen Personen beschneiden.[217] Verantwortliche und Auftragsverarbeiter sollen sogar dazu ermutigt werden, die Standardvertragsklauseln über vertragliche Verpflichtungen mit *zusätzlichen Garantien* zu ergänzen.[218] Die Datenschutzkonferenz der deutschen Landes-Aufsichtsbehörden rät bei solchen Ergänzungen allerdings zu einer gewissen Vorsicht: besteht ein inhaltlicher Widerspruch zu den Standardvertragsklauseln, ist die Übermittlung der Daten nicht mehr genehmigungsfrei,

---

[213] Dies war der Fall in Bulgarien, Dänemark, Estland, Frankreich, Litauen, Luxemburg, Malta, Österreich, Polen, Rumänien, Slowenien, Spanien und Zypern. Siehe auch Art.-29-Datenschutzgruppe, WP 226 (2014), S. 2

[214] Pauly, in: Paal/Pauly, DSGVO, Art. 46 (2017), Rn. 13

[215] Pauly, in: Paal/Pauly, DSGVO, Art. 46 (2017), Rn. 13

[216] Hullen, in: v.d.Bussche/Voigt, Konzerndatenschutz, Ausblick (2014), Rn. 64; Laue/Nink/Kremer, Datenschutzrecht, Verarbeitung durch Dritte (2016), Rn. 53

[217] ErwGr. 109 DSGVO

[218] ErwGr. 109 DSGVO

da die über die Standardvertragsklauseln vermittelte Garantiemaßnahme nicht mehr erfüllt wird.[219]

Die von der Europäischen Kommission auf Grundlage der EG-Datenschutzrichtlinie bereits *erlassenen Standardvertragsklauseln* bleiben unter der DSGVO so lange in Kraft, bis sie erforderlichenfalls geändert, ersetzt oder aufgehoben werden, Art. 46 Abs. 5 DSGVO. Bisher hatte die Europäische Kommission drei Sets der Standardvertragsklauseln erlassen[220]: zwei Sets für Datenübermittlungen von Verantwortlichen in der EU an Verantwortliche in einem Drittland („Controller-to-Controller") und ein Set für Datenübermittlungen von Verantwortlichen in der EU an Auftragsverarbeiter in einem Drittland („Controller-to-Processor"):[221]

- *„Controller-to-Controller"-Standardvertragsklauseln*: Die beiden Sets der „Controller-to-Controller"-Standardvertragsklauseln können alternativ verwendet werden und eine Kombination der Klauseln beider Sets ist nicht möglich.[222]
  – *Set I, Entscheidung 2001/497/EG*: Besonders kennzeichnend für Set I ist, dass beide Parteien gesamtschuldnerisch für die Datenschutzverpflichtungen haften.
  – *Set II, Entscheidung 2004/915/EG*: Set II wird allgemein als unternehmensfreundlicher erachtet und wurde in Kooperation mit verschiedenen Wirtschaftsverbänden ausgearbeitet.[223] Durch dieses Set werden die Datenschutzverpflichtungen zwischen den Parteien klar aufgeteilt und jede Vertragspartei ist für ihre jeweiligen Verpflichtungen haftbar.
- *„Controller-to-Processor"-Standardvertragsklauseln, Entscheidung 2010/87/EU*: Diese Standardvertragsklauseln erlauben die Inanspruchnahme eines Auftragsverarbeiters in einem Drittland, also außerhalb der EU, sofern dieser ein angemessenes Datenschutzniveau entsprechend vertraglich garantieren kann.[224]

In Folge der Safe Harbor-Entscheidung des EuGH[225] haben einige Aufsichtsbehörden ihre Bedenken hinsichtlich der Rechtmäßigkeit der Standardvertragsklauseln zum Ausdruck gebracht.[226] Daher hat die Europäische Kommission mit

---

[219] Datenschutzkonferenz, Kurzpapier Nr. 4 (2017b), S. 2

[220] Abrufbar unter http://ec.europa.eu/justice/data-protection/international-transfers/transfer/index_en.htm, zuletzt aufgerufen am 18. Januar 2017

[221] Alle Sets von Standardvertragsklauseln sind auf der Website der Europäischen Kommission abrufbar, http://ec.europa.eu/justice/data-protection/international-transfers/transfer/index_en.htm, zuletzt aufgerufen am 3. Februar 2017

[222] Siehe auch v.d.Bussche/Voigt, in: v.d.Bussche/Voigt, Konzerndatenschutz, Datenübermittlungen (2014), Rn. 13

[223] Siehe auch v.d.Bussche/Voigt, in: v.d.Bussche/Voigt, Konzerndatenschutz, Datenübermittlungen (2014), Rn. 14; v.d.Bussche, in: Plath, BDSG/DSGVO, § 4 c BDSG (2016), Rn. 30

[224] Umfängliche Kommentierung der „Controller-to-Processor"-Standardvertragsklauseln durch v.d. Bussche, in: Moos, Datennutzungsverträge, Teil 5 III, (2014), Rn. 9 ff.

[225] EuGH, Entscheidung vom 6. Oktober 2015, Maximilian Schrems./.Data Protection Commissioner, C-362/14

[226] Laue/Nink/Kremer, Datenschutzrecht, Verarbeitung durch Dritte (2016), Rn. 53; Jensen, ZD-Aktuell (2016), 05204

Durchführungsbeschluss vom 16. Dezember 2016[227] Set I der „Controller-to-Controller"-Standardvertragsklauseln und die „Controller-to-Processor"-Standardvertragsklauseln angepasst, um klarstellend jedwede unrechtmäßige Beschränkung der Befugnisse der Aufsichtsbehörden auszuschließen; abgesehen davon wurde der Text der Standardvertragsklausel-Sets nicht geändert.[228] Es bleibt abzuwarten, ob die vorhandenen Standardvertragsklauseln die Voraussetzungen der EuGH-Rechtsprechung in Bezug auf Angemessenheitsbeschlüsse erfüllen und ob die Europäische Kommission (oder nationale Aufsichtsbehörden) in Zukunft neue Sets erlassen.[229] In diesem Zusammenhang ist der Umstand zu beobachten, dass der Irische Data Protection Commissioner (Leiter der Irischen Datenschutzbehörde) bei den Irischen Gerichten Klage erhoben hat und letztlich eine Anrufung des Europäischen Gerichtshofs anstrebt, um die Rechtmäßigkeit von Datenübermittlungen auf der Grundlage von Standardvertragsklauseln überprüfen zu lassen.[230]

4.3.3.3 Praxishinweise

In der Praxis bringt die Verwendung von Standardvertragsklauseln sowohl Vor- als auch Nachteile, welche vor Verwendung dieser Garantiemaßnahme für internationale Datenübermittlungen in Betracht gezogen werden müssen.

Die Vorteile sind u. a.:

- Ihre Verwendung kann zügig erfolgen und erfordert weniger Aufwand als andere zur Verfügung stehende Alternativen, wie z. B. die Aushandlung eines individuellen Vertrags oder die Festlegung interner Binding Corporate Rules (siehe Abschn. 4.3.5);
- Standardvertragsklauseln erfüllen die rechtlichen Datenschutzvorgaben und, da ihr Schutzniveau vollständig und unverändert übernommen werden muss, kann dieses nicht durch etwaige abweichende Vertragsverhandlungen zwischen den Parteien abgesenkt werden;[231]
- Sie können als vertragliche Grundlage für Datentransfers zwischen datenübermittelnden Verantwortlichen und datenempfangenden Verantwortlichen/Auftragsverarbeitern unabhängig von deren individueller Beziehung untereinander eingesetzt werden, sodass z. B. auch hinsichtlich konzerninterner Datentransfers hinsichtlich ihrer Verwendung keine Einschränkungen bestehen;
- Standardvertragsklauseln können auch in Situationen eingesetzt werden, in denen es mehr als zwei Vertragsparteien gibt.[232]

---

[227] Europäische Kommission, Durchführungsbeschluss (EU) 2016/2297 vom 16. Dezember 2016 (2016)

[228] Squire Patton Boggs (US) LLP, Data Privacy (2017)

[229] Hunton & Williams, European Commission proposes (2016)

[230] Für Informationen zum anhängigen Verfahren (auf Englisch), siehe https://www.dataprotection.ie/docs/28-9-2016-Explanatory-memo-on-litigation-involving-Facebook-and-Maximilian-Schrems/1598.htm, zuletzt aufgerufen am 29. März 2017

[231] Siehe auch v.d.Bussche/Voigt, in: v.d.Bussche/Voigt, Konzerndatenschutz, Datenübermittlungen (2014), Rn. 3

[232] Siehe auch v.d.Bussche/Voigt, in: v.d.Bussche/Voigt, Konzerndatenschutz, Datenübermittlungen (2014), Rn. 6

Die Nachteile sind u. a.:

- Ihre fehlende Individualität und Flexibilität im Hinblick auf die einzelfallbezogenen Bedürfnisse der involvierten Unternehmen, wobei dieser Nachteil jeglicher Form von Mustervertrag inhärent ist; und
- Ihre Verwendung für konzerninterne Verarbeitungsvorgänge könnte im Vergleich zur Verwendung von Binding Corporate Rules (siehe Abschn. 4.3.5) einen größeren Verwaltungsaufwand erfordern, da sie gesondert zwischen allen beteiligten Gruppenunternehmen vereinbart werden müssen.[233]

4.3.4 EU-U.S. Privacy Shield

Das wohl kontroverseste und bekannteste Beispiel eines aktuellen Angemessenheitsbeschlusses, der noch entsprechend der EG-Datenschutzrichtlinie beschlossen wurde, ist das EU-U.S. Privacy Shield. Auf dessen Grundlage können U.S.-Unternehmen als sichere Drittland-Empfänger zertifiziert werden.[234] Ausgehend von Art. 45 Abs. 9 DSGVO wird es aller Wahrscheinlichkeit nach auch unter der DSGVO in Kraft bleiben. Zudem wird seine praktische Anwendung jährlich einer Überprüfung unterzogen. Es handelt sich um den Nachfolger des *Safe Harbor*-Angemessenheitsbeschlusses von 2000, welcher am 6. Oktober 2015 vom EuGH für unwirksam erklärt wurde.[235] Der EuGH kritisierte überraschend deutlich und klar die fehlenden Feststellungen des Safe Harbor-Beschlusses der Europäischen Kommission dazu, ob die USA ausreichend Regelungen darüber getroffen haben, die etwaige Eingriffe in die Grundrechte der betroffenen Personen effektiv begrenzen oder einen wirksamen Rechtsschutz sicherstellen.[236]

In Folge der Entscheidung begannen die Europäische Kommission und das U.S.-Handelsministerium ihre Verhandlungen zum EU-U.S. Privacy Shield als Nachfolger des Safe Harbor-Abkommens und damit *neuen Rechtsrahmens* für transatlantische Datenübermittlungen aus der EU in das Drittland USA. Als Ergebnis der Verhandlungen fasste die Europäische Kommission einen entsprechenden Angemessenheitsbeschluss, der die in der Safe Harbor-Entscheidung des EuGH aufgestellten Voraussetzungen ausreichend berücksichtigen sollte. Ob letzteres als hinreichend gelungen bezeichnet werden kann wird seit Inkrafttreten des Privacy Shields kontrovers diskutiert (siehe Abschn. 4.3.4.3).

---

[233] Hullen, in: v.d.Bussche/Voigt, Konzerndatenschutz, Ausblick (2014), Rn. 64

[234] Zum Rechtsrahmen und für weitere Informationen, siehe http://ec.europa.eu/justice/data-protection/international-transfers/eu-us-privacy-shield/index_en.htm, zuletzt aufgerufen am 18. Januar 2016

[235] EuGH, Entscheidung vom 6. Oktober 2015, Maximilian Schrems./.Data Protection Commissioner, C-362/14

[236] EuGH, Entscheidung vom 6. Oktober 2015, Maximilian Schrems./.Data Protection Commissioner, C-362/14, ErwGr. 88–89

4.3.4.1 Wirkungsweise

Seit 1. August 2016 ist das EU-U.S. Privacy Shield in Kraft. Genau wie sein Vorgänger Safe Harbor, sieht es einen *Selbstzertifizierungs-Mechanismus* vor. Unternehmen, die dem Privacy Shield beitreten möchten, müssen sich dafür beim *U.S.-Handelsministerium* registrieren, welches für die Anwendung des Privacy Shield verantwortlich ist und dessen Einhaltung durch die registrierten Unternehmen überwacht. Um sich registrieren zu können müssen Unternehmen eine Datenschutz-Policy bereitstellen, die den Vorgaben des EU-U.S. Privacy Shield entspricht. Registrierte Unternehmen, welche die Vorgaben des Privacy Shields umsetzen, bieten ein angemessenes Datenschutzniveau und können sodann personenbezogene Daten aus der EU empfangen.

Registrierte Unternehmen müssen ihre Registrierung *jährlich erneuern,* indem sie ihre (aktualisierte) Datenschutz-Policy dem U.S.-Handelsministerium vorlegen. Andernfalls können sie auf Grundlage des Privacy Shield's als Datenschutzgarantie keine personenbezogenen Daten mehr aus der EU empfangen.

Auf jährlicher Basis überprüfen die Europäische Kommission und das U.S.-Handelsministerium das Funktionieren des EU-U.S. Privacy Shield und passen den Rechtsrahmen erforderlichenfalls an.[237]

4.3.4.2 EU-U.S. Privacy Shield Principles

Das EU-U.S. Privacy Shield enthält (in seinem Anhang II[238]) *sieben Datenschutzgrundsätze* („*EU-U.S. Privacy Shield Principles*"), welche in ähnlicher Form bereits im Safe Harbor-Beschluss vorgesehen waren und für das Privacy Shield im Hinblick auf die EuGH-Rechtsprechung angepasst wurden. Die EU und die USA versuchen auf diese Weise den Schutz der Grundrechte zu verstärken und einen effektiven Rechtsschutz für die betroffenen Personen zu gewährleisten. Als Teil ihrer Registrierung zum EU-U.S. Privacy Shield müssen sich Unternehmen zur Einhaltung dieser Grundsätze verpflichten:

1. *Informationspflicht*: Während Unternehmen unter Safe Harbor nur zur Bereitstellung relativ oberflächlicher Informationen bzgl. der Datenverarbeitung an die betroffenen Personen verpflichtet waren, werden sie durch das Privacy Shield zu einer umfassenden *Bereitstellung von Informationen* über ihre Verarbeitungstätigkeiten verpflichtet (z. B. Arten der erfassten Daten, Zweck der Verarbeitung, Zugangsrecht der betroffenen Personen, Voraussetzungen für Weiterübermittlungen der Daten und Haftung).
2. *Datenintegrität und Zweckbindung*: Die verarbeiteten personenbezogenen Daten müssen auf die Informationen beschränkt sein, die für den *Verarbeitungszweck*

---

[237] Europäische Kommission, European Commission launches Privacy Shield (2016)

[238] http://eur-lex.europa.eu/legal-content/EN/TXT/?uri=uriserv:OJ.L_.2016.207.01.0001.01. ENG&toc=OJ:L:2016:207:FULL#ntr19-L_2016207EN.01000101-E0019, zuletzt aufgerufen am 19. Januar 2017

erheblich und mit diesem vereinbar sind. Sie müssen für den vorgesehenen Zweck hinreichend *zuverlässig, genau, vollständig und aktuell* sein. Dies muss so lange gewährleistet sein, wie das Unternehmen die personenbezogenen Daten aufbewahrt, unabhängig davon, ob die Zertifizierung des Unternehmens nach dem Privacy Shield zwischenzeitlich endet oder nicht.

3. *Wahlmöglichkeit*: Unternehmen müssen den betroffenen Personen die *Möglichkeit* geben zu wählen („*Opt-out*"), ob ihre personenbezogenen Daten an Dritte weitergegeben oder für einen anderen Zweck verwendet werden sollen, als dem Zweck, zu dem sie erhoben wurden. In Bezug auf *besondere Kategorien personenbezogener Daten* kann eine solche Datenverwendung nur mit ausdrücklicher *Zustimmung („opt-in")* der betroffenen Person erfolgen.
4. *Verantwortlichkeit für die Weitergabe*: Nach diesem Grundsatz müssen Unternehmen vor der Weitergabe von Daten an Dritte *einen Vertrag* mit den Empfängern schließen, durch den die Empfänger zur Einhaltung des gleichen Datenschutzniveaus verpflichtet werden, wie es durch die EU-U.S. Privacy Shield Principles gewährleistet wird. Der Vertrag muss zudem festlegen, dass die Daten nur in begrenztem Rahmen für bestimmte Zwecke und im Einklang mit der von der betroffenen Person erteilten Zustimmung verarbeitet werden dürfen.
5. *Sicherheit*: Registrierte Unternehmen müssen angemessene und geeignete Maßnahmen ergreifen, um die personenbezogenen Daten vor Verlust, Missbrauch und unbefugtem Zugriff, Weitergabe, Änderung und Zerstörung zu schützen. Dabei sind insbesondere die Risiken bei der Verarbeitung und die Art der personenbezogenen Daten zu berücksichtigen.
6. *Auskunftsrecht*: Betroffene Personen müssen Zugang zu den personenbezogenen Daten haben, die ein Unternehmen über sie besitzt und sie müssen die Möglichkeit haben, diese zu korrigieren, zu ändern oder zu löschen, wenn sie falsch sind oder unter Missachtung der Privacy Shield Principles verarbeitet wurden, es sei denn, die Belastung oder die Kosten für die Gewährung des Zugangs würden in dem jeweiligen Fall in einem Missverhältnis zu den Nachteilen für den Betroffenen stehen.
7. *Rechtsschutz, Durchsetzung und Haftung*: In Anbetracht der Kritik des EuGH hinsichtlich fehlender effektiver Rechtsschutzmöglichkeiten bei Safe Harbor[239] wurden die entsprechenden Verpflichtungen im Rahmen des Privacy Shield verschärft. Betroffene Personen müssen Zugang zu *leicht zugänglichen, von unabhängigen Stellen durchgeführten* Verfahren haben, nach denen ihre Beschwerden ohne Kosten für die Betroffenen untersucht und zügig behandelt werden. Zu diesem Zweck müssen sich registrierte Unternehmen einem frei ausgewählten Schiedsverfahren unterwerfen. Weitere Einzelheiten zum komplexen System der Rechtsbehelfe finden sich in Anhang 1 zu Anhang II des EU-U.S. Privacy Shield.

---

[239] EuGH, Entscheidung vom 6. Oktober 2015, Maximilian Schrems./.Data Protection Commissioner, C-362/14, ErwGr. 89

4.3.4.3 Ausblick

Obwohl die Datenschutzstandards im EU-U.S. Privacy Shield angehoben wurden, hat nur teilweise eine Verbesserung gegenüber Safe Harbor stattgefunden.[240] Die Art.-29-Datenschutzgruppe hat insbesondere die Rechtsschutzmöglichkeiten, die das Privacy Shield vorsieht, kritisiert, da sie sich in der Praxis als zu kompliziert erweisen könnten.[241] Ausgehend von den verschiedenen vorgesehenen Rechtsschutzmöglichkeiten und der Tatsache, dass die im Privacy Shield vorgesehenen Grundsätze und Garantien sowohl im Angemessenheitsbeschluss als auch in dessen Anhängen geregelt sind, hält die Art.-29-Datenschutzgruppe die Informationen sowohl für schwer auffindbar als auch für teilweise unstimmig.[242]

Bis April 2017 haben sich mehr als 1800 Unternehmen für das EU-U.S. Privacy Shield registriert.[243] Dessen Zukunft bleibt allerdings abzuwarten, da einige Interessenvertreter Argumente gegen seine Rechtmäßigkeit vorbringen.[244] Die Kritik konzentriert sich maßgeblich auf fehlende Verbesserungen des U.S.-Datenschutzrechts seit der Safe Harbor-Entscheidung des EuGH sowie auf die Komplexität und Undurchsichtigkeit des Rechtsrahmens des Privacy Shields. Da Teile des Rechtsrahmens aus U.S.-Recht bestehen könnten die betreffenden Vorschriften zukünftig einseitig durch bspw. Anordnungen des U.S.-Präsidenten geändert werden.

Schließlich hat am 16. September 2016 *Digital Rights Ireland Ltd Klage vor dem EuGH* erhoben, um eine Aufhebung des EU-U.S. Privacy Shield wegen des angeblich unzureichenden Datenschutzniveaus zu erreichen.[245]

4.3.5 Binding Corporate Rules

Als weitere Alternative zur Herstellung eines angemessenen Datenschutzniveaus bei der in einem Drittland befindlichen datenempfangenden Stelle können Unternehmen verbindliche interne Datenschutzvorschriften, sog. Binding Corporate Rules (BCR) verwenden, Art. 46 Abs. 2 lit. b, 47 DSGVO. Sie bilden eine ausreichende Garantie für internationale Datentransfers innerhalb einer Konzernstruktur. Allerdings fanden sie bisher in der Praxis aufgrund des damit verbundenen organisatorischen und entsprechenden finanziellen Aufwands nur zögerlich Verwendung.[246]

---

[240] Kritisiert von vielen, beispielhaft Galetzka, DSRITB 2016, 217, 227; Weichert, ZD 2016, 209, 209 ff.

[241] Art.-29-Datenschutzgruppe, WP 238 (2016), S. 3–4

[242] Art.-29-Datenschutzgruppe, WP 238 (2016), S. 2–4

[243] Liste abrufbar unter https://www.privacyshield.gov/list, zuletzt aufgerufen am 21. März 2017

[244] Spies, ZD-Aktuell (2016), 04992; Laue/Nink/Kremer, Datenschutzrecht, Verarbeitung durch Dritte (2016), Rn. 43; Dachwitz, Nationale Datenschutzbehörden kritisieren (2016)

[245] EuGH, Digital Rights Ireland./.Commission, Fall T-670/16

[246] Karg, VuR 2016, 457, 461

Weniger als 100 Unternehmensgruppen haben in der Vergangenheit das sehr komplexe Verfahren zur Aufnahme von BCR durchlaufen.[247]

Die EG-Datenschutzrichtlinie enthielt keine spezifischen Vorschriften zu BCR. Der Garantiemechanismus wurde von der Art.-29-Datenschutzgruppe entwickelt, um multinationalen Unternehmensgruppen ein vertragliches Instrument an die Hand zu geben, welches ihren speziellen Datenschutzanforderungen angepasst werden kann.[248] Die DSGVO sieht erstmalig *gesetzliche Anforderungen* hinsichtlich des Inhalts der BCR vor.

4.3.5.1 Wirkungsweise

BCR sind verbindliche, interne Datenschutzvorschriften, die angenommen werden von:

- Multinationalen *Unternehmensgruppen*, die aus einem herrschenden Unternehmen und von diesem beherrschten Unternehmen bestehen (siehe Abschn. 4.4);[249] oder
- einer *Gruppe von Unternehmen, die eine gemeinsame Wirtschaftstätigkeit ausüben*. Im Gegensatz zur Unternehmensgruppe sind die Mitglieder der Gruppe rechtlich selbständige Unternehmen, die – aufgrund ihrer Weisungsunabhängigkeit – nicht als Unternehmensgruppe anzusehen sind.[250] Für eine „gemeinsame Wirtschaftstätigkeit" gemäß Art. 47 DSGVO ist erforderlich, dass ihre Kooperation derartig verfestigt ist, dass sie gemeinsam die Einhaltung der datenschutzrechtlichen Anforderungen an eine verbindliche Unternehmensregelung sicherstellen können.[251]

BCR legen die *globale Datenschutzpolitik* der Gruppenmitglieder in Bezug auf internationale Datenübermittlungen an Gruppenmitglieder in Drittländern fest, in denen kein angemessenes Datenschutzniveau i.S.v. Art. 45 DSGVO besteht.[252] Dieses Instrument soll den Interessen von Unternehmensgruppen oder wirtschaftlich verbundenen Unternehmen gerecht werden, die personenbezogene Daten allen beteiligten Unternehmen zur Verfügung stellen möchten, unabhängig davon, ob diese in der EU oder in einem Drittland ansässig sind.

---

[247] Eine Liste der Unternehmen ist abrufbar unter http://ec.europa.eu/justice/data-protection/international-transfers/binding-corporate-rules/bcr_cooperation/index_en.htm, zuletzt aufgerufen am 19. Januar 2017

[248] Für Einzelheiten, siehe die Konzeption und die Richtlinien der Art.-29-Datenschutzgruppe in ihren Working Papers (WP 74, 102, 107, 108, 133, 153, 154, 155, 195, 195a, 204, 212), alle abrufbar unter http://ec.europa.eu/justice/data-protection/article-29/documentation/opinion-recommendation/index_en.htm, zuletzt aufgerufen am 19. Januar 2017

[249] Art. 4 Nr. 19 DSGVO definiert die "Unternehmensgruppe" als eine Gruppe, die aus einem herrschenden Unternehmen und den von diesem abhängigen Unternehmen besteht.

[250] Ernst, in: Paal/Pauly, DSGVO, Art. 4 (2017), Rn. 130

[251] Pauly, in: Paal/Pauly, DSGVO, Art. 47 (2017), Rn. 4

[252] Für Einzelheiten, siehe auch http://ec.europa.eu/justice/data-protection/international-transfers/binding-corporate-rules/index_en.htm, zuletzt aufgerufen am 19. Januar 2017

Der Rechtsrahmen, welcher durch die Annahme von BCR geschaffen wird, ermöglicht Datenübermittlungen ganz unabhängig davon, ob das Empfängerland ein angemessenes Datenschutzniveau bietet oder nicht. Dies ist allerdings nur unter der Bedingung möglich, dass das dort ansässige Unternehmen durch die BCR entsprechend gebunden wird. BCR schaffen so einen *gruppeninternen Datenschutzstandard*, der ein angemessenes Schutzniveau entsprechend den europäischen Datenschutzstandards sicherstellt. Dieses Instrument dürfte im Hinblick auf das Fehlen eines Konzernprivilegs auch in der DSGVO sowie die klarstellende ausführliche Regelung in Art. 46, 47 DSGVO nunmehr auf Gesetzesebene zukünftig an Bedeutung gewinnen (siehe Abschn. 4.4).

Anwendungsfälle
BCR können nicht als Garantie für internationale Datenübermittlungen an Unternehmen verwendet werden, die nicht Teil der jeweiligen Unternehmensgruppe oder Gruppe von Unternehmen sind, die eine gemeinsame Wirtschaftstätigkeit ausüben.[253] Zudem muss beachtet werden, dass die BCR zwar ein angemessenes Datenschutzniveau garantieren (Prüfungsschritt 2), jedoch keine Rechtsgrundlage für die Verarbeitung (Prüfungsschritt 1) darstellen (siehe Abschn. 4.3). Folglich müssen die Gruppenunternehmen gewährleisten, dass die Datenübermittlungen jeweils auch von einem Erlaubnistatbestand gedeckt werden. Für folgende Szenarien können sich BCR insbesondere als sinnvoll erweisen:

- Ein *Verantwortlicher* möchte Daten an außereuropäische Mitglieder seiner Unternehmensgruppe übermitteln und die Unternehmensgruppe führt zu diesem Zweck BCR ein.[254]
- Ein Verantwortlicher und ein Auftragsverarbeiter schließen einen Dienstleistungsvertrag über Datenverarbeitungstätigkeiten. Sie fügen die *BCR des Auftragsverarbeiters* dem Vertrag bei. Auf diese Weise wird bei einer etwaigen Unterbeauftragung von Unternehmen, die Teil der Unternehmensgruppe des Auftragsverarbeiters sind, ein angemessenes Datenschutzniveau garantiert und die Unterbeauftragung kann ohne Einwilligung des Verantwortlichen erfolgen. Diese Vorgehensweise bietet den Vorteil, dass das datenverarbeitende Unternehmen, welches BCR eingeführt hat, mit den verschiedenen Gruppenunternehmen, die als Unterbeauftragte tätig werden sollen, keine gesonderten Verträge zur Sicherstellung eines bestimmten Datenschutzniveaus abschließen muss.[255] Allerdings können die BCR des Auftragsverarbeiters nicht auf Unterbeauftragte angewandt werden, die nicht Teil der entsprechenden Unternehmensgruppe sind, sodass eine Datenübermittlung an diese Unternehmen den Einsatz einer

---

[253] ErwGr. 110 DSGVO; Laue/Nink/Kremer, Datenschutzrecht, Verarbeitung durch Dritte (2016), Rn. 46
[254] Siehe auch Art.-29-Datenschutzgruppe, WP 204 (2013b), S. 4–5
[255] Für Einzelheiten siehe auch Art.-29-Datenschutzgruppe, WP 204 (2013b), S. 6 ff.

anderen datenschutzrechtlichen Garantiemaßnahme erfordert.[256] Nur klarstellend sei angemerkt, dass diese Form der Einbindung von BCR nicht etwa auch den originären Datentransfer vom Verantwortlichen an den Auftragsverarbeiter rechtfertigt; es wird lediglich die Unterbeauftragung innerhalb eines Auftragsverarbeiter-Konzerns erleichtert.

Bislang ist unklar, ob und in welchem Ausmaß unterschiedliche Anforderungen an die Ausgestaltung der BCR von Verantwortlichen oder Auftragsverarbeitern nach der DSGVO gestellt werden.[257] Da Art. 47 DSGVO hinsichtlich der Voraussetzungen zwischen diesen beiden Fallgruppen rechtlich nicht differenziert, sollte es in der Praxis nicht zu abweichenden Anforderungen kommen. Im Ergebnis bleibt abzuwarten, welche praktischen Anforderungen sich im Genehmigungsverfahren der Aufsichtsbehörden herausbilden.[258]

4.3.5.2 Mindestinhalt

Für eine Unternehmensgruppe oder eine Gruppe von Unternehmen, die eine gemeinsame Wirtschaftstätigkeit ausüben, kommt die Anwendung von BCR für ihre internationalen Datenübermittlungen aus der EU an Mitglieder derselben Gruppe nur in Betracht, sofern die BCR sämtliche Grundprinzipien und durchsetzbaren Rechte enthalten, die geeignete Garantien für die Übermittlungen personenbezogener Daten bieten.[259] Aus diesem Grund stellen Art. 47 Abs. 1, 2 DSGVO *Mindestanforderungen* hinsichtlich des Inhalts der BCR auf.

Gemäß Art. 47 Abs. 1, 2 DSGVO müssen BCR:

- rechtlich bindend sein und für *alle relevanten Mitglieder* der Unternehmensgruppe/der Gruppe von Unternehmen, die eine gemeinsame Wirtschaftstätigkeit ausüben, gelten und von diesen Mitgliedern durchgesetzt werden, was auch für ihre Beschäftigten gilt; und
- den *betroffenen Personen* ausdrücklich durchsetzbare Rechte in Bezug auf die Verarbeitung ihrer personenbezogenen Daten übertragen; und
- mindestens *folgende Angaben* enthalten:
    - Struktur und Kontaktdaten der Unternehmensgruppe/Gruppe von Unternehmen, die eine gemeinsame Wirtschaftstätigkeit ausüben, und jedes ihrer Mitglieder;
    - die relevanten Datenübermittlungen einschließlich der betroffenen Arten personenbezogener Daten, Art und Zweck der Datenverarbeitung, Art der betroffenen Personen und das betroffene Drittland;
    - ihre interne und externe Rechtsverbindlichkeit;
    - die Anwendung der allgemeinen Datenschutzgrundsätze, insbesondere Zweckbindung, Datenminimierung, begrenzte Speicherfristen, Datenqualität,

---

[256] Siehe auch Art.-29-Datenschutzgruppe, WP 204 (2013b), S. 7
[257] Pauly, in: Paal/Pauly, DSGVO, Art. 47 (2017), Rn. 8
[258] Pauly, in: Paal/Pauly, DSGVO, Art. 47 (2017), Rn. 8
[259] ErwGr. 110 DSGVO

Datenschutz durch Technikgestaltung und durch datenschutzfreundliche Voreinstellungen, Rechtsgrundlage für die Verarbeitung, Verarbeitung besonderer Kategorien von personenbezogenen Daten, Maßnahmen zur Sicherstellung der Datensicherheit und Anforderungen für die Weiterübermittlung an nicht an die BCR gebundene Stellen;
- die Rechte der betroffenen Personen in Bezug auf die Verarbeitung und die diesen offenstehenden Mittel zur Wahrnehmung dieser Rechte;
- die von dem in der EU niedergelassenen Verantwortlichen/Auftragsverarbeiter übernommene Haftung für etwaige Verstöße von nicht in der EU niedergelassenen Mitgliedern der Gruppe;
- die Art und Weise, wie den betroffenen Personen Informationen über die BCR bereitgestellt werden;
- die Aufgaben des Datenschutzbeauftragten/einer anderen Person, die mit der Überwachung der Einhaltung der BCR in der Gruppe befasst ist;
- die Beschwerdeverfahren;
- die innerhalb der Gruppe bestehenden Verfahren zur Überprüfung der Einhaltung der BCR, insbesondere Datenschutzüberprüfungen und Verfahren zur Gewährleistung von Abhilfemaßnahmen;
- die Verfahren für die Meldung und Erfassung von Änderungen der BCR und ihre Meldung an die Aufsichtsbehörde;
- die Verfahren für die Zusammenarbeit mit der Aufsichtsbehörde;
- die Meldeverfahren zur Unterrichtung der zuständigen Aufsichtsbehörde über jegliche für ein Mitglied der Gruppe geltenden rechtlichen Bestimmungen, die sich nachteilig auf die Garantien in den BCR auswirken könnten;
- geeignete Datenschutzschulungen für Personal mit ständigem oder regelmäßigem Zugang zu personenbezogenen Daten.

Die gesetzlichen Anforderungen entsprechen überwiegend denjenigen, welche die Art.-29-Datenschutzgruppe in ihren bisherigen Working Papers für BCR aufgestellt hat.[260] Daher können diese zukünftig von Unternehmen auch weiterhin als Richtlinie für die Ausarbeitung von BCR genutzt werden.[261]

Gemäß Art. 46 Abs. 5 DSGVO bleiben bisher genehmigte BCR so lange gültig, bis sie erforderlichenfalls von der zuständigen Aufsichtsbehörde geändert, ersetzt oder aufgehoben werden.

4.3.5.3 Verfahren

Um BCR erfolgreich als Garantie für internationale Datenübermittlungen einsetzen zu können muss die *zuständige Aufsichtsbehörde* die BCR vorab genehmigen und im Zuge dessen überprüfen, dass die BCR die Voraussetzungen des Art. 47 DSGVO erfüllen.

---

[260] Dies betrifft insbesondere die Working Papers WP 153 und WP 154, abrufbar unter http://ec.europa.eu/justice/data-protection/article-29/documentation/opinion-recommendation/index_en.htm, zuletzt aufgerufen am 19. Januar 2017

[261] Laue/Nink/Kremer, Datenschutzrecht, Verarbeitung durch Dritte (2016), Rn. 48

4.3.5.4 Praxishinweise

Im Vergleich zur fehlenden gesetzlichen Ausgestaltung in der EG-Datenschutzrichtlinie wird die Rechtssicherheit bzgl. des Genehmigungsverfahrens für BCR mit der ausführlichen Regelung in der DSGVO wesentlich erhöht. Dadurch könnte, wie bereits aufgezeigt, die Verwendung von BCR in der Praxis künftig stark zunehmen. Der Einsatz von BCR birgt sowohl Vor- als auch Nachteile, die Unternehmen vor deren Einführung in Betracht ziehen sollten.

Nachteile sind u. a.:

- Die Einführung erfordert eine umfassende Untersuchung der gruppeninternen Datenflüsse um festzustellen, welche Drittländer von Datenübermittlungen betroffen sind und welches Datenschutzniveau diese bereitstellen[262];
- Ihre Anwendbarkeit beschränkt sich auf gruppeninterne Datenübermittlungen[263];
- Die Erforderlichkeit ihrer Genehmigung durch die zuständige Aufsichtsbehörde ist zeit- und kostenintensiv.

Vorteile sind u. a.:

- BCR führen Datenschutzstandards ein, die genau auf die Bedürfnisse der Unternehmensgruppe zugeschnitten sind[264];
- Im Vergleich zu Standardvertragsklauseln bieten sie eine individuellere und flexiblere Lösung für internationale Datenübermittlungen (siehe Abschn. 4.3.3);
- Der aufwendigere Umsetzungsprozess, der zu einer genauen Identifikation der gruppeninternen Datenflüsse führt, kann hilfreich sein, um andere Verpflichtungen nach der DSGVO zu erfüllen, wie bspw. solche, die an die Informations- und Zugangsrechte der betroffenen Personen anknüpfen (siehe Kap. 5)[265].

4.3.6 Verhaltensregeln, Zertifizierungsverfahren, etc.

Wie zuvor erwähnt (siehe Abschn. 3.9 für Einzelheiten) spielen Selbstregulierungsinstrumente für den Datenschutz in Zukunft eine wichtigere Rolle, da sie dabei helfen können, die Vorgaben der DSGVO einzuhalten und dies auch entsprechend nachzuweisen. Die *Selbstregulierungsinstrumente* Verhaltensregeln (Art. 40, 41 DSGVO) und Zertifizierungen (Art. 42, 43 DSGVO) sollen sicherstellen, dass ein bestimmtes Datenschutzniveau besteht und können daher auch als Garantie für internationale Datentransfers eingesetzt werden.

---

[262] Laue/Nink/Kremer, Datenschutzrecht, Verarbeitung durch Dritte (2016), Rn. 47
[263] Laue/Nink/Kremer, Datenschutzrecht, Verarbeitung durch Dritte (2016), Rn. 51
[264] Laue/Nink/Kremer, Datenschutzrecht, Verarbeitung durch Dritte (2016), Rn. 47
[265] Laue/Nink/Kremer, Datenschutzrecht, Verarbeitung durch Dritte (2016), Rn. 47

Unternehmen in Drittländern können *genehmigte Verhaltensregeln*, die allgemeine Gültigkeit besitzen, einhalten, um geeignete Garantien im Rahmen der Übermittlung personenbezogener Daten an Drittländer zu bieten, Art. 40 Abs. 3 i.V.m. Art. 46 Abs. 2 lit. e DSGVO (siehe Abschn. 3.9.2.4). Zusätzlich dazu müssen diese Unternehmen mittels vertraglicher oder sonstiger rechtlich bindender Instrumente die verbindliche und durchsetzbare Verpflichtung eingehen, diese geeigneten Garantien anzuwenden.

Unternehmen in Drittländern können zudem datenschutzspezifische *Zertifizierungsverfahren*, Siegel oder Prüfzeichen einhalten, um nachzuweisen, dass sie im Rahmen der Übermittlung personenbezogener Daten an Drittländer geeignete Garantien bieten, Art. 42 Abs. 2 i.V.m. Art. 46 Abs. 2 lit. f DSGVO (siehe Abschn. 3.9.3.4). Diese Zertifizierung kann als Garantie nur verwendet werden, wenn die Unternehmen ebenfalls zusätzlich mittels vertraglicher oder sonstiger rechtlich bindender Instrumente die verbindliche und durchsetzbare Verpflichtung eingehen, diese geeigneten Garantien auch anzuwenden.

4.3.7 Ausnahmen für bestimmte Fälle

Art. 49 DSGVO regelt Ausnahmen, die eine Übermittlung personenbezogener Daten an ein Drittland auch dann ermöglichen, wenn keine der vorbenannten Garantiemaßnahmen erfüllt ist. Die Vorschrift entspricht maßgeblich derjenigen der EG-Datenschutzrichtlinie,[266] führt aber einen neuen Ausnahmefall ein (für Einzelheiten siehe Abschn. 4.3.7.5).

Die *Aufzählung* der Ausnahmefälle *ist abschließend*. Gemäß Art. 49 Abs. 1 lit. e DSGVO kann eine Datenübermittlung an ein Drittland erfolgen, wenn sie zur Geltendmachung, Ausübung oder Verteidigung von Rechtsansprüchen erforderlich ist. Gemäß Art. 49 Abs. 1 lit. g, 2 DSGVO kann eine solche Übermittlung auch rechtmäßig sein, wenn sie aus einem öffentlichen Register erfolgt und nicht die Gesamtheit oder ganze Kategorien der im Register enthaltenen personenbezogenen Daten von der Übermittlung umfasst sind.

4.3.7.1 Übermittlung ist für die Erfüllung eines Vertrags mit der betroffenen Person erforderlich

Eine Übermittlung personenbezogener Daten an ein Drittland ist zulässig, soweit sie für die Erfüllung eines Vertrags zwischen der betroffenen Person und dem Verantwortlichen oder zur Durchführung von vorvertraglichen Maßnahmen auf Antrag der betroffenen Person erforderlich ist, Art. 49 Abs. 1 lit. b DSGVO.[267] Dieser Ausnahmefall war bereits nach bisheriger Rechtslage vorgesehen. Er ist eng auszulegen, sodass die Notwendigkeit einer Übermittlung nur angenommen

---

[266] Art. 26 EG-Datenschutzrichtlinie

[267] Die Ausnahme gilt nicht für Tätigkeiten, die Behörden in Ausübung ihrer hoheitlichen Befugnisse durchführen, Art. 49 Abs. 3 DSGVO.

werden kann, sofern eine enge und substantielle Verbindung zur betroffenen Person und zum Vertragszweck besteht.[268] Sofern der Vertragszweck auch ohne die Übermittlung von Daten an ein Drittland erreicht werden kann, ist die Datenübermittlung nicht erforderlich und kann daher nicht gem. Art. 49 Abs. 1 lit. b DSGVO zulässig sein.

Es ist anzumerken, dass diese Ausnahmeregelung nicht dazu dienen kann, *Beschäftigtendaten* innerhalb einer Unternehmensgruppe von Tochtergesellschaften an die Muttergesellschaft zu übermitteln, z. B. um die Zahlungs- und Personalverwaltungsvorgänge der Gruppe zu zentralisieren.[269] Ein solcher Datentransfer kann nicht als für die Erfüllung des Arbeitsvertrags erforderlich angesehen werden, da keine direkte und objektive Verbindung zwischen der Vertragsausführung und dem Datentransfer besteht.[270]

> **Beispiel**
>
> Die Ausnahmeregelung kann zur Zulässigkeit von Datenübermittlungen in Fällen führen, in denen eine direkte Verbindung zwischen der Übermittlung und der Erfüllung des Vertrags besteht:
>
> - Die Übermittlung von Kundendaten von Reiseunternehmen an Hotels oder andere Geschäftspartner zur Organisation des Aufenthalts eines Kunden
> - Die Übermittlung von Käuferdaten für E-Commerce-Käufe, um Bestellungen auszuführen oder Zahlungen zu verarbeiten.
>
> In diesen beiden Fällen ist die Datenübermittlung erforderlich, um den Vertragszweck zu erfüllen (Organisation einer Reise/Bereitstellung von Waren oder Dienstleistungen). Daher führt Art. 49 Abs. 1 lit. b DSGVO zur Zulässigkeit dieser Übermittlungen.[271]

Die Ausnahmeregelung kann nicht zur Zulässigkeit der Übermittlung *zusätzlicher Informationen* führen, die für den Vertragszweck nicht erforderlich sind oder die einem anderen Zweck als der Erfüllung des Vertrages dienen sollen.[272]

4.3.7.2 Übermittlung ist für den Vertrag mit einem Dritten erforderlich

Eine Übermittlung von Daten an ein Drittland ist zulässig, sofern sie zum Abschluss oder zur Erfüllung eines *im Interesse der betroffenen Person* von dem Verantwortlichen mit einer anderen natürlichen oder juristischen Person geschlossenen Vertrags

---

[268] Siehe auch Art.-29-Datenschutzgruppe, WP 114 (2005), S. 13

[269] Siehe auch Art.-29-Datenschutzgruppe, WP 114 (2005), S. 13

[270] Siehe auch Art.-29-Datenschutzgruppe, WP 114 (2005), S. 13

[271] Laue/Nink/Kremer, Datenschutzrecht, Verarbeitung durch Dritte (2016), Rn. 62; siehe auch Art.-29-Datenschutzgruppe, WP 114 (2005), S. 13

[272] Siehe auch Art.-29-Datenschutzgruppe, WP 114 (2005), S. 13

erforderlich ist, Art. 49 Abs. 1 lit. c DSGVO.[273] Diese Ausnahmeregelung war bereits in der EG-Datenschutzrichtlinie vorgesehen und ist entsprechend derjenigen in Art. 49 Abs. 1 lit. b DSGVO zu interpretieren.

4.3.7.3 Wichtige Gründe des öffentlichen Interesses

Gemäß Art. 49 Abs. 1 lit. d DSGVO ist eine Übermittlung von Daten in ein Drittland auch dann zulässig, wenn sie aus wichtigen Gründen des öffentlichen Interesses notwendig ist. Entsprechend Art. 49 Abs. 4 DSGVO muss das angeführte öffentliche Interesse im *Recht der EU oder im Recht des EU-Mitgliedstaats*, dem der Verantwortliche unterliegt, anerkannt sein.[274] Ein derartiges Interesse könnte bspw. der internationale Datenaustausch zwischen Wettbewerbs-, Steuer- oder Zollbehörden, zwischen Finanzaufsichtsbehörden oder zwischen für Angelegenheiten der sozialen Sicherheit oder für die öffentliche Gesundheit zuständigen Diensten sein.[275]

Art. 49 Abs. 5 DSGVO enthält eine Öffnungsklausel von hoher praktischer Relevanz. Liegt kein Angemessenheitsbeschluss nach Art. 45 DSGVO vor, so können im Recht der EU oder der EU-Mitgliedstaaten aus wichtigen Gründen des öffentlichen Interesses ausdrücklich Beschränkungen bzgl. der Übermittlung bestimmter Kategorien von personenbezogenen Daten in Drittländer vorgesehen werden. Dies ermöglicht EU-Mitgliedstaaten die Übermittlung besonderer Kategorien personenbezogener Daten außerhalb der EU per Rechtsakt zu verhindern, wobei die Öffnungsklausel weder die Art der Daten noch der möglichen öffentlichen Interessen begrenzt.[276]

4.3.7.4 Schutz lebenswichtiger Interessen

Eine Übermittlung personenbezogener Daten in ein Drittland ist zulässig, sofern sie zum Schutz lebenswichtiger Interessen der betroffenen Person oder anderer Personen erforderlich ist, sofern die betroffene Person aus physischen oder rechtlichen Gründen *außerstande ist, ihre Einwilligung* zu erklären, Art. 49 Abs. 1 lit. f DSGVO.

4.3.7.5 Wahrung der zwingenden berechtigten Interessen des Verantwortlichen

Art. 49 Abs. 1 Unterabs. 2 DSGVO führt eine *neue Ausnahmeregelung* ein.[277] Gemäß dieser Bestimmung kann eine Datenübermittlung in ein Drittland in begrenzten Fällen erfolgen, sofern sie zur Wahrung der zwingenden berechtigten Interessen des Verantwortlichen erforderlich ist. Ausgehend vom unmissverständlichen Wortlaut

---

[273] Die Ausnahme gilt nicht für Tätigkeiten, die Behörden in Ausübung ihrer hoheitlichen Befugnisse durchführen, Art. 49 Abs. 3 DSGVO.

[274] Siehe auch Art.-29-Datenschutzgruppe, WP 114 (2005), S. 13 ff.

[275] ErwGr. 112 DSGVO

[276] Pauly, in: Paal/Pauly, DSGVO, Art. 49 (2017), Rn. 36

[277] Die Ausnahme gilt nicht für Tätigkeiten, die Behörden in Ausübung ihrer hoheitlichen Befugnisse durchführen, Art. 49 Abs. 3 DSGVO

4.3 Datenübermittlungen an Drittländer

der Bestimmung kann sie nicht als Ausnahmeregelung für Auftragsverarbeiter angewandt werden, die personenbezogene Daten an nicht in der EU niedergelassene Unter-Auftragsverarbeiter übermitteln möchten.[278] Diese *Generalklausel* kann nur zur Anwendung gelangen, falls die Übermittlung nicht auf eine andere Garantie oder Ausnahmeregelung (also die Art. 45, 46, 49 Abs. 1 Unterabs. 1 DSGVO) gestützt werden kann und sofern der datenübermittelnde Verantwortliche eine Reihe von Tatbestandvoraussetzungen erfüllt:

- die Übermittlung erfolgt *nicht wiederholt*;
- die Übermittlung betrifft nur eine *begrenzte Zahl von betroffenen* Personen;
- die Übermittlung ist für die Wahrung der *zwingenden berechtigten Interessen* des Verantwortlichen erforderlich;
- diese berechtigten Interessen werden *nicht* von den Interessen oder Rechten und Freiheiten der betroffenen Person *überwogen*; und
- der Verantwortliche hat alle Umstände der Datenübermittlung beurteilt und auf der Grundlage dieser Beurteilung *geeignete Garantien* in Bezug auf den Schutz personenbezogener Daten vorgesehen.

Eine solche Beurteilung sollte insbesondere die Art der personenbezogenen Daten, den Zweck und die Dauer der vorgesehenen Verarbeitungsvorgänge, die Datenschutzsituation im Herkunftsland, im entsprechenden Drittland und im Endbestimmungsland besonders berücksichtigen.[279]

Die Interpretation der Tatbestandsmerkmale dieser Ausnahmeregelung ist noch nicht vollständig klar, da der Wortlaut der Bestimmung eine bestimmte Auslegung nicht eindeutig vorgibt. Die Merkmale „nicht wiederholt" oder „begrenzte Anzahl" werden nicht weiter ausgeführt. Eine Übermittlung könnte bspw. entweder als „sich wiederholend" anzusehen sein, sobald sie mehr als einmal stattfindet oder aber sobald sie mit einer gewissen Regelmäßigkeit stattfindet.[280] In jedem Fall sollen die zahlreichen Tatbestandsvoraussetzungen den Ausnahmecharakter dieser Regelung hervorheben. Alle Voraussetzungen der Vorschrift dürften nur in sehr wenigen Fällen zugleich vorliegen und ihre Anwendung erfordert einen erhöhten Prüfungsaufwand für den Verantwortlichen.[281] Datenübermittlungen auf Grundlage dieser Ausnahmeregelung sollten deshalb nur stattfinden, wenn keine andere Garantie oder Ausnahmeregelung erfüllt werden kann.[282] Abgesehen von der Notwendigkeit des Vorliegens der verschiedenen Tatbestandsvoraussetzungen lösen solche Übermittlungen auch zusätzliche Datenschutzverpflichtungen für den Verantwortlichen aus:

---

[278] Laue/Nink/Kremer, Datenschutzrecht, Verarbeitung durch Dritte (2016), Rn. 63
[279] ErwGr. 113 DSGVO
[280] Laue/Nink/Kremer, Datenschutzrecht, Verarbeitung durch Dritte (2016), Rn. 65
[281] v.d.Bussche, in: Plath, BDSG/DSGVO, Art. 49 DSGVO (2016), Rn. 9
[282] ErwGr. 113 DSGVO

- der Verantwortliche hat die Aufsichtsbehörde von einer solchen Übermittlung in Kenntnis zu setzen;
- der Verantwortliche hat die betroffene(n) Person(en) über die Übermittlung und über seine zwingenden berechtigten Interessen in Kenntnis zu setzen;
- der Verantwortliche hat die von ihm vorgenommene Beurteilung sowie die angemessenen Garantien in den Verzeichnissen über die Verarbeitungstätigkeiten zu dokumentieren (siehe Abschn. 3.4), Art. 49 Abs. 6 DSGVO.

Ausgehend von den vielen zu erfüllenden Bedingungen für eine rechtmäßige Datenübermittlung nach Art. 49 Abs. 1 Unterabs. 2 DSGVO dürfte diese Regelung in der Praxis nur sehr selten zur Anwendung gelangen.

4.3.8 Benennung eines Vertreters durch nicht in der EU niedergelassene Unternehmen

Gemäß Art. 27 DSGVO müssen Unternehmen, die in den räumlichen Anwendungsbereich der DSGVO fallen und nicht in der EU niedergelassen sind, einen Vertreter in der EU benennen. Dies betrifft jedes Unternehmen (Verantwortlicher oder Auftragsverarbeiter), welches Waren oder Dienstleistungen betroffenen Personen in der EU anbietet oder deren Verhalten beobachtet (siehe Abschn. 2.3.2 für Einzelheiten). Diese Verpflichtung soll sicherstellen, dass die Aufsichtsbehörden und die betroffenen Personen eine *Anlaufstelle* in der EU haben. Allerdings berührt die Benennung eines solchen Vertreters nicht die Verantwortung oder Haftung des Verantwortlichen/Auftragsverarbeiters für die Verarbeitungstätigkeiten.[283]

4.3.8.1 Voraussetzungen hinsichtlich des Vertreters
Art. 4 Nr. 17 DSGVO definiert den „Vertreter" als eine in der EU niedergelassene *natürliche oder juristische Person*, die den Verantwortlichen oder Auftragsverarbeiter in Bezug auf die ihnen jeweils nach dieser Verordnung obliegenden Pflichten vertritt. Der Vertreter muss verschiedene Voraussetzungen erfüllen:

- Der Vertreter ist *schriftlich* zu benennen (Art. 4 Nr. 17 DSGVO). Allerdings wird nicht klargestellt, ob eine elektronische Form dieser Voraussetzung entspricht. Da die Schriftform der Legitimierung des Vertreters dienen soll, dürfte dessen bloße Erwähnung auf der Website des Unternehmens dieser Anforderung nicht gerecht werden.[284]
- Die DSGVO gibt keine Voraussetzungen hinsichtlich der Qualifikationen oder Beziehung des Vertreters zum Verantwortlichen/Auftragsverarbeiter vor.

---

[283] ErwGr. 80 DSGVO
[284] Martini, in: Paal/Pauly, DSGVO, Art. 27 (2017), Rn. 19

- Es ist möglich, einen einzigen Vertreter für mehrere Verantwortliche und/oder Auftragsverarbeiter zu benennen, solange es zu keinem Interessenkonflikt kommt.[285]
- Der Vertreter soll im Namen des Verantwortlichen/Auftragsverarbeiters tätig werden und muss daher *Vertretungsbefugnis* haben.[286]
- Gemäß Art. 27 Abs. 3 DSGVO muss der Vertreter in einem der EU-Mitgliedstaaten *niedergelassen* sein, in denen sich die von der Verarbeitung betroffenen Personen befinden. Es ist nicht erforderlich einen Vertreter in jedem der betroffenen EU-Mitgliedstaaten zu benennen. Eine Niederlassung erfordert, wie bei Art. 3 DSGVO, die effektive und tatsächliche Ausübung einer Tätigkeit mittels einer festen Einrichtung (siehe Abschn. 2.3.1).

Beispiel

Unternehmen H ist in Australien niedergelassen und betreibt einen Online-Shop. Um Bestellungen zu verarbeiten, werden die Kundendaten gespeichert. Das Unternehmen hat keine Tochtergesellschaften oder Vertreter im Ausland. H richtet sein Warenangebot an Kunden in der EU, genauer gesagt in Deutschland, Italien und Frankreich.

In diesem Beispiel spricht H Kunden in Deutschland, Frankreich und Italien an und muss daher einen Vertreter in einem dieser EU-Mitgliedstaaten benennen. H könnte bspw. einen in Italien niedergelassenen Vertreter benennen. Es ist nicht notwendig, weitere Vertreter zu benennen, die in den anderen beiden EU-Mitgliedstaaten niedergelassen sind. Andererseits wäre die Verpflichtung aus Art. 27 DSGVO zur Benennung eines Vertreters nicht erfüllt, wenn H bspw. einen in Tschechien niedergelassenen Vertreter benennt. Dies folgt daraus, dass der Vertreter in einem der EU-Mitgliedstaaten niedergelassen sein muss, in dem sich die von H's Verarbeitungstätigkeiten betroffenen Personen befinden. Da H keine Kunden in Tschechien anspricht, kann sich der Vertreter nicht dort befinden.

4.3.8.2 Ausnahmen von der Pflicht zur Benennung eines Vertreters

Nicht jedes Unternehmen, welches dem räumlichen Anwendungsbereich des Art. 3 Abs. 2 DSGVO unterfällt, ist zur Benennung eines Vertreters in der EU verpflichtet. Art. 27 DSGVO sieht *zwei Ausnahmen* vor.[287]

Gemäß Art. 27 Abs. 2 lit. a DSGVO besteht keine Pflicht zur Benennung eines Vertreters, sofern die Verarbeitung nur ein *geringes Datenschutzrisiko* birgt. Dies ist der Fall wenn:

---

[285] Martini, in: Paal/Pauly, DSGVO, Art. 27 (2017), Rn. 27; siehe auch Dammann, in: Simitis, BDSG, § 1 (2014), Rn. 234

[286] ErwGr. 80 DSGVO; Plath, in: Plath, BDSG/DSGVO, Art. 27 DSGVO (2016), Rn. 1

[287] Die zweite Ausnahme ist in Art. 27 Abs. 2 lit. b DSGVO geregelt gemäß der Behörden oder öffentliche Stellen nicht zur Benennung eines Vertreters verpflichtet sind.

- eine Verarbeitung nur gelegentlich erfolgt,
- diese nicht die umfangreiche Verarbeitung besonderer Datenkategorien i.S.d. Art. 9, 10 DSGVO einschließt und
- die Verarbeitung voraussichtlich nicht zu einem Risiko für die Rechte und Freiheiten natürlicher Personen führt.

Alle drei Tatbestandsvoraussetzungen müssen erfüllt sein. Leider hat der Gesetzgeber nicht klargestellt, was unter den Merkmalen „gelegentlich oder „umfangreich" zu verstehen ist. Dies könnte künftig also Anlass zu Rechtsstreitigkeiten geben, sodass es aller Wahrscheinlichkeit nach erst zu einer Konkretisierung der Tatbestandsmerkmale durch die Rechtsprechung kommt. Allerdings ist davon auszugehen die Datenverarbeitung als „gelegentlich" ansehen zu können, sofern die Verarbeitung innerhalb der Tätigkeiten des Verantwortlichen/Auftragsverarbeiters nur eine untergeordnete Rolle spielt und nur in einem kurzen Zeitraum oder einmalig stattfindet.[288] Um die Wahrscheinlichkeit eines Risikos für die Rechte und Freiheiten natürlicher Personen zu bewerten, muss der Verantwortliche/Auftragsverarbeiter die Art, Umstände, den Umfang und die Zwecke der Verarbeitung berücksichtigen.

4.3.8.3 Pflichten des Vertreters

Der Vertreter dient als *Anlaufstelle* für die Aufsichtsbehörden und betroffenen Personen. Aus diesem Grund sind die betroffenen Personen über den Namen und die Kontaktdaten des Vertreters zu informieren.[289] Der Vertreter sollte mit den zuständigen Aufsichtsbehörden in Bezug auf Maßnahmen, die die Einhaltung der DSGVO durch den Verantwortlichen/Auftragsverarbeiter sicherstellen sollen, zusammenarbeiten.[290] Bei Verstößen des Verantwortlichen/Auftragsverarbeiters gegen die DSGVO sollte der bestellte Vertreter Durchsetzungsverfahren unterworfen werden.[291] Zudem führt der Vertreter ein *Verzeichnis über die Verarbeitungstätigkeiten* des Verantwortlichen/Auftragsverarbeiters unter dessen Verantwortlichkeit, Art. 30 Abs. 1, 2 DSGVO.

4.4 Eingeschränktes „Konzernprivileg"

Als Erschwernis insbesondere für große Unternehmensgruppen sieht die DSGVO kein Konzernprivileg vor.[292] Das bedeutet, dass Datenübermittlungen zwischen den verschiedenen Gruppenunternehmen einer Rechtsgrundlage bedürfen und daher wie jede andere Datenübermittlung zwischen nicht verbundenen Unternehmen behandelt werden.[293]

---

[288] Martini, in: Paal/Pauly, DSGVO, Art. 27 (2017), Rn. 35–36
[289] Art. 13 Abs. 1 lit. a in Verbindung mit Art. 14 Abs. 1 lit. a DSGVO
[290] ErwGr. 80 DSGVO
[291] ErwGr. 80 DSGVO
[292] Art. 4 Nr. 19 DSGVO definiert die "Unternehmensgruppe" als eine Gruppe, die aus einem herrschenden Unternehmen und den von diesem abhängigen Unternehmen besteht.
[293] Dazu ausführlich Voigt, CR 2017, 428, 428 ff.

Obwohl in der DSGVO *kein Konzernprivileg* vorgesehen ist, vereinfacht die Verordnung gruppeninterne Datentransfers dennoch wenigstens zu einem gewissen Grad. Denn einige der materiellen Anforderungen und der Anforderungen an die Datenschutzorganisation können von Gruppenunternehmen auf vereinfachte Art und Weise erfüllt werden. Als Ausgleich dafür werden den Gruppenunternehmen jedoch teilweise verschärfte Datenschutzpflichten auferlegt sobald es mehrere Verantwortliche für die Verarbeitung gibt, da in diesem Fall eine sorgfältige Verteilung der Verantwortlichkeiten stattfinden muss.[294]

4.4.1 Eigenständige Datenschutzverantwortlichkeit jedes Gruppenunternehmens

Jedes Gruppenunternehmen trifft eine eigene Verantwortlichkeit für diejenigen Datenverarbeitungstätigkeiten, welche unter seiner Aufsicht stattfinden. Daraus folgt, dass für alle stattfindenden Verarbeitungstätigkeiten in der Unternehmensgruppe die datenschutzrechtliche Stellung jedes beteiligten Gruppenunternehmens einer genauen Prüfung bedarf. Ein jedes Unternehmen könnte Verantwortlicher (siehe Abschn. 2.2.1) oder Auftragsverarbeiter (siehe Abschn. 2.2.2) sein, abhängig von den konkreten Umständen der Verarbeitungssituation. Unabhängig von der Verbundenheit der verschiedenen Unternehmen treffen jedes Gruppenunternehmen eigenständige Verpflichtungen, um u. a. ein nach der DSGVO angemessenes Datenschutzniveau zu gewährleisten.

Verarbeitungssituationen, an denen verschiedene Unternehmen derselben Unternehmensgruppe beteiligt sind, erweisen sich häufig als äußerst komplex. Mehrere Gruppenunternehmen können die verschiedenen Zwecke und Mittel der Verarbeitung gemeinsam festlegen. Aufgrund einer solchen Möglichkeit hat der europäische Gesetzgeber das Konzept der *gemeinsam für die Verarbeitung Verantwortlichen* in Art. 26 DSGVO eingeführt (für Einzelheiten siehe Abschn. 3.2.2). Das Konzept ist kein Konzernprivileg, sondern soll vielmehr eine klare Verteilung der Datenschutzverantwortlichkeiten erreichen, sofern die Zwecke und Mittel der Verarbeitung gemeinsam von mehreren Unternehmen festgelegt werden. Betroffene sollen datenschutzrechtlich nicht schlechter gestellt werden, sofern sie sich mehreren datenverarbeitenden Unternehmen gegenübergestellt sehen.[295] Gemeinsam für die Verarbeitung Verantwortliche teilen sich die Datenschutzpflichten nach der DSGVO und müssen die Verantwortlichkeiten eindeutig festlegen.

Beispiel

Unternehmen D ist ein in Japan niedergelassener und eingetragener Autohersteller. D verkauft seine Autos nach Japan, in die USA und in bestimmte

---

[294] Dammann, ZD 2016, 307, 312
[295] Dovas, ZD 2016, 512, 514

EU-Mitgliedstaaten. D hat eine Tochtergesellschaft in den Niederlanden (D-Niederlande), die von D beherrscht wird. D-Niederlande ist für die Betreuung der europäischen Kunden und die Verarbeitung ihrer Bestellungen verantwortlich. Zu diesem Zweck erhebt und verarbeitet D-Niederlande personenbezogene Daten der Kunden. Kürzlich hat sich die D-Gruppe zur Schaffung einer neuen Datenschutz-Policy entschlossen, die nationale Besonderheiten berücksichtigen soll. Zu diesem Zweck haben D und D-Niederlande vereinbart, welche und wessen Daten für wie lange und zu welchem Zweck verarbeitet werden und mit welchen Mitteln die Verarbeitung durchgeführt wird. Außerdem wurde vereinbart, für welchen Zeitraum und auf welche Weise die Speicherung der Daten erfolgen soll.

In diesem Beispiel haben D und D-Niederlande gemeinsam die Zwecke und Mittel der Verarbeitung festgelegt. Sie sind gemeinsam für die Verarbeitung Verantwortliche, die beide der D-Gruppe angehören. Sie müssen eine Vereinbarung treffen und das Wesentliche dieser Vereinbarung den Kunden zur Verfügung stellen. Darin werden sie ihre jeweiligen Verpflichtungen und Verantwortlichkeiten im Hinblick auf den Datenschutz festlegen. Die beiden Unternehmen könnten vereinbaren, dass D-Niederlande als Anlaufstelle für die Kunden in der EU dienen soll (gemäß Art. 26 Abs. 3 DSGVO).

4.4.2 Erleichterungen in Bezug auf die materiellen Anforderungen

Obwohl Gruppenunternehmen eigenständige Datenschutzverpflichtungen treffen, wurde ihre enge Verbundenheit und gegenseitige Abhängigkeit vom europäischen Gesetzgeber berücksichtigt. Zwar sieht die DSGVO keine besondere Rechtsgrundlage für gruppeninterne Datenverarbeitungsvorgänge vor, einige Bestimmungen der Verordnung erleichtern eine solche Verarbeitung jedoch.[296]

Wie bereits erwähnt (siehe Abschn. 4.2) unterliegt jede Datenverarbeitung einem Verbot mit Erlaubnisvorbehalt. Im Falle gruppeninterner Verarbeitungsvorgänge könnte *Art. 6 Abs. 1 Satz 1 lit. f DSGVO* eine hinreichende Rechtsgrundlage für die Verarbeitung bieten. Gemäß dieser Bestimmung Ist eine Datenverarbeitung rechtmäßig, sofern sie zur Wahrung der berechtigten Interessen des Verantwortlichen oder eines Dritten erforderlich ist, sofern nicht die Interessen oder Grundrechte und Grundfreiheiten der betroffenen Person überwiegen (für Einzelheiten siehe Abschn. 4.2.2.2). Laut ErwGr. 48 der DSGVO können Verantwortliche, die Teil einer Unternehmensgruppe sind, ein berechtigtes Interesse haben, personenbezogene Daten innerhalb der Unternehmensgruppe für interne Verwaltungszwecke, einschließlich der Verarbeitung personenbezogener Daten von Kunden und Beschäftigten, zu übermitteln. In diesem Zusammenhang ist es für Unternehmensgruppen vorteilhaft, dass die berechtigten Interessen der Gruppenunternehmen als Dritte im Sinne der DSGVO berücksichtigungsfähig sind.[297] Vor diesem Hintergrund könnte

---

[296] Dazu ausführlich Voigt, CR 2017, 428, 429 ff.
[297] Lachenmann, DSRITB 2016, 535, 541

diese Rechtsgrundlage in der Praxis für konzerninterne Datenverarbeitungsvorgänge höchst relevant werden, da der europäische Gesetzgeber die Gruppeninteressen explizit als berechtigt anerkannt hat. Nichtsdestotrotz begründet der Erlaubnistatbestand kein wirkliches Konzernprivileg, da eine sorgfältige Interessenabwägung im Hinblick auf alle Beteiligten und für jeden Einzelfall weiterhin stattfinden muss. Es bleibt abzuwarten, welches Gewicht dem mit dem ErwGr. 48 neu eingeführten Gruppeninteresse zukünftig im Rahmen der Interessenabwägung des Erlaubnistatbestands in Art. 6 Abs. 1 Satz 1 lit. f DSGVO beigemessen wird.

4.4.3 Erleichterungen in Bezug auf die Datenschutzorganisation

Gruppeninterne Datenübermittlungen gehören zum Alltag in Unternehmensgruppen und sind für ihr operatives Geschäft unerlässlich.[298] In Anbetracht der separaten Datenschutzverantwortlichkeit eines jeden Gruppenunternehmens sind diese Übermittlungen regelmäßig mit erhöhtem organisatorischem Aufwand verbunden. Um diesen Mehraufwand auszugleichen, ermöglicht die DSGVO Unternehmensgruppen einen *gemeinsamen Datenschutzbeauftragten* für alle Gruppenunternehmen zu benennen, Art. 37 Abs. 2 DSGVO (siehe Abschn. 3.6.1.2). Ausgehend von seiner Aufgabe zur Hilfestellung in Bezug auf die Einhaltung der DSGVO durch das Unternehmen (siehe Abschn. 3.6.4) kann ein gemeinsamer Datenschutzbeauftragter, der für die gesamte Unternehmensgruppe zuständig ist, datenschutzrechtliche Ratschläge in Bezug auf die konkreten gruppeninternen Bedürfnisse und Herausforderungen erteilen.

Zudem können Unternehmensgruppen ein einheitliches Konzept in Bezug auf die Umsetzung der Anforderungen der DSGVO an die Datenschutzorganisation entwickeln. Die verschiedenen Gruppenunternehmen könnten die gleichen Vorlagen verwenden, z. B. um die Einwilligung der Betroffenen in die Verarbeitung einzuholen. Die Unternehmensgruppe kann die Verzeichnisse über die Verarbeitungstätigkeiten aller Gruppenunternehmen zentralisieren und der ggf. benannte gemeinsame Datenschutzbeauftragte könnte diese Verzeichnisse führen.

Schließlich könnten *Binding Corporate Rules* (siehe Abschn. 4.3.5) für Unternehmensgruppen eine hohe praktische Relevanz einnehmen. Gruppenunternehmen können genehmigte Binding Corporate Rules für ihre internationalen Datenübermittlungen aus der EU an Gruppenunternehmen in Drittländern einsetzen, vorausgesetzt dass die Vorschriften alle wesentlichen Datenschutzgrundsätze und -pflichten berücksichtigen, um angemessene Sicherheitsgarantien für Datenübermittlungen vorzusehen.[299] Allerdings steht es Unternehmensgruppen frei, auch andere Garantien für internationale Datentransfers anzuwenden, wie bspw. Angemessenheitsbeschlüsse (siehe Abschn. 4.3.1), EU-Standardvertragsklauseln (siehe Abschn. 4.3.3) oder genehmigte Verhaltensregeln (siehe Abschn. 4.3.6).

---

[298] Lachenmann, DSRITB 2016, 535, 536
[299] ErwGr. 110 DSGVO

Referenzen

Art.-29-Datenschutzgruppe (2005) Arbeitspapier über eine gemeinsame Auslegung des Artikels 26 Absatz 1 der Richtlinie 95/46/EG vom 24. Oktober 1995, WP 114 (zitiert nach englischem Original)
Art.-29-Datenschutzgruppe (2011) Stellungnahme 15/2011 zur Definition von Einwilligung, WP 187 (zitiert nach englischem Original)
Art.-29-Datenschutzgruppe (2013a) Opinion 03/2013 on purpose limitation. WP 203
Art.-29-Datenschutzgruppe (2013b) Erläuterndes Dokument zu verbindlichen unternehmensinternen Datenschutzregelungen für Auftragsverarbeiter, WP 204 (zitiert nach englischem Original)
Art.-29-Datenschutzgruppe (2014) Arbeitsunterlage zu einem Verfahren der Zusammenarbeit für die Abgabe gemeinsamer Stellungnahmen zu „Vertragsklauseln", die als konform mit den Standardvertragsklauseln der Europäischen Kommission gelten, WP 226 (zitiert nach englischem Original)
Art.-29-Datenschutzgruppe (2016) Opinion 1/2016 on the EU-U.S. Privacy Shield draft adequacy decision. WP 238
Bayreuther F (2005) Videoüberwachung am Arbeitsplatz. NZA 22(18):1038–1044
Bayrisches Landesamt für Datenschutzaufsicht (2017a) Videoüberwachung nach der DSGVO – Ein Ausblick. https://www.lda.bayern.de/media/baylda_ds-gvo_3_video_surveillance.pdf. Zugegriffen: 29. Juni 2017
Bayrisches Landesamt für Datenschutzaufsicht (2017b) Verarbeitung personenbezogener Daten für Werbung. https://www.lda.bayern.de/media/baylda_ds-gvo_12_advertising.pdf. Zugegriffen: 29. Juni 2017
Becker T (2016) § 6b BDSG. In: Plath K-U (Hrsg) BDSG/DSGVO, 2. Aufl. Verlag Dr. Otto Schmidt, Köln
Bergt M (2018) I II. In: Koreng A, Lachenmann M (Hrsg) Formularhandbuch Datenschutzrecht, 2. Aufl. C.H. Beck, München (im Erscheinen)
Brink S (2017) § 6b BDSG. In: Wolff HA, Brink S (Hrsg) Beck'scher Online-Kommentar Datenschutzrecht, 29. Aufl. C.H. Beck, München
Dachwitz I (2016) Nationale Datenschutzbehörden kritisieren Privacy Shield und kündigen umfassende Prüfung an. https://netzpolitik.org/2016/nationale-datenschutzbehoerden-kritisieren-privacy-shield-und-kuendigen-umfassende-pruefung-an/. Zugegriffen: 18. Jan. 2017
Dammann U (2014) § 1 BDSG. In: Simitis S (Hrsg) Bundesdatenschutzgesetz, 8. Aufl. Nomos, Baden-Baden
Dammann U (2016) Erfolge und Defizite der EU-Datenschutzgrundverordnung – Erwarteter Fortschritt, Schwächen und überraschende Innovationen. ZD 6(7):307–314
Datenschutzkonferenz (2017a) Kurzpapier Nr. 3: Verarbeitung personenbezogener Daten für Werbung. https://www.baden-wuerttemberg.datenschutz.de/wp-content/uploads/2017/07/DSK_KPNr_3_Werbung.pdf#. Zugegriffen: 19. Juli 2017
Datenschutzkonferenz (2017b) Kurzpapier Nr. 4: Datenübermittlung in Drittländer. https://www.baden-wuerttemberg.datenschutz.de/wp-content/uploads/2013/02/DSK_KPNr_4_Drittländer.pdf#. Zugegriffen: 19. Juli 2017
Deutscher Bundestag (2017a) Drucksache 18/11325
Deutscher Bundestag (2017b) Drucksache 18/11655
Dovas M-U (2016) Joint Controllership – Möglichkeiten oder Risiken der Datennutzung? ZD 6(11):512–517
Düsseldorfer Kreis (2014) Anwendungshinweise der Datenschutzaufsichtsbehörden zur Erhebung, Verarbeitung und Nutzung von personenbezogenen Daten für werbliche Zwecke. https://www.lda.bayern.de/media/ah_werbung.pdf. Zugegriffen: 25. Jan. 2017
Ernst S (2017) Art. 4 DSGVO. In: Paal BP, Pauly DA (Hrsg) Beck'sche Kompaktkommentare Datenschutz-Grundverordnung, 1. Aufl. C.H. Beck, München
European Commission (2016) European Commission launches EU-U.S. Privacy Shield: stronger protection for transatlantic data flows. http://europa.eu/rapid/press-release_IP-16-2461_en.htm. Zugegriffen: 18. Jan. 2017

Frenzel EM (2017) Art. 5, 6, 7, 8, 9, 10 DSGVO. In: Paal BP, Pauly DA (Hrsg) Beck'sche Kompaktkommentare Datenschutz-Grundverordnung, 1. Aufl. C.H. Beck, München

Galetzka C (2016) EU-US Privacy Shield als Safe Harbor 2.0 – Perspektive für Datenübermittlungen in die USA nach dem Dolchstoss des EuGH. DSRITB 7:217–232

Gierschmann S (2016) Was „bringt" deutschen Unternehmen die DSGVO? – Mehr Pflichten, aber die Rechtsunsicherheit bleibt. ZD 6(2):51–55

Gola P, Schulz S (2013) DSGVO – Neue Vorgaben für den Datenschutz bei Kindern? – Überlegungen zur einwilligungsbasierten Verarbeitung von personenbezogenen Daten Minderjähriger. ZD 3(10):475–481

Gola P, Wronka G (Hrsg) (2013) Handbuch Arbeitnehmerdatenschutz, 6. Aufl. DATAKONTEXT GmbH, Frechen

Gola P, Klug C, Körffer B (2015) §§ 6b, 28 BDSG. In: Gola P, Schomerus R (Hrsg) Bundesdatenschutzgesetz Kommentar, 12. Aufl. C.H. Beck, München

Grützner T, Jakob A (2015) Document Retention Policy. In: Grützner T, Jakob A (Hrsg) Complianze von A-Z, 2. Aufl. C.H. Beck, München

Härting N (Hrsg) (2016) Datenschutz-Grundverordnung, 1. Aufl. Dr. Otto Schmidt Verlag, Köln

Heckmann D (2013) § 13 BDSG. In: Taeger J, Gabel D (Hrsg) BDSG, 2. Aufl. Fachmedien Recht und Wirtschaft, Frankfurt am Main

Helfrich M (2017) DSAnpUG-EU: Ist der sperrige Name hier schon Programm? ZD:97–98

Hullen N (2014) Ausblick auf die EU-Datenschutz-Grundverordnung. In: von dem Bussche AF, Voigt P (Hrsg) Konzerndatenschutz Rechtshandbuch, 1. Aufl. C.H. Beck, München

Hunton & Williams (2016) European Commission Proposes Changes to Data Export Decisions. https://www.huntonprivacyblog.com/2016/10/24/european-commission-proposes-changes-data-export-decisions/. Zugegriffen: 18. Jan. 2017

Jensen S (2016) Vorabentscheidungsverfahren zur Prüfung von Standardvertragsklauseln angestrebt, ZD-Aktuell 6(13):05204

Karg M (2016) Gegenwart und Zukunft der Angemessenheit des Datenschutzniveaus im außereuropäischen Datenverkehr. VuR 31(12):457–465

Krempl S (2017) Datenschutzreform: EU-Kommission droht Deutschland mit Vertragsverletzungsverfahren. https://www.heise.de/newsticker/meldung/Datenschutzreform-EU-Kommission-droht-Deutschland-mit-Vertragsverletzungsverfahren-3689759.html. Zugegriffen: 29. Juni 2017

Lachenmann M (2016) Smart-Groups – Smart Transfers! Konzerndatenübermittlung in der Datenschutzgrundverordnung. DSRITB 7:535–550

Laue P, Nink J, Kremer S (Hrsg) (2016) Verarbeitung durch Dritte und im Ausland; Zulässigkeit der Verarbeitung. In: Das neue Datenschutzrecht in der betrieblichen Praxis, 1. Aufl. Nomos, Baden-Baden

Martini M (2017) Art. 27 DSGVO. In: Paal BP, Pauly DA (Hrsg) Beck'sche Kompaktkommentare Datenschutz-Grundverordnung, 1. Aufl. C.H. Beck, München

Meents JG, Hinzpeter B (2013) § 35 BDSG. In: Taeger J, Gabel D (Hrsg) BDSG, 2. Aufl. Fachmedien Recht und Wirtschaft, Frankfurt am Main

Monreal M (2016) Weiterverarbeitung nach einer Zweckänderung in der DSGVO. ZD 6(11):507–512

Nebel M, Richter P (2012) Datenschutz bei Internetdiensten nach der DSGVO – Vergleich der deutschen Rechtslage mit dem Kommissionsentwurf. ZD 2(9):407–413

Pauly DA (2017) Vorbem. zu Art. 44 ff. DSGVO; Art. 46, 47, 49 DSGVO. In: Paal BP, Pauly DA (Hrsg) Beck'sche Kompaktkommentare Datenschutz-Grundverordnung, 1. Aufl. C.H. Beck, München

Piltz C (2016) Die Datenschutz-Grundverordnung. K&R (9):557–567

Plath K-U (2016) Art. 5, 6, 7, 9, 27 DSGVO; § 28 BDSG. In: Plath K-U (Hrsg) BDSG/DSGVO, 2. Aufl. Verlag Dr. Otto Schmidt, Köln

Roßnagel A, Nebel M, Richter P (2015) Was bleibt vom Europäischen Datenschutzrecht? – Überlegungen zum Ratsentwurf der DSGVO. ZD 5(10):455–460

Schantz P (2016) Die Datenschutz-Grundverordnung – Beginn einer neuen Zeitrechnung im Datenschutzrecht. NJW 69(26):1841–1847

Scholz P (2016) § 6b BDSG. In: Simitis S (Hrsg) Bundesdatenschutzgesetz, 8. Aufl. Nomos, Baden-Baden

Simitis S (2014) §§ 3, 28, 32 BDSG. In: Simitis S (Hrsg) Bundesdatenschutzgesetz, 8. Aufl. Nomos, Baden-Baden

Spies A (2016) EU/US-Datenübermittlungen: Neuer Datenschutzschild – wie sieht er aus und wie geht es weiter? ZD-Aktuell 6(3):04992

Squire Patton Boggs (US) LLP (2017) Data Privacy – Commission Changes Existing Decisions on Standard Contractual Clauses and Adequacy of Third Countries. http://www.natlawreview.com/article/data-privacy-commission-changes-existing-decisions-standard-contractual-clauses-and. Zugegriffen: 3. Febr. 2017

Stemmer B (2017) Art. 7 DSGVO. In: Wolff HA, Brink S (Hrsg) Beck'scher Online-Kommentar Datenschutzrecht, 19. Aufl. C.H. Beck, München

Taeger J (2013) § 28 BDSG. In: Taeger J, Gabel D (Hrsg) BDSG, 2. Aufl. Fachmedien Recht und Wirtschaft, Frankfurt am Main

Voigt P (2017) Konzerninterner Datentransfer – Praxisanleitung zur Schaffung eines Konzernprivilegs. CR (7):428–433

von dem Bussche AF (2014) Teil 5 III – EU-Standardvertragsklauseln für die Übermittlung personenbezogener Daten an Auftragsverarbeiter in Drittländern. In: Moos F (Hrsg) Datennutzungs- und Datenschutzverträge, 1. Aufl. Dr. Otto Schmidt Verlag, Köln (2. Auflage in Vorbereitung für 2017)

von dem Bussche AF (2016) Art. 45, 49 DSGVO; § 4c BDSG. In: Plath K-U (Hrsg) BDSG/DSGVO, 2. Aufl. Verlag Dr. Otto Schmidt, Köln

von dem Bussche AF, Zeiter A, Brombach T (2016) Die Umsetzung der Vorgaben der EU-Datenschutz-Grundverordnung durch Unternehmen. DB 69(23):1359–1365

von dem Bussche AF, Voigt P (2014) Datenübermittlungen in Drittländer; Rechtliche Anforderungen an Datenverarbeitungen. In: von dem Bussche AF, Voigt P (Hrsg) Konzerndatenschutz Rechtshandbuch, 1. Aufl. C.H. Beck, München

von dem Bussche AF, Zeiter A (2016) Practitioner's corner – implementing the EU general data protection regulation: a business perspective. EDPL 2(4):576–581

Weichert T (2016) EU-US-Privacy-Shield – Ist der transatlantische Datentransfer nun grundrechtskonform? Eine erste Bestandsaufnahme. ZD 6(5):209–217

Weichert T (2017) Art. 9 DSGVO. In: Kühling J, Buchner B (Hrsg) Datenschutz-Grundverordnung, 1. Aufl. C.H. Beck, München

Wolff HA (2015) § 28 BDSG. In: Wolff HA, Brink S (Hrsg) Beck'scher Online-Kommentar Datenschutzrecht, 20. Aufl. C.H. Beck, München

Wolff HA (2017) Schriftliche Stellungnahme. https://www.bundestag.de/blob/500138/d1d18e50b8e64588 c3f36 c132007b4d3/18-4-824-e-data.pdf. Zugegriffen: 29. Juni 2017

Wybitul T (Hrsg) (2016) Kapitel III. In: EU-Datenschutz-Grundverordnung im Unternehmen, 1. Aufl. Fachmedien Recht und Wirtschaft, Frankfurt am Main

Zscherpe KA (2013) § 6b BDSG. In: Taeger J, Gabel D (Hrsg) BDSG, 2. Aufl. Fachmedien Recht und Wirtschaft, Frankfurt am Main

Rechte der betroffenen Personen 5

Da die DSGVO einen besseren Schutz der Privatsphäre gewährleisten möchte und zu einem verantwortungsvollen Umgang von Unternehmen mit personenbezogenen Daten beitragen soll (siehe Abschn. 1.1.2), wurden die Rechte der betroffenen Personen gegenüber Unternehmen in der Verordnung gestärkt und auch neue Rechte wurden aufgenommen.[1] Daraus ergibt sich, dass Unternehmen ihre Datenschutzbemühungen deutlich verstärken müssen, um die Rechte der betroffenen Personen erfüllen zu können. Gleichzeitig sollten Unternehmen nationale Besonderheiten beachten. Art. 23 DSGVO ermöglicht den EU-Mitgliedstaaten zur Sicherstellung bestimmter gesetzlich aufgezählter Ziele die Schaffung nationaler Regelungen zur Beschränkung der Betroffenenrechte (siehe dazu Abschn. 5.9). Von dieser Möglichkeit hat der deutsche Gesetzgeber insbesondere in den §§ 32 ff. BDSG-neu Gebrauch gemacht. Teilweise sind im BDSG-neu aber auch auf besondere Verarbeitungssituationen bezogene Einschränkungen der Betroffenenrechte vorgesehen. Insgesamt wurden die Ausnahmen für Privatunternehmen eher eng gehalten.

5.1 Transparenz und Modalitäten

Informationen an die betroffenen Personen sollen die Transparenz der Verarbeitungsvorgänge für sie erhöhen und ihnen letztlich eine effektive Ausübung ihrer Rechte ermöglichen.[2] Nur eine informierte Person wird dazu in der Lage sein, Kontrolle und Einfluss über die Verarbeitung ihrer personenbezogenen Daten

---

[1] v.d.Bussche/Zeiter, EDPL 2016, 576, 579; Gierschmann, ZD 2016, 51, 53
[2] ErwGr. 39 DSGVO; Laue/Nink/Kremer, Datenschutzrecht, Informationspflichten (2016), Rn. 1

auszuüben.[3] Insbesondere die Informationsrechte der betroffenen Personen und die korrespondierenden Pflichten des Verantwortlichen werden für den effektiven Datenschutz eine wichtige Rolle spielen. Jede Kommunikation mit den betroffenen Personen muss dem Grundsatz der Transparenz gem. Art. 5 Abs. 1 lit. a DSGVO entsprechen (siehe Abschn. 4.1.1). Im Vergleich zur EG-Datenschutzrichtlinie[4] wurden die Informationspflichten des Verantwortlichen gegenüber den betroffenen Personen ausgeweitet. Zugleich wurden die drohenden Bußgelder für Verletzungen der Informationspflichten deutlich auf bis zu EUR 20.000.000,00 oder bis zu 4 % des weltweiten Jahresumsatzes angehoben (Art. 83 Abs. 5 lit. b DSGVO).

Um eine angemessene Kommunikationsweise mit den betroffenen Personen zu gewährleisten ist der Verantwortliche zur Schaffung geeigneter Informationsmaßnahmen verpflichtet. Diese allgemeinen Transparenzpflichten und -modalitäten nach Art. 12 DSGVO müssen bei jedweder Kommunikation mit den Betroffenen eingehalten werden.

Organisatorische Anforderungen
Gemäß Art. 12 Abs. 1 DSGVO ist der Verantwortliche dazu verpflichtet, geeignete Maßnahmen zu treffen, um der betroffenen Person Informationen über die Datenverarbeitung in *präziser, transparenter, verständlicher und leicht zugänglicher Form* in einer *klaren und einfachen Sprache* zu übermitteln. Diese Anforderungen müssen bei *jeglicher Kommunikation mit den betroffenen Personen* erfüllt werden. So sollte der Verantwortliche bspw. dafür sorgen, dass betroffene Personen ihre Anträge elektronisch stellen können, insbesondere wenn die personenbezogenen Daten elektronisch verarbeitet werden.[5] Diese organisatorischen Anforderungen sollen es den Betroffenen ermöglichen, umfassende Informationen zur Verarbeitung ihrer personenbezogenen Daten zu erhalten, als Schlüssel für die effektive Ausübung ihrer Rechte nach der DSGVO.

Die Art und Weise der Kommunikation ist besonders wichtig bei speziell *an Kinder gerichteten Informationen*, Art. 12 Abs. 1 DSGVO. Dies beruht auf der Erwägung, dass Kinder *besonders schutzwürdig* sind, sodass, wenn eine Verarbeitung Kinder betrifft, Informationen und Hinweise in einer klaren und einfachen Sprache erfolgen müssen, sodass ein Kind sie verstehen kann.[6]

5.1.1 Die Art und Weise der Kommunikation mit den betroffenen Personen

Verschiedene Voraussetzungen müssen bei jeglicher Kommunikation mit den betroffenen Personen erfüllt werden, um die Transparenz und Verständlichkeit für diese zu erhöhen. Wie soeben erwähnt, müssen Informationen in präziser, transparenter,

---

[3] Laue/Nink/Kremer, Datenschutzrecht, Informationspflichten (2016), Rn. 1; weitergehend Krüger, ZRP 2016, 190, 190 ff.
[4] Art. 10, 11 EG-Datenschutzrichtlinie
[5] ErwGr. 59 DSGVO
[6] ErwGr. 58 DSGVO

verständlicher und leicht zugänglicher Form in einer klaren und einfachen Sprache übermittelt werden. Allerdings ist die Abgrenzung der einzelnen Kriterien schwierig, da sie sich teilweise inhaltlich überschneiden.[7]

- *Präzision* erfordert, dass die Informationen inhaltlich richtig und umfassend sind.[8] Allerdings sind sie in verständlicher und leicht zugänglicher Form bereitzustellen, sodass *unnötige Informationen zu vermeiden* sind. Um hinsichtlich einzelner Aspekte der Verarbeitung detaillierte Informationen zur Verfügung zu stellen, könnten mehrschichtige Datenschutzhinweise verwendet werden (siehe Abschn. 4.1.2.2).
- *Zugänglichkeit* erfordert eine Anpassung der Informationen an die *spezifischen Bedürfnisse* der betroffenen Personen. Allerdings wird der Anpassungsgrad vom praktischen Aufwand der Umsetzung im Einzelfall begrenzt.[9] Der Verantwortliche sollte seine Kommunikationsmaßnahmen am durchschnittlichen Empfängerhorizont der durch seine Verarbeitungstätigkeiten betroffenen Personen ausrichten.[10]

5.1.2 Die Form der Kommunikation

Die Kommunikation mit der betroffenen Person unterliegt *keinen strengen formalen Anforderungen*. Da bestimmte Informationen den betroffenen Personen bei der Erhebung bzw. dem Erhalt ihrer personenbezogenen Daten (siehe Abschn. 5.2) zur Verfügung gestellt werden müssen, sollten sie in leicht verständlicher Form bereitgestellt werden. In diesem Fall sollte die Übermittlung der Informationen *schriftlich* oder in anderer Form, *gegebenenfalls* auch *elektronisch*, erfolgen, Art. 12 Abs. 1 DSGVO. In Abgrenzung zur Schriftform i. S. d. § 126 BGB erfordert die Schriftlichkeit i. S. d. DSGVO lediglich die unmittelbare sinnliche Wahrnehmbarkeit der Schriftzeichen.[11]

Eine Kommunikation in elektronischer Form ist besonders anzuraten, wenn die personenbezogenen Daten mit *elektronischen Mitteln* verarbeitet werden oder *online erhoben* wurden.[12] In letzterem Fall könnte der Verantwortliche allgemeine Informationen über die Verarbeitung (z. B. bzgl. der geplanten Verarbeitungstätigkeiten) durch Veröffentlichung auf seiner Website bereitstellen.[13] Eine solche *Online-Veröffentlichung* bietet sich besonders in Konstellationen an, in denen eine Vielzahl von Akteuren beteiligt ist und wo die technische Komplexität der Verarbeitung es

---

[7] Kamlah, in: Plath, BDSG/DSGVO, Art. 12 DSGVO (2016), Rn. 2
[8] Paal, in: Paal/Pauly, DSGVO, Art. 12 (2017), Rn. 28
[9] Paal, in: Paal/Pauly, DSGVO, Art. 12 (2017), Rn. 26
[10] Paal, in: Paal/Pauly, DSGVO, Art. 12 (2017), Rn. 26
[11] Paal, in: Paal/Pauly, DSGVO, Art. 12 (2017), Rn. 38
[12] ErwGr. 59 DSGVO
[13] Walter, DSRITB 2016, 367, 373

den betroffen Personen erschwert zu verstehen ob, von wem und zu welchem Zweck ihre personenbezogenen Daten erhoben werden, wie z. B. im Fall von Online-Werbemaßnahmen.[14]

Allgemeine Informationen zur Verarbeitung dürfen in Kombination mit *standardisierten Bildsymbolen* (die zukünftig von der Europäischen Kommission entwickelt werden können) bereitgestellt werden, um in leicht wahrnehmbarer, verständlicher und klar nachvollziehbarer Form einen aussagekräftigen Überblick über die beabsichtigte Verarbeitung zu vermitteln.[15] Dadurch könnten wichtige Informationen einfach hervorgehoben werden. Allerdings ist der alleinige Einsatz von Piktogrammen zur Bereitstellung von Informationen unzulässig.[16]

5.2 Informationspflicht des Verantwortlichen bei Erhebung der personenbezogenen Daten

Die Grundsätze der Verarbeitung nach Treu und Glauben und der *Transparenz* (siehe Abschn. 4.1.1) erfordern es, dass die betroffene Person über die *Existenz des Verarbeitungsvorgangs* und *seine Zwecke* unterrichtet wird.[17] Daher muss der Verantwortliche den betroffenen Personen *Mindestinformationen* zur Verarbeitung vor der Durchführung jedweder Verarbeitungstätigkeiten zur Verfügung stellen. Diese Verpflichtung besteht unabhängig davon, ob die Daten direkt bei der betroffenen Person erhoben werden oder ob sie von einer anderen Quelle stammen. Allerdings weicht der Mindestinhalt der Informationen in diesen beiden Fällen leicht voneinander ab. In diesem Zusammenhang sind die allgemeinen Anforderungen an eine Kommunikation mit den betroffenen Personen gem. Art. 12 DSGVO einzuhalten (siehe Abschn. 5.1).

Darüber hinaus sollte der Verantwortliche der betroffenen Person auch *alle weiteren Informationen* zur Verfügung stellen, die unter Berücksichtigung der besonderen Umstände und Rahmenbedingungen, unter denen die personenbezogenen Daten verarbeitet werden, notwendig sind, um eine faire und transparente Verarbeitung zu gewährleisten.[18]

Die *Informationspflichten* wurden im Vergleich zur EG-Datenschutzrichtlinie, wie aufgezeigt, bereits *deutlich verschärft*.[19] Durch die Umsetzung dieser Richtlinie kam es in den EU-Mitgliedstaaten zu rechtlichen Unterschieden, auch was die Datenschutzpflicht hinsichtlich der Bereitstellung von Mindestinformationen ggü. den betroffenen Personen betraf. Daher sollten Unternehmen ihre Informationsformulare im Hinblick auf die Anforderungen der DSGVO überprüfen und erforderlichenfalls anpassen.

---

[14] ErwGr. 58 DSGVO

[15] Art. 12 Abs. 7, 8 DSGVO. Solche Bildsymbole müssen maschinenlesbar sein, wenn sie in elektronischer Form dargestellt werden.

[16] Laue/Nink/Kremer, Datenschutzrecht, Informationspflichten (2016), Rn. 20

[17] ErwGr. 60 DSGVO

[18] ErwGr. 60 DSGVO

[19] Art. 10, 11 EG-Datenschutzrichtlinie

5.2.1 Zeitpunkt der Information

Informationen in Bezug auf die geplante Verarbeitung der personenbezogenen Daten sollten der betroffenen Person *zum Zeitpunkt der Erhebung* der Daten zur Verfügung gestellt werden (Art. 13 Abs. 1 DSGVO). Werden die Daten nicht direkt bei der betroffenen Person erhoben, stellt der Verantwortliche die Informationen der betroffenen Person unter Berücksichtigung der spezifischen Umstände der Verarbeitung innerhalb einer *angemessenen Frist* nach Erlangung der personenbezogenen Daten zu Verfügung, längstens jedoch innerhalb eines Monats.[20] Gemäß Art. 14 Abs. 3 lits. b, c DSGVO werden diese nachträglichen Informationen spätestens erteilt wenn:

- die personenbezogenen Daten zur Kommunikation mit der betroffenen Person verwendet werden sollen, spätestens zum Zeitpunkt der ersten Mitteilung an sie; oder
- die Offenlegung an einen anderen Empfänger beabsichtigt ist, spätestens zum Zeitpunkt der ersten Offenlegung.

5.2.2 Erhebung der Daten bei der betroffenen Person

Gemäß Art. 13 Abs. 1 DSGVO teilt der Verantwortliche, wenn die personenbezogenen Daten bei der betroffenen Person erhoben werden, der betroffenen Person zum Zeitpunkt der Erhebung dieser Daten Folgendes mit:

- den *Namen* und die *Kontaktdaten* des Verantwortlichen sowie ggf. seines Vertreters (siehe Abschn. 4.3.8);
- gegebenenfalls die Kontaktdaten des *Datenschutzbeauftragten* (siehe Abschn. 3.6);
- der/die *Verarbeitungszweck(e)* sowie die *Rechtsgrundlage* für die Verarbeitung; sollte in diesem Zusammenhang die Verarbeitung auf die überwiegenden berechtigten Interessen des Verantwortlichen gestützt werden (*Art. 6 Abs. 1 Satz 1 lit. f DSGVO*, siehe Abschn. 4.2.2.2 für Einzelheiten), sind die vom Verantwortlichen verfolgten berechtigten Interessen den betroffenen Personen mitzuteilen;
- gegebenenfalls die *Empfänger*/Kategorien von Empfängern der personenbezogenen Daten;[21] und
- gegebenenfalls die Absicht des Verantwortlichen, die personenbezogenen Daten in ein *Drittland zu übermitteln*, sowie die dafür beabsichtigten Sicherheitsgarantien bzw. Ausnahmeregelungen (siehe Abschn. 4.3).

---

[20] Art. 14 Abs. 3 lit. a DSGVO

[21] Wenn die personenbezogenen Daten rechtmäßig einem anderen Empfänger offengelegt werden dürfen, sollte gem. ErwGr. 61 DSGVO die betroffene Person bei der erstmaligen Offenlegung der personenbezogenen Daten ggü. diesem Empfänger darüber aufgeklärt werden.

Weitere Informationen
Zusätzlich zu den oben genannten Informationen stellt der Verantwortliche der betroffenen Person zum Zeitpunkt der Erhebung dieser Daten folgende *weitere Informationen* zur Verfügung, die notwendig sind, um eine faire und transparente Verarbeitung zu gewährleisten, Art. 13 Abs. 2 DSGVO:

- die Dauer, für die die personenbezogenen Daten gespeichert werden;
- Informationen über das Bestehen der verschiedenen Betroffenenrechte nach Art. 15–23 DSGVO (siehe Abschn. 5.4 bis Abschn. 5.9);
- Informationen über die Möglichkeit zum jederzeitigen Widerruf der ggf. für die Verarbeitung erteilten Einwilligung, sofern letztere als Rechtsgrundlage für die Verarbeitung dient;
- das Bestehen eines Beschwerderechts bei einer Aufsichtsbehörde;
- ob die Bereitstellung der personenbezogenen Daten gesetzlich oder vertraglich vorgeschrieben oder für einen Vertragsabschluss erforderlich ist, ob die betroffene Person verpflichtet ist, die personenbezogenen Daten bereitzustellen, und welche mögliche Folgen die Nichtbereitstellung hätte; und
- das Bestehen einer automatisierten Entscheidungsfindung einschließlich Profiling.

Diese weiteren Informationen sollen einen *Informationsausgleich* zwischen dem Verantwortlichen und der betroffenen Person herstellen.[22] Da zwischen diesen Parteien üblicherweise ein erhebliches Informationsungleichgewicht besteht, sollten diese weiteren Informationen *grds. notwendig* sein und daher bereitgestellt werden.[23]

Änderung des Verarbeitungszwecks
Sofern der Verantwortliche beabsichtigt, die Daten für einen *anderen Zweck weiterzuverarbeiten* als den, für den sie erhoben wurden, stellt der Verantwortliche gemäß Art. 13 Abs. 3 DSGVO der betroffenen Person vor dieser Weiterverarbeitung Informationen über diesen anderen Zweck und alle anderen maßgeblichen Informationen zur Verfügung. Um Mehrausgaben aufgrund einer Änderung des Verarbeitungszwecks zu vermeiden, sollten Verantwortliche sich darum bemühen, vorhersehbare, zukünftige Verarbeitungszwecke den betroffenen Personen bereits bei der Erhebung der Daten zu kommunizieren.[24]

Nicht-Anwendbarkeit der Informationspflicht
Die Informationspflicht findet *keine Anwendung* auf einen Verantwortlichen, wenn und soweit die betroffene Person *bereits über die Informationen verfügt*, Art. 13 Abs. 4 DSGVO.

---

[22] Walter, DSRITB 2016, 367, 371
[23] Für weitergehende Einzelheiten siehe Paal, in: Paal/Pauly, DSGVO, Art. 13 (2017), Rn. 22–23
[24] Walter, DSRITB 2016, 367, 374

5.2.3 Erhebung der Daten von einer anderen Quelle

Gemäß Art. 14 Abs. 1 DSGVO stellt der Verantwortliche der betroffenen Person auch dann Mindestinformationen bereit, wenn die Daten nicht direkt beim Betroffenen erhoben wurden, sondern der Verantwortliche sie aus anderer Quelle erhalten hat. Diese Informationspflichten sind praktisch identisch mit denjenigen nach Art. 13 Abs. 1 DSGVO (siehe oben).

Gemäß Art. 14 Abs. 2 DSGVO stellt der Verantwortliche der betroffenen Person überdies weitere Informationen bereit, die im Wesentlichen denjenigen Informationen entsprechen, die nach Art. 13 Abs. 2 DSGVO bereitzustellen sind (siehe oben). Diese weiteren Informationen sollen u. a. darüber Auskunft geben, aus welcher *Quelle die personenbezogenen Daten stammen* und ob diese gegebenenfalls öffentlich zugänglich ist, Art. 14 Abs. 2 lit. f DSGVO. Sofern der betroffenen Person nicht mitgeteilt werden kann, woher die personenbezogenen Daten stammen, weil verschiedene Quellen benutzt wurden, so sollte die Unterrichtung allgemein gehalten werden.[25]

Änderung des Verarbeitungszwecks

Sofern der Verantwortliche beabsichtigt, die personenbezogenen Daten für einen *anderen Zweck weiterzuverarbeiten* als den, für den die personenbezogenen Daten erlangt wurden, so stellt er gemäß Art. 14 Abs. 4 DSGVO der betroffenen Person vor dieser Weiterverarbeitung Informationen über diesen anderen Zweck und alle anderen maßgeblichen Informationen zur Verfügung.

Nicht-Anwendbarkeit der Informationspflicht

Den Verantwortlichen trifft *keine Informationspflicht* gegenüber der betroffenen Person, sofern:[26]

- die betroffene Person bereits über die Informationen verfügt;
- die Erteilung dieser Informationen sich als *unmöglich* erweist oder einen *unverhältnismäßigen Aufwand* erfordern würde[27];
- die Erlangung oder Offenlegung der personenbezogenen Daten durch Rechtsvorschriften der EU oder der EU-Mitgliedstaaten ausdrücklich geregelt ist; oder
- die personenbezogenen Daten gemäß dem Recht der EU oder dem Recht der EU-Mitgliedstaaten dem *Berufsgeheimnis*, einschließlich einer satzungsmäßigen Geheimhaltungspflicht, unterliegen und daher vertraulich behandelt werden müssen.

---

[25] ErwGr. 61 DSGVO

[26] Art. 14 Abs. 5 lits. a-d DSGVO

[27] Gemäß ErwGr. 62 DSGVO könnte eine derartige Unmöglichkeit oder ein unverhältnismäßiger Aufwand insbesondere bei Verarbeitungen für im öffentlichen Interesse liegende Archivzwecke, zu wissenschaftlichen oder historischen Forschungszwecken oder zu statistischen Zwecken bestehen. In diesem Zusammenhang sollte die Zahl der betroffenen Personen, das Alter der Daten oder etwaige geeignete Garantien in Betracht gezogen werden. Gemäß Art. 14 Abs. 5 lit. b DSGVO besteht ein unverhältnismäßiger Aufwand auch, wenn die Informationspflicht voraussichtlich die Verwirklichung der Ziele der Datenverarbeitung unmöglich macht oder ernsthaft beeinträchtigt.

5.2.4 Einschränkung der Informationspflichten nach dem BDSG-neu

Im BDSG-neu sind für Privatunternehmen verschiedene, teilweise auf besondere Verarbeitungssituationen bezogene Einschränkungen der Informationspflichten gegenüber den betroffenen Personen vorgesehen.

Einschränkung der Informationspflicht bei Direkterhebung der Daten
§ 32 Abs. 1 BDSG-neu schränkt die Informationspflicht des Verantwortlichen bei der Direkt-Erhebung personenbezogener Daten bei der betroffenen Person *im Falle einer Änderung des Verarbeitungszwecks* ein. Der deutsche Gesetzgeber erteilt der in Art. 13 Abs. 3 DSGVO erstmals eingeführten Folge-Informationspflicht damit (in gewissen Teilen) eine Absage.[28] Sie entfällt danach für Privatunternehmen, wenn die Erteilung der Information über die beabsichtigte Weiterverarbeitung:

- eine *Weiterverarbeitung analog gespeicherter Daten* betrifft, bei der sich der Verantwortliche durch die *Weiterverarbeitung unmittelbar an die betroffene Person wendet*, der *Zweck* mit dem ursprünglichen Erhebungszweck gemäß der DSGVO *vereinbar ist*, die *Kommunikation* mit der betroffenen Person *nicht in digitaler Form erfolgt* und das *Interesse der betroffenen Person* an der Informationserteilung nach den Umständen des Einzelfalls, insbesondere mit Blick auf den Zusammenhang, in dem die Daten erhoben wurden, *als gering anzusehen ist*: Da die Voraussetzungen dieser Ausnahmeregelung kumulativ vorliegen müssen („und") und sich lediglich auf die Weiterverarbeitung manuell erhobener Daten beziehen (siehe Abschn. 2.1.1), dürfte der *praktische Nutzen* dieser Vorschrift äußerst *gering* sein. Über die Regelung sollten lediglich kleine und mittlere Unternehmen der analogen Wirtschaft von der Informationspflicht ausgenommen werden, die sich *nicht digitaler Kommunikationswege* bedienen.[29] Der inhaltliche Mehrwert dieser Ausnahme ist zweifelhaft, da sich die Bereitstellung der Informationen an die Betroffenen bei Vorliegen aller Voraussetzungen ohnehin über Art. 13 Abs. 4 DSGVO als mit einem unverhältnismäßigen Aufwand verbunden darstellen dürfte;
- die *Geltendmachung, Ausübung oder Verteidigung rechtlicher Ansprüche beeinträchtigen würde* und die *Interessen des Verantwortlichen an der Nichterteilung der Information* die Interessen der betroffenen Person *überwiegen*: Die Ausnahmeregelung soll auf nationaler Ebene die Durchsetzung *zivilrechtlicher Ansprüche* erleichtern;[30] oder
- eine *vertrauliche Übermittlung von Daten an öffentliche Stellen gefährden* würde: Die Informationspflicht bei Änderung des Verarbeitungszwecks entfällt nach dieser Regelung bspw., wenn die Information der betroffenen Person über die Weiterverarbeitung zu einer Vereitelung oder ernsthaften Beeinträchtigung von Ermittlungen der *Strafverfolgungsbehörden* führen würde.[31]

---

[28] Deutscher Bundestag (2017a), Drucksache 18/11325, S. 102
[29] Greve, NVwZ 2017, 737, 739
[30] Deutscher Bundestag (2017a), Drucksache 18/11325, S. 103
[31] Deutscher Bundestag (2017a), Drucksache 18/11325, S. 103

Art. 23 Abs. 2 DSGVO verlangt für eine gesetzliche Einschränkung der Betroffenenrechte eine gleichlaufende Schaffung von Maßnahmen zum Schutz der Grundrechte und -freiheiten der betroffenen Personen. Aus diesem Grund sieht § 32 Abs. 2 BDSG-neu vor, dass die Informationen bei Ausschluss einer direkten Information der betroffenen Person zumindest *der Öffentlichkeit* in präziser, transparenter, verständlicher und leicht zugänglicher Form in einer klaren und einfachen Sprache *bereitgestellt werden* (siehe dazu auch Abschn. 5.1).[32] Zusätzlich hat der Verantwortliche die *Gründe* für das Unterbleiben der Information der Betroffenen *schriftlich festzuhalten*, § 32 Abs. 2 Satz 2 BDSG-neu. Diese Dokumentation ermöglicht der zuständigen Aufsichtsbehörde die Kontrolle der Stichhaltigkeit der vorgebrachten Gründe.[33]

Sollten die *Gründe* für die Nicht-Information der Betroffenen über eine Weiterverarbeitung nur *vorübergehend vorliegen*, so kommt der Verantwortliche nach § 32 Abs. 3 BDSG-neu seiner Informationspflicht *innerhalb einer angemessenen Frist* nach Fortfall des Hinderungsgrundes, spätestens innerhalb von zwei Wochen, nach. Die Angemessenheit der Frist bestimmt sich nach den Umständen des Einzelfalls. Diese Regelung könnte bspw. einschlägig sein, wenn eine Information des Betroffenen nach § 32 Abs. 1 Nr. 5 BDSG-neu zur Datenübermittlung an Strafverfolgungsbehörden unterbleibt und die Information nach Einstellung der Ermittlungen nachgeholt werden kann.

Einschränkung der Informationspflicht, wenn die Daten nicht beim Betroffenen erhoben wurden

Das BDSG-neu schränkt die Informationspflicht des Verantwortlichen, wenn die Daten nicht bei der betroffenen Person erhoben wurden, nach § 33 BDSG-neu umfassender ein als im Falle einer Direkterhebung. Zusätzlich zu den Ausnahmen von der Informationspflicht nach Art. 14 Abs. 5 DSGVO entfällt diese für Privatunternehmen nach der nationalen Regelung, wenn die Erteilung der Information:

- die *Geltendmachung, Ausübung oder Verteidigung zivilrechtlicher Ansprüche beeinträchtigen würde* oder die *Verarbeitung Daten aus zivilrechtlichen Verträgen beinhaltet* und der *Verhütung von Schäden durch Straftaten dient*, sofern nicht das *berechtigte Interesse* der betroffenen Person an der Informationserteilung überwiegt: Diese Einschränkung dient zum Teil der effektiven Durchsetzung zivilrechtlicher Ansprüche über die Schaffung nationaler Regelungen nach Art. 23 Abs. 1 lit. j DSGVO. Die Informationspflicht entfällt jedoch nur, sofern das Informationsinteresse der betroffenen Person nicht überwiegt; oder
- die *zuständige öffentliche Stelle* gegenüber dem Verantwortlichen festgestellt hat, dass das *Bekanntwerden der Daten die öffentliche Sicherheit oder Ordnung gefährden* oder sonst dem *Wohle* des Bundes oder eines Landes *Nachteile bereiten*

---

[32] Diese Maßnahme entfällt in den Fällen des § 32 Abs. 1 Nr. 4, 5 BDSG-neu, da eine Information der Öffentlichkeit Sinn und Zweck der Ausnahmeregelungen gefährden könnte, siehe Deutscher Bundestag (2017a), Drucksache 18/11325, S. 103

[33] Deutscher Bundestag (2017a), Drucksache 18/11325, S. 103

würde; im Falle der Datenverarbeitung für Zwecke der *Strafverfolgung bedarf es keiner Feststellung* nach dem ersten Halbsatz: Die Einschränkung der Informationspflicht beruht hier nicht auf einer Entscheidung oder Einschätzung des Verantwortlichen, sondern ist die Folge einer *Feststellung der zuständigen öffentlichen Stelle*, wobei es sich in der Regel um die zuständige Aufsichtsbehörde handeln dürfte, gegenüber dem Verantwortlichen. Diese Ausnahme betrifft Privatunternehmen, deren Tätigkeiten Auswirkungen auf Sachverhalte mit staatlichem Geheimhaltungsbedürfnis haben, wie bspw. im Bereich der Waffenproduktion.[34]
Die Einschränkung der Informationspflicht soll u. a. der Landesverteidigung, der nationalen Sicherheit und der Verhütung von Straftaten dienen.[35] Dient die Datenverarbeitung Zwecken der Strafverfolgung, so bedarf es keiner vorherigen Feststellung durch die Aufsichtsbehörde für die Einschränkung der Informationspflicht. Diese Ausnahme dürfte zur *Effektivität der Strafverfolgung* beitragen.

Entsprechend der Einschränkung der Informationspflicht sieht § 33 Abs. 2 BDSG-neu in Umsetzung der Vorgaben des Art. 23 Abs. 2 DSGVO eine Pflicht des Verantwortlichen zur *Schaffung geeigneter Maßnahmen zum Schutz* der Rechte der betroffenen Personen vor. Inhaltlich entspricht die Vorschrift § 32 Abs. 2 BDSG-neu, auf den hier verwiesen werden kann (siehe oben).[36]

Einschränkung in besonderen Verarbeitungssituationen
Die Informationspflicht wird im BDSG-neu teilweise auch in besonderen Verarbeitungssituationen eingeschränkt oder modifiziert.
Erfolgt eine *Videoüberwachung öffentlich zugänglicher Räume* (für Einzelheiten siehe Abschn. 4.2.2.5) und werden die über die Überwachung gewonnenen Daten einer *bestimmten Person zugeordnet*, werden die Informationspflichten der Art. 13, 14 DSGVO ausgelöst, § 4 Abs. 4 BDSG-neu. Der Wortlaut der Vorschrift bezieht sich nicht auch auf „bestimmbare Personen", sodass die Identität der betroffenen Person zum Auslösen der Informationspflichten bekannt sein muss.[37] Im Umkehrschluss entfallen die Pflichten, wenn die Zuordnung der Daten zu einer natürlichen Person erst durch die Einholung weiterer Informationen möglich wäre.[38] Dies beruht auf der Erwägung, dass der Verantwortliche andernfalls zur Erfüllung der Informationspflichten gezwungen wäre, die lediglich bestimmbare Person zu identifizieren und somit ein „Mehr" an Daten zu erheben und zu verarbeiten.[39] Hierin

---

[34] Siehe auch Meents/Hinzpeter, in: Taeger/Gabel, BDSG, § 33 (2013), Rn. 47; Dix, in: Simitis, BDSG, § 33 (2014), Rn. 94

[35] Deutscher Bundestag (2017a), Drucksache 18/11325, S. 104

[36] Deutscher Bundestag (2017a), Drucksache 18/11325, S. 104

[37] Dies entspricht der Auslegung der alten Rechtslage, siehe auch Scholz, in: Simitis, BDSG, § 6b (2014), Rn. 134

[38] Dies entspricht der Auslegung der alten Rechtslage, siehe auch Scholz, in: Simitis, BDSG, § 6b (2014), Rn. 134

[39] Siehe auch Scholz, in: Simitis, BDSG, § 6b (2014), Rn. 134

würde ein Verstoß gegen Art. 11 Abs. 1 DSGVO liegen, der Ausdruck des Grundsatzes der Datenminimierung ist (siehe Abschn. 4.1.3) und gemäß dem der Verantwortliche eine Identifizierung natürlicher Personen nicht herbeiführen muss, wenn dies für den Verarbeitungszweck nicht erforderlich ist.[40] Kennt der Verantwortliche die Identität der von der Videoüberwachung betroffenen Person, so besteht grds. eine Informationspflicht, wobei diese nach § 32 BDSG-neu ausgeschlossen sein könnte (siehe die obigen Ausführungen), § 4 Abs. 4 Satz 2 BDSG-neu.

§ 29 BDSG-neu beschränkt die Informationsrechte betroffener Personen aus Art. 14 DSGVO *gegenüber Geheimnisträgern*, wenn Daten nicht direkt von den betroffenen Personen erhoben wurden. Gemäß § 29 Abs. 1 Satz 1 BDSG-neu entfällt die Informationspflicht des Verantwortlichen, soweit durch deren Erfüllung Informationen offenbart würden, die ihrem Wesen nach, insbesondere wegen der überwiegenden berechtigten Interessen Dritter, geheim gehalten werden müssen (siehe dazu Abschn. 3.8.3). Wie zuvor erwähnt, dürfte die praktische Anwendbarkeit dieser Regelung stark begrenzt sein (siehe Abschn. 3.8.3), zumal das Wort „soweit" abhängig von dem Umständen des Einzelfalls eine nur teilweise Beschränkung der Informationsrechte, z. B. in Bezug auf einzelne Angaben, nahelegt. § 29 Abs. 2 BDSG-neu sieht für Berufsgeheimnisträger ein Entfallen der Informationspflicht gegenüber Dritten vor, deren Daten im Zusammenhang mit einem *Mandatsverhältnis* an erstere übermittelt wurden. Diese Regelung dient dem Schutz der ungehinderten Kommunikation zwischen Mandant und Berufsgeheimnisträger, wie Anwälten und Wirtschaftsprüfern.[41] Um den Rechten der betroffenen Dritten angemessen Rechnung zu tragen, werden deren Informationsrechte nur eingeschränkt, sofern *nicht deren Interesse an der Informationserteilung überwiegt*, § 29 Abs. 2 BDSG-neu. Damit müssen Berufsgeheimnisträger dies stets auf Einzelfallbasis eine Interessenabwägung vornehmen.

5.2.5 Praxishinweise

Die Informationspflichten des Verantwortlichen nach der DSGVO sind inhaltlich umfassend, sodass deren Umsetzung und Einhaltung einigen Aufwand erfordern wird. Daher sollten Unternehmen zeitnah ihre bisher verwendeten Einwilligungserklärungen, Datenschutzerklärungen, Kundeninformationen, etc. einer Überprüfung und ggf. erforderlichen Überarbeitung unterziehen.[42] Obwohl dies höchstwahrscheinlich einen signifikanten Umarbeitungsaufwand bedeutet, können Unternehmen auch ihre bisherigen Informationsmitteilungen weiterentwickeln, weil die hier maßgeblichen Regelungen der DSGVO auf den entsprechenden Regelungen der EG-Datenschutzrichtlinie aufbauen.[43] Für Informationen, die in elektronischer

---

[40] Wolff, in: Wolff/Brink, BeckOK, Art. 11 DSGVO (2016), Rn. 15
[41] Deutscher Bundestag (2017a), Drucksache 18/11325, S. 100 f.
[42] v.d.Bussche/Zeiter/Brombach, DB 2016, 1359, 1360
[43] Hunton&Williams, The proposed Regulation (2015), S. 18

Form bereitgestellt werden, könnten sich *mehrschichtige Datenschutzerklärungen* (siehe Abschn. 4.1.2.2) als hilfreich erweisen, um den Balanceakt zwischen der Bereitstellung von Mindestinformationen nach Art. 13, 14 DSGVO und einer Bereitstellung in klarer und leicht verständlicher Form zu schaffen.

5.3 Informationen über auf den Antrag der betroffenen Personen hin ergriffene Maßnahmen

Sofern sich eine natürliche Person nicht der Tatsache bewusst ist, dass und wie ihre personenbezogenen Daten verarbeitet werden, kann sie ihre sich daraus ergebenden Rechte nach der DSGVO, wie ihr Recht auf Löschung oder Berichtigung, nicht ausüben (siehe Abschn. 5.4 bis Abschn. 5.7).[44] Daher besteht ein enger Zusammenhang zwischen den Informationsrechten der Betroffenen nach Art. 13, 14 DSGVO und der Ausübung der weitergehenden Rechte nach Art. 15–22 DSGVO. Um die Effektivität der Ausübung dieser Rechte zu gewährleisten, ist der *Verantwortliche* dazu *verpflichtet*, auf Anträge der betroffenen Personen *zur Ausübung der Betroffenenrechte zu reagieren*. Zu diesem Zweck schafft Art. 12 Abs. 3, 4, 6 DSGVO eine Verpflichtung des Verantwortlichen, der betroffenen Person Informationen über die auf ihren Antrag hin ergriffenen Maßnahmen zur Verfügung zu stellen. Bei diesem Informationsaustausch müssen zudem die allgemeinen Anforderungen an eine Kommunikation mit betroffenen Personen nach Art. 12 DSGVO erfüllt werden (siehe Abschn. 5.1).

Die Informationsanforderungen hinsichtlich der ergriffenen Maßnahmen durch den Verantwortlichen müssen bei jeglicher Interaktion mit betroffenen Personen, die ihre Rechte unter der DSGVO ausüben Beachtung finden (siehe Abschn. 5.4 bis Abschn. 5.7).

5.3.1 Art und Weise der Bereitstellung der Informationen

Formelle Anforderungen
Sofern die betroffene Person einen Antrag nach Art. 12 DSGVO elektronisch stellt, so ist sie, sofern sie nichts anderes angibt, nach Möglichkeit entsprechend *auf elektronischem Weg* zu unterrichten.[45]

Falls von der *betroffenen Person verlangt*, kann die *Information* außerdem *mündlich erteilt* werden, vorausgesetzt die Identität der betroffenen Person konnte in anderer Form als nur mündlich bestätigt werden, Art. 12 Abs. 1 DSGVO. Ein entsprechender Bedarf ist z. B. vorstellbar in Fällen, in denen eine betroffene Person Rechte unter Art. 15–22 DSGVO ausgeübt hat und eine *schnelle Bestätigung* darüber wünscht, ob und welche Maßnahmen der Verantwortliche auf den Antrag

---

[44] Quaas, in: Wolff/Brink, BeckOK, Art. 12 DSGVO (2016), Rn. 4
[45] Art. 12 Abs. 3 Satz 4 DSGVO

hin bisher ergriffen hat (siehe Abschn. 5.3). Außer auf Verlangen der betroffenen Person hin ist die mündliche Informationserteilung unzulässig und, selbst wenn ein solches Verlangen zum Ausdruck gebracht wurde, kann der Verantwortliche eine mündliche Informationserteilung verweigern und statt dessen eine andere Mitteilungsart wählen.[46]

Unentgeltlichkeit
Gemäß Art. 12 Abs. 5 DSGVO sind Informationen an die betroffenen Personen diesen *unentgeltlich* zur Verfügung zu stellen. Sind die Anträge einer betroffenen Person allerdings *offenkundig unbegründet oder exzessiv* (insbesondere im Fall von häufiger Wiederholung), kann der Verantwortliche entweder:[47]

- Ein *angemessenes Entgelt* verlangen, bei dem die Verwaltungskosten berücksichtigt werden; oder
- *Sich weigern*, aufgrund des Antrags *tätig zu werden*.

Der Wortlaut von Art. 12 Abs. 5 DSGVO gibt keine Rangfolge dieser Optionen vor. Somit *liegt die Wahl* der angemessenen Reaktion *beim Verantwortlichen*.[48] Allerdings hat der Verantwortliche den *Nachweis* für den offenkundig unbegründeten oder exzessiven Charakter des Antrags zu erbringen, Art. 12 Abs. 5 Satz 3 DSGVO. Daher sollte der Verantwortliche sich häufig wiederholende Anträge dokumentieren, insbesondere die Zahl der Anträge, um seiner Nachweispflicht so gerecht zu werden.[49]

Offenkundig unbegründete Anträge dürften ein wirklicher Ausnahmefall sein, da sich die Unbegründetheit dem Verantwortlichen bereits auf den ersten Blick erschließen muss.

> **Beispiel**
>
> Eine Person stellt einen Antrag nach Art. 15 DSGVO (für Einzelheiten siehe Abschn. 5.4), um von einem Verantwortlichen Bestätigung darüber zu erhalten, ob ihre personenbezogenen Daten von ihm verarbeitet werden oder nicht. Eine Verarbeitung der Daten wird vom Verantwortlichen wahrheitsgemäß verneint. Nichtsdestotrotz beantragt die Person die Löschung ihrer personenbezogenen Daten beim Verantwortlichen gemäß Art. 17 DSGVO (für Einzelheiten siehe Abschn. 5.5.2).
>
> In diesem Beispiel beantragt die Person eine Maßnahme beim Verantwortlichen, die dieser offensichtlich nicht vornehmen kann, da er keine personenbezogenen Daten der Person verarbeitet. Die Person ist sich dessen bewusst, weil

---

[46] Walter, DSRITB 2016, 367, 373

[47] Art. 12 Abs. 5 Satz 2 DSGVO

[48] Quaas, in: Wolff/Brink, BeckOK, Art. 12 DSGVO (2016), Rn. 45–46; Paal, in: Paal/Pauly, DSGVO, Art. 12 (2017), Rn. 63

[49] Kamlah, in: Plath, BDSG/DSGVO, Art. 12 DSGVO (2016), Rn. 20

sie darüber bereits eine Bestätigung erhalten hat. Folglich kann der Verantwortliche sich dafür entscheiden, nach Art. 12 Abs. 5 DSGVO keine Maßnahmen zu ergreifen.[50]

5.3.2 Frist für die Bereitstellung der Informationen

Der Verantwortliche stellt der betroffenen Person die Informationen über eine auf ihren Antrag hin ergriffene Maßnahme *unverzüglich*, in jedem Fall aber *innerhalb eines Monats nach Eingang* des Antrags zur Verfügung, Art. 12 Abs. 3 DSGVO. Die Frist kann um *zwei weitere Monate verlängert werden*, sofern dies unter Berücksichtigung der Komplexität und Anzahl der erhaltenen Anträge erforderlich ist.[51] In einem solchen Fall hat der Verantwortliche die betroffene Person über die Fristverlängerung innerhalb eines Monats nach Eingang des Antrags zu unterrichten, zusammen mit den Gründen für die Verzögerung.[52]

Allerdings wird nicht klargestellt, welche Fälle als hinreichend „komplex" anzusehen sind, um eine Fristverlängerung zu rechtfertigen. Die *Komplexität* dürfte sich wohl eher aus den Umständen des Einzelfalls oder der Anzahl der erhaltenen Anträge ergeben, als aus einer Komplexität des Antrags selbst.[53] Diese Rechtsunsicherheit ist im Hinblick auf die hohen drohenden Bußgelder von bis zu EUR 20.000.000,00 oder bis zu 4 % des weltweiten Jahresumsatzes (Art. 83 Abs. 5 lit. b DSGVO) problematisch. Eine Sanktionierung dürfte jedoch grundsätzlich nicht stattfinden, wenn die Fristverlängerung das gesetzliche Maximum nicht übersteigt und wenn sie hinreichend begründet wird.[54]

5.3.3 Unterrichtung im Falle Nicht-Tätigwerdens

Wird der Verantwortliche auf den Antrag der betroffenen Person hin *nicht tätig*, hat er die betroffene Person *unverzüglich*, spätestens aber innerhalb eines Monats nach Eingang des Antrags über diesen Umstand und die Gründe dafür zu unterrichten, Art. 12 Abs. 4 DSGVO. Eine solche Unterrichtung soll die betroffene Person auch über die Möglichkeit informieren, bei einer Aufsichtsbehörde Beschwerde einzulegen oder einen gerichtlichen Rechtsbehelf einzulegen.[55] Die Unterrichtung über das grundsätzliche Bestehen dieser Rechtsbehelfe sollte den gesetzlichen Anforderungen entsprechen.[56] Ihrem Wortlaut nach verpflichtet die Vorschrift den

---

[50] Beispiel aus Laue/Nink/Kremer, Datenschutzrecht, Rechte der betroffenen Person (2016), Rn. 21

[51] Art. 12 Abs. 3 Satz 2 DSGVO. Eine Bereitstellung der Information in elektronischer Form ist möglich, sofern nicht ein entgegenstehendes Verlangen der betroffenen Person vorliegt.

[52] Art. 12 Abs. 3 DSGVO

[53] Kamlah, in: Plath, BDSG/DSGVO, Art. 12 DSGVO (2016), Rn. 15

[54] Kamlah, in: Plath, BDSG/DSGVO, Art. 12 DSGVO (2016), Rn. 14

[55] Art. 12 Abs. 4 Satz 2 DSGVO

[56] Paal, in: Paal/Pauly, DSGVO, Art. 12 (2017), Rn. 60

Verantwortlichen jedoch nicht dazu, die jeweils zuständige Aufsichtsbehörde oder Gerichtsbarkeit zu bestimmen und entsprechend mitzuteilen.

5.3.4 Bestätigung der Identität der betroffenen Person

Sofern der Verantwortliche begründete Zweifel an der Identität der natürlichen Person hat, die bei ihm einen Antrag stellt, kann er zusätzliche Informationen anfordern, die zur *Bestätigung der Identität der betroffenen Person* erforderlich sind, Art. 12 Abs. 6 DSGVO.

5.4 Auskunftsrecht

Zusätzlich zu den umfassenden Informationsansprüchen der betroffenen Personen und der korrespondierenden Pflichten der Verantwortlichen wurde das Auskunftsrecht der betroffenen Personen unter der DSGVO erweitert. Das Auskunftsrecht soll Fairness und Transparenz der Datenverarbeitung erhöhen und es den Betroffenen ermöglichen, die *Rechtmäßigkeit* der an ihren personenbezogenen Daten vorgenommenen Verarbeitungstätigkeiten *zu überprüfen*. Dies soll letztlich dazu führen, dass die betroffenen Personen *ihre Rechte* unter der DSGVO *effektiv durchsetzen* können.[57]

Im Gegensatz zu den Informationsrechten nach Art. 13–14 DSGVO soll das Auskunftsrecht inhaltlich *über* die Bereitstellung *allgemeiner Informationen* zu den Verarbeitungsvorgängen *hinausgehen*. Das Auskunftsrecht soll der betroffenen Person die Möglichkeit einräumen, detaillierte Informationen über die Datenverarbeitung zu erhalten, um deren *Rechtmäßigkeit zu überprüfen*. Dies kann als Vorbereitung für die Ausübung der Betroffenenrechte nach Art. 16–22 DSGVO dienen. Während die Informationsansprüche der Betroffenen nach Art. 13–14 DSGVO proaktiv vom Verantwortlichen zu erfüllen sind, bedarf es für eine Erfüllung des Auskunftsrechts nach Art. 15 DSGVO eines entsprechenden Antrags der betroffenen Person.

5.4.1 Umfang des Auskunftsrechts

Das Auskunftsrecht gemäß Art. 15 DSGVO ist in zwei Schritten gegliedert. In einem ersten Schritt, kann die betroffene Person eine *Bestätigung* vom Verantwortlichen darüber *verlangen*, ob dieser ihre personenbezogenen Daten verarbeitet oder nicht, Art. 15 Abs. 1 DSGVO. Sofern eine Verarbeitung stattfindet, hat sie – im zweiten Schritt – ein Recht auf Auskunft über diese personenbezogenen Daten und auf *folgende Informationen*[58]:

---

[57] ErwGr. 63 DSGVO; Paal, in: Paal/Pauly, DSGVO, Art. 15 (2017), Rn. 3; Laue/Nink/Kremer, Datenschutzrecht, Rechte der betroffenen Person (2016), Rn. 22

[58] Art. 15 Abs. 1 lits. a-h, Abs. 2 DSGVO

- die *Verarbeitungszwecke*;
- die *Kategorien personenbezogener Daten*, die verarbeitet werden;
- die *Empfänger*, gegenüber denen die personenbezogenen Daten offengelegt wurden oder noch offengelegt werden, insbesondere bei Empfängern in Drittländern/bei internationalen Organisationen;
- falls möglich die geplante *Dauer der Speicherung* der personenbezogenen Daten oder, falls dies nicht möglich ist, die Kriterien für die Festlegung dieser Dauer;
- das Bestehen eines *Rechts auf Berichtigung, Löschung, Einschränkung* der Verarbeitung oder des *Widerspruchsrechts* gegen die Verarbeitung;
- das Bestehen eines *Beschwerderechts* bei einer Aufsichtsbehörde;
- wenn die personenbezogenen Daten nicht bei der betroffenen Person erhoben werden, alle verfügbaren Informationen über die *Herkunft der Daten*;
- das Bestehen einer *automatisierten Entscheidungsfindung* und aussagekräftige Informationen über die involvierte Logik und die angestrebten Konsequenzen einer derartigen Verarbeitung;
- wenn die personenbezogene *Daten an ein Drittland übermittelt* werden, Informationen über die geeigneten Garantien im Zusammenhang mit der Übermittlung (siehe Abschn. 4.3).

Die *angemessene Reaktion* des Verantwortlichen auf einen Antrag der betroffenen Person nach Art. 15 DSGVO ist *einzelfallabhängig*. Der Antrag könnte sich nicht nur auf eine Bestätigung über die Durchführung von Verarbeitungsvorgängen beschränken, sondern sofort ein Verlangen über die Bereitstellung detaillierter Informationen zur Verarbeitung umfassen.[59] Daher dürfte sich eine Beantwortung derartiger Anträge in zwei Schritten, wie es die Vorschrift vorsieht, in der Praxis als nicht machbar erweisen.[60] Es dürfte meist nicht ausreichen, zunächst eine Verarbeitung zu bestätigen und erst zu einem späteren Zeitpunkt genauere Informationen über die Verarbeitung zur Verfügung zu stellen, da die antragsstellende betroffene Person von Beginn an eine weiterreichende Auskunft erhalten möchte.

> **Beispiel**
>
> Eine Arztpraxis speichert Patientendaten. Ein Patient dieser Praxis möchte Auskunft über seine von der Arztpraxis verarbeiteten personenbezogenen Daten erhalten.
>
> In diesem Beispiel hat der Patient gegenüber der Arztpraxis ein Auskunftsrecht hinsichtlich seiner personenbezogenen Daten nach Art. 15 DSGVO. Dies umfasst seine Gesundheitsdaten, bspw. die Daten in der Krankenakte über Diagnosen, Untersuchungsergebnisse, Einschätzungen der behandelnden Ärzte sowie Behandlungen oder Maßnahmen, die durchgeführt wurden. Die Arztpraxis muss dem Patienten u. a. Informationen über die Verarbeitungszwecke

---

[59] Walter, DSRITB 2016, 367, 381
[60] Ähnlich Koreng, in: Koreng/Lachenmann, Formularhandbuch, F II. (2018), S. 509

(hier: die Erbringung von Gesundheitsdienstleistungen), die Speicherdauer und die Empfänger der personenbezogenen Daten zur Verfügung stellen. Allerdings könnte das Recht des betroffen EU-Mitgliedstaats Ausnahmen hinsichtlich der Auskunft über Gesundheitsdaten von Patienten nach Art. 23 DSGVO vorsehen (siehe Abschn. 5.9).

Gemäß Art. 15 DSGVO sollte die betroffene Person ein Auskunftsrecht hinsichtlich der sie betreffenden und erhobenen personenbezogenen Daten besitzen und dieses Recht *problemlos und in angemessenen Abständen* wahrnehmen können, um die Verarbeitung nachvollziehen und deren Rechtmäßigkeit überprüfen zu können.[61] Zudem müssen Auskünfte in präziser, transparenter, verständlicher und leicht zugänglicher Form in einer klaren und einfachen Sprache erteilt werden (für Einzelheiten siehe Abschn. 5.1) sowie *innerhalb eines Monats nach Eingang* des entsprechenden Antrags erfolgen (für Einzelheiten siehe Abschn. 5.3).

5.4.2 Einschränkungen des Auskunftsrechts nach dem BDSG-neu

Die DSGVO selbst sieht keine Einschränkungen des Auskunftsrechts der betroffenen Personen vor. Dies dürfte dessen wichtiger Funktion geschuldet sein, den betroffenen Personen eine effektive Durchsetzung ihrer Rechte zu ermöglichen. Der deutsche Gesetzgeber jedoch hat von seinem Regelungsspielraum aus Art. 23 DSGVO Gebrauch gemacht (siehe Abschn. 5.9) und im *BDSG-neu mehrere Einschränkungen* des Auskunftsrechts vorgesehen.

Verwirklichung von Forschungs- oder Statistikzwecken
2 Satz 1 BDSG-neu schließt das Auskunftsrecht der betroffenen Person unter Bezugnahme auf die Öffnungsklausel in Art. 89 Abs. 2 DSGVO aus (siehe Abschn. 8.1.2), soweit es voraussichtlich die *Verwirklichung* der wissenschaftlichen oder historischen *Forschungszwecke oder der statistischen Zwecke unmöglich machen oder ernsthaft beeinträchtigen* würde und die *Beschränkung* für die Erfüllung der Forschungs- oder Statistikzwecke *notwendig* ist. Die Abgrenzung dieser beiden Bedingungen für die Beschränkung ist unklar, da sie für die Erfüllung der hier verfolgten Zwecke ohnehin notwendig sein dürfte, wenn sie diese unmöglich machen oder ernsthaft beeinträchtigen würde. Laut Gesetzgeber sollte eine Beschränkung z. B. erforderlich werden, wenn die zuständige Ethikkommission zum Schutz der betroffenen Person eine Durchführung des Projekts andernfalls untersagen würde.[62] Weiterhin besteht das Auskunftsrecht nach § 27 Abs. 2 Satz 2 BDSG-neu nicht, wenn die Daten für Zwecke der wissenschaftlichen Forschung erforderlich sind und die Auskunftserteilung einen *unverhältnismäßigen Aufwand* erfordern würde. Ein solcher Aufwand könnte sich zum Beispiel aus der Größe der Datenmenge oder der

---

[61] ErwGr. 63 DSGVO
[62] Deutscher Bundestag (2017a), Drucksache 18/11325, S. 99

Vielzahl der Datensätze ergeben, bei denen betroffene Personen nur unter unverhältnismäßigem Aufwand identifiziert oder benachrichtigt werden könnten.[63]

Verwaltungsaufwand bei einer Datenverarbeitung zu Archivzwecken
Eine Einschränkung des Auskunftsrechts besteht nach § 28 Abs. 2 BDSG-neu auch im Bereich von Datenverarbeitungen zu im öffentlichen Interesse liegenden Archivzwecken (siehe Abschn. 8.1.3). Danach entfällt das Auskunftsrecht, wenn das *Archivgut nicht durch den Namen* der betroffenen Person *erschlossen* ist oder keine Angaben gemacht werden, die das Auffinden des betreffenden Archivguts mit *vertretbarem Verwaltungsaufwand* ermöglichen. Die Vertretbarkeit des erforderlichen Einsatzes an personellen und finanziellen Ressourcen sollte auf Grundlage der konkreten Situation des Verantwortlichen zu bestimmen sein.

Geheimhaltungspflichten
Das Auskunftsrecht der betroffenen Person ist nach § 29 Abs. 1 Satz 2 BDSG-neu ausgeschlossen, soweit durch die Auskunft *Informationen* offenbart würden, die nach einer Rechtsvorschrift oder ihrem Wesen nach, insbesondere wegen der überwiegenden berechtigten Interessen eines Dritten, *geheim gehalten werden müssen* (siehe dazu Abschn. 3.8.3). Der Anwendungsbereich dieser Regelung dürfte sehr beschränkt sein, zumal das Wort „soweit" nahelegt, dass unter Umständen lediglich eine teilweise Beschränkung des Auskunftsrechts stattfinden kann.

Ausschluss nach § 34 BDSG-neu
§ 34 BDSG-neu sieht *unabhängig von der Verarbeitungssituation* bestehende Einschränkungen des Auskunftsrechts vor. Für private Unternehmen sind dabei drei Ausnahmen von Relevanz:

- *die betroffene Person ist nach § 33 Abs. 1 Nr. 2 lit. b BDSG-neu aufgrund einer Feststellung der zuständigen öffentlichen Stelle aus Sicherheitserwägungen heraus nicht zu informieren* (siehe Abschn. 5.2.4): Die betroffenen Verarbeitungstätigkeiten haben Auswirkungen auf Sachverhalte mit *staatlichem Geheimhaltungsbedürfnis*, sodass dies auch detaillierten Auskünften an die betroffenen Person bzgl. der Verarbeitung entgegensteht.
- *die Daten sind nur deshalb gespeichert, weil sie aufgrund gesetzlicher oder satzungsmäßiger Aufbewahrungsvorschriften nicht gelöscht werden dürfen und die Auskunftserteilung einen unverhältnismäßigen Aufwand erfordern würde sowie eine Verarbeitung zu anderen Zwecken durch geeignete technische und organisatorische Maßnahmen ausgeschlossen ist*: Unternehmen sind aufgrund gesetzlicher Regelungen in großem Umfang dazu verpflichtet, Daten aus zurückliegenden Geschäftsbeziehungen aufbewahren, wobei es sich vornehmlich um *handels- und steuerrechtliche Vorschriften* handelt.[64] Auch in Satzungen z. B.

---

[63] Deutscher Bundestag (2017a), Drucksache 18/11325, S. 99 f.; siehe auch Forgó, in: Wolff/Brink, BeckOK, § 33 BDSG (2017), Rn. 59 ff.
[64] Siehe auch Dix, in: Simitis, BDSG, § 33 (2014), Rn. 66

eines Vereins oder einer Handelsgesellschaft sind solche Pflichten teilweise vorgesehen.[65] In derartigen Fällen entfällt die Auskunftspflicht des Unternehmens, soweit deren Erfüllung einen *unverhältnismäßigen Aufwand* erfordern würde. Dies erfordert eine Prüfung aufseiten des Verantwortlichen, bei der er die bestehenden technischen Möglichkeiten zur Auskunftserteilung zu berücksichtigen hat.[66] Zusätzlich hat der Verantwortliche *geeignete technische und organisatorische Maßnahmen* umzusetzen, welche eine Verarbeitung der aufzubewahrenden Daten zu anderen Zwecken ausschließen. Es gilt zu beachten, dass, sofern die Daten auch zu anderen Zwecken aufbewahrt werden, diese Ausnahmeregelung nicht einschlägig ist (Wortlaut „nur deshalb").

- *die Daten dienen ausschließlich Zwecken der Datensicherung/Datenschutzkontrolle und die Auskunftserteilung würde einen unverhältnismäßigen Aufwand erfordern und eine Verarbeitung zu anderen Zwecken ist durch geeignete technische und organisatorische Maßnahmen ausgeschlossen*: Die Auskunftspflicht des Verantwortlichen entfällt ebenfalls, sofern Daten ausschließlich der Datensicherung oder Datenschutzkontrolle dienen. Hierbei dürfte es sich meist um *„Sicherungskopien", Protokolldateien oder log-files* handeln.[67] Auch hier greift die Ausnahme nur, sofern die Auskunftserteilung einen *unverhältnismäßigen Aufwand* erfordern würde und der Verantwortliche *geeignete technische und organisatorische Maßnahmen* ergreift.

Wird der Verantwortliche nach § 34 Abs. 1 BDSG-neu von seiner Auskunftspflicht zwar befreit, so treffen ihn nach § 34 Abs. 2 BDSG-neu dafür jedoch *Dokumentations- und Begründungspflichten*: er hat die Gründe der Auskunftsverweigerung zu dokumentieren und die Verweigerung gegenüber der betroffenen Person zu begründen, soweit die entsprechende Begründung nicht den mit der Auskunftsverweigerung verfolgten Zweck gefährden würde. Letzteres könnte z. B. bei einer Auskunftsverweigerung aus Gründen der öffentlichen Sicherheit der Fall sein. Diese Maßnahmen dienen dem Schutz der betroffenen Personen und sollen diesen ermöglichen, die Ablehnung der Auskunftserteilung nachzuvollziehen und ggf. durch die zuständige Aufsichtsbehörde prüfen zu lassen.[68]

5.4.3 Zurverfügungstellen der personenbezogenen Daten

Um der betroffenen Person Zugriff auf ihre personenbezogenen Daten zu ermöglichen, stellt der Verantwortliche der betroffenen Person eine *Kopie ihrer Daten* zur Verfügung, Art. 15 Abs. 3 DSGVO. Diese Kopie sollte den allgemeinen Anforderungen hinsichtlich Informationen an betroffene Personen nach Art. 12 DSGVO

---

[65] Siehe auch Dix, in: Simitis, BDSG, § 33 (2014), Rn. 67
[66] Deutscher Bundestag (2017a), Drucksache 18/11325, S. 104
[67] Siehe auch Dix, in: Simitis, BDSG, § 33 (2014), Rn. 70; Forgó, in: Wolff/Brink, BeckOK, § 33 BDSG (2017), Rn. 50
[68] Deutscher Bundestag (2017a), Drucksache 18/11325, S. 104

entsprechen (siehe Abschn. 5.1). Dies umfasst u. a., dass die erste Kopie der betroffenen Person *unentgeltlich* zur Verfügung zu stellen ist.[69] Sofern der Verantwortliche eine große Menge von Informationen über die betroffene Person verarbeitet, sollte er verlangen können, dass die betroffene Person präzisiert, auf welche Information oder welche Verarbeitungsvorgänge sich ihr Auskunftsersuchen bezieht.[70] Im Umkehrschluss ergibt sich daraus, dass, sofern die betroffene Person Informationen hinsichtlich aller Verarbeitungsvorgänge verlangt und ein solcher Antrag nicht als exzessiv anzusehen ist, tatsächlich auch umfassende Informationen zur Verfügung zu stellen sind.[71]

Elektronische Anträge
Stellt die betroffene Person den Antrag elektronisch, so sind die Informationen in einem *gängigen elektronischen Format* zur Verfügung zu stellen.[72] Eine derartige elektronische Auskunft könnte in Form einer E-Mail erfolgen. Allerdings sollten die E-Mails durch den Verantwortlichen verschlüsselt werden, um die enthaltenen Informationen zu schützen. Die DSGVO stellt nicht klar, welches Format als „gängig" anzusehen ist. Soweit möglich, sollte der Verantwortliche den Fernzugang zu einem sicheren System (*web interfaces*) bereitstellen können, der der betroffenen Person direkten Zugang zu ihren personenbezogenen Daten ermöglichen würde.[73] Nach der Vorschrift ist die Ermöglichung eines solchen Remote-Zugriffs optional.

Überprüfung der Identität des Antragsstellers
Besonders in Verbindung mit elektronischen Kommunikationsmitteln ist es wichtig, die *Identität* des Antragsstellers, der Zugriff auf seine personenbezogene Daten verlangt, *zu überprüfen*, um einen Missbrauch zu verhindern. Daher sollte der Verantwortliche durchaus alle vertretbaren Mittel zur Identitätsüberprüfung nutzen, insbesondere bei an Online-Dienste gerichteten Anfragen und im Fall von Online-Kennungen.[74]

> **Beispiel**
>
> Eine Person stellt einen Online-Antrag auf Auskunft nach Art. 15 DSGVO. Der Verantwortliche möchte die Identität der Person überprüfen. Zu diesem Zweck sendet er die Login-Daten für den Zugriff auf die angeforderten Auskünfte an die E-Mail-Adresse, die er von der betroffenen Person gespeichert hat.

---

[69] Art. 12 Abs. 5 DSGVO

[70] ErwGr. 63 DSGVO

[71] Laue/Nink/Kremer, Datenschutzrecht, Rechte der betroffenen Person (2016), Rn. 27

[72] Art. 15 Abs. 3 Satz 3 DSGVO

[73] ErwGr. 63 DSGVO

[74] ErwGr. 64 DSGVO. Allerdings sollte ein Verantwortlicher personenbezogene Daten nicht allein zu dem Zweck speichern, um auf mögliche Auskunftsersuchen reagieren zu können.

Dieses Vorgehen hilft, sicherzustellen, dass nur die Person, deren Daten verarbeitet werden, Zugriff auf die relevanten Informationen erhält; denn nur die betroffene Person kann die Login-Daten aufgrund des passwortgesicherten E-Mail-Accounts in der E-Mail abrufen.[75]

Keine Beeinträchtigung der Rechte und Freiheiten anderer Personen
Gemäß Art. 15 Abs. 4 DSGVO darf das Auskunftsrecht die Rechte und Freiheiten anderer Personen nicht beeinträchtigen, etwa *Geschäftsgeheimnisse* oder *Rechte des geistigen Eigentums* und insbesondere das Urheberrecht an Software.[76] Dies bezieht sich auf die möglichen Auswirkungen einer zur Verfügung gestellten Kopie auf personenbezogene Daten anderer Personen. Dies kann relevant werden, sofern Verantwortliche einem Berufsgeheimnis unterliegen, wie bspw. Anwälte, deren Aufzeichnungen zumeist Informationen über die Gegenpartei des Mandanten enthalten.[77] Die festgestellten Beeinträchtigungen anderer Personen dürfen jedoch nicht dazu führen, dass der betroffenen Person jegliche Auskunft verweigert wird.[78] In sehr begrenztem Umfang könnten Verantwortliche entsprechende Daten, die die Rechte und Freiheiten anderer beeinträchtigen, bei der Auskunftserteilung zurückhalten oder verschleiern, bspw. durch die Schwärzung ausgewählter Informationen.[79]

5.4.4 Praxishinweise

Da Verletzungen des Auskunftsrechts für den Verantwortlichen hohe Bußgelder nach Art. 83 Abs. 5 lit. b DSGVO zur Folge haben können (bis zu EUR 20.000.000,00 oder bis zu 4 % des weltweiten Jahresumsatzes), sollten Unternehmen sicherstellen, dass die Anträge der betroffenen Personen sorgfältig aufgenommen und beantwortet werden.

Aus diesem Grund sollten Unternehmen Optionen prüfen, welche technischen Lösungen für einen entsprechenden Auskunftsmechanismus angewandt werden könnten.[80] Strukturelle Maßnahmen sollten sicherstellen, dass den betroffenen Personen Kopien ihrer Daten schnellstmöglich zur Verfügung gestellt werden.[81] So könnten zur Beantwortung von Anträgen *standardisierte Formulare* genutzt werden, in die personenbezogene Daten lediglich eingetragen werden müssen.[82]

---

[75] Walter, DSRITB 2016, 367, 385

[76] ErwGr. 63 DSGVO

[77] Laue/Nink/Kremer, Datenschutzrecht, Rechte der betroffenen Person (2016), Rn. 30; Zikesch/Kramer, ZD 2015, 565, 566–567

[78] ErwGr. 63 DSGVO

[79] Laue/Nink/Kremer, Datenschutzrecht, Rechte der betroffenen Person (2016), Rn. 31

[80] v.d.Bussche/Zeiter, EDPL 2016, 576, 579

[81] Wybitul, BB 2016, 1077, 1079

[82] Walter, DSRITB 2016, 367, 386

Denkbar sind auch „Button"-Lösungen, die bei Nutzung automatisiert die geforderten Informationen zur Verfügung stellen; hierfür wären bereits bei Erfassung und Aufnahme der personenbezogenen Daten entsprechende technische Vorkehrungsmaßnahmen zu treffen.

5.5 Recht auf Löschung, auf Berichtung und auf Einschränkung der Verarbeitung

Da Datenverarbeitungsvorgänge die Rechte und Freiheiten der betroffenen Personen grundsätzlich *negativ beeinträchtigen*, sofern sie unrechtmäßig sind oder *unrichtige oder unvollständige Daten* betreffen, sieht die DSGVO verschiedene Betroffenenrechte vor, die es erlauben, die Verarbeitungstätigkeiten des Verantwortlichen zu beschränken oder zu beeinflussen. Dabei handelt es sich um das Recht auf Berichtigung, das Recht auf Löschung sowie das Recht auf Einschränkung der Verarbeitung. Sie bestehen, soweit die Speicherung unrichtiger oder unvollständiger Daten die DSGVO, anderes EU-Recht oder das jeweilige Recht der EU-Mitgliedstaaten verletzt, dem der Verantwortliche unterliegt.[83] Damit dienen diese Betroffenenrechte vorrangig der *Beseitigung von Rechtsverstößen*.[84]

Der *Betroffene* kann *wählen, welches Recht ausgeübt* werden soll. So kann das Recht auf Berichtigung unvollständiger Daten bspw. genutzt werden, wenn die Verarbeitungsvorgänge zwar rechtmäßig sind, aber an unvollständigen Daten durchgeführt werden, mit der Folge, dass die Ergebnisse der Verarbeitung der Realität nicht entsprechen.[85] Im Falle einer unrechtmäßigen Verarbeitung an unrichtigen Daten dürfte das Recht auf Löschung nach Art. 17 DSGVO eine umfassendere Lösung bieten.

5.5.1 Recht auf Berichtigung

Das Recht auf Berichtigung kann *negative Auswirkungen* auf die Rechte und Freiheiten betroffener Personen *ausgleichen oder verhindern*. Es konkretisiert den *Grundsatz der Richtigkeit* nach Art. 5 Abs. 1 lit. d DSGVO (siehe Abschn. 4.1.4) gemäß dem die personenbezogenen Daten zu jeder Zeit die Realität widerspiegeln müssen. Eine falsche Darstellung der Realität könnte z. B. erfolgen, wenn Daten über die Bonität einer Person falsch gespeichert werden und der betroffen Person dadurch ein Kredit verwehrt wird oder wenn die Ergebnisse einer medizinischen Behandlung falsch dokumentiert werden.[86]

---

[83] ErwGr. 65 DSGVO
[84] Worms, in: Wolff/Brink, BeckOK, Art. 16 DSGVO (2016), Rn. 39
[85] Kamlah, in: Plath, BDSG/DSGVO, Art. 16 (2016), Rn. 2
[86] Laue/Nink/Kremer, Datenschutzrecht, Rechte der betroffenen Person (2016), Rn. 34

Da das Recht auf Berichtigung eine rechtmäßige Verarbeitungssituation (wieder-) herstellen soll, müssen die betroffenen Personen ihre entsprechenden Anträge nicht begründen.[87] Allerdings tragen sie die *Beweislast* für die Unrichtigkeit oder Unvollständigkeit ihrer personenbezogenen Daten und sollten ihrem Antrag nach Art. 16 DSGVO daher unterstützende Dokumente beifügen.

5.5.1.1 Unrichtige personenbezogene Daten

Gemäß Art. 16 Satz 1 DSGVO hat die betroffene Person das Recht, von dem Verantwortlichen unverzüglich die *Berichtigung sie betreffender unrichtiger personenbezogener Daten* zu verlangen. Eine Unrichtigkeit liegt vor, sofern die personenbezogenen Daten die *Realität nicht widerspiegeln*, sodass die durch sie wiedergegebenen Informationen unwahr sind.[88] In diesem Kontext ist unklar, ob *Werturteile* des Verantwortlichen dem Recht auf Berichtigung unterliegen, sofern sie unrichtige personenbezogene Daten enthalten oder sich auf diese beziehen.[89] Auch wenn sich diese Urteile auf Tatsachen beziehen, steht das Recht auf Berichtigung hier im Spannungsfeld zwischen den Interessen und Rechten der betroffenen Person und der Meinungsfreiheit des Verantwortlichen.[90] Daher muss eine Interessenabwägung stattfinden, um zu bestimmen, ob eine Berichtigung durch den Verantwortlichen erforderlich und zumutbar erscheint.[91] Sofern ein Werturteil zu einem unrichtigen Eindruck von einer Person führt, dessen Unrichtigkeit bewiesen werden kann, kann das Interesse der berechtigten Person an einer Berichtigung überwiegen. Dies muss einzelfallbezogen geprüft werden.[92]

Eine betroffene Person kann ihr Recht auf Berichtigung nur in Bezug auf die sie betreffenden personenbezogenen Daten ausüben, da Art. 16 DSGVO kein Recht auf Berichtigung von Daten gewährt, die sich auf *Dritte* beziehen. Dies könnte den Anwendungsbereich des Rechts auf Berichtigung in Konstellationen einschränken, in denen sich die personenbezogenen Daten nicht ausschließlich auf die betroffene Person, sondern auch auf andere Personen beziehen, wie bspw. Informationen über die Beziehungen des Betroffenen zu anderen Personen.[93]

Der Verantwortliche muss Maßnahmen infolge der Anfrage einer betroffenen Person zur Ausübung ihres Rechts nach Art. 16 DSGVO *unverzüglich* – basierend auf den Umständen des Einzelfalls – ergreifen. Zudem sind die generellen Anforderungen an eine Kommunikation mit betroffenen Personen nach Art. 12 DSGVO zu erfüllen (siehe Abschn. 5.1).

---

[87] Worms, in: Wolff/Brink, BeckOK, Art. 16 DSGVO (2016), Rn. 46
[88] Worms, in: Wolff/Brink, BeckOK, Art. 16 DSGVO (2016), Rn. 49; Paal, in: Paal/Pauly, DSGVO, Art. 16 (2017), Rn. 15
[89] Worms, in: Wolff/Brink, BeckOK, Art. 16 DSGVO (2016), Rn. 53
[90] Siehe auch Mallmann, in: Simitis, BDSG, § 20 (2014), Rn. 17 ff.
[91] Worms, in: Wolff/Brink, BeckOK, Art. 16 DSGVO (2016), Rn. 56; siehe auch Mallmann, in: Simitis, BDSG, § 20 (2014), Rn. 19
[92] Worms, in: Wolff/Brink, BeckOK, Art. 16 DSGVO (2016), Rn. 56; siehe auch Mallmann, in: Simitis, BDSG, § 20 (2014), Rn. 19 ff.
[93] Kamlah, in: Plath, BDSG/DSGVO, Art. 16 DSGVO (2016), Rn. 7

5.5.1.2 Unvollständige personenbezogene Daten

Gemäß Art. 16 Satz 2 DSGVO hat die betroffene Person unter Berücksichtigung der Zwecke der Verarbeitung das Recht, die *Vervollständigung unvollständiger personenbezogener Daten* zu verlangen. In einigen Fällen dürfte es schwer fallen, den Regelungsgehalt dieser Bestimmung von derjenigen in Art. 16 Satz 1 DSGVO abzugrenzen, da fehlende Informationen auch nach Art. 16 Satz 1 DSGVO ergänzt werden müssen, sofern deren Fehlen zur Unrichtigkeit der Daten führt.[94]

Das Hinzufügen von Informationen zur Vervollständigung unvollständiger Daten führt zur Verarbeitung einer erhöhten Datenmenge. Daher sollte eine Vervollständigung nur stattfinden, sofern sie zur Erreichung des *Verarbeitungszwecks erforderlich* ist.[95] Ein Antrag auf Grundlage dieser Norm führt zur Ergänzung sachlich richtiger Daten, die jedoch ohne Vervollständigung die Wirklichkeit im *Datenverarbeitungskontext* nicht wiedergeben. Eine Anfrage der betroffenen Person auf Vervollständigung sollte dahingehend ausgewertet werden, ob die Ergänzung zusätzlicher Daten dem Verarbeitungszweck dient, ob der Aufwand einer Vervollständigung im Hinblick auf die Verarbeitungssituation verhältnismäßig erscheint und ob die Wahrscheinlichkeit eines Risikos für die Rechte und Freiheiten der betroffenen Personen aufgrund der unvollständigen Daten besteht.[96] Maßnahmen durch den Verantwortlichen, die er auf Anfrage der betroffenen Person hin ergreift, müssen den allgemeinen Anforderungen des Art. 12 DSGVO entsprechen (siehe Abschn. 5.1). Die Frist zur Vornahme von Maßnahmen sollte aus Art. 16 Abs. 1 DSGVO abgeleitet werden, sodass auf Anfragen der betroffenen Person *unverzüglich* reagiert werden muss.[97]

Eine Vervollständigung personenbezogener Daten auf Grundlage des Art. 16 Abs. 2 DSGVO könnte mittels einer *ergänzenden Erklärung* erfolgen. Allerdings dürfte der praktische Nutzen einer solchen Erklärung eher begrenzt sein, da die Speicherung ergänzender Daten auf dasjenige Maß beschränkt ist, welches zur Erreichung des Verarbeitungszwecks erforderlich ist und daher nur spezifische und ausgewählte Informationen betreffen dürfte.[98]

5.5.2 Recht auf Löschung

Das „*Recht auf Vergessenwerden*" wurde mit der „Google Spain"-Entscheidung des EuGH im Jahr 2014[99] ins Blickfeld der Öffentlichkeit und des Gesetzgebers gerückt und wurde unter der DSGVO verstärkt. Es ist eines der am kontroversesten

---

[94] Kamlah, in: Plath, BDSG/DSGVO, Art. 16 DSGVO (2016), Rn. 10
[95] Paal, in: Paal/Pauly, DSGVO, Art. 16 (2017), Rn. 18; Laue/Nink/Kremer, Datenschutzrecht, Rechte der betroffenen Person (2016), Rn. 36; Worms, in: Wolff/Brink, BeckOK, Art. 16 DSGVO (2016), Rn. 58; siehe auch Brink, in: Wolff/Brink, BeckOK, § 35 BDSG (2016), Rn. 13
[96] Worms, in: Wolff/Brink, BeckOK, Art. 16 DSGVO (2016), Rn. 58–60
[97] Paal, in: Paal/Pauly, DSGVO, Art. 16 (2017), Rn. 20
[98] Kamlah, in: Plath, BDSG/DSGVO, Art. 16 DSGVO (2016), Rn. 13
[99] EuGH, Entscheidung vom 13. Mai 2014, Google Spain, C-131/12

diskutierten Themen des Datenschutzrechts.[100] Art. 17 DSGVO übertrifft noch den Umfang des „Rechts auf Vergessenwerden", wie es in der „Google Spain"-Entscheidung niedergelegt wurde, da es dem Verantwortlichen Informationspflichten gegenüber Dritten auferlegt, welche von der Löschung betroffene personenbezogene Daten erhalten haben.

5.5.2.1 Löschungsgründe

Die betroffene Person hat das Recht, von dem Verantwortlichen zu verlangen, dass sie betreffende personenbezogene Daten unverzüglich gelöscht werden, sofern einer der folgenden Gründe zutrifft[101]:

- *Die personenbezogenen Daten sind für die Verarbeitungszwecke nicht mehr notwendig.* Diese Bestimmung findet auf Daten Anwendung, die rechtmäßig erhoben und verarbeitet wurden. Eine Löschung solcher Daten soll jedoch erfolgen, wenn sie für die Verarbeitungszwecke nicht mehr erforderlich sind oder wo der Verarbeitungszweck nicht weiter verfolgt wird.[102] Sollten die von der Löschung betroffenen Daten allerdings zur Erreichung eines anderen Verarbeitungszwecks erforderlich sein, der sich teilweise mit dem ursprünglich verfolgten Verarbeitungszweck überschneidet oder mit diesem vereinbar ist, bedarf es einer Löschung nicht.[103]

Beispiel

Unternehmen X möchte sich vergrößern und sucht daher neue Mitarbeiter. Im Laufe des Auswahlverfahrens scheiden viele Bewerber aus dem Kreis möglicher Kandidaten für die offenen Stellen aus und erhalten von X Ablehnungsschreiben.

In diesem Beispiel verarbeitet X personenbezogene Daten zum Zweck der Einstellung neuer Mitarbeiter. Diese Verarbeitung erfolgt auf der Basis einer gültigen Rechtsgrundlage. Da X die Daten der abgelehnten Bewerber nicht mehr benötigt, um neue Mitarbeiter zu finden, können diese Bewerber die Löschung ihrer personenbezogenen Daten von X verlangen. Zudem ist X zur Löschung dieser Daten aus dem Grundsatz der Datenminimierung nach Art. 5 Abs. 1 lit. c DSGVO verpflichtet (siehe Abschn. 4.1.3), da er diese zur Erreichung des Verarbeitungszwecks nicht mehr benötigt.[104]

- *Die betroffene Person widerruft ihre Einwilligung, auf die sich die Verarbeitung stützte* (siehe Abschn. 4.2.1) *und es fehlt an einer anderweitigen Rechtsgrundlage für die Verarbeitung*: Da die betroffene Person das Recht hat, ihre

---

[100] Laue/Nink/Kremer, Datenschutzrecht, Rechte der betroffenen Person (2016), Rn. 38; Paal, in: Paal/Pauly, DSGVO, Art. 17 (2017), Rn. 2

[101] Art. 17 Abs. 1 lits. a-f DSGVO

[102] Worms, in: Wolff/Brink, BeckOK, Art. 17 DSGVO (2016), Rn. 25

[103] Laue/Nink/Kremer, Datenschutzrecht, Rechte der betroffenen Person (2016), Rn. 41

[104] Beispiel aus Paal, in: Paal/Pauly, DSGVO, Art. 17 (2017), Rn. 22

Einwilligung jederzeit zu widerrufen (siehe Abschn. 4.2.1.5 für Einzelheiten), wird die Verarbeitung mangels anderweitiger anwendbarer Rechtsgrundlage nach dem Widerruf rechtswidrig. Durch die Ausübung des Widerrufs entsteht somit das Recht auf Löschung.

- *Die betroffene Person legt gemäß Art. 21 Abs. 1 DSGVO Widerspruch gegen die Verarbeitung ein und es liegen keine vorrangigen berechtigten Gründe für die Verarbeitung vor, oder die betroffene Person legt gemäß Art. 21 Abs. 2 DSGVO Widerspruch ein* (siehe Abschn. 5.7): Diese Bestimmung setzt ebenfalls voraus, dass die Datenverarbeitung vor Entstehung des *Widerspruchsrechts* rechtmäßig erfolgte.[105] Gemäß Art. 21 Abs. 1 DSGVO kann die betroffene Person einer interessenbasierten Verarbeitung ihrer personenbezogenen Daten (öffentliches Interesse/überwiegendes berechtigtes Interesse des Verantwortlichen) auf Grundlage von Umständen im Zusammenhang mit ihrer konkreten Situation widersprechen. Die betroffene Person muss die Umstände, die zu einer Änderung der Interessenlage geführt haben, darlegen.[106] Der Verantwortliche kann die Situation einer erneuten Bewertung unterziehen, da sein eigenes Interesse an der Verarbeitung noch immer überwiegen könnte und eine Löschung der Daten demgemäß nicht erfolgen muss. Da diese Bewertung einige Zeit in Anspruch nehmen kann, könnte die betroffene Person zwischenzeitlich ihr Recht auf Einschränkung der Verarbeitung ausüben (siehe Abschn. 5.5.3).[107] Gemäß Art. 21 Abs. 2 DSGVO kann die betroffene Person einer *Verarbeitung für Zwecke der Direktwerbung widersprechen*. In einem solchen Fall entsteht das Recht auf Löschung ohne vorherige Neubewertung der geänderten Umstände der Verarbeitung.[108]
- *Die personenbezogenen Daten wurden unrechtmäßig verarbeitet*: Diese Bestimmung bildet eine Art *Auffangtatbestand*, der ein Recht auf Löschung gewährt, sobald die Verarbeitung unrechtmäßig erfolgt, sei es aufgrund einer fehlenden Rechtsgrundlage für die Verarbeitung oder wegen der Nichteinhaltung von Vorschriften der DSGVO, bspw. hinsichtlich der Anforderungen an die Datenschutzorganisation des Verantwortlichen (siehe Kap. 3 für Einzelheiten).[109]
- *Die Löschung der personenbezogenen Daten ist zur Erfüllung einer rechtlichen Verpflichtung nach dem Recht der EU oder der Mitgliedstaaten erforderlich, dem der Verantwortliche unterliegt*: Gemäß dieser Bestimmung ist die Löschung der Daten eine Pflicht des Verantwortlichen, um einer anderen Rechtspflicht nachzukommen, die sich bspw. aus dem Recht eines EU-Mitgliedstaats ergibt.[110]

---

[105] Worms, in: Wolff/Brink, BeckOK, Art. 17 DSGVO (2016), Rn. 38
[106] Paal, in: Paal/Pauly, DSGVO, Art. 17 (2017), Rn. 40
[107] Kamlah, in: Plath, BDSG/DSGVO, Art. 17 DSGVO (2016), Rn. 11
[108] Paal, in: Paal/Pauly, DSGVO, Art. 17 (2017), Rn. 41
[109] ErwGr. 65 DSGVO; Laue/Nink/Kremer, Datenschutzrecht, Recht der betroffenen Person (2016), Rn. 43; Kamlah, in: Plath, BDSG/DSGVO, Art. 17 DSGVO (2016), Rn. 12
[110] Kamlah, in: Plath, BDSG/DSGVO, Art. 17 DSGVO (2016), Rn. 13

In diesem Zusammenhang ist unklar, ob die Vorschrift eine *Öffnungsklausel* erhält, die es den EU-Mitgliedstaaten ermöglicht, nationale Rechtspflichten zur Löschung von Daten einzuführen.[111]

- *Die personenbezogenen Daten wurden mit der Einwilligung eines Kindes in Bezug auf angebotene Dienste der Informationsgesellschaft erhoben* (siehe Abschn. 4.2.1.6): Diese Bestimmung soll den Schutz der personenbezogenen Daten von Kindern stärken, da sie ein Recht auf Löschung für Verarbeitungstätigkeiten im Zusammenhang mit Diensten der Informationsgesellschaft auf Grundlage der Einwilligung eines Kindes vorsieht (siehe Abschn. 4.2.1.6 für Einzelheiten). Dies berücksichtigt die Tatsache, dass sich Kinder der Risiken im Zusammenhang mit der Verarbeitung ihrer Daten nicht vollständig bewusst sein könnten und daher später eine Löschung ihrer personenbezogenen Daten erreichen möchten, vor allem im Internet.[112] Die betroffene Person sollte dieses Recht auch dann ausüben können, wenn sie kein Kind mehr ist.[113] Es ist unklar, ob die Ausübung des Rechts auf Löschung gleichzeitig einen Widerruf der Einwilligung bedeutet, womit diese Vorschrift keinen gesonderten Anwendungsbereich mehr hätte, da sie einen Unterfall des Art. 17 Abs. 1 lit. a DSGVO bilden würde.[114] Im Hinblick darauf, dass der Gesetzgeber den Schutz von Kindern stärken möchte und andernfalls der Vorschrift ein eigenständiger Zweck fehlen würde, sollte die Vorschrift eine Anfrage auf Löschung ausgewählter personenbezogener Daten (soweit möglich) ohne Widerruf der Einwilligung in die Verarbeitung herbeiführen.[115]

5.5.2.2 Ausübung des Rechts

Gemäß Art. 17 Abs. 1 DSGVO hat die betroffene Person das Recht, vom Verantwortlichen die Löschung ihrer personenbezogenen Daten zu verlangen und der Verantwortliche ist dazu verpflichtet, die personenbezogenen Daten zu löschen. Somit korrelieren *Recht und Pflicht* hier miteinander.[116] In diesem Zusammenhang ist anzumerken, dass das Recht der betroffenen Person nur der Durchsetzung der

---

[111] In diese Richtung argumentiert Kamlah, in: Plath, BDSG/DSGVO, Art. 17 DSGVO (2016) Rn. 13; Härting, DSGVO (2016), Rn. 696; ablehnend, siehe: Worms, in: Wolff/Brink, BeckOK, Art. 17 DSGVO (2016), Rn. 45–48

[112] ErwGr. 65 DSGVO

[113] ErwGr. 65 DSGVO

[114] Worms, in: Wolff/Brink, BeckOK, Art. 17 DSGVO (2016), Rn. 50–53; Schantz, NJW 2016, 1841, 1845 sieht die Ausnahme als Löschpflicht des Verantwortlichen an, ohne dass es eines entsprechen Antrags der betroffenen Person bedarf; ablehnend, was eine solche Pflicht betrifft: Paal, in: Paal/Pauly, DSGVO, Art. 17 (2017), Rn. 28; ablehnend, was einen eigenständigen Anwendungsbereich dieser Ausnahme betrifft: Härting, DSGVO (2016), Rn. 698

[115] Worms, in: Wolff/Brink, BeckOK, Art. 17 DSGVO (2016), Rn. 50–53 versucht zwischen dem Widerruf und der Löschung nach dieser Bestimmung zu differenzieren

[116] Laue/Nink/Kremer, Datenschutzrecht, Rechte der betroffenen Person (2016), Rn. 45; Worms, in: Wolff/Brink, BeckOK, Art. 17 DSGVO (2016), Rn. 23

Pflicht des Verantwortlichen zur Löschung der personenbezogenen Daten dient, welche ohnehin besteht, sofern einer der in Art. 17 Abs. 1 DSGVO aufgeführten Gründe vorliegt.

Das Verhältnis zwischen Recht und Pflicht wird im Zusammenhang mit der *Beweislast* hinsichtlich des Vorliegens eines Rechts auf Löschung relevant. Da es sich um ein subjektives Recht handelt, muss die betroffene Person das Bestehen des Rechts auf Löschung nachweisen können.[117] Die *betroffene Person* sollte dazu verpflichtet sein, nachzuweisen, welcher Löschungsgrund nach Art. 17 Abs. 1 lits. a-f DSGVO *erfüllt ist*, da die aufgezählten Gründe teilweise den Nachweis zusätzlicher Umstände erfordern, wie beispielsweise die Ausübung eines Widerrufs bzgl. der erteilten Einwilligung nach Art. 17 Abs. 1 lit. a DSGVO oder eine Änderung der Umstände nach Art. 17 Abs. 1 lit. b DSGVO.[118] Dennoch ist der Verantwortliche zum Nachweis der für ihn günstigen Umstände verpflichtet, wie bspw. den Nachweis von Umständen, die eine etwaig angeführte Rechtswidrigkeit der Verarbeitung nach Art. 17 Abs. 1 lit. d DSGVO widerlegen können. Dies gilt auch für den Nachweis von Einschränkungen des Rechts auf Löschung nach Art. 17 Abs. 3 DSGVO.

Zudem sind die generellen Anforderungen des Art. 12 DSGVO an eine Kommunikation mit betroffenen Personen (siehe Abschn. 5.1) zu erfüllen.

5.5.2.3 Einschränkungen des Rechts auf Löschung in der DSGVO

Art. 17 Abs. 3 lits. a-e DSGVO enthalten Ausnahmen vom Recht der betroffenen Person auf Löschung ihrer personenbezogenen Daten, soweit die Verarbeitung erforderlich ist:

- *zur Ausübung des Rechts auf freie Meinungsäußerung und Information*: Diese Ausnahmeregelung könnte in der Praxis höchst relevant werden, da sie nicht nur von der Presse, sondern von jedem Unternehmen angeführt werden kann.[119] Die Vorschrift soll eine Löschung von Meinungen verhindern.[120] Allerdings ist eine Unterscheidung zwischen personenbezogenen Daten und Meinung nicht ohne weiteres möglich, wenn eine *Meinung* auf Grundlage personenbezogener Daten gebildet wurde oder werden soll.[121] In einem solchen Fall ist abzuwägen, ob die zugrunde liegenden personenbezogenen Daten für die Meinungsbildung (noch) erforderlich sind.[122] Je älter die personenbezogenen Daten, desto unwahrscheinlicher ist deren Erforderlichkeit für die Meinungsbildung.[123]

---

[117] Laue/Nink/Kremer, Datenschutzrecht, Rechte der betroffenen Person (2016), Rn. 52; Kamlah, in: Plath, BDSG/DSGVO, Art. 17 DSGVO (2016), Rn. 5–6

[118] Kamlah, in: Plath, BDSG/DSGVO, Art. 17 DSGVO (2016), Rn. 5

[119] Kamlah, in: Plath, BDSG/DSGVO, Art. 17 DSGVO (2016), Rn. 17; Worms, in: Wolff/Brink, BeckOK, Art. 17 DSGVO (2016), Rn. 81

[120] Kamlah, in: Plath, BDSG/DSGVO, Art. 17 DSGVO (2016), Rn. 17

[121] Kamlah, in: Plath, BDSG/DSGVO, Art. 17 DSGVO (2016), Rn. 17

[122] Kamlah, in: Plath, BDSG/DSGVO, Art. 17 DSGVO (2016), Rn. 17

[123] EuGH, Entscheidung vom 13. Mai 2014, Google Spain, C-131/12, ErwGr. 93; Kamlah, in: Plath, BDSG/DSGVO, Art. 17 DSGVO (2016), Rn. 17

- *zur Erfüllung einer rechtlichen Verpflichtung, die die Verarbeitung nach dem Recht der EU oder der EU-Mitgliedstaaten, dem der Verantwortliche unterliegt, erfordert, oder zur Wahrnehmung einer Aufgabe, die im öffentlichen Interesse liegt/in Ausübung öffentlicher Gewalt erfolgt, die dem Verantwortlichen übertragen wurde*: Nach dieser Regelung überwiegt in den genannten Fällen die rechtliche Verpflichtung zur Datenverarbeitung, wie die Speicherung personenbezogener Daten, dem Interesse der betroffenen Person an einer Löschung ihrer Daten.[124] Eine solche Rechtspflicht könnte sich u. a. aus *nationalem Handels- oder Steuerrecht* ergeben.[125]
- *aus Gründen des öffentlichen Interesses im Bereich der öffentlichen Gesundheit*: Diese Vorschrift ist im Zusammenhang mit *Art. 9* Abs. 2 lits. h, l und Abs. 3 DSGVO auszulegen. Gemäß dieser Regelung können tragfähige Gründe i.S.d. Ausnahme die Gesundheitsvorsorge oder Arbeitsmedizin, die *Beurteilung der Arbeitsfähigkeit* von Beschäftigten, die *medizinische Diagnostik*, die Versorgung/Behandlung im *Gesundheits- oder Sozialbereich*, die Verwaltung von Systemen/Diensten im Gesundheits- oder Sozialbereich auf der Grundlage des Rechts der EU, eines EU-Mitgliedstaats oder aufgrund eines Vertrags mit einem Angehörigen eines Gesundheitsberufs sein. Die Verarbeitung auf Grundlage eines solchen Vertrags soll durch Fachpersonal, das dem Berufsgeheimnis unterliegt, oder unter dessen Verantwortung erfolgen. Zudem sind tragfähige Gründe nach dieser Bestimmung u. a. der Schutz vor schwerwiegenden grenzüberschreitenden Gesundheitsgefahren oder die Gewährleistung hoher Qualitäts- und Sicherheitsstandards bei der Gesundheitsversorgung oder bei medizinischen Produkten (für Einzelheiten siehe Abschn. 4.2.3).
- *für im öffentlichen Interesse liegende Archivzwecke, wissenschaftliche oder historische Forschungszwecke oder für statistische Zwecke, soweit die Löschung der personenbezogenen Daten voraussichtlich die Verwirklichung der Ziele dieser Verarbeitung unmöglich macht oder ernsthaft beeinträchtigt*: Der Anwendungsbereich dieser Regelung in Bezug auf *Forschungs*zwecke ist nicht vollständig klar, da die Notwendigkeit der personenbezogenen Daten zum Erzielen von Forschungsergebnissen oftmals erst nach Abschluss der Forschungsarbeit festgestellt werden kann.[126] Dadurch könnte ein Recht auf Löschung auch erst nach Abschluss der Forschung entstehen.[127]
- *zur Geltendmachung, Ausübung oder Verteidigung von Rechtsansprüchen*: Die Ausnahmeregelung soll betroffene Personen daran hindern, eine Löschung personenbezogener Daten zu verlangen, die der Verantwortliche zur Geltendmachung (künftiger) *Rechtsansprüche* benötigen könnte und bei denen die Löschung eine *Rechtsausübung* verhindern oder erschweren könnte.[128] Ein Recht

---

[124] Kamlah, in: Plath, BDSG/DSGVO, Art. 17 DSGVO (2016), Rn. 18
[125] Laue/Nink/Kremer, Datenschutzrecht, Rechte der betroffenen Person (2016), Rn. 50
[126] Kamlah, in: Plath, BDSG/DSGVO, Art. 17 DSGVO (2016), Rn. 19
[127] Kamlah, in: Plath, BDSG/DSGVO, Art. 17 DSGVO (2016), Rn. 19
[128] Worms, in: Wolff/Brink, BeckOK, Art. 17 DSGVO (2016), Rn. 87

auf Löschung sollte ausgeschlossen sein, sofern sich der Verantwortliche und die betroffene Person bereits in einem laufenden oder absehbaren Gerichtsverfahren gegenüberstehen.[129]

Da für das Vorliegen jeder dieser Ausnahmeregelungen vorausgesetzt wird, dass die Verarbeitung für einen der aufgeführten Zwecke erforderlich ist, muss stets eine *einzelfallbasierte Interessenabwägung* stattfinden. Der Verantwortliche trägt das Risiko für die Bewertung des Falles sowie die Beweislast hinsichtlich des Vorliegens eines Ausnahmetatbestands.

5.5.2.4 Einschränkungen des Rechts auf Löschung im BDSG-neu

§ 35 BDSG-neu sieht auf nationaler Ebene Einschränkungen des Rechts auf Löschung vor. Diese bestehen neben den Ausnahmen des Art. 17 Abs. 3 DSGVO (siehe vorheriger Abschnitt). Wird das Recht der betroffenen Person auf Löschung ihrer personenbezogenen Daten nach dieser Vorschrift ausgeschlossen, so *tritt an dessen Stelle das Recht auf Einschränkung der Verarbeitung* nach Art. 18 DSGVO (siehe Abschn. 5.5.3), welches für den an der Datenverarbeitung interessierten Verantwortlichen eine weniger einschneidende Maßnahme darstellt.[130]

§ 35 Abs. 1–3 BDSG-neu enthalten drei Ausnahmefälle vom Recht auf Löschung:

- *Löschung im Falle nicht automatisierter Datenverarbeitung erfordert unverhältnismäßigen Aufwand*: Im Falle nicht automatisierter Datenverarbeitungen entfällt die Löschpflicht des Verantwortlichen, wenn diese aufgrund der besonderen Verarbeitungsweise nicht oder nur mit unverhältnismäßig hohem Aufwand möglich ist und das Interesse der betroffenen Person an der Löschung als gering anzusehen ist. Diese Ausnahme erfordert eine *einzelfallbezogene Interessen- und Aufwandsabschätzung* aufseiten des Verantwortlichen, der somit das Einschätzungsrisiko trägt. Die Praxisrelevanz der Ausnahme ist aufgrund ihrer Beschränkung auf *manuelle Verarbeitungen* (siehe Abschn. 2.1.1) jedoch äußerst begrenzt und dürfte nur kleine Handwerksbetriebe o.Ä. erfassen oder auch manuelle Maßnahmen bei größeren Unternehmen. Die Beschränkung des Anwendungsbereichs beruht auf der Erwägung, dass bei automatisierten Datenverarbeitungen die Möglichkeit zur Löschung von Daten generell dem Stand der Technik entspricht und daher zumutbar sein dürfte.[131] Bei nicht-automatisierten Verarbeitungen hingegen würde die Löschung eine manuelle Durchsicht und entsprechende Löschung der relevanten Teile des Datenbestandes erfordern. Dies ist erheblich aufwendiger. Die Ausnahme kommt nicht zur Anwendung, wenn die Daten unrechtmäßig verarbeitet wurden, § 35 Abs. 1 Satz 3 BDSG-neu, sodass eine Löschpflicht in derartigen Fällen grundsätzlich besteht.

---

[129] Worms, in: Wolff/Brink, BeckOK, Art. 17 DSGVO (2016), Rn. 87; Kamlah, in: Plath, BDSG/DSGVO, Art. 17 DSGVO (2016), Rn. 20

[130] Deutscher Bundestag (2017a), Drucksache 18/11325, S. 105

[131] Deutscher Bundestag (2017b), Drucksache 18/11655, S. 39

- *Wahrung schutzwürdiger Interessen der betroffenen Person*: Aufgrund der umständlichen Verweistechnik ist der Regelungsgehalt dieser Ausnahme nur schwer zu erfassen. Sie sollte so verstanden werden, dass eine aufgrund unrechtmäßig verarbeiteter oder nicht mehr benötigter Daten grundsätzlich bestehende Löschpflicht entfällt, sofern für den Verantwortlichen *Grund zu der Annahme* besteht, dass durch eine *Löschung schutzwürdige Interessen des Betroffenen beeinträchtigt würden*.[132] Der Wortlaut der Vorschrift („Grund zu der Annahme") erfordert eine einzelfallbezogene Bewertung der Umstände durch den Verantwortlichen auf Grundlage der ihm zur Verfügung stehenden Informationen, um zu ermitteln, ob der betroffenen Person durch die Löschung Nachteile entstehen könnten.[133] Über die anstelle der Löschung vorgenommene, zumeist wohl *temporäre Einschränkung der Verarbeitung* ist die betroffene Person zu informieren, § 35 Abs. 2 Satz 2 BDSG-neu.[134] Wie diese auf Initiative des Verantwortlichen hin erfolgende Einschränkung mit dem Erfordernis der Rechtsausübung durch die betroffene Person nach Art. 18 Abs. 1 DSGVO vereinbar ist, bleibt unklar (siehe auch Abschn. 5.5.3.2).
- *Aufbewahrungspflichten des Verantwortlichen*: Nach § 35 Abs. 3 BDSG-neu besteht eine Ausnahme von der Löschpflicht, wenn einer Löschung *satzungsmäßige oder vertragliche Aufbewahrungsfristen* entgegenstehen (siehe auch Abschn. 5.4.2). Gesetzliche Aufbewahrungsfristen sind ausgenommen, da diese bereits von der Ausnahmeregelung des Art. 17 Abs. 3 lit. b DSGVO erfasst sind (siehe Abschn. 5.5.2.3).[135] Da sich der Verantwortliche diesen Aufbewahrungsfristen selbstbestimmt unterworfen hat, sodass das Löschungsrecht der betroffenen Person auf sein Tätigwerden hin eingeschränkt wird, könnte es künftig zu einer Einschränkung dieser Ausnahmeregelung durch die Rechtsprechung kommen.[136]

5.5.2.5 Rechtsfolgen

Die Rechtsfolge des Art. 17 Abs. 1 DSGVO ist die Löschung der personenbezogenen Daten. Der Begriff der „Löschung" wird gesetzlich nicht definiert. Es handelt sich dabei um die *Unbrauchbarmachung* der personenbezogenen Daten in einer Weise, die den Verantwortlichen, den Auftragsverarbeiter und etwaige Dritte am Zugriff, Auslesen oder Verarbeiten der Daten hindert – unabhängig davon, ob dies durch eine physische Zerstörung oder technische Löschung der Daten geschieht.[137]

---

[132] Deutscher Bundestag (2017a), Drucksache 18/11325, S. 105

[133] Siehe auch Dix, in: Simitis, BDSG, § 35 (2014), Rn. 49; Brink, in: Wolff/Brink, BeckOK, § 35 BDSG (2016), Rn. 51

[134] Deutscher Bundestag (2017a), Drucksache 18/11325, S. 105

[135] Deutscher Bundestag (2017a), Drucksache 18/11325, S. 106

[136] Wolff (2017), Stellungnahme, S. 15

[137] Worms, in: Wolff/Brink, BeckOK, Art. 17 DSGVO (2016), Rn. 55; Laue/Nink/Kremer, Datenschutzrecht, Rechte der betroffenen Person (2016), Rn. 45; Paal, in: Paal/Pauly, DSGVO, Art. 17 (2017), Rn. 30

Es darf nicht mehr möglich sein, die Daten ohne übermäßigen Aufwand wiederherzustellen. So reicht es nicht aus, die Daten in den Papierkorb des Computers zu verschieben, da sich die Daten dann mit marginalem Aufwand über einen Mausklick wiederherstellen lassen. Andererseits führt eine rein theoretisch existierende Möglichkeit zur Wiederherstellung der Daten mit z. B. Spezialsoftware nicht zur Erfolglosigkeit der durchgeführten Löschung.[138] Welche Technik für die Löschung der Daten zur Anwendung gelangt ist unerheblich, solange sie erfolgreich ist. Welche Maßnahmen vom Verantwortlichen verlangt werden können, hängt von der Form der betroffenen Daten und dem erforderlichen Aufwand ab, der für eine möglichst umfassende Löschung erforderlich wäre.[139]

Die betroffene Person kann vom Verantwortlichen die *unverzügliche* Löschung der personen-bezogenen Daten verlangen, die dieser auch vorzunehmen hat. Die Unverzüglichkeit ist unter Berücksichtigung der Art der personenbezogenen Daten und des erforderlichen Aufwands für die Prüfung des Vorliegens eines Löschungsgrunds zu bestimmen. Da der Verantwortliche nicht nur das Vorliegen eines solchen Grundes verifizieren muss sondern auch, ob eine Ausnahmeregelung des Art. 17 Abs. 3 DSGVO zu seinen Gunsten anwendbar ist, könnte diese Prüfung mehrere Tage in Anspruch nehmen. Dennoch sind Maßnahmen auf die Löschungsanfrage hin aufgrund der generellen Anforderungen des Art. 12 Abs. 3, 4 DSGVO (siehe Abschn. 5.1) spätestens innerhalb eines Monats nach Erhalt der Anfrage zu treffen. Zudem hat der Verantwortliche etwaige Empfänger der von der Löschung betroffenen personenbezogenen Daten von diesem Umstand nach Art. 19 DSGVO zu benachrichtigen (siehe Abschn. 5.5.4).

5.5.2.6 Recht auf Vergessenwerden

Art. 17 Abs. 2 DSGVO regelt das *Recht auf Vergessenwerden* als Rechtsfolge des Rechts auf Löschung nach Art. 17 Abs. 1 DSGVO. Dieses Recht soll den Schutz der Privatsphäre betroffener Personen verbessern, vor allem in Zusammenhang mit Veröffentlichungen ihrer personenbezogenen Daten im Internet.[140] Sofern eine betroffene Person die Löschung ihrer personenbezogenen Daten nach Art. 17 Abs. 1 DSGVO verlangt, muss ihre Anfrage zumindest implizit erkennen lassen, dass sie eine umfassende Löschung ihrer personenbezogenen Daten wünscht, da dies darauf hinweist, dass mit der Anfrage alle Verantwortlichen angesprochen werden sollen, die die personenbezogenen Daten verarbeiten.[141] Hat der *Verantwortliche die personenbezogenen Daten öffentlich gemacht* und ist er zu deren Löschung verpflichtet, so trifft er gemäß Art. 17 Abs. 2 DSGVO unter Berücksichtigung der verfügbaren Technologie und der Implementierungskosten angemessene Maßnahmen, auch technischer Art, um für die Datenverarbeitung *Verantwortliche*, die die personenbezogenen Daten verarbeiten, *darüber zu informieren*, dass eine betroffene Person

---

[138] Paal, in: Paal/Pauly, DSGVO, Art. 17 (2017), Rn. 30
[139] Worms, in: Wolff/Brink, BeckOK, Art. 17 DSGVO (2016), Rn. 56
[140] ErwGr. 66 DSGVO; Schantz, NJW 2016, 1841, 1845; Gierschmann, ZD 2016, 51, 54
[141] Laue/Nink/Kremer, Datenschutzrecht, Rechte der betroffenen Person (2016), Rn. 47

von ihnen die Löschung aller Links zu diesen personenbezogenen Daten oder von Kopien oder Replikationen dieser personenbezogenen Daten verlangt hat. Eine Veröffentlichung der Daten besteht in der Einräumung eines Zugriffs auf die Daten für eine unbestimmte Anzahl an Personen.[142]

Es ist anzumerken, dass, sofern keine Veröffentlichung der personenbezogenen Daten stattgefunden hat, der Verantwortliche nichtsdestotrotz zur Benachrichtigung von Empfängern der Daten nach Art. 19 DSGVO verpflichtet ist (siehe Abschn. 5.5.4). Somit handelt es sich bei der sich aus dem Recht auf Vergessenwerden ergebenden Benachrichtigungspflicht in gewisser Weise um eine spezielle Ausprägung der allgemeinen Benachrichtigungspflicht gegenüber Datenempfängern.

> **Beispiel**
>
> Betreiber von Suchmaschinen verarbeiten personenbezogene Daten, indem sie Informationen finden, die von Dritten im Internet veröffentlicht wurden, diese automatisch klassifizieren und sortieren, sie temporär speichern und sie dann Internetnutzern in einer bestimmten Reihenfolge als Suchergebnisse präsentieren. Diese Betreiber sind somit Verantwortliche. Unternehmen Z ist ein Verantwortlicher und veröffentlicht personenbezogene Daten über eine betroffene Person auf seiner Website. Diese personenbezogenen Daten können über eine Suche durch die Suchmaschine gefunden werden, indem bspw. der Name der betroffenen Person als Suchbegriff eingegeben wird.
>
> Da Z's Website von einer unbegrenzten Zahl von Personen aufgerufen werden kann, wurden die verarbeiteten Daten veröffentlicht. Verlangt die betroffene Person die Löschung ihrer personenbezogenen Daten von Z, muss letzterer gemäß Art. 17 Abs. 2 DSGVO angemessene Maßnahmen ergreifen, um den Betreiber der Suchmaschine über die Löschungsanfrage zu informieren.[143]

> **Beispiel**
>
> Ein Unternehmen betreibt ein soziales Netzwerk, in welchem die Benutzer ihre personenbezogenen Daten miteinander teilen. Besagtes Unternehmen ist ein Verantwortlicher im Hinblick auf diese personenbezogenen Daten. Gemäß der Privatsphäre-Einstellungen des Netzwerks sind die Nutzer-Profile öffentlich, sofern der jeweilige Nutzer diese Voreinstellungen nicht verändert.[144]

---

[142] Härting, DSGVO (2016), Rn. 723; Paal, in: Paal/Pauly, DSGVO, Art. 17 (2017), Rn. 33
[143] Für Einzelheiten siehe EuGH, Entscheidung vom 13. Mai 2014, Google Spain, C-131/12, ErwGr. 21, 89–99; Worms, in: Wolff/Brink, BeckOK, Art. 17 DSGVO (2016), Rn. 70–71; Paal, in: Paal/Pauly, DSGVO, Art. 17 (2017), Rn. 37
[144] Nach der DSGVO müssen die Konzepte Datenschutz durch Technikgestaltung und durch datenschutzfreundliche Voreinstellungen Berücksichtigung finden. Für Einzelheiten siehe Abschn. 3.7.

Es ist nicht abschließend geklärt, inwieweit soziale Netzwerke als der Öffentlichkeit zugänglich anzusehen sind. Dies hängt von den Privatsphäre-Einstellungen des jeweiligen sozialen Netzwerks ab. Oftmals generieren diese Netzwerke eine Plattform, die Dritten eine unbeschränkte Veröffentlichung ihrer Informationen im Netzwerk ermöglicht, wie bspw. Betreibern von Cafés, Bars oder sogar Unternehmen, um zukünftige Kunden oder Mitarbeiter anzuwerben. Sofern Unternehmen, die ein soziales Netzwerk betreiben, eine öffentlichkeitswirksame Nutzung ihres Netzwerks ausdrücklich zulassen oder offensichtlich keine Gegenmaßnahmen im Hinblick auf eine solche Nutzung ergreifen, könnten sie als Verantwortliche für die Veröffentlichung der betroffenen personenbezogenen Daten gelten.

In diesem Beispiel führen die Privatsphäre-Einstellungen des sozialen Netzwerks zu einer uneingeschränkten Veröffentlichung des Nutzerprofils. Damit würde der Betreiber dem Anwendungsbereich des Art. 17 Abs. 2 DSGVO unterfallen. Dies führt dazu, dass, sofern eine betroffene Person die Löschung ihrer personenbezogenen Daten aus dem sozialen Netzwerk gemäß Art. 17 Abs. 2 DSGVO verlangt, der Betreiber zum Ergreifen angemessener Maßnahmen verpflichtet ist, um andere Verantwortliche im Hinblick auf die Löschung dieser Daten zu informieren, wie z. B. Suchmaschinen.[145]

Da sich der Umfang des Rechts auf Vergessenwerden auf *angemessene Maßnahmen* des Verantwortlichen beschränkt, ergibt sich daraus keine Pflicht zur umfassenden Kontaktaufnahme mit anderen Verantwortlichen. Allerdings ist unklar, ob sich die Angemessenheit bestimmter Maßnahmen anhand der *subjektiven Situation des betroffenen Verantwortlichen* bestimmt oder ob objektive Kriterien zur Bewertung heranzuziehen sind.[146] Es sollte ersteres der Fall sein, da die Verpflichtung sonst eine zu große Belastung für Kleinst-, kleine und mittlere Unternehmen darstellt, deren Interessen in der DSGVO besondere Berücksichtigung gefunden haben.[147] Zudem können die nach der Vorschrift zu berücksichtigenden Implementierungskosten nur dann in die Bewertung einbezogen werden, wenn sie anhand der spezifischen Lage des Verantwortlichen bestimmt werden, z. B. wie viele Verantwortliche involviert sind und zu kontaktieren wären.[148] Eine subjektive Bewertung wird auch durch die Tatsache impliziert, dass die betroffene Person nicht schutzlos gestellt wird, wenn der Verantwortliche aufgrund eines übermäßigen Aufwands im Einzelfall nicht zur Information anderer Verantwortlicher verpflichtet ist: gemäß Art. 15 DSGVO hat die betroffene Person einen Anspruch darauf, über alle Empfänger

---

[145] Für Einzelheiten siehe Worms, in: Wolff/Brink, BeckOK, Art. 17 DSGVO (2016), Rn. 71; Japsers, DuD 2012, 571, 572–573

[146] Für die Verwendung objektiver Kriterien argumentiert Kamlah, in: Plath, BDSG/DSGVO, Art. 17 DSGVO (2016), Rn. 15; und für die Verwendung subjektiver Kriterien argumentieren Paal, in: Paal/Pauly, DSGVO, Art 17 (2017), Rn. 36; Laue/Nink/Kremer, Datenschutzrecht, Rechte der betroffenen Person (2016), Rn. 48

[147] Siehe ErwGr. 13, 98, 132, 167 DSGVO

[148] Laue/Nink/Kremer, Datenschutzrecht, Rechte der betroffenen Person (2016), Rn. 48

5.5 Recht auf Löschung, auf Berichtung und auf Einschränkung der Verarbeitung

ihrer personenbezogenen Daten informiert zu werden (siehe Abschn. 5.4), sodass sie auf Grundlage dieser Information ihr Recht auf Löschung nach Art. 17 Abs. 1 DSGVO gegenüber jedem Empfänger gesondert ausüben könnte.[149]

Um zur Erfüllung des Rechts der betroffenen Personen auf Vergessenwerden in der Lage zu sein sollten Verantwortliche, soweit angemessen, technische und organisatorische Maßnahmen treffen, die ihnen eine Erfassung der Empfänger der personenbezogenen Daten ermöglichen. Andernfalls ist es Unternehmen unter Umständen im Nachhinein nicht mehr möglich, die Empfänger zu identifizieren. In diesem Zusammenhang dürften sich die Verzeichnisse über Verarbeitungstätigkeiten (siehe Abschn. 3.4) sowie, falls vorhanden, das Datenschutz-Managementsystem (siehe Abschn. 3.2.1) als hilfreich erweisen.

Geografische Reichweite des Rechts auf Vergessenwerden
Es geht aus dem Gesetzestext nicht hervor, wie umfangreich die Verpflichtung des Verantwortlichen zur Löschung im Hinblick auf die *geografische Reichweite der zu ergreifenden Maßnahmen* ist, z. B. ob Daten, die auf außerhalb der EU befindlichen Servern gespeichert sind, von dieser Pflicht betroffen sind oder ob die Löschpflicht verletzt wird, wenn die Daten noch immer über Websites abrufbar sind, die sich an Nutzer außerhalb der EU richten.[150]

Beispiel

Suchmaschinen können grundsätzlich von einem unbegrenzten Nutzerkreis verwendet werden, sodass die personenbezogenen Daten betroffener Personen über die Suchmaschine der Öffentlichkeit zugänglich sind.

Sollte der Betreiber einer Suchmaschine von einer Löschpflicht im Hinblick auf personenbezogene Daten nach Art. 17 DSGVO betroffen sein, ist unklar, ob der Betreiber auf eine regionale, EU-weite oder sogar weltweite De-Indexierung der betroffenen personenbezogenen Daten hinwirken muss.[151]

Praxishinweise
Art. 17 Abs. 2 DSGVO enthält zahlreiche *unbestimmte Rechtsbegriffe* wie, „angemessene Maßnahmen", „verfügbare Technologie" und „öffentlich", deren praktische Interpretation unklar bleibt. Im Hinblick auf die drohenden Bußgelder für eine Verletzung von Art. 17 DSGVO von bis zu EUR 20.000.000,00 oder bis zu 4% des weltweiten Jahresumsatzes (Art. 83 Abs. 5 lit. b DSGVO) sollten Verantwortliche auf eine möglichst umfassende Löschung der Daten hinwirken und die unternommenen Anstrengungen entsprechend dokumentieren.

---

[149] Laue/Nink/Kremer, Datenschutzrecht, Rechte der betroffenen Person (2016), Rn. 48
[150] Paal, in: Paal/Pauly, DSGVO, Art. 17 (2017), Rn. 37; kritisch auch Bayrisches Landesamt für Datenschutzaufsicht, Recht auf Löschung (2017), S. 2
[151] Für Einzelheiten siehe Paal, in: Paal/Pauly, DSGVO, Art 17 (2017), Rn. 37; Holznagel/Hartmann, MMR 2016, 228, 232; Leutheusser-Schnarrenberger, ZD 2015, 149, 150

5.5.3 Recht auf Einschränkung der Verarbeitung

Das Recht auf Einschränkung der Verarbeitung nach Art. 18 DSGVO soll einen Interessenausgleich zwischen dem Interesse der betroffenen Person an einer Berichtigung oder Löschung ihrer personenbezogenen Daten einerseits und dem Interesse des Verantwortlichen an der Fortführung der Verarbeitung der betroffenen personenbezogenen Daten andererseits herstellen.[152] Das Recht auf Einschränkung der Verarbeitung bildet den Mittelweg zwischen diesen divergierenden Interessen, sofern das Vorliegen von Gründen für die Löschung oder Berichtigung von Daten einer weitergehenden Prüfung bedarf oder zwischen dem Verantwortlichen und der betroffenen Person umstritten ist.[153]

5.5.3.1 Gründe für eine Einschränkung der Verarbeitung

Art. 18 Abs. 1 lits. a-d DSGVO enthalten *vier Gründe*, die jeweils zu einer Einschränkung der Verarbeitung führen können:

- *Die Richtigkeit der personenbezogenen Daten wird von der betroffenen Person bestritten und eine Einschränkung der Verarbeitung soll für eine Dauer stattfinden, die es dem Verantwortlichen ermöglicht, die Richtigkeit der personenbezogenen Daten zu überprüfen*: Sofern eine betroffene Person die *Richtigkeit* ihrer von der Verarbeitung betroffenen personenbezogenen Daten *infrage stellt* (für Einzelheiten zu unrichtigen personenbezogenen Daten siehe Abschn. 5.5.1.1), muss die betroffene Person spezifizieren und Nachweis darüber erbringen, welche der Daten nicht die Wirklichkeit wiedergeben.[154] Allerdings könnte in der Praxis ein willkürliches Bestreiten der Richtigkeit der verarbeiteten Daten zu einer zeitweiligen Einschränkung der Verarbeitung führen, da der Verantwortliche nicht sofort feststellen kann, ob die Behauptungen der betroffenen Person wahr sind.[155] Die Dauer der Einschränkung der Verarbeitung soll auf dasjenige Maß beschränkt sein, das für eine Überprüfung erforderlich ist.[156] Sofern sich die *Überprüfung* der Richtigkeit der Daten als unmöglich erweist, sollte die Einschränkung der Verarbeitung aufrechterhalten werden.[157] Ausgehend vom Wortlaut des Art. 18 DSGVO kann sich eine (auch nur zeitweise) Einschränkung der Verarbeitung nicht aus einem Bestreiten der Rechtmäßigkeit der Verarbeitung selbst ergeben,

---

[152] Paal, in: Paal/Pauly, DSGVO, Art. 18 (2017), Rn. 3; Worms, in: Wolff/Brink, BeckOK, Art. 18 DSGVO (2016), Rn. 1–2

[153] Paal, in: Paal/Pauly, DSGVO, Art. 18 (2017), Rn. 3; Worms, in: Wolff/Brink, BeckOK, Art. 18 DSGVO (2016), Rn. 1–2

[154] Kamlah, in: Plath, BDSG/DSGVO, Art. 18 DSGVO (2016), Rn. 5

[155] Paal, in: Paal/Pauly, DSGVO, Art. 18 (2017), Rn. 16

[156] Kamlah, in: Plath, BDSG/DSGVO, Art. 18 DSGVO (2016), Rn. 8

[157] Offenbar zustimmend Härting, DSGVO (2016), Rn. 710; ablehnend siehe Worms, in: Wolff/Brink, BeckOK, Art. 18 DSGVO (2016) Rn. 35; eine Löschung der Daten bei nicht-erfolgreicher Überprüfung fordernd: Kamlah, in: Plath, BDSG/DSGVO, Art. 18 DSGVO (2016), Rn. 8

da eine unrechtmäßige Verarbeitung zu einer Löschung der betroffenen Daten nach Art. 17 DSGVO führt (siehe Abschn. 5.5.2) und die unrechtmäßige Verarbeitung bereits vom Einschränkungsgrund in Art. 18 Abs. 1 lit. b DSGVO erfasst wird.[158]
- *Die Verarbeitung ist unrechtmäßig und die betroffene Person lehnt die Löschung der personenbezogenen Daten ab und verlangt stattdessen die Einschränkung der Nutzung der dieser Daten*: Trotz der *Unrechtmäßigkeit* der Verarbeitung kann die betroffene Person an der *Verhinderung der Löschung* der betroffenen Daten nach Art. 17 DSGVO (siehe Abschn. 5.5.2) interessiert sein, sofern sie die Zugriffsmöglichkeit des Verantwortlichen auf die Daten (zu einem späteren Zeitpunkt) beweisen möchte.[159] Eine solche Situation sollte auch von der nachfolgenden Regelung erfasst werden, die einen weiteren Anwendungsbereich besitzt.
- *Der Verantwortliche benötigt die personenbezogenen Daten für die Zwecke der Verarbeitung nicht länger, aber die betroffene Person benötigt sie zur Geltendmachung, Ausübung oder Verteidigung von Rechtsansprüchen*: Diese Regelung soll die *Ausübung* von Rechtsansprüchen oder die *Verteidigung* gegen Ansprüche ermöglichen oder *erleichtern*. Nach dieser Vorschrift werden die personenbezogenen Daten also zu Beweiszwecken gespeichert. Dies entspricht auch der von Art. 18 Abs. 1 lit. b DSGVO erfassten Situation, weshalb das Bestehen eines eigenständigen Anwendungsbereichs dieser Regelung infrage zu stellen ist.
- *Die betroffene Person hat Widerspruch gegen die Verarbeitung gemäß Art. 21 Abs. 1 DSGVO eingelegt und es steht noch nicht fest, ob die berechtigten Gründe des Verantwortlichen gegenüber denen der betroffenen Person überwiegen*: Sofern eine betroffene Person der Verarbeitung nach Art. 21 Abs. 1 DSGVO widersprochen hat (siehe Abschn. 5.7), muss der Verantwortliche prüfen, ob seine *berechtigten Interessen* gegenüber denjenigen der betroffenen Person überwiegen, sodass der Verantwortliche künftig weiterhin die Daten verarbeiten könnte. Für die Dauer dieser *Überprüfung* wird die Verarbeitung durch diese Bestimmung eingeschränkt.

Das Vorliegen einer der vorgenannten Voraussetzungen für eine Einschränkung der Verarbeitung nach Art. 18 Abs. 1 DSGVO ist anhand des *Einzelfalls* zu bestimmen. Während die Gründe in Art. 18 Abs. 1 lits. a, d DSGVO eine *zeitweilige Einschränkung* der Verarbeitung zur Durchführung von Überprüfungen herbeiführen, sehen die Gründe in Art. 18 Abs. 1 lits. b, c DSGVO die Einschränkung der Verarbeitung als weniger einschneidende *Alternative zur Löschung* der personenbezogenen Daten vor.

5.5.3.2 Ausübung des Rechts
Die betroffene Person muss eine Einschränkung der Verarbeitung nach Art. 18 Abs. 1 DSGVO vom Verantwortlichen verlangen. Ein solches *Verlangen* unterliegt keinen formalen Voraussetzungen, aber muss das Anliegen der betroffenen Person

---

[158] Kamlah, in: Plath, BDSG/DSGVO, Art. 18 DSGVO (2016), Rn. 6–7
[159] Worms, in: Wolff/Brink, BeckOK, Art. 18 DSGVO (2016), Rn. 39; Kamlah, in: Plath, BDSG/DSGVO, Art. 18 DSGVO (2016), Rn. 10

hinreichend klar zum Ausdruck bringen. Weiterhin müssen die generellen Anforderungen des *Art. 12 DSGVO* im Hinblick auf eine Ausübung von Betroffenenrechten Berücksichtigung finden (siehe Abschn. 5.1).

5.5.3.3 Rechtsfolgen

Eine Einschränkung der Verarbeitung erfordert, dass die betroffenen personenbezogenen Daten nicht mehr in Verarbeitungsvorgänge integriert sind und zusätzlich dahingehend markiert werden, dass ihre weitere Verarbeitung nicht mehr möglich ist.[160] Die Einschränkung der Verarbeitung betrifft *nicht* die *Speicherung* der betroffenen Daten, Art. 18 Abs. 2 DSGVO. Mögliche *Methoden* sind unter anderem:

- ausgewählte personenbezogenen Daten vorübergehend auf ein anderes Verarbeitungssystem zu übertragen;
- ausgewählte personenbezogene Daten für Nutzer zu sperren; oder
- veröffentliche Daten vorübergehend von einer Website zu entfernen.[161]

Was *automatisierte Dateisysteme* betrifft, so sollte auf die Einschränkung der Verarbeitung durch das System ausdrücklich hingewiesen und durch technische Mittel sichergestellt werden, dass die personenbezogenen Daten in keiner Weise weiterverarbeitet werden.[162]

Sofern die Verarbeitung eingeschränkt wurde, können die betroffenen personenbezogenen Daten *nur verarbeitet werden, wenn*:

- *die betroffene Person in die Verarbeitung eingewilligt hat*: Der praktische Anwendungsbereich dieser Ausnahmeregelung ist unklar. Die Ausnahme soll das Recht der betroffenen Person auf informationelle Selbstbestimmung sicherstellen, wobei letzteres zuvor bereits von der betroffenen Person ausgeübt wurde, um eine Einschränkung der Verarbeitung herbeizuführen. Hierin liegt ein Widerspruch. Allerdings könnte die Regelung in Situationen Anwendung finden, in denen die *betroffene Person* in eine Offenlegung ihrer Daten gegenüber Dritten *einwilligt* (zu den Voraussetzungen für eine wirksame Einwilligung siehe Abschn. 4.2.1), bspw. gegenüber rechtlichen Vertretern[163]; oder
- *die Verarbeitung zur Geltendmachung, Ausübung oder Verteidigung von Rechtsansprüchen erfolgt*: Diese Ausnahmeregelung berücksichtigt Situationen, in denen eine Verarbeitung die Ausübung oder Abwehr von *Rechtsansprüchen* ermöglichen oder vereinfachen soll. Dies kann relevant werden, sofern der Verantwortliche Ansprüche gegen die betroffene Person geltend machen möchte und dafür auf eine Verarbeitung der personenbezogenen Daten angewiesen ist,

---

[160] Paal, in: Paal/Pauly, DSGVO, Art. 18 (2017), Rn. 14; Worms, in: Wolff/Brink, BeckOK, Art. 18 DSGVO (2016), Rn. 47

[161] ErwGr. 67 DSGVO

[162] ErwGr. 67 DSGVO

[163] Kamlah, in: Plath, BDSG/DSGVO, Art. 18 DSGVO (2016), Rn. 16

was nicht durch ein Verlangen der betroffenen Person auf Einschränkung der Verarbeitung der dafür erforderlichen Daten verhindert werden soll[164]; oder
- *die Verarbeitung zum Schutz der Rechte einer anderen natürlichen oder juristischen Person erfolgt*; oder
- *die Verarbeitung aus Gründen eines wichtigen öffentlichen Interesses der EU/ eines EU-Mitgliedstaats erfolgt*.

Gemäß Art. 18 Abs. 3 DSGVO wird eine betroffene Person, die eine Einschränkung der Verarbeitung erwirkt hat, vom Verantwortlichen *unterrichtet, bevor die Einschränkung aufgehoben wird*.

5.5.3.4 Regelung im BDSG-neu
Auch das BDSG-neu trifft Regelungen zum Recht der betroffenen Personen auf Einschränkung der Verarbeitung. Das Gesetz erweitert einerseits den Anwendungsbereich des Rechts auf Einschränkung der Verarbeitung, sieht aber andererseits auch Einschränkungen dieses Betroffenenrechts vor.

§ 35 BDSG-neu als Rechtsgrundverweis
Entfällt die *Pflicht des Verantwortlichen zur Löschung* personenbezogener Daten nach § 35 BDSG-neu (siehe für Einzelheiten Abschn. 5.5.2.4), so tritt an die Stelle der Löschpflicht die Pflicht des Verantwortlichen zur Einschränkung der Verarbeitung nach Art. 18 DSGVO, § 35 Abs. 1 Satz 2 BDSG-neu. Diese bildet im Vergleich zur Löschung der Daten ein weniger einschneidendes Mittel. Der Gesetzgeber lässt jedoch offen, ob es sich bei dieser Regelung um einen *Rechtsgrund- oder einen Rechtsfolgenverweis* handelt. In ersterem Fall würde die Einschränkung der Löschpflicht nur zu einer Einschränkung der Verarbeitung führen, wenn zusätzlich einer der in Art. 18 Abs. 1 DSGVO vorgesehenen Gründe vorliegt (siehe Abschn. 5.5.3.1). Für eine solche Auslegung spricht das Ziel des Gesetzgebers, die betroffene Person über die Einschränkungen der Löschpflicht in die Lage zu versetzen, ihr Verlangen auf Einschränkung der Verarbeitung erst zu äußern oder sich u.U. für eine Löschung der Daten zu entscheiden.[165] Wäre die Einschränkung der Verarbeitung unmittelbare Rechtsfolge von § 35 BDSG-neu, so wäre eine solche Rechtsausübung aufseiten des Betroffenen überflüssig, was einen Eingriff in dessen Recht auf informationelle Selbstbestimmung darstellt.[166] Zudem fehlt es an einer entsprechenden Öffnungsklausel zur Erweiterung der Gründe für eine Einschränkung der Verarbeitung in der DSGVO. Damit steht dem deutschen Gesetzgeber eine solche Regelungskompetenz im Bereich der Verordnung nicht zu.

---

[164] Worms, in: Wolff/Brink, BeckOK, Art. 18 DSGVO (2016), Rn. 50
[165] Deutscher Bundestag (2017a), Drucksache 18/11325, S. 105
[166] Siehe auch das Erfordernis einer Rechtsausübung durch die betroffene Person in Art. 18 Abs. 1 DSGVO.

Beschränkungen des Rechts auf Einschränkung der Verarbeitung
Das deutsche Recht beschränkt das Recht der betroffenen Person auf Einschränkung der Verarbeitung in besonderen Verarbeitungssituationen. Bei der Datenverarbeitung zu *wissenschaftlichen oder historischen Forschungszwecken und Statistikzwecken* (siehe Abschn. 8.1.2) wird dieses Recht insoweit beschränkt, als dass es voraussichtlich die Verwirklichung der genannten Verarbeitungszwecke unmöglich machen oder ernsthaft beeinträchtigen würde und die Einschränkung des Rechts zur Erfüllung der Zwecke notwendig ist, § 27 Abs. 1 Satz 1 BDSG-neu. Die Abgrenzung dieser beiden Bedingungen ist unklar, da die Rechtsbeschränkung für die Erfüllung der verfolgten Zwecke ohnehin notwendig sein dürfte, wenn sie diese unmöglich machen oder ernsthaft beeinträchtigen würde. Die Formulierung „insoweit" lässt darauf schließen, dass das Recht auf Einschränkung der Verarbeitung in derartigen Fällen auch nur in Bezug auf bestimmte Daten beschränkt werden kann. Eine entsprechende Ausnahme ist auch für die Verwirklichung von im *öffentlichen Interesse liegenden Archivzwecken* in § 28 Abs. 4 BDSG-neu vorgesehen.

5.5.4 Mitteilungspflicht gegenüber Dritten im Zusammenhang mit der Berichtigung oder Löschung personenbezogener Daten oder der Einschränkung der Verarbeitung, Art. 19

Die Mitteilungspflicht ergänzt die Rechte der betroffenen Person auf Löschung, Berichtigung und Einschränkung der Verarbeitung gemäß Art. 16–18 DSGVO, da sie der *effektiven Durchsetzung* dieser Rechte dient.[167] Gemäß Art. 19 Satz 1 DSGVO *teilt* der Verantwortliche *allen Empfängern*, denen personenbezogenen Daten offengelegt wurden, jede Berichtigung oder Löschung der personenbezogenen Daten oder eine Einschränkung der Verarbeitung nach Art. 16, 17 Abs. 1 und 18 DSGVO (siehe Abschn. 5.5.1, 5.5.2 und 5.5.3) *mit*, es sei denn, dies erweist sich als *unmöglich* oder ist mit einem *unverhältnismäßigen Aufwand* verbunden. Ein solcher Aufwand bestimmt sich anhand der spezifischen Situation des Verantwortlichen. Während sich eine Unmöglichkeit der Mitteilung aus rechtlichen oder tatsächlichen Umständen herleitet (z. B. wenn die Identität der Empfänger dem Verantwortlichen nicht mehr bekannt ist), kann sich ein unverhältnismäßiger Aufwand u. a. aus der großen Anzahl von Empfängern und somit einer großen Anzahl erforderlicher Mitteilungen ergeben.[168]

Unterrichtung der betroffenen Person über die Empfänger
Gemäß Art. 19 Satz 2 DSGVO unterrichtet der Verantwortliche die betroffene Person über die Empfänger der personenbezogenen Daten, wenn die betroffene Person dies verlangt. Dies soll der betroffenen Person ermöglichen, Kontakt zu den Empfängern aufzunehmen und möglicherweise ihre Rechte gegenüber diesen Empfängern auszuüben.

---

[167] Worms, in: Wolff/Brink, BeckOK, Art. 19 DSGVO (2016), Rn. 1, 6; Paal, in: Paal/Pauly, DSGVO, Art. 19 (2017), Rn. 3
[168] Kamlah, in: Plath, BDSG/DSGVO, Art. 19 DSGVO (2016), Rn. 6

Ausübung von Rechten gegenüber den Empfängern

Die Mitteilungspflicht macht deutlich, dass Empfänger personenbezogener Daten nicht eigenständig zur Umsetzung von Betroffenenrechten verpflichtet sind. Allerdings ist es Aufgabe der Empfänger zu überprüfen, ob die Voraussetzungen eines Betroffenenrechts bei ihnen vorliegen, sobald sie vom Verantwortlichen über die Ausübung des Rechts durch die betroffene Person informiert wurden.[169]

Recht auf Vergessenwerden

Art. 19 DSGVO *umfasst* ausdrücklich *nicht das Recht auf Vergessenwerden* nach Art. 17 Abs. 2 DSGVO. Dieses Recht sieht eine speziellere Mitteilungspflicht des Verantwortlichen vor, die auf Fälle beschränkt ist, in denen der Verantwortliche die personenbezogenen Daten, deren Löschung verlangt wird, veröffentlicht hat und andere Verantwortliche über ein solches Löschungsverlangen informieren muss (siehe Abschn. 5.5.2.6). Somit stellt das Recht auf Vergessenwerden gewissermaßen eine spezielle Ausprägung der Mitteilungspflicht des Art. 19 DSGVO dar.

5.6 Recht auf Datenübertragbarkeit

Art. 20 DSGVO führt ein *neues Betroffenenrecht* ein, das Recht auf Datenübertragbarkeit, welches der betroffenen Person eine bessere Kontrolle über ihre Daten im Fall einer Verarbeitung mit automatischen Mitteln ermöglichen soll, indem ihr die *Möglichkeit zur Übertragung ihrer personenbezogenen Daten* von einem Verantwortlichen an einen anderen eingeräumt wird.[170]

Dieses Recht soll es betroffenen Personen gestatten, *Dienstleistungsanbieter* so einfach wie möglich *zu wechseln*.[171] Das Recht gewährt den Betroffenen eine größere wirtschaftliche Flexibilität und führt so zu einer Stärkung der Verbraucherrechte, indem es deren Möglichkeit zum Verschieben, Kopieren oder Übertragen personenbezogener Daten aus einer IT-Umgebung in eine andere erleichtert.[172] Bei der Schaffung des Rechts hatte der Gesetzgeber vornehmlich Betreiber *sozialer Netzwerke* im Blick.[173] Nichtsdestotrotz ist das Recht auf Datenübertragbarkeit auf ganz verschiedenartige Verantwortliche anwendbar.

Beispiel

- Die betroffene Person erwirbt ein Auto. Das Auto wird über eine Leasingvereinbarung zwischen dem Verantwortlichen (Leasinggeber) und der betroffenen Person (Leasingnehmer) finanziert. Bei Abschluss der Leasingvereinbarung

---

[169] Worms, in: Wolff/Brink, BeckOK, Art. 19 DSGVO (2016), Rn. 6

[170] ErwGr. 68 DSGVO

[171] Gierschmann, ZD 2016, 51, 54; Paal, in: Paal/Pauly, DSGVO, Art. 20 (2017), Rn. 4

[172] Schantz, NJW 2016, 1841, 1845; Art.-29-Datenschutzgruppe, WP 242 (2016), S. 4

[173] Gierschmann, ZD 2016, 51, 54; Laue/Nink/Kremer, Datenschutzrecht, Rechte der betroffenen Person (2016), Rn. 59

willigt die betroffene Person in eine Übermittlung von Daten über ihr Fahrverhalten an den Verantwortlichen ein, um die möglicherweise aufkommende Haftungsfrage im Falle eines Autounfalls zu klären. Der Leasingnehmer verlangt dann die Übertragung dieser Daten an einen anderen Leasinggeber, mit dem der Leasingnehmer über eine mögliche neue Leasingvereinbarung verhandeln möchte, die bessere Konditionen vorsieht.
- Der Verantwortliche ist ein Versicherungsunternehmen, das personenbezogene Daten eines Versicherten zu übertragen hatte, als dieser zu einem neuen Versicherungsunternehmen wechselte. Die personenbezogenen Daten wurden der Versicherungsgesellschaft durch den Versicherten für den Abschluss der Versicherungspolice zur Verfügung gestellt.
- Der Verantwortliche ist eine Bank, die die personenbezogenen Daten eines ehemaligen Kontoinhabers (welche von diesem bei Eröffnung des Bankkontos zur Verfügung gestellt wurden) an die neue Bank dieser Person übermitteln soll.[174]

Das Recht auf Datenübertragbarkeit soll auch den *Wettbewerb* zwischen Dienstleistungsanbietern *stärken* und auf diese Weise die Entwicklung datenschutzfreundlicher Technologien und interoperabler Datenformate stärken.[175] Allerdings wird die *Einhaltung des Rechts* auf Datenübertragbarkeit den Verantwortlichen *einigen Aufwand abverlangen*. Die Vorschrift ist stark von Verbraucherschutz-Erwägungen geprägt, ohne die Interessen der Verantwortlichen angemessen zu berücksichtigen.[176] Während das Recht auf Datenübertragbarkeit natürlichen Personen einen selbstbestimmten Umgang mit ihren Daten ermöglicht,[177] kann es gleichzeitig – je nach Auslegung des Anwendungsbereichs dieses Rechts – Geschäftsgeheimnisse und -praktiken der Verantwortlichen gefährden.

5.6.1 Anwendungsbereich & Ausübung des Rechts auf Datenübertragbarkeit

Sofern personenbezogene Daten in den Anwendungsbereich des Art. 20 DSGVO fallen, kann die betroffene Person eine *Übermittlung* ihrer Daten nach dieser Vorschrift *verlangen*. Ein solches Verlangen sollte im Hinblick auf die generellen Voraussetzungen des Art. 12 DSGVO behandelt werden (siehe Abschn. 5.1). Verarbeitet der Verantwortliche eine *große Menge* an Informationen in Bezug auf die jeweilige betroffene Person, kann er von der Person eine *Präzisierung* dahingehend

---

[174] Beispiele aus Paal, in: Paal/Pauly, DSGVO, Art. 20 (2017), Rn. 6; Schantz, NJW 2016, 1841, 1845; Wybitul/Rauer, ZD 2012, 160, 162; Jülicher/Röttgen/v. Schönfeld, ZD 2016, 358, 361; Schätzle, PinG 2016, 71, 72–73

[175] Schantz, NJW 2016, 1841, 1845; Albrecht, CR 2016, 88, 93; Paal, in: Paal/Pauly, DSGVO, Art. 20 (2017), Rn. 5; ErwGr. 68 DSGVO

[176] Jaspers, DuD 2012, 571, 573; Härting, BB 2012, 459, 465

[177] Kamlah, in: Plath, BDSG/DSGVO, Art. 20 DSGVO (2016), Rn. 4

verlangen, auf welche Informationen und Verarbeitungsvorgänge sich ihr *Ersuchen* bezieht, bevor er Maßnahmen ergreift.[178] Gemäß Art. 20 Abs. 1 DSGVO ist der Anwendungsbereich eröffnet, wenn:

- *Personenbezogene Daten [...]* (siehe Abschn. 2.1.2): Es ist zu beachten, dass pseudonymisierte Daten, die einer betroffenen Person zweifelsfrei zugeordnet werden können (z. B. in Kenntnis des Identifizierungsmerkmals) dem Anwendungsbereich der Regelung unterfallen[179];
- *Welche die betroffene Person einem Verantwortlichen bereitgestellt hat [...]*: Die Bereitstellung ihrer Daten durch die betroffene Person erfordert, zu einem gewissen Grad, eine bewusste Handlung der betroffenen Person, sodass die Daten – direkt oder indirekt – *bei dieser Person erhoben* werden müssen.[180] Dies umfasst Daten, welche *originär* dem Verantwortlichen *zur Verfügung gestellt* wurden (wie Kontodaten, eine E-Mail-Adresse, das Alter einer Person), aber auch Daten, die von der betroffenen Person während der Nutzung eines Dienstes generiert und vom Verantwortlichen *im Laufe ihrer (vertraglichen) Beziehung* aufgenommen wurden, wie z. B. der Verlauf eines Internetbrowsers oder Verkehrs- und Geolokalisationsdaten eines von der Person getragenen Fitness-Trackers.[181] Mithin ist es ausreichend, dass die betroffene Person für den Verantwortlichen eine *Zugriffsmöglichkeit* auf ihre personenbezogenen Daten einräumt.[182] Allerdings bleibt unklar, ob Daten auch dann durch die betroffene Person „bereitgestellt" worden sind, wenn ein Dritter – wie ein Arbeitgeber oder eine Bank – die Daten dem Verantwortlichen mit Einwilligung der betroffenen Person übermittelt.[183]
- *Auf Grundlage der Einwilligung der betroffenen Person* (siehe Abschn. 4.2.1) *oder auf Grundlage eines Vertrags zwischen der betroffenen Person und dem Verantwortlichen verarbeitet werden* (siehe Abschn. 4.2.2.1) *[...]*: und
- *Die Verarbeitung mithilfe automatisierter Verfahren erfolgt*: Dabei handelt es sich um jeglichen Umgang mit personenbezogenen Daten unter Einsatz von *Datenverarbeitungssystemen* (siehe Abschn. 2.1.1).[184]

5.6.1.1 Daten, welche die betroffene Person bereitgestellt hat

Die *Interpretation* des Anwendungsbereichs von Art. 20 DSGVO ist *nicht vollends klar*, vor allem in Bezug auf das Tatbestandsmerkmal der „Daten, welche die betroffene Person bereitgestellt hat". Wie soeben ausgeführt, fallen personenbezogene

---

[178] ErwGr. 63 DSGVO

[179] Art.-29-Datenschutzgruppe, WP 242 (2016), S. 9

[180] Paal, in: Paal/Pauly, DSGVO, Art. 20 (2017), Rn. 17; Schätzle, PinG 2016, 71, 73; Härting, DSGVO (2016), Rn. 729

[181] Art.-29-Datenschutzgruppe, WP 242 (2016), S. 9; Jaspers, DuD 2012, 571, 573; Jülicher/Röttgen/v. Schönfeld, ZD 2016, 358, 359; ablehnend Kamlah, in: Plath, BDSG/DSGVO, Art. 20 DSGVO (2016), Rn. 6

[182] Jülicher/Röttgen/v.Schönfeld, ZD 2016, 358, 359

[183] Jülicher/Röttgen/v.Schönfeld, ZD 2016, 358, 359

[184] Schild, in: Wolff/Brink, BeckOK, Art. 4 DSGVO (2016), Rn. 34

Daten, die der *Verantwortliche im Laufe seiner (vertraglichen) Beziehung* zur betroffenen Person *erfasst*, in den Anwendungsbereich von Art. 20 DSGVO. Allerdings werden diesen Daten häufig weiterverarbeitet, bspw. indem sie geändert oder anhand bestimmter Kriterien klassifiziert werden, etwa durch einen Personalisierungs- oder Empfehlungsprozess, durch Nutzerkategorisierungen oder Profiling.[185] Diese modifizierten Daten *könnten die Geschäftspraktiken* oder die zugrunde liegenden Verarbeitungsvorgänge des Verantwortlichen *offenlegen*, wie bei Tracking-Daten oder Profiling-Ergebnissen.[186] Daher sollten solche die Geschäftsgeheimnisse der Verantwortlichen offenlegende Daten dem *Recht auf Datenübertragbarkeit* aus Wettbewerbsgründen *nicht unterfallen*. Insofern sollten vom Verantwortlichen erfasste Daten dem Anwendungsbereich der Vorschrift lediglich unterliegen, soweit es sich um nicht-modifizierte oder nicht-klassifizierte „Roh"-Daten handelt.[187]

Es bleibt abzuwarten, wie sich das im Recht auf Datenübertragbarkeit angelegte Spannungsverhältnis zwischen Wirtschafts- und Verbraucherinteressen auflösen wird. Insbesondere dann, wenn *Verbraucher selbst* ein *wirtschaftliches Interesse an* ihren personenbezogenen *Daten entwickeln*, weil z. B. Unternehmen wechselwillige Neukunden mit besonderen Prämien für ihre zu übertragenden Daten anwerben. So könnte die bereits stattfindende *Monetarisierung von personenbezogenen Daten*, die derzeit noch von der Öffentlichkeit weitgehend verborgen stattfindet, über das Recht auf Datenübertragbarkeit an die Oberfläche geraten. Personenbezogene Daten könnten einen – auch für die Betroffenen sichtbaren – Preis bekommen, der Verbraucher wird zum Händler seiner Daten. In der FinTech-Branche ist dies bereits Realität: Verbraucher bekommen schneller und günstiger Kredite vermittelt, indem Kreditvermittler über offene Schnittstellen zur Hausbank des Verbrauchers auf dessen Bankdaten zugreifen können. So kann das Recht auf Datenübertragbarkeit auch als Einfallstor für die Kommerzialisierung von personenbezogenen Daten durch den Einzelnen gesehen werden und dadurch eine ganz besondere Dynamik entfalten, die möglicherweise so vom Gesetzgebern nicht vorgesehen war. Schließlich sei noch erwähnt, dass mit dieser Entwicklung auch die zivilrechtliche Debatte über Daten als wirtschaftlich verwertbares Gut neue Nahrung erhält.

5.6.1.2 Einschränkung: Daten, die andere betreffen

Der *Anwendungsbereich* des Rechts auf Datenübertragbarkeit unterliegt verschiedenen *Beschränkungen*.[188] Eine dieser Einschränkungen ist von hoher praktischer Relevanz, da sie eine Übermittlung von Daten ausschließt, die die Rechte und

---

[185] Art.-29-Datenschutzgruppe, WP 242 (2016), S. 10–11; Gierschmann, ZD 2016, 51, 54; v.d.Bussche/Zeiter, EDPL 2016, 576, 579; Kamlah, in: Plath, BDSG/DSGVO, Art. 20 DSGVO (2016), Rn. 6

[186] Jaspers, DuD 2012, 571, 573

[187] Art.-29-Datenschutzgruppe, WP 242 (2016), S. 9–10

[188] Gemäß Art. 20 Abs. 3 Satz 2 DSGVO und ErwGr. 68 DSGVO gilt das Recht auf Datenübertragbarkeit nicht für eine Verarbeitung, die für die Wahrnehmung einer Aufgabe erforderlich ist, die im öffentlichen Interesse liegt oder in Ausübung öffentlicher Gewalt erfolgt, die dem Verantwortlichen übertragen wurde.

Freiheiten anderer Personen beeinträchtigt, Art. 20 Abs. 4 DSGVO. Ausgehend vom weiten Anwendungsbereich des Art. 20 DSGVO im Hinblick auf „Daten, die die betroffene Person bereitgestellt hat" (siehe Abschn. 5.6.1.1), kann eine Datenübermittlung häufig Auswirkungen auf Dritte haben. Aus diesem Grund muss überprüft werden, ob diese Auswirkungen Dritte negativ beeinträchtigen.

Andere betroffene Personen
Das Recht auf Datenübertragbarkeit könnte negative Auswirkungen auf andere betroffene Personen haben.

> **Beispiel**
>
> O, der Betreiber eines sozialen Netzwerks, erhält von seinem Nutzer U eine Anfrage zur Übermittlung von dessen Profil zum Betreiber eines anderen sozialen Netzwerks. Bei der Erstellung seines Nutzerprofils musste U seinen Namen, seine E-Mail-Adresse, sein Alter, seinen Wohnort, Interessen, etc. angeben. Auf seinem Profil teilte U Fotos, erhielt Kommentare von seinen Kontakten (andere Nutzer des sozialen Netzwerks) und teilte Gedanken. Zudem betreibt das soziale Netzwerk einen Nachrichten-Service, der es U ermöglichte, mit anderen Nutzern zu chatten.
> Wenn O dem Verlangen von U auf Grundlage dieses Beispiels nachkommt, sollte O dazu verpflichtet sein U's personenbezogene Daten zu übermitteln, die dieser bei Erstellung seines Profils angegeben hat. Bei der Übertragung des Profils betreffen einige der Daten jedoch auch Dritte, z. B. Chatverläufe von U mit anderen Nutzern oder Fotos auf U's Profil, die auch andere Personen zeigen. Daher ist es O u.U. nicht rechtskonform möglich, diese Daten an den anderen Betreiber eines sozialen Netzwerks zu übermitteln.[189]

Auch wenn das Recht auf Datenübertragbarkeit die Rechte anderer betroffener Personen nicht negativ beeinträchtigen darf, sollten Verantwortliche diese Anforderung nach Ansicht der Vertreter der Aufsichtsbehörden dann nicht zu restriktiv interpretieren, sofern Nutzerdaten die *personenbezogenen Daten mehrerer Personen* beinhalten.[190] Somit sollten sie auch dazu verpflichtet sein u. a. Nutzerprofile, Anrufprotokolle, Fotos, Zahlungsdaten oder Transaktionsdaten, die auch *Informationen über Dritte enthalten*, ggf. zu übermitteln.[191] Andernfalls wäre der praktische Nutzen des Rechts auf Datenübertragbarkeit erheblich reduziert, da bspw. die teilweise Übermittlung eines Profils an einen neuen Dienstleistungsanbieter die Möglichkeit zur umfassenden Weiternutzung dieser personenbezogenen Daten stark einschränken würde. Nichtsdestotrotz sollten Unternehmen auf Einzelfallbasis entscheiden, ob

---

[189] Schantz, NJW 2016, 1841, 1845; Jülicher/Röttgen/v.Schönfeld, ZD 2016, 358, 359
[190] Art.-29-Datenschutzgruppe, WP 242 (2016), S. 9
[191] Art.-29-Datenschutzgruppe, WP 242 (2016), S. 9; v.d.Bussche/Zeiter, EDPL 2016, 576, 579; Schantz, NJW 2016, 1841, 1845; ablehnend Jülicher/Röttgen/v.Schönfeld, ZD 2016, 358, 359

die Übermittlung von Daten, die auch Dritte betreffen, stattfinden soll, da die Informationen mit Drittbezug ein hohes Risiko für deren Rechte und Freiheiten bergen könnten. Eine sorgfältige Prüfung ist auch im Hinblick auf die drohenden Bußgelder für eine Verletzung von Art. 20 DSGVO von bis zu EUR 20.000.000,00 oder bis zu 4% des weltweiten Jahresumsatzes (Art. 83 Abs. 5 DSGVO) anzuraten.

Um die betroffenen Rechte und Freiheiten anderer zu schützen, sollte der *„neue"* *Verantwortliche*, der die Daten empfängt, diese *nicht für Zwecke verarbeiten*, die diese *Rechte beeinträchtigen könnten*.[192] Der daten-empfangende Verantwortliche bedarf einer Rechtsgrundlage für eine rechtmäßige Verarbeitung der Daten mit Drittbezug, wie bspw. seine überwiegenden berechtigten Interessen an der Verarbeitung (siehe Abschn. 4.2.2.2).[193]

Sofern die Interessen des neuen Verantwortlichen über eine Bereitstellung von Dienstleistungen an die betroffene Person hinausgehen und stattdessen *Eigeninteressen des Verantwortlichen* dienen (z. B. Werbemaßnahmen, die sich an Dritte richten), kann die Datenverarbeitung *nicht auf die Rechtsgrundlage* der überwiegenden berechtigten Interessen des Verantwortlichen an der Erbringung einer Dienstleistung an die betroffene Person gestützt werden.[194]

Beispiel

Ein E-Mail-Provider ermöglicht die Erstellung von Nutzerkonten, um E-Mails zu senden und zu empfangen und um eine private Sammlung von (E-Mail-)Adressen anzulegen. X ist Nutzer des E-Mail-Dienstes und benutzt seine E-Mail-Adresse ausschließlich zu privaten Zwecken. X übt sein Recht auf Datenübertragbarkeit aus und bittet den E-Mail-Provider darum, sein Nutzerkonto an einen anderen Anbieter zu übermitteln.

Wenn der Provider auf Grundlage diese Beispiels dem Verlangen von X nachkommt, ist er zur Übertragung von X' personenbezogenen Daten verpflichtet, wie bspw. empfangene und versandte E-Mails und dessen Sammlung von (E-Mail-)Adressen. Diese Daten beziehen sich auf die Kontakte von X und somit auf Dritte. Da X den E-Mail-Account ausschließlich für private Zwecke nutzt, könnte der neue E-Mail-Provider die Daten möglicherweise auf der Grundlage seines überwiegenden, berechtigten Interesses an der Bereitstellung des E-Mail-Dienstes für X verarbeiten. Allerdings kann der Anbieter die Daten mit Drittbezug nicht für andere Zwecke nutzen, wie bspw. Werbemaßnahmen. Dies würde den Umfang seines berechtigten Interesses an der Bereitstellung des E-Mail-Dienstes übersteigen, da eine solche Nutzung ausschließlich seinen wirtschaftlichen Interessen und nicht X' persönlichen Bedürfnissen dienen würde.[195]

---

[192] Art.-29-Datenschutzgruppe, WP 242 (2016), S. 12
[193] Art.-29-Datenschutzgruppe, WP 242 (2016), S. 12
[194] Art.-29-Datenschutzgruppe, WP 242 (2016), S. 12
[195] Art.-29-Datenschutzgruppe, WP 242 (2016), S. 12

> **Beispiel**
> Um die Risiken für andere betroffene Personen, deren Daten von einer Übermittlung betroffen sein könnten, zu minimieren, sollten alle Verantwortlichen (sowohl der „Übermittler" als auch der „Empfänger") Mittel nutzen, die es der betroffenen Person, die ihre Daten übertragen möchte, ermöglichen, die von der Anfrage betroffenen personenbezogenen Daten auszuwählen und Daten von der Anfrage auszunehmen, die (sofern relevant) auch Dritte betreffen.[196]

Geschäftsgeheimnisse und geistiges Eigentum
Das Recht auf Datenübertragbarkeit könnte auch den „alten" Verantwortlichen, der zur Übermittlung der Daten verpflichtet ist, oder andere Unternehmen beeinträchtigen. Geschützte Rechtspositionen sind u. a. *Geschäftsgeheimnisse* oder *geistiges Eigentum* und, insbesondere, die *urheberrechtlich geschützte Software*, die der Verantwortliche verwendet.[197] Sofern diese Rechte beeinträchtigt werden, werden die jeweiligen Daten von einer Übermittlung ausgenommen. Allerdings können potenzielle Geschäftsrisiken alleine nicht eine vollständige Ablehnung einer Anfrage auf Datenübertragung rechtfertigen.[198] In einem solchen Fall sollte der Verantwortliche dem anderen Verantwortlichen ggf. eine *reduzierte Datenmenge* zur Verfügung stellen oder die *kritischen Daten vor der Übermittlung anonymisieren*.[199]

5.6.1.3 Beschäftigungskontext
Auch wenn das Recht auf Datenübertragbarkeit geschaffen wurde, um den Wechsel zwischen Dienstleistungsanbietern zu erleichtern, beschränkt sich der Anwendungsbereich der Vorschrift dem Wortlaut nach nicht auf bestimmte Verarbeitungstätigkeiten, sodass konsequenterweise auch Verarbeitungsvorgänge im Beschäftigungskontext in den Anwendungsbereich der Vorschrift fallen. Im Rahmen des Beschäftigungsverhältnisses werden die personenbezogenen Daten des Arbeitnehmers zumeist auf Grundlage von deren Notwendigkeit für die Durchführung des Arbeitsvertrages verarbeitet. Zusätzliche personenbezogene Daten, die für diese Durchführung nicht erforderlich sind, werden häufig auf Grundlage einer Einwilligung des Arbeitnehmers verarbeitet, bspw. für freiwillige Bonusprogramme oder eine private Nutzung von Geschäftstelefonen.[200] Auf diese personenbezogenen Daten ist Art. 20 DSGVO anwendbar.

Allerdings sollte festgehalten werden, dass Arbeitgeber eine erhebliche Menge von Arbeitnehmerdaten auf der Grundlage von auf sie anwendbaren, öffentlich-rechtlichen Verpflichtungen verarbeiten (wie zur Steuer- oder Sozialversicherungszwecken).[201]

---

[196] Art.-29-Datenschutzgruppe, WP 242 (2016), S. 12

[197] ErwGr. 63 DSGVO

[198] ErwGr. 63 DSGVO

[199] Paal, in: Paal/Pauly, DSGVO, Art. 20 (2017), Rn. 26–27; Schätzle, PinG 2016, 71, 74; Art.-29-Datenschutzgruppe, WP 242 (2016), S. 10

[200] Bitkom, Position paper (2017), S. 7

[201] Bitkom, Position paper (2017), S. 7–8

In einem solchen Fall würde die Verarbeitung der Daten auf der Basis mehrerer Rechtsgrundlagen stattfinden: auf der Grundlage einer Einwilligung oder des Arbeitsvertrags einerseits und andererseits aufgrund deren Notwendigkeit für die Einhaltung einer Rechtspflicht (siehe Abschn. 4.2.2.3). Ausgehend von dieser Pluralität der Rechtsgrundlagen für die Verarbeitung bleibt abzuwarten, ob die Anwendbarkeit von Art. 20 DSGVO im Beschäftigungskontext zukünftig von der Rechtsprechung oder den Aufsichtsbehörden eingeschränkt oder gänzlich ausgeschlossen wird (siehe Abschn. 5.6.5).

5.6.2 Technische Spezifikationen

Hat eine betroffene Person ihr Recht auf Datenübertragbarkeit ausgeübt, sollte sie berechtigt sein, die personenbezogenen Daten in einem *strukturierten, gängigen, maschinenlesbaren und interoperablen Format* zu erhalten.[202] Diese technische Spezifikation soll es ermöglichen, dass die Daten direkt in ein anderes Verarbeitungssystem eingespeist und weitergenutzt werden können.[203] Somit hat der Verantwortliche die Daten in einem *Format* zur Verfügung zu stellen, *das eine Wiederverwendung* durch andere Verantwortliche *begünstigt*.[204] Zugleich soll mit dem Recht der betroffenen Person auf Datenübertragbarkeit *keine Pflicht* für Verantwortliche geschaffen werden, *Verarbeitungssysteme* zu nutzen oder zu implementieren, die *technisch kompatibel* sein müssen.[205]

Es ist bisher unklar, wie diese Anforderungen miteinander in Einklang gebracht werden können, hinsichtlich der Standards für gängige und interoperable Formate. Der europäische Gesetzgeber hat keine Hinweise in diesem Zusammenhang erteilt, da der offene Wortlaut eine Unabhängigkeit der Norm vom technischen Wandel garantieren soll.[206] Allerdings dürfte die Gängigkeit eines bestimmten Formats auf Grundlage des *Stands der Technik* zu bestimmen sein, sodass bspw. PDF- oder Office-Formate als gängig anzusehen sind.[207]

Auf technischem Niveau sollten *Verantwortliche verschiedene Umsetzungsmöglichkeiten* für das Recht auf Datenübertragbarkeit anbieten, wie bspw. eine *Möglichkeit zum unmittelbaren Herunterladen* der personenbezogenen Daten durch die betroffene Person.[208]

---

[202] Art. 20 Abs. 1 DSGVO; ErwGr. 68 DSGVO

[203] Schätzle, PinG 2016, 71, 74

[204] Art.-29-Datenschutzgruppe, WP 242 (2016), S. 15

[205] ErwGr. 68 DSGVO

[206] Laue/Nink/Kremer, Datenschutzrecht, Rechte der betroffenen Person (2016), Rn. 66

[207] Kamlah, in: Plath, BDSG/DSGVO, Art. 20 DSGVO (2016), Rn. 8; Laue/Nink/Kremer, Datenschutzrecht, Rechte der betroffenen Person (2016), Rn. 66

[208] Art.-29-Datenschutzgruppe, WP 242 (2016), S. 3

5.6.3 Übermittlung der Daten

Gemäß Art. 20 Abs. 2 DSGVO hat die betroffene Person das Recht, zu erwirken, dass die personenbezogenen Daten *direkt von einem Verantwortlichen zu einem anderen Verantwortlichen übermittelt werden*, soweit dies technisch machbar ist. Eine Direkt-Übermittlung dürfte sich als vorzugswürdig erweisen, sofern die erneute Bereitstellung der personenbezogenen Daten an den neuen Verantwortlichen aufseiten der betroffenen Person einen unverhältnismäßigen Aufwand erfordert oder sich gar als unmöglich erweist.[209] Abgesehen von dieser Möglichkeit kann sich die *betroffene Person* auch dafür *entscheiden* ihre *personenbezogenen Daten selbst* an den neuen Verantwortlichen *zu übermitteln*, nachdem sie sie in einem Format, das den technischen Spezifikationen des Art. 20 Abs. 1 DSGVO entspricht (siehe Abschn. 5.6.2), erhalten hat.

Das Recht auf eine direkte Übermittlung der personenbezogenen Daten zwischen den Verantwortlichen soll den teilweise schwierigen Wechsel zwischen Dienstleistungsanbietern erleichtern. Es war Absicht des Gesetzgebers, natürlichen Personen eine Übertragung ihrer Online-Profile von einer Plattform auf eine andere mit nur einem Klick zu ermöglichen.[210] Dadurch stellt sich die Frage, in welchen Fällen sich eine direkte Datenübermittlung als *technisch machbar* erweist, sofern Anbieter mit recht unterschiedlichen Diensten betroffen sind.[211] Art. 20 DSGVO richtet sich primär an konkurrierende Dienstleistungsanbieter, sodass sich eine Direktübermittlung dann als technisch nicht machbar erweisen dürfte, wenn Verantwortliche ohne kompatible Schnittstellen betroffen sind.[212]

5.6.4 Verhältnis zum Recht auf Löschung

Gemäß Art. 20 Abs. 3 Satz 1 DSGVO soll die Ausübung des Rechts auf Datenübertragbarkeit das *Recht auf Löschung* nach Art. 17 DSGVO (siehe Abschn. 5.5.2) *unberührt lassen*. Somit führt die Übertragung eines Datensatzes *nicht automatisch zu dessen Löschung* durch den übermittelnden Verantwortlichen und auch *nicht zur Beendigung einer etwaigen Vertragsbeziehung* zwischen der betroffenen Person und dem übermittelnden Verantwortlichen.[213] Der daten-übermittelnde Verantwortliche verliert den Datensatz über die betroffene Person nicht automatisch. Dennoch dürfte der Verantwortliche zur Löschung der Daten wegen des Grundsatzes der *Datenminimierung* nach Art. 5 Abs. 1 lit. c DSGVO (siehe Abschn. 4.1.3) verpflichtet sein,

---

[209] Gierschmann, ZD 2016, 51, 54

[210] Jülicher/Röttgen/v.Schönfeld, ZD 2016, 358, 360

[211] Jülicher/Röttgen/v.Schönfeld, ZD 2016, 358, 360

[212] Schantz, NJW 2016, 1841, 1845; Kamlah, in: Plath, BDSG/DSGVO, Art. 20 DSGVO (2016), Rn. 10

[213] Jülicher/Röttgen/v.Schönfeld, ZD 2016, 358, 360

sofern die Daten für die Erreichung des Verarbeitungszwecks nicht mehr erforderlich sind. Zuvorderst ist der Verantwortliche jedoch zur Löschung der Daten aufgrund einer entsprechenden Anfrage der betroffenen Person nach Art. 17 DSGVO verpflichtet (siehe Abschn. 5.5.2).

5.6.5 Ausschluss des Rechts auf Datenübertragbarkeit

Gemäß Art. 20 Abs. 1 DSGVO soll die *Übermittlung* der Daten an einen anderen Verantwortlichen *„ohne Behinderung" durch den Verantwortlichen*, dem die Daten ursprünglich zur Verfügung gestellt wurden, erfolgen. Damit sind technische Maßnahmen, die eine Übertragung erschweren würden, rechtswidrig.[214] Nichtsdestotrotz bleibt offen, ob „ohne Behinderung" einen *vertraglichen Ausschluss* des Rechts auf Datenübertragbarkeit zwischen dem Verantwortlichen und der betroffenen Person verbietet.[215] Die DSGVO selbst trifft keine Aussagen zu möglichen vertraglichen Beschränkungen oder Ausschlüssen von Betroffenenrechten. Das Recht auf Datenübertragbarkeit ist eine spezielle Ausprägung des Rechts auf den Schutz personenbezogener Daten nach Art. 8 der Grundrechte-Charta der Europäischen Union und Art. 16 des Vertrags über die Arbeitsweise der Europäischen Union, sodass Beschränkungen des Rechts strengen Voraussetzungen unterliegen.[216] Außerdem sollen mit dem Recht auf Datenübertragbarkeit *vorrangig* ein *fairer Wettbewerb* zwischen Dienstleistungsanbietern sichergestellt und *„Lock-In"-Effekte* am Markt *verhindert* werden.[217] Durch einen Ausschluss des Rechts auf Datenübertragbarkeit würden Kunden stärker an ihren jeweiligen Anbieter gebunden, da sie ihre Daten nicht an andere Anbieter übertragen könnten, was diese Zielstellung verhindern würde.

Allerdings sind die von Art. 20 DSGVO umfassten Situationen eingeschränkt, da er *nur in bestimmten Verarbeitungskontexten anwendbar* ist, nämlich vorausgesetzt die Verarbeitung erfolgt auf der Grundlage einer Einwilligung der betroffenen Person (siehe Abschn. 4.2.1) oder auf der Grundlage einer vertraglichen Notwendigkeit (siehe Abschn. 4.2.2.1). Sobald andere Rechtsgrundlagen für die Verarbeitung verwendet werden, wie bspw. die überwiegenden berechtigten Interessen des Verantwortlichen (siehe Abschn. 4.2.2.2), gelangt das Recht auf Datenübertragbarkeit nicht zur Anwendung. Häufig stützt sich die *Datenverarbeitung auf mehrere Rechtsgrundlagen*.[218] Der Verantwortliche könnte Daten z. B. auf der Grundlage

---

[214] Schätzle, PinG 2016, 71, 73; Kamlah, in: Plath, BDSG/DSGVO, Art. 20 DSGVO (2016), Rn. 9

[215] Schätzle, PinG 2016, 71, 73 hält zumindest einen vertraglichen Ausschluss des Rechts auf Datenübertragbarkeit für rechtswidrig, der das Recht auch über die Beendigung des Vertrags zwischen dem Verantwortlichen und der betroffenen Person hinaus ausschließt.

[216] Siehe auch Kingreen, in: Calliess/Ruffert, EUV/AEUV, Art. 8 EU-GrCharta (2016), Rn. 9

[217] Albrecht/Jotzo, Datenschutzrecht, Individuelle Datenschutzrechte (2017), Rn. 19; Kühling/Martini, EuZW 2016, 448, 450; Schantz, NJW 2016, 1841, 1845

[218] Die DSGVO führt kein umfassendes Recht auf Datenübertragbarkeit ein.

seiner überwiegenden berechtigten Interessen verarbeiten und zusätzlich, als Vorsichtsmaßnahme, die Einwilligung der betroffenen Person in die Verarbeitung einholen. In dieser Konstellation bleibt unklar, ob Art. 20 DSGVO nur deswegen zur Anwendung kommen soll, weil der Anwendungsbereich nachrangig eröffnet wird. Sofern dies der Fall ist, könnte es den Interessen aller Beteiligten gerecht werden, wenn der Verantwortliche vertraglich das Recht auf Datenübertragbarkeit, wenn nicht ausschließen, dann zumindest beschränken kann. Dies beruht auf der Erwägung, dass Art. 20 DSGVO nur deshalb Anwendung fände, weil der Verantwortliche die Einwilligung eingeholt hat, ohne dass dafür ein Erfordernis bestünde, und auf diese Weise der Anwendungsbereich der Vorschrift künstlich zu Lasten des Verantwortlichen erweitert würde.

Eine Einschränkung des Rechts auf Datenübertragbarkeit wäre dem System der DSGVO zumindest nicht fremd, da Art. 23 DSGVO den EU-Mitgliedstaaten eine weitgehende Möglichkeit zur Einschränkung der Betroffenenrechte eröffnet (sogar aus wirtschaftlichen Interessen), sodass die Rechte ohnehin keinen umfassenden Schutz gewährleisten (siehe Abschn. 5.9). Nichtsdestotrotz wird sich die Rechtmäßigkeit solcher Einschränkungen letztlich erst in der Praxis offenbaren.

Ausschluss nach dem BDSG-neu
So hat der deutsche Gesetzgeber von seinem Regelungsspielraum aus Art. 23 DSGVO über die Einführung des § 28 Abs. 4 BDSG-neu Gebrauch gemacht. Danach besteht das Recht auf Datenübertragbarkeit nicht, soweit es voraussichtlich die Verwirklichung von den mit der Verarbeitung verfolgten, *im öffentlichen Interesse liegenden Archivzwecken* unmöglich machen oder ernsthaft beeinträchtigen würde und die Ausnahme für die Erfüllung dieser Zwecke erforderlich ist. Aufgrund der besonderen, vom öffentlichen Interesse geprägten Verarbeitungskonstellation, sollte diese Ausnahme *für Privatunternehmen von untergeordneter* praktischer *Relevanz* sein.

5.7 Widerspruchsrecht

Unter bestimmten Umständen, die in Art. 21 DSGVO geregelt werden, hat die betroffene Person das Recht einer Verarbeitung ihrer personenbezogenen Daten zu widersprechen, was den Verantwortlichen dann zwingt, von weiteren Verarbeitungstätigkeiten Abstand zu nehmen. Im Vergleich zur EG-Datenschutzrichtlinie wird das Widerspruchsrecht der Betroffenen in der DSGVO deutlich zum Nachteil der datenverarbeitenden Unternehmen erweitert, da Widersprüche in Zukunft größere Erfolgsaussichten haben dürften.[219] Art. 21 DSGVO richtet sich vorrangig gegen *rechtmäßige Verarbeitungstätigkeiten*, die dem *Willen der betroffenen Person nicht entsprechen*.[220]

---

[219] v.d.Bussche/Zeiter, EDPL 2016, 576, 579
[220] Martini, in: Paal/Pauly, DSGVO, Art. 21 (2017), Rn. 1–2; Kamlah, in: Plath, BDSG/DSGVO, Art. 21 DSGVO (2016), Rn. 1

5.7.1 Gründe für einen Widerspruch gegen die Verarbeitung

Art. 21 DSGVO sieht *drei Situationen* vor, die Gründe für einen Widerspruch gegen die Verarbeitung bilden können.

5.7.1.1 Besondere Situation der betroffenen Person
Gemäß Art. 21 Abs. 1 DSGVO kann die betroffene Person aus *Gründen*, die sich aus *ihrer besonderen Situation* ergeben, *jederzeit* einer Verarbeitung ihrer personenbezogenen Daten widersprechen, die

- Aufgrund der überwiegenden berechtigten Interessen des Verantwortlichen/eines Dritten erfolgt; oder
- Für die *Wahrnehmung* einer Aufgabe *erforderlich* ist, die im *öffentlichen Interesse* liegt oder in *Ausübung öffentlicher Gewalt* erfolgt, die dem Verantwortlichen übertragen wurde (siehe Abschn. 4.2.2.3), was auch für auf diese Bestimmungen gestütztes *Profiling* gilt.

Im Umkehrschluss zum Wortlaut der Vorschrift bedeutet dies, dass Verarbeitungstätigkeiten, denen die betroffene Person nicht widersprechen könnte, per se rechtmäßig sind. Allerdings kann sich ein Widerspruchsrecht nachträglich aufgrund *neuer Umstände* ergeben, die das *Ergebnis der ursprünglichen Interessenabwägung beeinflussen*.[221] Aus der *besonderen Situation der betroffenen Person* kann sich ergeben, dass ihre Interessen gegenüber denjenigen des Verantwortlichen überwiegen, die bis dahin als Rechtsgrundlage für die Verarbeitung dienten, wodurch die betroffene Person der Verarbeitung widersprechen kann.

Die besondere Situation der betroffenen Person kann sich aus ihren Rechten oder Freiheiten, wie bspw. ihrem Persönlichkeitsrecht, ergeben.[222] Eine derartige besondere Situation kann sich z. B. aus den *familiären Umständen oder geschäftlichen Geheimhaltungsinteressen* ergeben.[223] Dieser Widerspruchsgrund sollte *nicht zu weit ausgelegt* werden, da dies die verfügbaren Rechtsgrundlagen für die Verarbeitung beeinträchtigen würde.[224]

Art. 21 Abs. 1 DSGVO enthält *zwei Gegenausnahmen* vom Widerspruchsrecht: Der Verantwortliche kann

- zwingende schutzwürdige Gründe für die Verarbeitung nachweisen, die gegenüber den Interessen, Rechten und Freiheiten der betroffenen Person überwiegen; oder
- die Verarbeitung dient der Geltendmachung, Ausübung oder Verteidigung von Rechtsansprüchen.

---

[221] Kamlah, in: Plath, BDSG/DSGVO, Art. 21 DSGVO (2016), Rn. 5
[222] Martini, in: Paal/Pauly, DSGVO, Art. 21 (2017), Rn. 30
[223] Martini, in: Paal/Pauly, DSGVO, Art. 21 (2017), Rn. 30
[224] Kamlah, in: Plath, BDSG/DSGVO, Art. 21 DSGVO (2016), Rn. 6; Martini, in: Paal/Pauly, DSGVO, Art. 21 (2017), Rn. 31

5.7 Widerspruchsrecht

Der *Verantwortliche trägt die Beweislast* hinsichtlich derartiger überwiegender Interessen.[225] Die zwingenden schutzwürdigen Gründe müssen so wichtig sein, dass der Verarbeitungszweck ohne die Durchführung der Verarbeitungstätigkeiten, denen die betroffene Person widersprochen hat, nicht erreicht werden kann.[226]

5.7.1.2 Verarbeitung zum Zwecke der Direktwerbung

Gemäß Art. 21 Abs. 2 DSGVO kann die betroffene Person *jederzeit Widerspruch* gegen die Verarbeitung ihrer personenbezogenen Daten einlegen, wenn die Daten verarbeitet werden, um *Direktwerbung* zu betreiben, was auch für *Profiling*[227] gilt, soweit es *mit solcher Direktwerbung in Verbindung* steht. Direktwerbung ist die unmittelbare Ansprache von Personen mittels (insbesondere personalisierten) Werbematerials, wie E-Mails oder Werbebannern auf Websites oder in Apps.[228] Im Gegensatz zum Widerspruchsgrund aus Art. 21 Abs. 1 DSGVO enthält dieser Grund *keine weiteren Voraussetzungen*. Ein ähnlicher Widerspruchsgrund war bereits in der EG-Datenschutzrichtlinie vorgesehen.[229]

5.7.1.3 Verarbeitung zu Forschungszwecken oder zu statistischen Zwecken

Gemäß Art. 21 Abs. 6 DSGVO kann die betroffene Person einer Verarbeitung ihrer personenbezogenen Daten aus Gründen, die sich aus ihrer *besonderen Situation* ergeben, widersprechen, wenn die personenbezogenen Daten zu

- wissenschaftlichen oder historischen *Forschungszwecken*; oder
- zu *statistischen Zwecken* verarbeitet werden.

In der DSGVO wird eine Verarbeitung zu solchen Zwecken grundsätzlich privilegiert behandelt, was bspw. die Rechtmäßigkeit derartiger Verarbeitungsvorgänge oder die Informations- und Löschpflichten des Verantwortlichen betrifft.[230] Vor allem Massendatenverarbeitungen bergen ein großes Wissenspotenzial, aber zeitgleich auch ein hohes Risikopotenzial hinsichtlich der Rechte und Freiheiten der betroffenen Personen. Daher sollten betroffene Personen die Möglichkeit haben, einer derartigen Verarbeitung zu widersprechen.[231]

---

[225] ErwGr. 69 DSGVO

[226] Martini, in: Paal/Pauly, DSGVO, Art. 21 (2017), Rn. 39

[227] Gemäß Art. 4 Nr. 4 DSGVO ist „Profiling" jede Art der automatisierten Verarbeitung personenbezogener Daten, die darin besteht, dass diese personenbezogenen Daten verwendet werden, um bestimmte persönliche Aspekte, die sich auf eine natürliche Person beziehen, zu bewerten, insbesondere um Aspekte bezüglich Arbeitsleistung, wirtschaftliche Lage, Gesundheit, persönliche Vorlieben, Interessen, Zuverlässigkeit, Verhalten, Aufenthaltsort oder Ortswechsel dieser natürlichen Person zu analysieren oder vorherzusagen.

[228] Piltz, K&R 2016, 557, 565; Martini, in: Paal/Pauly, DSGVO, Art. 21 (2017), Rn. 48

[229] Art. 14 Unter-Abs. 1 lit. b EG-Datenschutzrichtlinie

[230] Martini, in: Paal/Pauly, DSGVO, Art. 21 (2017), Rn. 55

[231] Martini, in: Paal/Pauly, DSGVO, Art. 21 (2017), Rn. 54

Unter dem Begriff „statistische Zwecke" i.S.d. DSGVO ist jeder für die Durchführung statistischer Untersuchungen und die Erstellung statistischer Ergebnisse erforderliche Vorgang der Erhebung und Verarbeitung personenbezogener Daten zu verstehen.[232] Die Einführung von Sonderregelungen für statistische Zwecke in die DSGVO wurde im Rahmen des Gesetzgebungsverfahrens kontrovers diskutiert, da „statistische Zwecke" nicht zwingend einem wissenschaftlichen oder anderem Zweck dienen müssen, der im öffentlichen Interesse liegt, da sie auch der Erstellung von Geschäfts- oder Kundenstatistiken dienen können.[233] Natürliche Personen können einer Datenverarbeitung für „statistische Zwecke" nach Art. 21 Abs. 6 DSGVO widersprechen und auf diese Weise Profiling-Aktivitäten verhindern oder stoppen. Zudem sollen personenbezogene Daten im Rahmen ihrer Nutzung für statistische Zwecke nicht für Maßnahmen oder Entscheidungen gegenüber einzelnen natürlichen Personen verwendet werden.[234] Aus diesem Grund dienen *automatisierte Entscheidungsfindungen*, Statistiken über Nutzerpräferenzen und jegliche Art des *Profiling* (siehe Abschn. 5.8) nicht „*statistischen Zwecken*" i.S.d. Verordnung.[235]

Das *Widerspruchsrecht* hinsichtlich Datenverarbeitungsvorgängen zu Forschungs- und statistischen Zwecken *ist beschränkt*, da ein Widerspruch ausgeschlossen ist, wenn die Verarbeitung zur Erfüllung einer im öffentlichen Interesse liegenden Aufgabe erforderlich ist.[236] Der *Verantwortliche* trägt die *Beweislast in Bezug auf* eine derartige *Erforderlichkeit*. Allerdings liegen Forschungs- und statistische Zwecke häufig im öffentlichen Interesse, da ein Wissenszugewinn grds. im Interesse der Gesellschaft liegt.

5.7.2 Einschränkungen im BDSG-neu

Das BDSG-neu nimmt *in besonderen Verarbeitungssituationen* auf Grundlage entsprechender Öffnungsklauseln Einschränkungen bzgl. des der betroffenen Person zur Verfügung stehenden Widerrufsrechts vor. Die entsprechenden Regelungen finden sich in §§ 27 Abs. 2, 28 Abs. 4 BDSG-neu und dienen dem Schutz folgender besonderer Verarbeitungszwecke:

- wissenschaftliche oder historische Forschungszwecke und statistische Zwecke, und
- im öffentlichen Interesse liegende Archivzwecke.

---

[232] ErwGr. 162 DSGVO

[233] Albrecht/Jotzo, Datenschutzrecht, Allgemeine Bestimmungen (2017), Rn. 71–72

[234] ErwGr. 162 DSGVO

[235] Laue/Nink/Kremer, Datenschutzrecht, Einführung (2016), Rn. 119; Grages, in: Plath, BDSG/DSGVO, Art. 89 DSGVO (2016), Rn. 7

[236] Art. 21 Abs. 6 DSGVO

Nach den Vorschriften besteht für die betroffene Person kein Widerrufsrecht, wenn es voraussichtlich die *Verwirklichung der besonderen Verarbeitungszwecke unmöglich macht oder ernsthaft beeinträchtigt* und die *Beschränkung* für die Erfüllung dieser Zwecke *erforderlich* ist. Die Einschränkung für Forschungs- und Statistikzwecke dürfte insbesondere für das im Hinblick auf diese Zwecke bestehende Widerrufsrecht nach Art. 21 Abs. 6 BDSG-neu (siehe Abschn. 5.7.1.3) relevant werden und dessen Anwendungsbereich einschränken. Widerspricht eine betroffene Person aufgrund ihrer besonderen Situation einer Verarbeitung zu diesen Zwecken, sollten Unternehmen prüfen, ob das Forschungsziel dann noch erreicht werden kann und ggf. die Einschränkung nach § 27 Abs. 2 BDSG-neu geltend machen.

5.7.3 Ausübung des Rechts & Rechtsfolgen

Die betroffene Person kann ihr Widerrufsrecht *jederzeit* ausüben, unabhängig davon, ob eine Verarbeitung bereits stattgefunden hat oder nicht. Im Rahmen der Rechtsausübung sind die allgemeinen Anforderungen an eine Kommunikation mit betroffenen Personen nach Art. 12 DSGVO (siehe Abschn. 5.1) zu erfüllen.

Gemäß Art. 21 Abs. 5 DSGVO kann die betroffene Person im Zusammenhang mit der Nutzung von *Diensten der Informationsgesellschaft* (siehe Abschn. 4.2.1.6 für eine Definition) ihr Widerspruchsrecht *mittels automatisierter Verfahren ausüben*, bei denen technische Spezifikationen verwendet werden. Diese Möglichkeit soll Betroffenen die Rechtsausübung erleichtern.

Sofern eine betroffene Person ihr Widerspruchsrecht erfolgreich ausgeübt hat, kann der Verantwortliche die *personenbezogenen Daten nicht mehr verarbeiten*, Art. 21 Abs. 1 DSGVO. Ein Widerspruch hat also stets nur *Auswirkungen auf zukünftige Verarbeitungsvorgänge*. Während das Verarbeitungsverbot infolge eines Widerspruchs auf Grundlage des Art. 21 Abs. 1, 6 DSGVO das Ergebnis einer Interessenabwägung ist, führt ein erfolgreicher Widerspruch gegen eine Verarbeitung für Zwecke der Direktwerbung gem. Art. 21 Abs. 3 DSGVO automatisch zu einem Verarbeitungsverbot. In einem derartigen Fall hat der Verantwortliche keine Möglichkeit zur Neubewertung der Situation im Hinblick auf eine mögliche Gegenausnahme.[237]

Es ist unklar, ob ein erfolgreicher Widerspruch gegen die Verarbeitung zum Entstehen einer Pflicht des Verantwortlichen zur Löschung der betroffenen personenbezogenen Daten nach Art. 17 DSGVO führt (siehe Abschn. 5.5.2).[238] In jedem Fall entsteht durch den erfolgreichen Widerspruch ein Recht der betroffenen Person, die Löschung der personenbezogenen Daten nach Art. 17 Abs. 1 lit. c DSGVO zu verlangen.[239]

---

[237] Laue/Nink/Kremer, Datenschutzrecht, Rechte der betroffenen Person (2016), Rn. 74
[238] Martini, in: Paal/Pauly, DSGVO, Art. 21 (2017), Rn. 33
[239] Martini, in: Paal/Pauly, DSGVO, Art. 21 (2017), Rn. 33

5.7.4 Informationspflicht

Spätestens zum Zeitpunkt der ersten Kommunikation mit der betroffenen Person muss diese *ausdrücklich auf ihr Widerspruchsrecht hingewiesen werden*, wobei dieser Hinweis in einer *verständlichen und* von anderen Informationen *getrennten Form* zu erfolgen hat, Art. 21 Abs. 4 DSGVO. Dadurch werden die generellen Kommunikations- und Informationspflichten des Verantwortlichen nach Art. 12–14 DSGVO (für Näheres siehe Abschn. 5.1 und Abschn. 5.2) konkretisiert. In diesem Zusammenhang sollten datenverarbeitende Unternehmen prüfen, wie sie ihre Informationspflichten bestmöglich erfüllen können. Dies gilt v.a. im Hinblick darauf, wie und wo die erforderlichen Informationen bereitgestellt werden; z. B. könnten derartige Informationen in der Datenschutzerklärung des Unternehmens hervorgehoben werden.[240]

5.8 Automatisierte Entscheidungsfindung

Art. 22 DSGVO soll automatisierte Entscheidungsfindungen einschränken, da diese die Rechte und Freiheiten natürlicher Personen gefährden. Aus diesem Grund sieht Art. 22 Abs. 1 DSGVO ein *grundsätzliches Verbot automatisierter Entscheidungsfindungen*, einschließlich *Profiling*, vor, sofern diese der betroffenen Person gegenüber *rechtliche Wirkung entfalten* oder sie in *ähnlicher Weise erheblich beeinträchtigen*. Ein derartiges Verbot ist im deutschen Datenschutzrecht bereits seit mehr als 15 Jahren vorgesehen, sodass die bereits herausgebildete Kasuistik und Rechtsprechung in diesem Zusammenhang zukünftig herangezogen werden könnten.[241]

Der Wortlaut des Art. 22 DSGVO lässt offen, ob die *betroffene Person ihr Recht* nach dieser Vorschrift *ausüben muss*, um automatisierten Entscheidungen nicht unterworfen zu werden oder ob es sich um ein gesetzliches Verbot handelt.[242] Die Vorschrift soll verhindern, dass natürliche Personen *Entscheidungen, die von Maschinen getroffen wurden*, unterworfen werden, die Einfluss auf ihr Leben haben könnten.[243] Um diese Zielstellung effektiv zu erreichen, dürfte Art. 22 DSGVO als *gesetzliches Verbot* zu interpretieren sein oder zumindest derartige Verarbeitungstätigkeiten *einschränken*.[244]

---

[240] Gierschmann, ZD 2016, 51, 54

[241] Das Verbot war in § 6a BDSG (alt) geregelt.

[242] Kamlah, in: Plath, BDSG/DSGVO, Art. 22 DSGVO (2016), Rn. 4

[243] Albrecht/Jotzo, Datenschutzrecht, Allgemeine Bestimmungen (2017), Rn. 61; siehe auch v. Lewinski, in: Wolff/Brink, BeckOK, § 6a BDSG (2016), Rn. 1

[244] Martini, in: Paal/Pauly, DSGVO, Art. 22 (2017), Rn. 29; siehe auch Gola/Klug/Körffer, in: Gola/Schomerus, BDSG, § 6a (2015), Rn. 1; Scholz, in: Simitis, BDSG, § 6a (2014), Rn. 1; v. Lewinski, in: Wolff/Brink, BeckOK, § 6a BDSG (2016), Rn. 1, 1.1; ablehnend siehe Laue/Nink/Kremer, Datenschutzrecht, Zulässigkeit der Verarbeitung (2016), Rn. 71–72; Kamlah, in: Plath, BDSG/DSGVO, Art. 22 DSGVO (2016), Rn. 4

5.8.1 Anwendungsbereich des Verbots

Automatisierte Entscheidungsfindung
Eine automatisierte Entscheidungsfindung besteht in der Bewertung von persönlichen Aspekten, die eine bestimmte natürliche Person betreffen, die ausschließlich durch eine automatisierte Verarbeitung erfolgt.[245]

Beispiel

- Automatische Ablehnung eines Online-Kreditantrags
- Online-Einstellungsverfahren ohne jegliches menschliches Eingreifen[246]

Art. 22 DSGVO gelangt zur Anwendung, sofern eine *Entscheidung* über eine betroffene Person mittels einer *automatisierten Verarbeitung getroffen wird, ohne* dass ein *Mensch den Entscheidungsgehalt überprüft.*[247] Somit ist der Anwendungsbereich der Vorschrift eröffnet, wenn *kein Mensch Entscheidungsgewalt besitzt*, unabhängig davon, ob diese Person anderweitig am Entscheidungsprozess mitwirkt, z. B. durch das Scannen entscheidungsrelevanter Unterlagen.[248] Diese Auslegung soll verhindern, dass Verantwortliche die Anwendbarkeit von Art. 22 DSGVO umgehen, indem sie eine natürliche Person mehr oder weniger geringfügig am Entscheidungsprozess beteiligen, ohne dass diese Person die Möglichkeit oder den Zugriff auf die notwendigen Daten zum Treffen einer Entscheidung besitzt.[249] Sogar die finale Überprüfung der Computer-Entscheidung durch einen Menschen verhindert die Anwendung von Art. 22 DSGVO nicht, sofern diese Person den *Entscheidungsgehalt nicht beeinflussen kann*, bspw. wenn sich die Rolle des Menschen darin erschöpft, eine bestimmte Bewertung des Computers in eine ablehnende Sachentscheidung zu übersetzen („cut-off").[250] Allerdings ist nicht abschließend geklärt, welcher Grad an menschlicher Beteiligung eine Anwendbarkeit des Art. 22 DSGVO verhindern wird.[251]

---

[245] ErwGr. 71 DSGVO

[246] ErwGr. 71 DSGVO

[247] Siehe auch v. Lewinski, in: Wolff/Brink, BeckOK, § 6a BDSG (2016), Rn. 15; Scholz, in: Simitis, BDSG, § 6a (2014), Rn. 14–16

[248] Martini, in: Paal/Pauly, DSGVO, Art. 22 (2017), Rn. 17–19; siehe auch Kamlah, in: Plath, BDSG/DSGVO, § 6a BDSG (2016), Rn. 12; Scholz, in: Simitis, BDSG, § 6a (2014), Rn. 14–16; v. Lewinski, in: Wolff/Brink, BeckOK, § 6a BDSG (2016), Rn. 17; ablehnend siehe Laue/Nink/Kremer, Datenschutzrecht, Zulässigkeit der Verarbeitung (2016), Rn. 75

[249] Siehe auch Scholz, in: Simitis, BDSG, § 6a (2014), Rn. 14–15

[250] Siehe auch Kamlah, in: Plath, BDSG/DSGVO, § 6a BDSG (2016), Rn. 13; v. Lewinski, in: Wolff/Brink, BeckOK, §6a BDSG (2016), Rn. 16, 17; Scholz, in: Simitis, BDSG, § 6a (2014), Rn. 16

[251] Siehe auch v. Lewinski, in: Wolff/Brink, BeckOK, § 6a BDSG (2016), Rn. 18

Art. 22 Abs. 1 DSGVO erwähnt *Profiling* ausdrücklich als Anwendungsfall, da diese Verarbeitungstätigkeit in der Praxis von zunehmender Relevanz ist. Es handelt sich um jede Art der automatisierten Verarbeitung personenbezogener Daten, die darin besteht, dass diese personenbezogenen Daten verwendet werden, um bestimmte persönliche Aspekte, die sich auf eine natürliche Person beziehen, zu bewerten, insbesondere um Aspekte wie Arbeitsleistung, wirtschaftliche Lage, Gesundheit, persönliche Vorlieben, Interessen, Zuverlässigkeit, Verhalten, Aufenthaltsort oder Ortswechsel dieser natürlichen Person zu analysieren oder vorherzusagen.[252] Die Definition umschreibt lediglich das Ergebnis einer solchen Verarbeitung, aber nicht die Tätigkeit selbst und umfasst daher eine Vielzahl von Verarbeitungssituationen.[253] Damit der Anwendungsbereich der Vorschrift eröffnet ist, muss das Profiling allerdings eine *erhebliche Rolle für die Entscheidungsfindung* spielen.[254]

Entfalten einer rechtlichen Wirkung oder Beeinträchtigungen in ähnlicher Weise
Art. 22 DSGVO setzt voraus, dass die automatisierte Entscheidung eine *rechtliche Wirkung entfaltet* oder sie in *ähnlicher Weise erheblich beeinträchtigt*. Eine rechtliche Wirkung könnte sich durch rechtsgeschäftliches Handeln Öffentlicher oder Privater entfalten, wie bspw. die Bewilligung oder Ablehnung staatlicher Leistungen oder die Kündigung eines Vertrags.[255] Art. 22 DSGVO sollte unabhängig davon zur Anwendung gelangen, ob die *rechtliche Wirkung* für die betroffene Person *positiv oder negativ* ausfällt.[256]

„*Beeinträchtigungen in ähnlicher Weise*" entstehen durch erhebliche Beeinträchtigungen mit *negativ fühlbaren persönlichen oder wirtschaftlichen Konsequenzen* für die betroffene Person.[257] Eine derartige erhebliche Beeinträchtigung bestimmt sich anhand des Einzelfalls unter Berücksichtigung der praktischen Auswirkungen, wie bspw. der alternativen Verfügbarkeit von Waren oder Dienstleistungen im Falle des Nicht-Abschlusses eines Vertrages als Folge einer automatisierten Entscheidung oder der Sozialadäquanz der Beeinträchtigung durch die Entscheidung.[258] Sofern die durch Profiling gesammelten personenbezogenen Daten nicht an Dritte

---

[252] Art. 4 Nr. 4 DSGVO

[253] Martini, in: Paal/Pauly, DSGVO, Art. 22 (2017), Rn. 21

[254] ErwGr. 71 DSGVO; Laue/Nink/Kremer, Datenschutzrecht, Zulässigkeit der Verarbeitung (2016), Rn. 73–74; Martini, in: Paal/Pauly, DSGVO, Art. 22 (2017), Rn. 21–23

[255] Siehe auch v. Lewinski, in: Wolff/Brink, BeckOK, § 6a BDSG (2016), Rn. 24–25; Gola/Klug/Körffer, in: Gola/Schomerus, BDSG, § 6a (2015), Rn. 11

[256] Siehe auch Gola/Klug/Körffer, in: Gola/Schomerus, BDSG, § 6a (2015), Rn. 11; v. Lewinski, in: Wolff/Brink, BeckOK, § 6a BDSG (2016), Rn. 26

[257] Siehe auch Scholz, in: Simitis, BDSG, § 6a (2014), Rn. 28; v. Lewinski, in: Wolff/Brink, BeckOK, § 6a BDSG (2016), Rn. 33

[258] Siehe auch v. Lewinski, in: Wolff/Brink, BeckOK, § 6a BDSG (2016), Rn. 32, 34; Scholz, in: Simitis, BDSG, § 6a (2014), Rn. 28

weitergegeben oder in einer anderen gegen die DSGVO verstoßenden Weise verarbeitet werden, dürfte eine solche Tätigkeit die betroffene Person nicht in „ähnlicher Weise" beeinträchtigen.[259]

> **Beispiel**
>
> Personalisierte Werbemaßnahmen auf der Grundlage von Profiling dürften nicht in den Anwendungsbereich von Art. 22 Abs. 1 DSGVO fallen. Dies ergibt sich daraus, dass die Werbemaßnahmen weder rechtliche Wirkung entfalten, noch ein vergleichbares Risiko für die Rechte und Freiheiten natürlicher Personen mit sich bringen. Damit dürften sie keine nach Art. 22 DSGVO verbotene Verarbeitungstätigkeit darstellen.[260]

Besondere Kategorien personenbezogener Daten
Automatisierte Entscheidungen dürfen nicht auf *besonderen Kategorien personenbezogener Daten* beruhen, sofern die betroffene Person in die Verarbeitung nicht ausdrücklich eingewilligt hat oder sofern die Verarbeitung nicht aus Gründen eines erheblichen öffentlichen Interesses, welches im Recht der EU oder eines EU-Mitgliedstaats vorgesehen ist, erforderlich ist (siehe Abschn. 4.2.3.1 für Einzelheiten), Art. 22 Abs. 4 GDPR. In derartigen Fällen muss der Verantwortliche angemessene Maßnahmen zum Schutz der Rechte und Freiheiten sowie der berechtigten Interessen der betroffenen Person treffen. Diese Maßnahmen müssen der hohen Sensibilität der verarbeiteten Daten entsprechen (siehe auch Abschn. 5.8.3).

5.8.2 Ausnahmen vom Verbot nach der DSGVO

Art. 22 Abs. 2 DSGVO regelt *drei Ausnahmen* vom Verbot der automatisierten Entscheidungsfindung. Diese Ausnahmen dürften in der Praxis höchst relevant werden, da sie einen weiten Anwendungsbereich haben. Nach dieser Bestimmung gilt das Verarbeitungsverbot nicht, wenn die Entscheidung[261]:

- *für den Abschluss oder die Erfüllung eines Vertrags zwischen der betroffenen Person und dem Verantwortlichen erforderlich ist*: Die Erforderlichkeit der Entscheidung ist anhand des zwischen den Parteien vereinbarten *Vertragszwecks* zu bestimmen.[262] Dies erfordert eine Prüfung auf *Einzelfallbasis*;

---

[259] Martini, in: Paal/Pauly, DSGVO, Art. 22 (2017), Rn. 23
[260] Martini, in: Paal/Pauly, DSGVO, Art. 22 (2017), Rn. 23; siehe auch v. Lewinski, in: Wolff/Brink, BeckOK, § 6a BDSG (2016), Rn. 37
[261] Art. 22 Abs. 2 lits. a-c DSGVO
[262] Martini, in: Paal/Pauly, DSGVO, Art. 22 (2017), Rn. 31

> **Beispiel**
> Person A möchte ihr Auto versichern. Vor dem Abschluss einer Versicherungspolice mit A führt Versicherungsunternehmen X ein Scoring durch. Das bedeutet, dass X' Computer-System Daten über A's bisheriges Fahrverhalten (z. B. in der Vergangenheit liegende Unfälle oder Verstöße gegen Straßenverkehrsrecht) analysiert und dieses Verhalten anhand vorbestimmter Kriterien bewertet. Ausgehend vom Ergebnis des Scoring wird X die Entscheidung treffen, ob es eine Versicherungspolice mit A abschließen wird oder nicht und welchen Versicherungstarif sie A aufgrund ihres Fahrverhaltens anbieten kann.
>
> In diesem Beispiel liegt der Zweck des Vertrags zwischen X und A in einer Versicherung von A's Auto. Ohne das Scoring und die durch diese Verarbeitung getroffene automatisierte Entscheidung könnte X der Person A keinen Vertrag anbieten und auch die Höhe der Versicherungsprämie nicht berechnen.[263]

- *aufgrund von Rechtsvorschriften der EU oder der EU-Mitgliedstaaten, denen der Verantwortliche unterliegt, zulässig ist*: Diese Ausnahme enthält eine Öffnungsklausel, die es den EU-Mitgliedstaaten erlaubt nationale Regelungen zu erlassen.[264] Dies umfasst auch nationale Vorschriften, welche die Überwachung und Verhinderung von Betrug und Steuerhinterziehungen durch nationale Aufsichtsgremien ermöglichen sollen[265]; oder
- *mit ausdrücklicher Einwilligung der betroffenen Person erfolgt*: Eine solche Einwilligung muss den Anforderungen der Art. 6–8 DSGVO entsprechen (siehe Abschn. 4.2.1) und sich *ausdrücklich auf die automatisierte Entscheidungsfindung beziehen*. Somit muss die betroffene Person im Vorfeld der Einwilligung über diese beabsichtige Verarbeitung informiert werden.

5.8.3 Ausnahme vom Verbot nach dem BDSG-neu

Der deutsche Gesetzgeber hat von der Öffnungsklausel aus Art. 22 Abs. 2 lit. b DSGVO über die Schaffung des § 37 BDSG-neu Gebrauch gemacht. Die Vorschrift soll den spezifischen Belangen der *Versicherungswirtschaft* Rechnung tragen.[266] Die Verbotsausnahme ermöglicht gem. § 37 Abs. 2 BDSG-neu unter Anwendung angemessener Schutzmaßnahmen auch die *Verarbeitung von Gesundheitsdaten*, bei denen es sich um besondere Kategorien personenbezogener Daten handelt (siehe

---

[263] Siehe auch Simitis, in: Simitis, BDSG, § 28 (2014), Rn. 61; Scholz, in: Simitis, BDSG, § 6a (2014), Rn. 31

[264] Kamlah, in: Plath, BDSG/DSGVO, Art. 22 DSGVO (2016), Rn. 9; Martini, in: Paal/Pauly, DSGVO, Art. 22 (2017), Rn. 33

[265] ErwGr. 71 DSGVO

[266] Deutscher Bundestag (2017a), Drucksache 18/11325, S. 106

Abschn. 4.2.3.1). § 37 Abs. 1 BDSG-neu sieht eine Ausnahme vom Verbot automatisierter Entscheidungsfindungen vor, wenn:

- *die Entscheidung im Rahmen der Leistungserbringung nach einem Versicherungsvertrag ergeht*: Das Bestehen eines Vertragsverhältnisses zwischen der betroffenen Person und dem Verantwortlichen ist keine zwingende Voraussetzung („nach einem ... vertrag"). So werden auch Fälle erfasst, in denen ein Versicherungsnehmer ein Begehren in Bezug auf mitversicherte Angehörige vorbringt, die dann als von der Verarbeitung betroffene Person anzusehen sind.[267]; und

  – *dem Begehren der betroffenen Person stattgegeben wurde*: Dem vorgebrachten Begehren muss vollumfänglich stattgegeben worden sein.[268] Die automatisierte Entscheidungsfindung ist hier zulässig, da eine Beeinträchtigung der Rechte des Betroffenen nicht ersichtlich ist, wenn dessen Begehren entsprochen wird[269]; oder
  – *die Entscheidung auf der Anwendung verbindlicher Entgeltregelungen für Heilbehandlungen beruht*: Das Verbot wird auch aufgehoben, wenn dem Begehren der betroffenen Person nicht oder nicht vollumfänglich entsprochen wird, sofern der Verantwortliche die Rechte des Betroffenen mittels geeigneter Maßnahmen wahrt und ihn über seine Rechte informiert. Diese müssen es dem Betroffenen ermöglichen, der Entscheidung entgegen zu wirken

5.8.4 Angemessene Schutzmaßnahmen

Sofern Verarbeitungstätigkeiten, bei denen eine automatisierte Entscheidungsfindung erfolgt, aufgrund einer der Ausnahmeregelungen in Art. 22 Abs. 2 lits. a, c DSGVO zulässig sind (Notwendigkeit für den Abschluss/die Erfüllung eines Vertrags oder ausdrückliche Einwilligung der betroffenen Person), müssen sie *angemessenen Maßnahmen* unterliegen, um die Rechte und Freiheiten und berechtigten Interessen der betroffenen Person zu schützen. Diese Maßnahmen sollten eine *spezifische Unterrichtung* der betroffenen Person sowie deren Ansprüche auf *direktes Eingreifen einer Person* aufseiten des Verantwortlichen, auf Darlegung des *eigenen Standpunkts*, auf *Erläuterung der* nach einer entsprechenden Bewertung getroffenen *Entscheidung* sowie des Rechts auf *Anfechtung der Entscheidung* umfassen.[270] Hinsichtlich der Ausnahmeregelung des Art. 22 Abs. 2 lit. b DSGVO, nach der die automatisierte Entscheidungsfindung auf der Grundlage von EU-Recht oder des Rechts eines EU-Mitgliedstaats erfolgt, ist bestimmt, dass die entsprechenden Sicherheitsmaßnahmen in der Rechtsgrundlage festgelegt werden.[271]

---

[267] Deutscher Bundestag (2017a), Drucksache 18/11325, S. 106 f.
[268] Siehe auch v. Lewinski, in: Wolff/Brink, BeckOK, § 6a BDSG (2016), Rn. 29; Scholz, in: Simitis, BDSG, § 6a (2014), Rn. 31
[269] Deutscher Bundestag (2017a), Drucksache 18/11325, S. 106
[270] Art. 22 Abs. 3 DSGVO; ErwGr. 71 DSGVO
[271] Martini, in: Paal/Pauly, DSGVO, Art. 22 (2017), Rn. 39

Zudem sollte der Verantwortliche geeignete mathematische oder statistische Verfahren für das Profiling verwenden, risiko-basierte *technische und organisatorische Maßnahmen* treffen und personenbezogene Daten in einer Weise sichern, die den potenziellen Bedrohungen für die Interessen und Rechte der betroffenen Person Rechnung trägt und mit denen verhindert wird, dass es gegenüber natürlichen Personen u. a. zu diskriminierenden Wirkungen kommt.[272]

5.9 Beschränkungen der Betroffenenrechte

Art. 23 DSGVO ermöglicht es der EU und den *EU-Mitgliedstaaten* durch *Rechtsvorschriften* die *Rechte der betroffenen Personen* und die korrespondierenden Pflichten der Verantwortlichen *einzuschränken*, sofern eine solche Beschränkung den Wesensgehalt der Grundrechte und Grundfreiheiten achtet und in einer demokratischen Gesellschaft eine *notwendige und verhältnismäßige Maßnahme* darstellt, um bestimmte in der Vorschrift *aufgezählte Ziele* sicherzustellen. Auf Grundlage dieser Vorschrift könnte es zu weitreichenden nationalen Rechtsunterschieden kommen, was die in der DSGVO vorgesehenen Betroffenenrechte betrifft. Art. 23 DSGVO ermöglicht nicht nur die Schaffung *neuer Rechtsvorschriften*, sondern auch die Aufrechterhaltung *bereits bestehender Vorschriften*, die mit den Anforderungen der DSGVO in Einklang stehen.[273] Jede Gesetzgebungsmaßnahme auf Grundlage dieser Vorschrift muss mindestens spezifische Vorschriften zu in Art. 23 Abs. 2 DSGVO aufgezählten Inhalten vorsehen (z. B. die Zwecke der Verarbeitung und den Umfang der Beschränkungen).

Gemäß Art. 23 Abs. 1 lits. a-j DSGVO können derartige Vorschriften für eines der nachfolgenden Ziele eingeführt oder aufrechterhalten werden:

a. die nationale Sicherheit;
b. die Landesverteidigung;
c. die öffentliche Sicherheit;
d. die Verhütung, Ermittlung, Aufdeckung oder Verfolgung von Straftaten oder die Strafvollstreckung, einschließlich des Schutzes vor und der Abwehr von Gefahren für die öffentliche Sicherheit;
e. den Schutz sonstiger wichtiger Ziele des allgemeinen öffentlichen Interesses der EU oder eines EU-Mitgliedstaats;
f. den Schutz der Unabhängigkeit der Justiz und den Schutz von Gerichtsverfahren;
g. die Verhütung, Aufdeckung, Ermittlung und Verfolgung von Verstößen gegen die berufsständischen Regeln reglementierter Berufe;
h. Kontroll-, Überwachungs- und Ordnungsfunktionen, die dauernd oder zeitweise mit der Ausübung öffentlicher Gewalt für die vorgenannten Zwecke (mit

---

[272] ErwGr. 71 DSGVO

[273] Grages, in: Plath, BDSG/DSGVO, Art. 23 DSGVO (2016), Rn. 3; Paal, in: Paal/Pauly, DSGVO, Art. 23 (2017), Rn. 1

Ausnahme des Schutzes der Unabhängigkeit der Justiz und von Gerichtsverfahren) verbunden sind;
i. den Schutz der betroffenen Person oder der Rechte und Freiheiten anderer Personen; oder
j. die Durchsetzung zivilrechtlicher Ansprüche.

In dieser Aufzählung scheint besonders Art. 23 Abs. 1 lit. e DSGVO problematisch zu sein, welcher nationale Beschränkungen für „sonstige wichtige Ziele des allgemeinen öffentlichen Interesses" ermöglicht und damit einen *weiten Regelungsbereich* erfasst.[274] Derartige Ziele können insbesondere in einem wirtschaftlichen oder finanziellen Interesses der EU oder eines EU-Mitgliedstaats, etwa im Währungs-, Haushalts- und Steuerbereich sowie im Bereich der öffentlichen Gesundheit und der sozialen Sicherheit, liegen. Die aufgezählten Ziele räumen den *EU-Mitgliedstaaten* einen beachtlichen *gesetzgeberischen Spielraum* ein, der die durch die DSGVO angestrebte Harmonisierung gefährden könnte. Unternehmen sollten daher ein besonderes *Augenmerk auf nationale Besonderheiten* des Datenschutzrechts auf Grundlage dieser Vorschrift *legen* (siehe außerdem Kap. 8 bzgl. Beschränkungen der Betroffenenrechte in besonderen Verarbeitungssituationen). Der deutsche Gesetzgeber hat von diesem Regelungsspielraum bereits Gebrauch gemacht, z. B. in Bezug auf die Informations- und Auskunftsrechte der betroffenen Personen (siehe Abschn. 5.2.4, 5.4.2 und 5.5.2.4).

Referenzen

Art.-29-Datenschutzgruppe (2016) Guidelines on the right to data portability, WP 242
Albrecht JP (2016) Das neue EU-Datenschutzrecht - von der Richtlinie zur Verordnung. CR 32(2):88–98
Albrecht JP, Jotzo F (Hrsg) (2017) Allgemeine Bestimmungen, Rechtmäßigkeit der Datenverarbeitung; Individuelle Datenschutzrechte, Einschränkungen der Rechte. In: Das neue Datenschutzrecht der EU, 1. Aufl. Nomos, Baden-Baden
Bayrisches Landesamt für Datenschutzaufsicht (2017) Recht auf Löschung („Vergessenwerden") – Art. 17 DSGVO. https://www.lda.bayern.de/media/baylda_ds-gvo_4_right_to_be_forgotten.pdf. Zugegriffen: 4. Juli 2017
Bitkom (2017) Position paper – Stellungnahme zu den Auslegungsrichtlinien der Art.29-Datenschutzgruppe zum Recht auf Datenportabilität (Dokument in englischer Sprache). https://www.bitkom.org/Bitkom/Publikationen/Bitkom-Stellungnahme-zur-Datenportabilitaet.html. Zugegriffen: 22. März 2017
Brink S (2016) § 35 BDSG. In: Wolff HA, Brink S (Hrsg) Beck'scher Online-Kommentar Datenschutzrecht, 18. Aufl. C.H. Beck, München
Deutscher Bundestag (2017a) Drucksache 18/11325
Deutscher Bundestag (2017b) Drucksache 18/11655
Dix A (2014) §§ 33, 35 BDSG. In: Simitis S (Hrsg) Bundesdatenschutzgesetz, 8. Aufl. Nomos, Baden-Baden
Forgó N (2017) § 33 BDSG. In: Wolff HA, Brink S (Hrsg) Beck'scher Online-Kommentar Datenschutzrecht, 20. Aufl. C.H. Beck, München

---

[274] Grages, in: Plath, BDSG/DSGVO, Art. 23 DSGVO (2016), Rn. 6

Gierschmann S (2016) Was „bringt" deutschen Unternehmen die DSGVO? – Mehr Pflichten, aber die Rechtsunsicherheit bleibt. ZD 6(2):51–55
Gola P, Klug C, Körffer B (2015) § 6a BDSG. In: Gola P, Schomerus R (Hrsg) Bundesdatenschutzgesetz Kommentar, 12. Aufl. C.H. Beck, München
Grages J-M (2016) Art. 23, 89 DSGVO. In: Plath K-U (Hrsg) BDSG/DSGVO, 2. Aufl. Verlag Dr. Otto Schmidt, Köln
Greve H (2017) Das neue Bundesdatenschutzgesetz. NVwZ 36(11):737–744
Härting N (2012) Starke Behörden, schwaches Recht – Der neue EU-Datenschutzentwurf. BB 67(8):459–466
Härting N (Hrsg) (2016) Datenschutz-Grundverordnung, 1. Aufl. Dr. Otto Schmidt Verlag, Köln
Holznagel B, Hartmann S (2016) Das „Recht auf Vergessenwerden" als Reaktion auf ein grenzenloses Internet. MMR 19(4):228–232
Hunton & Williams (2015) The proposed EU General Data Protection Regulation. https://www.huntonregulationtracker.com/files/Uploads/Documents/EU%20Data%20Protection%20Reg%20Tracker/Hunton/Hunton_Guide_to_the_EU_General_Data_Protection_Regulation.pdf. Zugegriffen: 19. Dez. 2016
Jaspers A (2012) Die EU-Datenschutzgrundverordnung. DuD 36(8):571–575
Jülicher T, Röttgen C, Von Schönfeld M (2016) Das Recht auf Datenübertragbarkeit. ZD 6(8):358–362
Kamlah W (2016) Art. 12, 16, 17, 18, 19, 20, 21, 22 DSGVO; § 6a BDSG. In: Plath K-U (Hrsg) BDSG/DSGVO, 2. Aufl. Verlag Dr. Otto Schmidt, Köln
Kingreen T (2016) Art. 8 EU-GrCharta. In: Calliess C, Ruffert M (Hrsg) EUV/AEUV, 5. Aufl. C.H. Beck, München
Koreng A (2018) F II. In: Koreng A, Lachenmann M (Hrsg) Formularhandbuch Datenschutzrecht, 2. Aufl. C.H. Beck, München (im Erscheinen)
Krüger P-L (2016) Datensouveränität und Digitalisierung. ZRP 49(7):190–192
Kühling J, Martini M (2016) Die Datenschutz-Grundverordnung: Revolution oder Evolution im europäischen und deutschen Datenschutzrecht? EuZW 27(12):448–454
Laue P, Nink J, Kremer S (Hrsg) (2016) Einführung; Informationspflichten; Rechte der betroffenen Personen; Zulässigkeit der Verarbeitung. In: Das neue Datenschutzrecht in der betrieblichen Praxis, 1. Aufl. Nomos, Baden-Baden
Leutheusser-Schnarrenberger S (2015) Das Recht auf Vergessenwerden – ein Durchbruch oder ein digitales Unding? ZD 5(4):149–150
Mallmann O (2014) § 20 BDSG. In: Simitis S (Hrsg) Bundesdatenschutzgesetz, 8. Aufl. Nomos, Baden-Baden
Martini M (2017) Art. 21, 22 DSGVO. In: Paal BP, Pauly DA (Hrsg) Beck'sche Kompaktkommentare Datenschutz-Grundverordnung, 1. Aufl. C.H. Beck, München
Meents JG, Hinzpeter B (2013) § 33 BDSG. In: Taeger J, Gabel D (Hrsg) BDSG, 2. Aufl. Fachmedien Recht und Wirtschaft, Frankfurt am Main
Paal BP (2017) Art. 12, 13, 15, 16, 17, 18, 19, 20, 23 DSGVO. In: Paal BP, Pauly DA (Hrsg) Beck'sche Kompaktkommentare Datenschutz-Grundverordnung, 1. Aufl. C.H. Beck, München
Piltz C (2016) Die Datenschutz-Grundverordnung. K&R (9):557–567
Quaas S (2016) Art. 12 DSGVO. In: Wolff HA, Brink S (Hrsg) Beck'scher Online-Kommentar Datenschutzrecht, 18. Aufl. C.H. Beck, München
Schantz P (2016) Die Datenschutz-Grundverordnung – Beginn einer neuen Zeitrechnung im Datenschutzrecht. NJW 69(26):1841–1847
Schätzle D (2016) Ein Recht auf Fahrzeugdaten. PinG 4(2):71–75
Schild HH (2016) Art. 4 DSGVO. In: Wolff HA, Brink S (Hrsg) Beck'scher Online-Kommentar Datenschutzrecht, 18. Aufl. C.H. Beck, München
Scholz P (2014) §§ 6a, 6b BDSG. In: Simitis S (Hrsg) Bundesdatenschutzgesetz, 8. Aufl. Nomos, Baden-Baden
Simitis S (2014) § 28 BDSG. In: Simitis S (Hrsg) Bundesdatenschutzgesetz, 8. Aufl. Nomos, Baden-Baden

von dem Bussche AF, Zeiter A (2016) Practitioner's corner – Implementing the EU General Data Protection Regulation: A Business Perspective. EDPL 2(4):576–581

von dem Bussche AF, Zeiter A, Brombach T (2016) Die Umsetzung der Vorgaben der EU-Datenschutz-Grundverordnung durch Unternehmen. DB 69(23):1359–1365

von Lewinski K (2016) § 6a BDSG. In: Wolff HA, Brink S (Hrsg) Beck'scher Online-Kommentar Datenschutzrecht, 18. Aufl. C.H. Beck, München

Walter S (2016) Die datenschutzrechtlichen Transparenzpflichten nach der EU-DSGVO. DSRITB 7:367–386

Wolff HA (2016) Art. 11 DSGVO. In: Wolff HA, Brink S (Hrsg) Beck'scher Online-Kommentar Datenschutzrecht, 20. Aufl. C.H. Beck, München

Wolff HA (2017) Schriftliche Stellungnahme. https://www.bundestag.de/blob/500138/d1d18e50b8e64588c3f36c132007b4d3/18-4-824-e-data.pdf. Zugegriffen: 29. Juni 2017

Worms C (2016) Art. 16, 17, 18, 19 DSGVO. In: Wolff HA, Brink S (Hrsg) Beck'scher Online-Kommentar Datenschutzrecht, 18. Aufl. C.H. Beck, München

Wybitul T (2016) EU-Datenschutz-Grundverordnung in der Praxis – Was ändert sich durch das neue Datenschutzrecht? BB (18):1077–1081

Wybitul T, Rauer N (2012) EU-Datenschutz-Grundverordnung und Beschäftigtendatenschutz. ZD 2(4):160–164

Zikesch P, Kramer R (2015) Die DSGVO und das Berufsrecht der Rechtsanwälte, Steuerberater und Wirtschaftsprüfer. ZD 5(12):565–570

Zusammenarbeit mit den Aufsichtsbehörden 6

Im Vergleich zur EG-Datenschutzrichtlinie führt die DSGVO *weitreichende Änderungen* im Hinblick auf die Zuständigkeit und Zusammenarbeit der nationalen Aufsichtsbehörden der EU-Mitgliedstaaten ein. Jeder EU-Mitgliedstaat hat seine eigene nationale Aufsichtsbehörde.[1] Diese ist gemäß Art. 4 Nr. 21 DSGVO i.V.m. Art. 51 Abs. 1 DSGVO definiert als eine von einem EU-Mitgliedstaat eingerichtete *unabhängige staatliche Stelle*, welche für die *Überwachung der Anwendung der DSGVO* zuständig ist, damit die Grundrechte und Grundfreiheiten natürlicher Personen bei der Verarbeitung geschützt werden und der freie Verkehr personenbezogener Daten in der EU erleichtert wird. Verarbeitungsvorgänge betreffen häufig mehrere EU-Mitgliedstaaten oder beziehen sich auf Personen, die sich in verschiedenen Ländern aufhalten. Dadurch können mehrere nationale Aufsichtsbehörden von einem einzelnen Fall betroffen sein.

6.1 Bestimmung der zuständigen Aufsichtsbehörde

Jede Aufsichtsbehörde ist für die Erfüllung der Aufgaben und die Ausübung der Befugnisse, die ihr mit der DSGVO übertragen wurden, im *Hoheitsgebiet ihres eigenen EU-Mitgliedstaats* zuständig, Art. 55 Abs. 1 DSGVO.

Diese Vorschrift lässt jedoch offen, auf Grundlage welcher Kriterien den Aufsichtsbehörden ihre Zuständigkeit zugewiesen werden soll, sondern verwendet deren *Aufgaben und Befugnisse selbst als Kriterien*. So knüpft die *Zuständigkeit* der Aufsichtsbehörde *an jeden der Normadressaten der DSGVO an*, ggü. welchem die Aufsichtsbehörde Kontrolle ausübt, also sowohl an Verantwortliche, Auftragsverarbeiter, betroffene Personen als auch Überwachungs- oder Zertifizierungsstellen.[2]

---

[1] In Deutschland gibt es aufgrund der föderalen Staatsstruktur mehrere Aufsichtsbehörden.
[2] Körffer, in: Paal/Pauly, DSGVO, Art. 55 (2017), Rn. 2

Beziehen sich die *Aufgaben* der Aufsichtsbehörde *nur auf einen dieser Normadressaten*, wie die Beratung des Verantwortlichen im Zusammenhang mit Datenschutz-Folgenabschätzungen (siehe Abschn. 3.5.2.4 für Einzelheiten), so ist nur *eine einzige nationale Aufsichtsbehörde zuständig*. Das ist der Fall, wenn der Normadressat im jeweiligen EU-Mitgliedstaat niedergelassen ist, er seine Verarbeitungstätigkeiten nur über diese Niederlassung durchführt und sich diese Tätigkeiten lediglich auf Personen im jeweiligen EU-Mitgliedstaat beziehen.³

In der Praxis betreffen Verarbeitungsvorgänge jedoch oftmals mehrere EU-Mitgliedstaaten, z. B. wenn unterschiedliche, in verschiedenen EU-Mitgliedstaaten niedergelassene Normadressaten beteiligt sind oder wenn es betroffene Personen in mehreren EU-Mitgliedstaaten gibt. Dadurch könnten *mehrere Aufsichtsbehörden zuständig* sein, weil:

- der *Verantwortliche/Auftragsverarbeiter* im *Hoheitsgebiet des EU-Mitgliedstaats* dieser Aufsichtsbehörde *niedergelassen* ist:
- die Verarbeitung erhebliche Auswirkungen auf *betroffene Personen mit Wohnsitz im EU-Mitgliedstaat* dieser Aufsichtsbehörde hat oder haben kann; oder
- eine *Beschwerde* bei dieser Aufsichtsbehörde *eingereicht wurde*.⁴

Diese Zuständigkeitskriterien rufen mehrere Aufsichtsbehörden auf den Plan. Um eine Mehrfach-Zuständigkeit zu vermeiden führt die DSGVO den sog. *„One-Stop-Shop"* ein, aus dem sich die Zuständigkeit einer einzigen Aufsichtsbehörde ergibt. Globale Unternehmen haben in diese Neuerung große Hoffnungen gesetzt, betreffend der Vereinfachung ihrer Zusammenarbeit mit den Aufsichtsbehörden.⁵ Allerdings hat sich der 2012 im ersten Entwurf für die DSGVO zunächst vorgesehene, einfache und klare Zuständigkeitsmechanismus im Laufe des Gesetzgebungsverfahrens bis zum finalen Gesetzestext in einen *komplexen Koordinations- und Kohärenzmechanismus* verwandelt.⁶ Folglich sind die Schwierigkeiten für Unternehmen nicht beseitigt zu bestimmen, welche Aufsichtsbehörde als Anlaufstelle in der EU dienen soll.

6.2 One-Stop-Shop

Jeder EU-Mitgliedstaat hat für sein Hoheitsgebiet seine eigene zuständige nationale Aufsichtsbehörde, Art. 55 Abs. 1 DSGVO.⁷ *Bisher* führte dies im Falle grenzüberschreitender Verarbeitungsvorgänge, wie einleitend bereits aufgezeigt, zur *Zuständigkeit*

---

³Laue/Nink/Kremer, Datenschutzrecht, Aufsichtsbehörden (2016), Rn. 27; Körffer, in: Paal/Pauly, DSGVO, Art. 55 (2017), Rn. 2

⁴Art. 4 Nr. 22 lits. a-c DSGVO

⁵v.d.Bussche/Zeiter, EDPL 2016, 576, 581

⁶v.d.Bussche/Zeiter/Brombach, DB 2016, 1359, 1364

⁷In einigen EU-Mitgliedstaaten, wie Deutschland, gibt es mehrere nationale Aufsichtsbehörden. Gemäß der DSGVO soll nur eine der nationalen Aufsichtsbehörden als zentrale Anlaufstelle im Kohärenzverfahren dienen. Siehe ErwGr. 119 DSGVO.

mehrerer Aufsichtsbehörden. Weltweit agierende Unternehmen waren vor die Herausforderung gestellt, mit mehreren Aufsichtsbehörden zusammen zu arbeiten, obschon diese in manchen Fällen die *Pflichten* aus der EG-Datenschutzrichtlinie *unterschiedlich auslegten.* Dies hatte auch zur Folge, dass die lokalen Aufsichtsbehörden verschiedene Auslegungen und Durchsetzungspraktiken hinsichtlich des Datenschutzrechts unternahmen. Zudem waren sich Unternehmen bei der Zusammenarbeit mit verschiedenen Aufsichtsbehörden häufig unsicher, welche Zuständigkeitsverteilung zwischen diesen bestand. Die Kommunikation mit mehreren Aufsichtsbehörden erwies sich insgesamt als kompliziert und zeitaufwendig.

Mit der DSGVO hat der europäische Gesetzgeber versucht, eine Parallel-Kompetenz mehrerer nationaler Aufsichtsbehörden zu vermeiden, um zum einen die *Zusammenarbeit zwischen datenverarbeitenden Unternehmen,* betroffenen Personen und den *Aufsichtsbehörden zu erleichtern* und zum anderen Unterschiede in der Durchsetzung des Datenschutzrechts zu verhindern. Zu diesem Zweck wurde der *One-Stop-Shop* eingeführt. Gemäß Art. 56 Abs. 6 DSGVO dient eine *federführende Aufsichtsbehörde* als *einziger Ansprechpartner für den Verantwortlichen/ Auftragsverarbeiter* zu Fragen hinsichtlich der von diesem durchgeführten grenzüberschreitenden Verarbeitungstätigkeiten. Die federführende Aufsichtsbehörde wird bestimmt (siehe Abschn. 6.3 für Einzelheiten), um die *Verantwortung* für die Zusammenarbeit mit dem Verantwortlichen/Auftragsverarbeiter *im Auftrag aller betroffenen Aufsichtsbehörden zu begründen.* Der One-Stop-Shop wird durch Regelungen zur Zusammenarbeit und zum Kohärenzverfahren (siehe Abschn. 6.4) vervollständigt, um die Situation für globale Unternehmen weiter zu vereinfachen.[8]

Der One-Stop-Shop hat naturgemäß einen signifikanten *Vorteil* für Unternehmen: sie müssen *grundsätzlich nur mit einer einzigen Aufsichtsbehörde zusammenarbeiten,* was den *erforderlichen Aufwand* im Vergleich zu einer Interaktion mit mehreren Aufsichtsbehörden *erheblich verringern* wird.[9]

Leider werden die grundsätzlich *positiven Eigenschaften* des One-Stop-Shop durch verschiedene Ausnahmen und parallele Zuständigkeiten *verwässert.*[10] So wird in einigen Fällen (siehe Abschn. 6.3.3) die *lokale Zuständigkeit* der nationalen Aufsichtsbehörden *aufrechterhalten.* Trotz Bestimmung einer federführenden Aufsichtsbehörde ist es dann durchaus möglich, dass sich die kooperierenden Aufsichtsbehörden nicht auf ein Vorgehen im Hinblick auf ihren finalen Beschluss in einem bestimmten Fall einigen können. In einem solchen Fall wären Unternehmen so lange mit Rechtsunsicherheiten konfrontiert, bis der Europäische Datenschutzausschuss dazu einen finalen Beschluss trifft (siehe Abschn. 6.4).[11] Überdies gelangt der One-Stop-Shop dann nicht zur Anwendung, wenn gemäß DSGVO die lokale Kompetenz der Aufsichtsbehörden aufrechterhalten wird (siehe Abschn. 6.4),

---

[8] v.Lewinski/Herrmann, ZD 2016, 467, 471

[9] Körffer, in: Paal/Pauly, DSGVO, Art. 56 (2017), Rn. 8

[10] Gierschmann, ZD 2016, 51, 51; Schantz 2016, 1841, 1846 ff.

[11] Gierschmann 2016, 51, 52; Dehmel/Hullen, ZD 2013, 147, 151

sodass Unternehmen – wie unter der Geltung der EG-Datenschutzrichtlinie – mit mehreren Akteuren konfrontiert sind, verbunden mit den bekannten Schwierigkeiten.[12] In Anbetracht dieser Umstände ist der in der Verordnung vorgesehene One-Stop-Shop nicht konsequent, sodass sein *praktischer Nutzen in Zukunft stark von der effektiven Zusammenarbeit* und dem effektiven Austausch *zwischen den verschiedenen Aufsichtsbehörden* in der EU *abhängt*.

6.3 Bestimmung der federführenden Aufsichtsbehörde

In Anbetracht des neuen One-Stop-Shop sind für globale Unternehmen Änderungen hinsichtlich der zuständigen Aufsichtsbehörde zu erwarten. Für so betroffene Unternehmen ist es empfehlenswert zeitnah die zuständige Aufsichtsbehörde als zukünftige Anlaufstelle zu bestimmen. Die *Erfüllung zahlreicher Anforderungen an die Datenschutzorganisation* nach der DSGVO fordert die *(vorherige) Zusammenarbeit mit der zuständigen Aufsichtsbehörde* ein, die auch vom Verantwortlichen/Auftragsverarbeiter initiiert werden muss, wie bspw. die Meldepflicht im Falle von Datenschutzverstößen (siehe Abschn. 3.8.2), eine ggf. erforderliche Konsultation der Aufsichtsbehörde im Rahmen der Datenschutz-Folgenabschätzung (siehe Abschn. 3.5.2.4) oder die Mitteilung der Kontaktdaten des Datenschutzbeauftragten (siehe Abschn. 3.6).

Gemäß Art. 56 Abs. 1 DSGVO ist die *Aufsichtsbehörde*

- der Hauptniederlassung oder
- der einzigen Niederlassung des Verantwortlichen/Auftragsverarbeiters

die *zuständige federführende Aufsichtsbehörde*. Somit muss im Falle grenzüberschreitender Verarbeitungsvorgänge mit Auswirkungen in mehreren EU-Mitgliedstaaten die Hauptniederlassung des Unternehmens zunächst bestimmt werden.

6.3.1 Bestimmung anhand der Hauptniederlassung des Unternehmens

Um bei *mehreren Niederlassungen in der EU* die federführende Aufsichtsbehörde bestimmen zu können, muss als erster Schritt die *Hauptniederlassung dieses Unternehmens festgestellt werden*. In der Praxis dürfte dies einige Schwierigkeiten bereiten, da – wie bereits dargestellt (siehe Abschn. 2.3.1 für Einzelheiten) – die EU ein *flexibles Konzept des Begriffs der „Niederlassung"* hat: es bedarf hierzu der effektiven und tatsächlichen Ausübung einer Tätigkeit mittels einer festen Einrichtung;[13] das Vorhandensein einer Niederlassung ist dabei anhand der konkreten Umstände des Falles unter Anwendung objektiver Kriterien zu bestimmen.

---

[12] Gierschmann 2016, 51, 52; Dehmel and Hullen 2013, 147, 151
[13] ErwGr. 22 DSGVO

6.3 Bestimmung der federführenden Aufsichtsbehörde

Gemäß Art. 4 Nr. 16 DSGVO bedeutet „Hauptniederlassung":

- im Falle eines *Verantwortlichen* mit Niederlassungen in mehr als einem EU-Mitgliedstaat den Ort seiner *Hauptverwaltung in der EU, es sei denn*, die *Entscheidungen hinsichtlich der Zwecke und Mittel der Verarbeitung* personenbezogener Daten werden *in einer anderen Niederlassung* des Verantwortlichen in der EU *getroffen* und diese Niederlassung ist befugt, diese Entscheidungen umsetzen zu lassen; in diesem Fall gilt die Niederlassung, die derartige Entscheidungen trifft, als Hauptniederlassung;
- im Falle eines *Auftragsverarbeiters* mit Niederlassungen in mehr als einem EU-Mitgliedstaat den Ort seiner *Hauptverwaltung in der EU* oder, sofern der Auftragsverarbeiter keine Hauptverwaltung in der EU hat, die *Niederlassung* des Auftragsverarbeiters in der EU, in der die Verarbeitungstätigkeiten im Rahmen der Tätigkeiten einer Niederlassung eines Auftragsverarbeiters hauptsächlich stattfinden, soweit der Auftragsverarbeiter spezifischen Pflichten aus dieser Verordnung unterliegt.

Um die Hauptniederlassung zu bestimmen, sollten sich Unternehmen folgende Fragen stellen:[14]

- Wo werden die Entscheidungen bzgl. Zwecken und Mitteln einer Datenverarbeitung final getroffen?
- Wer hat die Befähigung im Unternehmen, Entscheidungen effektiv durchzusetzen?
- Wo befindet sich der Mitarbeiter, der für die grenzüberschreitende Datenverarbeitung grundsätzlich zuständig ist?
- In welchem Land ist der Verantwortliche/Auftragsverarbeiter im Handelsregister eingetragen?

In den *Fällen*, in denen *Verantwortliche und Auftragsverarbeiter* an der Datenverarbeitung *beteiligt* sind, sollte die Aufsichtsbehörde des EU-Mitgliedstaats, in dem der *Verantwortliche seine Hauptniederlassung* hat, die zuständige *federführende Aufsichtsbehörde* bleiben. Dabei wird die gemäß Art. 4 Nr 16 DSGVO betroffene Aufsichtsbehörde des Auftragsverarbeiters im Rahmen des Zusammenarbeitsmechanismus am Verfahren beteiligt (siehe Abschn. 6.4).[15]

Beispiel

Unternehmen A hat seine Hauptverwaltung in Deutschland und zwei Zweigniederlassungen in Spanien und in den Niederlanden. Alle Verarbeitungstätigkeiten werden über die deutsche Niederlassung durchgeführt, in der zudem die Zwecke und Mittel der Verarbeitung festgelegt werden.

---

[14] Art.-29-Datenschutzgruppe, WP 244 (2017), S. 7
[15] ErwGr. 36 DSGVO

In diesem Beispiel befindet sich die Hauptniederlassung von A in Deutschland und auch die Entscheidungen hinsichtlich der Verarbeitung werden dort getroffen. Folglich ist die deutsche Aufsichtsbehörde die zuständige federführende Aufsichtsbehörde.[16]

> **Beispiel**
>
> Unternehmen B hat seine Hauptverwaltung in Deutschland, wo es auch im Handelsregister eingetragen ist und zwei Zweigniederlassungen. Die erste Zweigniederlassung ist in Frankreich, welche die gewerblichen Schutzrechte von B verwaltet. Dies geschieht durch zwei Angestellte, die mit einem Remote-Zugriff auf B's deutschen IT-Systemen arbeiten. Die zweite Zweigniederlassung ist in Irland und ist für B's Marketing verantwortlich. Die irische Zweigniederlassung entwickelt Marketing-Konzepte und legt für alle Niederlassungen von B fest, welche personenbezogenen Daten der Kunden zu welchen Werbezwecken über B's deutsche IT-Systeme verarbeitet werden. Bei den Marketing-Maßnahmen handelt es sich um die Kernaktivität von B. Die irische Zweigniederlassung selbst führt keine Datenverarbeitungstätigkeiten aus, welche ausschließlich in Deutschland vorgenommen werden.
>
> In diesem Beispiel handelt es sich beim deutschen Unternehmen B um einen Verantwortlichen. Dies ergibt sich daraus, dass die irische Zweigniederlassung nicht rechtlich selbständig ist. Allerdings werden die Zwecke und Mittel der Verarbeitung in Irland festgelegt. Daher ist datenschutzrechtlich gemäß Art. 4 Nr. 16 lit. a DSGVO die irische Zweigniederlassung als Hauptniederlassung von B anzusehen. Aus diesem Grund ist die irische Aufsichtsbehörde die zuständige federführende Aufsichtsbehörde.[17]

Unternehmensgruppen

Aufgrund des *fehlenden Konzernprivilegs* für Unternehmensgruppen in der DSGVO (siehe Abschn. 4.4) können mehrere Aufsichtsbehörden in Bezug auf die rechtlich selbständigen Gruppenunternehmen betroffen sein, je nachdem ob diese als Verantwortliche oder Auftragsverarbeiter zu qualifizieren sind. Kontrolliert ein Unternehmen die Verarbeitung personenbezogener Daten in den ihm angeschlossenen Unternehmen, sollte es zusammen mit diesen als eine „Unternehmensgruppe" betrachtet werden.[18] In dieser Konstellation sollte die *Hauptniederlassung des herrschenden Unternehmens* auch als Hauptniederlassung der Unternehmensgruppe im datenschutzrechtlichen Sinne gelten.[19] Folglich ist die Aufsichtsbehörde des EU-Mitgliedstaats, in dem das herrschende Unternehmen seine Hauptniederlassung hat, die federführende Aufsichtsbehörde.[20]

---

[16] Beispiel aus Laue/Nink/Kremer, Datenschutzrecht, Aufsichtsbehörden (2016), Rn. 33
[17] Beispiel aus Laue/Nink/Kremer, Datenschutzrecht, Aufsichtsbehörden (2016), Rn. 33
[18] ErwGr. 37 DSGVO
[19] ErwGr. 36 DSGVO
[20] Art.-29-Datenschutzgruppe, WP 244 (2017), S. 5 ff.

Allerdings legen in der Praxis die beherrschten Gruppenunternehmen oftmals selbst Zwecke und Mittel der Datenverarbeitung fest. So sind die beherrschten Unternehmen u. a. oftmals für Verarbeitungstätigkeiten verantwortlich, die in einem rein lokalen Kontext stattfinden (siehe Abschn. 6.3.3). Dadurch dürften diese Unternehmen in Bezug auf die jeweiligen Verarbeitungstätigkeiten als Hauptniederlassung anzusehen sein, was zur Zuständigkeit der lokalen Aufsichtsbehörden führt. Da die verschiedenen Gruppenunternehmen dann jeweils Hauptniederlassungen i.S.d. DSGVO darstellen, kommt der One-Stop-Shop nicht zur Anwendung.[21] Jedes Gruppenunternehmen wird dann mit derjenigen Aufsichtsbehörde zusammenarbeiten müssen, die für die Verarbeitungstätigkeiten des jeweiligen Unternehmens zuständig ist. Internationale Konzerne sollten sich dieses praktischen Defizits des One-Stop-Shop bewusst sein.[22]

Aufgrund komplexer Konzernstrukturen und der Verteilung von Verantwortlichkeiten zwischen mehreren an der Verarbeitung beteiligten Unternehmen erfordert die Bestimmung der zuständigen federführenden Aufsichtsbehörde möglicherweise eine tiefergehende Analyse. Zu diesem Zweck sollte das jeweilige *Unternehmen* nach Art. 58 Abs. 1 lit. a DSGVO *verpflichtet sein, der Aufsichtsbehörde Informationen zur Verfügung zu stellen*, die eine Bestimmung der federführenden Aufsichtsbehörde ermöglichen.

6.3.2 Bestimmung bei Fehlen einer Niederlassung des Unternehmens in der EU

Die DSGVO enthält *keine Bestimmungen* darüber, wie die zuständige Aufsichtsbehörde zu bestimmen ist, wenn ein *Unternehmen keine Niederlassung in der EU* hat, aber über das *Marktortprinzip* des Art. 3 Abs. 2 DSGVO *in den Anwendungsbereich der DSGVO* fällt (siehe Abschn. 2.3.2 für Einzelheiten). Ein mit der Hauptniederlassung eines Unternehmens vergleichbarer Anknüpfungspunkt für die Feststellung der Zuständigkeit einer nationalen Aufsichtsbehörde ist hier nicht verfügbar. Allerdings könnten *andere Merkmale* zur Bestimmung herangezogen werden:

- Der EU-Mitgliedstaat in dem die *Verarbeitungstätigkeiten hauptsächlich stattfinden*;
- In welchem *EU-Mitgliedstaat Personen von der Verarbeitung betroffen* sind; oder
- Welche nationale *Aufsichtsbehörde* bereits *Beschwerden* von betroffenen Personen *erhalten hat*.[23]

---

[21] Laue/Nink/Kremer, Datenschutzrecht, Aufsichtsbehörden (2016), Rn. 37
[22] Bayrisches Landesamt für Datenschutzaufsicht, One Stop Shop (2016)
[23] Art.-29-Datenschutzgruppe, WP 191 (2012), S. 19

Es ist wahrscheinlich, dass diese *Merkmale von mehreren* nationalen *Aufsichtsbehörden erfüllt* werden, die folglich gemäß Art. 55 ff. DSGVO zuständig wären, statt nur einer (siehe Abschn. 6.2).[24]

In der Praxis haben die *nationalen Aufsichtsbehörden* diese Problem zu lösen, indem sie *gemeinsam festlegen, wer* die *Federführung* für das Verfahren *übernehmen* soll oder, sofern keine Einigung erreicht wird, indem der Europäische Datenschutzausschuss (siehe Abschn. 6.4.1) eine entsprechende Entscheidung trifft.[25]

6.3.3 Ausnahme: lokale Zuständigkeit

In *bestimmten lokalen Fällen* kann es zu einer Ausnahme von der Zuständigkeit einer einzelnen federführenden Aufsichtsbehörde kommen. Somit ist die Bündelung der Zuständigkeiten bei der federführenden Aufsichtsbehörde nicht zwingend.

Gemäß Art. 55 Abs. 2 DSGVO ist die Aufsichtsbehörde des betroffenen EU-Mitgliedstaats zuständig und eine federführende Aufsichtsbehörde wird nicht bestimmt, wenn:

- Die Verarbeitung zur *Erfüllung einer rechtlichen Verpflichtung* erforderlich ist, der der Verantwortliche unterliegt; oder
- Die Verarbeitung für die *Wahrnehmung einer im öffentlichen Interesse liegenden Aufgabe* erforderlich ist oder in *Ausübung öffentlicher Gewalt* erfolgt, die dem Verantwortlichen übertragen wurde (siehe Abschn. 4.2.2 für Einzelheiten).[26]

Diese Ausnahmen beruhen auf der Erwägung, dass derartige Verarbeitungstätigkeiten im Zusammenhang mit nationalen Rechtsvorschriften oder Interessen stehen.

Gemäß Art. 56 Abs. 2 DSGVO ist jeweils die *nationale Aufsichtsbehörde* zuständig, wenn der Gegenstand der Verarbeitung nur mit einer Niederlassung in ihrem EU-Mitgliedstaat zusammenhängt oder betroffene Personen nur ihres EU-Mitgliedstaats erheblich beeinträchtigt sind. Diese Ausnahme ermöglicht eine *unkomplizierte und effiziente Behandlung* lokaler Fälle und erhöht die Nähe der zuständigen Aufsichtsbehörde zu den jeweiligen Fällen.[27] In solchen Fällen könnten die ansonsten „nicht-federführenden" Aufsichtsbehörden zuständig sein.

Beispiel

- Ein dänisches Unternehmen, welches sich im Grenzgebiet an Kunden in Dänemark und Deutschland richtet, setzt Videoüberwachung auf dem Geschäftsgelände in Dänemark ein. Da die Verarbeitungstätigkeiten des Unternehmens Personen in Deutschland und Dänemark betreffen, sind die

---

[24] Körffer, in: Paal/Pauly, DSGVO, Art. 56 (2017), Rn. 3
[25] Art.-29-Datenschutzgruppe, WP 191 (2012), S. 19
[26] Diese Bestimmung gilt auch für Datenverarbeitungen durch Behörden.
[27] Nguyen, ZD 2015, 265, 267

Aufsichtsbehörden beider EU-Mitgliedstaaten gem. Art. 51 DSGVO betroffen, sodass grundsätzlich eine federführende Aufsichtsbehörde bestimmt werden müsste. Allerdings findet die Überwachung ausschließlich auf dem dänischen Betriebsgelände statt und betrifft daher vorrangig Personen dort, sodass die dänische Aufsichtsbehörde zuständig ist.

- Die Verarbeitung bezieht sich auf Mitarbeiterdaten im nationalen Beschäftigungskontext. Auch wenn Unternehmen Teil einer Unternehmensgruppe mit Gruppenunternehmen in verschiedenen Ländern sind, sind die lokalen Unternehmen jeweils meist für den Abschluss eigener Arbeitsverträge mit ihren lokalen Mitarbeitern verantwortlich, sodass sie selbst die Zwecke und Mittel der Datenverarbeitung im Zusammenhang mit den Arbeitsverträgen festlegen. In diesem Fall wird jeweils die Aufsichtsbehörde des betroffenen EU-Mitgliedstaats zuständig sein.
- Ein italienisches Unternehmen, welches Teil eines großen weltweiten Konzerns ist, schließt mit den italienischen Kunden des Konzerns selbständig Verträge ab und führt diese aus, was auch die Datenverarbeitungen im Zusammenhang mit diesen Verträgen umfasst. In dieser Konstellation ist das italienische Unternehmen allein für die Verträge in Bezug auf italienische Kunden verantwortlich. Somit könnte die italienische Aufsichtsbehörde für diesen lokalen Fall zuständig sein. Bestimmt allerdings das beherrschende Unternehmen die Zwecke und Mittel der Datenverarbeitung, wäre dessen lokale Aufsichtsbehörde zuständig.[28]

Unabhängig von der örtlichen Begrenzung eines Falls *unterrichtet* die jeweilige nationale Aufsichtsbehörde die *federführende Aufsichtsbehörde*, soweit vorhanden, über jede auch die federführende Aufsichtsbehörde betreffende Angelegenheit.[29] Letztere kann eingreifen, indem sie sich dafür entscheidet, die Zuständigkeit für den Fall über den One-Stop-Shop-Mechanismus an sich zu ziehen (siehe Abschn. 6.2).[30] Unternehmen kann es daher mitunter schwerfallen festzustellen, welche nationale Aufsichtsbehörde für ihre Verarbeitungstätigkeiten zuständig ist, denn die *Ausnahmen* von der Zuständigkeit der federführenden Aufsichtsbehörde sind *in sich nicht abgeschlossen*.

6.3.4 One-Stop-Shop auf nationaler Ebene nach dem BDSG-neu

Der in der DS-GVO vorgesehene und in den vorangegangenen Abschnitten beschriebene One-Stop-Shop begründet ausschließlich auf EU-Ebene und für grenzüberschreitende Datenverarbeitungen eine Zuständigkeitskonzentration der Aufsichtsbehörden.[31] Der deutsche Gesetzgeber hat aufgrund der *Mehrzahl vorhandener*

---

[28] ErwGr. 127 DSGVO; Gierschmann 2016, 51, 52; Nguyen, ZD 2015, 265, 267

[29] ErwGr. 127 DSGVO

[30] ErwGr. 127 DSGVO

[31] Deutscher Bundestag (2017), Drucksache 18/12144, S. 6

Aufsichtsbehörden in Deutschland ebenfalls eine Notwendigkeit zur Übertragung des One-Stop-Shop-Prinzips auf die rein nationale Ebene erkannt und dies in § 40 Abs. 2 BDSG-neu umgesetzt.[32]

Hat ein Verantwortlicher oder Auftragsverarbeiter mehrere Niederlassungen in Deutschland, so gilt gem. § 40 Abs. 2 BDSG-neu für die Bestimmung der zuständigen Landesaufsichtsbehörde Art. 4 Nr. 16 DS-GVO entsprechend (siehe Abschn. 6.3.1). Damit ist die zuständige Landesaufsichtsbehörde diejenige, in deren Zuständigkeitsbereich sich der *Sitz der inländischen Hauptniederlassung* eines Unternehmens befindet, es sei denn, die Entscheidungen bzgl. der Zwecke und Mittel der Verarbeitung werden in einer anderen, dann die Zuständigkeit der Aufsichtsbehörde begründenden Niederlassung getroffen. Auch das Fehlen einer Zuständigkeitsregelung in der DS-GVO für Fälle, in denen keine Niederlassung eines Unternehmens in der EU bzw. in Deutschland vorhanden ist, hat der deutsche Gesetzgeber gelöst (siehe Abschn. 6.3.2). In derartigen Fällen ist diejenige Landes-Aufsichtsbehörde zuständig, in welcher die *Verarbeitungstätigkeiten des Unternehmens hauptsächlich stattfinden*.[33]

Mit dem nationalen One-Stop-Shop möchte der deutsche Gesetzgeber auf nationaler Ebene Mehrfachzuständigkeiten vermeiden und den Unternehmen auf diese Weise die Kommunikation mit den Aufsichtsbehörden erleichtern.[34] Sollten sich mehrere Behörden für zuständig oder unzuständig erklären oder anderweitige Unklarheiten hinsichtlich der Zuständigkeit bestehen, entscheiden die Aufsichtsbehörden gemeinsam über die Zuständigkeit, § 40 Abs. 2 Satz 2 BDSG-neu.

6.4 Zusammenarbeit und Kohärenzverfahren

Da die rechtliche Umsetzung des One-Stop-Shop in der DSGVO äußerst komplex geraten ist und verschiedenen Ausnahmen unterliegt, sollen Verfahren zur Zusammenarbeit und zur Kohärenz sicherstellen, dass die datenverarbeitenden Unternehmen *einfacheren Zugang zu den Aufsichtsbehörden* erhalten. Außerdem soll der Austausch zwischen den Aufsichtsbehörden im Rahmen dieser Verfahren ein *Forum-Shopping*, also die gezielte Auswahl vermeintlich unternehmensfreundlicher Aufsichtsbehörden, durch datenverarbeitende Unternehmen vermeiden.[35] Der genaue interne Ablauf dieser Verfahren zwischen den Aufsichtsbehörden und dem Europäischen Datenschutzausschuss ist für die betroffenen Unternehmen von untergeordneter praktischer Bedeutung. Aus diesem Grund werden in diesem Kapitel nur die für Unternehmen relevanten Grundzüge dargestellt.

---

[32] Deutscher Bundestag (2017), Drucksache 18/12144, S. 6
[33] Deutscher Bundestag (2017), Drucksache 18/12144, S. 6
[34] Deutscher Bundestag (2017), Drucksache 18/12144, S. 6
[35] Kühling/Martini, EuZW 2016, 448, 453

6.4.1 Europäischer Datenschutzausschuss

Die DSGVO schafft eine *neue, unabhängige Einrichtung der EU mit eigener Rechtspersönlichkeit* zur Sicherstellung des Datenschutzes: den Europäischen Datenschutzausschuss (kurz: Ausschuss). Die Vorschriften über Aufbau und Aufgaben des Ausschusses finden sich in Art. 68–78 der Verordnung. Gemäß Art. 68 Abs. 3 DSGVO setzt sich der Ausschuss aus dem *Leiter einer Aufsichtsbehörde jedes EU-Mitgliedstaats* und dem *Europäischen Datenschutzbeauftragten* zusammen.[36] Der Ausschuss wird von seinem Vorsitz vertreten, der unter den Mitgliedern gewählt wird.[37]

Der Europäische Datenschutzausschuss ersetzt die im Wesentlichen personenidentische Art.-29-Datenschutzgruppe[38] und wird damit zukünftig an deren Stelle für den *Erlass von Richtlinien, Empfehlungen und Best Practices* hinsichtlich der Auslegung und Anwendung der DSGVO zuständig sein. Zudem übernimmt der Ausschuss die Funktion als *Letztentscheidungsinstanz* im Rahmen der Verfahren zur Zusammenarbeit und zur Kohärenz.

6.4.2 Verfahren zur Zusammenarbeit

Gemäß der Art. 60–62 DSGVO *arbeitet* die *federführende Aufsichtsbehörde mit den anderen betroffenen Aufsichtsbehörden zusammen*. Das Ziel dieses Verfahrens zur Zusammenarbeit ist der *effektive Informationsaustausch* sowie die *gegenseitige Hilfeleistung* der nationalen Aufsichtsbehörden untereinander, um letztlich einen *Konsens* aller betroffenen Aufsichtsbehörden hinsichtlich des Beschlusses für den jeweiligen Fall zu erreichen.[39]

Um alle betroffenen Aufsichtsbehörden mit einzubeziehen, tauschen die betroffenen Aufsichtsbehörden untereinander *alle zweckdienlichen Informationen* aus, Art. 60 Abs. 1 DSGVO. Bevor die federführende Aufsichtsbehörde ihren Beschluss fasst, legt sie ihren *Beschlussentwurf den anderen betroffenen Aufsichtsbehörden zur Stellungnahme* vor und diese haben die Möglichkeit maßgebliche und begründete Einsprüche zu erheben. Die *federführende Aufsichtsbehörde* hat deren *Standpunkten gebührend Rechnung* zu *tragen* und passt, im Falle eines *Einspruchs*, ihren Beschlussentwurf gegebenenfalls dahingehend an, Art. 60 Abs. 4 DSGVO. Das Verfahren zur Zusammenarbeit führt letztlich zum Fassen eines *Beschlusses* durch eine einzige Aufsichtsbehörde (die federführende Aufsichtsbehörde), welcher dennoch die *Meinungen aller* betroffenen Aufsichtsbehörden *widerspiegelt*.

---

[36] Da Deutschland mehrere nationale Aufsichtsbehörden hat und nur ein Vertreter pro EU-Mitgliedstaat vorgesehen ist, obliegt die Vertretung im Europäischen Datenschutzausschuss dem Bundesbeauftragten für den Datenschutz und die Informationsfreiheit als gemeinsamem Vertreter, § 17 BDSG-neu.

[37] Art. 68 Abs. 2, 73 DSGVO

[38] ErwGr. 139 DSGVO

[39] Laue/Nink/Kremer, Datenschutzrecht, Aufsichtsbehörden (2016), Rn. 39

Für den unwahrscheinlichen Fall, dass die Aufsichtsbehörden keinen Konsens im Falle eines Einspruchs erreichen, da die federführende Aufsichtsbehörde sich dem *Einspruch nicht anschließen* möchte, wird das *Kohärenzverfahren ausgelöst* und der Europäische Datenschutzausschuss erlässt einen verbindlichen Beschluss, Art. 60 Abs. 4 DSGVO. In einem solchen Fall könnte sich die Verfahrensdauer verlängern, sodass die betroffenen Unternehmen bis zum Beschluss einer gewissen Rechtsunsicherheit ausgesetzt sind.

Es ist zu beachten, dass sich die betroffenen Aufsichtsbehörden darauf verständigen können, das *gebündelte Verfahren* unter Leitung der federführenden Aufsichtsbehörde *dergestalt aufzuteilen*, dass sowohl die federführende Aufsichtsbehörde als auch die jeweils betroffenen Aufsichtsbehörden für separate Teile der Angelegenheit *eigene Beschlüsse* erlassen, Art. 60 Abs. 9 DSGVO. In einem solchen Fall gelangt der One-Stop-Shop nur bedingt zur Anwendung, da die betroffenen Aufsichtsbehörden teilweise eigene Beschlüsse für den Teil der Angelegenheit, der ihre nationales Hoheitsgebiet betrifft, erlassen.

6.4.3 Kohärenzverfahren

Das *Kohärenzverfahren* unter der Verantwortlichkeit des Europäischen Datenschutzausschusses gemäß der Art. 63–67 DSGVO stellt die *ultima ratio* des Verfahrens dar. Es soll zur *einheitlichen Anwendung der DSGVO* in der gesamten EU beitragen, Art. 63 DSGVO. Das Kohärenzverfahren wird nur ausgelöst, sofern über eine Zusammenarbeit der betroffenen Aufsichtsbehörden kein Konsens erzielt werden kann.[40] Der Europäische Datenschutzausschuss erlässt diesbezüglich *Stellungnahmen und verbindliche Beschlüsse*, um die Meinungsverschiedenheiten zwischen den betroffenen Aufsichtsbehörden beizulegen (Art. 64, 65 DSGVO). Das Kohärenzverfahren sollte insbesondere in Fällen zur Anwendung gelangen, in denen Maßnahmen der betroffenen Aufsichtsbehörden sich auf Verarbeitungsvorgänge beziehen, die für eine bedeutende Zahl betroffener Personen in mehreren EU-Mitgliedstaaten erhebliche Auswirkungen haben.[41]

Referenzen

Art.-29-Datenschutzgruppe (2012) Stellungnahme 01/2012 zu den Reformvorschlägen im Bereich des Datenschutzes, WP 191 (zitiert nach englischem Original)
Art.-29-Datenschutzgruppe (2017) Guidelines for identifying a controller or processor's lead supervisory authority, WP 244
Bayrisches Landesamt für Datenschutzaufsicht (2016) One Stop Shop. https://www.lda.bayern.de/media/baylda_ds-gvo_13_one_stop_shop.pdf. Zugegriffen: 16. Febr. 2017
Dehmel S, Hullen N (2013) Auf dem Weg zu einem zukunftsfähigen Datenschutz in Europa? ZD 3(4):147–153

---

[40] ErwGr. 138 DSGVO; Laue/Nink/Kremer, Datenschutzrecht, Aufsichtsbehörden (2016), Rn. 41
[41] ErwGr. 135 DSGVO

Deutscher Bundestag (2017) Drucksache 18/12144

Gierschmann S (2016) Was „bringt" deutschen Unternehmen die DSGVO? – Mehr Pflichten, aber die Rechtsunsicherheit bleibt. ZD 6(2):51–55

Körffer B (2017) Art. 56 DSGVO. In: Paal BP, Pauly DA (Hrsg) Beck'sche Kompaktkommentare Datenschutz-Grundverordnung, 1. Aufl. C.H. Beck, München

Kühling J, Martini M (2016) Die Datenschutz-Grundverordnung: Revolution oder Evolution im europäischen und deutschen Datenschutzrecht? EuZW 27(12):448–454

Laue P, Nink J, Kremer S (Hrsg) (2016) Zusammenarbeit mit Aufsichtsbehörden. In: Das neue Datenschutzrecht in der betrieblichen Praxis, 1. Aufl. Nomos, Baden-Baden

Nguyen AM (2015) Die zukünftige Datenschutzaufsicht in Europa. ZD 5(6):265–270

Schantz P (2016) Die Datenschutz-Grundverordnung – Beginn einer neuen Zeitrechnung im Datenschutzrecht. NJW 69(26):1841–1847

von Dem Bussche AF, Zeiter A, Brombach T (2016) Die Umsetzung der Vorgaben der EU-Datenschutz-Grundverordnung durch Unternehmen. DB 69(23):1359–1365

von Dem Bussche AF, Zeiter A (2016) Practitioner's corner – Implementing the EU General Data Protection Regulation: A Business Perspective. EDPL 2(4):576–581

von Lewinski K, Herrmann C (2016) Cloud vs. Cloud – Datenschutz im Binnenmarkt. ZD 6(10):467–474

7 Rechtsdurchsetzung und Sanktionen nach der DSGVO

Wie in diesem Handbuch bereits mehrfach angesprochen, wurden die maximalen Beträge für *Bußgelder* in der DSGVO *massiv erhöht* auf bis zu EUR 20.000.000,00 oder bis zu 4 % des weltweiten Jahresumsatzes. Zugleich wurden die *Aufgaben und Untersuchungsbefugnisse* der Aufsichtsbehörden *ausgeweitet*. Der europäische Gesetzgeber hielt die Stärkung der Befugnisse der Aufsichtsbehörden zur Überwachung und Gewährleistung der Einhaltung der DSGVO sowie gleichlaufende Sanktionen für notwendig, um einen wirksamen Schutz personenbezogener Daten europaweit zu gewährleisten.[1]

7.1 Aufgaben und Untersuchungsbefugnisse der Aufsichtsbehörden

Die Aufgaben der Aufsichtsbehörden haben unter der DSGVO eine *erhebliche Erweiterung* und Ausdifferenzierung erfahren.[2] Ausgehend von Art. 57 DSGVO können diese Aufgaben zur Vereinfachung in zwei Kategorien aufgeteilt werden:

- Aufgaben, die dem *unmittelbaren Schutz* der Rechte und Freiheiten der betroffenen Personen dienen, wie die *Überwachung und Durchsetzung der Anwendung der Verordnung* gemäß Art. 57 Abs. 1 lit. a DSGVO; und
- Aufgaben, die diesem *Zweck indirekt dienen*, wie die *Sensibilisierung der Öffentlichkeit* für Datenschutz, die Erteilung von *Informationen und Ratschlägen* an die verschiedenen an der Datenverarbeitung Beteiligten oder die *Kooperation mit anderen Aufsichtsbehörden* gemäß den Verfahren zur Zusammenarbeit und zur Kohärenz (siehe Abschn. 6.4).[3]

---

[1] ErwGr. 11 DSGVO

[2] Hinsichtlich der Aufgaben und Befugnisse der Aufsichtsbehörden nach alter Rechtslage siehe Art. 28 Abs. 1 EG-Datenschutzrichtlinie.

[3] Nguyen, ZD 2015, 265, 269; Hullen, in: Plath, BDSG/DSGVO, Art. 57 DSGVO (2016), Rn. 1–3

Es bleibt abzuwarten, ob es den Aufsichtsbehörden gelingen wird, ihre vielfältigen Aufgaben zu erfüllen, ohne ihre finanziellen und personellen Ressourcen signifikant erhöhen zu müssen.[4]

7.1.1 Größere Konsistenz der Untersuchungsbefugnisse innerhalb der EU

Um es den Aufsichtsbehörden zu ermöglichen, ihre neuen oder erweiterten Aufgaben zu erfüllen, wurden ihre Untersuchungsbefugnisse *detailliert* in Art. 58 Abs. 1 DSGVO *geregelt*. Bisher führten der offene Wortlaut und die beispielhafte Aufzählung der Befugnisse in Art. 28 Abs. 3 EG-Datenschutzrichtlinie[5] dazu, dass in den verschiedenen EU-Mitgliedstaaten unterschiedliche Untersuchungsbefugnisse vorgesehen wurden.[6] Da die DSGVO in allen EU-Mitgliedstaaten unmittelbar anzuwenden ist, werden die Untersuchungsbefugnisse *innerhalb der EU weitgehend konsistent* sein. Die über die detaillierte Gesetzesvorschrift erreichte Konsistenz sollte sich auch für die *datenverarbeitenden Unternehmen* als vorteilhaft erweisen, da es für sie erheblich *einfacher* sein wird, den *Umfang der Untersuchungsbefugnisse* der Aufsichtsbehörden *zu erkennen*, sobald sie *Prüfungen durch die Behörden* ausgesetzt sind.

Allerdings enthält Art. 58 Abs. 6 DSGVO eine *Öffnungsklausel*, die es den EU-Mitgliedstaaten ermöglicht, den Aufsichtsbehörden durch Rechtsvorschriften zusätzliche Befugnisse einzuräumen. Daher bleibt abzuwarten, ob die Unterschiede hinsichtlich der Untersuchungsbefugnisse in den verschiedenen EU-Mitgliedstaaten zu einem gewissen Grad aufrechterhalten bleiben.

7.1.2 Regelungen zu aufsichtsbehördlichen Befugnissen im BDSG-neu

Deutschland hat von der Öffnungsklausel in Art. 58 Abs. 6 DS-GVO bereits Gebrauch gemacht und den Aufsichtsbehörden in § 40 BDSG-neu *zusätzliche Befugnisse eingeräumt*, die sich weitgehend an den bisherigen Regelungen im BDSG-alt orientieren.[7] Im Einzelnen handelt es sich um die folgenden Befugnisse:

---

[4] Gierschmann, ZD 2016, 51, 55; Hullen, in: Plath, BDSG/DSGVO, Art. 57 DSGVO (2016), Rn. 2

[5] Art. 28 Abs. 3 EG-Datenschutzrichtlinie: „Jede Kontrollstelle verfügt insbesondere über [...] Untersuchungsbefugnisse, wie das Recht auf Zugang zu Daten, [...] wirksame Einwirkungsbefugnisse, wie beispielsweise [...]."

[6] Art.-29-Datenschutzgruppe, WP 168 (2009), S. 22; Körffer, in: Paal/Pauly, DSGVO, Art. 58 (2017), Rn. 1

[7] Deutscher Bundestag (2017), Drucksache 18/11325, S. 108. § 40 Abs. 3 BDSG-neu enthält zudem auch Regelungen hinsichtlich des Umfangs der aufsichtsbehördlichen Datenverarbeitungsbefugnisse.

- *Auskunftsrecht, § 40 Abs. 4 BDSG-neu*: Die Aufsichtsbehörde kann vom Unternehmen bzw. der Unternehmensleitung die für die Erfüllung ihrer Aufgaben erforderlichen Auskünfte verlangen. Bei der von der *persönlichen Auskunftspflicht betroffenen Unternehmensleitung* kann es sich um den Inhaber, Vorstand, Geschäftsführer oder sonstigen gesetzlich oder aufgrund Satzung des Unternehmens berufenen Leiter handeln.[8] Der eigenständige Regelungsgehalt dieser Vorschrift ist teilweise unklar, da das Auskunftsrecht bereits im Informationsrecht der Aufsichtsbehörden nach Art. 58 Abs. 1 lit. a DS-GVO enthalten ist. Allerdings *präzisiert* die Vorschrift den *Umfang der Auskunftspflicht*. Nach § 40 Abs. 4 Satz 2 BDSG-neu kann der Auskunftspflichtige die Auskunft auf solche Fragen verweigern, die ihn oder seine Angehörigen der Gefahr einer Strafverfolgung oder eines Ordnungswidrigkeitenverfahrens aussetzen würde. Da es sich hierbei um ein höchstpersönliches *Auskunftsverweigerungsrecht* der jeweiligen Person handelt, bleibt die generelle Auskunftspflicht der verantwortlichen Stelle davon unberührt.[9] Diese Untersuchungsbefugnis muss die Aufsichtsbehörde mithilfe eines entsprechenden Verlangens gegenüber dem Betroffenen ausüben, welches in der Regel schriftlich ergehen dürfte.
- *Betretungs- und Zugangsrecht, § 40 Abs. 5 BDSG-neu*: Die von der Aufsichtsbehörde mit Datenschutzprüfungen beauftragten Personen sind befugt, zur Erfüllung dieser Aufgabe die *Grundstücke und Geschäftsräume* des Unternehmens zu *betreten* und *Zugang zu allen Datenverarbeitungsanlagen und -geräten* zu erhalten. Das Unternehmen ist zur Duldung dieser Untersuchungen verpflichtet, § 40 Abs. 5 Satz 2 BDSG-neu. Diese Bestimmung präzisiert die Untersuchungsbefugnisse aus Art. 58 Abs. 1 lit. f DS-GVO und gewährt den Aufsichtsbehörden ein umfassendes Recht zu Vor-Ort-Überprüfungen. Eine Voranmeldung schreibt das BDSG-neu dabei nicht vor, wobei sie üblich und aufgrund des Erfordernisses zur Beachtung des *Verhältnismäßigkeitsprinzips* häufig angezeigt sein dürfte.[10]
- *Abberufung von Datenschutzbeauftragten, § 40 Abs. 6 BDSG-neu*: Die Aufsichtsbehörden können die Abberufung von Datenschutzbeauftragten verlangen (für Einzelheiten siehe Abschn. 3.6.3.4).

Erhält eine Aufsichtsbehörde im Rahmen eines Informationsverlangens oder einer Vor-Ort-Kontrolle Kenntnis von Informationen, die nach einer Rechtsvorschrift oder ihrem Wesen nach geheimhaltungsbedürftig sind, sieht § 29 Abs. 3 BDSG-neu als Ausgestaltung der Öffnungsklausel des Art. 90 DS-GVO eine *Einschränkung der Untersuchungsbefugnisse* vor.[11] Die Aufsichtsbehörde ist danach nicht befugt, auf *geheimhaltungsbedürftige Informationen* zuzugreifen. Erlangt sie dennoch Kenntnis von entsprechenden Daten, trifft die Aufsichtsbehörde selbst die entsprechende Geheimhaltungspflicht.

---

[8] Siehe auch Petri, in: Simitis, BDSG, § 38 (2014), Rn. 53
[9] Siehe auch Petri, in: Simitis, BDSG, § 38 (2014), Rn. 58. Nach § 40 Abs. 4 Satz 3 BDSG-neu hat die Aufsichtsbehörde die auskunftspflichtigen Personen auf dieses Verweigerungsrecht hinzuweisen.
[10] Siehe auch Petri, in: Simitis, BDSG, § 38 (2014), Rn. 61
[11] ErwGr. 164 DSGVO

7.1.3 Umfang der Untersuchungsbefugnisse

Im Wesentlichen entspricht der Umfang der Untersuchungsbefugnisse in Art. 58 Abs. 1 DSGVO – abgesehen vom größeren Detaillierungsgrad – demjenigen, der in der EG-Datenschutzrichtlinie vorgesehen war.[12] Gemäß Art. 58 Abs. 1 lits. a-f DSGVO verfügt jede nationale Aufsichtsbehörde über die folgenden Untersuchungsbefugnisse:

- *den Verantwortlichen, Auftragsverarbeiter und ggf. deren Vertreter in der EU (siehe Abschn. 4.3.8) anzuweisen, alle Informationen bereitzustellen, die für die Erfüllung der Aufgaben der Aufsichtsbehörde erforderlich sind*: Diese Aufgabe ist spiegelbildlich zur allgemeinen Pflicht der datenverarbeitenden Unternehmen zur Zusammenarbeit mit den Aufsichtsbehörden nach Art. 31 DSGVO (siehe Abschn. 3.2.3). Das *Entstehen* einer Auskunftspflicht erfordert das Vorliegen *tatsächlicher Anhaltspunkte* für die *Durchführung von Verarbeitungstätigkeiten* durch das betroffene Unternehmen.[13] Diese Befugnis ermöglicht Untersuchungen hinsichtlich der *Verarbeitungstätigkeiten* an personenbezogenen Daten, die in den Anwendungsbereich der DSGVO fallen (siehe Abschn. 2.1), aber umfasst auch Auskunftsverlangen hinsichtlich allgemeiner Informationen zur *Datenverarbeitungsorganisation* des Unternehmens, womit die technischen und organisatorischen Grundlagen der Verarbeitung gemeint sind.[14] Der *Umfang der erforderlichen Informationen* wird von der Aufsichtsbehörde im Hinblick auf das Ziel der Untersuchung festgelegt. Die Aufsichtsbehörde muss dem von der Auskunftspflicht betroffenen Unternehmen dieses Untersuchungsziel, sowie den Sinn und Zweck der Maßnahme kommunizieren.[15] Die Vorschrift verpflichtet ausdrücklich *Verantwortliche/Auftragsverarbeiter und deren Vertreter in der EU* zur Bereitstellung von Informationen, aber verpflichtet im Hinblick auf juristische Personen auch deren Organe und Vertreter.[16] Unternehmen werden durch das Gesetz *nicht* dazu *verpflichtet*, die Informationen *in einer bestimmten Form bereitzustellen*, sodass dies mündlich, schriftlich oder in Form einer digital auszuwertenden Datei erfolgen kann[17];
- *Untersuchungen in Form von Datenschutzüberprüfungen durchzuführen*: Die Aufsichtsbehörden legen *Gegenstand und Anlass* der Datenschutzüberprüfung fest, da diese *gesetzlich nicht vorgeben* werden.[18] Eine solche Überprüfung kann

---

[12] Körffer, in: Paal/Pauly, DSGVO, Art. 58 (2017), Rn. 5
[13] Siehe auch Brink, in: Wolff/Brink, BeckOK, § 38 BDSG (2016), Rn. 57
[14] Körffer, in: Paal/Pauly, DSGVO, Art. 58 (2017), Rn. 7; siehe auch Brink, in: Wolff/Brink, BeckOK, § 38 BDSG (2016), Rn. 57
[15] Siehe auch Plath, in: Plath, BDSG/DSGVO, § 38 BDSG (2016), Rn. 44
[16] Körffer, in: Paal/Pauly, DSGVO, Art. 58 (2017), Rn. 7
[17] Hullen, in: Plath, BDSG/DSGVO, Art. 58 DSGVO (2016), Rn. 9
[18] Körffer, in: Paal/Pauly, DSGVO, Art. 58 (2017), Rn. 10

in den *Geschäftsräumen* des Verantwortlichen/Auftragsverarbeiters erfolgen, was über die Untersuchungsbefugnis des Art. 58 Abs. 1 lit. f DSGVO sichergestellt wird, oder durch *Zugriff auf die IT-Systeme* des betroffenen Unternehmens oder durch *umfangreiche Auskunftsverlangen*[19];
- eine *Überprüfung der erteilten Zertifizierungen* durchzuführen (siehe Abschn. 3.9.3);
- den *Verantwortlichen/Auftragsverarbeiter auf einen vermeintlichen Verstoß gegen die DSGVO hinzuweisen*: Die Ausübung anderer Untersuchungsbefugnisse durch die Aufsichtsbehörden wird oftmals dem Vorkommnis eines bestimmten Zwischenfalls geschuldet sein, der als möglicher Verstoß gegen die DSGVO eingestuft wurde. In einem solchen Fall sollte das entsprechende *Unternehmen* im Laufe der Untersuchung *über diesen Umstand informiert* werden[20];
- vom Verantwortlichen/Auftragsverarbeiter *Zugang* zu allen personenbezogenen Daten und *Informationen* zu erhalten, die *zur Erfüllung der Aufgaben* der Aufsichtsbehörde *notwendig* sind;
- *gemäß dem Verfahrensrecht der EU oder des jeweiligen EU-Mitgliedstaats Zugang zu den Geschäftsräumen, einschließlich aller Datenverarbeitungsanlagen und -geräte, des Verantwortlichen/Auftragsverarbeiters zu erhalten* (siehe Abschn. 7.1.2 für die Regelung im BDSG-neu): Diese Bestimmung gibt den Aufsichtsbehörden die Befugnis zur Durchführung von unangekündigten Kontrollen vor Ort.[21] Da Untersuchungsmaßnahmen geeignet, erforderlich und verhältnismäßig sein müssen, wird die Vorabankündigung der Vor-Ort-Kontrolle in dem meisten Fällen erforderlich sein und somit zum Regelfall.[22] Die Vorschrift *setzt nicht voraus*, dass der Vor-Ort-Kontrolle ein *bestimmter Verstoß vorausgehen muss*. Dadurch wird den Aufsichtsbehörden *Flexibilität hinsichtlich ihrer Untersuchungen* eingeräumt, um jederzeit sicherstellen zu können, dass die Verarbeitung im Einklang mit den Vorgaben der DSGVO erfolgt.[23] Da die Aufsichtsbehörden allerdings etwaige *Besonderheiten im Verfahrensrecht der EU-Mitgliedstaaten* einhalten müssen, wird es für Untersuchungen teilweise der *Einholung einer richterlichen Genehmigung* bedürfen.[24]

---

[19] Hullen, in: Plath, BDSG/DSGVO, Art. 58 DSGVO (2016), Rn. 10

[20] Körffer, in: Paal/Pauly, DSGVO, Art. 58 (2017), Rn. 12

[21] Nguyen, ZD 2015, 265, 269; Körffer, in: Paal/Pauly, DSGVO, Art. 58 (2017), Rn. 15

[22] ErwGr. 129 DSGVO; Nguyen, ZD 2015, 265, 269; Körffer, in: Paal/Pauly, DSGVO, Art. 58 (2017), Rn. 15

[23] Nguyen, ZD 2015, 265, 269; Körffer, in: Paal/Pauly, DSGVO, Art. 58 (2017), Rn. 15

[24] ErwGr. 129 DSGVO

7.1.4 Ausübung der Befugnisse

Während der Umfang der Untersuchungsbefugnisse durch das Europarecht vorgegeben wird, enthält dieses keine Regelungen zum Ablauf des Verwaltungsverfahrens.[25] Damit wird die Ausübung der Untersuchungsbefugnisse über das *jeweilige Verfahrensrecht des EU-Mitgliedstaats* geregelt, dem die betroffene Aufsichtsbehörde angehört, Art. 58 Abs. 4 DSGVO. Unternehmen sollten sich daher der *Möglichkeit nationaler Unterschiede im Verfahrensablauf* bewusst sein, sofern mehrere Aufsichtsbehörden zuständig sind.

Als generelle Voraussetzung muss jede Untersuchungsmaßnahme im Hinblick auf die Gewährleistung der Einhaltung der DSGVO durch das jeweilige Unternehmen *geeignet, erforderlich und verhältnismäßig* sein, unter Berücksichtigung der Umstände des konkreten Einzelfalls.[26] Sofern eine Aufsichtsbehörde *rechtsverbindliche Maßnahmen* trifft, sollten diese *schriftlich erlassen* werden, klar und eindeutig sein, die Aufsichtsbehörde, die die Maßnahme erlassen hat, und das Datum, an dem die Maßnahme erlassen wurde, erkennen lassen, vom Leiter/einem von ihm bevollmächtigen Mitglied der Aufsichtsbehörde unterschrieben sein und eine Begründung für die Maßnahme sowie einen Hinweis auf das Recht auf einen wirksamen Rechtsbehelf enthalten.[27] Ein derartiges Vorgehen ist bereits gängige Praxis der nationalen Aufsichtsbehörden aber verhindert nicht, dass das *Recht der EU-Mitgliedstaaten zusätzliche formelle Anforderungen* aufstellt.[28]

7.2 Zivilrechtliche Haftung

Bisher wurde die Haftung der datenverarbeitenden Unternehmen über das nationale Recht der EU-Mitgliedstaaten geregelt, wobei im Einklang mit Art. 23 der EG-Datenschutzrichtlinie lediglich eine Haftung des Verantwortlichen vorgesehen war.[29] Art. 82 DSGVO, der Regelungen zur Haftung und zum Schadensersatz enthält, führt *signifikante Rechtsänderungen* herbei. Erstmalig kann der *Auftragsverarbeiter unmittelbar* für eine Verletzung seiner Pflichten aus der DSGVO *haftbar* gemacht werden (siehe Abschn. 3.10). Somit können grundsätzlich künftig alle an einer Datenverarbeitung beteiligten Unternehmen haften.

---

[25] Im Hinblick darauf, bildet Art. 31 DSGVO eine Neuerung und Ausnahme von diesem Grundsatz, siehe Abschn. 3.2.3
[26] ErwGr. 129 DSGVO
[27] ErwGr. 129 DSGVO
[28] Laue/Nink/Kremer, Datenschutzrecht, Aufsichtsbehörden (2016), Rn. 19; ErwGr. 129 DSGVO
[29] Gemäß Art. 23 Abs. 1 EG-Datenschutzrichtlinie sehen die EU-Mitgliedstaaten vor, dass jede Person, der wegen einer rechtswidrigen Verarbeitung oder jeder anderen mit den einzelstaatlichen Vorschriften zur Umsetzung dieser Richtlinie nicht zu vereinbarenden Handlung ein Schaden entsteht, das Recht hat, von dem für die Verarbeitung Verantwortlichen Schadenersatz zu verlangen. Gemäß Art. 23 Abs. 2 EG-Datenschutzrichtlinie kann der für die Verarbeitung Verantwortliche teilweise oder vollständig von seiner Haftung befreit werden, wenn er nachweist, dass der Umstand, durch den der Schaden eingetreten ist, ihm nicht zur Last gelegt werden kann.

7.2.1 Recht auf Schadensersatz

Artikel 82 – Haftung und Recht auf Schadensersatz
1. Jede Person, der wegen eines Verstoßes gegen diese Verordnung ein materieller oder immaterieller Schaden entstanden ist, hat Anspruch auf Schadenersatz gegen den Verantwortlichen oder gegen den Auftragsverarbeiter.
[…]

Art. 82 DSGVO gewährt ein umfassendes Recht auf Schadensersatz für jeglichen Schaden – materiell oder immateriell – der wegen eines Verstoßes gegen die DSGVO entstanden ist. Der Schadensersatzanspruch ist nicht auf bestimmte Phasen der Datenverarbeitung oder auf bestimmte Verarbeitungstätigkeiten beschränkt.[30] Zudem ist das Tatbestandsmerkmal „*Verstoßes gegen diese Verordnung*" *weit auszulegen* und umfasst daher auch Verarbeitungen, die nicht mit den nach Maßgabe der DSGVO erlassenen delegierten Rechtsakten und Durchführungsrechtsakten und Rechtsvorschriften der EU-Mitgliedstaaten zur Präzisierung von Bestimmungen der DSGVO im Einklang stehen.[31] Aufgrund dessen sollten Unternehmen hinsichtlich des Vorhandenseins *nationaler Besonderheiten* besonders aufmerksam sein (siehe Kap. 8).

Schaden
Ein „Schaden" i.S.d. Art. 82 Abs. 1 DSGVO umfasst sowohl *materielle als auch immaterielle Schäden*, da die Folgen von Datenschutzverstößen ganz unterschiedlicher und häufig immaterieller Natur sein können, wie bspw. soziale Diskriminierung, psychische Belastungen oder Beeinträchtigungen der freien Entfaltung der Persönlichkeit.[32] Die betroffenen Personen sollten einen *vollständigen und wirksamen Schadensersatz* für den erlittenen Schaden erhalten.[33] Zudem ist der Schadensbegriff *im Lichte der Rechtsprechung des Europäischen Gerichtshofs weit auszulegen*.[34] Ausgehend von seiner ständigen Rechtsprechung ist es wahrscheinlich, dass der EuGH einen *großzügigen Berechnungsmaßstab* beibehalten wird, da der Schadensersatzanspruch eine „wirklich *abschreckende Wirkung*" auslösen soll.[35] Aufgrund dessen werden Schadensersatzforderungen aller Wahrscheinlichkeit nach

---

[30] Laue/Nink/Kremer, Datenschutzrecht, Haftung (2016), Rn. 4
[31] ErwGr. 146 DSGVO
[32] Siehe auch Quaas, in: Wolff/Brink, BeckOK, § 7 BDSG (2016), Rn. 56; Laue/Nink/Kremer, Datenschutzrecht, Haftung (2016), Rn. 6
[33] ErwGr. 146 DSGVO
[34] ErwGr. 146 DSGVO
[35] Beispielhaft EuGH, Entscheidung vom 17. Dezember 2015, Arjona Camacho, C-407/14, ErwGr. 31; Schantz, NJW 2016, 1841, 1847; Wybitul, ZD 2016, 253, 253

künftig eine größere Rolle im Datenschutzrecht einnehmen.[36] Damit ein Anspruch begründet wird, bedarf es einer *kausalen Verbindung zwischen* dem *Verstoß* gegen die DSGVO *und dem Schaden* („wegen").[37]

Anspruchsberechtigte
Gemäß Art. 82 Abs. 1 DSGVO ist *„jede Person"*, die einen Schaden erlitten hat, zur Geltendmachung von Schadensersatz berechtigt. Das Recht auf Schadensersatz soll vorrangig der *betroffenen Person* einen Anspruch gewähren. Allerdings ist es denkbar, dass die Norm auch *andere Personen*, die einen Schaden erlitten haben, zu einem Anspruch berechtigen soll, wobei in diesem Fall ein besonderes Augenmerk auf das Vorhandensein einer ausreichenden Kausalverbindung zwischen dem Schaden des Dritten und der Verletzung des Datenschutzrechts gelegt werden muss.[38]

Beispiel

Infolge der Verarbeitung unrichtiger Daten durch einen Verantwortlichen, welche die DSGVO verletzt, verliert eine Person, die zur Zahlung von Unterhalt verpflichtet ist, ihre Anstellung. Dadurch kann die Person den Unterhalt an den Unterhaltsberechtigten nicht mehr zahlen.

In diesem Beispiel könnte der Unterhaltsberechtigte möglicherweise einen direkten Schadensersatzanspruch bzgl. seines materiellen Schadens (Nichtzahlung des Unterhalts) gegen den Verantwortlichen haben. Dies steht unter der Bedingung, dass zwischen der Verletzung der DSGVO durch den Verantwortlichen und dem Schaden des Unterhaltsberechtigten eine kausale Verbindung besteht. Im vorliegenden Fall könnte eine solche Kausalverbindung zwischen unrechtmäßiger Datenverarbeitung und Verlust der Anstellung und dem daraus resultierenden Unvermögen zur Unterhaltszahlung bestehen.[39]

Recht der EU-Mitgliedstaaten
Datenverarbeitenden Unternehmen sollte bewusst sein, dass der Schadensersatzanspruch nach Art. 82 DSGVO *unbeschadet* von *Schadenersatzforderungen* aufgrund von *Verstößen gegen* andere Vorschriften des Europarechts oder des *Rechts der EU-Mitgliedstaaten* besteht.[40] Somit könnten gegen sie weitergehende Ansprüche nach dem nationalen Zivilrecht der EU-Mitgliedstaaten, z. B. vertraglicher, deliktischer oder anderer Natur, geltend gemacht werden.[41]

---

[36] Schantz, NJW 2016, 1841, 1847
[37] Frenzel, in: Paal/Pauly, DSGVO, Art. 82 (2017), Rn. 11
[38] Laue/Nink/Kremer, Datenschutzrecht, Haftung (2016), Rn. 7; Frenzel, in: Paal/Pauly, DSGVO, Art. 82 (2017), Rn. 7; Quaas, in: Wolff/Brink, BeckOK, Art. 82 DSGVO (2016), Rn. 37; ablehnend, siehe Becker, in: Plath, BDSG/DSGVO, Art. 82 DSGVO (2016), Rn. 2
[39] Laue/Nink/Kremer, Datenschutzrecht, Haftung (2016), Rn. 7
[40] ErwGr. 146 DSGVO
[41] Siehe auch Quaas, in: Wolff/Brink, BeckOK, § 7 BDSG (2016), Rn. 9; Laue/Nink/Kremer, Datenschutzrecht, Haftung (2016), Rn. 15

7.2.2 Schadensersatzpflichtige

Artikel 82 – Haftung und Recht auf Schadensersatz
[…]
2. Jeder an einer Verarbeitung beteiligte Verantwortliche haftet für den Schaden, der durch eine nicht dieser Verordnung entsprechende Verarbeitung verursacht wurde. Ein Auftragsverarbeiter haftet für den durch eine Verarbeitung verursachten Schaden nur dann, wenn er seinen speziell den Auftragsverarbeitern auferlegten Pflichten aus dieser Verordnung nicht nachgekommen ist oder unter Nichtbeachtung der rechtmäßig erteilten Anweisungen des für die Datenverarbeitung Verantwortlichen oder gegen diese Anweisungen gehandelt hat.

[…]

Eine wichtige Neuerung in der DSGVO ist, dass der *Auftragsverarbeiter* für Verletzungen seiner Pflichten aus der DSGVO direkt haftbar gemacht werden kann. Damit können sowohl der Verantwortliche als auch der Auftragsverarbeiter nach Art. 82 DSGVO in Anspruch genommen werden. Sofern an einer Datenverarbeitung sowohl Verantwortliche als auch Auftragsverarbeiter beteiligt sind, regelt Art. 82 Abs. 2 DSGVO ein *abgestuftes Haftungssystem*, welches die verschiedenen Rollen von Auftragsverarbeitern und Verantwortlichen in Rahmen von Datenverarbeitungstätigkeiten berücksichtigt.[42] Die Bestimmung stellt klar, dass der *Verantwortliche* grds. *für rechtswidrige Verarbeitungsvorgänge haftbar ist* und damit zum Ersatz von Schäden, die durch eine solche Verarbeitung verursacht werden, verantwortlich ist, unabhängig davon, ob er den Schaden direkt verursacht hat oder nicht.[43] Seine *umfassende Haftung* ergibt sich daraus, dass er die Zwecke und Mittel der Verarbeitung festlegt und dem Auftragsverarbeiter Anweisungen hinsichtlich der Durchführung der Verarbeitung erteilt.[44] In Anbetracht der Weisungsgebundenheit des Auftragsverarbeiters gegenüber dem Verantwortlichen ist die Haftung des Auftragsverarbeiters auf Schäden begrenzt, die aus einer *Verletzung der ihm speziell auferlegten Pflichten* aus der DSGVO resultieren (siehe Abschn. 3.10) oder sofern er unter *Nichtbeachtung der rechtmäßig erteilten Anweisungen* des Verantwortlichen oder *gegen diese Anweisungen gehandelt* hat. Insofern ist der *Auftragsverarbeiter privilegiert*, da er nur in begrenzten Fällen haftet.

Der Anspruchsberechtigte trägt die *Beweislast* in Bezug auf die Haftung des Verantwortlichen und des Auftragsverarbeiters. Allerdings hat der Anspruchsberechtigte regelmäßig keine Möglichkeit, einen näheren Einblick in die Sphäre des Verantwortlichen/Auftragsverarbeiters zu erhalten. Zur *Erfüllung seiner Beweislast* sollte daher ein *plausibler Sachvortrag* ausreichen.[45] Sekundär obliegt es dann dem Verantwortlichen/Auftragsverarbeiter nachzuweisen, dass die Voraussetzungen für seine Haftung ggf. nicht erfüllt sind.

---

[42] Becker, in: Plath, BDSG/DSGVO, Art. 82 DSGVO (2016), Rn. 6
[43] Frenzel, in: Paal/Pauly, DSGVO, Art. 82 (2017), Rn. 12
[44] Becker, in: Plath, BDSG/DSGVO, Art. 82 DSGVO (2016), Rn. 6
[45] Laue/Nink/Kremer, Datenschutzrecht, Haftung (2016), Rn. 8

Um eine wirksame Entschädigung der betroffenen Person sicherzustellen, *sofern mehrere* Verantwortliche/Auftragsverarbeiter oder sowohl ein Verantwortlicher als auch ein Auftragsverarbeiter für einen Schaden nach Art. 82 Abs. 2 DSGVO *haftbar sind, haftet jeder* von ihnen gem. Art. 82 Abs. 4 DSGVO gegenüber der betroffenen Person *für den gesamten Schaden*. Diese Vorschrift erleichtert betroffenen Personen oder anderen Anspruchsberechtigten die Rechtsausübung, da es ihnen so freisteht, nur eine von mehreren haftbaren Parteien in Anspruch zu nehmen. Dabei wird es sich regelmäßig um die zahlungskräftigste Partei handeln. *Intern* haften die anspruchsberechtigten Parteien *gesamtschuldnerisch*. Gemäß Art. 82 Abs. 5 DSGVO ist die haftbare Partei, die vollständigen Schadensersatz für einen erlittenen Schaden gezahlt hat, berechtigt, von den übrigen an derselben Verarbeitung beteiligten Verantwortlichen/Auftragsverarbeitern den *Teil des Schadensersatzes zurückzufordern, der ihrem Anteil an der Verantwortung* für den Schaden *entspricht*.

7.2.3 Exkulpationsmöglichkeit

Art. 82 Abs. 3 DSGVO sieht eine Exkulpationsmöglichkeit von der Haftung vor, wenn der jeweilige Verantwortliche/Auftragsverarbeiter nachweist, dass er *in keinerlei Hinsicht für den Umstand*, durch den der Schaden eingetreten ist, *verantwortlich* ist. Im Vergleich zur EG-Datenschutzrichtlinie wird eine Exkulpation aufgrund der umfassenden Darlegungs- und Beweislast erschwert.[46] Es wird für datenverarbeitende Unternehmen insgesamt schwieriger, sich von einer Haftung zu befreien, da *bereits die geringfügigste Beteiligung* an dem Umstand, durch den der Schaden eingetreten ist, geeignet sein kann um eine *Haftung auszulösen*.[47] Die Vorschrift verfolgt den Zweck, nur diejenigen Unternehmen von einer Haftung zu befreien, die ihren *Datenschutzverpflichtungen* nach der DSGVO *vollständig nachgekommen* sind. Es soll diesen Unternehmen eine Exkulpation nicht möglich sein, wenn sie zwar alle ihre Verpflichtungen erfüllt haben, jedoch den Eintritt des Schadens schuldhaft nicht verhindern konnten.[48] Besondere praktische Bedeutung ist im Hinblick auf die stetig zunehmenden „Hacking"-Angriffe zu erwarten. Hier wird es in einem ersten Schritt darauf ankommen, ob es den betroffenen Unternehmen gelingt nachzuweisen, dass sie alle technischen und organisatorischen Maßnahmen nach Art. 32 DSGVO getroffen haben, um solche Angriffe angemessen abwehren zu können. Über diese originäre Verpflichtung hinaus muss das Unternehmen jedoch auch in einem zweiten Schritt feststellen, warum dennoch – auch bei Erfüllung der Vorgaben des Art. 32 DSGVO – der Angriff stattfinden konnte und das Unternehmen

---

[46] Art. 23 Abs. 2 EG-Datenschutzrichtlinie: „Der für die Verarbeitung Verantwortliche kann teilweise oder vollständig von seiner Haftung befreit werden, wenn er nachweist, daß der Umstand, durch den der Schaden eingetreten ist, ihm nicht zur Last gelegt werden kann."
[47] Laue/Nink/Kremer, Datenschutzrecht, Haftung (2016), Rn. 9; Frenzel, in: Paal/Pauly, DSGVO, Art. 82 (2017), Rn. 15
[48] Siehe auch Simitis, in: Simitis, BDSG, § 7 (2014), Rn. 25; Frenzel, in: Paal/Pauly, DSGVO, Art. 82 (2017), Rn. 15

kein Mitverschulden trifft. In den USA ist die Abwehr von geltend gemachten Schadensersatzansprüchen über sog. class-action-Verfahren, eine Art Massenverfahren, die eigentliche Herausforderung im Datenschutzrecht. Es bleibt abzuwarten, ob es in Europa über den hier behandelten erweiterten Haftungsrahmen in der DSGVO zu ähnlichen Entwicklungen kommt.

> **Beispiel**
>
> Ein Verantwortlicher erfüllt alle seinen materiellen und organisatorischen Pflichten nach der DSGVO in Bezug auf seine Verarbeitungsvorgänge. Dennoch gelingt es einem unbefugten Dritten, Zugang zu den personenbezogenen Daten zu erhalten. Dem Verantwortlichen gelingt es nicht festzustellen, warum eine solche Zugriffsmöglichkeit bestand. Infolge der Offenlegung der Daten entsteht bei den betroffenen Personen ein Schaden.
>
> In diesem Beispiel hat der Verantwortliche seine Pflichten nach der DSGVO erfüllt, aber konnte dennoch nicht verhindern, dass ein Dritter Zugriff auf die von der Verarbeitung betroffenen personenbezogenen Daten erhält. Es kann nicht mit Sicherheit ausgeschlossen werden, dass der Verantwortliche für den Zugriff durch Dritte in keinerlei Hinsicht verantwortlich ist. Aus diesem Grund ist der Verantwortliche unter Art. 82 DSGVO haftbar.[49]

7.3 Sanktionen

Um die Einhaltung der DSGVO durchzusetzen, haben die Aufsichtsbehörden verschiedene Abhilfebefugnisse, die sie im Falle einer (vermuteten) Verletzung der DSGVO gegenüber dem Verantwortlichen/Auftragsverarbeiter ausüben können. Eine dieser Maßnahmen ist die Verhängung von Bußgeldern. Art. 83 DSGVO regelt die allgemeinen Voraussetzungen für die Verhängung und die Höhe von Bußgeldern für Verletzungen der Verordnung. Im Gegensatz zur EG-Datenschutzrichtlinie wird die Höhe der Bußgelder in der DSGVO auf europäischer Ebene festgesetzt. Die Beträge wurden im Vergleich zu den bisher gültigen nationalen Bestimmungen in den EU-Mitgliedstaaten *deutlich erhöht*.[50]

Die Bestimmungen in der DSGVO zu Bußgeldern sind nicht abschließend, da die *Ausübung ihrer Befugnisse* zur Verhängung von Bußgeldern durch die Aufsichtsbehörden, einschließlich wirksamer gerichtlicher Rechtsbehelfe und ordnungsgemäßer Verfahren, *gemäß* dem *Recht der EU-Mitgliedstaaten* erfolgt, Art. 83 Abs. 8, 9 DSGVO. Zudem steht es den *EU-Mitgliedstaaten* frei, *andere Sanktionen* für Verletzungen der DSGVO in ihrer jeweiligen Rechtsordnung *vorzusehen*, Art. 84 DSGVO (siehe zum BDSG-neu Abschn. 7.3.5).[51]

---

[49] Frenzel, in: Paal/Pauly, DSGVO, Art. 82 (2017), Rn. 15
[50] Z. B. in Deutschland betrug die maximale Höhe von Bußgeldern für Verletzungen des Datenschutzrechts EUR 300.000,00, § 43 Abs. 3 BDSG (alt) und in Frankreich EUR 3.000.000,00, Art. 47 Loi 78–17 du 6 Janvier 1978 (modifiée).
[51] ErwGr. 152 DSGVO

7.3.1 Abhilfebefugnisse der Aufsichtsbehörden

Gemäß Art. 58 Abs. 2 lits. a-j DSGVO haben die Aufsichtsbehörden verschiedene Abhilfebefugnisse, um auf (vermutete) Verletzungen der DSGVO zu reagieren. Diese Befugnisse umfassen:

- Verantwortliche/Auftragsverarbeiter zu *warnen*, dass ihre beabsichtigten Verarbeitungsvorgänge voraussichtlich gegen die DSGVO verstoßen;
- Verantwortliche/Auftragsverarbeiter zu *verwarnen*, wenn sie mit ihren Verarbeitungsvorgängen gegen die *DSGVO verstoßen* haben.

Diese beiden Mittel sind die am *wenigsten restriktiven Sanktionsmöglichkeiten*, da sie dem Verantwortlichen/Auftragsverarbeiter nicht unmittelbar eine Rechtspflicht auferlegen, ihre Verarbeitungsvorgänge einzustellen oder anzupassen.[52] Andere Abhilfebefugnisse sind:

- den Verantwortlichen/Auftragsverarbeiter *anzuweisen*, den *Anträgen der betroffenen Person* auf Ausübung der ihr nach der DSGVO zustehenden Rechte *zu entsprechen* (siehe Kap. 4);
- den Verantwortlichen/Auftragsverarbeiter *anzuweisen*, Verarbeitungsvorgänge ggf. auf bestimmte Weise und innerhalb eines bestimmten Zeitraums *in Einklang mit der DSGVO zu bringen*;
- den Verantwortlichen anzuweisen, die von einer *Verletzung des Schutzes personenbezogener Daten betroffenen Person* entsprechend *zu benachrichtigen* (siehe Abschn. 3.8.3);
- eine *vorübergehende oder endgültige Beschränkung der Verarbeitung*, einschließlich eines Verbots, zu verhängen;
- die *Berichtigung, Löschung* von personenbezogenen Daten oder die *Einschränkung der Verarbeitung* gemäß Art. 16–18 DSGVO anzuordnen sowie die Unterrichtung der Empfänger, an die diese personenbezogenen Daten gemäß Art. 17 Abs. 2, Art. 19 DSGVO offengelegt wurden, über solche Maßnahmen (siehe Abschn. 5.5);
- eine *Zertifizierung zu widerrufen* oder die *Zertifizierungsstelle anzuweisen* dies zu tun oder keine Zertifizierung zu erteilen, wenn die Voraussetzungen für die Zertifizierung nicht/nicht mehr erfüllt werden (siehe Abschn. 3.9.3);
- eine *Geldbuße* gemäß Art. 83 DSGVO zu *verhängen, zusätzlich zu oder anstelle der anderen genannten Maßnahmen*, je nach den Umständen des Einzelfalls. Da der europäische Gesetzgeber Bußgeldern gegenüber anderen Maßnahmen

---

[52] Hullen, in: Plath, BDSG/DSGVO, Art. 58 DSGVO (2016), Rn. 12; Körffer, in: Paal/Pauly, DSGVO, Art. 58 (2017), Rn. 17–18

offenbar den Vorzug gewährt, sollten Unternehmen versuchen, Sanktionen gänzlich zu vermeiden und den Instruktionen der Aufsichtsbehörden Folge zu leisten (siehe Abschn. 7.3.5)[53];
- die *Aussetzung von Datenübermittlungen an Empfänger in einem Drittland* anzuordnen.

7.3.2 Gründe für Bußgelder und Bußgeldbeträge

Ausgehend von den gesetzlichen Höchstbeträgen für Bußgelder existieren *zwei Kategorien* von Verstößen gegen die DSGVO.

Art. 83 Abs. 4 DSGVO
Gemäß Art. 83 Abs. 4 DSGVO werden für *Verstöße* gegen die folgenden Bestimmungen Geldbußen von *bis zu EUR 10.000.000,00* oder im Fall eines Unternehmens von bis zu *2 % des gesamten weltweit erzielten Jahresumsatzes* des vorangegangenen Geschäftsjahrs verhängt, *je nachdem, welcher der Beträge höher ist*:

- die Pflichten der Verantwortlichen und der Auftragsverarbeiter im Zusammenhang mit:
  - den Bedingungen für die wirksame *Einwilligung eines Kindes* gemäß Art. 8 DSGVO (siehe Abschn. 4.2.1.6);
  - *Art. 11 DSGVO*, gemäß dem ein Verantwortlicher, der personenbezogene Daten verarbeitet und dies nicht oder nicht mehr für die Identifizierung der betroffenen Person für seine Verarbeitungszwecke benötigt, *nicht verpflichtet ist, zusätzliche Informationen aufzubewahren, einzuholen oder zu verarbeiten* um eine Identifizierung weiterhin zu ermöglichen;
  - den *Anforderungen an die Datenschutzorganisation* gemäß Art. 25 bis 39 DSGVO (siehe Kap. 3);
  - Datenschutz-*Zertifizierungen* gemäß Art. 42, 43 DSGVO (siehe Abschn. 3.9.3);
- die *Pflichten der Zertifizierungsstelle* gemäß Art. 42, 43 DSGVO (siehe Abschn. 3.9.3.3);
- die *Pflichten der Überwachungsstelle für Verhaltensregeln* gemäß Art. 41 Abs. 4 DSGVO (siehe Abschn. 3.9.2.3).

Art. 83 Abs. 5 DSGVO
Gemäß Art. 83 Abs. 5 DSGVO werden für folgende *Verstöße* Geldbußen von *bis zu EUR 20.000.000,00* oder im Fall eines Unternehmens von bis zu *4 % des gesamten weltweit erzielten Jahresumsatzes* des vorangegangenen Geschäftsjahrs verhängt, *je nachdem, welcher der Beträge höher ist*:

---

[53] v.d.Bussche/Zeiter, EDPL 2016, 576, 581; ErwGr. 148 DSGVO. Gemäß letzterem kann im Falle geringfügiger Verstöße gegen die DSGVO anstelle einer Geldbuße eine Verwarnung erteilt werden.

- die *Verarbeitungsgrundsätze*, einschließlich der Voraussetzungen für ein wirksame *Einwilligung* und für eine Verarbeitung von *besonderen Kategorien personenbezogener Daten* gemäß Art. 5, 6, 7, 9 DSGVO (siehe Abschn. 4.1 bis 4.2.3.1);
- die *Rechte der betroffenen Personen* gemäß Art. 12 bis 22 DSGVO (siehe Kap. 4);
- die Vorschriften über *internationale Datenübermittlungen* in Art. 44 bis 49 DSGVO (siehe Abschn. 4.3);
- alle Pflichten gemäß den *Rechtsvorschriften der EU-Mitgliedstaaten*, die im Rahmen der *Öffnungsklauseln* in Kap. IX der DSGVO erlassen wurden (siehe Kap. 8);
- Nichtbefolgung einer *Anweisung/vorübergehenden oder endgültigen Beschränkung* oder Aussetzung der Datenübermittlung durch die *Aufsichtsbehörde* gemäß Artikel 58 Abs. 2 DSGVO oder *Nichtgewährung des Zugangs zu Informationen* für die Aufsichtsbehörde unter Verstoß gegen Artikel 58 Abs. 1 DSGVO (siehe Abschn. 7.3.1).

Bußgeldhöhe im Falle mehrfacher Verstöße
Sofern ein Verantwortlicher/Auftragsverarbeiter bei gleichen oder miteinander verbundenen Verarbeitungsvorgängen vorsätzlich oder fahrlässig gegen *mehrere Bestimmungen der DSGVO verstößt*, so *übersteigt* gemäß Art. 83 Abs. 3 DSGVO der Gesamtbetrag der *Geldbuße nicht den Betrag für den schwerwiegendsten Verstoß*. Somit sollten Bußgelder niemals den Betrag von EUR 20.000.000,00 oder 4 % des weltweiten Jahresumsatzes übersteigen. Diese Begrenzung des Höchstbetrages findet auch auf Verarbeitungsvorgänge, einschließlich automatisierter Verarbeitungen, Anwendung, die eine Vielzahl von Personen betreffen, da die etwaige Unrechtmäßigkeit der Verarbeitung eine Verletzung der DSGVO gegenüber jeder der betroffenen Personen mit sich bringt.[54]

7.3.3 Verhängung von Bußgeldern, inkl. mildernden Umständen

Bußgelder können für die in Art. 83 Abs. 4, 5 DSGVO *aufgezählten Fälle* verhängt werden (siehe Abschn. 7.3.2 oben). Die *genaue Höhe* des Bußgeldes wird *von der Aufsichtsbehörde* auf Grundlage des konkreten Falles *festgelegt*.[55] Gemäß Art. 83 Abs. 1 DSGVO hat jede Aufsichtsbehörde sicherzustellen, dass die Verhängung von Bußgeldern *in jedem Einzelfall wirksam, verhältnismäßig und abschreckend* ist. Sofern Geldbußen Personen auferlegt werden, bei denen es sich nicht um

---

[54] Frenzel, in: Paal/Pauly, DSGVO, Art. 83 (2017), Rn. 16

[55] Es ist zu beachten, dass die Rechtsordnungen Dänemarks und Estlands eine Verhängung von Geldbußen durch Aufsichtsbehörden nicht vorsehen, so dass diese Regelung in beiden Mitgliedstaaten unzulässig ist. Daher obliegt die Verhängung von Geldbußen in diesen beiden Mitgliedstaaten anderen staatlichen Stellen, für Näheres siehe ErwGr. 151 der Verordnung.

Unternehmen handelt, so sollte die Aufsichtsbehörde bei der Festsetzung des Bußgelds das *allgemeine Einkommensniveau* in dem betreffenden EU-Mitgliedstaat und die *wirtschaftlichen Lage der Personen* gebührend berücksichtigen.[56]

Bei der Festsetzung der Bußgeldhöhe müssen Aufsichtsbehörden die vorhandenen erschwerenden oder *mildernden Umstände* berücksichtigen, wie z. B.:

- die Art, Schwere und Dauer des Verstoßes;
- den vorsätzlichen oder fahrlässigen Charakter des Verstoßes;[57]
- die Maßnahmen zur Minderung des entstandenen Schadens;
- der Grad der Verantwortlichkeit;
- etwaige einschlägige frühere Verstöße des Unternehmens;
- die Art und Weise, wie der Verstoß der Aufsichtsbehörde bekannt wurde;
- die Einhaltung der gegen den Verantwortlichen/Auftragsverarbeiter angeordneten Maßnahmen;
- die Einhaltung von Verhaltensregeln (siehe Abschn. 3.9.2.4).[58]

Um eine Reduzierung der Bußgeldhöhe zu erreichen oder Bußgelder gänzlich zu vermeiden, könnten datenverarbeitende Unternehmen, soweit verfügbar und umsetzbar, *genehmigte Verhaltensregeln* einhalten. Dies wird nicht nur als mildernder Umstand bei der Festsetzung des Bußgelds berücksichtigt, sondern ist allgemein hilfreich, um die organisatorischen und materiellen Pflichten aus der DSGVO zu erfüllen, da die Verhaltensregeln sektor- oder produktspezifische Leitlinien für die Umsetzung dieser Pflichten sind (siehe Abschn. 3.9.2 für Einzelheiten).

7.3.4 Sanktionierung von Unternehmensgruppen

Bei der Schaffung der Regelungen zu den gesetzlichen Höchstbeträgen für Bußgelder nach der DSGVO hat der europäische Gesetzgeber Datenverarbeitungen durch Unternehmen besonders berücksichtigt. Da die Bußgelder eine abschreckende Wirkung haben sollen, werden die *Bußgeldbeträge auf Grundlage des gesamten weltweiten Jahresumsatzes des „Unternehmens" festgelegt.*

---

[56] ErwGr. 150 DSGVO

[57] Aus dem Wortlaut des Art. 83 Abs. 1, 2 Satz 2 lit. b DSGVO geht nicht eindeutig hervor, ob Vorsatz oder Fahrlässigkeit bei der Begehung eines Verstoßes Voraussetzung für die Verhängung eines Bußgeldes sind. Dafür spräche der allgemeine Verschuldensgrundsatz, der über die Voraussetzung der Verhältnismäßigkeit der Bußgelder in die Vorschrift hineingelesen werden sollte. Letztlich könnte dies aber auch nur zu einer schuldangemessenen Anpassung der Bußgeldhöhe führen. Vorsatz oder Fahrlässigkeit für die Verhängung von Bußgeldern voraussetzend sind Becker, in: Plath, BDSG/DSGVO, Art. 83 DSGVO (2016), Rn. 11; Holländer, in: Wolff/Brink, BeckOK, Art. 83 DSGVO (2017), Rn. 17–18; Frenzel, in: Paal/Pauly, DSGVO, Art. 83 (2017), Rn. 14; a.A. Härting, DSGVO (2016), Rn. 253

[58] Art. 83 Abs. 2 Satz 2 lits. a-k DSGVO; ErwGr. 148 DSGVO

Gemäß ErwGr. 150 DSGVO sollte der Begriff „Unternehmen" *im Sinne der Art. 101, 102 AEUV verstanden* werden. Diese Bestimmungen sehen eine weite Auslegung des Begriffes vor, die auch im Wettbewerbsrecht zur Anwendung kommt.[59] Der „Unternehmens"-Begriff knüpft dabei nicht an die etwaige juristische Person an, sondern meint jede eine wirtschaftliche Tätigkeit ausübende Einheit, unabhängig von ihrer Rechtsform und der Art ihrer Finanzierung.[60] Ausgehend von dieser Auslegung *könnten Unternehmensgruppen als einzelnes „Unternehmen"* i. S. d. Art. 83 DSGVO *gelten*, sofern das herrschende Unternehmen einen bestimmenden Einfluss in Bezug auf die (Datenverarbeitungs-)Tätigkeiten der Tochterunternehmen ausübt.[61] Dies hätte *gravierende Folgen* in Bezug auf die Höchstbeträge für Bußgelder: wird z. B. Art. 83 Abs. 5 DSGVO verletzt, so könnte einer Unternehmensgruppe mit einem gesamten weltweiten Jahresumsatz von EUR 1.000.000.000,00 ein maximales Bußgeld von bis zu EUR 40.000.000,00 drohen (4 % des gesamten Umsatzes).

Allerdings hat ErwGr. 150 keine Gesetzeskraft und *Art. 4 Nr. 19 DSGVO unterscheidet definitionsgemäß* zwischen den verschiedenen *Gruppenunternehmen als unabhängige „Unternehmen"*, sodass für jedes Gruppenunternehmen eigene Bußgelder auf der Grundlage ihres jeweiligen eigenen weltweiten Jahresumsatzes festgesetzt werden sollten.[62] Unternehmen sollten diesbezüglich *künftige Rechtsentwicklungen* und Klarstellungen *beobachten*.[63] Die deutschen Landes-Aufsichtsbehörden haben sich bereits positioniert und betrachten Mutter- und Tochtergesellschaften als wirtschaftliche Einheit, sodass bei der Bemessung des Bußgeldes der Gesamtumsatz der Unternehmensgruppe zu Grunde gelegt wird.[64]

7.3.5 Sanktionen und Verfahrensvorschriften des BDSG-neu

Die Schaffung zusätzlicher Sanktionen sowie die Regelung des Verfahrens bzgl. Datenschutzverstößen liegen in der Kompetenz der EU-Mitgliedstaaten (siehe Abschn. 7.3). Das BDSG-neu trifft entsprechende Regelungen zu Sanktionen in Deutschland.

Verfahrensablauf
Für das in der Zuständigkeit der Aufsichtsbehörden liegende Verfahren bzgl. Verstößen gegen Art. 83 Abs. 4–6 DS-GVO (siehe Abschn. 7.3.2) gelten das *Gesetz über*

---

[59] Becker, in: Plath, BDSG/DSGVO, Art. 83 DSGVO (2016), Rn. 23

[60] EuGH, Entscheidung vom 23. April 1991, Höfner and Elser./.Macrotron, C-41/90, ErwGr. 21; Faust/Spittka/Wybitul, ZD 2016, 120, 120–121

[61] Laue/Nink/Kremer, Datenschutzrecht, Haftung (2016), Rn. 27; Faust/Spittka/Wybitul, ZD 2016, 120, 121–124; Bayrisches Landesamt für Datenschutzaufsicht, Sanktionen (2016), S. 2

[62] Faust/Spittka/Wybitul, ZD 2016, 120, 124; Laue/Nink/Kremer, Datenschutzrecht, Haftung (2016), Rn. 28; ablehnend Holländer, in: Wolff/Brink, BeckOK, Art. 83 (2016), Rn. 12–15; Becker, in: Plath, BDSG/DSGVO, Art. 83 (2016), Rn. 23

[63] Laue/Nink/Kremer, Datenschutzrecht, Haftung (2016), Rn. 28

[64] Datenschutzkonferenz, Kurzpapier Nr. 2 (2017), S. 2

Ordnungswidrigkeiten (kurz: OWiG), die *Strafprozessordnung* (kurz: StPO) und das *Gerichtsverfassungsgesetz* (kurz: GVG) entsprechend, § 41 Abs. 2 BDSG-neu. Dies gilt auch für die auf Grundlage von Öffnungsklauseln geschaffenen nationalen Sanktionstatbestände.[65] Bestimmte Vorschriften des OWiG gelangen aufgrund der abschließenden Regelung der Materien in der DSGVO, z. B. § 17 OWiG für Bußgeldhöhen, nicht zur Anwendung.[66] An den bisherigen Grundsätzen des datenschutzrechtlichen *Bußgeld- und Strafverfahrens* nach deutschem Recht wird damit festgehalten.[67]

Zusätzliche Sanktionen
Die §§ 42, 43 BDSG-neu sehen zusätzliche Sanktionstatbestände vor. Diese bestehen neben denjenigen, die in der DSGVO vorgesehen sind
§ 42 BDSG-neu führt als Ergänzung zu den Bußgeldtatbeständen der DSGVO *strafrechtliche Sanktionen* ein. Diese sind – im Gegensatz zu den Bußgeldvorschriften – in ihrem persönlichen Anwendungsbereich nicht begrenzt, sondern können *auf jedermann Anwendung finden*, der eine entsprechende Verletzung begeht. Nach § 42 Abs. 1 BDSG-neu wird mit Freiheitsstrafe bis zu drei Jahren oder mit Geldstrafe bestraft, wer wissentlich *nicht allgemein zugängliche personenbezogene Daten* einer großen Zahl von Personen einem *Dritten übermittelt* oder auf andere Art und Weise zugänglich macht ohne dazu berechtigt zu sein und dabei gewerbsmäßig handelt. Bestraft werden also Fälle der Offenlegung nicht allgemein zugänglicher Daten in der Absicht, sich durch wiederholte Tatbegehung eine *fortlaufende Einnahmequelle* von einiger Dauer und einigem Umfang zu verschaffen.[68] Unklar bleibt, wie viele betroffene Personen von der Offenlegung betroffen sein müssen, um als „*große Zahl*" zu gelten.
Nach § 42 Abs. 2 BDSG-neu wird mit Freiheitsstrafe bis zu zwei Jahren oder mit Geldstrafe bestraft, wer nicht allgemein zugängliche Daten ohne Berechtigung verarbeitet oder sich *Zugang* zu diesen *erschleicht* und dabei gegen Entgelt oder mit Bereicherungs- bzw. Schädigungsabsicht handelt. Das Strafmaß ist hier geringer, da eine Offenlegung der Daten an andere Personen nicht erfolgt.
Bei den Taten handelt es sich gem. § 42 Abs. 3 BDSG-neu um *Antragsdelikte*, wobei die betroffene Person, der Verantwortliche, der Bundesdatenschutzbeauftragte und die Aufsichtsbehörden der Länder antragsbefugt sind. Aufgrund des verfassungsrechtlichen „nemo tenetur-Grundsatzes" können Meldungen oder Benachrichtigungen durch den Verantwortlichen über Datenschutzverletzungen (siehe Abschn. 3.8) in einem Strafverfahren nur mit dessen Zustimmung verwendet werden, § 42 Abs. 4 BDSG-neu.[69]
§ 43 BDSG-neu schafft *ergänzende Bußgeldtatbestände* für die vorsätzliche oder fahrlässige Verletzung von Pflichten aus § 30 BDSG-neu (siehe Abschn. 8.1.3) im Zusammenhang mit *Verbraucherkrediten*. Etwaige Verletzungen können mit

---

[65] Deutscher Bundestag (2017), Drucksache 18/11325, S. 108
[66] Siehe insoweit die Aufzählungen in § 41 Abs. 1 Sätze 2, 3, Abs. 2 Sätze 2, 3 BDSG-neu
[67] Deutscher Bundestag (2017), Drucksache 18/11325, S. 108; siehe zum bisherigen Verfahrensablauf auch Holländer, in: Wolff/Brink, BeckOK, § 43 BDSG (2017), Rn. 73–76
[68] Zum Begriff „gewerbsmäßig", siehe Maier, in: MüKo StGB, § 260 (2012), Rn. 4
[69] Deutscher Bundestag (2017), Drucksache 18/11325, S. 109

Bußgeldern von bis zu EUR 50.000,00 belegt werden, § 43 Abs. 2 BDSG-neu. Auch hier gilt in Bezug auf Mitteilungen über Datenschutzverletzungen der „nemo tenetur-Grundsatz" gem. § 43 Abs. 4 BDSG-neu.

7.3.6 Praxishinweise

Sofern Unternehmen Anfragen oder Instruktionen von Aufsichtsbehörden erhalten, sollten sie ihre *Antwort* an besagte Aufsichtsbehörde *sorgfältig vorbereiten* und überprüfen, welche Vorgehensweise auf Grundlage des Antrages/der Instruktion offenbar verfolgt werde. Daher sollten Unternehmen, soweit dies im konkreten Fall sinnvoll erscheint, eine Zusammenarbeit mit den Aufsichtsbehörden anstreben, vor allem, wenn sie den Behörden *Informationen* für deren Überprüfungen *zur Verfügung stellen* müssen (siehe Abschn. 7.1).

Um ein gütliche Lösung zu erreichen, könnten die folgenden Methoden bei der Verhandlung mit den Aufsichtsbehörden hilfreich sein:

- Bevor Unternehmen einer Aufsichtsbehörde antworten, sollten sie alle relevanten Fakten für ihre Antwort zusammentragen sowie eine kurze rechtliche Einschätzung vornehmen und in die Antwort einbeziehen, einschließlich eines Handlungsvorschlags um dem jeweiligen Datenschutzproblem zu begegnen. Die Aufsichtsbehörden könnten einen solchen Vorschlag akzeptieren, wenn er ihnen eine schnelle Lösung des Problems ermöglicht.
- Soweit möglich, sollten Unternehmen ein persönliches Treffen mit der Aufsichtsbehörde vereinbaren, um weitere Einzelheiten zu besprechen und Missverständnisse in der Kommunikation zu vermeiden oder aufzulösen.

In jedem Fall sollte der *Datenschutzbeauftragte* (soweit vorhanden, siehe Abschn. 3.6) in die Kommunikation mit den Aufsichtsbehörden einbezogen werden, da seine Expertise in Bezug auf die Datenverarbeitungsvorgänge des Unternehmens und die gesetzlichen Datenschutzanforderungen unerlässlich sein wird.

7.4 Rechtsbehelfe

Die DSGVO sieht Rechtsbehelfe für die verschiedenen Akteure vor, die an der Datenverarbeitung beteiligt sind. Allerdings sieht sie keine Regelungen dazu vor, welches Gericht im Einzelfall zuständig ist. Entsprechende Vorschriften werden vom Recht der EU-Mitgliedstaaten vorgesehen.

7.4.1 Rechtsbehelfe von datenverarbeitenden Unternehmen

Gemäß Art. 78 Abs. 1 DSGVO hat jede natürliche oder juristische Person unbeschadet eines anderweitigen verwaltungsrechtlichen oder außergerichtlichen Rechtsbehelfs das Recht auf einen wirksamen gerichtlichen Rechtsbehelf gegen einen sie betreffenden *rechtsverbindlichen Beschluss einer Aufsichtsbehörde*. Rechtsverbindliche Beschlüsse betreffen die Ausübung der Abhilfe- und Untersuchungsbefugnisse der Aufsichtsbehörden (siehe Abschn. 7.1 und 7.3.1) sowie die Ablehnung oder Abweisung von Beschwerden.[70] Diese Vorschrift eröffnet *Verantwortlichen/Auftragsverarbeitern die Möglichkeit, Entscheidungen der Aufsichtsbehörden* gerichtlich *anzugreifen*. Verfahren gegen eine Aufsichtsbehörde sollten bei den *Gerichten des EU-Mitgliedstaats* angestrebt werden, in dem die Aufsichtsbehörde ihren Sitz hat, Art. 78 Abs. 3 DSGVO, und im Einklang mit dem *Verfahrensrecht dieses EU-Mitgliedstaats* durchgeführt werden.[71]

Die Vorschrift offenbart eine Lücke hinsichtlich Rechtsbehelfen in Bezug auf *begehrte Leistungen* von der Aufsichtsbehörde, wie bspw. die Genehmigung von Verhaltensregeln oder die Erteilung von Zertifizierungen (siehe Abschn. 3.9).[72] Lehnt eine Aufsichtsbehörde eine derartige Anfrage ab, ist der negative Beschluss rechtlich bindend und kann nach Art. 78 Abs. 1 DSGVO angegriffen werden.[73] Bleibt die *Aufsichtsbehörde* allerdings *untätig*, fehlt es an einem rechtsverbindlichen Beschluss, den der Verantwortliche/Auftragsverarbeiter angreifen könnte, sodass *kein Rechtsbehelf unter der DSGVO* zur Verfügung steht.[74] In solchen Fällen sollte das *nationale Prozessrecht* der EU-Mitgliedstaaten diese Gesetzeslücke schließen.

Eröffnung des Verwaltungsrechtswegs nach dem BDSG-neu
Für Streitigkeiten zwischen datenverarbeitenden Unternehmen und den Aufsichtsbehörden erklärt § 20 Abs. 1 BDSG-neu den *Verwaltungsrechtsweg* für eröffnet. Davon ausgenommen ist das Bußgeldverfahren, da dafür der Rechtsweg vor den ordentlichen Gerichten eröffnet ist.[75] Auf die entsprechenden Streitigkeiten ist die *Verwaltungsgerichtsordnung* (kurz: VwGO) anzuwenden, § 20 Abs. 2 BDSG-neu. Örtlich zuständig ist jeweils das Verwaltungsgericht, in dessen Bezirk die Aufsichtsbehörde ihren Sitz hat.[76] Beteiligte eines entsprechenden Verfahrens sind das datenverarbeitende Unternehmen als Klägerin bzw. Antragstellerin und die Aufsichtsbehörde als Beklagte bzw. Antragsgegnerin.

Durch die Anwendbarkeit der VwGO hat der deutsche Gesetzgeber auch die Verfahrenslücke der DSGVO in Bezug auf ein *Untätigbleiben der Aufsichtsbehörden* geschlossen. In derartigen Fällen können datenverarbeitende Unternehmen eine *Verpflichtungsklage in Form der Untätigkeitsklage* gem. § 42 Abs. 1 Fall 2 VwGO erheben.

---

[70] Körffer, in: Paal/Pauly, DSGVO, Art. 78 (2017), Rn. 3; ErwGr. 143 DSGVO
[71] ErwGr. 143 DSGVO
[72] Körffer, in: Paal/Pauly, DSGVO, Art. 78 (2017), Rn. 4
[73] Körffer, in: Paal/Pauly, DSGVO, Art. 78 (2017), Rn. 4; Mundil, in: Wolff/Brink, BeckOK, Art. 78 DSGVO (2016), Rn. 6
[74] Mundil, in: Wolff/Brink, BeckOK, Art. 78 DSGVO (2016), Rn. 6; Körffer, in: Paal/Pauly, DSGVO, Art. 78 (2017), Rn. 4; Laue/Nink/Kremer, Datenschutzrecht, Haftung (2016), Rn. 37
[75] § 20 Abs. 1 Satz 2 BDSG-neu; Deutscher Bundestag (2017), Drucksache 18/11325, S. 93
[76] § 20 Abs. 3 BDSG-neu

7.4.2 Rechtsbehelfe von betroffenen Personen

Um den Schutz der betroffenen Personen zu stärken sieht die DSGVO verschiedene gerichtliche und außergerichtliche Rechtsbehelfe für diese Personen vor.

Außergerichtliche Rechtsbehelfe
Als außergerichtlichen Rechtsbehelf gewährt Art. 77 Abs. 1 DSGVO betroffenen Personen das Recht zum *Einreichen einer Beschwerde bei den Aufsichtsbehörden*, insbesondere in dem EU-Mitgliedstaat ihres Aufenthaltsorts, ihres Arbeitsplatzes oder des Orts des mutmaßlichen Verstoßes, wenn die betroffene Person der *Ansicht ist*, dass die *Verarbeitung* der sie betreffenden personenbezogenen Daten *gegen die DSGVO verstößt*. Die betroffene Person hat somit die Wahl, bei welcher Aufsichtsbehörde sie Beschwerde einreichen möchte. Dies soll den betroffenen Personen den Zugang zu den Aufsichtsbehörden vereinfachen, da sie sich an diejenige Behörde wenden können, bei der sie mit keinen sprachlichen Hürden konfrontiert sind.[77] Die Aufsichtsbehörde, die die Beschwerde behandelt, hat den *betroffenen Verantwortlichen/Auftragsverarbeiter* über den Ausgang der Beschwerde und die zur Verfügung stehenden Rechtsbehelfe zu *informieren* (siehe Abschn. 7.4.1). Sofern sich die betroffene Person an eine Aufsichtsbehörde wendet, die keine Zuständigkeit hinsichtlich des von der Beschwerde betroffenen Verantwortlichen/Auftragsverarbeiters hat, wird diese Aufsichtsbehörde *mit der zuständigen Aufsichtsbehörde* (siehe Kap. 6) *zusammenarbeiten* müssen, um den Fall erfolgreich zu lösen.[78] In der Praxis war es bisher üblich, dass Aufsichtsbehörden die Beschwerde an diejenige Aufsichtsbehörde weitergaben, die in Bezug auf den jeweiligen Verantwortlichen/Auftragsverarbeiter zuständig war. In Anbetracht der klaren Regelung zugunsten der betroffenen Person hinsichtlich der Auswahl zwischen den Aufsichtsbehörden dürfte dies in Zukunft nicht mehr möglich sein.[79]

Aufsichtsbehördliche Zuständigkeit für Beschwerden nach dem BDSG-neu
Die DSGVO sieht keine Ausnahme von der *Freiheit der betroffenen Person zur Auswahl einer Aufsichtsbehörde für ihre Beschwerde* vor, sofern auf nationaler Ebene mehrere Aufsichtsbehörden zuständig sind. Daher sollte auch hier grds. ein solches Wahlrecht bestehen.

Dennoch sieht der deutsche Gesetzgeber in § 19 Abs. 2 *BDSG-neu* eine *feste Zuständigkeitszuweisung* für Beschwerden der betroffenen Personen vor. Danach gibt die Aufsichtsbehörde, bei der eine Beschwerde eingereicht wurde diese ab an:

- die federführende Landes-Aufsichtsbehörde (siehe Abschn. 6.3.4); oder in Ermangelung einer solchen
- die Landes-Aufsichtsbehörde, in der der Verantwortliche/Auftragsverarbeiter seine Niederlassung hat.

---

[77] Nebel, in: Roßnagel, DSGVO, Rechtswege (2017), Rn. 115
[78] Mundil, in: Wolff/Brink, BeckOK, Art. 78 DSGVO (2016), Rn. 10
[79] Körffer, in: Paal/Pauly, DSGVO, Art. 78 (2017), Rn. 7; Mundil, in: Wolff/Brink, BeckOK, Art. 78 DSGVO (2016), Rn. 11

7.4 Rechtsbehelfe

Sofern der von der Beschwerde betroffene Verantwortliche/Auftragsverarbeiter keine Niederlassung in Deutschland hat, wird die Beschwerde an die Aufsichtsbehörde am Wohnsitz der Beschwerde führenden betroffenen Person abgegeben, sofern nicht die Beschwerde bei einer sachlich zuständigen Aufsichtsbehörde eingereicht wurde.[80] § 19 Abs. 2 BDSG-neu *schränkt die Wahlfreiheit der betroffenen Person* hinsichtlich der Erhebung von Beschwerden *ein*, indem diejenige Aufsichtsbehörde, die nach Maßgabe der Vorschrift eine Beschwerde empfangen hat, alleinig für Beschlüsse über Beschwerden zuständig ist, § 19 Abs. 2 Satz 3 BDSG-neu. Die Vereinbarkeit dieser Regelung mit Art. 77 DSGVO bleibt aufgrund dessen ungewiss.[81]

Rechtsbehelfe gegen die Aufsichtsbehörden
Gemäß Art. 78 DSGVO hat jede betroffene Person das Recht auf einen wirksamen *gerichtlichen Rechtsbehelf gegen* die Aufsichtsbehörden. Genau wie Verantwortliche/Auftragsverarbeiter können betroffene Personen gegen sie betreffende rechtsverbindliche Beschlüsse der Aufsichtsbehörden nach Art. 78 Abs. 1 DSGVO vorgehen (siehe Abschn. 7.4.1). Zudem hat jede betroffene Person das Recht auf einen wirksamen gerichtlichen Rechtsbehelf, wenn die zuständige Aufsichtsbehörde sich nicht mit ihrer Beschwerde befasst oder die betroffene Person nicht innerhalb von drei Monaten über den Stand oder das Ergebnis der nach Art. 77 DSGVO erhobenen Beschwerde in Kenntnis gesetzt hat.

Eröffnung des Verwaltungsrechtswegs
Für entsprechende gerichtliche Rechtsbehelfe der betroffenen Person gegen Aufsichtsbehörden ist nach § 20 Abs. 1 BDSG-neu der *Verwaltungsrechtsweg* eröffnet, sodass nach § 20 Abs. 2 BDSG-neu die VwGO anzuwenden ist. Örtlich zuständig ist jeweils das Verwaltungsgericht, in dessen Bezirk die Aufsichtsbehörde ihren Sitz hat. Verfahrensbeteiligte sind die betroffene Person als Klägerin bzw. Antragstellerin und die Aufsichtsbehörde als Beklagte bzw. Antragsgegnerin.

Rechtsbehelfe gegen Verantwortliche/Auftragsverarbeiter
In Bezug auf Verantwortliche/Auftragsverarbeiter hat jede betroffene Person das Recht auf einen wirksamen gerichtlichen Rechtsbehelf, wenn sie der Ansicht ist, dass die ihr aufgrund der DSGVO zustehenden Rechte infolge einer nicht im Einklang mit der Verordnung stehenden Verarbeitung ihrer personenbezogenen Daten verletzt wurden, Art. 79 Abs. 1 DSGVO. Dies gilt unbeschadet von verfügbaren verwaltungsrechtlichen oder außergerichtlichen Rechtsbehelfen im Recht der EU-Mitgliedstaaten. Derartige Klagen sind vor den *Gerichten desjenigen EU-Mitgliedstaats* zu erheben, in dem der *Verantwortliche/Auftragsverarbeiter eine Niederlassung* oder, wahlweise, wo die *betroffene Person ihren Aufenthaltsort* hat, Art. 79 Abs. 2 DSGVO.[82]

---

[80] Deutscher Bundestag (2017), Drucksache 18/11325, S. 93
[81] Wolff (2017) Stellungnahme, S. 13
[82] Für letzteren Fall steht dies unter der Bedingung, dass es sich bei dem Verantwortlichen oder dem Auftragsverarbeiter nicht um eine Behörde eines EU-Mitgliedstaats handelt, die in Ausübung ihrer hoheitlichen Befugnisse tätig geworden ist.

Im ersten Fall verlangt der Wortlaut der Vorschrift nicht, dass es sich bei der Niederlassung um die Hauptniederlassung des Unternehmens handeln muss.[83] Sofern ein Unternehmen also mehrere Niederlassungen in verschiedenen EU-Mitgliedstaaten hat, kann die betroffene Person auswählen, welcher EU-Mitgliedstaat bzw. dessen Gericht für den Fall zuständig sein sollen. Diese Auswahl möglicher Gerichtsbarkeiten wird durch das *Recht der betroffenen Person* auf Klage vor den Gerichten in dem EU-Mitgliedstaat, der ihr gewöhnlicher Aufenthaltsort ist, noch einmal erweitert. Dies sorgt insoweit für Rechtsunsicherheit, als der Begriff „gewöhnlicher Aufenthaltsort" in der DSGVO *nicht definiert* wird. Letzterer muss nicht zwingend mit dem Wohnort einer Person übereinstimmen, obschon ein *gewisses Maß an Dauerhaftigkeit* erforderlich sein sollte.[84] Die gerichtliche Zuständigkeit sollte daher unter Zugrundelegung einer wertenden Betrachtung der Dauer des Aufenthalts sowie der konkreten Beziehung der betroffenen Person zum Aufenthaltsort festgestellt werden.[85]

Es sollte Beachtung finden, dass die betroffene Person ihre Rechte nicht nur selbst ausüben, sondern gleichermaßen eine *Non-Profit-Einrichtung*, -organisation oder -vereinigung mit der *Wahrnehmung ihrer Rechte mittels gerichtlichen und außergerichtlichen Rechtsbehelfen* beauftragen kann, Art. 80 DSGVO.[86] In der Praxis könnte dies zu einer verstärkten Beteiligung von *Verbraucherschutzverbänden* führen, was den Druck auf Verantwortliche/Auftragsverarbeiter zur Einhaltung der DSGVO weiter erhöht. Die Anzahl der Beschwerden dürfte ansteigen; entsprechende Tendenzen sind in der Praxis bereits zu erkennen.[87]

Eröffnung des Zivilrechtswegs
Für Klagen der betroffenen Person gegen den Verantwortlichen/Auftragsverarbeiter ist nach § 44 Abs. 1 BDSG-neu der *Zivilrechtsweg* eröffnet. Dabei steht der Klägerin (also der *betroffenen Person*) *die Wahl unter mehreren örtlichen Gerichtsständen* offen: die Klage kann entweder bei dem Gericht des Ortes der Niederlassung des Verantwortlichen/Auftragsverarbeiters oder bei dem Gericht des gewöhnlichen Aufenthaltsorts der betroffenen Person erhoben werden. Insoweit sieht § 44 BDSG-neu

---

[83] Laue/Nink/Kremer, Datenschutzrecht, Haftung (2016), Rn. 35; Martini, in: Paal/Pauly, DSGVO, Art. 79 (2017), Rn. 24–25; Mundil, in: Wolff/Brink, BeckOK, Art. 79 DSGVO (2016), Rn. 16

[84] Martini, in: Paal/Pauly, DSGVO, Art. 79 (2017), Rn. 26–28; Mundil, in: Wolff/Brink, BeckOK, Art. 79 DSGVO (2016), Rn. 18

[85] Mundil, in: Wolff/Brink, BeckOK, Art. 79 DSGVO (2016), Rn. 18; Martini, in: Paal/Pauly, DSGVO, Art. 79 (2017), Rn. 26–28

[86] Gemäß Art. 80 Abs. 1 DSGVO muss eine solche Einrichtung ohne Gewinnerzielungsabsicht ordnungsgemäß nach dem Recht eines EU-Mitgliedstaats gegründet sein, ihre satzungsmäßige Ziele müssen im öffentlichem Interesse liegen und ihre Tätigkeit muss im Bereich des Schutzes der Rechte und Freiheiten von betroffenen Personen in Bezug auf den Schutz ihrer personenbezogenen Daten liegen.

[87] Gierschmann, ZD 2016, 51, 53

Sonderregelungen in Bezug auf die §§ 12 ff. ZPO vor.[88] Hat ein Unternehmen mehrere Niederlassungen in Deutschland, ermöglicht die Vorschrift mangels ausdrücklicher Begrenzung eine Auswahlmöglichkeit für die Klageerhebung zwischen den Gerichten an allen Orten der Niederlassungen.

Hat ein Verantwortlicher/Auftragsverarbeiter keine Niederlassung in der EU und daher einen *Vertreter in der EU* benannt (siehe Abschn. 4.3.8), so gilt dieser als bevollmächtigt, Zustellungen in zivilgerichtlichen Verfahren entgegenzunehmen, § 44 Abs. 3 BDSG-neu.

Referenzen

Art.-29-Datenschutzgruppe (2009) Die Zukunft des Datenschutzes: Gemeinsamer Beitrag zu der Konsultation der Europäischen Kommission zu dem Rechtsrahmen für das Grundrecht auf den Schutz der personenbezogenen Daten. WP 168 (zitiert nach englischem Original)

Bayrisches Landesamt für Datenschutzaufsicht (2016) Sanktionen nach der DSGVO. https://www.lda.bayern.de/media/baylda_ds_gvo_7_sanctions.pdf. Zugegriffen: 6. Apr. 2017

Becker T (2016) Art. 82, 83 DSGVO. In: Plath K-U (Hrsg) BDSG/DSGVO, 2. Aufl. Verlag Dr. Otto Schmidt, Köln

Brink S (2016) § 38 BDSG. In: Wolff HA, Brink S (Hrsg) Beck'scher Online-Kommentar Datenschutzrecht, 18. Aufl. C.H. Beck, München

Datenschutzkonferenz (2017) Kurzpapier Nr. 2: Aufsichtsbefugnisse/Sanktionen. https://www.baden-wuerttemberg.datenschutz.de/wp-content/uploads/2017/07/DSK_KPNr_2_Sanktionen.pdf#. Zugegriffen: 19. Juli 2017

Deutscher Bundestag (2017) Drucksache 18/11325

Faust S, Spittka J, Wybitul T (2016) Milliardenbußgelder nach der DSGVO? ZD 6(3):120–125

Frenzel EM (2017) Art. 82, 83 DSGVO. In: Paal BP, Pauly DA (Hrsg) Beck'sche Kompaktkommentare Datenschutz-Grundverordnung, 1. Aufl. C.H. Beck, München

Gierschmann S (2016) Was „bringt" deutschen Unternehmen die DSGVO? – Mehr Pflichten, aber die Rechtsunsicherheit bleibt. ZD 6(2):51–55

Härting N (Hrsg) (2016) Datenschutz-Grundverordnung, 1. Aufl. Dr. Otto Schmidt Verlag, Köln

Holländer C (2017) Art. 83 DSGVO, § 43 BDSG. In: Wolff HA, Brink S (Hrsg) Beck'scher Online-Kommentar Datenschutzrecht, 20. Aufl. C.H. Beck, München

Hullen N (2016) Art. 57, 58 DSGVO. In: Plath K-U (Hrsg) BDSG/DSGVO, 2. Aufl. Verlag Dr. Otto Schmidt, Köln

Körffer B (2017) Art. 55, 58, 78 DSGVO. In: Paal BP, Pauly DA (Hrsg) Beck'sche Kompaktkommentare Datenschutz-Grundverordnung, 1. Aufl. C.H. Beck, München

Laue P, Nink J, Kremer S (Hrsg) (2016) Haftung, Sanktionen und Rechtsbehelfe; Zusammenarbeit mit Aufsichtsbehörden. In: Das neue Datenschutzrecht in der betrieblichen Praxis, 1. Aufl. Nomos, Baden-Baden

Maier S (2012) § 260 StGB. In: Münchener Kommentar zum StGB, Bd. 4. 2. Aufl. C.H. Beck, München

Martini M (2017) Art. 79 DSGVO. In: Paal BP, Pauly DA (Hrsg) Beck'sche Kompaktkommentare Datenschutz-Grundverordnung, 1. Aufl. C.H. Beck, München

Mundil D (2016) Art. 78, 79 DSGVO. In: Wolff HA, Brink S (Hrsg) Beck'scher Online-Kommentar Datenschutzrecht, 18. Aufl. C.H. Beck, München

---

[88] Vgl. auch die Begründung des Gesetzgebers in Deutscher Bundestag (2017), Drucksache 18/11325, S. 109 f.

Nebel M (2017) Rechtswege und Rechtsbehelfe. In: Roßnagel A (Hrsg) Europäische Datenschutz-Grundverordnung, Vorrang des Unionsrechts – Anwendbarkeit des nationalen Rechts, 1. Aufl. Nomos, Baden-Baden

Nguyen AM (2015) Die zukünftige Datenschutzaufsicht in Europa. ZD 5(6):265–270

Petri TB (2014) § 38 BDSG. In: Simitis S (Hrsg) Bundesdatenschutzgesetz, 8. Aufl. Nomos, Baden-Baden

Plath K-U (2016) § 38 BDSG. In: Plath K-U (Hrsg) BDSG/DSGVO, 2. Aufl. Verlag Dr. Otto Schmidt, Köln

Quaas S (2016) Art. 82 DSGVO; § 7 BDSG. In: Wolff HA, Brink S (Hrsg) Beck'scher Online-Kommentar Datenschutzrecht, 18. Aufl. C.H. Beck, München

Schantz P (2016) Die Datenschutz-Grundverordnung – Beginn einer neuen Zeitrechnung im Datenschutzrecht. NJW 69(26):1841–1847

Simitis S (2014) § 7 BDSG. In: Simitis S (Hrsg) Bundesdatenschutzgesetz, 8. Aufl. Nomos, Baden-Baden

von dem Bussche AF, Zeiter A (2016) Practitioner's corner – Implementing the EU General Data Protection Regulation: A Business Perspective. EDPL 2(4):576–581

Wolff HA (2017) Schriftliche Stellungnahme. https://www.bundestag.de/blob/500138/d1d18e50b8e64588c3f36c132007b4d3/18-4-824-e-data.pdf. Zugegriffen: 29. Juni 2017

Wybitul T (2016) DSGVO veröffentlicht – Was sind die neuen Anforderungen an die Unternehmen? ZD 6(6):253–254

Nationale Besonderheiten   8

Wie bereits in der Einleitung zu diesem Handbuch kurz erklärt (siehe Kap. 1), bedarf es für die Anwendbarkeit der DSGVO aufgrund ihrer direkten Rechtswirkung *keiner Umsetzungsrechtsakte* in den nationalen Rechtsordnungen der EU-Mitgliedstaaten. Allerdings entsteht durch die zahlreichen enthaltenen Öffnungsklauseln, die den EU-Mitgliedstaaten die Einführung *nationaler Vorschriften für bestimmte Bereiche des Datenschutzes* ermöglichen, der Eindruck einer „hybriden" Verordnung mit teilweisem Regelungscharakter (nur) einer Richtlinie. Einige dieser Bereiche sind von hoher praktischer Relevanz, wie bspw. der Beschäftigten- oder Telemediendatenschutz. Da die ausfüllenden nationalen Regelungen höchstwahrscheinlich Datenschutzunterschiede in den einzelnen EU-Mitgliedstaaten zur Folge haben, sollten Unternehmen hinsichtlich des *Bestehens nationaler Besonderheiten* besonders aufmerksam sein.

8.1 Vielzahl von Öffnungsklauseln

Die DSGVO sieht *zwei Arten* von Öffnungsklauseln vor.

8.1.1 Öffnungsklauseln innerhalb der allgemeinen Bestimmungen der DSGVO

Die *Öffnungsklauseln* ermöglichen den EU-Mitgliedstaaten eine weitere Spezifizierung der Vorschriften durch nationale Rechtsvorschriften. Die wichtigsten Öffnungsklauseln im allgemeinen Teil der DSGVO sind:

Wie durch Tab. 8.1 verdeutlicht, ist *in nahezu jedem Regelungsbereich* der DSGVO zumindest eine Öffnungsklausel vorgesehen. Dies ist dem ambitionierten Zeitplan der am Gesetzgebungsverfahren zur DSGVO beteiligten Organe der EU

Tab. 8.1 Öffnungsklauseln in der DSGVO

Vorschrift der DSGVO	Gegenstand	Inhalt der Öffnungsklausel
Art. 4 Nr. 7	Definition des „Verantwortlichen"	Sind die Zwecke und Mittel bestimmter Verarbeitungsvorgänge durch das Recht der EU-Mitgliedstaaten vorgegeben, so kann der Verantwortliche beziehungsweise können die bestimmten Kriterien seiner Benennung nach dem Recht der EU-Mitgliedstaaten vorgesehen werden.
Art. 6 Abs. 2	Rechtmäßigkeit der Verarbeitung	Die EU-Mitgliedstaaten können spezifischere Bestimmungen in Bezug auf (i) die Verarbeitung zur Erfüllung eine Rechtspflicht des Verantwortlichen oder (ii) die Verarbeitung im öffentlichen Interesse beibehalten oder einführen, indem sie spezifische Anforderungen für die Verarbeitung sowie sonstige Maßnahmen präziser bestimmen, um eine rechtmäßige Verarbeitung zu gewährleisten. (Abschn. 4.2.2.3)
Art. 8 Abs. 1	Bedingungen für die Einwilligung eines Kindes in Bezug auf Dienste der Informationsgesellschaft	Die EU-Mitgliedstaaten können eine *niedrigere Altersgrenze für die wirksame Einwilligung von Kindern* vorsehen, die jedoch nicht unter dem vollendeten dreizehnten Lebensjahr liegen darf. (Abschn. 4.2.1.6)
Art. 9 Abs. 2	Verarbeitung besonderer Kategorien personenbezogener Daten	Das Recht der EU-Mitgliedstaaten kann in diesem Zusammenhang verschiedene abweichende Bestimmungen vorsehen, wie bspw. in Bezug auf einen *Ausschluss der Verarbeitung besonderer Kategorien personenbezogener Daten auf der Grundlage einer Einwilligung* der betroffenen Person oder durch Regelungen zur Datenverarbeitung im Beschäftigungskontext, etc. (Abschn. 4.2.3)
Art. 9 Abs. 4	Verarbeitung besonderer Kategorien personenbezogener Daten	Die EU-Mitgliedstaaten können zusätzliche Bedingungen, einschließlich Beschränkungen, einführen oder aufrechterhalten, soweit die Verarbeitung von genetischen, biometrischen oder Gesundheitsdaten betroffen ist. (Abschn. 4.2.3)

Tab. 8.1 (Fortsetzung)

Vorschrift der DSGVO	Gegenstand	Inhalt der Öffnungsklausel
Art. 10	Verarbeitung von personenbezogenen Daten über strafrechtliche Verurteilungen und Straftaten	Eine Verarbeitung von personenbezogenen Daten über strafrechtliche Verurteilungen und Straftaten ist zulässig, sofern sie im Recht der EU-Mitgliedstaaten vorgesehen ist. (Abschn. 4.2.3.3)
Art. 14 Abs. 5 lits. c-d	Informationspflicht, wenn die personenbezogenen Daten nicht bei der betroffenen Person erhoben wurden	Die *Informationspflicht* wird *nicht ausgelöst*, wenn die Erlangung oder Offenlegung der personenbezogenen Daten durch Rechtsvorschriften der EU-Mitgliedstaaten ausdrücklich geregelt ist oder wenn die Daten gemäß dem Recht der EU-Mitgliedstaaten dem Berufsgeheimnis unterliegen. (Abschn. 5.2.3)
Art. 17 Abs. 1 lit. e, Abs. 3 lit. b	Recht auf Löschung	Der Verantwortliche unterliegt einer *rechtlichen Verpflichtung zur Löschung* der personenbezogenen Daten nach dem Recht der EU-Mitgliedstaaten. Als Gegenstück dafür besteht ein Recht auf Löschung nicht, sofern die *Verarbeitung zur Erfüllung einer rechtlichen Verpflichtung* nach dem Recht der EU-Mitgliedstaaten erforderlich ist. (Abschn. 5.5.2)
Art. 22 Abs. 2 lit. b	Automatisierte Entscheidungen im Einzelfall einschließlich Profiling	Das *generelle Verbot* automatisierter Entscheidungen kommt nicht zur Anwendung, wenn diese *Entscheidungsfindung* aufgrund von Rechtsvorschriften der EU-Mitgliedstaaten, denen der Verantwortliche unterliegt, *zulässig ist*. (Abschn. 5.8)
Art. 23	Beschränkungen	Das Recht der EU-Mitgliedstaaten kann die *Rechte der betroffenen Personen* und korrespondierenden Verpflichtungen der datenverarbeitenden Unternehmen aus verschiedensten mit dem öffentlichen Interesse zusammenhängenden Gründen *beschränken*. (Abschn. 5.9)
Art. 26	Gemeinsam für die Verarbeitung Verantwortliche	Das Recht der EU-Mitgliedstaaten kann die jeweiligen Datenschutzverpflichtungen der gemeinsam für die Verarbeitung Verantwortlichen festlegen.

Tab. 8.1 (Fortsetzung)

Vorschrift der DSGVO	Gegenstand	Inhalt der Öffnungsklausel
Art. 28 Abs. 3 lits. a, g, Abs. 4	Auftragsverarbeiter	Das Recht der EU-Mitgliedstaaten kann: • Auftragsverarbeiter zur Datenverarbeitung ohne entsprechende Weisung des Verantwortlichen verpflichten; • Auftragsverarbeiter zur Speicherung der personenbezogenen Daten nach Abschluss der Erbringung der Verarbeitungsleistungen für den Verantwortlichen verpflichten; • Regelungen zur Einbeziehung eines weiteren Auftragsverarbeiters durch den Auftragsverarbeiter vorsehen.
Art. 32 Abs. 4	Sicherheit der Verarbeitung	Das Recht der EU-Mitgliedstaaten kann natürliche Personen, die dem Verantwortlichen/Auftragsverarbeiter unterstellt sind, zur Verarbeitung von personenbezogenen Daten verpflichten, ohne dass eine entsprechende Anweisung des Verantwortlichen erfolgt ist.
Art. 35 Abs. 10	Datenschutz-Folgenabschätzung	Eine Datenschutz-Folgenabschätzung ist nicht erforderlich, sofern die Verarbeitung auf einer nach Art. 6 Abs. 2 DSGVO erlassenen Rechtsgrundlage im Recht der EU-Mitgliedstaaten erfolgt und eine allgemeine Folgenabschätzung bereits im Zusammenhang mit dem Erlass dieser Rechtsgrundlage erfolgte. (Abschn. 3.5)
Art. 36 Abs. 5	Vorherige Konsultation	Das Recht der EU-Mitgliedstaaten kann Verantwortliche zur vorherigen Konsultation und zur vorherigen Einholung einer Genehmigung der Aufsichtsbehörden verpflichten, sofern die Verarbeitung zur Erfüllung einer im öffentlichen Interesse liegenden Aufgabe erfolgt.
Art. 37 Abs. 4	Benennung eines Datenschutzbeauftragten	Das Recht der EU-Mitgliedstaaten kann *zusätzliche Fälle*, die die *Benennung eines Datenschutzbeauftragten* durch den Verantwortlichen/Auftragsverarbeiter *erfordern*, vorsehen. (Abschn. 3.6)

Tab. 8.1 (Fortsetzung)

Vorschrift der DSGVO	Gegenstand	Inhalt der Öffnungsklausel
Art. 49 Abs. 1 lit. d, g, Abs. 4, 5	Ausnahmen für bestimmte Fälle	Eine Datenübermittlung in ein Drittland kann zulässig sein, sofern sie aus Gründen des öffentlichen Interesses erfolgt, die vom Recht der EU-Mitgliedstaaten anerkannt werden, oder aus einem Register erfolgt, das gemäß dem Recht der EU-Mitgliedstaaten zur Information der Öffentlichkeit bestimmt ist. Das Recht der EU-Mitgliedstaaten kann Datenübermittlungen in Drittländer in Bezug auf sensible Daten aus Gründen des öffentlichen Interesses einschränken. (Abschn. 4.3.7)
Art. 58 Abs. 1 lit. f, Abs. 6	Befugnisse	Vor-Ort-Kontrollen durch die Aufsichtsbehörden haben gemäß dem Verfahrensrecht der EU-Mitgliedstaaten zu erfolgen. Jeder EU-Mitgliedstaat hat das Recht, seiner nationalen Aufsichtsbehörde zusätzliche Befugnisse durch Rechtsvorschriften einzuräumen. (Abschn. 7.1)
Art. 84 Abs. 1	Sanktionen	Die EU-Mitgliedstaaten legen Vorschriften über *andere Sanktionen für Verstöße* gegen die DSGVO fest, insbesondere für Verstöße, die keiner Geldbuße unterliegen. (Abschn. 7.3)

geschuldet.[1] Die Klauseln ermöglichen es den EU-Mitgliedstaaten, je nach Vorgabe der jeweiligen Bestimmung, die Vorschriften der DSGVO zu *ersetzen, zu vervollständigen oder weiter zu spezifizieren*.[2] Zur Darstellung des Ineinandergreifens von DSGVO und Spezifizierung durch damit korrespondierende Vorschriften des BDSG-neu siehe Annex I.

Die Öffnungsklauseln führen zu nationalen Unterschieden hinsichtlich der Einzelheiten der verschiedenen Datenschutzpflichten. Dadurch kann durch die DSGVO ein einheitliches Datenschutzniveau innerhalb der EU wohl nicht vollständig erreicht werden. Unternehmen sollten ein besonderes Augenmerk auf das Vorhandensein nationaler Besonderheiten legen und bei der Realisierung ihrer

---

[1] Laue, ZD 2016, 463, 464; Laue/Nink/Kremer, Datenschutzrecht, Einführung (2016), Rn. 113
[2] Laue, ZD 2016, 463, 464

Verarbeitungsvorgänge auf *Einzelfallbasis prüfen, ob das nationale Recht der EU-Mitgliedstaaten* einzelne Bestimmungen der DSGVO ausschließt oder spezifiziert. Die Öffnungsklauseln mit der *höchsten praktischen Relevanz* dürften den Datenschutzbeauftragten, die *Rechte der betroffenen Personen*, die Verarbeitung *besonderer Kategorien personenbezogener Daten*, Ausnahmen vom Verbot *automatisierter Entscheidungsfindung* sowie die spezifischen Anforderungen an die Rechtmäßigkeit einer Datenverarbeitung auf Grundlage einer Rechtspflicht des Verantwortlichen oder einer Verarbeitung im öffentlichen Interesse betreffen.

Rechtsunsicherheiten dürften vor allem solche *Unternehmen vor eine Herausforderung stellen*, die Verarbeitungstätigkeiten in *verschiedenen EU-Mitgliedstaaten* durchführen oder deren Verarbeitungstätigkeiten Auswirkungen hinsichtlich betroffenen Personen in verschiedenen EU-Mitgliedstaaten haben.[3]

8.1.2 Gesetzgebungskompetenz der EU-Mitgliedstaaten in besonderen Verarbeitungssituationen

Die Art. 85–91 DSGVO weisen den *EU-Mitgliedstaaten* die *Gesetzgebungskompetenz für besondere Verarbeitungssituationen* zu. Einige dieser Situationen werden für Privatunternehmen eine hohe praktische Relevanz einnehmen.

Gemäß Art. 85 DSGVO sind die EU-Mitgliedstaaten dazu verpflichtet, *das Recht auf den Schutz personenbezogener Daten* gemäß der DSGVO mit dem *Recht auf freie Meinungsäußerung und Informationsfreiheit*, einschließlich der Verarbeitung zu journalistischen Zwecken und zu wissenschaftlichen, künstlerischen oder literarischen Zwecken, in *Einklang zu bringen*. Diese Vorschrift entspricht im Wesentlichen der vormaligen Regelung in Art. 9 EG-Datenschutzrichtlinie. Sie soll ein Ausbalancieren der verschiedenen Rechtspositionen ermöglichen. Zugunsten journalistischer Zwecke oder wissenschaftlicher, künstlerischer oder literarischer Zwecke ermöglicht es Art. 85 Abs. 2 DSGVO den EU-Mitgliedstaaten, *Ausnahmen oder Abweichungen bezüglich* aller *wichtigen Regelungsbereiche* der DSGVO *einzuführen*, wie z. B. bzgl. der Verarbeitungsgrundsätze oder der Rechte der betroffenen Personen.[4]

Art. 90 DSGVO ermöglicht es den EU-Mitgliedstaaten, Rechtsvorschriften zu Verantwortlichen/Auftragsverarbeitern, welche einem *Berufsgeheimnis unterliegen* (wie bspw. Anwälte, Ärzte), zu schaffen; diese können u. U. von der *Pflicht befreit oder entlastet* werden, den *Aufsichtsbehörden Informationen* über die Verarbeitung zur Verfügung zu stellen oder ihnen den Zugriff auf personenbezogene Daten zu ermöglichen.

Art. 88 DSGVO enthält eine *umfassende Öffnungsklausel* in Bezug auf *Datenverarbeitungen im Beschäftigungskontext*. Dies trägt der Tatsache Rechnung, dass das Arbeitsrecht stark von den nationalen Rechtstraditionen der verschiedenen

---

[3] Laue/Nink/Kremer, Datenschutzrecht, Einführung (2016), Rn. 113
[4] Grages, in: Plath, BDSG/DSGVO, Art. 85 DSGVO (2016), Rn. 8

EU-Mitgliedstaaten geprägt ist und somit beachtliche Rechtsunterschiede zwischen deren Rechtsordnungen bestehen. Für Einzelheiten siehe den nachfolgenden Abschn. 8.2.

Art. 89 DSGVO regelt die Mindest-Datenschutzanforderungen in Bezug auf Verarbeitungsvorgänge zu *im öffentlichen Interesse liegenden Archivzwecken, zu wissenschaftlichen oder historischen Forschungszwecken und zu statistischen Zwecken*.[5] In diesem Zusammenhang enthält Art. 89 Abs. 2, 3 DSGVO *Öffnungsklauseln*, die es den EU-Mitgliedstaaten ermöglichen, Rechtsvorschriften zu schaffen, welche *Ausnahmen von den Rechten der betroffenen Personen* (siehe Kap. 5) vorsehen. Dafür ist es allerdings erforderlich, dass die von der Regelung betroffenen Rechte voraussichtlich die Verwirklichung dieser spezifischen Verarbeitungszwecke unmöglich machen oder ernsthaft beeinträchtigen und solche Ausnahmen für die Erfüllung dieser Zwecke notwendig sind. Im Hinblick auf diese Sonderregelungen wurde insbesondere die Einführung von Vorschriften zu *statistischen Zwecken* im Rahmen des Gesetzgebungsverfahrens kontrovers diskutiert, da „statistische Zwecke" nicht zwingend der Wissenschaft dienen, sondern auch in der Erstellung von Geschäfts- oder Kundenstatistiken bestehen können.[6] Allerdings fallen letztere nicht in den Anwendungsbereich von Art. 89 DSGVO, sofern die Daten oder Ergebnisse für Entscheidungen gegenüber einzelnen natürlichen Personen verwendet werden (für weitere Einzelheiten siehe Abschn. 5.7.1.3).[7]

8.1.3 Regelungen im BDSG-neu zu besonderen Verarbeitungssituationen

Der deutsche Gesetzgeber hat von seiner Regelungskompetenz aus Art. 85–91 DSGVO für besondere Verarbeitungssituation teilweise Gebrauch gemacht. Die entsprechenden Regelungen finden sich in den *§§ 26–31 BDSG-neu*. Einzelheiten zur praktisch höchst relevanten Regelung zum Beschäftigtendatenschutz in § 26 BDSG-neu sind in Abschn. 8.2.2 dargestellt. Die anderen Sonderregelungen wurden für folgende Verarbeitungssituationen geschaffen:

- *§ 27, Datenverarbeitung zu wissenschaftlichen oder historischen Forschungszwecken und statistischen Zwecken*: In diesen Verarbeitungssituationen besteht eine *Ausnahme* vom generellen *Verarbeitungsverbot* in Bezug auf *besondere Kategorien* personenbezogener Daten auch ohne Einwilligung des Betroffenen, sofern die Verarbeitung zur Zweckerreichung erforderlich ist und das Verarbeitungsinteresse des Verantwortlichen gegenüber den Interessen des Betroffenen

---

[5] Gemäß Art. 89 Abs. 1 DSGVO muss eine Verarbeitung zu diesen Zwecken geeigneten Garantien unterliegen. Diese spezifischen Datenschutz-Mindestanforderungen sollen die anderweitig privilegierte Behandlung dieser Verarbeitungszwecke in der DSGVO ausgleichen, bspw. was die Begrenzung der Speicherdauer oder die Informationspflichten des Verantwortlichen betrifft.

[6] Albrecht/Jotzo, Datenschutzrecht, Allgemeine Bestimmungen (2017), Rn. 71–72

[7] ErwGr. 162 DSGVO; Laue/Nink/Kremer, Datenschutzrecht, Einführung (2016), Rn. 119; Grages, in Plath, BDSG/DSGVO, Art. 89 DSGVO (2016), Rn. 7

überwiegt. Ein angemessenes Datenschutzniveau wird über die *Pflicht zur schnellstmöglichen Anonymisierung* (siehe Abschn. 2.1.2.2) der Daten sichergestellt. Die Vorschrift sieht zudem *Einschränkungen der Betroffenenrechte* vor (siehe Abschn. 5.4.2, 5.5.3.4 und 5.7.2).

- § 28, *Datenverarbeitung zu im öffentlichen Interesse liegenden Archivzwecken*: Diese Verarbeitungssituation bildet eine weitere *Ausnahme vom Verarbeitungsverbot* bzgl. besonderer Kategorien personenbezogener Daten (siehe Abschn. 4.2.3). Weiterhin sind Einschränkungen der *Betroffenenrechte* vorgesehen (siehe Abschn. 5.4.2, 5.5.3.4 und 5.6.5).
- § 29, *Geheimhaltungspflichten*: In Bezug auf geheimhaltungsbedürftige Daten werden insbesondere die *Informations- und Auskunftsrechte* der betroffenen Personen *eingeschränkt* (siehe Abschn. 3.8.3, 5.2.4 und 5.4.2). Gleichlaufend kommt es auch zu einer Einschränkung der Untersuchungsbefugnisse der Aufsichtsbehörden (siehe Abschn. 7.1.2).
- § 30, *Verbraucherkredite*: Die bereits nach alter Rechtslage vorgesehene Vorschrift dient der Umsetzung der Verbraucherkreditrichtlinie, sodass die DSGVO für diese Verarbeitungssituation keine gesonderte Öffnungsklausel enthält.[8] Danach ist Darlehensgebern aus sämtlichen EU-Mitgliedstaaten bei grenzüberschreitenden Krediten ein diskriminierungsfreier Zugang zu Auskunftssystemen zu gewähren, die die Kreditwürdigkeit von Verbrauchern bewerten. Zudem wird der Darlehensgeber zur Unterrichtung des Verbrauchers bei einer Ablehnung von dessen Kreditersuchen verpflichtet. Die Vorschrift hat somit *keinen datenschutzrechtlichen Regelungsgehalt* und stellt insoweit im BDSG-neu einen „Fremdkörper" dar.[9]
- § 31, *Scoring und Bonitätsauskünfte*: Die Vorschrift stellt *Voraussetzungen für die Zulässigkeit des Einsatzes von Scoring-Werten* zur Vorbereitung von Entscheidungen über Vertragsverhältnisse auf, die sich nicht rein auf die Einhaltung datenschutzrechtlicher Vorgaben, sondern auch auf bestimmte technische und inhaltliche Vorgaben beziehen (sog. Negativ-Merkmale). Auch für die *Zulässigkeit der Einholung von Bonitätsauskünften* stellt die Vorschrift Voraussetzungen auf, die u. a. die Einbeziehung bestimmter Informationen zur Ermittlung von Bonitätswerten ausschließen. Die Vorschrift ist aus wirtschafts- und teilweise verbraucherschützenden Erwägungen entstanden.[10] Woraus sich eine Regelungskompetenz des deutschen Gesetzgebers ergeben soll, bleibt mangels einschlägiger Öffnungsklausel in der DSGVO unklar. Insoweit sollten künftige Rechtsentwicklungen beobachtet werden.

---

[8] Deutscher Bundestag (2017), Drucksache 18/11325, S. 101
[9] Siehe auch Ehmann, in: Simitis, BDSG, § 29 (2014), Rn. 244
[10] Deutscher Bundestag (2017), Drucksache 18/11325, S. 101 f.

8.2 Beschäftigtendatenschutz

In der DSGVO bedarf es keiner Sondervorschriften zum Beschäftigtendatenschutz, da alle Regelungen der Verordnung entsprechend im Beschäftigungskontext Anwendung finden. Allerdings ermöglicht die DSGVO den EU-Mitgliedstaaten die Bestimmung von spezifischen Regelungen in diesem Bereich.[11] Wie bereits erwähnt, wird dadurch den *erheblichen rechtlichen Unterschieden* zwischen den Rechtsordnungen und -traditionen der EU-Mitgliedstaaten im Arbeitsrecht Rechnung getragen. Damit ist eines der zentralen Themen für Unternehmen im Datenschutzbereich, nämlich der Beschäftigtendatenschutz, auch nach Einführung der DSGVO weiterhin stark vom jeweils nationalen Recht der EU-Mitgliedstaaten überformt.

In der Praxis werden innerhalb multinationaler Konzerne die *Arbeitsverträge mit lokalen Mitarbeitern* regelmäßig von den *nationalen Konzernunternehmen selbständig* abgeschlossen. Dadurch unterliegen die Arbeitsverträge verschiedenen nationalen Rechtsordnungen und ihrer Besonderheiten. Zugleich zentralisieren Konzerne zunehmend die Personalverwaltung für alle Gruppenunternehmen aus Effizienzgründen.[12] Auch dabei müssen nationale Besonderheiten identifiziert und berücksichtigt werden. In diesem Zusammenhang sollte beachtet werden, dass *einige EU-Mitgliedstaaten* die *zwingende Beteiligung von Arbeitnehmervertretungen* vorsehen. Derartige nationale Besonderheiten können die Anforderungen an den Datenschutz erhöhen aber bestenfalls auch einen flexiblen Umgang vermitteln.[13] Unternehmen sollten sich dieser Besonderheiten bewusst sein, insbesondere zur Vermeidung von Bußgeldern (siehe Kap. 7).

8.2.1 Öffnungsklausel

Gemäß Art. 88 Abs. 1 DSGVO können die *EU-Mitgliedstaaten* umfassende, bereichsspezifische *Datenschutzvorschriften* schaffen, um den Schutz der Rechte und Freiheiten hinsichtlich der Verarbeitung personenbezogener Beschäftigtendaten im *Beschäftigungskontext* zu gewährleisten. Im Wege dieser *Öffnungsklausel* ermöglicht der europäische Gesetzgeber den EU-Mitgliedstaaten die Spezifizierung

---

[11] Die einzig spezifische Regelung findet sich in Art. 9 Abs. 2 lit. b DSGVO, der eine Ausnahme vom grundsätzlichen Verbot der Verarbeitung besonderer Kategorien personenbezogener Daten für den Fall vorsieht, dass eine solche Verarbeitung erforderlich ist, damit der Verantwortliche/die betroffene Person die ihm bzw. ihr aus dem Arbeitsrecht und dem Recht der sozialen Sicherheit und des Sozialschutzes erwachsenden Rechte ausüben und seinen bzw. ihren diesbezüglichen Pflichten nachkommen kann.

[12] Wedde, in: v.d.Bussche/Voigt, Konzerndatenschutz, Beschäftigtendatenschutz (2014), Rn. 1–2

[13] Wedde, in: v.d.Bussche/Voigt, Konzerndatenschutz, Beschäftigtendatenschutz (2014), Rn. 4

der Datenschutzanforderungen nach der DSGVO entsprechend ihres jeweiligen nationalen Arbeitsrechts.[14] Derartige Rechtsvorschriften können insbesondere für Verarbeitungsvorgänge zu folgenden Zwecken geschaffen werden:

- *Einstellung*;
- *Erfüllung des Arbeitsvertrags* einschließlich der Erfüllung von durch Rechtsvorschriften oder durch Kollektivvereinbarungen festgelegten Pflichten;
- Management, Planung und Organisation der Arbeit;
- Gleichheit und Diversität am Arbeitsplatz:
- Gesundheit und Sicherheit am Arbeitsplatz;
- Schutz des Eigentums der Arbeitgeber oder der Kunden;
- Inanspruchnahme der mit der Beschäftigung zusammenhängenden individuellen oder kollektiven Rechte und Leistungen;
- *Beendigung* des Beschäftigungsverhältnisses.

Die *Aufzählung* ist hinsichtlich des vom „Beschäftigungskontext" nach Art. 88 DSGVO umfassten Bereichs *nicht abschließend* („insbesondere"). Unter anderem können die auf Grundlage der Öffnungsklausel geschaffenen nationalen Regelungen die Bedingungen für eine Verarbeitung personenbezogener Daten im Beschäftigungskontext auf der Grundlage einer *Einwilligung des Arbeitnehmers* festlegen.[15] Dies ist von hoher praktischer Relevanz, da Arbeitnehmer zum Arbeitgeber in einem Verhältnis sozialer Abhängigkeit stehen, sodass in der Vergangenheit vertreten worden ist, dass eine Einwilligung im Beschäftigungskontext grundsätzlich als unfreiwillig abgegeben und damit unwirksam gewertet werden müsse (siehe Abschn. 4.2.1.3).[16]

Spezifische Regelungen zum Datenschutz im Beschäftigungskontext können durch *Rechtsvorschriften* oder durch *Kollektivvereinbarungen* geschaffen werden. Letzteres bezieht sich u. a. auf[17]:

- *Tarifvereinbarungen*: Vereinbarungen zwischen einem Arbeitgeber/Arbeitgeberverband und einer Gewerkschaft, die die Arbeitsbedingungen für Arbeitnehmer, die Mitglied der jeweiligen Gewerkschaft sind, kollektiv regeln, wie bspw. Arbeitszeiten, Vergütung, Anzahl der Urlaubstage, etc.[18]; und
- *Betriebsvereinbarungen*: Vereinbarungen zwischen einem Arbeitgeber und, sofern im nationalen Recht vorgesehen, dem Betriebsrat, der die Arbeitnehmer des besagten Arbeitgebers vertritt (siehe Abschn. 8.2.2), welche die Arbeitsbedingungen für die Arbeitnehmer des Betriebs kollektiv regeln.[19]

---

[14] Pauly, in: Paal/Pauly, DSGVO, Art. 88 (2017), Rn. 1
[15] ErwGr. 155 DSGVO
[16] Kort, DB (2016), 711, 715; Pauly, in: Paal/Pauly, DSGVO, Art. 88 (2017), Rn. 8
[17] Stamer/Kuhnke, in: Plath, BDSG/DSGVO, Art. 88 DSGVO (2016), Rn. 8–9; Pauly, in: Paal/Pauly, DSGVO, Art. 88 (2017), Rn. 5
[18] Lingemann/v. Steinau-Steinrück/Mengel, Employment & Labor Law, Fundamentals (2012), S. 4
[19] Lingemann/v. Steinau-Steinrück/Mengel, Employment & Labor Law, Fundamentals (2012), S. 4

Art. 88 Abs. 2 DSGVO regelt die inhaltlichen Mindestanforderungen an die Datenschutzvorschriften der EU-Mitgliedstaaten im Beschäftigungskontext. Diese müssen angemessene und besondere *Maßnahmen zur Wahrung* der menschlichen Würde, der berechtigten Interessen und der Grund*rechte der betroffenen Person*, insbesondere im Hinblick auf die *Transparenz der Verarbeitung* (siehe Abschn. 4.1.1), die *Übermittlung personenbezogener Daten* innerhalb einer *Unternehmensgruppe*/ einer Gruppe von Unternehmen, die eine gemeinsame Wirtschaftstätigkeit ausüben (siehe Abschn. 4.4) und die *Überwachungssysteme am Arbeitsplatz*, umfassen.

8.2.2 Regelungen des § 26 BDSG-neu

Deutschland hat von der umfassenden Öffnungsklausel des Art. 88 DSGVO mit der Schaffung des § 26 BDSG-neu bereits Gebrauch gemacht. Dabei hat sich der Gesetzgeber maßgeblich *an den bisherigen Regelungen* aus § 32 BDSG-alt *orientiert*. Von einer umfassenden Neuregelung ist die neue Vorschrift insofern weit entfernt, was in Bezug auf bisherige *Bestrebungen zur Schaffung von Sondervorschriften* im Bereich des Arbeitnehmerdatenschutzes zunächst überrascht.[20] Der Gesetzgeber hat jedoch explizit die Möglichkeit zur künftigen Schaffung eines Sondergesetzes offengelassen.[21] Diesbezügliche *Rechtsentwicklungen* sollten daher weiter *beobachtet* werden.

§ 26 BDSG-neu findet nicht nur im Falle automatisierter Datenverarbeitungen Anwendung, sondern auch auf Verarbeitungen von Beschäftigtendaten, die nicht in einem Dateisystem gespeichert werden, wie z. B. *in Papierform geführte Personalakten*. Die Regelung umfasst damit *alle Verarbeitungstechniken*. Ob es sich dabei um eine zulässige Konkretisierung oder eine unzulässige Erweiterung des sachlichen Anwendungsbereichs der DSGVO handelt, der manuelle Verarbeitungen nur teilweise erfasst (siehe auch Abschn. 2.1.1), ist unklar.

8.2.2.1 Geschützte Personen

Das Beschäftigungsverhältnis wirft in besonderem Maße datenschutzrechtliche Probleme auf. Es ist naturgemäß von einer strukturellen *Abhängigkeit des Beschäftigten* vom Arbeitgeber gekennzeichnet, die ihm einen Schutz seiner personenbezogenen Daten mit den Mitteln der privatautonomen Gestaltungsfreiheit nicht im gleichen Maß erlaubt.[22] Zudem wird im Beschäftigungskontext eine *besonders große Zahl personenbezogener Daten* des Arbeitnehmers *erhoben und verarbeitet*, sei es aufgrund gesetzlicher Verpflichtungen des Arbeitgebers[23] oder weil mittlerweile

---

[20] Siehe auch Seifert, in: Simitis, BDSG, § 32 (2014), Rn. 1-3a; Stamer/Kuhnke, in: Plath, BDSG/ DSGVO, § 32 BDSG (2016), Rn. 1
[21] Deutscher Bundestag (2017), Drucksache 18/11325, S. 97
[22] Siehe auch Seifert, in: Simitis, BDSG, § 32 (2014), Rn. 4 f.
[23] Siehe auch Seifert, in: Simitis, BDSG, § 32 (2014), Rn. 4, 6 f.

eine große Anzahl EDV-gestützter Systeme den Arbeitsalltag kennzeichnen, die regelmäßig auch personenbezogene Daten der Mitarbeiter erheben und verarbeiten. Aus diesem Grund besteht im Beschäftigungskontext ein gesteigertes Bedürfnis nach dem Schutz der personenbezogenen Daten von Beschäftigten.

Aus diesem Grund wurde auch der Kreis der geschützten Personen im BDSG-neu über eine *Erweiterung des persönlichen Anwendungsbereichs* der Regelungen zum Beschäftigtendatenschutz ausgedehnt. Wie nach bisheriger Rechtslage sind nach § 26 Abs. 8 BDSG-neu Arbeitnehmer, zur Berufsbildung Beschäftigte, Teilnehmer an Rehabilitationsmaßnahmen, in Werkstätten für behinderte Menschen Beschäftigte, nach dem Jugend- oder Bundesfreiwilligengesetz Beschäftigte, arbeitnehmerähnliche Personen einschließlich in Heimarbeit Beschäftigte und ihnen Gleichgestellte sowie Beamte, Richter, Soldaten und Zivildienstleistende erfasst. Zusätzlich nimmt § 26 Abs. 2 Nr. 1 BDSG-neu *Leiharbeitnehmer* im Verhältnis zum Entleiher in den Kreis der geschützten Beschäftigten auf. Diese Regelung macht zudem deutlich, dass der Arbeitgeberbegriff vom BDSG-neu nicht definiert wird, sondern spiegelbildlich zum Beschäftigtenbegriff zu bestimmen ist.[24]

Auch Bewerber für ein Beschäftigungsverhältnis und Personen, deren Beschäftigungsverhältnis beendet ist, unterfallen dem Schutz des § 26 BDSG-neu.[25] In *zeitlicher Hinsicht* ist der Datenschutz im Beschäftigungskontext damit großzügig angelegt, zumal im BDSG-neu auch keine zeitlich begrenzte Schutzfrist nach Beendigung des Beschäftigungsverhältnisses vorgesehen ist.

8.2.2.2 Zulässige Verarbeitungszwecke

§ 26 Abs. 1 BDSG-neu enthält einen *Erlaubnistatbestand*, der die Zulässigkeit und die Voraussetzungen für die *Verarbeitung personenbezogener Daten für Zwecke des Beschäftigungsverhältnisses* regelt.

Erforderlichkeit der Verarbeitung

Dabei bildet die *Erforderlichkeit* der Datenverarbeitung das *zentrale Kriterium*: die Zwecke des Beschäftigungsverhältnisses dürften danach *ohne Durchführung der Datenverarbeitung nicht erfüllbar* sein.[26] Die Erforderlichkeit ist anhand der konkreten Verarbeitungssituation zu bestimmen. Dabei sind die *widerstreitenden Grundrechtspositionen und Interessen* von Arbeitgeber und Beschäftigtem abzuwägen und in *einen schonenden Ausgleich zu bringen*, der beide Positionen möglichst umfassend berücksichtigt.[27] Gemäß § 26 Abs. 1 Satz 1 BDSG-neu ist eine Verarbeitung zulässig, wenn diese erforderlich ist:

---

[24] Siehe auch Stamer/Kuhnke, in: Plath, BDSG/DSGVO, § 32 BDSG (2016), Rn. 5
[25] § 26 Abs. 8 Satz 2 BDSG-neu
[26] Frenzel, in: Paal/Pauly, DSGVO, Art. 6 (2017), Rn. 14
[27] Deutscher Bundestag (2017), Drucksache 18/11325, S. 97

- *für die Entscheidung über die Begründung eines Beschäftigungsverhältnisses*: Dabei handelt es sich um die Phase der Vertragsanbahnung, die in der Regel aus einem *Bewerbungsprozess* bestehen dürfte. Davon umfasst ist unter anderem ein *Fragerecht* des Arbeitgebers nach personenbezogenen Daten, die für den Vertragsabschluss unerlässlich sind, wie z. B. allgemeine Kontaktdaten, die fachliche Eignung und der berufliche Werdegang.[28] Auch die Erhebung weitergehender Informationen kann für die Besetzung bestimmter Stellen erforderlich sein; oder
- *für die Durchführung oder Beendigung eines Arbeitsverhältnisses*: Für die Durchführung des Arbeitsverhältnisses ist die Verarbeitung solcher Daten erforderlich, die der Arbeitgeber zur *Erfüllung seiner Pflichten* oder zur *Wahrnehmung seiner Rechte* gegenüber dem Arbeitnehmer vernünftigerweise benötigt, wovon auch *Kontrollmaßnahmen* zur Überprüfung der Pflichtenerfüllung durch die Beschäftigten oder zur Betriebsorganisation benötigte Informationen umfasst sind.[29] Für die Beendigung eines Arbeitsverhältnisses bedarf es häufig lediglich einer Nutzung bereits vorhandener Daten für den dann geänderten Zweck einer Vertragsbeendigung.[30] Teilweise müssen jedoch auch neue Daten erhoben werden, z. B. wenn für eine wirksame Kündigung eine Sozialauswahl zu treffen ist, müssen u. a. das Lebensalter und etwaige Unterhaltsverpflichtungen des Beschäftigten berücksichtigt werden;[31] oder
- *zur Ausübung oder Erfüllung der sich aus einem Gesetz oder einer Kollektivvereinbarung ergebenden Rechte und Pflichten der Interessenvertretung der Beschäftigten*: Danach können auch bspw. Tarifverträge oder Betriebsvereinbarungen die Verarbeitung bestimmter Beschäftigtendaten erforderlich machen (siehe Abschn. 8.2.1).

Verarbeitung zur Aufdeckung von Straftaten
§ 26 Abs. 1 Satz 2 BDSG-neu beschränkt die Zulässigkeit der *Verarbeitung von Beschäftigtendaten zur Aufdeckung von Straftaten* auf solche Fälle, in denen *zu dokumentierende tatsächliche Anhaltspunkte* den Verdacht begründen, dass die betroffene Person im Beschäftigungsverhältnis eine Straftat begangen hat, die Verarbeitung zur Aufdeckung erforderlich ist und das *schutzwürdige Interesse* des Beschäftigten am Ausschluss der Verarbeitung nicht überwiegt. Die Anforderungen an den Tatverdacht sind hoch, da dieser konkret sein muss und entsprechend zu dokumentieren ist, wobei selbst in derartigen Fällen noch eine Interessenabwägung stattfinden muss. Die zahlreichen Voraussetzungen dieses Erlaubnistatbestands verdeutlichen, dass die Datenverarbeitung zu einem solchen Zweck *nur in äußersten Ausnahmefällen zulässig sein* wird.

---

[28] Siehe auch Stamer/Kuhnke, in: Plath, BDSG/DSGVO, § 32 BDSG (2016), Rn. 20 ff.; Gola/Klug/Körffer, in: Gola/Schomerus, BDSG, § 32 (2015), Rn. 12 ff.
[29] Siehe auch Gola/Klug/Körffer, in: Gola/Schomerus, BDSG, § 32 (2015), Rn. 16
[30] Siehe auch Gola/Klug/Körffer, in: Gola/Schomerus, BDSG, § 32 (2015), Rn. 34
[31] Siehe auch Gola/Klug/Körffer, in: Gola/Schomerus, BDSG, § 32 (2015), Rn. 34

Subsidiäre Anwendbarkeit der allgemeinen Erlaubnistatbestände
Nur in Einzelfällen dürfte § 26 BDSG-neu im Beschäftigungskontext die einschlägige Rechtfertigungsnorm sein, da die Verarbeitung in den überwiegenden Fällen zu internen Verwaltungszwecken oder aus wirtschaftlichen Erwägungen heraus stattfindet und nicht, wie von der Vorschrift vorausgesetzt „zu Zwecken des Beschäftigungsverhältnisses". In diesen Fällen muss ein *Rückgriff auf die allgemeinen Erlaubnistatbestände* der DSGVO erfolgen (siehe Abschn. 4.2). Dies wurde bereits nach alter Rechtslage überwiegend befürwortet, was sich auch für § 26 BDSG-neu fortsetzen sollte, denn dieser ist mit der Vorgängerregelung in § 32 Abs. 1 Satz 1 BDSG-alt weitestgehend wortgleich.[32] Bei *beschäftigungsfremden Zwecken* der Datenverarbeitung ist folglich die allgemeinere Regelung des Art. 6 Abs. 1 Satz 1 lit. f DSGVO einschlägig.[33]

8.2.2.3 Einwilligung im Beschäftigungskontext
Sollen Beschäftigtendaten auf Grundlage einer Einwilligung der Beschäftigten verarbeitet werden, *konkretisiert* § 26 Abs. 2 BDSG-neu die *Voraussetzungen hinsichtlich der Wirksamkeit* einer solchen Einwilligung. Dabei handelt es sich sowohl um materielle als auch formelle Voraussetzungen.

Beurteilung der Freiwilligkeit
So sind nach § 26 Abs. 1 Satz 1 BDSG-neu bei der *Beurteilung der Freiwilligkeit* der betroffenen Person die im Beschäftigungsverhältnis bestehende *Abhängigkeit* sowie die *konkreten Umstände* der Einwilligungserteilung zu berücksichtigen. Der *Gesetzgeber gibt* hier *Kriterien vor*, um das Vorliegen eines klaren Ungleichgewichts zwischen betroffener Person und Verantwortlichem festzustellen, welches der Freiwilligkeit der Einwilligung entgegensteht (siehe auch Abschn. 4.2.1.3).[34] Das Arbeitsverhältnis ist zwar in gewisser Weise von einer wirtschaftlichen Abhängigkeit des Arbeitnehmers geprägt. Dennoch kann die Einwilligung im Beschäftigungskontext durchaus auch freiwillig erteilt werden. Insbesondere wenn durch die Datenverarbeitung *für den Beschäftigten ein rechtlicher oder wirtschaftlicher Vorteil* erreicht wird oder Arbeitgeber und Beschäftigter *gleichgelagerte Interessen* verfolgen.[35] Zu denken ist dabei an die Einführung eines betrieblichen Gesundheitsmanagements zur Gesundheitsförderung, die Erlaubnis zur Privatnutzung von betrieblichen IT-Systemen oder die Aufnahme von Name und Geburtsdatum in eine Geburtstagsliste.[36]

---

[32] Voigt, CR (2017), 428. 431; siehe auch Gola/Klug/Körffer, in: Gola/Schomerus, BDSG, § 32 (2015), Rn. 45 ff.; Seifert, in: Simitis, BDSG, § 32 (2014), Rn. 17

[33] Voigt, CR (2017), 428, 431

[34] ErwGr. 43 DSGVO; v.d.Bussche/Zeiter/Brombach, DB (2016), 1359, 1363; Gierschmann, ZD (2016), 51, 54; Laue/Nink/Kremer, Datenschutzrecht, Zulässigkeit (2016), Rn. 16

[35] § 26 Abs. 2 Satz 2 BDSG-neu

[36] Deutscher Bundestag (2017), Drucksache 18/11325, S. 97

Formelle Voraussetzungen
Die Einwilligung des Beschäftigten muss grundsätzlich *in Schriftform erteilt* werden, § 26 Abs. 2 Satz 3 BDSG-neu, sodass die eigenhändige Unterschrift des Einwilligenden erforderlich wird (§ 126 Abs. 1 BGB). Dies erscheint insofern wenig zeitgemäß, als dass dieser *administrative „analoge" Mehraufwand* im Widerspruch zur täglichen Nutzung digitaler Systeme und Kommunikationswege im Beschäftigungskontext steht. Nach der Vorschrift kann *wegen besonderer Umstände eine andere Form* der Einwilligung *angemessen* sein. Wann derartige „besondere Umstände" vorliegen, bleibt allerdings klarstellungsbedürftig, sodass zukünftige Stellungnahmen der Aufsichtsbehörden beachtet werden sollten. In jedem Fall hat der Arbeitgeber den Beschäftigten über den Verarbeitungszweck und das Widerrufsrecht hinsichtlich der Einwilligung (siehe Abschn. 4.2.1.5) in Textform aufzuklären, § 26 Abs. 2 Satz 4 BDSG-neu.

8.2.2.4 Verarbeitung besonderer Kategorien personenbezogener Daten

§ 26 Abs. 3 BDSG-neu konkretisiert die Verbotsausnahme bezüglich der Verarbeitung besonderer Kategorien personenbezogener Daten aus Art. 9 Abs. 2 lit. b DSGVO (siehe Abschn. 4.2.3.2 und 4.2.3.3).[37] Danach ist eine Verarbeitung dieser Daten zu Beschäftigungszwecken zulässig, wenn sie zur Ausübung von Rechten oder zur *Erfüllung rechtlicher Pflichten aus dem Arbeitsrecht, dem Recht der sozialen Sicherheit und des Sozialschutzes erforderlich* ist und kein Grund zu der Annahme besteht, dass das schutzwürdige Interesse der betroffenen Person an dem Ausschluss der Verarbeitung überwiegt. Diese Verbotsausnahme kann auch zur Rechtfertigung der Verarbeitung von Daten zur Beurteilung der Arbeitsfähigkeit dienen.[38]

Soll die Verarbeitung sensibler Daten *auf der Grundlage einer Einwilligung* des Beschäftigten erfolgen, so gelten die materiellen und formellen Voraussetzungen des § 26 Abs. 2 BDSG-neu, § 26 Abs. 3 Satz 2 BDSG-neu. Dabei werden an die Freiwilligkeit der Einwilligung strenge Anforderungen gestellt,[39] die zusätzlich zu den Voraussetzungen der Art. 6 Abs. 1 Satz 1 lit. a, 7, 9 Abs. 2 lit. a DSGVO erfüllt werden müssen (siehe auch Abschn. 4.2.1 und 4.2.3.2).

8.2.2.5 Kollektivvereinbarungen als Rechtsgrundlage

Als *Rechtsgrundlage* für die Verarbeitung von Daten im Beschäftigungskontext, einschließlich *besonderer Kategorien personenbezogener Daten*, können auch Kollektivvereinbarungen dienen, § 26 Abs. 4 BDSG-neu (siehe Abschn. 8.2.1). Besonders Betriebs- und Dienstvereinbarungen stellten nach bisheriger Rechtslage in diesem Zusammenhang wichtige Regelungsinstrumente dar und ermöglichen auch zukünftig auf Grundlage dieser Bestimmung die *Ausgestaltung eines auf*

---

[37] Deutscher Bundestag (2017), Drucksache 18/11325, S. 98
[38] Deutscher Bundestag (2017), Drucksache 18/11325, S. 98
[39] Deutscher Bundestag (2017), Drucksache 18/11325, S. 98

die betrieblichen Bedürfnisse zugeschnittenen Beschäftigtendatenschutzes.[40] Dabei sind von den Verhandlungspartnern bei der Ausgestaltung der Vereinbarungen die *inhaltlichen Mindestanforderungen* des Art. 88 Abs. 2 DSGVO zu *berücksichtigen*, § 26 Abs. 4 Satz 2 BDSG-neu.

8.2.3 Arbeitnehmervertretungsorgan in Deutschland (Betriebsrat)

Das kollektive Arbeitsrecht einiger EU-Mitgliedstaaten sieht Arbeitnehmervertretungsorgane – häufig in Gestalt von *Betriebsräten* – vor, deren Beteiligungs- und Mitbestimmungsrechte in Angelegenheiten des Beschäftigtendatenschutzes eine Rolle spielen. Die *Rollen* dieser Arbeitnehmervertretungsorgane *weichen zwischen* den verschiedenen *EU-Mitgliedstaaten erheblich* voneinander *ab*.

Auch das deutsche Recht sieht die Bildung von Betriebsräten als Arbeitnehmervertretungsorgane vor. Dabei handelt es sich um ein gewähltes Arbeitnehmervertretungsorgan, welches *auf Initiative der Arbeitnehmer hin eingerichtet* wird. Die Wahl eines Betriebsrats ist möglich, sofern ein *Betrieb* (der Begriff bezieht sich nicht auf das Unternehmen selbst, sondern auf dessen „organisatorische(n) Einheit(en)") *mindestens fünf* ständig wahlberechtigte *Arbeitnehmer* beschäftigt. Der deutsche Betriebsrat spielt im Beschäftigtendatenschutz eine *Schlüsselrolle*. Er ist, gemeinsam mit dem Arbeitgeber, für den Schutz der personenbezogenen Daten der Arbeitnehmer gegen eine rechtswidrige Erhebung, Verwendung und anderweitige Verarbeitung und damit auch für die Durchsetzung der DSGVO gegenüber dem Arbeitgeber verantwortlich. Um diese Aufgaben erfüllen zu können, hat der Betriebsrat verschiedene Mitwirkungs- und Mitbestimmungsrechte. Diese werden auch von den Regelungen zum Beschäftigtendatenschutz in § 26 BDSG-neu nicht berührt, § 26 Abs. 6 BDSG-neu.

Mitwirkungsrechte

Der Betriebsrat hat umfassende *Mitwirkungsrechte*, die ihm einen *Zugriff auf Informationen* ermöglichen. Eine seiner allgemeinen Pflichten besteht darin, darüber zu *wachen*, dass die zugunsten der Arbeitnehmer geltenden Gesetze, Verordnungen, Unfallverhütungsvorschriften, Tarifverträge und Betriebsvereinbarungen *durchgeführt werden*, § 80 Abs. 1 Nr. 1 BetrVG. Dies umfasst auch die ordnungsgemäße Umsetzung der DSGVO, sofern deren Vorschriften auf Arbeitnehmer als betroffene Personen Anwendung finden.[41] Dadurch hat der Betriebsrat umfassende Informationsrechte und der Arbeitgeber muss ihm Informationen zu, unter anderem, der Planung oder Anpassung von IT-Systemen, der Einbeziehung eines Auftragsverarbeiters in die Durchführung von Verarbeitungstätigkeiten über personenbezogene Daten der Arbeitnehmer oder der geplanten Einführung einer zentralisierten

---

[40] Deutscher Bundestag (2017), Drucksache 18/11325, S. 98

[41] Kort, ZD (2017), 3, 5; siehe auch Wedde, in: v.d.Bussche/Voigt, Konzerndatenschutz, Beschäftigtendatenschutz (2014), Rn. 70

Personalplanung innerhalb einer Konzernstruktur (§ 92 BetrVG) geben.[42] Allerdings führen die (durchsetzbaren) Mitwirkungsrechte *nicht zu einem Mitbestimmungsrecht* in den betroffenen Datenschutzangelegenheiten.[43] Der Betriebsrat kann Vorschläge bzgl. der verschiedenen Angelegenheiten machen, aber der Arbeitgeber ist nicht dazu verpflichtet, diese auch anzunehmen. Damit haben die Mitwirkungsrechte keinen Einfluss auf die Entscheidungen des Arbeitgebers bzgl. der Datenverarbeitung.

Mitbestimmungsrechte
Allerdings sind *zahlreiche Verarbeitungsvorgänge* betreffend der personenbezogenen Daten der Mitarbeiter geeignet, ein *Mitbestimmungsrecht* des Betriebsrats nach § 87 Abs. 1 Nr. 6 BetrVG *auszulösen*. Dieses Mitbestimmungsrecht betrifft die Einführung und Anwendung von *technischen Einrichtungen, die dazu bestimmt sind, das Verhalten oder die Leistung der Arbeitnehmer zu überwachen*. IT-Systeme bilden zunehmend die Grundlage aller internen Datenverarbeitungsvorgänge, insbesondere bei der Erhebung von Beschäftigtendaten sowie deren Verarbeitung und Übermittlung innerhalb internationaler Konzerne mit zentralisierter Personalverwaltung. Aber auch darüber hinaus sind eine Vielzahl von EDV-gestützten Anwendungen betroffen, bei deren Nutzung personenbezogene Daten der Mitarbeiter anfallen, wie z. B.: Gehaltsabrechnung, Social Intranet, Reisebuchungssoftware, E-Learning-Anwendungen, Sicherheitssoftware gegen Angriffe von innen und außen, Key Cards, die Erfassung von „High Potentials", die Liste lässt sich weiter fortführen. Der Anwendungsbereich der Vorschrift ist dabei bereits eröffnet, soweit die maßgebliche *IT-gestützte Anwendung lediglich auch dazu geeignet* ist, *personenbezogene Daten* von Mitarbeitern *zu erheben oder zu speichern* und somit deren Verhalten am Arbeitsplatz zu beobachten, selbst wenn dies überhaupt nicht bezweckt ist.[44] Somit muss ein Unternehmen die *Zustimmung des Betriebsrates* einholen, sobald es neue *IT-Systeme oder -Software einführen oder* bestehende *IT umgestalten* möchte, die – theoretisch – auch zu einer mitbestimmungspflichten Leistungs- oder Verhaltenskontrolle führen könnte. Der Anwendungsbereich des die Mitbestimmungspflichtigkeit auslösenden § 87 Abs. 1 Nr. 6 BetrVG ist folglich sehr weit; ein Umstand, der insbesondere den Verantwortlichen von im Ausland befindlichen Konzernzentralen nur sehr schwer zu vermitteln ist.

---

[42] Siehe auch Wedde, in: v.d.Bussche/Voigt, Konzerndatenschutz, Beschäftigtendatenschutz (2014), Rn. 78–81

[43] Siehe auch BAG, Urteil vom 16. Juli 1985, DB 1986, 231, 231; Wedde, in: v.d.Bussche/Voigt, Konzerndatenschutz, Beschäftigtendatenschutz (2014), Rn. 73

[44] Siehe auch Wedde, in: v.d.Bussche/Voigt, Konzerndatenschutz, Beschäftigtendatenschutz (2014), Rn. 95; BAG, Urteil vom 6. Dezember 1983, NJW 1984, 1476, 1476

> **Beispiel**
> - Office Word-Software erlaubt es dem Arbeitgeber, nachzuvollziehen, an welchen Dokumenten und für wie lang ein Arbeitnehmer gearbeitet hat
> - E-Mail-Anwendungen ermöglichen es, die Kommunikation von Mitarbeitern mit anderen zu überwachen
> - Internetbrowser speichern den Suchverlauf des Arbeitnehmers, der den Browser nutzt
> - Stechuhren registrieren die Arbeitszeit der Arbeitnehmer
> - Überwachungsanlagen[45]

Das Mitbestimmungsrecht bezieht sich nicht auf die Rechtsgrundlage für die Verarbeitung oder den Umfang der Verarbeitungstätigkeiten, sondern auf die IT-Anwendung selbst, die zur Durchführung der Verarbeitung verwendet wird. Folglich wird eine – überraschende – Vielzahl von Verarbeitungstätigkeiten das Mitbestimmungsrecht des Betriebsrats nach § 87 Abs. 1 Nr. 6 BetrVG auslösen. Unternehmen sollten darauf achten, den Betriebsrat entsprechend *frühzeitig einzubeziehen*, um seine *Zustimmung zu bewirken*. Im Falle einer *Verletzung des Mitbestimmungsrechts* hat der Betriebsrat einen einklagbaren *Unterlassungsanspruch* in Bezug auf die Maßnahme des Arbeitgebers, die der Mitbestimmung durch den Betriebsrat unterliegt. Gelingt eine Einigung wenigstens nicht nachträglich und führt auch die Konsultation einer Einigungsstelle nicht weiter, sind *Arbeitgeber* dazu verpflichtet, die vom Unterlassungsanspruch betroffenen *Maßnahmen rückgängig zu machen und zu beseitigen*. Sofern der Betriebsrat ordnungsgemäß beteiligt wurde, aber seine Zustimmung verweigert, kann der Arbeitgeber eine *Einigungsstelle* anrufen, die einen verbindlichen Beschluss in der Angelegenheit fassen wird.

8.3 Telemediendatenschutz

Telemediendatenschutz soll die *Vertraulichkeit der Kommunikation* garantieren, insbesondere im Einklang mit den Art. 7, 8 der Grundrechte-Charta der EU.[46] Natürlichen Personen soll es möglich sein, *frei von unerwünschter und unbemerkter Überwachung* durch Anbieter von Kommunikationsdiensten zu kommunizieren.[47] Ohne eine Einwilligung ihrer Nutzer sollen die Anbieter deren Kommunikationsdaten nicht nutzen oder speichern.[48]

---

[45] Werner, in: Rolfs/Giesen/Kreikebohm/Udsching, BeckOK, § 87 (2016), Rn. 95; Lingemann/v. Steinau-Steinrück/Mengel, Employment & Labor Law, Labor Law (2012), S. 61

[46] ErwGr. 3 ePrivacy-Richtlinie

[47] Siehe auch Bock, in: Geppert/Schütz, TKG, § 88 (2013), Rn. 9; Klesczewski, in: Säcker, TKG, § 88 (2013), Rn. 4

[48] Art. 5 Abs. 1 ePrivacy-Richtlinie; siehe auch Klesczewski, in: Säcker, TKG, § 88 (2013), Rn. 4

Gemäß Art. 95 *DSGVO* soll die Verordnung natürlichen oder juristischen Personen in Bezug auf deren Verarbeitungsvorgänge *keine zusätzlichen Pflichten* auferlegen, soweit diese *bereits den* besonderen in der Richtlinie 2002/58/EG[49] (*ePrivacy-Richtlinie*) *festgelegten Pflichten unterliegen*. Normadressaten sind Unternehmen, welche personenbezogene Daten in Verbindung mit der Bereitstellung elektronischer Kommunikationsdienste verarbeiten. In derartigen Fällen ist die ePrivacy-Richtlinie *lex specialis* zur DSGVO. Dienen die sektorspezifischen Regelungen der ePrivacy-Richtlinie jedoch anderen Zielen als den Schutz personenbezogener Daten, kommen die hierfür einschlägigen Regelungen der DSGVO zur Anwendung, unabhängig von der Art der personenbezogenen Daten oder der betroffenen Diensteanbieter.[50]

Der *Anwendungsbereich der ePrivacy-Richtlinie* erstreckt sich gemäß Art. 3 Abs. 1 ePrivacy-Richtlinie auf alle Verarbeitungen personenbezogener Daten in Verbindung mit der Bereitstellung öffentlich zugänglicher elektronischer Kommunikationsdienste in öffentlichen Kommunikationsnetzen in der EU. Die letztgenannten Tatbestandsmerkmale sind wie folgt auszulegen:

- *öffentlich zugängliche elektronische Kommunikationsdienste*: Die ePrivacy-Richtlinie findet nur auf Dienste Anwendung, die *ganz oder überwiegend in der Übertragung von Signalen bestehen*, wie z. B. Telefon- oder E-Mail-Dienste.[51] Obwohl letztere gleichzeitig eine Arbeitsoberfläche zum Erstellen und Speicherplatz zum Hinterlegen von Nachrichten anbieten, steht der Kommunikationsaspekt im Vordergrund.[52] Im Umkehrschluss dazu fallen Dienste, bei denen der *Kommunikationsdienst nur zweitrangig* ist, *nicht in den Anwendungsbereich*, wie bspw. soziale Netzwerke, Suchmaschinen, Nachrichtendienste oder das Online-Angebot von Waren/Dienstleistungen mit unmittelbarer Bestellmöglichkeit.[53]
- *öffentliche Kommunikationsnetze* in der EU: Die Netzwerke müssen öffentlich sein, was bedeutet, dass sie einer *unbegrenzten Zahl an Personen* zugänglich sind, wie z. B. das Festnetz oder das Internet (einschließlich Voice-over-IP-Services).[54] Andererseits fallen *Netzwerke mit geschlossenen Nutzergruppen nicht*

---

[49] Richtlinie 2002/58/EG des Europäischen Parlaments und des Rates vom 12. Juli 2002 über die Verarbeitung personenbezogener Daten und den Schutz der Privatsphäre in der elektronischen Kommunikation (Datenschutzrichtlinie für elektronische Kommunikation), abrufbar unter http://eur-lex.europa.eu/legal-content/DE/ALL/?uri=CELEX:32002L0058, zuletzt aufgerufen am 9. Mai 2017

[50] Art.-29-Datenschutzgruppe, WP 240 (2016), S. 4

[51] Nebel/Richter, ZD (2012), 407, 408; Keppeler, MMR (2015), S. 781

[52] Nebel/Richter, ZD (2012), 407, 408

[53] Siehe auch Oster, in: Hoeren/Sieber/Holznagel, Handbuch, Vorfragen (2016), Rn. 23; Roßnagel, in: Roßnagel, Telemediendienste, TMG Einl (2013), Rn. 32

[54] Nebel/Richter, ZD (2012), 407, 408; siehe auch Ricke, in: Spindler/Schuster, elektronische Medien, § 3 (2015), Rn. 32

in den Anwendungsbereich der ePrivacy-Richtlinie. Dies bezieht sich auf Netzwerke, die nur einem bestimmten Personenkreis zugänglich sind, wie bspw. das WiFi in Hotels, Geschäften, Zügen; Universitätsnetzwerke; WiFi-Zugänge, die Unternehmen ihren Gästen oder Besuchern anbieten oder von Einzelpersonen erstellte Hotspots.[55]

In Anbetracht der Komplexität der Online-Dienste und der Vielzahl an Akteuren, die Telemedien-Dienste anbieten, kann es *Schwierigkeiten bereiten, zu bestimmen*, ob ein bestimmter Dienst in den *Anwendungsbereich* der ePrivacy-Richtlinie oder der DSGVO fällt. Diese Problematik hat der europäische Gesetzgeber erkannt und *strebt eine Überarbeitung der ePrivacy-Richtlinie an*, wobei diese sogar eine „Wiedergeburt" als Verordnung erfahren könnte, sodass es zu deren direkter Anwendbarkeit in den EU-Mitgliedstaaten käme.[56] Eine „ePrivacy-Verordnung" böte für datenverarbeitende Unternehmen den Vorteil, dass die derzeitige *Fragmentierung des nationalen Telemedien-Datenschutzrechts innerhalb der EU* ein Ende fände. Die Europäische Kommission hat Anfang 2017 einen ersten Entwurf für eine solche Verordnung vorgelegt, der derzeit das Gesetzgebungsverfahren durchläuft.[57]

Praktische Schwierigkeiten im Zusammenhang mit den nationalen Umsetzungsrechtsakten
Bisher wurde die ePrivacy-Richtlinie in den EU-Mitgliedstaaten mittels unterschiedlicher Transformationsrechtsakte umgesetzt. In *Deutschland* wurde die Richtlinie mittels *zweier Rechtsakte* umgesetzt: durch das TKG, welches den Datenschutz im Bereich der Telekommunikation regelt, und TMG, welches den Datenschutz für Telemediendienste regelt und im Übrigen auch Website- oder Internetdienstanbieter umfasst. Die Abgrenzung ihrer jeweiligen Anwendungsbereiche bereitet angesichts der rasanten technologischen Entwicklungen in der Praxis bis heute Schwierigkeiten.[58] Zudem geht das TMG inhaltlich über die Regelungen der ePrivacy-Richtlinie deutlich hinaus, sodass dessen überschießende datenschutzrechtliche Regelungen *nach Inkrafttreten der DSGVO nicht mehr anwendbar* sein dürften, gilt der lex specialis-Ausschluss in Art. 95 DSGVO doch nur für den (engeren) Regelungsbereich der ePrivacy-Richtlinie, nicht aber für den (darüber hinausgehenden) Datenschutz-Regelungsbereich des TMG.[59] Hier offenbart sich, dass Unternehmen *große praktische Schwierigkeiten* dabei haben dürften, zu bestimmen, ob die nationalen *Transformationsrechtsakte* der EU-Mitgliedstaaten nach Inkrafttreten der DSGVO *noch immer anwendbar* sind und welcher Rechtsakt in Anbetracht der jeweiligen

---

[55] Holländer, in: Wolff/Brink, BeckOK, Art. 95 DSGVO (2016), Rn. 4; Art.-29-Datenschutzgruppe, WP 240 (2016), S. 8
[56] ErwGr. 173 DS-GVO; Albrecht/Jotzo, Datenschutzrecht, Schlussbestimmungen (2017), Rn. 7
[57] Weitere Informationen unter https://ec.europa.eu/digital-single-market/en/proposal-eprivacy-regulation, zuletzt aufgerufen am 22. März 2017
[58] Keppeler, MMR (20152015), 779, 779–780
[59] Marosi, DSRITB (2016), 435, 446; Keppeler, MMR (2015), 779, 781

Verarbeitungssituation des Unternehmens zur Anwendung gelangen soll. Derzeit sind noch keine Bestrebungen des deutschen Gesetzgebers zur Reformierung des TMG bekannt.

Referenzen

Albrecht JP, Jotzo F (Hrsg) (2017) Allgemeine Bestimmungen, Rechtmäßigkeit der Datenverarbeitung; Schlussbestimmungen. In: Das neue Datenschutzrecht der EU, 1. Aufl. Nomos, Baden-Baden

Art.-29-Datenschutzgruppe (2016) Opinion 3/2016 on the evaluation and review of the ePrivacy Directive. WP 240

Bock M (2013) § 88. In: Geppert M, Schütz R (Hrsg) Beck'scher TKG-Kommentar, 4. Aufl. C.H. Beck, München

Bundearbeitsgericht (1984) Mitbestimmung bei Datensichtgeräten. NJW 37(25):1476–1486

Bundesarbeitsgericht (1986) Gleichbehandlung von leitenden Angestellten mit Sozialplanregelung. DB 39(4):231

Deutscher Bundestag (2017) Drucksache 18/11325

Ehmann E (2014) § 29 BDSG. In: Simitis S (Hrsg) Bundesdatenschutzgesetz, 8. Aufl. Nomos, Baden-Baden

Frenzel EM (2017) Art. 6 DS-GVODSGVO. In: Paal BP, Pauly DA (Hrsg) Beck'sche Kompaktkommentare Datenschutz-Grundverordnung, 1. Aufl. C.H. Beck, München

Gierschmann S (2016) Was „bringt" deutschen Unternehmen die DS-GVODSGVO? – Mehr Pflichten, aber die Rechtsunsicherheit bleibt. ZD 6(2):51–55

Gola P, Klug C, Körffer B (2015) § 32 BDSG. In: Gola P, Schomerus R (Hrsg) Bundesdatenschutzgesetz Kommentar, 12. Aufl. C.H. Beck, München

Grages J-M (2016) Art. 85, 89 DSGVO. In: Plath K-U (Hrsg) BDSG/DSGVO, 2. Aufl. Verlag Dr. Otto Schmidt, Köln

Holländer C (2016) Art. 95 DSGVO. In: Wolff HA, Brink S (Hrsg) Beck'scher Online-Kommentar Datenschutzrecht, 18. Aufl. C.H. Beck, München

Keppeler LM (2015) Was bleibt vom TMG-Datenschutz nach der DSGVO? – Lösung und Schaffung von Abgrenzungsproblemen im Multimedia-Datenschutz. MMR 18(12):779–783

Klesczewski D (2013) § 88. In: Säcker FJ (Hrsg) TKG, 3. Aufl. Fachmedien Recht und Wirtschaft, Frankfurt am Main

Kort M (2016) Arbeitnehmerdatenschutz gemäß der EU-Datenschutz-Grundverordnung. DB 69(12):711–716

Kort M (2017) Was ändert sich für Datenschutzbeauftragte, Aufsichtsbehörden und Betriebsrat mit der DSGVO? ZD 7(1):3–7

Laue P (2016) Öffnungsklauseln in der DSGVO – Öffnung wohin? ZD 16(10):463–467

Laue P, Nink J, Kremer S (Hrsg) (2016) Einführung; Zulässigkeit der Verarbeitung. In: Das neue Datenschutzrecht in der betrieblichen Praxis, 1. Aufl. Nomos, Baden-Baden

Lingemann S, von Steinau-Steinrück R, Mengel A (Hrsg) (2012) Fundamentals; Labor Law. In: Employment & Labor Law in Germany, 3. Aufl. C.H. Beck, München

Marosi J (2016) One (smart) size fits all? – Das (Datenschutz-)TMG heute – und morgen? DSRITB 7:435–452

Nebel M, Richter P (2012) Datenschutz bei Internetdiensten nach der DSGVO. ZD 2(9):407–413

Oster J (2016) Telekommunikationsrechtliche Vorfragen. In: Hoeren T, Sieber U, Holznagel B (Hrsg) Handbuch Multimedia-Recht, Egl. 7/2016.C.H. Beck, München

Pauly DA (2017) Art. 88 DSGVO. In: Paal BP, Pauly DA (Hrsg) Beck'sche Kompaktkommentare Datenschutz-Grundverordnung, 1. Aufl. C.H. Beck, München

Ricke T (2015) § 3 TKG. In: Spindler G, Schuster F (Hrsg) Recht der elektronischen Medien, 3. Aufl. C.H. Beck, München

Roßnagel A (Hrsg) (2013) TMG Einl. In: Beck'scher Kommentar zum Recht der Telemediendienste, 1. Aufl. C.H. Beck, München
Seifert A (2014) § 32 BDSG. In: Simitis S (Hrsg) Bundesdatenschutzgesetz, 8. Aufl. Nomos, Baden-Baden
Stamer K, Kuhnke M (2016) Art. 85, 89 DSGVO. In: Plath K-U (Hrsg) BDSG/DSGVO, 2. Aufl. Verlag Dr. Otto Schmidt, Köln
Voigt P (2017) Konzerninterner Datentransfer, Praxisanleitung zur Schaffung eines Konzernprivilegs. CR 33(7):428–433
von dem Bussche AF, Zeiter A, Brombach T (2016) Die Umsetzung der Vorgaben der EU-Datenschutz-Grundverordnung durch Unternehmen. DB 69(23):1359–1365
Wedde P (2014) Beschäftigtendatenschutz und Mitbestimmungsrechte des Betriebsrats. In: von dem Bussche AF, Voigt P (Hrsg) Konzerndatenschutz Rechtshandbuch, 1. Aufl. C.H. Beck, München
Werner M (2016) Art. 87 BetrVG. In: Rolfs C, Kreikebohm R, Giesen R, Udsching P (Hrsg) Beck'scher Online-Kommentar Arbeitsrecht, Egl. 12/2016. C.H. Beck, München

Besondere Verarbeitungssituationen 9

Der technische Wandel führt zu immer neuen Wegen und Möglichkeiten der Datenverarbeitung zu Tage. *Große Datenmengen* können *einfacher, schneller und kosteneffizienter* verarbeitet werden. Dadurch eröffnen sich neue Geschäftsfelder, gleichzeitig ist dadurch das Recht natürlicher Personen auf informationelle Selbstbestimmung grds. betroffen. Um auch langfristig, unabhängig von der technologischen Entwicklung einen effektiven Rechtsschutz entfalten zu können, sind die Bestimmungen der DSGVO generell-abstrakt formuliert.[1] Vor diesem Hintergrund wurde bereits kritisiert, dass *klare und spezifische Bestimmungen für Online-Verarbeitungstätigkeiten* in der Verordnung *fehlen*.[2] Dies betrifft Tätigkeiten mit hoher Praxisrelevanz, wie bspw. Cloud Computing, Social Media, verhaltensbasierte Werbung usw.[3]

Unternehmen, die besondere Verarbeitungsvorgänge mit großen Datenmengen vornehmen, müssen *überprüfen*, auf welche der verarbeiteten Daten die DSGVO Anwendung findet und *wie sie die Vorgaben der DSGVO erfüllen* können. Diese Kapitel stellt die wichtigsten datenschutzrechtlichen Aspekte für solche besonderen Verarbeitungstätigkeiten dar, namentlich Big Data, Cloud Computing und das Internet of Things.

9.1 Big Data

Zahlreiche Unternehmen bauen ihr Geschäft auf der Grundlage verschiedenster Technologien auf, die es ermöglichen, *umfangreiche Datensätze* zu erheben, zu verarbeiten, zu kategorisieren und zu analysieren, um auf diese Weise die *Daten* (wirtschaftlich)

---

[1] Sydow/Kring, ZD 2014, 271, 276
[2] Roßnagel/Richter/Nebel ZD 2013, 103, 104; Nebel/Richter, ZD 2012, 407, 408
[3] Keppeler/MMR 2015, 779, 779

zu *verwerten* zu können.[4] Dabei bezieht sich der Begriff „Big Data" eher auf einen speziellen Datenverarbeitungsansatz, als auf bestimmte Verarbeitungstechniken. Derartige Big Data-Anwendungen verarbeiten häufig lediglich sachbezogene Daten, wie über das Wetter oder zu Maschinenabläufen, aber zunehmend auch große Mengen personenbezogener Nutzerinformationen, um menschliches Verhalten zu verstehen, vorauszusagen und zu lenken.[5] Typische Big Data-Aktivitäten bestehen im *Tracking von natürlichen Personen*, zur Vermeidung von Streuverlusten bei Werbemaßnahmen, sowie in Analysen und Vorhersagen zu Nutzerverhalten, weshalb die personenbezogenen Daten zu einem wertvollen Wirtschaftsgut geworden sind.[6] Solche Tätigkeiten lassen sich in zwei Kategorien einteilen: Verhaltensanalysen auf einem „Makro-Level" in Bezug auf Personengruppen und Verhaltensanalysen in Bezug auf Einzelpersonen, also sozusagen auf „Mikro-Level".[7] Vor allem *Profiling* wurde vom europäischen Gesetzgeber als besonders kritische Verarbeitungstätigkeit eingestuft und ist deswegen Gegenstand einer Sondervorschrift – Art. 22 DSGVO (siehe Abschn. 5.8).[8]

9.1.1 Anwendbarkeit der DSGVO

Sobald *große Datensätze personenbezogene Daten enthalten*, also Daten, die einer identifizierten oder identifizierbaren natürlichen Person zugeordnet werden können (siehe Abschn. 2.1.2), ist der Anwendungsbereich der DSGVO eröffnet. In Anbetracht der großen Zahl und inhaltlichen Vielfalt an Daten in großen Datensätzen besteht eine hohe Wahrscheinlichkeit, dass personenbezogene Daten darunter sind, z. B. durch Kombination diverser vorhandener Informationen. Sollte dies der Fall sein, fällt der gesamte Datensatz in den Anwendungsbereich der DSGVO.[9]

Beispiel

Ein Unternehmen erhebt und analysiert Daten bzgl. seines Produktionsvolumens. Der Datensatz enthält Informationen darüber, wie viele Produkte von den verschiedenen Maschinen des Unternehmens innerhalb einer Stunde produziert werden. Zudem enthält der Datensatz Informationen über den Standort jeder Maschine, sowie die Produktionszeit. Diese Daten können es dem Unternehmen in Kombination mit zusätzlichen Informationen, wie bspw. den Schichtplänen der Mitarbeiter, erlauben, festzustellen, welche Person die jeweilige Maschine zu welchem Zeitpunkt bedient hat, um auf diese Weise die Arbeitsleistung der Mitarbeiter zu überwachen.

---

[4] Härting, ITRB 2016, 209, 209
[5] Europäischer Datenschutzbeauftragter, Opinion 8/2016 (2016), S. 6
[6] Europäischer Datenschutzbeauftragter, Opinion 8/2016 (2016), S. 6–7; Härting, ITRB 2016, 209, 209
[7] Roßnagel, ZD 2013, 562, 562; Liedke, K&R 2014, 709, 709
[8] Härting, ITRB 2016, 209, 210
[9] Dammann, ZD 2016, 307, 313; Ringeling, CRi 2015, 7, 7–11

Hier könnte das Unternehmen also die Analyseergebnisse des generierten Datensatzes nutzen, um Informationen über die Produktivität der Angestellten zu erhalten. Weil die Daten identifizierbaren natürlichen Personen zugeordnet werden können (= den Mitarbeitern des Unternehmens), fallen sie in den Anwendungsbereich der DSGVO.[10]

Um die Anwendbarkeit der DSGVO zu vermeiden, sollten Unternehmen eine *Anonymisierung* ihrer Datensätze erwägen (siehe Abschn. 2.1.2.2). In diesem Zusammenhang ist allerdings zu bedenken, dass, je umfangreicher die Datensätze und damit die Anzahl der vorhandenen Informationen sind, desto einfacher ist es, die Daten über eine Kombination von Informationen bestimmten natürlichen Personen zuzuordnen. Auf diese Weise steigt das Risiko einer möglichen Re-Identifikation von Personen, sodass angewandte Anonymisierungstechniken regelmäßig entsprechend kritisch überprüft werden müssen.[11] Alternativ können sich Unternehmen für eine *Pseudonymisierung* der Daten entscheiden.[12] Letztere kann zwar eine Anwendbarkeit der DSGVO nicht verhindern, aber einen Weg aufzeigen, die Anforderungen an die Datenschutzorganisation nach der Verordnung zu erfüllen.

9.1.2 Rechenschaftspflicht

Nach der DSGVO sind die Verantwortlichen und, zu einem gewissen Grad, auch die Auftragsverarbeiter für die Umsetzung der organisatorischen und materiellen Datenschutzpflichten aus der Verordnung verantwortlich (siehe Abschn. 3.1). In Anbetracht komplexer Big Data-Anwendungen, die mit *Daten von verschiedenen Quellen und Unternehmen* arbeiten, bereitet es Schwierigkeiten zu bestimmen, wer für die Einhaltung der Datenschutzanforderungen und die Anfragen betroffener Personen im Ergebnis verantwortlich ist.[13]

Sofern Unternehmen ein anderes auf Big Data-Services spezialisiertes Unternehmen mit der Durchführung einer Datenanalyse beauftragen, legt der Auftraggeber die Zwecke und Mittel der Verarbeitung grundsätzlich fest und wäre damit Verantwortlicher, wohingegen der Big Data-Anbieter auf Grundlage der Weisungen dieses Kunden tätig wird und sich damit (lediglich) als *Auftragsverarbeiter* qualifiziert.[14] Folglich haben die Verantwortlichen die entsprechenden *Big Data-Anbieter* anhand ihrer jeweiligen Befähigung zur Umsetzung eines angemessenen Datenschutzstandards auszuwählen (siehe Abschn. 3.10.2). Allerdings muss die datenschutzrechtliche Rollenverteilung in Bezug auf die beteiligten Unternehmen auf Grundlage des konkreten Falles bestimmt werden, da ggf. mehrere Unternehmen als Verantwortliche gelten können, sollten sie (gemeinsam) die Zwecke und Mittel der Verarbeitung festlegen.

---

[10] Werkmeister/Brandt, CR 2016, 233, 234
[11] Koch, ITRB 2015, 13, 18
[12] Koch, ITRB 2015, 13, 18; Dammann, ZD 2016, 307, 314
[13] Werkmeister/Brandt, CR 2016, 233, 235
[14] Werkmeister/Brandt, CR 2016, 233, 235

9.1.3 Einhaltung der Verarbeitungsgrundsätze

Big Data-Techniken basieren auf einer Verarbeitung großer Datenmengen. Dadurch stehen Unternehmen hinsichtlich der Einhaltung der Verarbeitungsgrundsätze vor einer gesteigerten Herausforderung insbesondere betreffend der Grundsätze der Zweckbindung, der Transparenz und der Datenminimierung.[15] Da die Verletzung dieser Grundsätze gemäß der DSGVO unmittelbar sanktioniert werden kann, müssen Unternehmen darauf achten, diese auch angemessen umzusetzen. Dafür könnte eine *Datenschutz-Folgenabschätzung* erforderlich sein, weil Big Data-Anwendungen regelmäßig systematische und umfassende Verarbeitungen personenbezogener Daten vornehmen (siehe Abschn. 3.5.1 für Einzelheiten). Die Folgenabschätzung wird dabei helfen, die Auswirkungen und Risiken der komplexen Verarbeitungsvorgänge einzuschätzen. Sie ermöglicht es, festzustellen, welche Maßnahmen u. a. zur Wahrung der Grundsätze einer rechtmäßigen Verarbeitung erforderlich sind.

Nach dem Grundsatz der *Transparenz* müssen betroffene Personen über Verarbeitungstätigkeiten, die deren personenbezogene Daten betreffen, informiert werden (siehe Abschn. 4.1.1). Aus diesem Grund sind Verantwortliche gem. Art. 13–14 DSGVO dazu verpflichtet, den betroffenen Personen im Vorfeld der Verarbeitung *Informationen* zur Verfügung zu stellen, die bspw. die Zwecke und Rechtsgrundlagen der Verarbeitung, die Herkunft der Daten und die Identität des Verantwortlichen umfassen (siehe Abschn. 5.2). Die nach dieser Verpflichtung erforderliche Mitteilung der Verarbeitungszwecke dürfte Unternehmen vor eine Herausforderung stellen, da Geschäftsmodelle, die auf Big Data-Anwendungen fußen, häufig große Datenmengen verarbeiten, um zunächst bewerten zu können, ob und wie diese Daten nutzbar sind.[16] Der verfolgte Zweck ist dadurch erst das (offene) Ergebnis der Verarbeitung und nicht etwa ein bereits vorher feststehender bestimmter Zweck. Der Grundsatz der *Zweckbindung* sieht allerdings vor (siehe Abschn. 4.1.2), dass personenbezogene Daten nur für festgelegte, eindeutige und legitime Zwecke erhoben werden dürfen. Um den betroffenen Personen einen solchen Zweck mitteilen zu können, müssen die Big Data-nutzenden Unternehmen diesen wohl die verschiedenen möglichen Verwendungsoptionen mitteilen. Der Detaillierungsgrad des Verarbeitungszwecks dürfte in Anbetracht dieser speziellen Situation bei Big Data-Technologien einzelfallabhängig variieren.[17] Es sollte beachtet werden, je allgemeiner der Verarbeitungszweck, desto risikoreicher die Verarbeitungstätigkeit. Folglich sind erhöhte Datenschutzmaßnahmen zu treffen.[18] Um das Datenschutzniveau ihrer Anwendungen zu verbessern, könnten Big Data-Unternehmen im besonderen Maße mit den Konzepten „Datenschutz durch Technikgestaltung" und „Datenschutz durch datenschutzfreundliche Voreinstellungen" auseinandersetzen (siehe Abschn. 3.7).

---

[15] Art.-29-Datenschutzgruppe, WP 221 (2014a), S. 2
[16] Koch, ITRB 2015, 13, 16; Weichert, ZD 2013, 251, 256
[17] Siehe auch Art.-29-Datenschutzgruppe, WP 203 (2013), S. 51; Weichert, ZD 2013, 251, 256
[18] Weichert, ZD 2013, 251, 256

9.2 Cloud Computing

Cloud Computing bezeichnet eine Reihe von *Techniken und Dienstleistungsmodellen*, die aus einer internet-basierten Bereitstellung und Lieferung von *IT-Anwendungen*, Verarbeitungskapazitäten und/oder Speicherplatz bestehen.[19] Es existiert eine *große Bandbreite* an Cloud-Services, die von virtuellen Verarbeitungssystemen (über einen Remote-Zugriff nutzbare IT-Infrastruktur) bis hin zu web-basierten Softwarelösungen, wie Kalendern, E-Mail- oder Textverarbeitungslösungen reicht.[20] Cloud Computing bietet für Unternehmen technische und wirtschaftliche Vorteile, da es ihnen die Nutzung skalierbarer, qualitativ hochwertiger IT ermöglicht, die ihnen anderweitig aufgrund ihres Budgets und/oder der technischen Umsetzbarkeit nicht zur Verfügung stünde.[21] Cloud-Services werden *häufig genutzt, um personenbezogene Daten* zu *verarbeiten*, wie z. B. Personaldaten, sodass sie in den Anwendungsbereich der DSGVO fallen (siehe Abschn. 2.1.2).

9.2.1 Verteilung der Verantwortlichkeiten

Bei einer Verarbeitung personenbezogener Daten mittels Systemen, die von Cloud-Anbietern betrieben werden, bestimmen Unternehmen zwar die Zwecke und Mittel der Verarbeitung, aber die Verarbeitung selbst wird von den Dienstanbietern ausgeführt. Dadurch gelten die *Nutzer* von Cloud-Services grds. *als Verantwortliche* (siehe Abschn. 2.2.1) und die *Cloud-Anbieter als Auftragsverarbeiter* (siehe Abschn. 2.2.2) i. S. d. DSGVO.[22] Allerdings ist eine verallgemeinernde Klassifizierung zu vermeiden und die Verteilung der Verantwortlichkeiten zwischen den beteiligten Unternehmen muss auf Grundlage des konkreten Einzelfalles bestimmt werden.[23] Je mehr Einfluss die Cloud-Service-Anbieter auf die Zwecke und Mittel der Verarbeitung haben, desto eher sind sie als Verantwortliche i.S.d. DSGVO anzusehen (zu den Kriterien siehe Abschn. 2.2.1).[24] Verarbeitet ein Cloud-Service-Anbieter personenbezogene Daten zu eigenen Zwecken, dürfte er als für die Verarbeitung Verantwortlicher gelten.[25]

---

[19] Art.-29-Datenschutzgruppe, WP 196 (2012), S. 4

[20] Spies, in: v.d.Bussche/Voigt, Konzerndatenschutz, Cloud Computing (2014), Rn. 6; Art.-29-Datenschutzgruppe, WP 196 (2012), S. 4

[21] Spies, in: v.d.Bussche/Voigt, Konzerndatenschutz, Cloud Computing (2014), Rn. 1–2; Art.-29-Datenschutzgruppe, WP 196 (2012), S. 4

[22] Schmid/Kahl, ZD 2017, 54, 55; Art.-29-Datenschutzgruppe, WP 196 (2012), S. 7–8

[23] Hofmann, ZD-Aktuell 2017, 05488

[24] Hofmann, ZD-Aktuell 2017, 05488

[25] Art.-29-Datenschutzgruppe, WP 196 (2012), S. 8

Ausgehend vom Konzept der *gemeinsam Verantwortlichen* nach Art. 26 DSGVO müssen der Cloud-Anbieter und der jeweilige Kunde, sofern sie beide als Verantwortliche gelten, weil sie die Zwecke und Mittel der Verarbeitung gemeinsam festlegen, auch die Verteilung der datenschutzrechtlichen Verantwortlichkeiten zwischen ihnen klar festlegen (siehe Abschn. 3.2.2). In diesem Zusammenhang sollte Beachtung finden, dass, selbst wenn die Nutzer von Cloud Computing-Services allgemeine Geschäftsbedingungen des Cloud-Anbieters akzeptieren und dabei keinen Spielraum zur Verhandlung eines Vertrags haben, sie die freie Auswahl zwischen verschiedenen Cloud-Services treffen können und damit auf diese Weise über die ganze oder teilweise Auslagerung der Verarbeitungsvorgänge an einen bestimmten Cloud-Service entscheiden.[26] Ausgehend von dieser Entscheidungsgewalt sind sie grundsätzlich wohl als Verantwortliche anzusehen.

9.2.2 Auswahl eines geeigneten Cloud-Serviceanbieters

Sofern der Cloud-Kunde als Verantwortlicher gilt, ist er durch die DSGVO zur *Auswahl eines geeigneten Auftragsverarbeiters* verpflichtet (siehe Abschn. 3.10.2). Entscheidet sich der Verantwortliche dazu, die Datenverarbeitung nicht selbst auszuführen, sondern zu diesem Zweck einen Cloud-Serviceanbieter zu beauftragen, verliert er seine alleinige Kontrolle über die personenbezogenen Daten und kann dadurch die organisatorischen Schutzmaßnahmen zur Sicherstellung der Verfügbarkeit, Integrität, Vertraulichkeit, Transparenz, Trennung und Übertragbarkeit der Daten nicht mehr ausreichend sicherstellen.[27] Deshalb muss der ausgewählte *Cloud-Serviceanbieter die angemessenen Schutzmaßnahmen* für die Verarbeitung anwenden. Obwohl Auftragsverarbeiter nach der DSGVO eigene durchsetzbare Datenschutzpflichten treffen, ist der Verantwortliche noch immer vorrangig für die Datenverarbeitung verantwortlich. Bei der Auswahl zwischen verschiedenen Cloud-Serviceanbietern muss er daher deren *Referenzen* und ihre jeweiligen *Datenschutzstandards vergleichen*, welche sie u. a. mithilfe von Zertifizierungen und Verhaltensregeln nachweisen könnten (siehe Abschn. 3.9).[28] Die Datenschutzpflichten werden im Vertrag zwischen dem Kunden und dem Cloud-Serviceanbieter festgelegt (siehe Abschn. 3.10).

Cloud Computing-Dienste werden häufig unter der Beteiligung weiterer *Unter-Auftragsverarbeiter* ausgeführt (siehe Abschn. 3.10.4). Sollte dies der Fall sein, müssen die dem Cloud-Serviceanbieter auferlegten Datenschutzverpflichtungen auch die weiteren Auftragsverarbeiter treffen und aus diesem Grund in die Verträge zwischen den Cloud-Serviceanbietern und den weiteren Auftragsverarbeitern aufgenommen werden.

---

[26] Art.-29-Datenschutzgruppe, WP 196 (2012), S. 8
[27] Art.-29-Datenschutzgruppe, WP 196 (2012), S. 5
[28] Spies, in: v.d.Bussche/Voigt, Konzerndatenschutz, Cloud Computing (2014), Rn. 53

9.2.3 Cloud-Serviceanbieter in Drittländern

Cloud Computing wird häufig zu Übermittlungen personenbezogener Daten an Cloud-Serviceanbieter in Drittländern führen. Gemäß der DSGVO bedarf es für die Einbeziehung eines *Auftragsverarbeiters außerhalb der EU* keiner eigenen Rechtsgrundlage, da eine solche Einbeziehung von der Rechtsgrundlage, die dem Verantwortlichen die Datenverarbeitung ermöglicht, gedeckt wird (siehe Abschn. 3.10.1).[29] Allerdings müssen Datenübermittlungen in Drittländer *zusätzlichen Datenschutzgarantien* unterliegen (siehe Abschn. 4.3). Diese könnten bspw. in der Nutzung von *Standardvertragsklauseln* oder *Binding Corporate Rules* oder in einer Registrierung im Rahmen des EU-U.S. Privacy Shield bestehen. Durch diese Garantien wird sichergestellt, dass der Auftragsanbieter im Drittland ein Datenschutzniveau einhält, das mit demjenigen in der EU vergleichbar ist.

9.3 Internet of Things

Das Internet of Things (kurz: IoT) bezeichnet eine Infrastruktur, über die Milliarden von Sensoren in gewöhnliche Alltagsgegenstände eingebunden werden und diese dadurch in „smarte Gegenstände" verwandeln, welche kontinuierlich Daten erfassen, verarbeiten und übermitteln.[30] Auf Grundlage der über die Gegenstände erhobenen Daten bieten IoT-Unternehmen Anwendungen und Dienstleistungen an, die durch Kombination und Analyse der Daten auf die Interessen und Gewohnheiten des Nutzers zugeschnitten sind, wie bspw. Fitness-Tracking. Das *IoT beruht auf* dem Prinzip *umfangreicher Datenverarbeitung*, mit deren Hilfe die *Umgebung und das Verhalten der Nutzer* gemessen werden.[31] Solche Verarbeitungen beziehen sich regelmäßig auf identifizierbare Personen und eröffnen so die Anwendbarkeit der DSGVO.

9.3.1 Rechtsgrundlage für Datenverarbeitungen im IoT

Da die Datenverarbeitung die Basis von IoT-Geschäftsmodellen bildet, ist deren Rechtmäßigkeit eine der Schlüsselfragen für IoT-Unternehmen.

Vertragliche Erforderlichkeit
Die Datenverarbeitung könnte wegen ihrer *Erforderlichkeit für den Vertrag* zwischen dem *Nutzer und dem IoT-Unternehmen* rechtmäßig sein (siehe Abschn. 4.2.2.1). Allerdings kann diese Rechtsgrundlage nur für Verarbeitungstätigkeiten Verwendung finden, die in direkter Verbindung zum Zweck der Verarbeitung stehen. Da die meisten IoT-Devices eine extensive Datenverarbeitung erfordern und nicht

---

[29] Schmid/Kahl, ZD 2017, 54, 56

[30] Art.-29-Datenschutzgruppe, WP 223 (2014b), S. 4

[31] Art.-29-Datenschutzgruppe, WP 223 (2014b), S. 4

alle dieser Vorgänge zur Erfüllung des Vertragszwecks unbedingt notwendig sein werden, dürfte diese Rechtsgrundlage nur *in begrenzten Fällen einschlägig* sein; z. B. wenn eine IoT-Anwendung auf Grundlage eines Dienstleistungsvertrages zwischen den Beteiligten ausgeführt wird und Daten von Haushaltsgeräten zu dem einzigen Zweck erfasst werden, um deren Funktionsfähigkeit zu Wartungszwecken sicherzustellen.[32]

Überwiegende berechtige Interessen des Verantwortlichen
Die Verarbeitung könnte auch zur Wahrung der *überwiegenden berechtigten Interessen* des IoT-Unternehmens erforderlich sein. Allerdings ist diese Rechtsgrundlage *teilweise mit Unsicherheiten verbunden*, da sie eine vorherige sorgfältige Interessenabwägung mit den Betroffeneninteressen erfordert für deren Ergebnis der Verantwortliche auch rechenschaftspflichtig ist (siehe Abschn. 4.2.2.2). In Anbetracht der immer stärkeren und allgegenwärtigen Vernetzung von Daten über Alltagsgegenstände im IoT wird es in Anbetracht des von den Aufsichtsbehörden angelegten strengen Maßstabs zugunsten zu Gunsten der Betroffeneninteressen regelmäßig der Fall sein, das die *Interessen der betroffenen Person* gegenüber denjenigen des Verantwortlichen überwiegen.[33] Insbesondere in den bei IoT-Diensten recht häufigen Fällen, in denen sich die Daten auf den Gesundheitszustand, die Wohnung oder Intimsphäre, den Aufenthaltsort oder andere Aspekte des Privatlebens der betroffenen Person beziehen.[34]

Einwilligung
Was Smart Devices betrifft, so sind sich die Benutzer dem Ausmaß der stattfindenden Datenverarbeitung unter Umständen nicht bewusst. Dieses Informationsdefizit stellt ein Hindernis für IoT-Unternehmen dar, die eine wirksame Einwilligung der betroffenen Person nach den Vorgaben der DSGVO einholen möchten.[35] Wie aufgezeigt, sind die in Betracht kommenden gesetzlichen Rechtfertigungstatbestände für Verarbeitungen im IoT nur bedingt geeignet, sodass die *Einwilligung* betroffener Personen hier eine wichtige Rolle als Erlaubnistatbestand für IoT-Datenverarbeitungen spielen wird.[36] Aufgrund dessen ist IoT-Unternehmen zu empfehlen, Nutzern *Informationen* über die geplanten Verarbeitungstätigkeiten *zur Verfügung zu stellen* und deren wirksame Einwilligung einzuholen (siehe Abschn. 4.2.1 und 5.2). Diesbezüglich könnten Unternehmen die Entwicklung *neuer Möglichkeiten zur Einholung von Einwilligungen* in Betracht ziehen durch Implementierung von Einwilligungsmechanismen in die Smart Devices.[37]

---

[32] Dienst/Falke, in: Bräutigam/Rücker, E-Commerce, Internet der Dinge (2017), Rn. 33–34

[33] Dienst/Falke, in: Bräutigam/Rücker, E-Commerce, Internet der Dinge (2017), Rn. 37; Art.-29-Datenschutzgruppe, WP 223 (2014b), S. 15

[34] Art.-29-Datenschutzgruppe, WP 223 (2014b), S. 15

[35] Art.-29-Datenschutzgruppe, WP 223 (2014b), S. 7

[36] Dienst/Falke, in: Bräutigam/Rücker, E-Commerce, Internet der Dinge (2017), Rn. 38

[37] Art.-29-Datenschutzgruppe, WP 223 (2014b), S. 7

9.3.2 Datenschutz durch Technikgestaltung und durch datenschutzfreundliche Voreinstellungen

Der europäische Gesetzgeber hat in der DSGVO einen besonderen Schwerpunkt auf *präventiven Datenschutz* gelegt. Im IoT können besonders die Konzepte „Datenschutz durch Technikgestaltung" und durch „datenschutzfreundliche Voreinstellungen" praktisch relevant werden. Diese Schutzkonzepte sollen befördern, dass *neue Technologien* unter Berücksichtigung des *Datenschutzes* und der *Datenminimierung* entwickelt werden (siehe Abschn. 3.7). Dies umfasst zwar auch *Anonymisierungs*techniken (siehe Abschn. 2.1.2.2). Allerdings ermöglichen v. a. Wearables, die sich meist in unmittelbarer Nähe zur betroffenen Person befinden, den Zugriff auf eine Reihe von Identifikationsmerkmalen, wie Standortdaten oder die Analyse von Bewegungsmustern von Gruppen oder Einzelpersonen, die eine Re-Identifizierung der betroffenen Person ermöglichen, insbesondere sobald sie mit anderen Daten kombiniert werden.[38] Daher könnte die volle Entfaltung des IoT-Potenzials die Möglichkeit zur anonymen Nutzung von Diensten einschränken und damit natürliche Personen daran hindern, anonym zu bleiben.[39] Hier wird auch ein gewisses Dilemma sichtbar: denn während vorbenannte Konzepte den Verantwortlichen aufgeben die Produkte so zu entwickeln, dass diese möglichst datensparsam eingesetzt werden, bezwecken IoT-Anwendungen diametral das Gegenteil, werden sie doch extra so „designt", dass sie möglichst umfänglich Daten erfassen. Es bleibt abzuwarten, ob und wie dieser Interessenwiderspruch von den Aufsichtsbehörden oder Gerichten künftig aufgelöst wird. Durch die steigende Vielfalt smarter Alltagsgegenstände könnte praktisch jeder Lebensbereich künftig zum Gegenstand von Datenerhebungen und -analysen werden. Diese technologische Entwicklung kann und sollte nicht durch unbalancierte Durchsetzung der vorbenannten Schutzkonzepte schlicht „verboten" werden. Vielmehr sind Ansätze zu verfolgen und zu entwickeln, wie die technologisch bedingte Zunahme von Datenerhebungen, insbesondere bei IoT, mit dem Gebot der Datensparsamkeit in Einklang zu bringen ist. Vielleicht sollte letzteres im Lichte der technologischen Weiterentwicklung dort eine Modifizierung erfahren, wo sich Betroffene klar und deutlich sowie entsprechend informiert für diese Datenerhebungen aussprechen. D. h. eine entsprechende Einwilligung ist auch als individuelle Aufgabe des Gebotes zur Datensparsamkeit zu verstehen.

Entsprechend der präventiven Datenschutzkonzepte sollten Smart Devices in jedem Fall mit *datenschutzfreundlichen Voreinstellungen* ausgestattet werden, die v. a. diejenigen Nutzer schützen, die nicht über das technische Wissen verfügen, um ihre Privatsphäre durch eine Änderung der Geräteeinstellungen selbst effektiv zu schützen.[40]

---

[38] Art.-29-Datenschutzgruppe, WP 223 (2014b), S. 8

[39] Art.-29-Datenschutzgruppe, WP 223 (2014b), S. 8

[40] Dienst/Falke, in: Bräutigam/Rücker, E-Commerce, Internet der Dinge (2017), Rn. 60

Referenzen

Art.-29-Datenschutzgruppe (2012) Stellungnahme 05/2012 zum Cloud Computing. WP 196 (zitiert nach englischem Original)

Art.-29-Datenschutzgruppe (2013) Opinion 3/2013 on purpose limitation, WP:203

Art.-29-Datenschutzgruppe (2014a) Erklärung der nach Artikel 29 eingesetzten Datenschutzgruppe über die Auswirkungen der Entwicklung von Big-Data-Technologien auf den Schutz natürlicher Personen im Hinblick auf die Verarbeitung ihrer personenbezogenen Daten in der EU, WP 221 (zitiert nach englischem Original)

Art.-29-Datenschutzgruppe (2014b) Stellungnahme 8/2014 zu den jüngsten Entwicklungen im Internet der Dinge, WP 223 (zitiert nach englischem Original)

Dammann U (2016) Erfolge und Defizite der EU-Datenschutzgrundverordnung. ZD 6(7):307–314

Dienst S, Falke M (2017) Datenschutzrechtliche Herausforderungen im Internet der Dinge. In: Bräutigam P, Rücker D (Hrsg) E-Commerce Rechtshandbuch, 1. Aufl.C.H. Beck, München

Europäischer Datenschutzbeauftragter (2016) Opinion 8/2016 – EDPS Opinion on coherent enforcement of fundamental rights in the age of big data

Härting N (2016) Big Data und Profiling nach der DSGVO. ITRB (9):209–211

Hofmann J (2017) Anforderungen aus DSGVO und NIS-RL an das Cloud Computing. ZD-Aktuell 7(3):05488

Keppeler LM (2015) Was bleibt vom TMG-Datenschutz nach der DSGVO? MMR 18(12):779–783

Koch FA (2015) Big Data und der Schutz der Daten. ITRB 1:13–20

Liedke B (2014) BIG DATA – small information: muss der datenschutzrechtliche Auskunftsanspruch reformiert werden? K&R (11):709–714

Nebel M, Richter P (2012) Datenschutz bei Internetdiensten nach der DSGVO. ZD 2(9):407–413

Ringeling C (2015) A practical approach to business analytics software. CRi 16(1):7–11

Roßnagel A (2013) Big data – small privacy? ZD 3(11):562–567

Roßnagel A, Richter P, Nebel M (2013) Besserer Internetdatenschutz für Europa. ZD 3(3):103–108

Schmid G, Kahl T (2017) Verarbeitung „sensibler" Daten durch Cloud-Anbieter in Drittstaaten. ZD 7(2):54–57

Spies A (2014) Cloud Computing. In: von Dem Bussche AF, Voigt P (Hrsg) Konzerndatenschutz Rechtshandbuch, 1. Aufl.C.H. Beck, München

Sydow G, Kring M (2014) Die Datenschutzgrundverordnung zwischen Technikneutralität und Technikbezug. ZD 4(6):271–276

Weichert T (2013) Big Data und Datenschutz. ZD 3(6):251–259

Werkmeister C, Brandt E (2016) Datenschutzrechtliche Herausforderungen für Big Data. CR 32(4):233–238

10 Praktische Umsetzung der Vorgaben der DSGVO

Wie im Handbuch dargestellt, treffen Unternehmen unter der DSGVO zahlreiche neue oder verstärkte Pflichten hinsichtlich der Datenschutzorganisation. Da die Verordnung zudem einen sehr weiten räumlichen Anwendungsbereich besitzt, können auch Unternehmen außerhalb der EU zur Einhaltung der DSGVO verpflichtet sein. Daher sollten Unternehmen zuvorderst feststellen, ob sie in den Anwendungsbereich der DSGVO fallen und, soweit dies der Fall ist, *mit der Umsetzung* der neuen Datenschutzpflichten *zeitnah beginnen*, da die Verordnung ab 25. Mai 2018 ihre Geltung entfaltet. Für einige Unternehmen dürften diese Vorbereitungsmaßnahmen zu einer *Reorganisation zahlreicher interner Prozesse* führen.

Was *Unternehmensgruppen* betrifft, so müssen diese prüfen, ob die Durchführung eines einzigen Implementierungs-Projekts für alle/mehrere Gruppenunternehmen oder die Durchführung separater Implementierungs-Projekte durch jedes Gruppenunternehmen sinnvoller ist.[1] Dies sollte anhand des konkreten Falls bewertet werden, wobei häufig die Durchführung eines einzigen Implementierungs-Projekts für die gesamte Gruppe sinnvoll sein dürfte, um gruppenintern einen kohärenten Datenschutz zu etablieren.[2]

Zur Umsetzung der Datenschutzvorgaben der DSGVO im Unternehmen gibt es viele verschiedene Möglichkeiten. Nachfolgend soll ein *Plan in vier Schritten* als sinnvolle Vorgehensweise dargestellt werden. Diese Herangehensweise dürfte sich insbesondere für diejenigen Unternehmen als sinnvoll erweisen, die Datenschutzstandards von Grund auf entwickeln müssen. Die vier Schritte

1. „Lücken"-Analyse,
2. Risikoanalyse,
3. Projektkonzeption inkl. Ressourcen- und Budgetplanung, und
4. Implementierung

---

[1] Selk, PinG 2017, 38, 38

[2] Selk 2017, 38, 38 spricht sich für ein gesondertes Implementierungs-Projekt für jedes Gruppenunternehmen aus

werden jeweils mit *festgelegten Zielen* abgeschlossen. Diese Herangehensweise basiert zum Teil auf dem Wasserfallmodell,[3] welches sich bisher in vergleichbaren Projekten als hilfreich erwiesen hat.[4] Sofern eine Datenverarbeitung Auswirkungen auf *mehrere EU-Mitgliedstaaten* hat wird zusätzlich ein *fünfter Schritt* notwendig, um die Datenschutzstandards an *nationale Besonderheiten* anzupassen (siehe Kap. 8).

10.1 Schritt 1: „Lücken"-Analyse

In einem ersten Schritt muss das Unternehmen seine *vorhandenen Datenschutzstandards analysieren*. Diese müssen mit den Datenschutzanforderungen der DSGVO verglichen werden. Im Rahmen dieser Analyse der bestehenden Datenschutz-„Lücke" (Gap analysis), sollten etwaige Defizite im Hinblick auf die Anforderungen der EG-Datenschutzrichtlinie ebenfalls beseitigt werden.

Um die „Lücken"-Analyse erfolgreich durchführen zu können, sollten die für die Datenverarbeitung verantwortlichen Personen in den *verschiedenen Abteilungen* des Unternehmens in den Evaluationsprozess mit einbezogen werden. Die Analyse könnte mittels Workshops, spezieller Befragungen oder Selbsteinschätzungen durchgeführt werden.[5] Ein besonderes Augenmerk sollte dabei auf die folgenden Aspekte gelegt werden:

- Welche *Verarbeitungsvorgänge* zu welchen *Zwecken* durchgeführt werden;
- Welche *Arten von Daten* verarbeitet werden;
- Wie die *Verantwortlichkeiten intern verteilt* sind; und
- Welche *Datenschutzmaßnahmen* vorhanden sind, unter anderem was die Rechte der betroffenen Personen betrifft.

Die „Lücken"-Analyse sollte auch eine *Identifikation der Pflichten* des Unternehmens nach der DSGVO auf Grundlage der jeweiligen Datenverarbeitungstätigkeiten umfassen. Als Abschluss der ersten Phase vergleicht das Unternehmen die bestehenden Datenschutzstandards mit den neuen Datenschutzpflichten und identifiziert so die bestehende Schutz-„Lücke", die im Rahmen der nachfolgenden Schritte geschlossen werden muss.

---

[3] Das Wasserfallmodell unterteilt den Umsetzungsprozess in vier verschiedene Phasen, die zeitlich und inhaltlich klar begrenzt sind. Jede Phase wird mit einem vordefinierten Ergebnis, einem „Meilenstein", abgeschlossen, der die Grundlage für die jeweils nachfolgende Phase bildet.

[4] Siehe auch Egle/Zeller, in: v.d.Bussche/Voigt, Konzerndatenschutz, Datenschutzmanagement (2014), Rn. 11 ff.

[5] Siehe auch Egle/Zeller, in: v.d.Bussche/Voigt, Konzerndatenschutz, Datenschutzmanagement (2014), Rn. 15

10.2 Schritt 2: Risikoanalyse

Da die DSGVO einen *risikobasierten Datenschutzansatz* verfolgt (siehe Abschn. 3.3.3), *hängt* der Umfang der *Datenschutzpflichten* des Unternehmens *vom Risikopotenzial* der Verarbeitungstätigkeiten bzgl. des Schutzes der Rechte und Freiheiten der betroffenen Personen *ab*. Zudem wird die Umsetzung der neuen Datenschutzstandards einen hohen Aufwand erfordern, sodass die Pflichten nicht alle zeitgleich umgesetzt werden können. Deshalb sollten Unternehmen *prüfen*, welche *Vorgänge am risikoreichsten* sind und deshalb als erstes in Einklang mit den Vorgaben der DSGVO gebracht werden müssen. Die Risiko-Analyse sollte sich darauf konzentrieren, diejenigen Verarbeitungsvorgänge zu *identifizieren*, die mit dem *größten Risiko* für das Geschäft des Unternehmens und die Rechte der betroffenen Personen verbunden sind und/oder die am wahrscheinlichsten zu hohen Bußgeldern im Falle von Datenschutzverletzungen führen werden (siehe Kap. 7).[6] Die Anstrengungen zur Einhaltung eines angemessenen Datenschutzniveaus müssen für risikoreiche Verarbeitungsvorgänge besonders verstärkt werden, indem diese *zuerst behandelt* werden sollten.

Die zweite Phase der Risikoanalyse wird mit der *Erstellung eines groben strategischen Projektplans zur Umsetzung* der neuen Datenschutzstandards geschlossen, der sich an der identifizierten Datenschutz-„Lücke" unter Berücksichtigung des Risikopotenzials der verschiedenen Verarbeitungsvorgänge ausrichtet.

10.3 Schritt 3: Projektkonzeption und Ressourcen-/Budgetplanung

Auf Grundlage des Projektplans wird eine *unternehmensinterne Datenschutzorganisation konzipiert*, durch welche die Vorgaben der DSGVO umgesetzt werden und die u. a. eine verbindliche, DSGVO-konforme *Datenschutz-Policy* umfassen sollte.[7] Die Konzeption sollte das *Budget und die Ressourcen* für die Reorganisation berücksichtigen, einschließlich Rechtsberatungs- und IT-Kosten (z. B. für neue Software) sowie dem erforderlichen Personalbedarf.[8] Soweit bereits vorhanden, kann der Datenschutzbeauftragte (siehe Abschn. 3.6) in dieser Phase eine große Hilfe sein.

---

[6] Zu verschiedenen berücksichtigungsbedürftigen Gesichtspunkten für die Risikoanalyse siehe Wybitul/Draf, BB 2016, 2101, 2102 f.

[7] Siehe auch Egle/Zeller, in: v.d.Bussche/Voigt, Konzerndatenschutz, Datenschutzmanagement (2014), Rn. 19

[8] Wybitul and Draf 2016, 2101, 2102; Es sollte festgehalten werden, dass – bereits vor der Umsetzung der Datenschutzorganisation im Unternehmen – das Budget, die Ressourcen und die Verantwortlichen für die Durchführung der „Lücken"- und Risiko-Analysen noch vor Beginn des Projekts bestimmt werden müssen, um eine Analyse der bestehenden Datenschutzstandards überhaupt zu ermöglichen.

Das Unternehmen sollte die *Projektverantwortlichkeiten* den Schlüsselmitarbeitern in den am meisten betroffenen Geschäftsbereichen und Büros *zuweisen* und einen gesamtverantwortlichen Projektleiter bestimmen.[9] Bei letzterem könnte es sich um einen *externen Berater* mit Fachkenntnissen auf dem Gebiet des Datenschutzes handeln.

Die dritte Phase wird mit der *Finalisierung des Datenschutzkonzepts* abgeschlossen.

10.4 Schritt 4: Implementierung

In der vierten und letzten Phase werden die neuen, DSGVO-konformen *Datenschutzstandards* auf Grundlage des Datenschutzkonzepts im Unternehmen *eingeführt*. Das Management des Unternehmens sollte die Projektverantwortlichen bei der Anpassung der Verarbeitungsvorgänge an die neuen Datenschutzstandards in den verschiedenen Abteilungen unterstützen. Interne Workshops können hilfreich sein, um das *Bewusstsein für Datenschutz* im Unternehmen *zu stärken* und Mitarbeiter bzgl. einer rechtskonformen Datenverarbeitung zu schulen.[10]

Datenschutz-Managementsystem
Ausgehend von den identifizierten Datenschutzrisiken und korrespondierenden Verpflichtungen kann die Einführung eines *Datenschutz-Managementsystems* (siehe Abschn. 3.2.1 für Einzelheiten) für das Unternehmen eine *angemessene Maßnahme* zur Umsetzung der neuen Standards darstellen. Dabei handelt es sich um ein internes Compliance-System, das üblicherweise ein IT- und Sicherheitskonzept umfasst, um die technischen und organisatorischen Datenschutzmaßnahmen zu überwachen und zu dokumentieren.[11] Ob ein solches System in Anbetracht des verfügbaren Budgets und der vorhandenen Ressourcen umsetzbar ist, muss einzelfallabhängig bestimmt werden.

Datenschutzbeauftragter
Durch die DSGVO werden zahlreiche Unternehmen zur Bestellung eines *Datenschutzbeauftragten* verpflichtet (für Einzelheiten siehe Abschn. 3.6). Ist dies der Fall, können Unternehmen *von der Expertise des Datenschutzbeauftragten profitieren*, da dieser eine Schlüsselrolle für die Überwachung der Einhaltung der DSGVO durch das Unternehmen spielt und ihnen dabei helfen wird, die Datenschutzstandards aufrechtzuerhalten.

---

[9] Wybitul and Draf 2016, 2101, 2102

[10] Siehe auch Egle/Zeller, in: v.d.Bussche/Voigt, Konzerndatenschutz, Datenschutzmanagement (2014), Rn. 23

[11] Laue/Nink/Kremer, Datenschutzrecht, Datenschutz (2016), Rn. 30; siehe auch Scholz, in: Simitis, BDSG, § 3a (2014), Rn. 44

Verzeichnisse von Verarbeitungstätigkeiten
Unternehmen – sowohl Verantwortliche als auch Auftragsverarbeiter – sind zum *Führen von Verzeichnissen* über ihre Datenverarbeitungstätigkeiten verpflichtet (siehe Abschn. 3.4 für Einzelheiten). Um ihre Tätigkeiten rasch aufzuzeichnen, ist es ratsam, zunächst nur einen Überblick zur Verarbeitungstätigkeit zu dokumentieren (Name, Kurzbeschreibung, Kontaktperson) und erst in einem zweiten Schritt genauere Einzelheiten entsprechend der rechtlichen Vorgaben festzuhalten. Die Verzeichnisse sollten entweder von den einzelnen Abteilungen oder einem zentralen Verantwortlichen geführt werden.[12] Letzteres ist äußerst ratsam, da diese Person einen besseren Gesamtüberblick über die Verarbeitungsvorgänge des Unternehmens gewinnt und die durchgängige Aufrechterhaltung der Verzeichnisse sicherstellen wird. Was *Auftragsverarbeiter* betrifft, so könnten diese ihre Verzeichnisse führen, indem sie die entsprechenden *Informationen aus ihren Verarbeitungsvereinbarungen mit dem Verantwortlichen nutzen und systematisieren*, da diese Vereinbarung ohnehin eine detaillierte Beschreibung der Zwecke und Mittel der Verarbeitung enthält, die der Auftragsverarbeiter für den Verantwortlichen ausführt (siehe Abschn. 3.10.2).

Fortlaufende Überwachung und Aufrechterhaltung
Die finale Phase schließt mit der erfolgreichen Umsetzung der neuen Datenschutzstandards und deren regulärer Anwendung ab. Unternehmen müssen sich bewusst machen, dass die *Einhaltung der DSGVO* eine *fortlaufende Überwachung und Aufrechterhaltung* dieser Standards erfordert. Wie soeben erwähnt, könnte der Datenschutzbeauftragte diesbezüglich eine Schlüsselrolle einnehmen, da seine Aufgaben die Bewertung von technischen und organisatorischen Schutzmaßnahmen sowie Verträgen und IT-Systemen, regelmäßige Berichte und Informationen ans Management, etc. umfassen. Unternehmen müssen ihre Vorgänge *regelmäßig* auf die Einhaltung der DSGVO hin *überprüfen*.

10.5 Schritt 5: Nationale Zusatzanforderungen

Die DSGVO lässt einen *erheblichen Spielraum für nationale Rechtsvorschriften* zur Spezifizierung der Datenschutzvorschriften (siehe Kap. 8 für Einzelheiten). Daher ist es wahrscheinlich, dass die verschiedenen EU-Mitgliedstaaten *zusätzliche Datenschutzpflichten* schaffen, die die Unternehmen erfüllen müssen. Sofern Unternehmen Verarbeitungstätigkeiten in verschiedenen EU-Mitgliedstaaten ausführen oder diese Tätigkeiten Auswirkungen in verschiedenen EU-Mitgliedstaaten haben, müssen sie *prüfen, ob sie* von derartigen nationalen Regelungen *betroffen sind*. In

---

[12] Siehe auch Egle/Zeller, in: v.d.Bussche/Voigt, Konzerndatenschutz, Verarbeitungsübersicht (2014), Rn. 15–18

diesem Zusammenhang sollten etwaige Sonderregelungen zum *Beschäftigtendatenschutz* besondere Beachtung finden (siehe Abschn. 8.2). Ausgehend vom etwaig anwendbaren Recht der EU-Mitgliedstaaten müssen die Datenschutzstandards in Bezug auf die betroffenen Verarbeitungsvorgänge ggf. angepasst werden.

Referenzen

Egle M, Zeller A (2014) Datenschutzmanagement im Konzern; Verarbeitungsübersicht im Konzern. In: von dem Bussche AF, Voigt P (Hrsg) Konzerndatenschutz Rechtshandbuch, 1. Aufl. C.H. Beck, München

Laue P, Nink J, Kremer S (Hrsg) (2016) Technischer und Organisatorischer Datenschutz. In: Das neue Datenschutzrecht in der betrieblichen Praxis, 1. Aufl. Nomos, Baden-Baden

Scholz P (2014) § 3a BDSG. In: Simitis S (Hrsg) Bundesdatenschutzgesetz, 8. Aufl. Nomos, Baden-Baden

Selk R (2017) Projekt: Datenschutz-Grundverordnung. PinG 5(1):38–44

Wybitul T, Draf O (2016) Projektplanung und Umsetzung der EU-Datenschutz-Grundverordnung im Unternehmen. BB (35):2101–2107

Annex I – Gegenüberstellung der Vorschriften und entsprechenden Erwägungsgründe der DSGVO sowie der korrespondierenden Vorschriften des BDSG-neu

Artikel der DSGVO	Erwägungsgrund/Erwägungsgründe sowie korrespondierende Vorschriften des BDSG-neu
Kapitel I – Allgemeine Bestimmungen	
Artikel 1: Gegenstand und Ziele Siehe Abschn. 1.1	
1. Diese Verordnung enthält Vorschriften zum Schutz natürlicher Personen bei der Verarbeitung personenbezogener Daten und zum freien Verkehr solcher Daten. 2. Diese Verordnung schützt die Grundrechte und Grundfreiheiten natürlicher Personen und insbesondere deren Recht auf Schutz personenbezogener Daten. 3. Der freie Verkehr personenbezogener Daten in der Union darf aus Gründen des Schutzes natürlicher Personen bei der Verarbeitung personenbezogener Daten weder eingeschränkt noch verboten werden.	(1) Der Schutz natürlicher Personen bei der Verarbeitung personenbezogener Daten ist ein Grundrecht. Gemäß Artikel 8 Absatz 1 der Charta der Grundrechte der Europäischen Union (im Folgenden „Charta") sowie Artikel 16 Absatz 1 des Vertrags über die Arbeitsweise der Europäischen Union (AEUV) hat jede Person das Recht auf Schutz der sie betreffenden personenbezogenen Daten. (2) Die Grundsätze und Vorschriften zum Schutz natürlicher Personen bei der Verarbeitung ihrer personenbezogenen Daten sollten gewährleisten, dass ihre Grundrechte und Grundfreiheiten und insbesondere ihr Recht auf Schutz personenbezogener Daten ungeachtet ihrer Staatsangehörigkeit oder ihres Aufenthaltsorts gewahrt bleiben. Diese Verordnung soll zur Vollendung eines Raums der Freiheit, der Sicherheit und des Rechts und einer Wirtschaftsunion, zum wirtschaftlichen und sozialen Fortschritt, zur Stärkung und zum Zusammenwachsen der Volkswirtschaften innerhalb des Binnenmarkts sowie zum Wohlergehen natürlicher Personen beitragen.

Artikel der DSGVO	Erwägungsgrund/Erwägungsgründe sowie korrespondierende Vorschriften des BDSG-neu
	(3) Zweck der Richtlinie 95/46/EG des Europäischen Parlaments und des Rates ist die Harmonisierung der Vorschriften zum Schutz der Grundrechte und Grundfreiheiten natürlicher Personen bei der Datenverarbeitung sowie die Gewährleistung des freien Verkehrs personenbezogener Daten zwischen den Mitgliedstaaten.
	(4) Die Verarbeitung personenbezogener Daten sollte im Dienste der Menschheit stehen. Das Recht auf Schutz der personenbezogenen Daten ist kein uneingeschränktes Recht; es muss im Hinblick auf seine gesellschaftliche Funktion gesehen und unter Wahrung des Verhältnismäßigkeitsprinzips gegen andere Grundrechte abgewogen werden. Diese Verordnung steht im Einklang mit allen Grundrechten und achtet alle Freiheiten und Grundsätze, die mit der Charta anerkannt wurden und in den Europäischen Verträgen verankert sind, insbesondere Achtung des Privat- und Familienlebens, der Wohnung und der Kommunikation, Schutz personenbezogener Daten, Gedanken-, Gewissens- und Religionsfreiheit, Freiheit der Meinungsäußerung und Informationsfreiheit, unternehmerische Freiheit, Recht auf einen wirksamen Rechtsbehelf und ein faires Verfahren und Vielfalt der Kulturen, Religionen und Sprachen.
	(5) Die wirtschaftliche und soziale Integration als Folge eines funktionierenden Binnenmarkts hat zu einem deutlichen Anstieg des grenzüberschreitenden Verkehrs personenbezogener Daten geführt. Der unionsweite Austausch personenbezogener Daten zwischen öffentlichen und privaten Akteuren einschließlich natürlichen Personen, Vereinigungen und Unternehmen hat zugenommen. Das Unionsrecht verpflichtet die Verwaltungen der Mitgliedstaaten, zusammenzuarbeiten und personenbezogene Daten auszutauschen, damit sie ihren Pflichten nachkommen oder für eine Behörde eines anderen Mitgliedstaats Aufgaben durchführen können.
	(6) Rasche technologische Entwicklungen und die Globalisierung haben den Datenschutz vor neue Herausforderungen gestellt. Das Ausmaß der Erhebung und des Austauschs personenbezogener Daten hat eindrucksvoll zugenommen. Die Technik macht es möglich, dass private Unternehmen und Behörden im Rahmen ihrer Tätigkeiten in einem noch nie dagewesenen Umfang auf personenbezogene Daten zurückgreifen. Zunehmend machen auch natürliche Personen Informationen öffentlich weltweit zugänglich. Die Technik hat das wirtschaftliche und gesellschaftliche Leben verändert und dürfte den Verkehr personenbezogener Daten innerhalb der Union sowie die Datenübermittlung an Drittländer und internationale Organisationen noch weiter erleichtern, wobei ein hohes Datenschutzniveau zu gewährleisten ist.

Artikel der DSGVO	Erwägungsgrund/Erwägungsgründe sowie korrespondierende Vorschriften des BDSG-neu
	(7) Diese Entwicklungen erfordern einen soliden, kohärenteren und klar durchsetzbaren Rechtsrahmen im Bereich des Datenschutzes in der Union, da es von großer Wichtigkeit ist, eine Vertrauensbasis zu schaffen, die die digitale Wirtschaft dringend benötigt, um im Binnenmarkt weiter wachsen zu können. Natürliche Personen sollten die Kontrolle über ihre eigenen Daten besitzen. Natürliche Personen, Wirtschaft und Staat sollten in rechtlicher und praktischer Hinsicht über mehr Sicherheit verfügen.
	(8) Wenn in dieser Verordnung Präzisierungen oder Einschränkungen ihrer Vorschriften durch das Recht der Mitgliedstaaten vorgesehen sind, können die Mitgliedstaaten Teile dieser Verordnung in ihr nationales Recht aufnehmen, soweit dies erforderlich ist, um die Kohärenz zu wahren und die nationalen Rechtsvorschriften für die Personen, für die sie gelten, verständlicher zu machen.
	(9) Die Ziele und Grundsätze der Richtlinie 95/46/EG besitzen nach wie vor Gültigkeit, doch hat die Richtlinie nicht verhindern können, dass der Datenschutz in der Union unterschiedlich gehandhabt wird, Rechtsunsicherheit besteht oder in der Öffentlichkeit die Meinung weit verbreitet ist, dass erhebliche Risiken für den Schutz natürlicher Personen bestehen, insbesondere im Zusammenhang mit der Benutzung des Internets. Unterschiede beim Schutzniveau für die Rechte und Freiheiten von natürlichen Personen im Zusammenhang mit der Verarbeitung personenbezogener Daten in den Mitgliedstaaten, vor allem beim Recht auf Schutz dieser Daten, können den unionsweiten freien Verkehr solcher Daten behindern. Diese Unterschiede im Schutzniveau können daher ein Hemmnis für die unionsweite Ausübung von Wirtschaftstätigkeiten darstellen, den Wettbewerb verzerren und die Behörden an der Erfüllung der ihnen nach dem Unionsrecht obliegenden Pflichten hindern. Sie erklären sich aus den Unterschieden bei der Umsetzung und Anwendung der Richtlinie 95/46/EG.
	(10) Um ein gleichmäßiges und hohes Datenschutzniveau für natürliche Personen zu gewährleisten und die Hemmnisse für den Verkehr personenbezogener Daten in der Union zu beseitigen, sollte das Schutzniveau für die Rechte und Freiheiten von natürlichen Personen bei der Verarbeitung dieser Daten in allen Mitgliedstaaten gleichwertig sein. Die Vorschriften zum Schutz der Grundrechte und Grundfreiheiten von natürlichen Personen bei der Verarbeitung personenbezogener Daten sollten unionsweit gleichmäßig und einheitlich angewandt werden. Hinsichtlich der Verarbeitung personenbezogener Daten zur Erfüllung einer rechtlichen Verpflichtung oder zur Wahrnehmung einer Aufgabe, die im öffentlichen Interesse liegt oder in Ausübung öffentlicher Gewalt

Artikel der DSGVO	Erwägungsgrund/Erwägungsgründe sowie korrespondierende Vorschriften des BDSG-neu
	erfolgt, die dem Verantwortlichen übertragen wurde, sollten die Mitgliedstaaten die Möglichkeit haben, nationale Bestimmungen, mit denen die Anwendung der Vorschriften dieser Verordnung genauer festgelegt wird, beizubehalten oder einzuführen. In Verbindung mit den allgemeinen und horizontalen Rechtsvorschriften über den Datenschutz zur Umsetzung der Richtlinie 95/46/EG gibt es in den Mitgliedstaaten mehrere sektorspezifische Rechtsvorschriften in Bereichen, die spezifischere Bestimmungen erfordern. Diese Verordnung bietet den Mitgliedstaaten zudem einen Spielraum für die Spezifizierung ihrer Vorschriften, auch für die Verarbeitung besonderer Kategorien von personenbezogenen Daten (im Folgenden „sensible Daten"). Diesbezüglich schließt diese Verordnung nicht Rechtsvorschriften der Mitgliedstaaten aus, in denen die Umstände besonderer Verarbeitungssituationen festgelegt werden, einschließlich einer genaueren Bestimmung der Voraussetzungen, unter denen die Verarbeitung personenbezogener Daten rechtmäßig ist.

(11) Ein unionsweiter wirksamer Schutz personenbezogener Daten erfordert die Stärkung und präzise Festlegung der Rechte der betroffenen Personen sowie eine Verschärfung der Verpflichtungen für diejenigen, die personenbezogene Daten verarbeiten und darüber entscheiden, ebenso wie — in den Mitgliedstaaten – gleiche Befugnisse bei der Überwachung und Gewährleistung der Einhaltung der Vorschriften zum Schutz personenbezogener Daten sowie gleiche Sanktionen im Falle ihrer Verletzung.

(12) Artikel 16 Absatz 2 AEUV ermächtigt das Europäische Parlament und den Rat, Vorschriften über den Schutz natürlicher Personen bei der Verarbeitung personenbezogener Daten und zum freien Verkehr solcher Daten zu erlassen.

(13) Damit in der Union ein gleichmäßiges Datenschutzniveau für natürliche Personen gewährleistet ist und Unterschiede, die den freien Verkehr personenbezogener Daten im Binnenmarkt behindern könnten, beseitigt werden, ist eine Verordnung erforderlich, die für die Wirtschaftsteilnehmer einschließlich Kleinstunternehmen sowie kleiner und mittlerer Unternehmen Rechtssicherheit und Transparenz schafft, natürliche Personen in allen Mitgliedstaaten mit demselben Niveau an durchsetzbaren Rechten ausstattet, dieselben Pflichten und Zuständigkeiten für die Verantwortlichen und Auftragsverarbeiter vorsieht und eine gleichmäßige Kontrolle der Verarbeitung personenbezogener Daten und gleichwertige Sanktionen in allen Mitgliedstaaten sowie eine wirksame Zusammenarbeit zwischen den Aufsichtsbehörden der |

Artikel der DSGVO	Erwägungsgrund/Erwägungsgründe sowie korrespondierende Vorschriften des BDSG-neu
	einzelnen Mitgliedstaaten gewährleistet. Das reibungslose Funktionieren des Binnenmarkts erfordert, dass der freie Verkehr personenbezogener Daten in der Union nicht aus Gründen des Schutzes natürlicher Personen bei der Verarbeitung personenbezogener Daten eingeschränkt oder verboten wird. Um der besonderen Situation der Kleinstunternehmen sowie der kleinen und mittleren Unternehmen Rechnung zu tragen, enthält diese Verordnung eine abweichende Regelung hinsichtlich des Führens eines Verzeichnisses für Einrichtungen, die weniger als 250 Mitarbeiter beschäftigen. Außerdem werden die Organe und Einrichtungen der Union sowie die Mitgliedstaaten und deren Aufsichtsbehörden dazu angehalten, bei der Anwendung dieser Verordnung die besonderen Bedürfnisse von Kleinstunternehmen sowie von kleinen und mittleren Unternehmen zu berücksichtigen. Für die Definition des Begriffs „Kleinstunternehmen sowie kleine und mittlere Unternehmen" sollte Artikel 2 des Anhangs zur Empfehlung 2003/361/EG der Kommission maßgebend sein.
Artikel 2: Sachlicher Anwendungsbereich Siehe Abschn. 2.1	
1. Diese Verordnung gilt für die ganz oder teilweise automatisierte Verarbeitung personenbezogener Daten sowie für die nichtautomatisierte Verarbeitung personenbezogener Daten, die in einem Dateisystem gespeichert sind oder gespeichert werden sollen. 2. Diese Verordnung findet keine Anwendung auf die Verarbeitung personenbezogener Daten (a) im Rahmen einer Tätigkeit, die nicht in den Anwendungsbereich des Unionsrechts fällt, (b) durch die Mitgliedstaaten im Rahmen von Tätigkeiten, die in den Anwendungsbereich von Titel V Kapitel 2 EUV fallen, (c) durch natürliche Personen zur Ausübung ausschließlich persönlicher oder familiärer Tätigkeiten,	(14) Der durch diese Verordnung gewährte Schutz sollte für die Verarbeitung der personenbezogenen Daten natürlicher Personen ungeachtet ihrer Staatsangehörigkeit oder ihres Aufenthaltsorts gelten. Diese Verordnung gilt nicht für die Verarbeitung personenbezogener Daten juristischer Personen und insbesondere als juristische Person gegründeter Unternehmen, einschließlich Name, Rechtsform oder Kontaktdaten der juristischen Person. (15) Um ein ernsthaftes Risiko einer Umgehung der Vorschriften zu vermeiden, sollte der Schutz natürlicher Personen technologieneutral sein und nicht von den verwendeten Techniken abhängen. Der Schutz natürlicher Personen sollte für die automatisierte Verarbeitung personenbezogener Daten ebenso gelten wie für die manuelle Verarbeitung von personenbezogenen Daten, wenn die personenbezogenen Daten in einem Dateisystem gespeichert sind oder gespeichert werden sollen. Akten oder Aktensammlungen sowie ihre Deckblätter, die nicht nach bestimmten Kriterien geordnet sind, sollten nicht in den Anwendungsbereich dieser Verordnung fallen. (16) Diese Verordnung gilt nicht für Fragen des Schutzes von Grundrechten und Grundfreiheiten und des freien Verkehrs personenbezogener Daten im Zusammenhang mit Tätigkeiten, die nicht in den Anwendungsbereich des Unionsrechts fallen, wie etwa die nationale Sicherheit betreffende Tätigkeiten. Diese

Artikel der DSGVO	Erwägungsgrund/Erwägungsgründe sowie korrespondierende Vorschriften des BDSG-neu
(d) durch die zuständigen Behörden zum Zwecke der Verhütung, Ermittlung, Aufdeckung oder Verfolgung von Straftaten oder der Strafvollstreckung, einschließlich des Schutzes vor und der Abwehr von Gefahren für die öffentliche Sicherheit. 3. Für die Verarbeitung personenbezogener Daten durch die Organe, Einrichtungen, Ämter und Agenturen der Union gilt die Verordnung (EG) Nr. 45/2001. Die Verordnung (EG) Nr. 45/2001 und sonstige Rechtsakte der Union, die diese Verarbeitung personenbezogener Daten regeln, werden im Einklang mit Artikel 98 an die Grundsätze und Vorschriften der vorliegenden Verordnung angepasst. 4. Die vorliegende Verordnung lässt die Anwendung der Richtlinie 2000/31/EG und speziell die Vorschriften der Artikel 12 bis 15 dieser Richtlinie zur Verantwortlichkeit der Vermittler unberührt.	Verordnung gilt nicht für die von den Mitgliedstaaten im Rahmen der Gemeinsamen Außen- und Sicherheitspolitik der Union durchgeführte Verarbeitung personenbezogener Daten. (17) Die Verordnung (EG) Nr. 45/2001 des Europäischen Parlaments und des Rates gilt für die Verarbeitung personenbezogener Daten durch die Organe, Einrichtungen, Ämter und Agenturen der Union. Die Verordnung (EG) Nr. 45/2001 und sonstige Rechtsakte der Union, die diese Verarbeitung personenbezogener Daten regeln, sollten an die Grundsätze und Vorschriften der vorliegenden Verordnung angepasst und im Lichte der vorliegenden Verordnung angewandt werden. Um einen soliden und kohärenten Rechtsrahmen im Bereich des Datenschutzes in der Union zu gewährleisten, sollten die erforderlichen Anpassungen der Verordnung (EG) Nr. 45/2001 im Anschluss an den Erlass der vorliegenden Verordnung vorgenommen werden, damit sie gleichzeitig mit der vorliegenden Verordnung angewandt werden können. (18) Diese Verordnung gilt nicht für die Verarbeitung von personenbezogenen Daten, die von einer natürlichen Person zur Ausübung ausschließlich persönlicher oder familiärer Tätigkeiten und somit ohne Bezug zu einer beruflichen oder wirtschaftlichen Tätigkeit vorgenommen wird. Als persönliche oder familiäre Tätigkeiten könnte auch das Führen eines Schriftverkehrs oder von Anschriftenverzeichnissen oder die Nutzung sozialer Netze und Online-Tätigkeiten im Rahmen solcher Tätigkeiten gelten. Diese Verordnung gilt jedoch für die Verantwortlichen oder Auftragsverarbeiter, die die Instrumente für die Verarbeitung personenbezogener Daten für solche persönlichen oder familiären Tätigkeiten bereitstellen. (19) Der Schutz natürlicher Personen bei der Verarbeitung personenbezogener Daten durch die zuständigen Behörden zum Zwecke der Verhütung, Ermittlung, Aufdeckung oder Verfolgung von Straftaten oder der Strafvollstreckung, einschließlich des Schutzes vor und der Abwehr von Gefahren für die öffentliche Sicherheit, sowie der freie Verkehr dieser Daten sind in einem eigenen Unionsrechtsakt geregelt. Deshalb sollte diese Verordnung auf Verarbeitungstätigkeiten dieser Art keine Anwendung finden. Personenbezogene Daten, die von Behörden nach dieser Verordnung verarbeitet werden, sollten jedoch, wenn sie zu den vorstehenden Zwecken verwendet werden, einem spezifischeren Unionsrechtsakt, nämlich der Richtlinie (EU) 2016/680 des Europäischen Parlaments und des Rates unterliegen. Die Mitgliedstaaten können die zuständigen Behörden im Sinne der Richtlinie (EU) 2016/680 mit Aufgaben betrauen, die nicht zwangsläufig für die Zwecke der

Artikel der DSGVO	Erwägungsgrund/Erwägungsgründe sowie korrespondierende Vorschriften des BDSG-neu
	Verhütung, Ermittlung, Aufdeckung oder Verfolgung von Straftaten oder der Strafvollstreckung, einschließlich des Schutzes vor und der Abwehr von Gefahren für die öffentliche Sicherheit, ausgeführt werden, sodass die Verarbeitung von personenbezogenen Daten für diese anderen Zwecke insoweit in den Anwendungsbereich dieser Verordnung fällt, als sie in den Anwendungsbereich des Unionsrechts fällt. In Bezug auf die Verarbeitung personenbezogener Daten durch diese Behörden für Zwecke, die in den Anwendungsbereich dieser Verordnung fallen, sollten die Mitgliedstaaten spezifischere Bestimmungen beibehalten oder einführen können, um die Anwendung der Vorschriften dieser Verordnung anzupassen. In den betreffenden Bestimmungen können die Auflagen für die Verarbeitung personenbezogener Daten durch diese zuständigen Behörden für jene anderen Zwecke präziser festgelegt werden, wobei der verfassungsmäßigen, organisatorischen und administrativen Struktur des betreffenden Mitgliedstaats Rechnung zu tragen ist. Soweit diese Verordnung für die Verarbeitung personenbezogener Daten durch private Stellen gilt, sollte sie vorsehen, dass die Mitgliedstaaten einige Pflichten und Rechte unter bestimmten Voraussetzungen mittels Rechtsvorschriften beschränken können, wenn diese Beschränkung in einer demokratischen Gesellschaft eine notwendige und verhältnismäßige Maßnahme zum Schutz bestimmter wichtiger Interessen darstellt, wozu auch die öffentliche Sicherheit und die Verhütung, Ermittlung, Aufdeckung und Verfolgung von Straftaten oder die Strafvollstreckung zählen, einschließlich des Schutzes vor und der Abwehr von Gefahren für die öffentliche Sicherheit. Dies ist beispielsweise im Rahmen der Bekämpfung der Geldwäsche oder der Arbeit kriminaltechnischer Labors von Bedeutung.
	(20) Diese Verordnung gilt zwar unter anderem für die Tätigkeiten der Gerichte und anderer Justizbehörden, doch könnte im Unionsrecht oder im Recht der Mitgliedstaaten festgelegt werden, wie die Verarbeitungsvorgänge und Verarbeitungsverfahren bei der Verarbeitung personenbezogener Daten durch Gerichte und andere Justizbehörden im Einzelnen auszusehen haben. Damit die Unabhängigkeit der Justiz bei der Ausübung ihrer gerichtlichen Aufgaben einschließlich ihrer Beschlussfassung unangetastet bleibt, sollten die Aufsichtsbehörden nicht für die Verarbeitung personenbezogener Daten durch Gerichte im Rahmen ihrer justiziellen Tätigkeit zuständig sein. Mit der Aufsicht über diese Datenverarbeitungsvorgänge sollten besondere Stellen im Justizsystem des Mitgliedstaats betraut werden können, die insbesondere die Einhaltung der Vorschriften dieser Verordnung sicherstellen, Richter und Staatsanwälte besser für ihre Pflichten aus dieser

Artikel der DSGVO	Erwägungsgrund/Erwägungsgründe sowie korrespondierende Vorschriften des BDSG-neu
	Verordnung sensibilisieren und Beschwerden in Bezug auf derartige Datenverarbeitungsvorgänge bearbeiten sollten.
	(21) Die vorliegende Verordnung berührt nicht die Anwendung der Richtlinie 2000/31/EG des Europäischen Parlaments und des Rates und insbesondere die der Vorschriften der Artikel 12 bis 15 jener Richtlinie zur Verantwortlichkeit von Anbietern reiner Vermittlungsdienste. Die genannte Richtlinie soll dazu beitragen, dass der Binnenmarkt einwandfrei funktioniert, indem sie den freien Verkehr von Diensten der Informationsgesellschaft zwischen den Mitgliedstaaten sicherstellt.
	(27) Diese Verordnung gilt nicht für die personenbezogenen Daten Verstorbener. Die Mitgliedstaaten können Vorschriften für die Verarbeitung der personenbezogenen Daten Verstorbener vorsehen.
	(102) Internationale Abkommen zwischen der Union und Drittländern über die Übermittlung von personenbezogenen Daten einschließlich geeigneter Garantien für die betroffenen Personen werden von dieser Verordnung nicht berührt. Die Mitgliedstaaten können völkerrechtliche Übereinkünfte schließen, die die Übermittlung personenbezogener Daten an Drittländer oder internationale Organisationen beinhalten, sofern sich diese Übereinkünfte weder auf diese Verordnung noch auf andere Bestimmungen des Unionsrechts auswirken und ein angemessenes Schutzniveau für die Grundrechte der betroffenen Personen umfassen.
	§ 1 BDSG-neu: Anwendungsbereich des Gesetzes (1) Dieses Gesetz gilt für die Verarbeitung personenbezogener Daten durch 1. öffentliche Stellen des Bundes, 2. öffentliche Stellen der Länder, soweit der Datenschutz nicht durch Landesgesetz geregelt ist und soweit sie a) Bundesrecht ausführen oder b) als Organe der Rechtspflege tätig werden und es sich nicht um Verwaltungsangelegenheiten handelt. Für nichtöffentliche Stellen gilt dieses Gesetz für die ganz oder teilweise automatisierte Verarbeitung personenbezogener Daten sowie die nicht automatisierte Verarbeitung personenbezogener Daten, die in einem Dateisystem gespeichert sind oder gespeichert werden sollen, es sei denn, die Verarbeitung durch natürliche

Artikel der DSGVO	Erwägungsgrund/Erwägungsgründe sowie korrespondierende Vorschriften des BDSG-neu
	Personen erfolgt zur Ausübung ausschließlich persönlicher oder familiärer Tätigkeiten. (2) Andere Rechtsvorschriften des Bundes über den Datenschutz gehen den Vorschriften dieses Gesetzes vor. Regeln sie einen Sachverhalt, für den dieses Gesetz gilt, nicht oder nicht abschließend, finden die Vorschriften dieses Gesetzes Anwendung. Die Verpflichtung zur Wahrung gesetzlicher Geheimhaltungspflichten oder von Berufs- oder besonderen Amtsgeheimnissen, die nicht auf gesetzlichen Vorschriften beruhen, bleibt unberührt. (3) Die Vorschriften dieses Gesetzes gehen denen des Verwaltungsverfahrensgesetzes vor, soweit bei der Ermittlung des Sachverhalts personenbezogene Daten verarbeitet werden. […] (5) Die Vorschriften dieses Gesetzes finden keine Anwendung, soweit das Recht der Europäischen Union, im Besonderen die Verordnung (EU) 2016/679 in der jeweils geltenden Fassung, unmittelbar gilt. (6) Bei Verarbeitungen zu Zwecken gemäß Artikel 2 der Verordnung (EU) 2016/679 stehen die Vertragsstaaten des Abkommens über den Europäischen Wirtschaftsraum und die Schweiz den Mitgliedstaaten der Europäischen Union gleich. Andere Staaten gelten insoweit als Drittstaaten. (7) Bei Verarbeitungen zu Zwecken gemäß Artikel 1 Absatz 1 der Richtlinie (EU) 2016/680 des Europäischen Parlaments und des Rates vom 27. April 2016 zum Schutz natürlicher Personen bei der Verarbeitung personenbezogener Daten durch die zuständigen Behörden zum Zwecke der Verhütung, Ermittlung, Aufdeckung oder Verfolgung von Straftaten oder der Strafvollstreckung sowie zum freien Datenverkehr und zur Aufhebung des Rahmenbeschlusses 2008/977/JI des Rates (ABl. L 119 vom 04.05.2016, S. 89) stehen die bei der Umsetzung, Anwendung und Entwicklung des Schengen-Besitzstands assoziierten Staaten den Mitgliedstaaten der Europäischen Union gleich. Andere Staaten gelten insoweit als Drittstaaten. (8) Für Verarbeitungen personenbezogener Daten durch öffentliche Stellen im Rahmen von nicht in die Anwendungsbereiche der Verordnung (EU) 2016/679 und der Richtlinie (EU) 2016/680 fallenden Tätigkeiten finden die Verordnung (EU) 2016/679 und die Teile 1 und 2 dieses Gesetzes entsprechend Anwendung, soweit nicht in diesem Gesetz oder einem anderen Gesetz Abweichendes geregelt ist.

Artikel der DSGVO	Erwägungsgrund/Erwägungsgründe sowie korrespondierende Vorschriften des BDSG-neu
Artikel 3: Räumlicher Anwendungsbereich Siehe Abschn. 2.3	
1. Diese Verordnung findet Anwendung auf die Verarbeitung personenbezogener Daten, soweit diese im Rahmen der Tätigkeiten einer Niederlassung eines Verantwortlichen oder eines Auftragsverarbeiters in der Union erfolgt, unabhängig davon, ob die Verarbeitung in der Union stattfindet. 2. Diese Verordnung findet Anwendung auf die Verarbeitung personenbezogener Daten von betroffenen Personen, die sich in der Union befinden, durch einen nicht in der Union niedergelassenen Verantwortlichen oder Auftragsverarbeiter, wenn die Datenverarbeitung im Zusammenhang damit steht (a) betroffenen Personen in der Union Waren oder Dienstleistungen anzubieten, unabhängig davon, ob von diesen betroffenen Personen eine Zahlung zu leisten ist; (b) das Verhalten betroffener Personen zu beobachten, soweit ihr Verhalten in der Union erfolgt. 3. Diese Verordnung findet Anwendung auf die Verarbeitung personenbezogener Daten durch einen nicht in der Union niedergelassenen Verantwortlichen an einem Ort, der aufgrund Völkerrechts dem Recht eines Mitgliedstaats unterliegt.	(22) Jede Verarbeitung personenbezogener Daten im Rahmen der Tätigkeiten einer Niederlassung eines Verantwortlichen oder eines Auftragsverarbeiters in der Union sollte gemäß dieser Verordnung erfolgen, gleich, ob die Verarbeitung in oder außerhalb der Union stattfindet. Eine Niederlassung setzt die effektive und tatsächliche Ausübung einer Tätigkeit durch eine feste Einrichtung voraus. Die Rechtsform einer solchen Einrichtung, gleich, ob es sich um eine Zweigstelle oder eine Tochtergesellschaft mit eigener Rechtspersönlichkeit handelt, ist dabei nicht ausschlaggebend. (23) Damit einer natürlichen Person der gemäß dieser Verordnung gewährleistete Schutz nicht vorenthalten wird, sollte die Verarbeitung personenbezogener Daten von betroffenen Personen, die sich in der Union befinden, durch einen nicht in der Union niedergelassenen Verantwortlichen oder Auftragsverarbeiter dieser Verordnung unterliegen, wenn die Verarbeitung dazu dient, diesen betroffenen Personen gegen Entgelt oder unentgeltlich Waren oder Dienstleistungen anzubieten. Um festzustellen, ob dieser Verantwortliche oder Auftragsverarbeiter betroffenen Personen, die sich in der Union befinden, Waren oder Dienstleistungen anbietet, sollte festgestellt werden, ob der Verantwortliche oder Auftragsverarbeiter offensichtlich beabsichtigt, betroffenen Personen in einem oder mehreren Mitgliedstaaten der Union Dienstleistungen anzubieten. Während die bloße Zugänglichkeit der Website des Verantwortlichen, des Auftragsverarbeiters oder eines Vermittlers in der Union, einer E-Mail-Adresse oder anderer Kontaktdaten oder die Verwendung einer Sprache, die in dem Drittland, in dem der Verantwortliche niedergelassen ist, allgemein gebräuchlich ist, hierfür kein ausreichender Anhaltspunkt ist, können andere Faktoren wie die Verwendung einer Sprache oder Währung, die in einem oder mehreren Mitgliedstaaten gebräuchlich ist, in Verbindung mit der Möglichkeit, Waren und Dienstleistungen in dieser anderen Sprache zu bestellen, oder die Erwähnung von Kunden oder Nutzern, die sich in der Union befinden, darauf hindeuten, dass der Verantwortliche beabsichtigt, den Personen in der Union Waren oder Dienstleistungen anzubieten. (24) Die Verarbeitung personenbezogener Daten von betroffenen Personen, die sich in der Union befinden, durch einen nicht in der Union niedergelassenen Verantwortlichen

Artikel der DSGVO	Erwägungsgrund/Erwägungsgründe sowie korrespondierende Vorschriften des BDSG-neu
	oder Auftragsverarbeiter sollte auch dann dieser Verordnung unterliegen, wenn sie dazu dient, das Verhalten dieser betroffenen Personen zu beobachten, soweit ihr Verhalten in der Union erfolgt. Ob eine Verarbeitungstätigkeit der Beobachtung des Verhaltens von betroffenen Personen gilt, sollte daran festgemacht werden, ob ihre Internetaktivitäten nachvollzogen werden, einschließlich der möglichen nachfolgenden Verwendung von Techniken zur Verarbeitung personenbezogener Daten, durch die von einer natürlichen Person ein Profil erstellt wird, das insbesondere die Grundlage für sie betreffende Entscheidungen bildet oder anhand dessen ihre persönlichen Vorlieben, Verhaltensweisen oder Gepflogenheiten analysiert oder vorausgesagt werden sollen. (25) Ist nach Völkerrecht das Recht eines Mitgliedstaats anwendbar, z. B. in einer diplomatischen oder konsularischen Vertretung eines Mitgliedstaats, so sollte die Verordnung auch auf einen nicht in der Union niedergelassenen Verantwortlichen Anwendung finden. **§ 1 BDSG-neu: Anwendungsbereich des Gesetzes** [...] (4) Dieses Gesetz findet Anwendung auf öffentliche Stellen. Auf nichtöffentliche Stellen findet es Anwendung, sofern 1. der Verantwortliche oder Auftragsverarbeiter personenbezogene Daten im Inland verarbeitet, 2. die Verarbeitung personenbezogener Daten im Rahmen der Tätigkeiten einer inländischen Niederlassung des Verantwortlichen oder Auftragsverarbeiters erfolgt oder 3. der Verantwortliche oder Auftragsverarbeiter zwar keine Niederlassung in einem Mitgliedstaat der Europäischen Union oder in einem anderen Vertragsstaat des Abkommens über den Europäischen Wirtschaftsraum hat, er aber in den Anwendungsbereich der Verordnung (EU) 2016/679 des Europäischen Parlaments und des Rates vom 27. April 2016 zum Schutz natürlicher Personen bei der Verarbeitung personenbezogener Daten, zum freien Datenverkehr und zur Aufhebung der Richtlinie 95/46/EG (Datenschutz-Grundverordnung) (ABl. L 119 vom 04.05.2016, S. 1; L 314 vom 22.11.2016, S. 72) fällt. Sofern dieses Gesetz nicht gemäß Satz 2 Anwendung findet, gelten für den Verantwortlichen oder Auftragsverarbeiter nur die §§ 8 bis 21, 39 bis 44. [...]

Artikel der DSGVO	Erwägungsgrund/Erwägungsgründe sowie korrespondierende Vorschriften des BDSG-neu
Artikel 4: Begriffsbestimmungen Siehe Abschn. 2.1.1, 2.1.2, 2.1.2.2, 2.2.1, 2.2.2, 3.8, 4.2.1, 4.2.3.1, 4.3.5, 4.3.8, 4.4, 5.8, Kap. 6 und Abschn. 6.3.1	
Im Sinne dieser Verordnung bezeichnet der Ausdruck: 1. „personenbezogene Daten" alle Informationen, die sich auf eine identifizierte oder identifizierbare natürliche Person (im Folgenden „betroffene Person") beziehen; als identifizierbar wird eine natürliche Person angesehen, die direkt oder indirekt, insbesondere mittels Zuordnung zu einer Kennung wie einem Namen, zu einer Kennnummer, zu Standortdaten, zu einer Online-Kennung oder zu einem oder mehreren besonderen Merkmalen, die Ausdruck der physischen, physiologischen, genetischen, psychischen, wirtschaftlichen, kulturellen oder sozialen Identität dieser natürlichen Person sind, identifiziert werden kann; 2. „Verarbeitung" jeden mit oder ohne Hilfe automatisierter Verfahren ausgeführten Vorgang oder jede solche Vorgangsreihe im Zusammenhang mit personenbezogenen Daten wie das Erheben, das Erfassen, die Organisation, das Ordnen, die Speicherung, die Anpassung oder Veränderung, das Auslesen, das Abfragen, die Verwendung, die Offenlegung durch Übermittlung, Verbreitung oder eine andere Form der Bereitstellung, den Abgleich oder die Verknüpfung, die Einschränkung, das Löschen oder die Vernichtung; 3. „Einschränkung der Verarbeitung" die Markierung gespeicherter personenbezogener	(26) Die Grundsätze des Datenschutzes sollten für alle Informationen gelten, die sich auf eine identifizierte oder identifizierbare natürliche Person beziehen. Einer Pseudonymisierung unterzogene personenbezogene Daten, die durch Heranziehung zusätzlicher Informationen einer natürlichen Person zugeordnet werden könnten, sollten als Informationen über eine identifizierbare natürliche Person betrachtet werden. Um festzustellen, ob eine natürliche Person identifizierbar ist, sollten alle Mittel berücksichtigt werden, die von dem Verantwortlichen oder einer anderen Person nach allgemeinem Ermessen wahrscheinlich genutzt werden, um die natürliche Person direkt oder indirekt zu identifizieren, wie beispielsweise das Aussondern. Bei der Feststellung, ob Mittel nach allgemeinem Ermessen wahrscheinlich zur Identifizierung der natürlichen Person genutzt werden, sollten alle objektiven Faktoren, wie die Kosten der Identifizierung und der dafür erforderliche Zeitaufwand, herangezogen werden, wobei die zum Zeitpunkt der Verarbeitung verfügbare Technologie und technologische Entwicklungen zu berücksichtigen sind. Die Grundsätze des Datenschutzes sollten daher nicht für anonyme Informationen gelten, d. h. für Informationen, die sich nicht auf eine identifizierte oder identifizierbare natürliche Person beziehen, oder personenbezogene Daten, die in einer Weise anonymisiert worden sind, dass die betroffene Person nicht oder nicht mehr identifiziert werden kann. Diese Verordnung betrifft somit nicht die Verarbeitung solcher anonymer Daten, auch für statistische oder für Forschungszwecke. (30) Natürlichen Personen werden unter Umständen Online-Kennungen wie IP-Adressen und Cookie-Kennungen, die sein Gerät oder Software-Anwendungen und -Tools oder Protokolle liefern, oder sonstige Kennungen wie Funkfrequenzkennzeichnungen zugeordnet. Dies kann Spuren hinterlassen, die insbesondere in Kombination mit eindeutigen Kennungen und anderen beim Server eingehenden Informationen dazu benutzt werden können, um Profile der natürlichen Personen zu erstellen und sie zu identifizieren. (31) Behörden, gegenüber denen personenbezogene Daten aufgrund einer rechtlichen Verpflichtung für die Ausübung ihres offiziellen Auftrags offengelegt werden, wie Steuer- und Zollbehörden, Finanzermittlungsstellen,

Artikel der DSGVO	Erwägungsgrund/Erwägungsgründe sowie korrespondierende Vorschriften des BDSG-neu
Daten mit dem Ziel, ihre künftige Verarbeitung einzuschränken; 4. „Profiling" jede Art der automatisierten Verarbeitung personenbezogener Daten, die darin besteht, dass diese personenbezogenen Daten verwendet werden, um bestimmte persönliche Aspekte, die sich auf eine natürliche Person beziehen, zu bewerten, insbesondere um Aspekte bezüglich Arbeitsleistung, wirtschaftliche Lage, Gesundheit, persönliche Vorlieben, Interessen, Zuverlässigkeit, Verhalten, Aufenthaltsort oder Ortswechsel dieser natürlichen Person zu analysieren oder vorherzusagen; 5. „Pseudonymisierung" die Verarbeitung personenbezogener Daten in einer Weise, dass die personenbezogenen Daten ohne Hinzuziehung zusätzlicher Informationen nicht mehr einer spezifischen betroffenen Person zugeordnet werden können, sofern diese zusätzlichen Informationen gesondert aufbewahrt werden und technischen und organisatorischen Maßnahmen unterliegen, die gewährleisten, dass die personenbezogenen Daten nicht einer identifizierten oder identifizierbaren natürlichen Person zugewiesen werden; 6. „Dateisystem" jede strukturierte Sammlung personenbezogener Daten, die nach bestimmten Kriterien zugänglich sind, unabhängig davon, ob diese Sammlung zentral, dezentral oder nach funktionalen oder geografischen Gesichtspunkten geordnet geführt wird;	unabhängige Verwaltungsbehörden oder Finanzmarktbehörden, die für die Regulierung und Aufsicht von Wertpapiermärkten zuständig sind, sollten nicht als Empfänger gelten, wenn sie personenbezogene Daten erhalten, die für die Durchführung – gemäß dem Unionsrecht oder dem Recht der Mitgliedstaaten – eines einzelnen Untersuchungsauftrags im Interesse der Allgemeinheit erforderlich sind. Anträge auf Offenlegung, die von Behörden ausgehen, sollten immer schriftlich erfolgen, mit Gründen versehen sein und gelegentlichen Charakter haben, und sie sollten nicht vollständige Dateisysteme betreffen oder zur Verknüpfung von Dateisystemen führen. Die Verarbeitung personenbezogener Daten durch die genannten Behörden sollte den für die Zwecke der Verarbeitung geltenden Datenschutzvorschriften entsprechen. (32) Die Einwilligung sollte durch eine eindeutige bestätigende Handlung erfolgen, mit der freiwillig, für den konkreten Fall, in informierter Weise und unmissverständlich bekundet wird, dass die betroffene Person mit der Verarbeitung der sie betreffenden personenbezogenen Daten einverstanden ist, etwa in Form einer schriftlichen Erklärung, die auch elektronisch erfolgen kann, oder einer mündlichen Erklärung. Dies könnte etwa durch Anklicken eines Kästchens beim Besuch einer Internetseite, durch die Auswahl technischer Einstellungen für Dienste der Informationsgesellschaft oder durch eine andere Erklärung oder Verhaltensweise geschehen, mit der die betroffene Person in dem jeweiligen Kontext eindeutig ihr Einverständnis mit der beabsichtigten Verarbeitung ihrer personenbezogenen Daten signalisiert. Stillschweigen, bereits angekreuzte Kästchen oder Untätigkeit der betroffenen Person sollten daher keine Einwilligung darstellen. Die Einwilligung sollte sich auf alle zu demselben Zweck oder denselben Zwecken vorgenommenen Verarbeitungsvorgänge beziehen. Wenn die Verarbeitung mehreren Zwecken dient, sollte für alle diese Verarbeitungszwecke eine Einwilligung gegeben werden. Wird die betroffene Person auf elektronischem Weg zur Einwilligung aufgefordert, so muss die Aufforderung in klarer und knapper Form und ohne unnötige Unterbrechung des Dienstes, für den die Einwilligung gegeben wird, erfolgen. (33) Oftmals kann der Zweck der Verarbeitung personenbezogener Daten für Zwecke der wissenschaftlichen Forschung zum Zeitpunkt der Erhebung der personenbezogenen Daten nicht vollständig angegeben werden. Daher sollte es betroffenen Personen erlaubt sein, ihre Einwilligung für bestimmte Bereiche wissenschaftlicher Forschung zu geben, wenn dies unter Einhaltung der anerkannten ethischen Standards der wissenschaftlichen Forschung geschieht. Die betroffenen Personen

Artikel der DSGVO	Erwägungsgrund/Erwägungsgründe sowie korrespondierende Vorschriften des BDSG-neu
7. „Verantwortlicher" die natürliche oder juristische Person, Behörde, Einrichtung oder andere Stelle, die allein oder gemeinsam mit anderen über die Zwecke und Mittel der Verarbeitung von personenbezogenen Daten entscheidet; sind die Zwecke und Mittel dieser Verarbeitung durch das Unionsrecht oder das Recht der Mitgliedstaaten vorgegeben, so kann der Verantwortliche beziehungsweise können die bestimmten Kriterien seiner Benennung nach dem Unionsrecht oder dem Recht der Mitgliedstaaten vorgesehen werden; 8. „Auftragsverarbeiter" eine natürliche oder juristische Person, Behörde, Einrichtung oder andere Stelle, die personenbezogene Daten im Auftrag des Verantwortlichen verarbeitet; 9. „Empfänger" eine natürliche oder juristische Person, Behörde, Einrichtung oder andere Stelle, der personenbezogene Daten offengelegt werden, unabhängig davon, ob es sich bei ihr um einen Dritten handelt oder nicht. Behörden, die im Rahmen eines bestimmten Untersuchungsauftrags nach dem Unionsrecht oder dem Recht der Mitgliedstaaten möglicherweise personenbezogene Daten erhalten, gelten jedoch nicht als Empfänger; die Verarbeitung dieser Daten durch die genannten Behörden erfolgt im Einklang mit den geltenden Datenschutzvorschriften gemäß den Zwecken der Verarbeitung;	sollten Gelegenheit erhalten, ihre Einwilligung nur für bestimmte Forschungsbereiche oder Teile von Forschungsprojekten in dem vom verfolgten Zweck zugelassenen Maße zu erteilen. (34) Genetische Daten sollten als personenbezogene Daten über die ererbten oder erworbenen genetischen Eigenschaften einer natürlichen Person definiert werden, die aus der Analyse einer biologischen Probe der betreffenden natürlichen Person, insbesondere durch eine Chromosomen, Desoxyribonukleinsäure (DNS)- oder Ribonukleinsäure (RNS)-Analyse oder der Analyse eines anderen Elements, durch die gleichwertige Informationen erlangt werden können, gewonnen werden. (35) Zu den personenbezogenen Gesundheitsdaten sollten alle Daten zählen, die sich auf den Gesundheitszustand einer betroffenen Person beziehen und aus denen Informationen über den früheren, gegenwärtigen und künftigen körperlichen oder geistigen Gesundheitszustand der betroffenen Person hervorgehen. Dazu gehören auch Informationen über die natürliche Person, die im Zuge der Anmeldung für sowie der Erbringung von Gesundheitsdienstleistungen im Sinne der Richtlinie 2011/24/EU des Europäischen Parlaments und des Rates für die natürliche Person erhoben werden, Nummern, Symbole oder Kennzeichen, die einer natürlichen Person zugeteilt wurden, um diese natürliche Person für gesundheitliche Zwecke eindeutig zu identifizieren, Informationen, die von der Prüfung oder Untersuchung eines Körperteils oder einer körpereigenen Substanz, auch aus genetischen Daten und biologischen Proben, abgeleitet wurden, und Informationen etwa über Krankheiten, Behinderungen, Krankheitsrisiken, Vorerkrankungen, klinische Behandlungen oder den physiologischen oder biomedizinischen Zustand der betroffenen Person unabhängig von der Herkunft der Daten, ob sie nun von einem Arzt oder sonstigem Angehörigen eines Gesundheitsberufes, einem Krankenhaus, einem Medizinprodukt oder einem In-Vitro-Diagnostikum stammen. (36) Die Hauptniederlassung des Verantwortlichen in der Union sollte der Ort seiner Hauptverwaltung in der Union sein, es sei denn, dass Entscheidungen über die Zwecke und Mittel der Verarbeitung personenbezogener Daten in einer anderen Niederlassung des Verantwortlichen in der Union getroffen werden; in diesem Fall sollte die letztgenannte als Hauptniederlassung gelten. Zur Bestimmung der Hauptniederlassung eines Verantwortlichen in der Union sollten objektive Kriterien herangezogen werden; ein Kriterium sollte dabei die effektive und tatsächliche Ausübung von Managementtätigkeiten durch eine feste Einrichtung sein, in deren Rahmen die Grundsatzentscheidungen

Artikel der DSGVO	Erwägungsgrund/Erwägungsgründe sowie korrespondierende Vorschriften des BDSG-neu
10. „Dritter" eine natürliche oder juristische Person, Behörde, Einrichtung oder andere Stelle, außer der betroffenen Person, dem Verantwortlichen, dem Auftragsverarbeiter und den Personen, die unter der unmittelbaren Verantwortung des Verantwortlichen oder des Auftragsverarbeiters befugt sind, die personenbezogenen Daten zu verarbeiten; 11. „Einwilligung" der betroffenen Person jede freiwillig für den bestimmten Fall, in informierter Weise und unmissverständlich abgegebene Willensbekundung in Form einer Erklärung oder einer sonstigen eindeutigen bestätigenden Handlung, mit der die betroffene Person zu verstehen gibt, dass sie mit der Verarbeitung der sie betreffenden personenbezogenen Daten einverstanden ist; 12. „Verletzung des Schutzes personenbezogener Daten" eine Verletzung der Sicherheit, die, ob unbeabsichtigt oder unrechtmäßig, zur Vernichtung, zum Verlust, zur Veränderung, oder zur unbefugten Offenlegung von beziehungsweise zum unbefugten Zugang zu personenbezogenen Daten führt, die übermittelt, gespeichert oder auf sonstige Weise verarbeitet wurden; 13. „genetische Daten" personenbezogene Daten zu den ererbten oder erworbenen genetischen Eigenschaften einer natürlichen Person, die	zur Festlegung der Zwecke und Mittel der Verarbeitung getroffen werden. Dabei sollte nicht ausschlaggebend sein, ob die Verarbeitung der personenbezogenen Daten tatsächlich an diesem Ort ausgeführt wird. Das Vorhandensein und die Verwendung technischer Mittel und Verfahren zur Verarbeitung personenbezogener Daten oder Verarbeitungstätigkeiten begründen an sich noch keine Hauptniederlassung und sind daher kein ausschlaggebender Faktor für das Bestehen einer Hauptniederlassung. Die Hauptniederlassung des Auftragsverarbeiters sollte der Ort sein, an dem der Auftragsverarbeiter seine Hauptverwaltung in der Union hat, oder – wenn er keine Hauptverwaltung in der Union hat – der Ort, an dem die wesentlichen Verarbeitungstätigkeiten in der Union stattfinden. Sind sowohl der Verantwortliche als auch der Auftragsverarbeiter betroffen, so sollte die Aufsichtsbehörde des Mitgliedstaats, in dem der Verantwortliche seine Hauptniederlassung hat, die zuständige federführende Aufsichtsbehörde bleiben, doch sollte die Aufsichtsbehörde des Auftragsverarbeiters als betroffene Aufsichtsbehörde betrachtet werden und diese Aufsichtsbehörde sollte sich an dem in dieser Verordnung vorgesehenen Verfahren der Zusammenarbeit beteiligen. Auf jeden Fall sollten die Aufsichtsbehörden des Mitgliedstaats oder der Mitgliedstaaten, in dem bzw. denen der Auftragsverarbeiter eine oder mehrere Niederlassungen hat, nicht als betroffene Aufsichtsbehörden betrachtet werden, wenn sich der Beschlussentwurf nur auf den Verantwortlichen bezieht. Wird die Verarbeitung durch eine Unternehmensgruppe vorgenommen, so sollte die Hauptniederlassung des herrschenden Unternehmens als Hauptniederlassung der Unternehmensgruppe gelten, es sei denn, die Zwecke und Mittel der Verarbeitung werden von einem anderen Unternehmen festgelegt. (37) Eine Unternehmensgruppe sollte aus einem herrschenden Unternehmen und den von diesem abhängigen Unternehmen bestehen, wobei das herrschende Unternehmen dasjenige sein sollte, das zum Beispiel aufgrund der Eigentumsverhältnisse, der finanziellen Beteiligung oder der für das Unternehmen geltenden Vorschriften oder der Befugnis, Datenschutzvorschriften umsetzen zu lassen, einen beherrschenden Einfluss auf die übrigen Unternehmen ausüben kann. Ein Unternehmen, das die Verarbeitung personenbezogener Daten in ihm angeschlossenen Unternehmen kontrolliert, sollte zusammen mit diesen als eine „Unternehmensgruppe" betrachtet werden.

Artikel der DSGVO	Erwägungsgrund/Erwägungsgründe sowie korrespondierende Vorschriften des BDSG-neu
eindeutige Informationen über die Physiologie oder die Gesundheit dieser natürlichen Person liefern und insbesondere aus der Analyse einer biologischen Probe der betreffenden natürlichen Person gewonnen wurden; 14. „biometrische Daten" mit speziellen technischen Verfahren gewonnene personenbezogene Daten zu den physischen, physiologischen oder verhaltenstypischen Merkmalen einer natürlichen Person, die die eindeutige Identifizierung dieser natürlichen Person ermöglichen oder bestätigen, wie Gesichtsbilder oder daktyloskopische Daten; 15. „Gesundheitsdaten" personenbezogene Daten, die sich auf die körperliche oder geistige Gesundheit einer natürlichen Person, einschließlich der Erbringung von Gesundheitsdienstleistungen, beziehen und aus denen Informationen über deren Gesundheitszustand hervorgehen; 16. „Hauptniederlassung" (a) im Falle eines Verantwortlichen mit Niederlassungen in mehr als einem Mitgliedstaat den Ort seiner Hauptverwaltung in der Union, es sei denn, die Entscheidungen hinsichtlich der Zwecke und Mittel der Verarbeitung personenbezogener Daten werden in einer anderen Niederlassung des Verantwortlichen in der Union getroffen und diese Niederlassung ist befugt, diese Entscheidungen umsetzen zu lassen; in diesem Fall gilt die	**§ 2 BDSG: Begriffsbestimmungen** (1) Öffentliche Stellen des Bundes sind die Behörden, die Organe der Rechtspflege und andere öffentlich-rechtlich organisierte Einrichtungen des Bundes, der bundesunmittelbaren Körperschaften, der Anstalten und Stiftungen des öffentlichen Rechts sowie deren Vereinigungen ungeachtet ihrer Rechtsform. (2) Öffentliche Stellen der Länder sind die Behörden, die Organe der Rechtspflege und andere öffentlich-rechtlich organisierte Einrichtungen eines Landes, einer Gemeinde, eines Gemeindeverbandes oder sonstiger der Aufsicht des Landes unterstehender juristischer Personen des öffentlichen Rechts sowie deren Vereinigungen ungeachtet ihrer Rechtsform. (3) Vereinigungen des privaten Rechts von öffentlichen Stellen des Bundes und der Länder, die Aufgaben der öffentlichen Verwaltung wahrnehmen, gelten ungeachtet der Beteiligung nichtöffentlicher Stellen als öffentliche Stellen des Bundes, wenn 1. sie über den Bereich eines Landes hinaus tätig werden oder 2. dem Bund die absolute Mehrheit der Anteile gehört oder die absolute Mehrheit der Stimmen zusteht. Andernfalls gelten sie als öffentliche Stellen der Länder. (4) Nichtöffentliche Stellen sind natürliche und juristische Personen, Gesellschaften und andere Personenvereinigungen des privaten Rechts, soweit sie nicht unter die Absätze 1 bis 3 fallen. Nimmt eine nichtöffentliche Stelle hoheitliche Aufgaben der öffentlichen Verwaltung wahr, ist sie insoweit öffentliche Stelle im Sinne dieses Gesetzes. (5) Öffentliche Stellen des Bundes gelten als nichtöffentliche Stellen im Sinne dieses Gesetzes, soweit sie als öffentlich-rechtliche Unternehmen am Wettbewerb teilnehmen. Als nichtöffentliche Stellen im Sinne dieses Gesetzes gelten auch öffentliche Stellen der Länder, soweit sie als öffentlich-rechtliche Unternehmen am Wettbewerb teilnehmen, Bundesrecht ausführen und der Datenschutz nicht durch Landesgesetz geregelt ist.

Annex I – Gegenüberstellung der Vorschriften ...

Artikel der DSGVO	Erwägungsgrund/Erwägungsgründe sowie korrespondierende Vorschriften des BDSG-neu
Niederlassung, die derartige Entscheidungen trifft, als Hauptniederlassung;	
(b) im Falle eines Auftragsverarbeiters mit Niederlassungen in mehr als einem Mitgliedstaat den Ort seiner Hauptverwaltung in der Union oder, sofern der Auftragsverarbeiter keine Hauptverwaltung in der Union hat, die Niederlassung des Auftragsverarbeiters in der Union, in der die Verarbeitungstätigkeiten im Rahmen der Tätigkeiten einer Niederlassung eines Auftragsverarbeiters hauptsächlich stattfinden, soweit der Auftragsverarbeiter spezifischen Pflichten aus dieser Verordnung unterliegt;	
17. „Vertreter" eine in der Union niedergelassene natürliche oder juristische Person, die von dem Verantwortlichen oder Auftragsverarbeiter schriftlich gemäß Artikel 27 bestellt wurde und den Verantwortlichen oder Auftragsverarbeiter in Bezug auf die ihnen jeweils nach dieser Verordnung obliegenden Pflichten vertritt;	
18. „Unternehmen" eine natürliche und juristische Person, die eine wirtschaftliche Tätigkeit ausübt, unabhängig von ihrer Rechtsform, einschließlich Personengesellschaften oder Vereinigungen, die regelmäßig einer wirtschaftlichen Tätigkeit nachgehen;	
19. „Unternehmensgruppe" eine Gruppe, die aus einem herrschenden Unternehmen und den von diesem abhängigen Unternehmen besteht;	
20. „verbindliche interne Datenschutzvorschriften" Maßnahmen	

Artikel der DSGVO	Erwägungsgrund/Erwägungsgründe sowie korrespondierende Vorschriften des BDSG-neu
zum Schutz personenbezogener Daten, zu deren Einhaltung sich ein im Hoheitsgebiet eines Mitgliedstaats niedergelassener Verantwortlicher oder Auftragsverarbeiter verpflichtet im Hinblick auf Datenübermittlungen oder eine Kategorie von Datenübermittlungen personenbezogener Daten an einen Verantwortlichen oder Auftragsverarbeiter derselben Unternehmensgruppe oder derselben Gruppe von Unternehmen, die eine gemeinsame Wirtschaftstätigkeit ausüben, in einem oder mehreren Drittländern;	
21. „Aufsichtsbehörde" eine von einem Mitgliedstaat gemäß Artikel 51 eingerichtete unabhängige staatliche Stelle;	
22. „betroffene Aufsichtsbehörde" eine Aufsichtsbehörde, die von der Verarbeitung personenbezogener Daten betroffen ist, weil	
(a) der Verantwortliche oder der Auftragsverarbeiter im Hoheitsgebiet des Mitgliedstaats dieser Aufsichtsbehörde niedergelassen ist,	
(b) diese Verarbeitung erhebliche Auswirkungen auf betroffene Personen mit Wohnsitz im Mitgliedstaat dieser Aufsichtsbehörde hat oder haben kann oder	
(c) eine Beschwerde bei dieser Aufsichtsbehörde eingereicht wurde;	
23. „grenzüberschreitende Verarbeitung" entweder	
(a) eine Verarbeitung personenbezogener Daten, die im Rahmen der Tätigkeiten von Niederlassungen eines Verantwortlichen oder eines Auftragsverarbeiters in der Union in mehr als einem	

Artikel der DSGVO	Erwägungsgrund/Erwägungsgründe sowie korrespondierende Vorschriften des BDSG-neu
Mitgliedstaat erfolgt, wenn der Verantwortliche oder Auftragsverarbeiter in mehr als einem Mitgliedstaat niedergelassen ist, oder	
(b) eine Verarbeitung personenbezogener Daten, die im Rahmen der Tätigkeiten einer einzelnen Niederlassung eines Verantwortlichen oder eines Auftragsverarbeiters in der Union erfolgt, die jedoch erhebliche Auswirkungen auf betroffene Personen in mehr als einem Mitgliedstaat hat oder haben kann;	
24. „maßgeblicher und begründeter Einspruch" einen Einspruch gegen einen Beschlussentwurf im Hinblick darauf, ob ein Verstoß gegen diese Verordnung vorliegt oder ob beabsichtigte Maßnahmen gegen den Verantwortlichen oder den Auftragsverarbeiter im Einklang mit dieser Verordnung steht, wobei aus diesem Einspruch die Tragweite der Risiken klar hervorgeht, die von dem Beschlussentwurf in Bezug auf die Grundrechte und Grundfreiheiten der betroffenen Personen und gegebenenfalls den freien Verkehr personenbezogener Daten in der Union ausgehen;	
25. „Dienst der Informationsgesellschaft" eine Dienstleistung im Sinne des Artikels 1 Nummer 1 Buchstabe b der Richtlinie (EU) 2015/1535 des Europäischen Parlaments und des Rates (19);	
26. „internationale Organisation" eine völkerrechtliche Organisation und ihre nachgeordneten Stellen oder jede sonstige Einrichtung, die durch eine zwischen zwei oder mehr Ländern geschlossene Übereinkunft oder auf der Grundlage einer solchen Übereinkunft geschaffen wurde.	

Artikel der DSGVO	Erwägungsgrund/Erwägungsgründe sowie korrespondierende Vorschriften des BDSG-neu
Kapitel II – Grundsätze	
Artikel 5: Grundsätze für die Verarbeitung personenbezogener Daten Siehe Abschn. 3.1 und 4.1	
1. Personenbezogene Daten müssen (a) auf rechtmäßige Weise, nach Treu und Glauben und in einer für die betroffene Person nachvollziehbaren Weise verarbeitet werden („Rechtmäßigkeit, Verarbeitung nach Treu und Glauben, Transparenz"); (b) für festgelegte, eindeutige und legitime Zwecke erhoben werden und dürfen nicht in einer mit diesen Zwecken nicht zu vereinbarenden Weise weiterverarbeitet werden; eine Weiterverarbeitung für im öffentlichen Interesse liegende Archivzwecke, für wissenschaftliche oder historische Forschungszwecke oder für statistische Zwecke gilt gemäß Artikel 89 Absatz 1 nicht als unvereinbar mit den ursprünglichen Zwecken („Zweckbindung"); (c) dem Zweck angemessen und erheblich sowie auf das für die Zwecke der Verarbeitung notwendige Maß beschränkt sein („Datenminimierung"); (d) sachlich richtig und erforderlichenfalls auf dem neuesten Stand sein; es sind alle angemessenen Maßnahmen zu treffen, damit personenbezogene Daten, die im Hinblick auf die Zwecke ihrer Verarbeitung unrichtig sind, unverzüglich gelöscht oder berichtigt werden („Richtigkeit");	(28) Die Anwendung der Pseudonymisierung auf personenbezogene Daten kann die Risiken für die betroffenen Personen senken und die Verantwortlichen und die Auftragsverarbeiter bei der Einhaltung ihrer Datenschutzpflichten unterstützen. Durch die ausdrückliche Einführung der „Pseudonymisierung" in dieser Verordnung ist nicht beabsichtigt, andere Datenschutzmaßnahmen auszuschließen. (39) Jede Verarbeitung personenbezogener Daten sollte rechtmäßig und nach Treu und Glauben erfolgen. Für natürliche Personen sollte Transparenz dahingehend bestehen, dass sie betreffende personenbezogene Daten erhoben, verwendet, eingesehen oder anderweitig verarbeitet werden und in welchem Umfang die personenbezogenen Daten verarbeitet werden und künftig noch verarbeitet werden. Der Grundsatz der Transparenz setzt voraus, dass alle Informationen und Mitteilungen zur Verarbeitung dieser personenbezogenen Daten leicht zugänglich und verständlich und in klarer und einfacher Sprache abgefasst sind. Dieser Grundsatz betrifft insbesondere die Informationen über die Identität des Verantwortlichen und die Zwecke der Verarbeitung und sonstige Informationen, die eine faire und transparente Verarbeitung im Hinblick auf die betroffenen natürlichen Personen gewährleisten, sowie deren Recht, eine Bestätigung und Auskunft darüber zu erhalten, welche sie betreffende personenbezogene Daten verarbeitet werden. Natürliche Personen sollten über die Risiken, Vorschriften, Garantien und Rechte im Zusammenhang mit der Verarbeitung personenbezogener Daten informiert und darüber aufgeklärt werden, wie sie ihre diesbezüglichen Rechte geltend machen können. Insbesondere sollten die bestimmten Zwecke, zu denen die personenbezogenen Daten verarbeitet werden, eindeutig und rechtmäßig sein und zum Zeitpunkt der Erhebung der personenbezogenen Daten feststehen. Die personenbezogenen Daten sollten für die Zwecke, zu denen sie verarbeitet werden, angemessen und erheblich sowie auf das für die Zwecke ihrer Verarbeitung notwendige Maß beschränkt sein. Dies erfordert insbesondere, dass die Speicherfrist für personenbezogene Daten auf das unbedingt erforderliche Mindestmaß beschränkt bleibt. Personenbezogene Daten sollten nur verarbeitet werden dürfen, wenn der Zweck der Verarbeitung nicht in zumutbarer

Artikel der DSGVO	Erwägungsgrund/Erwägungsgründe sowie korrespondierende Vorschriften des BDSG-neu
(e) in einer Form gespeichert werden, die die Identifizierung der betroffenen Personen nur so lange ermöglicht, wie es für die Zwecke, für die sie verarbeitet werden, erforderlich ist; personenbezogene Daten dürfen länger gespeichert werden, soweit die personenbezogenen Daten vorbehaltlich der Durchführung geeigneter technischer und organisatorischer Maßnahmen, die von dieser Verordnung zum Schutz der Rechte und Freiheiten der betroffenen Person gefordert werden, ausschließlich für im öffentlichen Interesse liegende Archivzwecke oder für wissenschaftliche und historische Forschungszwecke oder für statistische Zwecke gemäß Artikel 89 Absatz 1 verarbeitet werden („Speicherbegrenzung"); (f) in einer Weise verarbeitet werden, die eine angemessene Sicherheit der personenbezogenen Daten gewährleistet, einschließlich Schutz vor unbefugter oder unrechtmäßiger Verarbeitung und vor unbeabsichtigtem Verlust, unbeabsichtigter Zerstörung oder unbeabsichtigter Schädigung durch geeignete technische und organisatorische Maßnahmen („Integrität und Vertraulichkeit"); 2. Der Verantwortliche ist für die Einhaltung des Absatzes 1 verantwortlich und muss dessen Einhaltung nachweisen können („Rechenschaftspflicht").	Weise durch andere Mittel erreicht werden kann. Um sicherzustellen, dass die personenbezogenen Daten nicht länger als nötig gespeichert werden, sollte der Verantwortliche Fristen für ihre Löschung oder regelmäßige Überprüfung vorsehen. Es sollten alle vertretbaren Schritte unternommen werden, damit unrichtige personenbezogene Daten gelöscht oder berichtigt werden. Personenbezogene Daten sollten so verarbeitet werden, dass ihre Sicherheit und Vertraulichkeit hinreichend gewährleistet ist, wozu auch gehört, dass Unbefugte keinen Zugang zu den Daten haben und weder die Daten noch die Geräte, mit denen diese verarbeitet werden, benutzen können. (50) Die Verarbeitung personenbezogener Daten für andere Zwecke als die, für die die personenbezogenen Daten ursprünglich erhoben wurden, sollte nur zulässig sein, wenn die Verarbeitung mit den Zwecken, für die die personenbezogenen Daten ursprünglich erhoben wurden, vereinbar ist. In diesem Fall ist keine andere gesonderte Rechtsgrundlage erforderlich als diejenige für die Erhebung der personenbezogenen Daten. Ist die Verarbeitung für die Wahrnehmung einer Aufgabe erforderlich, die im öffentlichen Interesse liegt oder in Ausübung öffentlicher Gewalt erfolgt, die dem Verantwortlichen übertragen wurde, so können im Unionsrecht oder im Recht der Mitgliedstaaten die Aufgaben und Zwecke bestimmt und konkretisiert werden, für die eine Weiterverarbeitung als vereinbar und rechtmäßig erachtet wird. Die Weiterverarbeitung für im öffentlichen Interesse liegende Archivzwecke, für wissenschaftliche oder historische Forschungszwecke oder für statistische Zwecke sollte als vereinbarer und rechtmäßiger Verarbeitungsvorgang gelten. Die im Unionsrecht oder im Recht der Mitgliedstaaten vorgesehene Rechtsgrundlage für die Verarbeitung personenbezogener Daten kann auch als Rechtsgrundlage für eine Weiterverarbeitung dienen. Um festzustellen, ob ein Zweck der Weiterverarbeitung mit dem Zweck, für den die personenbezogenen Daten ursprünglich erhoben wurden, vereinbar ist, sollte der Verantwortliche nach Einhaltung aller Anforderungen für die Rechtmäßigkeit der ursprünglichen Verarbeitung unter anderem prüfen, ob ein Zusammenhang zwischen den Zwecken, für die die personenbezogenen Daten erhoben wurden, und den Zwecken der beabsichtigten Weiterverarbeitung besteht, in welchem Kontext die Daten erhoben wurden, insbesondere die vernünftigen Erwartungen der betroffenen Person, die auf ihrer Beziehung zu dem Verantwortlichen beruhen, in Bezug auf die weitere Verwendung dieser Daten, um welche Art von personenbezogenen Daten es sich handelt, welche Folgen die beabsichtigte Weiterverarbeitung

Artikel der DSGVO	Erwägungsgrund/Erwägungsgründe sowie korrespondierende Vorschriften des BDSG-neu
	für die betroffenen Personen hat und ob sowohl beim ursprünglichen als auch beim beabsichtigten Weiterverarbeitungsvorgang geeignete Garantien bestehen. Hat die betroffene Person ihre Einwilligung erteilt oder beruht die Verarbeitung auf Unionsrecht oder dem Recht der Mitgliedstaaten, was in einer demokratischen Gesellschaft eine notwendige und verhältnismäßige Maßnahme zum Schutz insbesondere wichtiger Ziele des allgemeinen öffentlichen Interesses darstellt, so sollte der Verantwortliche die personenbezogenen Daten ungeachtet der Vereinbarkeit der Zwecke weiterverarbeiten dürfen. In jedem Fall sollte gewährleistet sein, dass die in dieser Verordnung niedergelegten Grundsätze angewandt werden und insbesondere die betroffene Person über diese anderen Zwecke und über ihre Rechte einschließlich des Widerspruchsrechts unterrichtet wird. Der Hinweis des Verantwortlichen auf mögliche Straftaten oder Bedrohungen der öffentlichen Sicherheit und die Übermittlung der maßgeblichen personenbezogenen Daten in Einzelfällen oder in mehreren Fällen, die im Zusammenhang mit derselben Straftat oder derselben Bedrohung der öffentlichen Sicherheit stehen, an eine zuständige Behörde sollten als berechtigtes Interesse des Verantwortlichen gelten. Eine derartige Übermittlung personenbezogener Daten im berechtigten Interesse des Verantwortlichen oder deren Weiterverarbeitung sollte jedoch unzulässig sein, wenn die Verarbeitung mit einer rechtlichen, beruflichen oder sonstigen verbindlichen Pflicht zur Geheimhaltung unvereinbar ist.
Artikel 6: Rechtmäßigkeit der Verarbeitung Siehe Abschn. 4.2	
1. Die Verarbeitung ist nur rechtmäßig, wenn mindestens eine der nachstehenden Bedingungen erfüllt ist: (a) die betroffene Person hat ihre Einwilligung zu der Verarbeitung der sie betreffenden personenbezogenen Daten für einen oder mehrere bestimmte Zwecke gegeben; (b) die Verarbeitung ist für die Erfüllung eines Vertrags, dessen Vertragspartei die betroffene Person ist, oder zur Durchführung vorvertraglicher Maßnahmen erforderlich, die auf Anfrage der betroffenen Person erfolgen;	(28) Die Anwendung der Pseudonymisierung auf personenbezogene Daten kann die Risiken für die betroffenen Personen senken und die Verantwortlichen und die Auftragsverarbeiter bei der Einhaltung ihrer Datenschutzpflichten unterstützen. Durch die ausdrückliche Einführung der „Pseudonymisierung" in dieser Verordnung ist nicht beabsichtigt, andere Datenschutzmaßnahmen auszuschließen. (29) Um Anreize für die Anwendung der Pseudonymisierung bei der Verarbeitung personenbezogener Daten zu schaffen, sollten Pseudonymisierungsmaßnahmen, die jedoch eine allgemeine Analyse zulassen, bei demselben Verantwortlichen möglich sein, wenn dieser die erforderlichen technischen und organisatorischen Maßnahmen getroffen hat, um – für die jeweilige Verarbeitung – die Umsetzung dieser Verordnung zu gewährleisten, wobei sicherzustellen ist, dass zusätzliche Informationen, mit

Artikel der DSGVO	Erwägungsgrund/Erwägungsgründe sowie korrespondierende Vorschriften des BDSG-neu
(c) die Verarbeitung ist zur Erfüllung einer rechtlichen Verpflichtung erforderlich, der der Verantwortliche unterliegt; (d) die Verarbeitung ist erforderlich, um lebenswichtige Interessen der betroffenen Person oder einer anderen natürlichen Person zu schützen; (e) die Verarbeitung ist für die Wahrnehmung einer Aufgabe erforderlich, die im öffentlichen Interesse liegt oder in Ausübung öffentlicher Gewalt erfolgt, die dem Verantwortlichen übertragen wurde; (f) die Verarbeitung ist zur Wahrung der berechtigten Interessen des Verantwortlichen oder eines Dritten erforderlich, sofern nicht die Interessen oder Grundrechte und Grundfreiheiten der betroffenen Person, die den Schutz personenbezogener Daten erfordern, überwiegen, insbesondere dann, wenn es sich bei der betroffenen Person um ein Kind handelt. Unterabsatz 1 Buchstabe f gilt nicht für die von Behörden in Erfüllung ihrer Aufgaben vorgenommene Verarbeitung. 2. Die Mitgliedstaaten können spezifischere Bestimmungen zur Anpassung der Anwendung der Vorschriften dieser Verordnung in Bezug auf die Verarbeitung zur Erfüllung von Absatz 1 Buchstaben c und e beibehalten oder einführen, indem sie spezifische Anforderungen für die Verarbeitung sowie sonstige Maßnahmen präziser bestimmen, um eine rechtmäßig und nach Treu und Glauben erfolgende Verarbeitung zu gewährleisten, einschließlich für andere besondere Verarbeitungssituationen gemäß Kapitel IX.	denen die personenbezogenen Daten einer speziellen betroffenen Person zugeordnet werden können, gesondert aufbewahrt werden. Der für die Verarbeitung der personenbezogenen Daten Verantwortliche, sollte die befugten Personen bei diesem Verantwortlichen angeben. (40) Damit die Verarbeitung rechtmäßig ist, müssen personenbezogene Daten mit Einwilligung der betroffenen Person oder auf einer sonstigen zulässigen Rechtsgrundlage verarbeitet werden, die sich aus dieser Verordnung oder – wann immer in dieser Verordnung darauf Bezug genommen wird – aus dem sonstigen Unionsrecht oder dem Recht der Mitgliedstaaten ergibt, so unter anderem auf der Grundlage, dass sie zur Erfüllung der rechtlichen Verpflichtung, der der Verantwortliche unterliegt, oder zur Erfüllung eines Vertrags, dessen Vertragspartei die betroffene Person ist, oder für die Durchführung vorvertraglicher Maßnahmen, die auf Anfrage der betroffenen Person erfolgen, erforderlich ist. (41) Wenn in dieser Verordnung auf eine Rechtsgrundlage oder eine Gesetzgebungsmaßnahme Bezug genommen wird, erfordert dies nicht notwendigerweise einen von einem Parlament angenommenen Gesetzgebungsakt; davon unberührt bleiben Anforderungen gemäß der Verfassungsordnung des betreffenden Mitgliedstaats. Die entsprechende Rechtsgrundlage oder Gesetzgebungsmaßnahme sollte jedoch klar und präzise sein und ihre Anwendung sollte für die Rechtsunterworfenen gemäß der Rechtsprechung des Gerichtshofs der Europäischen Union (im Folgenden „Gerichtshof") und des Europäischen Gerichtshofs für Menschenrechte vorhersehbar sein. (44) Die Verarbeitung von Daten sollte als rechtmäßig gelten, wenn sie für die Erfüllung oder den geplanten Abschluss eines Vertrags erforderlich ist. (45) Erfolgt die Verarbeitung durch den Verantwortlichen aufgrund einer ihm obliegenden rechtlichen Verpflichtung oder ist die Verarbeitung zur Wahrnehmung einer Aufgabe im öffentlichen Interesse oder in Ausübung öffentlicher Gewalt erforderlich, muss hierfür eine Grundlage im Unionsrecht oder im Recht eines Mitgliedstaats bestehen. Mit dieser Verordnung wird nicht für jede einzelne Verarbeitung ein spezifisches Gesetz verlangt. Ein Gesetz als Grundlage für mehrere Verarbeitungsvorgänge kann ausreichend sein, wenn die Verarbeitung aufgrund einer dem Verantwortlichen obliegenden rechtlichen Verpflichtung erfolgt oder wenn die Verarbeitung zur Wahrnehmung einer Aufgabe im öffentlichen Interesse oder in Ausübung öffentlicher Gewalt erforderlich ist. Desgleichen sollte im

Artikel der DSGVO	Erwägungsgrund/Erwägungsgründe sowie korrespondierende Vorschriften des BDSG-neu
3. Die Rechtsgrundlage für die Verarbeitungen gemäß Absatz 1 Buchstaben c und e wird festgelegt durch (a) Unionsrecht oder (b) das Recht der Mitgliedstaaten, dem der Verantwortliche unterliegt. Der Zweck der Verarbeitung muss in dieser Rechtsgrundlage festgelegt oder hinsichtlich der Verarbeitung gemäß Absatz 1 Buchstabe e für die Erfüllung einer Aufgabe erforderlich sein, die im öffentlichen Interesse liegt oder in Ausübung öffentlicher Gewalt erfolgt, die dem Verantwortlichen übertragen wurde. Diese Rechtsgrundlage kann spezifische Bestimmungen zur Anpassung der Anwendung der Vorschriften dieser Verordnung enthalten, unter anderem Bestimmungen darüber, welche allgemeinen Bedingungen für die Regelung der Rechtmäßigkeit der Verarbeitung durch den Verantwortlichen gelten, welche Arten von Daten verarbeitet werden, welche Personen betroffen sind, an welche Einrichtungen und für welche Zwecke die personenbezogenen Daten offengelegt werden dürfen, welcher Zweckbindung sie unterliegen, wie lange sie gespeichert werden dürfen und welche Verarbeitungsvorgänge und -verfahren angewandt werden dürfen, einschließlich Maßnahmen zur Gewährleistung einer rechtmäßig und nach Treu und Glauben erfolgenden Verarbeitung, wie solche für sonstige besondere Verarbeitungssituationen gemäß Kapitel IX. Das Unionsrecht oder das Recht der Mitgliedstaaten müssen ein im öffentlichen Interesse liegendes Ziel verfolgen und in einem angemessenen Verhältnis zu dem verfolgten legitimen Zweck stehen.	Unionsrecht oder im Recht der Mitgliedstaaten geregelt werden, für welche Zwecke die Daten verarbeitet werden dürfen. Ferner könnten in diesem Recht die allgemeinen Bedingungen dieser Verordnung zur Regelung der Rechtmäßigkeit der Verarbeitung personenbezogener Daten präzisiert und es könnte darin festgelegt werden, wie der Verantwortliche zu bestimmen ist, welche Art von personenbezogenen Daten verarbeitet werden, welche Personen betroffen sind, welchen Einrichtungen die personenbezogenen Daten offengelegt, für welche Zwecke und wie lange sie gespeichert werden dürfen und welche anderen Maßnahmen ergriffen werden, um zu gewährleisten, dass die Verarbeitung rechtmäßig und nach Treu und Glauben erfolgt. Desgleichen sollte im Unionsrecht oder im Recht der Mitgliedstaaten geregelt werden, ob es sich bei dem Verantwortlichen, der eine Aufgabe wahrnimmt, die im öffentlichen Interesse liegt oder in Ausübung öffentlicher Gewalt erfolgt, um eine Behörde oder um eine andere unter das öffentliche Recht fallende natürliche oder juristische Person oder, sofern dies durch das öffentliche Interesse einschließlich gesundheitlicher Zwecke, wie die öffentliche Gesundheit oder die soziale Sicherheit oder die Verwaltung von Leistungen der Gesundheitsfürsorge, gerechtfertigt ist, eine natürliche oder juristische Person des Privatrechts, wie beispielsweise eine Berufsvereinigung, handeln sollte. (46) Die Verarbeitung personenbezogener Daten sollte ebenfalls als rechtmäßig angesehen werden, wenn sie erforderlich ist, um ein lebenswichtiges Interesse der betroffenen Person oder einer anderen natürlichen Person zu schützen. Personenbezogene Daten sollten grundsätzlich nur dann aufgrund eines lebenswichtigen Interesses einer anderen natürlichen Person verarbeitet werden, wenn die Verarbeitung offensichtlich nicht auf eine andere Rechtsgrundlage gestützt werden kann. Einige Arten der Verarbeitung können sowohl wichtigen Gründen des öffentlichen Interesses als auch lebenswichtigen Interessen der betroffenen Person dienen; so kann beispielsweise die Verarbeitung für humanitäre Zwecke einschließlich der Überwachung von Epidemien und deren Ausbreitung oder in humanitären Notfällen insbesondere bei Naturkatastrophen oder vom Menschen verursachten Katastrophen erforderlich sein. (47) Die Rechtmäßigkeit der Verarbeitung kann durch die berechtigten Interessen eines Verantwortlichen, auch eines Verantwortlichen, dem die personenbezogenen Daten offengelegt werden dürfen, oder eines Dritten begründet sein, sofern die Interessen oder die Grundrechte und Grundfreiheiten der betroffenen Person nicht überwiegen; dabei sind die vernünftigen Erwartungen der betroffenen Person, die auf ihrer Beziehung zu dem Verantwortlichen beruhen, zu berücksichtigen. Ein berechtigtes Interesse

Artikel der DSGVO	Erwägungsgrund/Erwägungsgründe sowie korrespondierende Vorschriften des BDSG-neu
4. Beruht die Verarbeitung zu einem anderen Zweck als zu demjenigen, zu dem die personenbezogenen Daten erhoben wurden, nicht auf der Einwilligung der betroffenen Person oder auf einer Rechtsvorschrift der Union oder der Mitgliedstaaten, die in einer demokratischen Gesellschaft eine notwendige und verhältnismäßige Maßnahme zum Schutz der in Artikel 23 Absatz 1 genannten Ziele darstellt, so berücksichtigt der Verantwortliche – um festzustellen, ob die Verarbeitung zu einem anderen Zweck mit demjenigen, zu dem die personenbezogenen Daten ursprünglich erhoben wurden, vereinbar ist – unter anderem (a) jede Verbindung zwischen den Zwecken, für die die personenbezogenen Daten erhoben wurden, und den Zwecken der beabsichtigten Weiterverarbeitung, (b) den Zusammenhang, in dem die personenbezogenen Daten erhoben wurden, insbesondere hinsichtlich des Verhältnisses zwischen den betroffenen Personen und dem Verantwortlichen, (c) die Art der personenbezogenen Daten, insbesondere ob besondere Kategorien personenbezogener Daten gemäß Artikel 9 verarbeitet werden oder ob personenbezogene Daten über strafrechtliche Verurteilungen und Straftaten gemäß Artikel 10 verarbeitet werden, (d) die möglichen Folgen der beabsichtigten Weiterverarbeitung für die betroffenen Personen,	könnte beispielsweise vorliegen, wenn eine maßgebliche und angemessene Beziehung zwischen der betroffenen Person und dem Verantwortlichen besteht, z. B. wenn die betroffene Person ein Kunde des Verantwortlichen ist oder in seinen Diensten steht. Auf jeden Fall wäre das Bestehen eines berechtigten Interesses besonders sorgfältig abzuwägen, wobei auch zu prüfen ist, ob eine betroffene Person zum Zeitpunkt der Erhebung der personenbezogenen Daten und angesichts der Umstände, unter denen sie erfolgt, vernünftigerweise absehen kann, dass möglicherweise eine Verarbeitung für diesen Zweck erfolgen wird. Insbesondere dann, wenn personenbezogene Daten in Situationen verarbeitet werden, in denen eine betroffene Person vernünftigerweise nicht mit einer weiteren Verarbeitung rechnen muss, könnten die Interessen und Grundrechte der betroffenen Person das Interesse des Verantwortlichen überwiegen. Da es dem Gesetzgeber obliegt, per Rechtsvorschrift die Rechtsgrundlage für die Verarbeitung personenbezogener Daten durch die Behörden zu schaffen, sollte diese Rechtsgrundlage nicht für Verarbeitungen durch Behörden gelten, die diese in Erfüllung ihrer Aufgaben vornehmen. Die Verarbeitung personenbezogener Daten im für die Verhinderung von Betrug unbedingt erforderlichen Umfang stellt ebenfalls ein berechtigtes Interesse des jeweiligen Verantwortlichen dar. Die Verarbeitung personenbezogener Daten zum Zwecke der Direktwerbung kann als eine einem berechtigten Interesse dienende Verarbeitung betrachtet werden. (48) Verantwortliche, die Teil einer Unternehmensgruppe oder einer Gruppe von Einrichtungen sind, die einer zentralen Stelle zugeordnet sind können ein berechtigtes Interesse haben, personenbezogene Daten innerhalb der Unternehmensgruppe für interne Verwaltungszwecke, einschließlich der Verarbeitung personenbezogener Daten von Kunden und Beschäftigten, zu übermitteln. Die Grundprinzipien für die Übermittlung personenbezogener Daten innerhalb von Unternehmensgruppen an ein Unternehmen in einem Drittland bleiben unberührt. (49) Die Verarbeitung von personenbezogenen Daten durch Behörden, Computer-Notdienste (Computer Emergency Response Teams – CERT, beziehungsweise Computer Security Incident Response Teams – CSIRT), Betreiber von elektronischen Kommunikationsnetzen und -diensten sowie durch Anbieter von Sicherheitstechnologien und -diensten stellt in dem Maße ein berechtigtes Interesse des jeweiligen Verantwortlichen dar, wie dies für die Gewährleistung der Netz- und Informationssicherheit unbedingt notwendig und verhältnismäßig ist, d. h. soweit dadurch die Fähigkeit eines Netzes oder Informationssystems

Artikel der DSGVO	Erwägungsgrund/Erwägungsgründe sowie korrespondierende Vorschriften des BDSG-neu
(e) das Vorhandensein geeigneter Garantien, wozu Verschlüsselung oder Pseudonymisierung gehören kann.	gewährleistet wird, mit einem vorgegebenen Grad der Zuverlässigkeit Störungen oder widerrechtliche oder mutwillige Eingriffe abzuwehren, die die Verfügbarkeit, Authentizität, Vollständigkeit und Vertraulichkeit von gespeicherten oder übermittelten personenbezogenen Daten sowie die Sicherheit damit zusammenhängender Dienste, die über diese Netze oder Informationssysteme angeboten werden bzw. zugänglich sind, beeinträchtigen. Ein solches berechtigtes Interesse könnte beispielsweise darin bestehen, den Zugang Unbefugter zu elektronischen Kommunikationsnetzen und die Verbreitung schädlicher Programmcodes zu verhindern sowie Angriffe in Form der gezielten Überlastung von Servern („Denial of service"-Angriffe) und Schädigungen von Computer- und elektronischen Kommunikationssystemen abzuwehren.
	(50) Die Verarbeitung personenbezogener Daten für andere Zwecke als die, für die die personenbezogenen Daten ursprünglich erhoben wurden, sollte nur zulässig sein, wenn die Verarbeitung mit den Zwecken, für die die personenbezogenen Daten ursprünglich erhoben wurden, vereinbar ist. In diesem Fall ist keine andere gesonderte Rechtsgrundlage erforderlich als diejenige für die Erhebung der personenbezogenen Daten. Ist die Verarbeitung für die Wahrnehmung einer Aufgabe erforderlich, die im öffentlichen Interesse liegt oder in Ausübung öffentlicher Gewalt erfolgt, die dem Verantwortlichen übertragen wurde, so können im Unionsrecht oder im Recht der Mitgliedstaaten die Aufgaben und Zwecke bestimmt und konkretisiert werden, für die eine Weiterverarbeitung als vereinbar und rechtmäßig erachtet wird. Die Weiterverarbeitung für im öffentlichen Interesse liegende Archivzwecke, für wissenschaftliche oder historische Forschungszwecke oder für statistische Zwecke sollte als vereinbarer und rechtmäßiger Verarbeitungsvorgang gelten. Die im Unionsrecht oder im Recht der Mitgliedstaaten vorgesehene Rechtsgrundlage für die Verarbeitung personenbezogener Daten kann auch als Rechtsgrundlage für eine Weiterverarbeitung dienen. Um festzustellen, ob ein Zweck der Weiterverarbeitung mit dem Zweck, für den die personenbezogenen Daten ursprünglich erhoben wurden, vereinbar ist, sollte der Verantwortliche nach Einhaltung aller Anforderungen für die Rechtmäßigkeit der ursprünglichen Verarbeitung unter anderem prüfen, ob ein Zusammenhang zwischen den Zwecken, für die die personenbezogenen Daten erhoben wurden, und den Zwecken der beabsichtigten Weiterverarbeitung besteht, in welchem Kontext die Daten erhoben wurden, insbesondere die vernünftigen Erwartungen der betroffenen Person, die auf ihrer Beziehung zu dem Verantwortlichen beruhen, in Bezug auf die weitere Verwendung dieser Daten, um

Artikel der DSGVO	Erwägungsgrund/Erwägungsgründe sowie korrespondierende Vorschriften des BDSG-neu
	welche Art von personenbezogenen Daten es sich handelt, welche Folgen die beabsichtigte Weiterverarbeitung für die betroffenen Personen hat und ob sowohl beim ursprünglichen als auch beim beabsichtigten Weiterverarbeitungsvorgang geeignete Garantien bestehen. Hat die betroffene Person ihre Einwilligung erteilt oder beruht die Verarbeitung auf Unionsrecht oder dem Recht der Mitgliedstaaten, was in einer demokratischen Gesellschaft eine notwendige und verhältnismäßige Maßnahme zum Schutz insbesondere wichtiger Ziele des allgemeinen öffentlichen Interesses darstellt, so sollte der Verantwortliche die personenbezogenen Daten ungeachtet der Vereinbarkeit der Zwecke weiterverarbeiten dürfen. In jedem Fall sollte gewährleistet sein, dass die in dieser Verordnung niedergelegten Grundsätze angewandt werden und insbesondere die betroffene Person über diese anderen Zwecke und über ihre Rechte einschließlich des Widerspruchsrechts unterrichtet wird. Der Hinweis des Verantwortlichen auf mögliche Straftaten oder Bedrohungen der öffentlichen Sicherheit und die Übermittlung der maßgeblichen personenbezogenen Daten in Einzelfällen oder in mehreren Fällen, die im Zusammenhang mit derselben Straftat oder derselben Bedrohung der öffentlichen Sicherheit stehen, an eine zuständige Behörde sollten als berechtigtes Interesse des Verantwortlichen gelten. Eine derartige Übermittlung personenbezogener Daten im berechtigten Interesse des Verantwortlichen oder deren Weiterverarbeitung sollte jedoch unzulässig sein, wenn die Verarbeitung mit einer rechtlichen, beruflichen oder sonstigen verbindlichen Pflicht zur Geheimhaltung unvereinbar ist. **§ 3 BDSG: Verarbeitung personenbezogener Daten durch öffentliche Stellen** Die Verarbeitung personenbezogener Daten durch eine öffentliche Stelle ist zulässig, wenn sie zur Erfüllung der in der Zuständigkeit des Verantwortlichen liegenden Aufgabe oder in Ausübung öffentlicher Gewalt, die dem Verantwortlichen übertragen wurde, erforderlich ist. **§ 4 BDSG: Videoüberwachung öffentlich zugänglicher Räume** (1) Die Beobachtung öffentlich zugänglicher Räume mit optisch-elektronischen Einrichtungen (Videoüberwachung) ist nur zulässig, soweit sie 1. zur Aufgabenerfüllung öffentlicher Stellen, 2. zur Wahrnehmung des Hausrechts oder 3. zur Wahrnehmung berechtigter Interessen für konkret festgelegte Zwecke erforderlich ist und keine Anhaltspunkte bestehen, dass schutzwürdige Interessen der Betroffenen überwiegen. Bei der Videoüberwachung von

Artikel der DSGVO	Erwägungsgrund/Erwägungsgründe sowie korrespondierende Vorschriften des BDSG-neu
	1. öffentlich zugänglichen großflächigen Anlagen, wie insbesondere Sport-, Versammlungs- und Vergnügungsstätten, Einkaufszentren oder Parkplätzen, oder
	2. Fahrzeugen und öffentlich zugänglichen großflächigen Einrichtungen des öffentlichen Schienen-, Schiffs- und Busverkehrs gilt der Schutz von Leben, Gesundheit oder Freiheit von dort aufhältigen Personen als ein besonders wichtiges Interesse.
	(2) Der Umstand der Beobachtung und der Name und die Kontaktdaten des Verantwortlichen sind durch geeignete Maßnahmen zum frühestmöglichen Zeitpunkt erkennbar zu machen.
	(3) Die Speicherung oder Verwendung von nach Absatz 1 erhobenen Daten ist zulässig, wenn sie zum Erreichen des verfolgten Zwecks erforderlich ist und keine Anhaltspunkte bestehen, dass schutzwürdige Interessen der Betroffenen überwiegen. Absatz 1 Satz 2 gilt entsprechend. Für einen anderen Zweck dürfen sie nur weiterverarbeitet werden, soweit dies zur Abwehr von Gefahren für die staatliche und öffentliche Sicherheit sowie zur Verfolgung von Straftaten erforderlich ist.
	(4) Werden durch Videoüberwachung erhobene Daten einer bestimmten Person zugeordnet, so besteht die Pflicht zur Information der betroffenen Person über die Verarbeitung gemäß den Artikeln 13 und 14 der Verordnung (EU) 2016/679. § 32 gilt entsprechend.
	(5) Die Daten sind unverzüglich zu löschen, wenn sie zur Erreichung des Zwecks nicht mehr erforderlich sind oder schutzwürdige Interessen der Betroffenen einer weiteren Speicherung entgegenstehen.
	§ 23 BDSG: Verarbeitung zu anderen Zwecken durch öffentliche Stellen
	(1) Die Verarbeitung personenbezogener Daten zu einem anderen Zweck als zu demjenigen, zu dem die Daten erhoben wurden, durch öffentliche Stellen im Rahmen ihrer Aufgabenerfüllung ist zulässig, wenn
	1. offensichtlich ist, dass sie im Interesse der betroffenen Person liegt und kein Grund zu der Annahme besteht, dass sie in Kenntnis des anderen Zwecks ihre Einwilligung verweigern würde,
	2. Angaben der betroffenen Person überprüft werden müssen, weil tatsächliche Anhaltspunkte für deren Unrichtigkeit bestehen,
	3. sie zur Abwehr erheblicher Nachteile für das Gemeinwohl oder einer Gefahr für die öffentliche Sicherheit, die Verteidigung oder die nationale Sicherheit, zur Wahrung erheblicher Belange des Gemeinwohls oder zur Sicherung des Steuer- und Zollaufkommens erforderlich ist,

Artikel der DSGVO	Erwägungsgrund/Erwägungsgründe sowie korrespondierende Vorschriften des BDSG-neu
	4. sie zur Verfolgung von Straftaten oder Ordnungswidrigkeiten, zur Vollstreckung oder zum Vollzug von Strafen oder Maßnahmen im Sinne des § 11 Absatz 1 Nummer 8 des Strafgesetzbuchs oder von Erziehungsmaßregeln oder Zuchtmitteln im Sinne des Jugendgerichtsgesetzes oder zur Vollstreckung von Geldbußen erforderlich ist,
	5. sie zur Abwehr einer schwerwiegenden Beeinträchtigung der Rechte einer anderen Person erforderlich ist oder
	6. sie der Wahrnehmung von Aufsichts- und Kontrollbefugnissen, der Rechnungsprüfung oder der Durchführung von Organisationsuntersuchungen des Verantwortlichen dient; dies gilt auch für die Verarbeitung zu Ausbildungs- und Prüfungszwecken durch den Verantwortlichen, soweit schutzwürdige Interessen der betroffenen Person dem nicht entgegenstehen.
	(2) Die Verarbeitung besonderer Kategorien personenbezogener Daten im Sinne des Artikels 9 Absatz 1 der Verordnung (EU) 2016/679 zu einem anderen Zweck als zu demjenigen, zu dem die Daten erhoben wurden, ist zulässig, wenn die Voraussetzungen des Absatzes 1 und ein Ausnahmetatbestand nach Artikel 9 Absatz 2 der Verordnung (EU) 2016/679 oder nach § 22 vorliegen.
	§ 24 BDSG: Verarbeitung zu anderen Zwecken durch nichtöffentliche Stellen
	(1) Die Verarbeitung personenbezogener Daten zu einem anderen Zweck als zu demjenigen, zu dem die Daten erhoben wurden, durch nichtöffentliche Stellen ist zulässig, wenn
	1. sie zur Abwehr von Gefahren für die staatliche oder öffentliche Sicherheit oder zur Verfolgung von Straftaten erforderlich ist oder
	2. sie zur Geltendmachung, Ausübung oder Verteidigung zivilrechtlicher Ansprüche erforderlich ist,
	sofern nicht die Interessen der betroffenen Person an dem Ausschluss der Verarbeitung überwiegen.
	(2) Die Verarbeitung besonderer Kategorien personenbezogener Daten im Sinne des Artikels 9 Absatz 1 der Verordnung (EU) 2016/679 zu einem anderen Zweck als zu demjenigen, zu dem die Daten erhoben wurden, ist zulässig, wenn die Voraussetzungen des Absatzes 1 und ein Ausnahmetatbestand nach Artikel 9 Absatz 2 der Verordnung (EU) 2016/679 oder nach § 22 vorliegen.
	§ 25 BDSG: Datenübermittlungen durch öffentliche Stellen
	(1) Die Übermittlung personenbezogener Daten durch öffentliche Stellen an öffentliche Stellen ist zulässig, wenn sie zur Erfüllung der in der Zuständigkeit der übermittelnden Stelle oder des Dritten, an den die Daten übermittelt werden,

Artikel der DSGVO	Erwägungsgrund/Erwägungsgründe sowie korrespondierende Vorschriften des BDSG-neu
	liegenden Aufgaben erforderlich ist und die Voraussetzungen vorliegen, die eine Verarbeitung nach § 23 zulassen würden. Der Dritte, an den die Daten übermittelt werden, darf diese nur für den Zweck verarbeiten, zu dessen Erfüllung sie ihm übermittelt werden. Eine Verarbeitung für andere Zwecke ist unter den Voraussetzungen des § 23 zulässig. (2) Die Übermittlung personenbezogener Daten durch öffentliche Stellen an nichtöffentliche Stellen ist zulässig, wenn 1. sie zur Erfüllung der in der Zuständigkeit der übermittelnden Stelle liegenden Aufgaben erforderlich ist und die Voraussetzungen vorliegen, die eine Verarbeitung nach § 23 zulassen würden, 2. der Dritte, an den die Daten übermittelt werden, ein berechtigtes Interesse an der Kenntnis der zu übermittelnden Daten glaubhaft darlegt und die betroffene Person kein schutzwürdiges Interesse an dem Ausschluss der Übermittlung hat oder 3. es zur Geltendmachung, Ausübung oder Verteidigung rechtlicher Ansprüche erforderlich ist und der Dritte sich gegenüber der übermittelnden öffentlichen Stelle verpflichtet hat, die Daten nur für den Zweck zu verarbeiten, zu dessen Erfüllung sie ihm übermittelt werden. Eine Verarbeitung für andere Zwecke ist zulässig, wenn eine Übermittlung nach Satz 1 zulässig wäre und die übermittelnde Stelle zugestimmt hat. (3) Die Übermittlung besonderer Kategorien personenbezogener Daten im Sinne des Artikels 9 Absatz 1 der Verordnung (EU) 2016/679 ist zulässig, wenn die Voraussetzungen des Absatzes 1 oder 2 und ein Ausnahmetatbestand nach Artikel 9 Absatz 2 der Verordnung (EU) 2016/679 oder nach § 22 vorliegen. **§ 27 BDSG: Datenverarbeitung zu wissenschaftlichen oder historischen Forschungszwecken und zu statistischen Zwecken** […] (4) Der Verantwortliche darf personenbezogene Daten nur veröffentlichen, wenn die betroffene Person eingewilligt hat oder dies für die Darstellung von Forschungsergebnissen über Ereignisse der Zeitgeschichte unerlässlich ist. **§ 31 BDSG: Schutz des Wirtschaftsverkehrs bei Scoring und Bonitätsauskünften** (1) Die Verwendung eines ahrscheinlichkeitswerts über ein bestimmtes zukünftiges Verhalten einer natürlichen Person zum Zweck der Entscheidung über die Begründung, Durchführung oder Beendigung eines Vertragsverhältnisses mit dieser Person (Scoring) ist nur zulässig, wenn

Artikel der DSGVO	Erwägungsgrund/Erwägungsgründe sowie korrespondierende Vorschriften des BDSG-neu
	1. die Vorschriften des Datenschutzrechts eingehalten wurden,
	2. die zur Berechnung des Wahrscheinlichkeitswerts genutzten Daten unter Zugrundelegung eines wissenschaftlich anerkannten mathematisch-statistischen Verfahrens nachweisbar für die Berechnung der Wahrscheinlichkeit des bestimmten Verhaltens erheblich sind,
	3. für die Berechnung des Wahrscheinlichkeitswerts nicht ausschließlich Anschriftendaten genutzt wurden und
	4. im Fall der Nutzung von Anschriftendaten die betroffene Person vor Berechnung des Wahrscheinlichkeitswerts über die vorgesehene Nutzung dieser Daten unterrichtet worden ist; die Unterrichtung ist zu dokumentieren.
	(2) Die Verwendung eines von Auskunfteien ermittelten Wahrscheinlichkeitswerts über die Zahlungsfähig- und Zahlungswilligkeit einer natürlichen Person ist im Fall der Einbeziehung von Informationen über Forderungen nur zulässig, soweit die Voraussetzungen nach Absatz 1 vorliegen und nur solche Forderungen über eine geschuldete Leistung, die trotz Fälligkeit nicht erbracht worden ist, berücksichtigt werden,
	1. die durch ein rechtskräftiges oder für vorläufig vollstreckbar erklärtes Urteil festgestellt worden sind oder für die ein Schuldtitel nach § 794 der Zivilprozessordnung vorliegt,
	2. die nach § 178 der Insolvenzordnung festgestellt und nicht vom Schuldner im Prüfungstermin bestritten worden sind,
	3. die der Schuldner ausdrücklich anerkannt hat,
	4. bei denen
	a) der Schuldner nach Eintritt der Fälligkeit der Forderung mindestens zweimal schriftlich gemahnt worden ist,
	b) die erste Mahnung mindestens vier Wochen zurückliegt,
	c) der Schuldner zuvor, jedoch frühestens bei der ersten Mahnung, über eine mögliche Berücksichtigung durch eine Auskunftei unterrichtet worden ist und
	d) der Schuldner die Forderung nicht bestritten hat oder
	5. deren zugrunde liegendes Vertragsverhältnis aufgrund von Zahlungsrückständen fristlos gekündigt werden kann und bei denen der Schuldner zuvor über eine mögliche Berücksichtigung durch eine Auskunftei unterrichtet worden ist.
	Die Zulässigkeit der Verarbeitung, einschließlich der Ermittlung von Wahrscheinlichkeitswerten, von anderen bonitätsrelevanten Daten nach allgemeinem Datenschutzrecht bleibt unberührt.

Artikel der DSGVO	Erwägungsgrund/Erwägungsgründe sowie korrespondierende Vorschriften des BDSG-neu
Artikel 7: Bedingungen für die Einwilligung Siehe Abschn. 4.2.1	
1. Beruht die Verarbeitung auf einer Einwilligung, muss der Verantwortliche nachweisen können, dass die betroffene Person in die Verarbeitung ihrer personenbezogenen Daten eingewilligt hat. 2. Erfolgt die Einwilligung der betroffenen Person durch eine schriftliche Erklärung, die noch andere Sachverhalte betrifft, so muss das Ersuchen um Einwilligung in verständlicher und leicht zugänglicher Form in einer klaren und einfachen Sprache so erfolgen, dass es von den anderen Sachverhalten klar zu unterscheiden ist. Teile der Erklärung sind dann nicht verbindlich, wenn sie einen Verstoß gegen diese Verordnung darstellen. 3. Die betroffene Person hat das Recht, ihre Einwilligung jederzeit zu widerrufen. Durch den Widerruf der Einwilligung wird die Rechtmäßigkeit der aufgrund der Einwilligung bis zum Widerruf erfolgten Verarbeitung nicht berührt. Die betroffene Person wird vor Abgabe der Einwilligung hiervon in Kenntnis gesetzt. Der Widerruf der Einwilligung muss so einfach wie die Erteilung der Einwilligung sein. 4. Bei der Beurteilung, ob die Einwilligung freiwillig erteilt wurde, muss dem Umstand in größtmöglichem Umfang Rechnung getragen werden, ob unter anderem die Erfüllung eines Vertrags, einschließlich der Erbringung einer Dienstleistung,	(32) Die Einwilligung sollte durch eine eindeutige bestätigende Handlung erfolgen, mit der freiwillig, für den konkreten Fall, in informierter Weise und unmissverständlich bekundet wird, dass die betroffene Person mit der Verarbeitung der sie betreffenden personenbezogenen Daten einverstanden ist, etwa in Form einer schriftlichen Erklärung, die auch elektronisch erfolgen kann, oder einer mündlichen Erklärung. Dies könnte etwa durch Anklicken eines Kästchens beim Besuch einer Internetseite, durch die Auswahl technischer Einstellungen für Dienste der Informationsgesellschaft oder durch eine andere Erklärung oder Verhaltensweise geschehen, mit der die betroffene Person in dem jeweiligen Kontext eindeutig ihr Einverständnis mit der beabsichtigten Verarbeitung ihrer personenbezogenen Daten signalisiert. Stillschweigen, bereits angekreuzte Kästchen oder Untätigkeit der betroffenen Person sollten daher keine Einwilligung darstellen. Die Einwilligung sollte sich auf alle zu demselben Zweck oder denselben Zwecken vorgenommenen Verarbeitungsvorgänge beziehen. Wenn die Verarbeitung mehreren Zwecken dient, sollte für alle diese Verarbeitungszwecke eine Einwilligung gegeben werden. Wird die betroffene Person auf elektronischem Weg zur Einwilligung aufgefordert, so muss die Aufforderung in klarer und knapper Form und ohne unnötige Unterbrechung des Dienstes, für den die Einwilligung gegeben wird, erfolgen. (33) Oftmals kann der Zweck der Verarbeitung personenbezogener Daten für Zwecke der wissenschaftlichen Forschung zum Zeitpunkt der Erhebung der personenbezogenen Daten nicht vollständig angegeben werden. Daher sollte es betroffenen Personen erlaubt sein, ihre Einwilligung für bestimmte Bereiche wissenschaftlicher Forschung zu geben, wenn dies unter Einhaltung der anerkannten ethischen Standards der wissenschaftlichen Forschung geschieht. Die betroffenen Personen sollten Gelegenheit erhalten, ihre Einwilligung nur für bestimme Forschungsbereiche oder Teile von Forschungsprojekten in dem vom verfolgten Zweck zugelassenen Maße zu erteilen. (42) Erfolgt die Verarbeitung mit Einwilligung der betroffenen Person, sollte der Verantwortliche nachweisen können, dass die betroffene Person ihre Einwilligung zu dem Verarbeitungsvorgang gegeben hat. Insbesondere

Artikel der DSGVO	Erwägungsgrund/Erwägungsgründe sowie korrespondierende Vorschriften des BDSG-neu
von der Einwilligung zu einer Verarbeitung von personenbezogenen Daten abhängig ist, die für die Erfüllung des Vertrags nicht erforderlich sind.	bei Abgabe einer schriftlichen Erklärung in anderer Sache sollten Garantien sicherstellen, dass die betroffene Person weiß, dass und in welchem Umfang sie ihre Einwilligung erteilt. Gemäß der Richtlinie 93/13/EWG des Rates sollte eine vom Verantwortlichen vorformulierte Einwilligungserklärung in verständlicher und leicht zugänglicher Form in einer klaren und einfachen Sprache zur Verfügung gestellt werden, und sie sollte keine missbräuchlichen Klauseln beinhalten. Damit sie in Kenntnis der Sachlage ihre Einwilligung geben kann, sollte die betroffene Person mindestens wissen, wer der Verantwortliche ist und für welche Zwecke ihre personenbezogenen Daten verarbeitet werden sollen. Es sollte nur dann davon ausgegangen werden, dass sie ihre Einwilligung freiwillig gegeben hat, wenn sie eine echte oder freie Wahl hat und somit in der Lage ist, die Einwilligung zu verweigern oder zurückzuziehen, ohne Nachteile zu erleiden.
	(43) Um sicherzustellen, dass die Einwilligung freiwillig erfolgt ist, sollte diese in besonderen Fällen, wenn zwischen der betroffenen Person und dem Verantwortlichen ein klares Ungleichgewicht besteht, insbesondere wenn es sich bei dem Verantwortlichen um eine Behörde handelt, und es deshalb in Anbetracht aller Umstände in dem speziellen Fall unwahrscheinlich ist, dass die Einwilligung freiwillig gegeben wurde, keine gültige Rechtsgrundlage liefern. Die Einwilligung gilt nicht als freiwillig erteilt, wenn zu verschiedenen Verarbeitungsvorgängen von personenbezogenen Daten nicht gesondert eine Einwilligung erteilt werden kann, obwohl dies im Einzelfall angebracht ist, oder wenn die Erfüllung eines Vertrags, einschließlich der Erbringung einer Dienstleistung, von der Einwilligung abhängig ist, obwohl diese Einwilligung für die Erfüllung nicht erforderlich ist.
Artikel 8: Bedingungen für die Einwilligung eines Kindes in Bezug auf Dienste der Informationsgesellschaft Siehe Abschn. 4.2.1.6	
1. Gilt Artikel 6 Absatz 1 Buchstabe a bei einem Angebot von Diensten der Informationsgesellschaft, das einem Kind direkt gemacht wird, so ist die Verarbeitung der personenbezogenen Daten des	

Artikel der DSGVO	Erwägungsgrund/Erwägungsgründe sowie korrespondierende Vorschriften des BDSG-neu
Kindes rechtmäßig, wenn das Kind das sechzehnte Lebensjahr vollendet hat. Hat das Kind noch nicht das sechzehnte Lebensjahr vollendet, so ist diese Verarbeitung nur rechtmäßig, sofern und soweit diese Einwilligung durch den Träger der elterlichen Verantwortung für das Kind oder mit dessen Zustimmung erteilt wird. Die Mitgliedstaaten können durch Rechtsvorschriften zu diesen Zwecken eine niedrigere Altersgrenze vorsehen, die jedoch nicht unter dem vollendeten dreizehnten Lebensjahr liegen darf. 2. Der Verantwortliche unternimmt unter Berücksichtigung der verfügbaren Technik angemessene Anstrengungen, um sich in solchen Fällen zu vergewissern, dass die Einwilligung durch den Träger der elterlichen Verantwortung für das Kind oder mit dessen Zustimmung erteilt wurde. 3. Absatz 1 lässt das allgemeine Vertragsrecht der Mitgliedstaaten, wie etwa die Vorschriften zur Gültigkeit, zum Zustandekommen oder zu den Rechtsfolgen eines Vertrags in Bezug auf ein Kind, unberührt.	(38) Kinder verdienen bei ihren personenbezogenen Daten besonderen Schutz, da Kinder sich der betreffenden Risiken, Folgen und Garantien und ihrer Rechte bei der Verarbeitung personenbezogener Daten möglicherweise weniger bewusst sind. Ein solcher besonderer Schutz sollte insbesondere die Verwendung personenbezogener Daten von Kindern für Werbezwecke oder für die Erstellung von Persönlichkeits- oder Nutzerprofilen und die Erhebung von personenbezogenen Daten von Kindern bei der Nutzung von Diensten, die Kindern direkt angeboten werden, betreffen. Die Einwilligung des Trägers der elterlichen Verantwortung sollte im Zusammenhang mit Präventions- oder Beratungsdiensten, die unmittelbar einem Kind angeboten werden, nicht erforderlich sein.
Artikel 9: Verarbeitung besonderer Kategorien personenbezogener Daten Siehe Abschn. 4.2.3	
1. Die Verarbeitung personenbezogener Daten, aus denen die rassische und ethnische Herkunft, politische	

Artikel der DSGVO	Erwägungsgrund/Erwägungsgründe sowie korrespondierende Vorschriften des BDSG-neu
Meinungen, religiöse oder weltanschauliche Überzeugungen oder die Gewerkschaftszugehörigkeit hervorgehen, sowie die Verarbeitung von genetischen Daten, biometrischen Daten zur eindeutigen Identifizierung einer natürlichen Person, Gesundheitsdaten oder Daten zum Sexualleben oder der sexuellen Orientierung einer natürlichen Person ist untersagt. 2. Absatz 1 gilt nicht in folgenden Fällen: (a) die betroffene Person hat in die Verarbeitung der genannten personenbezogenen Daten für einen oder mehrere festgelegte Zwecke ausdrücklich eingewilligt, es sei denn, nach Unionsrecht oder dem Recht der Mitgliedstaaten kann das Verbot nach Absatz 1 durch die Einwilligung der betroffenen Person nicht aufgehoben werden, (b) die Verarbeitung ist erforderlich, damit der Verantwortliche oder die betroffene Person die ihm bzw. ihr aus dem Arbeitsrecht und dem Recht der sozialen Sicherheit und des Sozialschutzes erwachsenden Rechte ausüben und seinen bzw. ihren diesbezüglichen Pflichten nachkommen kann, soweit dies nach Unionsrecht oder dem Recht der Mitgliedstaaten oder einer Kollektivvereinbarung nach dem Recht der Mitgliedstaaten, das geeignete Garantien für die Grundrechte und die Interessen der betroffenen Person vorsieht, zulässig ist,	(51) Personenbezogene Daten, die ihrem Wesen nach hinsichtlich der Grundrechte und Grundfreiheiten besonders sensibel sind, verdienen einen besonderen Schutz, da im Zusammenhang mit ihrer Verarbeitung erhebliche Risiken für die Grundrechte und Grundfreiheiten auftreten können. Diese personenbezogenen Daten sollten personenbezogene Daten umfassen, aus denen die rassische oder ethnische Herkunft hervorgeht, wobei die Verwendung des Begriffs „rassische Herkunft" in dieser Verordnung nicht bedeutet, dass die Union Theorien, mit denen versucht wird, die Existenz verschiedener menschlicher Rassen zu belegen, gutheißt. Die Verarbeitung von Lichtbildern sollte nicht grundsätzlich als Verarbeitung besonderer Kategorien von personenbezogenen Daten angesehen werden, da Lichtbilder nur dann von der Definition des Begriffs „biometrische Daten" erfasst werden, wenn sie mit speziellen technischen Mitteln verarbeitet werden, die die eindeutige Identifizierung oder Authentifizierung einer natürlichen Person ermöglichen. Derartige personenbezogene Daten sollten nicht verarbeitet werden, es sei denn, die Verarbeitung ist in den in dieser Verordnung dargelegten besonderen Fällen zulässig, wobei zu berücksichtigen ist, dass im Recht der Mitgliedstaaten besondere Datenschutzbestimmungen festgelegt sein können, um die Anwendung der Bestimmungen dieser Verordnung anzupassen, damit die Einhaltung einer rechtlichen Verpflichtung oder die Wahrnehmung einer Aufgabe im öffentlichen Interesse oder die Ausübung öffentlicher Gewalt, die dem Verantwortlichen übertragen wurde, möglich ist. Zusätzlich zu den speziellen Anforderungen an eine derartige Verarbeitung sollten die allgemeinen Grundsätze und andere Bestimmungen dieser Verordnung, insbesondere hinsichtlich der Bedingungen für eine rechtmäßige Verarbeitung, gelten. Ausnahmen von dem allgemeinen Verbot der Verarbeitung dieser besonderen Kategorien personenbezogener Daten sollten ausdrücklich vorgesehen werden, unter anderem bei ausdrücklicher Einwilligung der betroffenen Person oder bei bestimmten Notwendigkeiten, insbesondere wenn die Verarbeitung im Rahmen rechtmäßiger Tätigkeiten bestimmter Vereinigungen oder Stiftungen vorgenommen wird, die sich für die Ausübung von Grundfreiheiten einsetzen. (52) Ausnahmen vom Verbot der Verarbeitung besonderer Kategorien von personenbezogenen Daten sollten auch erlaubt sein, wenn sie im Unionsrecht oder dem Recht der Mitgliedstaaten vorgesehen sind, und – vorbehaltlich angemessener Garantien zum

Artikel der DSGVO	Erwägungsgrund/Erwägungsgründe sowie korrespondierende Vorschriften des BDSG-neu
(c) die Verarbeitung ist zum Schutz lebenswichtiger Interessen der betroffenen Person oder einer anderen natürlichen Person erforderlich und die betroffene Person ist aus körperlichen oder rechtlichen Gründen außerstande, ihre Einwilligung zu geben, (d) die Verarbeitung erfolgt auf der Grundlage geeigneter Garantien durch eine politisch, weltanschaulich, religiös oder gewerkschaftlich ausgerichtete Stiftung, Vereinigung oder sonstige Organisation ohne Gewinnerzielungsabsicht im Rahmen ihrer rechtmäßigen Tätigkeiten und unter der Voraussetzung, dass sich die Verarbeitung ausschließlich auf die Mitglieder oder ehemalige Mitglieder der Organisation oder auf Personen, die im Zusammenhang mit deren Tätigkeitszweck regelmäßige Kontakte mit ihr unterhalten, bezieht und die personenbezogenen Daten nicht ohne Einwilligung der betroffenen Personen nach außen offengelegt werden, (e) die Verarbeitung bezieht sich auf personenbezogene Daten, die die betroffene Person offensichtlich öffentlich gemacht hat, (f) die Verarbeitung ist zur Geltendmachung, Ausübung oder Verteidigung von Rechtsansprüchen oder bei Handlungen der Gerichte im Rahmen ihrer justiziellen Tätigkeit erforderlich, (g) die Verarbeitung ist auf der Grundlage des Unionsrechts oder des Rechts eines Mitgliedstaats,	Schutz der personenbezogenen Daten und anderer Grundrechte – wenn dies durch das öffentliche Interesse gerechtfertigt ist, insbesondere für die Verarbeitung von personenbezogenen Daten auf dem Gebiet des Arbeitsrechts und des Rechts der sozialen Sicherheit einschließlich Renten und zwecks Sicherstellung und Überwachung der Gesundheit und Gesundheitswarnungen, Prävention oder Kontrolle ansteckender Krankheiten und anderer schwerwiegender Gesundheitsgefahren. Eine solche Ausnahme kann zu gesundheitlichen Zwecken gemacht werden, wie der Gewährleistung der öffentlichen Gesundheit und der Verwaltung von Leistungen der Gesundheitsversorgung, insbesondere wenn dadurch die Qualität und Wirtschaftlichkeit der Verfahren zur Abrechnung von Leistungen in den sozialen Krankenversicherungssystemen sichergestellt werden soll, oder wenn die Verarbeitung im öffentlichen Interesse liegenden Archivzwecken, wissenschaftlichen oder historischen Forschungszwecken oder statistischen Zwecken dient. Die Verarbeitung solcher personenbezogener Daten sollte zudem ausnahmsweise erlaubt sein, wenn sie erforderlich ist, um rechtliche Ansprüche, sei es in einem Gerichtsverfahren oder in einem Verwaltungsverfahren oder einem außergerichtlichen Verfahren, geltend zu machen, auszuüben oder zu verteidigen. (53) Besondere Kategorien personenbezogener Daten, die eines höheren Schutzes verdienen, sollten nur dann für gesundheitsbezogene Zwecke verarbeitet werden, wenn dies für das Erreichen dieser Zwecke im Interesse einzelner natürlicher Personen und der Gesellschaft insgesamt erforderlich ist, insbesondere im Zusammenhang mit der Verwaltung der Dienste und Systeme des Gesundheits- oder Sozialbereichs, einschließlich der Verarbeitung dieser Daten durch die Verwaltung und die zentralen nationalen Gesundheitsbehörden zwecks Qualitätskontrolle, Verwaltungsinformationen und der allgemeinen nationalen und lokalen Überwachung des Gesundheitssystems oder des Sozialsystems und zwecks Gewährleistung der Kontinuität der Gesundheits- und Sozialfürsorge und der grenzüberschreitenden Gesundheitsversorgung oder Sicherstellung und Überwachung der Gesundheit und Gesundheitswarnungen oder für im öffentlichen Interesse liegende Archivzwecke, zu wissenschaftlichen oder

Artikel der DSGVO	Erwägungsgrund/Erwägungsgründe sowie korrespondierende Vorschriften des BDSG-neu
(g) die Verarbeitung ist auf der Grundlage des Unionsrechts oder des Rechts eines Mitgliedstaats, das in angemessenem Verhältnis zu dem verfolgten Ziel steht, den Wesensgehalt des Rechts auf Datenschutz wahrt und angemessene und spezifische Maßnahmen zur Wahrung der Grundrechte und Interessen der betroffenen Person vorsieht, aus Gründen eines erheblichen öffentlichen Interesses erforderlich, (h) die Verarbeitung ist für Zwecke der Gesundheitsvorsorge oder der Arbeitsmedizin, für die Beurteilung der Arbeitsfähigkeit des Beschäftigten, für die medizinische Diagnostik, die Versorgung oder Behandlung im Gesundheits- oder Sozialbereich oder für die Verwaltung von Systemen und Diensten im Gesundheits- oder Sozialbereich auf der Grundlage des Unionsrechts oder des Rechts eines Mitgliedstaats oder aufgrund eines Vertrags mit einem Angehörigen eines Gesundheitsberufs und vorbehaltlich der in Absatz 3 genannten Bedingungen und Garantien erforderlich, (i) die Verarbeitung ist aus Gründen des öffentlichen Interesses im Bereich der öffentlichen Gesundheit, wie dem Schutz vor schwerwiegenden grenzüberschreitenden Gesundheitsgefahren oder zur Gewährleistung hoher Qualitäts- und Sicherheitsstandards bei der Gesundheitsversorgung und bei Arzneimitteln und Medizinprodukten, auf der Grundlage des Unionsrechts	historischen Forschungszwecken oder statistischen Zwecken, die auf Rechtsvorschriften der Union oder der Mitgliedstaaten beruhen, die einem im öffentlichen Interesse liegenden Ziel dienen müssen, sowie für Studien, die im öffentlichen Interesse im Bereich der öffentlichen Gesundheit durchgeführt werden. Diese Verordnung sollte daher harmonisierte Bedingungen für die Verarbeitung besonderer Kategorien personenbezogener Gesundheitsdaten im Hinblick auf bestimmte Erfordernisse harmonisieren, insbesondere wenn die Verarbeitung dieser Daten für gesundheitsbezogene Zwecke von Personen durchgeführt wird, die gemäß einer rechtlichen Verpflichtung dem Berufsgeheimnis unterliegen. Im Recht der Union oder der Mitgliedstaaten sollten besondere und angemessene Maßnahmen zum Schutz der Grundrechte und der personenbezogenen Daten natürlicher Personen vorgesehen werden. Den Mitgliedstaaten sollte gestattet werden, weitere Bedingungen – einschließlich Beschränkungen – in Bezug auf die Verarbeitung von genetischen Daten, biometrischen Daten oder Gesundheitsdaten beizubehalten oder einzuführen. Dies sollte jedoch den freien Verkehr personenbezogener Daten innerhalb der Union nicht beeinträchtigen, falls die betreffenden Bedingungen für die grenzüberschreitende Verarbeitung solcher Daten gelten. (54) Aus Gründen des öffentlichen Interesses in Bereichen der öffentlichen Gesundheit kann es notwendig sein, besondere Kategorien personenbezogener Daten auch ohne Einwilligung der betroffenen Person zu verarbeiten. Diese Verarbeitung sollte angemessenen und besonderen Maßnahmen zum Schutz der Rechte und Freiheiten natürlicher Personen unterliegen. In diesem Zusammenhang sollte der Begriff „öffentliche Gesundheit" im Sinne der Verordnung (EG) Nr. 1338/2008 des Europäischen Parlaments und des Rates ausgelegt werden und alle Elemente im Zusammenhang mit der Gesundheit wie den Gesundheitszustand einschließlich Morbidität und Behinderung, die sich auf diesen Gesundheitszustand auswirkenden Determinanten, den Bedarf an Gesundheitsversorgung, die der Gesundheitsversorgung zugewiesenen Mittel, die Bereitstellung von Gesundheitsversorgungsleistungen und den allgemeinen Zugang zu diesen Leistungen sowie die entsprechenden Ausgaben und die Finanzierung und schließlich die Ursachen der Mortalität einschließen. Eine solche Verarbeitung von Gesundheitsdaten aus Gründen des öffentlichen Interesses darf nicht dazu führen, dass Dritte, unter anderem Arbeitgeber oder Versicherungs- und Finanzunternehmen, solche personenbezogene Daten zu anderen Zwecken verarbeiten.

Artikel der DSGVO	Erwägungsgrund/Erwägungsgründe sowie korrespondierende Vorschriften des BDSG-neu
oder des Rechts eines Mitgliedstaats, das angemessene und spezifische Maßnahmen zur Wahrung der Rechte und Freiheiten der betroffenen Person, insbesondere des Berufsgeheimnisses, vorsieht, erforderlich, oder (j) die Verarbeitung ist auf der Grundlage des Unionsrechts oder des Rechts eines Mitgliedstaats, das in angemessenem Verhältnis zu dem verfolgten Ziel steht, den Wesensgehalt des Rechts auf Datenschutz wahrt und angemessene und spezifische Maßnahmen zur Wahrung der Grundrechte und Interessen der betroffenen Person vorsieht, für im öffentlichen Interesse liegende Archivzwecke, für wissenschaftliche oder historische Forschungszwecke oder für statistische Zwecke gemäß Artikel 89 Absatz 1 erforderlich. 3. Die in Absatz 1 genannten personenbezogenen Daten dürfen zu den in Absatz 2 Buchstabe h genannten Zwecken verarbeitet werden, wenn diese Daten von Fachpersonal oder unter dessen Verantwortung verarbeitet werden und dieses Fachpersonal nach dem Unionsrecht oder dem Recht eines Mitgliedstaats oder den Vorschriften nationaler zuständiger Stellen dem Berufsgeheimnis unterliegt, oder wenn die Verarbeitung durch eine andere Person erfolgt, die ebenfalls nach dem Unionsrecht oder dem Recht eines Mitgliedstaats oder den Vorschriften nationaler zuständiger Stellen einer Geheimhaltungspflicht unterliegt.	(55) Auch die Verarbeitung personenbezogener Daten durch staatliche Stellen zu verfassungsrechtlich oder völkerrechtlich verankerten Zielen von staatlich anerkannten Religionsgemeinschaften erfolgt aus Gründen des öffentlichen Interesses. (56) Wenn es in einem Mitgliedstaat das Funktionieren des demokratischen Systems erfordert, dass die politischen Parteien im Zusammenhang mit Wahlen personenbezogene Daten über die politische Einstellung von Personen sammeln, kann die Verarbeitung derartiger Daten aus Gründen des öffentlichen Interesses zugelassen werden, sofern geeignete Garantien vorgesehen werden. **§ 22 BDSG: Verarbeitung besonderer Kategorien personenbezogener Daten** (1) Abweichend von Artikel 9 Absatz 1 der Verordnung (EU) 2016/679 ist die Verarbeitung besonderer Kategorien personenbezogener Daten im Sinne des Artikels 9 Absatz 1 der Verordnung (EU) 2016/679 zulässig 1. durch öffentliche und nichtöffentliche Stellen, wenn sie a) erforderlich ist, um die aus dem Recht der sozialen Sicherheit und des Sozialschutzes erwachsenden Rechte auszuüben und den diesbezüglichen Pflichten nachzukommen, b) zum Zweck der Gesundheitsvorsorge, für die Beurteilung der Arbeitsfähigkeit des Beschäftigten, für die medizinische Diagnostik, die Versorgung oder Behandlung im Gesundheits- oder Sozialbereich oder für die Verwaltung von Systemen und Diensten im Gesundheits- und Sozialbereich oder aufgrund eines Vertrags der betroffenen Person mit einem Angehörigen eines Gesundheitsberufs erforderlich ist und diese Daten von ärztlichem Personal oder durch sonstige Personen, die einer entsprechenden Geheimhaltungspflicht unterliegen, oder unter deren Verantwortung verarbeitet werden, oder c) aus Gründen des öffentlichen Interesses im Bereich der öffentlichen Gesundheit, wie des Schutzes vor schwerwiegenden grenzüberschreitenden Gesundheitsgefahren oder zur Gewährleistung hoher Qualitäts- und Sicherheitsstandards bei der Gesundheitsversorgung und bei Arzneimitteln und Medizinprodukten erforderlich ist; ergänzend zu den in Absatz 2 genannten Maßnahmen sind insbesondere die berufsrechtlichen und strafrechtlichen Vorgaben zur Wahrung des Berufsgeheimnisses einzuhalten,

Artikel der DSGVO	Erwägungsgrund/Erwägungsgründe sowie korrespondierende Vorschriften des BDSG-neu
4. Die Mitgliedstaaten können zusätzliche Bedingungen, einschließlich Beschränkungen, einführen oder aufrechterhalten, soweit die Verarbeitung von genetischen, biometrischen oder Gesundheitsdaten betroffen ist.	2. durch öffentliche Stellen, wenn sie a) aus Gründen eines erheblichen öffentlichen Interesses zwingend erforderlich ist, b) zur Abwehr einer erheblichen Gefahr für die öffentliche Sicherheit erforderlich ist, c) zur Abwehr erheblicher Nachteile für das Gemeinwohl oder zur Wahrung erheblicher Belange des Gemeinwohls zwingend erforderlich ist oder d) aus zwingenden Gründen der Verteidigung oder der Erfüllung über- oder zwischenstaatlicher Verpflichtungen einer öffentlichen Stelle des Bundes auf dem Gebiet der Krisenbewältigung oder Konfliktverhinderung oder für humanitäre Maßnahmen erforderlich ist und soweit die Interessen des Verantwortlichen an der Datenverarbeitung in den Fällen der Nummer 2 die Interessen der betroffenen Person überwiegen. (2) In den Fällen des Absatzes 1 sind angemessene und spezifische Maßnahmen zur Wahrung der Interessen der betroffenen Person vorzusehen. Unter Berücksichtigung des Stands der Technik, der Implementierungskosten und der Art, des Umfangs, der Umstände und der Zwecke der Verarbeitung sowie der unterschiedlichen Eintrittswahrscheinlichkeit und Schwere der mit der Verarbeitung verbundenen Risiken für die Rechte und Freiheiten natürlicher Personen können dazu insbesondere gehören: 1. technisch organisatorische Maßnahmen, um sicherzustellen, dass die Verarbeitung gemäß der Verordnung (EU) 2016/679 erfolgt, 2. Maßnahmen, die gewährleisten, dass nachträglich überprüft und festgestellt werden kann, ob und von wem personenbezogene Daten eingegeben, verändert oder entfernt worden sind, 3. Sensibilisierung der an Verarbeitungsvorgängen Beteiligten, 4. Benennung einer oder eines Datenschutzbeauftragten, 5. Beschränkung des Zugangs zu den personenbezogenen Daten innerhalb der verantwortlichen Stelle und von Auftragsverarbeitern, 6. Pseudonymisierung personenbezogener Daten, 7. Verschlüsselung personenbezogener Daten, 8. Sicherstellung der Fähigkeit, Vertraulichkeit, Integrität, Verfügbarkeit und Belastbarkeit der Systeme und Dienste im Zusammenhang mit der Verarbeitung personenbezogener Daten, einschließlich der Fähigkeit, die Verfügbarkeit und den Zugang bei einem physischen oder technischen Zwischenfall rasch wiederherzustellen,

Artikel der DSGVO	Erwägungsgrund/Erwägungsgründe sowie korrespondierende Vorschriften des BDSG-neu
	9. zur Gewährleistung der Sicherheit der Verarbeitung die Einrichtung eines Verfahrens zur regelmäßigen Überprüfung, Bewertung und Evaluierung der Wirksamkeit der technischen und organisatorischen Maßnahmen oder
	10. spezifische Verfahrensregelungen, die im Fall einer Übermittlung oder Verarbeitung für andere Zwecke die Einhaltung der Vorgaben dieses Gesetzes sowie der Verordnung (EU) 2016/679 sicherstellen.
	§ 27 BDSG: Datenverarbeitung zu wissenschaftlichen oder historischen Forschungszwecken und zu statistischen Zwecken
	(1) Abweichend von Artikel 9 Absatz 1 der Verordnung (EU) 2016/679 ist die Verarbeitung besonderer Kategorien personenbezogener Daten im Sinne des Artikels 9 Absatz 1 der Verordnung (EU) 2016/679 auch ohne Einwilligung für wissenschaftliche oder historische Forschungszwecke oder für statistische Zwecke zulässig, wenn die Verarbeitung zu diesen Zwecken erforderlich ist und die Interessen des Verantwortlichen an der Verarbeitung die Interessen der betroffenen Person an einem Ausschluss der Verarbeitung erheblich überwiegen. Der Verantwortliche sieht angemessene und spezifische Maßnahmen zur Wahrung der Interessen der betroffenen Person gemäß § 22 Absatz 2 Satz 2 vor.
	[...]
	(3) Ergänzend zu den in § 22 Absatz 2 genannten Maßnahmen sind zu wissenschaftlichen oder historischen Forschungszwecken oder zu statistischen Zwecken verarbeitete besondere Kategorien personenbezogener Daten im Sinne des Artikels 9 Absatz 1 der Verordnung (EU) 2016/679 zu anonymisieren, sobald dies nach dem Forschungs- oder Statistikzweck möglich ist, es sei denn, berechtigte Interessen der betroffenen Person stehen dem entgegen. Bis dahin sind die Merkmale gesondert zu speichern, mit denen Einzelangaben über persönliche oder sachliche Verhältnisse einer bestimmten oder bestimmbaren Person zugeordnet werden können. Sie dürfen mit den Einzelangaben nur zusammengeführt werden, soweit der Forschungs- oder Statistikzweck dies erfordert.
	[...]
	§ 28 BDSG: Datenverarbeitung zu im öffentlichen Interesse liegenden Archivzwecken
	(1) Abweichend von Artikel 9 Absatz 1 der Verordnung (EU) 2016/679 ist die Verarbeitung besonderer Kategorien personenbezogener Daten im Sinne des Artikels 9 Absatz 1 der Verordnung (EU) 2016/679 zulässig, wenn sie für im öffentlichen Interesse liegende Archivzwecke

Artikel der DSGVO	Erwägungsgrund/Erwägungsgründe sowie korrespondierende Vorschriften des BDSG-neu
	erforderlich ist. Der Verantwortliche sieht angemessene und spezifische Maßnahmen zur Wahrung der Interessen der betroffenen Person gemäß § 22 Absatz 2 Satz 2 vor. [...]
Artikel 10: Verarbeitung von personenbezogenen Daten über strafrechtliche Verurteilungen und Straftaten Siehe Abschn. 4.2.3.3	
Die Verarbeitung personenbezogener Daten über strafrechtliche Verurteilungen und Straftaten oder damit zusammenhängende Sicherungsmaßregeln aufgrund von Artikel 6 Absatz 1 darf nur unter behördlicher Aufsicht vorgenommen werden oder wenn dies nach dem Unionsrecht oder dem Recht der Mitgliedstaaten, das geeignete Garantien für die Rechte und Freiheiten der betroffenen Personen vorsieht, zulässig ist. Ein umfassendes Register der strafrechtlichen Verurteilungen darf nur unter behördlicher Aufsicht geführt werden.	–
Artikel 11: Verarbeitung, für die eine Identifizierung der betroffenen Person nicht erforderlich ist	
1. Ist für die Zwecke, für die ein Verantwortlicher personenbezogene Daten verarbeitet, die Identifizierung der betroffenen Person durch den Verantwortlichen nicht oder nicht mehr erforderlich, so ist dieser nicht verpflichtet, zur bloßen Einhaltung dieser Verordnung zusätzliche Informationen aufzubewahren, einzuholen oder zu verarbeiten, um die betroffene Person zu identifizieren.	(57) Kann der Verantwortliche anhand der von ihm verarbeiteten personenbezogenen Daten eine natürliche Person nicht identifizieren, so sollte er nicht verpflichtet sein, zur bloßen Einhaltung einer Vorschrift dieser Verordnung zusätzliche Daten einzuholen, um die betroffene Person zu identifizieren. Allerdings sollte er sich nicht weigern, zusätzliche Informationen entgegenzunehmen, die von der betroffenen Person beigebracht werden, um ihre Rechte geltend zu machen. Die Identifizierung sollte die digitale Identifizierung einer betroffenen Person – beispielsweise durch Authentifizierungsverfahren etwa mit denselben Berechtigungsnachweisen, wie sie die betroffene Person verwendet, um sich bei dem von dem Verantwortlichen bereitgestellten Online-Dienst anzumelden – einschließen.

Artikel der DSGVO	Erwägungsgrund/Erwägungsgründe sowie korrespondierende Vorschriften des BDSG-neu
2. Kann der Verantwortliche in Fällen gemäß Absatz 1 des vorliegenden Artikels nachweisen, dass er nicht in der Lage ist, die betroffene Person zu identifizieren, so unterrichtet er die betroffene Person hierüber, sofern möglich. In diesen Fällen finden die Artikel 15 bis 20 keine Anwendung, es sei denn, die betroffene Person stellt zur Ausübung ihrer in diesen Artikeln niedergelegten Rechte zusätzliche Informationen bereit, die ihre Identifizierung ermöglichen.	
Kapitel III – Rechte der betroffenen Person	
Abschnitt 1 – Transparenz und Modalitäten	
Artikel 12: Transparente Information, Kommunikation und Modalitäten für die Ausübung der Rechte der betroffenen Person Siehe Abschn. 5.1	
1. Der Verantwortliche trifft geeignete Maßnahmen, um der betroffenen Person alle Informationen gemäß den Artikeln 13 und 14 und alle Mitteilungen gemäß den Artikeln 15 bis 22 und Artikel 34, die sich auf die Verarbeitung beziehen, in präziser, transparenter, verständlicher und leicht zugänglicher Form in einer klaren und einfachen Sprache zu übermitteln; dies gilt insbesondere für Informationen, die sich speziell an Kinder richten. Die Übermittlung der Informationen erfolgt schriftlich oder in anderer Form, gegebenenfalls auch elektronisch. Falls von der betroffenen Person verlangt, kann die Information mündlich erteilt werden, sofern die Identität der betroffenen Person in anderer Form nachgewiesen wurde.	(58) Der Grundsatz der Transparenz setzt voraus, dass eine für die Öffentlichkeit oder die betroffene Person bestimmte Information präzise, leicht zugänglich und verständlich sowie in klarer und einfacher Sprache abgefasst ist und gegebenenfalls zusätzlich visuelle Elemente verwendet werden. Diese Information könnte in elektronischer Form bereitgestellt werden, beispielsweise auf einer Website, wenn sie für die Öffentlichkeit bestimmt ist. Dies gilt insbesondere für Situationen, wo die große Zahl der Beteiligten und die Komplexität der dazu benötigten Technik es der betroffenen Person schwer machen, zu erkennen und nachzuvollziehen, ob, von wem und zu welchem Zweck sie betreffende personenbezogene Daten erfasst werden, wie etwa bei der Werbung im Internet. Wenn sich die Verarbeitung an Kinder richtet, sollten aufgrund der besonderen Schutzwürdigkeit von Kindern Informationen und Hinweise in einer dergestalt klaren und einfachen Sprache erfolgen, dass ein Kind sie verstehen kann. (59) Es sollten Modalitäten festgelegt werden, die einer betroffenen Person die Ausübung der Rechte, die ihr nach dieser Verordnung zustehen, erleichtern, darunter auch Mechanismen, die dafür sorgen, dass sie unentgeltlich insbesondere Zugang zu personenbezogenen Daten und

Artikel der DSGVO	Erwägungsgrund/Erwägungsgründe sowie korrespondierende Vorschriften des BDSG-neu
2. Der Verantwortliche erleichtert der betroffenen Person die Ausübung ihrer Rechte gemäß den Artikeln 15 bis 22. In den in Artikel 11 Absatz 2 genannten Fällen darf sich der Verantwortliche nur dann weigern, aufgrund des Antrags der betroffenen Person auf Wahrnehmung ihrer Rechte gemäß den Artikeln 15 bis 22 tätig zu werden, wenn er glaubhaft macht, dass er nicht in der Lage ist, die betroffene Person zu identifizieren. 3. Der Verantwortliche stellt der betroffenen Person Informationen über die auf Antrag gemäß den Artikeln 15 bis 22 ergriffenen Maßnahmen unverzüglich, in jedem Fall aber innerhalb eines Monats nach Eingang des Antrags zur Verfügung. Diese Frist kann um weitere zwei Monate verlängert werden, wenn dies unter Berücksichtigung der Komplexität und der Anzahl von Anträgen erforderlich ist. Der Verantwortliche unterrichtet die betroffene Person innerhalb eines Monats nach Eingang des Antrags über eine Fristverlängerung, zusammen mit den Gründen für die Verzögerung. Stellt die betroffene Person den Antrag elektronisch, so ist sie nach Möglichkeit auf elektronischem Weg zu unterrichten, sofern sie nichts anderes angibt. 4. Wird der Verantwortliche auf den Antrag der betroffenen Person hin nicht tätig, so unterrichtet er die betroffene Person ohne Verzögerung, spätestens aber innerhalb eines Monats nach Eingang des Antrags über die Gründe hierfür und über die Möglichkeit, bei einer Aufsichtsbehörde Beschwerde einzulegen oder einen gerichtlichen Rechtsbehelf einzulegen.	deren Berichtigung oder Löschung beantragen und gegebenenfalls erhalten oder von ihrem Widerspruchsrecht Gebrauch machen kann. So sollte der Verantwortliche auch dafür sorgen, dass Anträge elektronisch gestellt werden können, insbesondere wenn die personenbezogenen Daten elektronisch verarbeitet werden. Der Verantwortliche sollte verpflichtet werden, den Antrag der betroffenen Person unverzüglich, spätestens aber innerhalb eines Monats zu beantworten und gegebenenfalls zu begründen, warum er den Antrag ablehnt.

Artikel der DSGVO	Erwägungsgrund/Erwägungsgründe sowie korrespondierende Vorschriften des BDSG-neu
5. Informationen gemäß den Artikeln 13 und 14 sowie alle Mitteilungen und Maßnahmen gemäß den Artikeln 15 bis 22 und Artikel 34 werden unentgeltlich zur Verfügung gestellt. Bei offenkundig unbegründeten oder – insbesondere im Fall von häufiger Wiederholung – exzessiven Anträgen einer betroffenen Person kann der Verantwortliche entweder (a) ein angemessenes Entgelt verlangen, bei dem die Verwaltungskosten für die Unterrichtung oder die Mitteilung oder die Durchführung der beantragten Maßnahme berücksichtigt werden, oder (b) sich weigern, aufgrund des Antrags tätig zu werden. Der Verantwortliche hat den Nachweis für den offenkundig unbegründeten oder exzessiven Charakter des Antrags zu erbringen. 6. Hat der Verantwortliche begründete Zweifel an der Identität der natürlichen Person, die den Antrag gemäß den Artikeln 15 bis 21 stellt, so kann er unbeschadet des Artikels 11 zusätzliche Informationen anfordern, die zur Bestätigung der Identität der betroffenen Person erforderlich sind. 7. Die Informationen, die den betroffenen Personen gemäß den Artikeln 13 und 14 bereitzustellen sind, können in Kombination mit standardisierten Bildsymbolen bereitgestellt werden, um in leicht wahrnehmbarer, verständlicher und klar nachvollziehbarer Form einen aussagekräftigen Überblick über die beabsichtigte Verarbeitung zu vermitteln. Werden die Bildsymbole in elektronischer Form dargestellt, müssen sie maschinenlesbar sein.	

Artikel der DSGVO	Erwägungsgrund/Erwägungsgründe sowie korrespondierende Vorschriften des BDSG-neu
8. Der Kommission wird die Befugnis übertragen, gemäß Artikel 92 delegierte Rechtsakte zur Bestimmung der Informationen, die durch Bildsymbole darzustellen sind, und der Verfahren für die Bereitstellung standardisierter Bildsymbole zu erlassen.	
Abschnitt 2 – Informationspflicht und Recht auf Auskunft zu personenbezogenen Daten	
Artikel 13: Informationspflicht bei Erhebung von personenbezogenen Daten bei der betroffenen Person Siehe Abschn. 5.2	
1. Werden personenbezogene Daten bei der betroffenen Person erhoben, so teilt der Verantwortliche der betroffenen Person zum Zeitpunkt der Erhebung dieser Daten Folgendes mit: (a) den Namen und die Kontaktdaten des Verantwortlichen sowie gegebenenfalls seines Vertreters; (b) gegebenenfalls die Kontaktdaten des Datenschutzbeauftragten; (c) die Zwecke, für die die personenbezogenen Daten verarbeitet werden sollen, sowie die Rechtsgrundlage für die Verarbeitung; (d) wenn die Verarbeitung auf Artikel 6 Absatz 1 Buchstabe f beruht, die berechtigten Interessen, die von dem Verantwortlichen oder einem Dritten verfolgt werden; (e) gegebenenfalls die Empfänger oder Kategorien von Empfängern der personenbezogenen Daten und	(60) Die Grundsätze einer fairen und transparenten Verarbeitung machen es erforderlich, dass die betroffene Person über die Existenz des Verarbeitungsvorgangs und seine Zwecke unterrichtet wird. Der Verantwortliche sollte der betroffenen Person alle weiteren Informationen zur Verfügung stellen, die unter Berücksichtigung der besonderen Umstände und Rahmenbedingungen, unter denen die personenbezogenen Daten verarbeitet werden, notwendig sind, um eine faire und transparente Verarbeitung zu gewährleisten. Darüber hinaus sollte er die betroffene Person darauf hinweisen, dass Profiling stattfindet und welche Folgen dies hat. Werden die personenbezogenen Daten bei der betroffenen Person erhoben, so sollte dieser darüber hinaus mitgeteilt werden, ob sie verpflichtet ist, die personenbezogenen Daten bereitzustellen, und welche Folgen eine Zurückhaltung der Daten nach sich ziehen würde. Die betreffenden Informationen können in Kombination mit standardisierten Bildsymbolen bereitgestellt werden, um in leicht wahrnehmbarer, verständlicher und klar nachvollziehbarer Form einen aussagekräftigen Überblick über die beabsichtigte Verarbeitung zu vermitteln. Werden die Bildsymbole in elektronischer Form dargestellt, so sollten sie maschinenlesbar sein. (61) Dass sie betreffende personenbezogene Daten verarbeitet werden, sollte der betroffenen Person zum Zeitpunkt der Erhebung mitgeteilt werden oder, falls die Daten nicht von ihr, sondern aus einer anderen Quelle erlangt werden, innerhalb einer angemessenen Frist, die sich nach dem konkreten Einzelfall richtet. Wenn die personenbezogenen Daten rechtmäßig einem anderen

Artikel der DSGVO	Erwägungsgrund/Erwägungsgründe sowie korrespondierende Vorschriften des BDSG-neu
(f) gegebenenfalls die Absicht des Verantwortlichen, die personenbezogenen Daten an ein Drittland oder eine internationale Organisation zu übermitteln, sowie das Vorhandensein oder das Fehlen eines Angemessenheitsbeschlusses der Kommission oder im Falle von Übermittlungen gemäß Artikel 46 oder Artikel 47 oder Artikel 49 Absatz 1 Unterabsatz 2 einen Verweis auf die geeigneten oder angemessenen Garantien und die Möglichkeit, wie eine Kopie von ihnen zu erhalten ist, oder wo sie verfügbar sind. 2. Zusätzlich zu den Informationen gemäß Absatz 1 stellt der Verantwortliche der betroffenen Person zum Zeitpunkt der Erhebung dieser Daten folgende weitere Informationen zur Verfügung, die notwendig sind, um eine faire und transparente Verarbeitung zu gewährleisten: (a) die Dauer, für die die personenbezogenen Daten gespeichert werden oder, falls dies nicht möglich ist, die Kriterien für die Festlegung dieser Dauer; (b) das Bestehen eines Rechts auf Auskunft seitens des Verantwortlichen über die betreffenden personenbezogenen Daten sowie auf Berichtigung oder Löschung oder auf Einschränkung der Verarbeitung oder eines Widerspruchsrechts gegen die Verarbeitung sowie des Rechts auf Datenübertragbarkeit; (c) wenn die Verarbeitung auf Artikel 6 Absatz 1 Buchstabe a oder Artikel 9 Absatz 2 Buchstabe a beruht, das Bestehen eines Rechts, die Einwilligung jederzeit zu widerrufen, ohne dass die Rechtmäßigkeit der aufgrund der Einwilligung bis zum Widerruf erfolgten Verarbeitung berührt wird;	Empfänger offengelegt werden dürfen, sollte die betroffene Person bei der erstmaligen Offenlegung der personenbezogenen Daten für diesen Empfänger darüber aufgeklärt werden. Beabsichtigt der Verantwortliche, die personenbezogenen Daten für einen anderen Zweck zu verarbeiten als den, für den die Daten erhoben wurden, so sollte er der betroffenen Person vor dieser Weiterverarbeitung Informationen über diesen anderen Zweck und andere erforderliche Informationen zur Verfügung stellen. Konnte der betroffenen Person nicht mitgeteilt werden, woher die personenbezogenen Daten stammen, weil verschiedene Quellen benutzt wurden, so sollte die Unterrichtung allgemein gehalten werden. (62) Die Pflicht, Informationen zur Verfügung zu stellen, erübrigt sich jedoch, wenn die betroffene Person die Information bereits hat, wenn die Speicherung oder Offenlegung der personenbezogenen Daten ausdrücklich durch Rechtsvorschriften geregelt ist oder wenn sich die Unterrichtung der betroffenen Person als unmöglich erweist oder mit unverhältnismäßig hohem Aufwand verbunden ist. Letzteres könnte insbesondere bei Verarbeitungen für im öffentlichen Interesse liegende Archivzwecke, zu wissenschaftlichen oder historischen Forschungszwecken oder zu statistischen Zwecken der Fall sein. Als Anhaltspunkte sollten dabei die Zahl der betroffenen Personen, das Alter der Daten oder etwaige geeignete Garantien in Betracht gezogen werden. **§ 4 BDSG: Videoüberwachung öffentlich zugänglicher Räume** [...] (2) Der Umstand der Beobachtung und der Name und die Kontaktdaten des Verantwortlichen sind durch geeignete Maßnahmen zum frühestmöglichen Zeitpunkt erkennbar zu machen. [...] (4) Werden durch Videoüberwachung erhobene Daten einer bestimmten Person zugeordnet, so besteht die Pflicht zur Information der betroffenen Person über die Verarbeitung gemäß den Artikeln 13 und 14 der Verordnung (EU) 2016/679. § 32 gilt entsprechend. [...] **§ 29 BDSG: Rechte der betroffenen Person und aufsichtsbehördliche Befugnisse im Fall von Geheimhaltungspflichten** [...] (2) Werden Daten Dritter im Zuge der Aufnahme oder im Rahmen eines Mandatsverhältnisses an einen Berufsgeheimnisträger übermittelt, so besteht die Pflicht der

Artikel der DSGVO	Erwägungsgrund/Erwägungsgründe sowie korrespondierende Vorschriften des BDSG-neu
(d) das Bestehen eines Beschwerderechts bei einer Aufsichtsbehörde; (e) ob die Bereitstellung der personenbezogenen Daten gesetzlich oder vertraglich vorgeschrieben oder für einen Vertragsabschluss erforderlich ist, ob die betroffene Person verpflichtet ist, die personenbezogenen Daten bereitzustellen, und welche mögliche Folgen die Nichtbereitstellung hätte und (f) das Bestehen einer automatisierten Entscheidungsfindung einschließlich Profiling gemäß Artikel 22 Absätze 1 und 4 und – zumindest in diesen Fällen – aussagekräftige Informationen über die involvierte Logik sowie die Tragweite und die angestrebten Auswirkungen einer derartigen Verarbeitung für die betroffene Person. 3. Beabsichtigt der Verantwortliche, die personenbezogenen Daten für einen anderen Zweck weiterzuverarbeiten als den, für den die personenbezogenen Daten erhoben wurden, so stellt er der betroffenen Person vor dieser Weiterverarbeitung Informationen über diesen anderen Zweck und alle anderen maßgeblichen Informationen gemäß Absatz 2 zur Verfügung. 4. Die Absätze 1, 2 und 3 finden keine Anwendung, wenn und soweit die betroffene Person bereits über die Informationen verfügt.	übermittelnden Stelle zur Information der betroffenen Person gemäß Artikel 13 Absatz 3 der Verordnung (EU) 2016/679 nicht, sofern nicht das Interesse der betroffenen Person an der Informationserteilung überwiegt. [...] **§ 32 BDSG: Informationspflicht bei Erhebung von personenbezogenen Daten bei der betroffenen Person** (1) Die Pflicht zur Information der betroffenen Person gemäß Artikel 13 Absatz 3 der Verordnung (EU) 2016/679 besteht ergänzend zu der in Artikel 13 Absatz 4 der Verordnung (EU) 2016/679 genannten Ausnahme dann nicht, wenn die Erteilung der Information über die beabsichtigte Weiterverarbeitung 1. eine Weiterverarbeitung analog gespeicherter Daten betrifft, bei der sich der Verantwortliche durch die Weiterverarbeitung unmittelbar an die betroffene Person wendet, der Zweck mit dem ursprünglichen Erhebungszweck gemäß der Verordnung (EU) 2016/679 vereinbar ist, die Kommunikation mit der betroffenen Person nicht in digitaler Form erfolgt und das Interesse der betroffenen Person an der Informationserteilung nach den Umständen des Einzelfalls, insbesondere mit Blick auf den Zusammenhang, in dem die Daten erhoben wurden, als gering anzusehen ist, 2. im Fall einer öffentlichen Stelle die ordnungsgemäße Erfüllung der in der Zuständigkeit des Verantwortlichen liegenden Aufgaben im Sinne des Artikels 23 Absatz 1 Buchstabe a bis e der Verordnung (EU) 2016/679 gefährden würde und die Interessen des Verantwortlichen an der Nichterteilung der Information die Interessen der betroffenen Person überwiegen, 3. die öffentliche Sicherheit oder Ordnung gefährden oder sonst dem Wohl des Bundes oder eines Landes Nachteile bereiten würde und die Interessen des Verantwortlichen an der Nichterteilung der Information die Interessen der betroffenen Person überwiegen, 4. die Geltendmachung, Ausübung oder Verteidigung rechtlicher Ansprüche beeinträchtigen würde und die Interessen des Verantwortlichen an der Nichterteilung der Information die Interessen der betroffenen Person überwiegen oder 5. eine vertrauliche Übermittlung von Daten an öffentliche Stellen gefährden würde. (2) Unterbleibt eine Information der betroffenen Person nach Maßgabe des Absatzes 1, ergreift der Verantwortliche geeignete Maßnahmen zum Schutz der berechtigten Interessen der betroffenen Person, einschließlich der Bereitstellung der in Artikel 13 Absatz 1 und 2 der

Artikel der DSGVO	Erwägungsgrund/Erwägungsgründe sowie korrespondierende Vorschriften des BDSG-neu
	Verordnung (EU) 2016/679 genannten Informationen für die Öffentlichkeit in präziser, transparenter, verständlicher und leicht zugänglicher Form in einer klaren und einfachen Sprache. Der Verantwortliche hält schriftlich fest, aus welchen Gründen er von einer Information abgesehen hat. Die Sätze 1 und 2 finden in den Fällen des Absatzes 1 Nummer 4 und 5 keine Anwendung. (3) Unterbleibt die Benachrichtigung in den Fällen des Absatzes 1 wegen eines vorübergehenden Hinderungsgrundes, kommt der Verantwortliche der Informationspflicht unter Berücksichtigung der spezifischen Umstände der Verarbeitung innerhalb einer angemessenen Frist nach Fortfall des Hinderungsgrundes, spätestens jedoch innerhalb von zwei Wochen, nach.
Artikel 14: Informationspflicht, wenn die personenbezogenen Daten nicht bei der betroffenen Person erhoben wurden Siehe Abschn. 5.2	
1. Werden personenbezogene Daten nicht bei der betroffenen Person erhoben, so teilt der Verantwortliche der betroffenen Person Folgendes mit: (a) den Namen und die Kontaktdaten des Verantwortlichen sowie gegebenenfalls seines Vertreters; (b) zusätzlich die Kontaktdaten des Datenschutzbeauftragten; (c) die Zwecke, für die die personenbezogenen Daten verarbeitet werden sollen, sowie die Rechtsgrundlage für die Verarbeitung; (d) die Kategorien personenbezogener Daten, die verarbeitet werden; (e) gegebenenfalls die Empfänger oder Kategorien von Empfängern der personenbezogenen Daten; (f) gegebenenfalls die Absicht des Verantwortlichen, die personenbezogenen Daten an einen Empfänger in einem Drittland	(60) Die Grundsätze einer fairen und transparenten Verarbeitung machen es erforderlich, dass die betroffene Person über die Existenz des Verarbeitungsvorgangs und seine Zwecke unterrichtet wird. Der Verantwortliche sollte der betroffenen Person alle weiteren Informationen zur Verfügung stellen, die unter Berücksichtigung der besonderen Umstände und Rahmenbedingungen, unter denen die personenbezogenen Daten verarbeitet werden, notwendig sind, um eine faire und transparente Verarbeitung zu gewährleisten. Darüber hinaus sollte er die betroffene Person darauf hinweisen, dass Profiling stattfindet und welche Folgen dies hat. Werden die personenbezogenen Daten bei der betroffenen Person erhoben, so sollte dieser darüber hinaus mitgeteilt werden, ob sie verpflichtet ist, die personenbezogenen Daten bereitzustellen, und welche Folgen eine Zurückhaltung der Daten nach sich ziehen würde. Die betreffenden Informationen können in Kombination mit standardisierten Bildsymbolen bereitgestellt werden, um in leicht wahrnehmbarer, verständlicher und klar nachvollziehbarer Form einen aussagekräftigen Überblick über die beabsichtigte Verarbeitung zu vermitteln. Werden die Bildsymbole in elektronischer Form dargestellt, so sollten sie maschinenlesbar sein. (61) Dass sie betreffende personenbezogene Daten verarbeitet werden, sollte der betroffenen Person zum Zeitpunkt der Erhebung mitgeteilt werden oder, falls die Daten nicht von ihr, sondern aus einer anderen Quelle

Artikel der DSGVO	Erwägungsgrund/Erwägungsgründe sowie korrespondierende Vorschriften des BDSG-neu
oder einer internationalen Organisation zu übermitteln, sowie das Vorhandensein oder das Fehlen eines Angemessenheitsbeschlusses der Kommission oder im Falle von Übermittlungen gemäß Artikel 46 oder Artikel 47 oder Artikel 49 Absatz 1 Unterabsatz 2 einen Verweis auf die geeigneten oder angemessenen Garantien und die Möglichkeit, eine Kopie von ihnen zu erhalten, oder wo sie verfügbar sind. 2. Zusätzlich zu den Informationen gemäß Absatz 1 stellt der Verantwortliche der betroffenen Person die folgenden Informationen zur Verfügung, die erforderlich sind, um der betroffenen Person gegenüber eine faire und transparente Verarbeitung zu gewährleisten: (a) die Dauer, für die die personenbezogenen Daten gespeichert werden oder, falls dies nicht möglich ist, die Kriterien für die Festlegung dieser Dauer; (b) wenn die Verarbeitung auf Artikel 6 Absatz 1 Buchstabe f beruht, die berechtigten Interessen, die von dem Verantwortlichen oder einem Dritten verfolgt werden; (c) das Bestehen eines Rechts auf Auskunft seitens des Verantwortlichen über die betreffenden personenbezogenen Daten sowie auf Berichtigung oder Löschung oder auf Einschränkung der Verarbeitung und eines Widerspruchsrechts gegen die Verarbeitung sowie des Rechts auf Datenübertragbarkeit;	erlangt werden, innerhalb einer angemessenen Frist, die sich nach dem konkreten Einzelfall richtet. Wenn die personenbezogenen Daten rechtmäßig einem anderen Empfänger offengelegt werden dürfen, sollte die betroffene Person bei der erstmaligen Offenlegung der personenbezogenen Daten für diesen Empfänger darüber aufgeklärt werden. Beabsichtigt der Verantwortliche, die personenbezogenen Daten für einen anderen Zweck zu verarbeiten als den, für den die Daten erhoben wurden, so sollte er der betroffenen Person vor dieser Weiterverarbeitung Informationen über diesen anderen Zweck und andere erforderliche Informationen zur Verfügung stellen. Konnte der betroffenen Person nicht mitgeteilt werden, woher die personenbezogenen Daten stammen, weil verschiedene Quellen benutzt wurden, so sollte die Unterrichtung allgemein gehalten werden. (62) Die Pflicht, Informationen zur Verfügung zu stellen, erübrigt sich jedoch, wenn die betroffene Person die Information bereits hat, wenn die Speicherung oder Offenlegung der personenbezogenen Daten ausdrücklich durch Rechtsvorschriften geregelt ist oder wenn sich die Unterrichtung der betroffenen Person als unmöglich erweist oder mit unverhältnismäßig hohem Aufwand verbunden ist. Letzteres könnte insbesondere bei Verarbeitungen für im öffentlichen Interesse liegende Archivzwecke, zu wissenschaftlichen oder historischen Forschungszwecken oder zu statistischen Zwecken der Fall sein. Als Anhaltspunkte sollten dabei die Zahl der betroffenen Personen, das Alter der Daten oder etwaige geeignete Garantien in Betracht gezogen werden. **§ 4 BDSG: Videoüberwachung öffentlich zugänglicher Räume** […] (2) Der Umstand der Beobachtung und der Name und die Kontaktdaten des Verantwortlichen sind durch geeignete Maßnahmen zum frühestmöglichen Zeitpunkt erkennbar zu machen. […] (4) Werden durch Videoüberwachung erhobene Daten einer bestimmten Person zugeordnet, so besteht die Pflicht zur Information der betroffenen Person über die Verarbeitung gemäß den Artikeln 13 und 14 der Verordnung (EU) 2016/679. § 32 gilt entsprechend. […]

Artikel der DSGVO	Erwägungsgrund/Erwägungsgründe sowie korrespondierende Vorschriften des BDSG-neu
(d) wenn die Verarbeitung auf Artikel 6 Absatz 1 Buchstabe a oder Artikel 9 Absatz 2 Buchstabe a beruht, das Bestehen eines Rechts, die Einwilligung jederzeit zu widerrufen, ohne dass die Rechtmäßigkeit der aufgrund der Einwilligung bis zum Widerruf erfolgten Verarbeitung berührt wird;	**§ 29 BDSG: Rechte der betroffenen Person und aufsichtsbehördliche Befugnisse im Fall von Geheimhaltungspflichten** (1) Die Pflicht zur Information der betroffenen Person gemäß Artikel 14 Absatz 1 bis 4 der Verordnung (EU) 2016/679 besteht ergänzend zu den in Artikel 14 Absatz 5 der Verordnung (EU) 2016/679 genannten Ausnahmen nicht, soweit durch ihre Erfüllung Informationen offenbart würden, die ihrem Wesen nach, insbesondere wegen der überwiegenden berechtigten Interessen eines Dritten, geheim gehalten werden müssen. […]
(e) das Bestehen eines Beschwerderechts bei einer Aufsichtsbehörde;	[…] **§ 30 BDSG: Verbraucherkredite**
(f) aus welcher Quelle die personenbezogenen Daten stammen und gegebenenfalls ob sie aus öffentlich zugänglichen Quellen stammen;	[…] (2) Wer den Abschluss eines Verbraucherdarlehensvertrags oder eines Vertrags über eine entgeltliche Finanzierungshilfe mit einem Verbraucher infolge einer Auskunft einer Stelle im Sinne des Absatzes 1 ablehnt, hat den Verbraucher unverzüglich hierüber sowie über die erhaltene Auskunft zu unterrichten. Die Unterrichtung unterbleibt, soweit hierdurch die öffentliche Sicherheit oder Ordnung gefährdet würde. § 37 bleibt unberührt.
(g) das Bestehen einer automatisierten Entscheidungsfindung einschließlich Profiling gemäß Artikel 22 Absätze 1 und 4 und – zumindest in diesen Fällen – aussagekräftige Informationen über die involvierte Logik sowie die Tragweite und die angestrebten Auswirkungen einer derartigen Verarbeitung für die betroffene Person.	**§ 33 BDSG: Informationspflicht, wenn die personenbezogenen Daten nicht bei der betroffenen Person erhoben wurden** (1) Die Pflicht zur Information der betroffenen Person gemäß Artikel 14 Absatz 1, 2 und 4 der Verordnung (EU) 2016/679 besteht ergänzend zu den in Artikel 14 Absatz 5 der Verordnung (EU) 2016/679 und der in § 29 Absatz 1 Satz 1 genannten Ausnahme nicht, wenn die Erteilung der Information
3. Der Verantwortliche erteilt die Informationen gemäß den Absätzen 1 und 2	1. im Fall einer öffentlichen Stelle
(a) unter Berücksichtigung der spezifischen Umstände der Verarbeitung der personenbezogenen Daten innerhalb einer angemessenen Frist nach Erlangung der personenbezogenen Daten, längstens jedoch innerhalb eines Monats,	a) die ordnungsgemäße Erfüllung der in der Zuständigkeit des Verantwortlichen liegenden Aufgaben im Sinne des Artikels 23 Absatz 1 Buchstabe a bis e der Verordnung (EU) 2016/679 gefährden würde oder b) die öffentliche Sicherheit oder Ordnung gefährden oder sonst dem Wohl des Bundes oder eines Landes Nachteile bereiten würde und deswegen das Interesse der betroffenen Person an der Informationserteilung zurücktreten muss,
(b) falls die personenbezogenen Daten zur Kommunikation mit der betroffenen Person verwendet werden sollen, spätestens zum Zeitpunkt der ersten Mitteilung an sie, oder,	2. im Fall einer nichtöffentlichen Stelle a) die Geltendmachung, Ausübung oder Verteidigung zivilrechtlicher Ansprüche beeinträchtigen würde oder die Verarbeitung Daten aus zivilrechtlichen Verträgen beinhaltet und der Verhütung von Schäden durch

Artikel der DSGVO	Erwägungsgrund/Erwägungsgründe sowie korrespondierende Vorschriften des BDSG-neu
(c) falls die Offenlegung an einen anderen Empfänger beabsichtigt ist, spätestens zum Zeitpunkt der ersten Offenlegung. 4. Beabsichtigt der Verantwortliche, die personenbezogenen Daten für einen anderen Zweck weiterzuverarbeiten als den, für den die personenbezogenen Daten erlangt wurden, so stellt er der betroffenen Person vor dieser Weiterverarbeitung Informationen über diesen anderen Zweck und alle anderen maßgeblichen Informationen gemäß Absatz 2 zur Verfügung. 5. Die Absätze 1 bis 4 finden keine Anwendung, wenn und soweit (a) die betroffene Person bereits über die Informationen verfügt, (b) die Erteilung dieser Informationen sich als unmöglich erweist oder einen unverhältnismäßigen Aufwand erfordern würde; dies gilt insbesondere für die Verarbeitung für im öffentlichen Interesse liegende Archivzwecke, für wissenschaftliche oder historische Forschungszwecke oder für statistische Zwecke vorbehaltlich der in Artikel 89 Absatz 1 genannten Bedingungen und Garantien oder soweit die in Absatz 1 des vorliegenden Artikels genannte Pflicht voraussichtlich die Verwirklichung der Ziele dieser Verarbeitung unmöglich macht oder ernsthaft beeinträchtigt In diesen Fällen ergreift der Verantwortliche geeignete Maßnahmen zum Schutz der Rechte und Freiheiten sowie der	Straftaten dient, sofern nicht das berechtigte Interesse der betroffenen Person an der Informationserteilung überwiegt, oder b) die zuständige öffentliche Stelle gegenüber dem Verantwortlichen festgestellt hat, dass das Bekanntwerden der Daten die öffentliche Sicherheit oder Ordnung gefährden oder sonst dem Wohl des Bundes oder eines Landes Nachteile bereiten würde; im Fall der Datenverarbeitung für Zwecke der Strafverfolgung bedarf es keiner Feststellung nach dem ersten Halbsatz. (2) Unterbleibt eine Information der betroffenen Person nach Maßgabe des Absatzes 1, ergreift der Verantwortliche geeignete Maßnahmen zum Schutz der berechtigten Interessen der betroffenen Person, einschließlich der Bereitstellung der in Artikel 14 Absatz 1 und 2 der Verordnung (EU) 2016/679 genannten Informationen für die Öffentlichkeit in präziser, transparenter, verständlicher und leicht zugänglicher Form in einer klaren und einfachen Sprache. Der Verantwortliche hält schriftlich fest, aus welchen Gründen er von einer Information abgesehen hat. (3) Bezieht sich die Informationserteilung auf die Übermittlung personenbezogener Daten durch öffentliche Stellen an Verfassungsschutzbehörden, den Bundesnachrichtendienst, den Militärischen Abschirmdienst und, soweit die Sicherheit des Bundes berührt wird, andere Behörden des Bundesministeriums der Verteidigung, ist sie nur mit Zustimmung dieser Stellen zulässig.

Artikel der DSGVO	Erwägungsgrund/Erwägungsgründe sowie korrespondierende Vorschriften des BDSG-neu
berechtigten Interessen der betroffenen Person, einschließlich der Bereitstellung dieser Informationen für die Öffentlichkeit,	
(c) die Erlangung oder Offenlegung durch Rechtsvorschriften der Union oder der Mitgliedstaaten, denen der Verantwortliche unterliegt und die geeignete Maßnahmen zum Schutz der berechtigten Interessen der betroffenen Person vorsehen, ausdrücklich geregelt ist oder	
(d) die personenbezogenen Daten gemäß dem Unionsrecht oder dem Recht der Mitgliedstaaten dem Berufsgeheimnis, einschließlich einer satzungsmäßigen Geheimhaltungspflicht, unterliegen und daher vertraulich behandelt werden müssen.	
Artikel 15: Auskunftsrecht der betroffenen Person Siehe Abschn. 5.4	
1. Die betroffene Person hat das Recht, von dem Verantwortlichen eine Bestätigung darüber zu verlangen, ob sie betreffende personenbezogene Daten verarbeitet werden; ist dies der Fall, so hat sie ein Recht auf Auskunft über diese personenbezogenen Daten und auf folgende Informationen: (a) die Verarbeitungszwecke; (b) die Kategorien personenbezogener Daten, die verarbeitet werden; (c) die Empfänger oder Kategorien von Empfängern, gegenüber denen die personenbezogenen	(63) Eine betroffene Person sollte ein Auskunftsrecht hinsichtlich der sie betreffenden personenbezogenen Daten, die erhoben worden sind, besitzen und dieses Recht problemlos und in angemessenen Abständen wahrnehmen können, um sich der Verarbeitung bewusst zu sein und deren Rechtmäßigkeit überprüfen zu können. Dies schließt das Recht betroffene Personen auf Auskunft über ihre eigenen gesundheitsbezogenen Daten ein, etwa Daten in ihren Patientenakten, die Informationen wie beispielsweise Diagnosen, Untersuchungsergebnisse, Befunde der behandelnden Ärzte und Angaben zu Behandlungen oder Eingriffen enthalten. Jede betroffene Person sollte daher ein Anrecht darauf haben zu wissen und zu erfahren, insbesondere zu welchen Zwecken die personenbezogenen Daten verarbeitet werden und, wenn möglich, wie lange sie gespeichert werden, wer die Empfänger der personenbezogenen Daten sind, nach welcher Logik die automatische Verarbeitung personenbezogener Daten erfolgt und welche Folgen eine solche Verarbeitung haben kann, zumindest in Fällen, Daten

Artikel der DSGVO	Erwägungsgrund/Erwägungsgründe sowie korrespondierende Vorschriften des BDSG-neu
offengelegt worden sind oder noch offengelegt werden, insbesondere bei Empfängern in Drittländern oder bei internationalen Organisationen; (d) falls möglich die geplante Dauer, für die die personenbezogenen Daten gespeichert werden, oder, falls dies nicht möglich ist, die Kriterien für die Festlegung dieser Dauer; (e) das Bestehen eines Rechts auf Berichtigung oder Löschung der sie betreffenden personenbezogenen Daten oder auf Einschränkung der Verarbeitung durch den Verantwortlichen oder eines Widerspruchsrechts gegen diese Verarbeitung; (f) das Bestehen eines Beschwerderechts bei einer Aufsichtsbehörde; (g) wenn die personenbezogenen Daten nicht bei der betroffenen Person erhoben werden, alle verfügbaren Informationen über die Herkunft der Daten; (h) das Bestehen einer automatisierten Entscheidungsfindung einschließlich Profiling gemäß Artikel 22 Absätze 1 und 4 und – zumindest in diesen Fällen – aussagekräftige Informationen über die involvierte Logik sowie die Tragweite und die angestrebten Auswirkungen einer derartigen Verarbeitung für die betroffene Person. 2. Werden personenbezogene Daten an ein Drittland oder an eine internationale Organisation übermittelt, so hat die betroffene Person das Recht, über die geeigneten Garantien gemäß	in denen die Verarbeitung auf Profiling beruht. Nach Möglichkeit sollte der Verantwortliche den Fernzugang zu einem sicheren System bereitstellen können, der der betroffenen Person direkten Zugang zu ihren personenbezogenen Daten ermöglichen würde. Dieses Recht sollte die Rechte und Freiheiten anderer Personen, etwa Geschäftsgeheimnisse oder Rechte des geistigen Eigentums und insbesondere das Urheberrecht an Software, nicht beeinträchtigen. Dies darf jedoch nicht dazu führen, dass der betroffenen Person jegliche Auskunft verweigert wird. Verarbeitet der Verantwortliche eine große Menge von Informationen über die betroffene Person, so sollte er verlangen können, dass die betroffene Person präzisiert, auf welche Information oder welche Verarbeitungsvorgänge sich ihr Auskunftsersuchen bezieht, bevor er ihr Auskunft erteilt. (64) Der Verantwortliche sollte alle vertretbaren Mittel nutzen, um die Identität einer Auskunft suchenden betroffenen Person zu überprüfen, insbesondere im Rahmen von Online-Diensten und im Fall von Online-Kennungen. Ein Verantwortlicher sollte personenbezogene Daten nicht allein zu dem Zweck speichern, auf mögliche Auskunftsersuchen reagieren zu können. **§ 27 BDSG: Datenverarbeitung zu wissenschaftlichen oder historischen Forschungszwecken und zu statistischen Zwecken** [...] (2) Die in den Artikeln 15, 16, 18 und 21 der Verordnung (EU) 2016/679 vorgesehenen Rechte der betroffenen Person sind insoweit beschränkt, als diese Rechte voraussichtlich die Verwirklichung der Forschungs- oder Statistikzwecke unmöglich machen oder ernsthaft beinträchtigen und die Beschränkung für die Erfüllung der Forschungs- oder Statistikzwecke notwendig ist. Das Recht auf Auskunft gemäß Artikel 15 der Verordnung (EU) 2016/679 besteht darüber hinaus nicht, wenn die Daten für Zwecke der wissenschaftlichen Forschung erforderlich sind und die Auskunftserteilung einen unverhältnismäßigen Aufwand erfordern würde. [...] **§ 28 BDSG: Datenverarbeitung zu im öffentlichen Interesse liegenden Archivzwecken** [...] (2) Das Recht auf Auskunft der betroffenen Person gemäß Artikel 15 der Verordnung (EU) 2016/679 besteht nicht,

Artikel der DSGVO	Erwägungsgrund/Erwägungsgründe sowie korrespondierende Vorschriften des BDSG-neu
Artikel 46 im Zusammenhang mit der Übermittlung unterrichtet zu werden. 3. Der Verantwortliche stellt eine Kopie der personenbezogenen Daten, die Gegenstand der Verarbeitung sind, zur Verfügung. Für alle weiteren Kopien, die die betroffene Person beantragt, kann der Verantwortliche ein angemessenes Entgelt auf der Grundlage der Verwaltungskosten verlangen. Stellt die betroffene Person den Antrag elektronisch, so sind die Informationen in einem gängigen elektronischen Format zur Verfügung zu stellen, sofern sie nichts anderes angibt. 4. Das Recht auf Erhalt einer Kopie gemäß Absatz 1b darf die Rechte und Freiheiten anderer Personen nicht beeinträchtigen.	wenn das Archivgut nicht durch den Namen der Person erschlossen ist oder keine Angaben gemacht werden, die das Auffinden des betreffenden Archivguts mit vertretbarem Verwaltungsaufwand ermöglichen. [...] **§ 29 BDSG: Rechte der betroffenen Person und aufsichtsbehördliche Befugnisse im Fall von Geheimhaltungspflichten** (1) [...] Das Recht auf Auskunft der betroffenen Person gemäß Artikel 15 der Verordnung (EU) 2016/679 besteht nicht, soweit durch die Auskunft Informationen offenbart würden, die nach einer Rechtsvorschrift oder ihrem Wesen nach, insbesondere wegen der überwiegenden berechtigten Interessen eines Dritten, geheim gehalten werden müssen. [...] **§ 34 BDSG: Auskunftsrecht der betroffenen Person** (1) Das Recht auf Auskunft der betroffenen Person gemäß Artikel 15 der Verordnung (EU) 2016/679 besteht ergänzend zu den in § 27 Absatz 2, § 28 Absatz 2 und § 29 Absatz 1 Satz 2 genannten Ausnahmen nicht, wenn 1. die betroffene Person nach § 33 Absatz 1 Nummer 1, 2 Buchstabe b oder Absatz 3 nicht zu informieren ist, oder 2. die Daten a) nur deshalb gespeichert sind, weil sie aufgrund gesetzlicher oder satzungsmäßiger Aufbewahrungsvorschriften nicht gelöscht werden dürfen, oder b) ausschließlich Zwecken der Datensicherung oder der Datenschutzkontrolle dienen und die Auskunftserteilung einen unverhältnismäßigen Aufwand erfordern würde sowie eine Verarbeitung zu anderen Zwecken durch geeignete technische und organisatorische Maßnahmen ausgeschlossen ist. (2) Die Gründe der Auskunftsverweigerung sind zu dokumentieren. Die Ablehnung der Auskunftserteilung ist gegenüber der betroffenen Person zu begründen, soweit nicht durch die Mitteilung der tatsächlichen und rechtlichen Gründe, auf die die Entscheidung gestützt wird, der mit der Auskunftsverweigerung verfolgte Zweck gefährdet würde. Die zum Zweck der Auskunftserteilung an die betroffene Person und zu deren Vorbereitung gespeicherten Daten dürfen nur für diesen Zweck sowie für Zwecke der Datenschutzkontrolle verarbeitet werden; für andere Zwecke ist die Verarbeitung nach Maßgabe des Artikels 18 der Verordnung (EU) 2016/679 einzuschränken.

Artikel der DSGVO	Erwägungsgrund/Erwägungsgründe sowie korrespondierende Vorschriften des BDSG-neu
	(3) Wird der betroffenen Person durch eine öffentliche Stelle des Bundes keine Auskunft erteilt, so ist sie auf ihr Verlangen der oder dem Bundesbeauftragten zu erteilen, soweit nicht die jeweils zuständige oberste Bundesbehörde im Einzelfall feststellt, dass dadurch die Sicherheit des Bundes oder eines Landes gefährdet würde. Die Mitteilung der oder des Bundesbeauftragten an die betroffene Person über das Ergebnis der datenschutzrechtlichen Prüfung darf keine Rückschlüsse auf den Erkenntnisstand des Verantwortlichen zulassen, sofern dieser nicht einer weitergehenden Auskunft zustimmt.
	(4) Das Recht der betroffenen Person auf Auskunft über personenbezogene Daten, die durch eine öffentliche Stelle weder automatisiert verarbeitet noch nicht automatisiert verarbeitet und in einem Dateisystem gespeichert werden, besteht nur, soweit die betroffene Person Angaben macht, die das Auffinden der Daten ermöglichen, und der für die Erteilung der Auskunft erforderliche Aufwand nicht außer Verhältnis zu dem von der betroffenen Person geltend gemachten Informationsinteresse steht.
Abschnitt 3 – Berichtigung und Löschung	
Artikel 16: Recht auf Berichtigung Siehe Abschn. 5.5.1	
Die betroffene Person hat das Recht, von dem Verantwortlichen unverzüglich die Berichtigung sie betreffender unrichtiger personenbezogener Daten zu verlangen. Unter Berücksichtigung der Zwecke der Verarbeitung hat die betroffene Person das Recht, die Vervollständigung unvollständiger personenbezogener Daten – auch mittels einer ergänzenden Erklärung – zu verlangen.	(65) Eine betroffene Person sollte ein Recht auf Berichtigung der sie betreffenden personenbezogenen Daten besitzen sowie ein „Recht auf Vergessenwerden", wenn die Speicherung ihrer Daten gegen diese Verordnung oder gegen das Unionsrecht oder das Recht der Mitgliedstaaten, dem der Verantwortliche unterliegt, verstößt. Insbesondere sollten betroffene Personen Anspruch darauf haben, dass ihre personenbezogenen Daten gelöscht und nicht mehr verarbeitet werden, wenn die personenbezogenen Daten hinsichtlich der Zwecke, für die sie erhoben bzw. anderweitig verarbeitet wurden, nicht mehr benötigt werden, wenn die betroffenen Personen ihre Einwilligung in die Verarbeitung widerrufen oder Widerspruch gegen die Verarbeitung der sie betreffenden personenbezogenen Daten eingelegt haben oder wenn die Verarbeitung ihrer personenbezogenen Daten aus anderen Gründen gegen diese Verordnung verstößt. Dieses Recht ist insbesondere wichtig in Fällen, in denen die betroffene Person ihre Einwilligung noch im Kindesalter gegeben hat und insofern die mit der Verarbeitung verbundenen Gefahren nicht in vollem Umfang absehen konnte und die personenbezogenen Daten – insbesondere die im Internet gespeicherten – später löschen möchte. Die betroffene Person sollte dieses Recht auch dann ausüben können, wenn sie kein Kind

Artikel der DSGVO	Erwägungsgrund/Erwägungsgründe sowie korrespondierende Vorschriften des BDSG-neu
	mehr ist. Die weitere Speicherung der personenbezogenen Daten sollte jedoch rechtmäßig sein, wenn dies für die Ausübung des Rechts auf freie Meinungsäußerung und Information, zur Erfüllung einer rechtlichen Verpflichtung, für die Wahrnehmung einer Aufgabe, die im öffentlichen Interesse liegt oder in Ausübung öffentlicher Gewalt erfolgt, die dem Verantwortlichen übertragen wurde, aus Gründen des öffentlichen Interesses im Bereich der öffentlichen Gesundheit, für im öffentlichen Interesse liegende Archivzwecke, zu wissenschaftlichen oder historischen Forschungszwecken oder zu statistischen Zwecken oder zur Geltendmachung, Ausübung oder Verteidigung von Rechtsansprüchen erforderlich ist. **§ 27 BDSG: Datenverarbeitung zu wissenschaftlichen oder historischen Forschungszwecken und zu statistischen Zwecken** […] (2) Die in den Artikeln 15, 16, 18 und 21 der Verordnung (EU) 2016/679 vorgesehenen Rechte der betroffenen Person sind insoweit beschränkt, als diese Rechte voraussichtlich die Verwirklichung der Forschungs- oder Statistikzwecke unmöglich machen oder ernsthaft beinträchtigen und die Beschränkung für die Erfüllung der Forschungs- oder Statistikzwecke notwendig ist. […] […] **§ 28 BDSG: Datenverarbeitung zu im öffentlichen Interesse liegenden Archivzwecken** […] (3) Das Recht auf Berichtigung der betroffenen Person gemäß Artikel 16 der Verordnung (EU) 2016/679 besteht nicht, wenn die personenbezogenen Daten zu Archivzwecken im öffentlichen Interesse verarbeitet werden. Bestreitet die betroffene Person die Richtigkeit der personenbezogenen Daten, ist ihr die Möglichkeit einer Gegendarstellung einzuräumen. Das zuständige Archiv ist verpflichtet, die Gegendarstellung den Unterlagen hinzuzufügen. […]
Artikel 17: Recht auf Löschung („Recht auf Vergessenwerden") Siehe Abschn. 5.5.2	
1. Die betroffene Person hat das Recht, von dem Verantwortlichen zu verlangen, dass sie betreffende personenbezogene Daten unverzüglich gelöscht	(66) Um dem „Recht auf Vergessenwerden" im Netz mehr Geltung zu verschaffen, sollte das Recht auf Löschung ausgeweitet werden, indem ein Verantwortlicher, der die personenbezogenen Daten öffentlich gemacht hat, verpflichtet wird, den Verantwortlichen, die diese

Artikel der DSGVO	Erwägungsgrund/Erwägungsgründe sowie korrespondierende Vorschriften des BDSG-neu
werden, und der Verantwortliche ist verpflichtet, personenbezogene Daten unverzüglich zu löschen, sofern einer der folgenden Gründe zutrifft: (a) Die personenbezogenen Daten sind für die Zwecke, für die sie erhoben oder auf sonstige Weise verarbeitet wurden, nicht mehr notwendig. (b) Die betroffene Person widerruft ihre Einwilligung, auf die sich die Verarbeitung gemäß Artikel 6 Absatz 1 Buchstabe a oder Artikel 9 Absatz 2 Buchstabe a stützte, und es fehlt an einer anderweitigen Rechtsgrundlage für die Verarbeitung. (c) Die betroffene Person legt gemäß Artikel 21 Absatz 1 Widerspruch gegen die Verarbeitung ein und es liegen keine vorrangigen berechtigten Gründe für die Verarbeitung vor, oder die betroffene Person legt gemäß Artikel 21 Absatz 2 Widerspruch gegen die Verarbeitung ein. (d) Die personenbezogenen Daten wurden unrechtmäßig verarbeitet. (e) Die Löschung der personenbezogenen Daten ist zur Erfüllung einer rechtlichen Verpflichtung nach dem Unionsrecht oder dem Recht der Mitgliedstaaten erforderlich, dem der Verantwortliche unterliegt. (f) Die personenbezogenen Daten wurden in Bezug auf angebotene Dienste der Informationsgesellschaft gemäß Artikel 8 Absatz 1 erhoben. 2. Hat der Verantwortliche die personenbezogenen Daten öffentlich gemacht und ist er gemäß Absatz 1 zu deren Löschung verpflichtet, so trifft er unter Berücksichtigung der verfügbaren	personenbezogenen Daten verarbeiten, mitzuteilen, alle Links zu diesen personenbezogenen Daten oder Kopien oder Replikationen der personenbezogenen Daten zu löschen. Dabei sollte der Verantwortliche, unter Berücksichtigung der verfügbaren Technologien und der ihm zur Verfügung stehenden Mittel, angemessene Maßnahmen – auch technischer Art – treffen, um die Verantwortlichen, die diese personenbezogenen Daten verarbeiten, über den Antrag der betroffenen Person zu informieren. **§ 4 BDSG: Videoüberwachung öffentlich zugänglicher Räume** […] (5) Die Daten sind unverzüglich zu löschen, wenn sie zur Erreichung des Zwecks nicht mehr erforderlich sind oder schutzwürdige Interessen der Betroffenen einer weiteren Speicherung entgegenstehen. **§ 35 BDSG: Recht auf Löschung** (1) Ist eine Löschung im Fall nicht automatisierter Datenverarbeitung wegen der besonderen Art der Speicherung nicht oder nur mit unverhältnismäßig hohem Aufwand möglich und ist das Interesse der betroffenen Person an der Löschung als gering anzusehen, besteht das Recht der betroffenen Person auf und die Pflicht des Verantwortlichen zur Löschung personenbezogener Daten gemäß Artikel 17 Absatz 1 der Verordnung (EU) 2016/679 ergänzend zu den in Artikel 17 Absatz 3 der Verordnung (EU) 2016/679 genannten Ausnahmen nicht. In diesem Fall tritt an die Stelle einer Löschung die Einschränkung der Verarbeitung gemäß Artikel 18 der Verordnung (EU) 2016/679. Die Sätze 1 und 2 finden keine Anwendung, wenn die personenbezogenen Daten unrechtmäßig verarbeitet wurden. (2) Ergänzend zu Artikel 18 Absatz 1 Buchstabe b und c der Verordnung (EU) 2016/679 gilt Absatz 1 Satz 1 und 2 entsprechend im Fall des Artikels 17 Absatz 1 Buchstabe a und d der Verordnung (EU) 2016/679, solange und soweit der Verantwortliche Grund zu der Annahme hat, dass durch eine Löschung schutzwürdige Interessen der betroffenen Person beeinträchtigt würden. Der Verantwortliche unterrichtet die betroffene Person über die Einschränkung (der Verarbeitung, sofern sich die Unterrichtung nicht als unmöglich erweist oder einen unverhältnismäßigen Aufwand erfordern würde. (3) Ergänzend zu Artikel 17 Absatz 3 Buchstabe b der Verordnung (EU) 2016/679 gilt Absatz 1 entsprechend im Fall des Artikels 17 Absatz 1 Buchstabe a der Verordnung (EU) 2016/679, wenn einer Löschung satzungsgemäße oder vertragliche Aufbewahrungsfristen entgegenstehen.

Artikel der DSGVO	Erwägungsgrund/Erwägungsgründe sowie korrespondierende Vorschriften des BDSG-neu
Technologie und der Implementierungskosten angemessene Maßnahmen, auch technischer Art, um für die Datenverarbeitung Verantwortliche, die die personenbezogenen Daten verarbeiten, darüber zu informieren, dass eine betroffene Person von ihnen die Löschung aller Links zu diesen personenbezogenen Daten oder von Kopien oder Replikationen dieser personenbezogenen Daten verlangt hat. 3. Die Absätze 1 und 2 gelten nicht, soweit die Verarbeitung erforderlich ist (a) zur Ausübung des Rechts auf freie Meinungsäußerung und Information; (b) zur Erfüllung einer rechtlichen Verpflichtung, die die Verarbeitung nach dem Recht der Union oder der Mitgliedstaaten, dem der Verantwortliche unterliegt, erfordert, oder zur Wahrnehmung einer Aufgabe, die im öffentlichen Interesse liegt oder in Ausübung öffentlicher Gewalt erfolgt, die dem Verantwortlichen übertragen wurde; (c) aus Gründen des öffentlichen Interesses im Bereich der öffentlichen Gesundheit gemäß Artikel 9 Absatz 2 Buchstaben h und i sowie Artikel 9 Absatz 3; (d) für im öffentlichen Interesse liegende Archivzwecke, wissenschaftliche oder historische Forschungszwecke oder für statistische Zwecke gemäß Artikel 89 Absatz 1, soweit das in Absatz 1 genannte Recht voraussichtlich die Verwirklichung der Ziele dieser	

Artikel der DSGVO	Erwägungsgrund/Erwägungsgründe sowie korrespondierende Vorschriften des BDSG-neu
Verarbeitung unmöglich macht oder ernsthaft beeinträchtigt, oder	
(e) zur Geltendmachung, Ausübung oder Verteidigung von Rechtsansprüchen.	
Artikel 18: Recht auf Einschränkung der Verarbeitung Siehe Abschn. 5.5.3	
1. Die betroffene Person hat das Recht, von dem Verantwortlichen die Einschränkung der Verarbeitung zu verlangen, wenn eine der folgenden Voraussetzungen gegeben ist: (a) die Richtigkeit der personenbezogenen Daten von der betroffenen Person bestritten wird, und zwar für eine Dauer, die es dem Verantwortlichen ermöglicht, die Richtigkeit der personenbezogenen Daten zu überprüfen, (b) die Verarbeitung unrechtmäßig ist und die betroffene Person die Löschung der personenbezogenen Daten ablehnt und stattdessen die Einschränkung der Nutzung der personenbezogenen Daten verlangt; (d) die betroffene Person Widerspruch gegen die Verarbeitung gemäß Artikel 21 Absatz 1 eingelegt hat, solange noch nicht feststeht, ob die berechtigten Gründe des Verantwortlichen gegenüber denen der betroffenen Person überwiegen. (c) der Verantwortliche die personenbezogenen Daten für die Zwecke der Verarbeitung nicht länger benötigt, die betroffene Person sie jedoch zur Geltendmachung, Ausübung oder Verteidigung von Rechtsansprüchen benötigt, oder	(67) Methoden zur Beschränkung der Verarbeitung personenbezogener Daten könnten unter anderem darin bestehen, dass ausgewählte personenbezogenen Daten vorübergehend auf ein anderes Verarbeitungssystem übertragen werden, dass sie für Nutzer gesperrt werden oder dass veröffentliche Daten vorübergehend von einer Website entfernt werden. In automatisierten Dateisystemen sollte die Einschränkung der Verarbeitung grundsätzlich durch technische Mittel so erfolgen, dass die personenbezogenen Daten in keiner Weise weiterverarbeitet werden und nicht verändert werden können. Auf die Tatsache, dass die Verarbeitung der personenbezogenen Daten beschränkt wurde, sollte in dem System unmissverständlich hingewiesen werden. **§ 27 BDSG: Datenverarbeitung zu wissenschaftlichen oder historischen Forschungszwecken und zu statistischen Zwecken** […] (2) Die in den Artikeln 15, 16, 18 und 21 der Verordnung (EU) 2016/679 vorgesehenen Rechte der betroffenen Person sind insoweit beschränkt, als diese Rechte voraussichtlich die Verwirklichung der Forschungs- oder Statistikzwecke unmöglich machen oder ernsthaft beinträchtigen und die Beschränkung für die Erfüllung der Forschungs- oder Statistikzwecke notwendig ist. […] […] **§ 28 BDSG: Datenverarbeitung zu im öffentlichen Interesse liegenden Archivzwecken** […] (4) Die in Artikel 18 Absatz 1 Buchstabe a, b und d, den Artikeln 20 und 21 der Verordnung (EU) 2016/679 vorgesehenen Rechte bestehen nicht, soweit diese Rechte voraussichtlich die Verwirklichung der im öffentlichen Interesse liegenden Archivzwecke unmöglich machen oder ernsthaft beeinträchtigen und die Ausnahmen für die Erfüllung dieser Zwecke erforderlich sind.

Artikel der DSGVO	Erwägungsgrund/Erwägungsgründe sowie korrespondierende Vorschriften des BDSG-neu
2. Wurde die Verarbeitung gemäß Absatz 1 eingeschränkt, so dürfen diese personenbezogenen Daten – von ihrer Speicherung abgesehen – nur mit Einwilligung der betroffenen Person oder zur Geltendmachung, Ausübung oder Verteidigung von Rechtsansprüchen oder zum Schutz der Rechte einer anderen natürlichen oder juristischen Person oder aus Gründen eines wichtigen öffentlichen Interesses der Union oder eines Mitgliedstaats verarbeitet werden. 3. Eine betroffene Person, die eine Einschränkung der Verarbeitung gemäß Absatz 1 erwirkt hat, wird von dem Verantwortlichen unterrichtet, bevor die Einschränkung aufgehoben wird.	**§ 35 BDSG: Recht auf Löschung** (1) Ist eine Löschung im Fall nicht automatisierter Datenverarbeitung wegen der besonderen Art der Speicherung nicht oder nur mit unverhältnismäßig hohem Aufwand möglich und ist das Interesse der betroffen Person an der Löschung als gering anzusehen, besteht das Recht der betroffenen Person auf und die Pflicht des Verantwortlichen zur Löschung personenbezogener Daten gemäß Artikel 17 Absatz 1 der Verordnung (EU) 2016/679 ergänzend zu den in Artikel 17 Absatz 3 der Verordnung (EU) 2016/679 genannten Ausnahmen nicht. In diesem Fall tritt an die Stelle einer Löschung die Einschränkung der Verarbeitung gemäß Artikel 18 der Verordnung (EU) 2016/679. Die Sätze 1 und 2 finden keine Anwendung, wenn die personenbezogenen Daten unrechtmäßig verarbeitet wurden. (2) Ergänzend zu Artikel 18 Absatz 1 Buchstabe b und c der Verordnung (EU) 2016/679 gilt Absatz 1 Satz 1 und 2 entsprechend im Fall des Artikels 17 Absatz 1 Buchstabe a und d der Verordnung (EU) 2016/679, solange und soweit der Verantwortliche Grund zu der Annahme hat, dass durch eine Löschung schutzwürdige Interessen der betroffenen Person beeinträchtigt würden. Der Verantwortliche unterrichtet die betroffene Person über die Einschränkung der Verarbeitung, sofern sich die Unterrichtung nicht als unmöglich erweist oder einen unverhältnismäßigen Aufwand erfordern würde. (3) Ergänzend zu Artikel 17 Absatz 3 Buchstabe b der Verordnung (EU) 2016/679 gilt Absatz 1 entsprechend im Fall des Artikels 17 Absatz 1 Buchstabe a der Verordnung (EU) 2016/679, wenn einer Löschung satzungsgemäße oder vertragliche Aufbewahrungsfristen entgegenstehen.
Artikel 19: Mitteilungspflicht im Zusammenhang mit der Berichtigung oder Löschung personenbezogener Daten oder der Einschränkung der Verarbeitung Siehe Abschn. 5.5.4	
Der Verantwortliche teilt allen Empfängern, denen personenbezogenen Daten offengelegt wurden, jede Berichtigung oder Löschung der personenbezogenen Daten oder eine Einschränkung der Verarbeitung nach Artikel 16, Artikel 17 Absatz 1 und	–

Artikel der DSGVO	Erwägungsgrund/Erwägungsgründe sowie korrespondierende Vorschriften des BDSG-neu
Artikel 18 mit, es sei denn, dies erweist sich als unmöglich oder ist mit einem unverhältnismäßigen Aufwand verbunden. Der Verantwortliche unterrichtet die betroffene Person über diese Empfänger, wenn die betroffene Person dies verlangt.	
Artikel 20: Recht auf Datenübertragbarkeit Siehe Abschn. 5.6	
1. Die betroffene Person hat das Recht, die sie betreffenden personenbezogenen Daten, die sie einem Verantwortlichen bereitgestellt hat, in einem strukturierten, gängigen und maschinenlesbaren Format zu erhalten, und sie hat das Recht, diese Daten einem anderen Verantwortlichen ohne Behinderung durch den Verantwortlichen, dem die personenbezogenen Daten bereitgestellt wurden, zu übermitteln, sofern (a) die Verarbeitung auf einer Einwilligung gemäß Artikel 6 Absatz 1 Buchstabe a oder Artikel 9 Absatz 2 Buchstabe a oder auf einem Vertrag gemäß Artikel 6 Absatz 1 Buchstabe b beruht und (b) die Verarbeitung mithilfe automatisierter Verfahren erfolgt. 2. Bei der Ausübung ihres Rechts auf Datenübertragbarkeit gemäß Absatz 1 hat die betroffene Person das Recht, zu erwirken, dass die personenbezogenen Daten direkt von einem Verantwortlichen einem anderen Verantwortlichen übermittelt werden, soweit dies technisch machbar ist.	(68) Um im Fall der Verarbeitung personenbezogener Daten mit automatischen Mitteln eine bessere Kontrolle über die eigenen Daten zu haben, sollte die betroffene Person außerdem berechtigt sein, die sie betreffenden personenbezogenen Daten, die sie einem Verantwortlichen bereitgestellt hat, in einem strukturierten, gängigen, maschinenlesbaren und interoperablen Format zu erhalten und sie einem anderen Verantwortlichen zu übermitteln. Die Verantwortlichen sollten dazu aufgefordert werden, interoperable Formate zu entwickeln, die die Datenübertragbarkeit ermöglichen. Dieses Recht sollte dann gelten, wenn die betroffene Person die personenbezogenen Daten mit ihrer Einwilligung zur Verfügung gestellt hat oder die Verarbeitung zur Erfüllung eines Vertrags erforderlich ist. Es sollte nicht gelten, wenn die Verarbeitung auf einer anderen Rechtsgrundlage als ihrer Einwilligung oder eines Vertrags erfolgt. Dieses Recht sollte naturgemäß nicht gegen Verantwortliche ausgeübt werden, die personenbezogenen Daten in Erfüllung ihrer öffentlichen Aufgaben verarbeiten. Es sollte daher nicht gelten, wenn die Verarbeitung der personenbezogenen Daten zur Erfüllung einer rechtlichen Verpflichtung, der der Verantwortliche unterliegt, oder für die Wahrnehmung einer ihm übertragenen Aufgabe, die im öffentlichen Interesse liegt oder in Ausübung einer ihm übertragenen öffentlichen Gewalt erfolgt, erforderlich ist. Das Recht der betroffenen Person, sie betreffende personenbezogene Daten zu übermitteln oder zu empfangen, sollte für den Verantwortlichen nicht die Pflicht begründen, technisch kompatible Datenverarbeitungssysteme zu übernehmen oder beizubehalten. Ist im Fall eines bestimmten Satzes personenbezogener Daten mehr als eine betroffene Person tangiert, so sollte das Recht auf Empfang der Daten die Grundrechte und Grundfreiheiten anderer betroffener Personen nach dieser Verordnung unberührt lassen. Dieses Recht sollte zudem das Recht der betroffenen

Artikel der DSGVO	Erwägungsgrund/Erwägungsgründe sowie korrespondierende Vorschriften des BDSG-neu
3. Die Ausübung des Rechts nach Absatz 1 des vorliegenden Artikels lässt Artikel 17 unberührt. Dieses Recht gilt nicht für eine Verarbeitung, die für die Wahrnehmung einer Aufgabe erforderlich ist, die im öffentlichen Interesse liegt oder in Ausübung öffentlicher Gewalt erfolgt, die dem Verantwortlichen übertragen wurde.	Person auf Löschung ihrer personenbezogenen Daten und die Beschränkungen dieses Rechts gemäß dieser Verordnung nicht berühren und insbesondere nicht bedeuten, dass die Daten, die sich auf die betroffene Person beziehen und von ihr zur Erfüllung eines Vertrags zur Verfügung gestellt worden sind, gelöscht werden, soweit und solange diese personenbezogenen Daten für die Erfüllung des Vertrags notwendig sind. Soweit technisch machbar, sollte die betroffene Person das Recht haben, zu erwirken, dass die personenbezogenen Daten direkt von einem Verantwortlichen einem anderen Verantwortlichen übermittelt werden.
4. Das Recht gemäß Absatz 2 darf die Rechte und Freiheiten anderer Personen nicht beeinträchtigen.	**§ 28 BDSG: Datenverarbeitung zu im öffentlichen Interesse liegenden Archivzwecken** [...] (4) Die in Artikel 18 Absatz 1 Buchstabe a, b und d, den Artikeln 20 und 21 der Verordnung (EU) 2016/679 vorgesehenen Rechte bestehen nicht, soweit diese Rechte voraussichtlich die Verwirklichung der im öffentlichen Interesse liegenden Archivzwecke unmöglich machen oder ernsthaft beeinträchtigen und die Ausnahmen für die Erfüllung dieser Zwecke erforderlich sind.
Abschnitt 4 – Widerspruchsrecht und automatisierte Entscheidungsfindung im Einzelfall	
Artikel 21: Widerspruchsrecht Siehe Abschn. 5.7	
1. Die betroffene Person hat das Recht, aus Gründen, die sich aus ihrer besonderen Situation ergeben, jederzeit gegen die Verarbeitung sie betreffender personenbezogener Daten, die aufgrund von Artikel 6 Absatz 1 Buchstaben e oder f erfolgt, Widerspruch einzulegen; dies gilt auch für ein auf diese Bestimmungen gestütztes Profiling. Der Verantwortliche verarbeitet die personenbezogenen Daten nicht mehr, es sei denn, er kann zwingende schutzwürdige Gründe	(69) Dürfen die personenbezogenen Daten möglicherweise rechtmäßig verarbeitet werden, weil die Verarbeitung für die Wahrnehmung einer Aufgabe, die im öffentlichen Interesse liegt oder in Ausübung öffentlicher Gewalt – die dem Verantwortlichen übertragen wurde, – oder aufgrund des berechtigten Interesses des Verantwortlichen oder eines Dritten erforderlich ist, sollte jede betroffene Person trotzdem das Recht haben, Widerspruch gegen die Verarbeitung der sich aus ihrer besonderen Situation ergebenden personenbezogenen Daten einzulegen. Der für die Verarbeitung Verantwortliche sollte darlegen müssen, dass seine zwingenden berechtigten Interessen Vorrang vor den Interessen oder Grundrechten und Grundfreiheiten der betroffenen Person haben. (70) Werden personenbezogene Daten verarbeitet, um Direktwerbung zu betreiben, so sollte die betroffene Person jederzeit unentgeltlich insoweit Widerspruch gegen

Artikel der DSGVO	Erwägungsgrund/Erwägungsgründe sowie korrespondierende Vorschriften des BDSG-neu
für die Verarbeitung nachweisen, die die Interessen, Rechte und Freiheiten der betroffenen Person überwiegen, oder die Verarbeitung dient der Geltendmachung, Ausübung oder Verteidigung von Rechtsansprüchen. 2. Werden personenbezogene Daten verarbeitet, um Direktwerbung zu betreiben, so hat die betroffene Person das Recht, jederzeit Widerspruch gegen die Verarbeitung sie betreffender personenbezogener Daten zum Zwecke derartiger Werbung einzulegen; dies gilt auch für das Profiling, soweit es mit solcher Direktwerbung in Verbindung steht. 3. Widerspricht die betroffene Person der Verarbeitung für Zwecke der Direktwerbung, so werden die personenbezogenen Daten nicht mehr für diese Zwecke verarbeitet. 4. Die betroffene Person muss spätestens zum Zeitpunkt der ersten Kommunikation mit ihr ausdrücklich auf das in den Absätzen 1 und 2 genannte Recht hingewiesen werden; dieser Hinweis hat in einer verständlichen und von anderen Informationen getrennten Form zu erfolgen. 5. Im Zusammenhang mit der Nutzung von Diensten der Informationsgesellschaft kann die betroffene Person ungeachtet der Richtlinie 2002/58/EG ihr Widerspruchsrecht mittels automatisierter Verfahren ausüben, bei denen technische Spezifikationen verwendet werden.	eine solche – ursprüngliche oder spätere – Verarbeitung einschließlich des Profilings einlegen können, als sie mit dieser Direktwerbung zusammenhängt. Die betroffene Person sollte ausdrücklich auf dieses Recht hingewiesen werden; dieser Hinweis sollte in einer verständlichen und von anderen Informationen getrennten Form erfolgen. **§ 27 BDSG: Datenverarbeitung zu wissenschaftlichen oder historischen Forschungszwecken und zu statistischen Zwecken** […] (2) Die in den Artikeln 15, 16, 18 und 21 der Verordnung (EU) 2016/679 vorgesehenen Rechte der betroffenen Person sind insoweit beschränkt, als diese Rechte voraussichtlich die Verwirklichung der Forschungs- oder Statistikzwecke unmöglich machen oder ernsthaft beeinträchtigen und die Beschränkung für die Erfüllung der Forschungs- oder Statistikzwecke notwendig ist. […] […] **§ 28 BDSG: Datenverarbeitung zu im öffentlichen Interesse liegenden Archivzwecken** […] (4) Die in Artikel 18 Absatz 1 Buchstabe a, b und d, den Artikeln 20 und 21 der Verordnung (EU) 2016/679 vorgesehenen Rechte bestehen nicht, soweit diese Rechte voraussichtlich die Verwirklichung der im öffentlichen Interesse liegenden Archivzwecke unmöglich machen oder ernsthaft beeinträchtigen und die Ausnahmen für die Erfüllung dieser Zwecke erforderlich sind. **§ 36 BDSG: Widerspruchsrecht** Das Recht auf Widerspruch gemäß Artikel 21 Absatz 1 der Verordnung (EU) 2016/679 gegenüber einer öffentlichen Stelle besteht nicht, soweit an der Verarbeitung ein zwingendes öffentliches Interesse besteht, das die Interessen der betroffenen Person überwiegt, oder eine Rechtsvorschrift zur Verarbeitung verpflichtet.

Artikel der DSGVO	Erwägungsgrund/Erwägungsgründe sowie korrespondierende Vorschriften des BDSG-neu
6. Die betroffene Person hat das Recht, aus Gründen, die sich aus ihrer besonderen Situation ergeben, gegen die sie betreffende Verarbeitung sie betreffender personenbezogener Daten, die zu wissenschaftlichen oder historischen Forschungszwecken oder zu statistischen Zwecken gemäß Artikel 89 Absatz 1 erfolgt, Widerspruch einzulegen, es sei denn, die Verarbeitung ist zur Erfüllung einer im öffentlichen Interesse liegenden Aufgabe erforderlich.	
Artikel 22: Automatisierte Entscheidungen im Einzelfall einschließlich Profiling Siehe Abschn. 5.8	
1. Die betroffene Person hat das Recht, nicht einer ausschließlich auf einer automatisierten Verarbeitung – einschließlich Profiling – beruhenden Entscheidung unterworfen zu werden, die ihr gegenüber rechtliche Wirkung entfaltet oder sie in ähnlicher Weise erheblich beeinträchtigt. 2. Absatz 1 gilt nicht, wenn die Entscheidung (a) für den Abschluss oder die Erfüllung eines Vertrags zwischen der betroffenen Person und dem Verantwortlichen erforderlich ist, (b) aufgrund von Rechtsvorschriften der Union oder der Mitgliedstaaten, denen der Verantwortliche unterliegt, zulässig ist und diese Rechtsvorschriften angemessene Maßnahmen zur Wahrung der Rechte und Freiheiten sowie der berechtigten Interessen der betroffenen Person enthalten oder (c) mit ausdrücklicher Einwilligung der betroffenen Person erfolgt.	(71) Die betroffene Person sollte das Recht haben, keiner Entscheidung – was eine Maßnahme einschließen kann – zur Bewertung von sie betreffenden persönlichen Aspekten unterworfen zu werden, die ausschließlich auf einer automatisierten Verarbeitung beruht und die rechtliche Wirkung für die betroffene Person entfaltet oder sie in ähnlicher Weise erheblich beeinträchtigt, wie die automatische Ablehnung eines Online-Kreditantrags oder Online-Einstellungsverfahren ohne jegliches menschliche Eingreifen. Zu einer derartigen Verarbeitung zählt auch das „Profiling", das in jeglicher Form automatisierter Verarbeitung personenbezogener Daten unter Bewertung der persönlichen Aspekte in Bezug auf eine natürliche Person besteht, insbesondere zur Analyse oder Prognose von Aspekten bezüglich Arbeitsleistung, wirtschaftliche Lage, Gesundheit, persönliche Vorlieben oder Interessen, Zuverlässigkeit oder Verhalten, Aufenthaltsort oder Ortswechsel der betroffenen Person, soweit dies rechtliche Wirkung für die betroffene Person entfaltet oder sie in ähnlicher Weise erheblich beeinträchtigt. Eine auf einer derartigen Verarbeitung, einschließlich des Profilings, beruhende Entscheidungsfindung sollte allerdings erlaubt sein, wenn dies nach dem Unionsrecht oder dem Recht der Mitgliedstaaten, dem der für die Verarbeitung Verantwortliche unterliegt, ausdrücklich zulässig ist, auch um im Einklang mit den Vorschriften, Standards und Empfehlungen der Institutionen der Union oder der nationalen Aufsichtsgremien Betrug und Steuerhinterziehung zu überwachen und zu verhindern und die Sicherheit und Zuverlässigkeit eines von dem Verantwortlichen bereitgestellten Dienstes zu gewährleisten, oder wenn dies für den Abschluss oder

Artikel der DSGVO	Erwägungsgrund/Erwägungsgründe sowie korrespondierende Vorschriften des BDSG-neu
3. In den in Absatz 2 Buchstaben a und c genannten Fällen trifft der Verantwortliche angemessene Maßnahmen, um die Rechte und Freiheiten sowie die berechtigten Interessen der betroffenen Person zu wahren, wozu mindestens das Recht auf Erwirkung des Eingreifens einer Person seitens des Verantwortlichen, auf Darlegung des eigenen Standpunkts und auf Anfechtung der Entscheidung gehört. 4. Entscheidungen nach Absatz 2 dürfen nicht auf besonderen Kategorien personenbezogener Daten nach Artikel 9 Absatz 1 beruhen, sofern nicht Artikel 9 Absatz 2 Buchstabe a oder g gilt und angemessene Maßnahmen zum Schutz der Rechte und Freiheiten sowie der berechtigten Interessen der betroffenen Person getroffen wurden.	die Erfüllung eines Vertrags zwischen der betroffenen Person und einem Verantwortlichen erforderlich ist oder wenn die betroffene Person ihre ausdrückliche Einwilligung hierzu erteilt hat. In jedem Fall sollte eine solche Verarbeitung mit angemessenen Garantien verbunden sein, einschließlich der spezifischen Unterrichtung der betroffenen Person und des Anspruchs auf direktes Eingreifen einer Person, auf Darlegung des eigenen Standpunkts, auf Erläuterung der nach einer entsprechenden Bewertung getroffenen Entscheidung sowie des Rechts auf Anfechtung der Entscheidung. Diese Maßnahme sollte kein Kind betreffen. Um unter Berücksichtigung der besonderen Umstände und Rahmenbedingungen, unter denen die personenbezogenen Daten verarbeitet werden, der betroffenen Person gegenüber eine faire und transparente Verarbeitung zu gewährleisten, sollte der für die Verarbeitung Verantwortliche geeignete mathematische oder statistische Verfahren für das Profiling verwenden, technische und organisatorische Maßnahmen treffen, mit denen in geeigneter Weise insbesondere sichergestellt wird, dass Faktoren, die zu unrichtigen personenbezogenen Daten führen, korrigiert werden und das Risiko von Fehlern minimiert wird, und personenbezogene Daten in einer Weise sichern, dass den potenziellen Bedrohungen für die Interessen und Rechte der betroffenen Person Rechnung getragen wird und mit denen verhindert wird, dass es gegenüber natürlichen Personen aufgrund von Rasse, ethnischer Herkunft, politischer Meinung, Religion oder Weltanschauung, Gewerkschaftszugehörigkeit, genetischer Anlagen oder Gesundheitszustand sowie sexueller Orientierung zu diskriminierenden Wirkungen oder zu Maßnahmen kommt, die eine solche Wirkung haben. Automatisierte Entscheidungsfindung und Profiling auf der Grundlage besonderer Kategorien von personenbezogenen Daten sollten nur unter bestimmten Bedingungen erlaubt sein. (72) Das Profiling unterliegt den Vorschriften dieser Verordnung für die Verarbeitung personenbezogener Daten, wie etwa die Rechtsgrundlage für die Verarbeitung oder die Datenschutzgrundsätze. Der durch diese Verordnung eingerichtete Europäische Datenschutzausschuss (im Folgenden „Ausschuss") sollte, diesbezüglich Leitlinien herausgeben können. **§ 30 BDSG: Verbraucherkredite** (1) Eine Stelle, die geschäftsmäßig personenbezogene Daten, die zur Bewertung der Kreditwürdigkeit von Verbrauchern genutzt werden dürfen, zum Zweck der Übermittlung erhebt, speichert oder verändert, hat Auskunftsverlangen von Darlehensgebern aus anderen Mitgliedstaaten der Europäischen Union genauso zu behandeln wie Auskunftsverlangen inländischer Darlehensgeber.

Artikel der DSGVO	Erwägungsgrund/Erwägungsgründe sowie korrespondierende Vorschriften des BDSG-neu
	(2) Wer den Abschluss eines Verbraucherdarlehensvertrags oder eines Vertrags über eine entgeltliche Finanzierungshilfe mit einem Verbraucher infolge einer Auskunft einer Stelle im Sinne des Absatzes 1 ablehnt, hat den Verbraucher unverzüglich hierüber sowie über die erhaltene Auskunft zu unterrichten. Die Unterrichtung unterbleibt, soweit hierdurch die öffentliche Sicherheit oder Ordnung gefährdet würde. § 37 bleibt unberührt. **§ 31 BDSG: Schutz des Wirtschaftsverkehrs bei Scoring und Bonitätsauskünften** (1) Die Verwendung eines Wahrscheinlichkeitswerts über ein bestimmtes zukünftiges Verhalten einer natürlichen Person zum Zweck der Entscheidung über die Begründung, Durchführung oder Beendigung eines Vertragsverhältnisses mit dieser Person (Scoring) ist nur zulässig, wenn 1. die Vorschriften des Datenschutzrechts eingehalten wurden, 2. die zur Berechnung des Wahrscheinlichkeitswerts genutzten Daten unter Zugrundelegung eines wissenschaftlich anerkannten mathematisch-statistischen Verfahrens nachweisbar für die Berechnung der Wahrscheinlichkeit des bestimmten Verhaltens erheblich sind, 3. für die Berechnung des Wahrscheinlichkeitswerts nicht ausschließlich Anschriftendaten genutzt wurden und 4. im Fall der Nutzung von Anschriftendaten die betroffene Person vor Berechnung des Wahrscheinlichkeitswerts über die vorgesehene Nutzung dieser Daten unterrichtet worden ist; die Unterrichtung ist zu dokumentieren. (2) Die Verwendung eines von Auskunfteien ermittelten Wahrscheinlichkeitswerts über die Zahlungsfähig- und Zahlungswilligkeit einer natürlichen Person ist im Fall der Einbeziehung von Informationen über Forderungen nur zulässig, soweit die Voraussetzungen nach Absatz 1 vorliegen und nur solche Forderungen über die geschuldete Leistung, die trotz Fälligkeit nicht erbracht worden ist, berücksichtigt werden, 1. die durch ein rechtskräftiges oder für vorläufig vollstreckbar erklärtes Urteil festgestellt worden sind oder für die ein Schuldtitel nach § 794 der Zivilprozessordnung vorliegt, 2. die nach § 178 der Insolvenzordnung festgestellt und nicht vom Schuldner im Prüfungstermin bestritten worden sind, 3. die der Schuldner ausdrücklich anerkannt hat, 4. bei denen

Artikel der DSGVO	Erwägungsgrund/Erwägungsgründe sowie korrespondierende Vorschriften des BDSG-neu
	a) der Schuldner nach Eintritt der Fälligkeit der Forderung mindestens zweimal schriftlich gemahnt worden ist,
	b) die erste Mahnung mindestens vier Wochen zurückliegt,
	c) der Schuldner zuvor, jedoch frühestens bei der ersten Mahnung, über eine mögliche Berücksichtigung durch eine Auskunftei unterrichtet worden ist und
	d) der Schuldner die Forderung nicht bestritten hat oder
	5. deren zugrunde liegendes Vertragsverhältnis aufgrund von Zahlungsrückständen fristlos gekündigt werden kann und bei denen der Schuldner zuvor über eine mögliche Berücksichtigung durch eine Auskunftei unterrichtet worden ist.
	Die Zulässigkeit der Verarbeitung, einschließlich der Ermittlung von Wahrscheinlichkeitswerten, von anderen bonitätsrelevanten Daten nach allgemeinem Datenschutzrecht bleibt unberührt.
	§ 37 BDSG: Automatisierte Entscheidungen im Einzelfall einschließlich Profiling
	(1) Das Recht gemäß Artikel 22 Absatz 1 der Verordnung (EU) 2016/679, keiner ausschließlich auf einer automatisierten Verarbeitung beruhenden Entscheidung unterworfen zu werden, besteht über die in Artikel 22 Absatz 2 Buchstabe a und c der Verordnung (EU) 2016/679 genannten Ausnahmen hinaus nicht, wenn die Entscheidung im Rahmen der Leistungserbringung nach einem Versicherungsvertrag ergeht und
	1. dem Begehren der betroffenen Person stattgegeben wurde oder
	2. die Entscheidung auf der Anwendung verbindlicher Entgeltregelungen für Heilbehandlungen beruht und der Verantwortliche für den Fall, dass dem Antrag nicht vollumfänglich stattgegeben wird, angemessene Maßnahmen zur Wahrung der berechtigten Interessen der betroffenen Person trifft, wozu mindestens das Recht auf Erwirkung des Eingreifens einer Person seitens des Verantwortlichen, auf Darlegung des eigenen Standpunktes und auf Anfechtung der Entscheidung zählt; der Verantwortliche informiert die betroffene Person über diese Rechte spätestens zum Zeitpunkt der Mitteilung, aus der sich ergibt, dass dem Antrag der betroffenen Person nicht vollumfänglich stattgegeben wird.
	(2) Entscheidungen nach Absatz 1 dürfen auf der Verarbeitung von Gesundheitsdaten im Sinne des Artikels 4 Nummer 15 der Verordnung (EU) 2016/679 beruhen. Der Verantwortliche sieht angemessene und spezifische Maßnahmen zur Wahrung der Interessen der betroffenen Person gemäß § 22 Absatz 2 Satz 2 vor.

Artikel der DSGVO	Erwägungsgrund/Erwägungsgründe sowie korrespondierende Vorschriften des BDSG-neu
Abschnitt 5 – Beschränkungen	
Artikel 23: Beschränkungen Siehe Abschn. 5.9	
1. Durch Rechtsvorschriften der Union oder der Mitgliedstaaten, denen der Verantwortliche oder der Auftragsverarbeiter unterliegt, können die Pflichten und Rechte gemäß den Artikeln 12 bis 22 und Artikel 34 sowie Artikel 5, insofern dessen Bestimmungen den in den Artikeln 12 bis 22 vorgesehenen Rechten und Pflichten entsprechen, im Wege von Gesetzgebungsmaßnahmen beschränkt werden, sofern eine solche Beschränkung den Wesensgehalt der Grundrechte und Grundfreiheiten achtet und in einer demokratischen Gesellschaft eine notwendige und verhältnismäßige Maßnahme darstellt, die Folgendes sicherstellt: (a) die nationale Sicherheit; (b) die Landesverteidigung; (c) die öffentliche Sicherheit; (d) die Verhütung, Ermittlung, Aufdeckung oder Verfolgung von Straftaten oder die Strafvollstreckung, einschließlich des Schutzes vor und der Abwehr von Gefahren für die öffentliche Sicherheit; (e) den Schutz sonstiger wichtiger Ziele des allgemeinen öffentlichen Interesses der Union oder eines Mitgliedstaats, insbesondere eines wichtigen wirtschaftlichen oder finanziellen Interesses der Union oder eines Mitgliedstaats, etwa im Währungs-, Haushalts- und Steuerbereich sowie im Bereich der öffentlichen Gesundheit und der sozialen Sicherheit;	(73) Im Recht der Union oder der Mitgliedstaaten können Beschränkungen hinsichtlich bestimmter Grundsätze und hinsichtlich des Rechts auf Unterrichtung, Auskunft zu und Berichtigung oder Löschung personenbezogener Daten, des Rechts auf Datenübertragbarkeit und Widerspruch, Entscheidungen, die auf der Erstellung von Profilen beruhen, sowie Mitteilungen über eine Verletzung des Schutzes personenbezogener Daten an eine betroffene Person und bestimmten damit zusammenhängenden Pflichten der Verantwortlichen vorgesehen werden, soweit dies in einer demokratischen Gesellschaft notwendig und verhältnismäßig ist, um die öffentliche Sicherheit aufrechtzuerhalten, wozu unter anderem der Schutz von Menschenleben insbesondere bei Naturkatastrophen oder vom Menschen verursachten Katastrophen, die Verhütung, Aufdeckung und Verfolgung von Straftaten oder die Strafvollstreckung – was auch den Schutz vor und die Abwehr von Gefahren für die öffentliche Sicherheit einschließt – oder die Verhütung, Aufdeckung und Verfolgung von Verstößen gegen Berufsstandsregeln bei reglementierten Berufen, das Führen öffentlicher Register aus Gründen des allgemeinen öffentlichen Interesses sowie die Weiterverarbeitung von archivierten personenbezogenen Daten zur Bereitstellung spezifischer Informationen im Zusammenhang mit dem politischen Verhalten unter ehemaligen totalitären Regimen gehört, und zum Schutz sonstiger wichtiger Ziele des allgemeinen öffentlichen Interesses der Union oder eines Mitgliedstaats, etwa wichtige wirtschaftliche oder finanzielle Interessen, oder die betroffene Person und die Rechte und Freiheiten anderer Personen, einschließlich in den Bereichen soziale Sicherheit, öffentliche Gesundheit und humanitäre Hilfe, zu schützen. Diese Beschränkungen sollten mit der Charta und mit der Europäischen Konvention zum Schutz der Menschenrechte und Grundfreiheiten im Einklang stehen.

Artikel der DSGVO	Erwägungsgrund/Erwägungsgründe sowie korrespondierende Vorschriften des BDSG-neu
(f) den Schutz der Unabhängigkeit der Justiz und den Schutz von Gerichtsverfahren;	
(g) die Verhütung, Aufdeckung, Ermittlung und Verfolgung von Verstößen gegen die berufsständischen Regeln reglementierter Berufe;	
(h) Kontroll-, Überwachungs- und Ordnungsfunktionen, die dauernd oder zeitweise mit der Ausübung öffentlicher Gewalt für die unter den Buchstaben a bis e und g genannten Zwecke verbunden sind;	
(i) den Schutz der betroffenen Person oder der Rechte und Freiheiten anderer Personen;	
(j) die Durchsetzung zivilrechtlicher Ansprüche.	
2. Jede Gesetzgebungsmaßnahme im Sinne des Absatzes 1 muss insbesondere gegebenenfalls spezifische Vorschriften enthalten zumindest in Bezug auf	
(a) die Zwecke der Verarbeitung oder die Verarbeitungskategorien,	
(b) die Kategorien personenbezogener Daten,	
(c) den Umfang der vorgenommenen Beschränkungen,	
(d) die Garantien gegen Missbrauch oder unrechtmäßigen Zugang oder unrechtmäßige Übermittlung;	
(e) die Angaben zu dem Verantwortlichen oder den Kategorien von Verantwortlichen,	
(f) die jeweiligen Speicherfristen sowie die geltenden Garantien	

Artikel der DSGVO	Erwägungsgrund/Erwägungsgründe sowie korrespondierende Vorschriften des BDSG-neu
unter Berücksichtigung von Art, Umfang und Zwecken der Verarbeitung oder der Verarbeitungskategorien,	
(g) die Risiken für die Rechte und Freiheiten der betroffenen Personen und	
(h) das Recht der betroffenen Personen auf Unterrichtung über die Beschränkung, sofern dies nicht dem Zweck der Beschränkung abträglich ist.	
Kapitel IV – Verantwortlicher und Auftragsverarbeiter	
Abschnitt 1 – Allgemeine Pflichten	
Artikel 24: Verantwortung des für die Verarbeitung Verantwortlichen Siehe Abschn. 3.2.1	
1. Der Verantwortliche setzt unter Berücksichtigung der Art, des Umfangs, der Umstände und der Zwecke der Verarbeitung sowie der unterschiedlichen Eintrittswahrscheinlichkeit und Schwere der Risiken für die Rechte und Freiheiten natürlicher Personen geeignete technische und organisatorische Maßnahmen um, um sicherzustellen und den Nachweis dafür erbringen zu können, dass die Verarbeitung gemäß dieser Verordnung erfolgt. Diese Maßnahmen werden erforderlichenfalls überprüft und aktualisiert. 2. Sofern dies in einem angemessenen Verhältnis zu den Verarbeitungstätigkeiten steht, müssen die Maßnahmen gemäß Absatz 1 die Anwendung geeigneter Datenschutzvorkehrungen durch den Verantwortlichen umfassen. 3. Die Einhaltung der genehmigten Verhaltensregeln gemäß Artikel 40 oder	(74) Die Verantwortung und Haftung des Verantwortlichen für jedwede Verarbeitung personenbezogener Daten, die durch ihn oder in seinem Namen erfolgt, sollte geregelt werden. Insbesondere sollte der Verantwortliche geeignete und wirksame Maßnahmen treffen müssen und nachweisen können, dass die Verarbeitungstätigkeiten im Einklang mit dieser Verordnung stehen und die Maßnahmen auch wirksam sind. Dabei sollte er die Art, den Umfang, die Umstände und die Zwecke der Verarbeitung und das Risiko für die Rechte und Freiheiten natürlicher Personen berücksichtigen. (75) Die Risiken für die Rechte und Freiheiten natürlicher Personen – mit unterschiedlicher Eintrittswahrscheinlichkeit und Schwere – können aus einer Verarbeitung personenbezogener Daten hervorgehen, die zu einem physischen, materiellen oder immateriellen Schaden führen könnte, insbesondere wenn die Verarbeitung zu einer Diskriminierung, einem Identitätsdiebstahl oder -betrug, einem finanziellen Verlust, einer Rufschädigung, einem Verlust der Vertraulichkeit von dem Berufsgeheimnis unterliegenden personenbezogenen Daten, der unbefugten Aufhebung der Pseudonymisierung oder anderen erheblichen wirtschaftlichen oder gesellschaftlichen Nachteilen führen kann, wenn die betroffenen Personen um ihre Rechte und Freiheiten gebracht oder daran gehindert werden, die sie betreffenden personenbezogenen Daten zu kontrollieren, wenn personenbezogene Daten, aus denen die rassische oder ethnische Herkunft, politische Meinungen, religiöse oder weltanschauliche Überzeugungen oder die Zugehörigkeit zu einer Gewerkschaft hervorgehen, und

Artikel der DSGVO	Erwägungsgrund/Erwägungsgründe sowie korrespondierende Vorschriften des BDSG-neu
eines genehmigten Zertifizierungsverfahrens gemäß Artikel 42 kann als Gesichtspunkt herangezogen werden, um die Erfüllung der Pflichten des Verantwortlichen nachzuweisen.	genetische Daten, Gesundheitsdaten oder das Sexualleben oder strafrechtliche Verurteilungen und Straftaten oder damit zusammenhängende Sicherungsmaßregeln betreffende Daten verarbeitet werden, wenn persönliche Aspekte bewertet werden, insbesondere wenn Aspekte, die die Arbeitsleistung, wirtschaftliche Lage, Gesundheit, persönliche Vorlieben oder Interessen, die Zuverlässigkeit oder das Verhalten, den Aufenthaltsort oder Ortswechsel betreffen, analysiert oder prognostiziert werden, um persönliche Profile zu erstellen oder zu nutzen, wenn personenbezogene Daten schutzbedürftiger natürlicher Personen, insbesondere Daten von Kindern, verarbeitet werden oder wenn die Verarbeitung eine große Menge personenbezogener Daten und eine große Anzahl von betroffenen Personen betrifft.
	(76) Eintrittswahrscheinlichkeit und Schwere des Risikos für die Rechte und Freiheiten der betroffenen Person sollten in Bezug auf die Art, den Umfang, die Umstände und die Zwecke der Verarbeitung bestimmt werden. Das Risiko sollte anhand einer objektiven Bewertung beurteilt werden, bei der festgestellt wird, ob die Datenverarbeitung ein Risiko oder ein hohes Risiko birgt.
	(77) Anleitungen, wie der Verantwortliche oder Auftragsverarbeiter geeignete Maßnahmen durchzuführen hat und wie die Einhaltung der Anforderungen nachzuweisen ist, insbesondere was die Ermittlung des mit der Verarbeitung verbundenen Risikos, dessen Abschätzung in Bezug auf Ursache, Art, Eintrittswahrscheinlichkeit und Schwere und die Festlegung bewährter Verfahren für dessen Eindämmung betrifft, könnten insbesondere in Form von genehmigten Verhaltensregeln, genehmigten Zertifizierungsverfahren, Leitlinien des Ausschusses oder Hinweisen eines Datenschutzbeauftragten gegeben werden. Der Ausschuss kann ferner Leitlinien für Verarbeitungsvorgänge ausgeben, bei denen davon auszugehen ist, dass sie kein hohes Risiko für die Rechte und Freiheiten natürlicher Personen mit sich bringen, und angeben, welche Abhilfemaßnahmen in diesen Fällen ausreichend sein können.
Artikel 25: Datenschutz durch Technikgestaltung und durch datenschutzfreundliche Voreinstellungen Siehe Abschn. 3.7	
1. Unter Berücksichtigung des Stands der Technik, der Implementierungskosten und der Art, des Umfangs, der Umstände und der Zwecke der	(78) Zum Schutz der in Bezug auf die Verarbeitung personenbezogener Daten bestehenden Rechte und Freiheiten natürlicher Personen ist es erforderlich, dass geeignete technische und organisatorische Maßnahmen getroffen werden, damit die Anforderungen dieser

Artikel der DSGVO	Erwägungsgrund/Erwägungsgründe sowie korrespondierende Vorschriften des BDSG-neu
Verarbeitung sowie der unterschiedlichen Eintrittswahrscheinlichkeit und Schwere der mit der Verarbeitung verbundenen Risiken für die Rechte und Freiheiten natürlicher Personen trifft der Verantwortliche sowohl zum Zeitpunkt der Festlegung der Mittel für die Verarbeitung als auch zum Zeitpunkt der eigentlichen Verarbeitung geeignete technische und organisatorische Maßnahmen – wie z. B. Pseudonymisierung- trifft, die dafür ausgelegt sind, die Datenschutzgrundsätze wie etwa Datenminimierung wirksam umzusetzen und die notwendigen Garantien in die Verarbeitung aufzunehmen, um den Anforderungen dieser Verordnung zu genügen und die Rechte der betroffenen Personen zu schützen. 2. Der Verantwortliche trifft geeignete technische und organisatorische Maßnahmen, die sicherstellen, dass durch Voreinstellung grundsätzlich nur personenbezogene Daten, deren Verarbeitung für den jeweiligen bestimmten Verarbeitungszweck erforderlich ist, verarbeitet werden. Diese Verpflichtung gilt für die Menge der erhobenen personenbezogenen Daten, den Umfang ihrer Verarbeitung, ihre Speicherfrist und ihre Zugänglichkeit. Solche Maßnahmen müssen insbesondere sicherstellen, dass personenbezogene Daten durch Voreinstellungen nicht ohne Eingreifen der Person einer unbestimmten Zahl von natürlichen Personen zugänglich gemacht werden. 3. Ein genehmigtes Zertifizierungsverfahren gemäß Artikel 42 kann als Faktor	Verordnung erfüllt werden. Um die Einhaltung dieser Verordnung nachweisen zu können, sollte der Verantwortliche interne Strategien festlegen und Maßnahmen ergreifen, die insbesondere den Grundsätzen des Datenschutzes durch Technik (data protection by design) und durch datenschutzfreundliche Voreinstellungen (data protection by default) Genüge tun. Solche Maßnahmen könnten unter anderem darin bestehen, dass die Verarbeitung personenbezogener Daten minimiert wird, personenbezogene Daten so schnell wie möglich pseudonymisiert werden, Transparenz in Bezug auf die Funktionen und die Verarbeitung personenbezogener Daten hergestellt wird, der betroffenen Person ermöglicht wird, die Verarbeitung personenbezogener Daten zu überwachen, und der Verantwortliche in die Lage versetzt wird, Sicherheitsfunktionen zu schaffen und zu verbessern. In Bezug auf Entwicklung, Gestaltung, Auswahl und Nutzung von Anwendungen, Diensten und Produkten, die entweder auf der Verarbeitung von personenbezogenen Daten beruhen oder zur Erfüllung ihrer Aufgaben personenbezogene Daten verarbeiten, sollten die Hersteller der Produkte, Dienste und Anwendungen ermutigt werden, das Recht auf Datenschutz bei der Entwicklung und Gestaltung der Produkte, Dienste und Anwendungen zu berücksichtigen und unter gebührender Berücksichtigung des Stands der Technik sicherzustellen, dass die Verantwortlichen und die Verarbeiter in der Lage sind, ihren Datenschutzpflichten nachzukommen. Den Grundsätzen des Datenschutzes durch Technik und durch datenschutzfreundliche Voreinstellungen sollte auch bei öffentlichen Ausschreibungen Rechnung getragen werden.

Artikel der DSGVO	Erwägungsgrund/Erwägungsgründe sowie korrespondierende Vorschriften des BDSG-neu
herangezogen werden, um die Erfüllung der in den Absätzen 1 und 2 des vorliegenden Artikels genannten Anforderungen nachzuweisen.	
Artikel 26: Gemeinsam für die Verarbeitung Verantwortliche Siehe Abschn. 3.2.2	
1. Legen zwei oder mehr Verantwortliche gemeinsam die Zwecke der und die Mittel zur Verarbeitung fest, so sind sie gemeinsam Verantwortliche. Sie legen in einer Vereinbarung in transparenter Form fest, wer von ihnen welche Verpflichtung gemäß dieser Verordnung erfüllt, insbesondere was die Wahrnehmung der Rechte der betroffenen Person angeht, und wer welchen Informationspflichten gemäß den Artikeln 13 und 14 nachkommt, sofern und soweit die jeweiligen Aufgaben der Verantwortlichen nicht durch Rechtsvorschriften der Union oder der Mitgliedstaaten, denen die Verantwortlichen unterliegen, festgelegt sind. In der Vereinbarung kann eine Anlaufstelle für die betroffenen Personen angegeben werden. 2. Die Vereinbarung gemäß Absatz 1 muss die jeweiligen tatsächlichen Funktionen und Beziehungen der gemeinsam Verantwortlichen gegenüber betroffenen Personen gebührend widerspiegeln. Das wesentliche der Vereinbarung wird der betroffenen Person zur Verfügung gestellt. 3. Ungeachtet der Einzelheiten der Vereinbarung gemäß Absatz 1 kann die betroffene Person ihre Rechte im Rahmen dieser Verordnung bei und gegenüber jedem einzelnen der Verantwortlichen geltend machen.	(79) Zum Schutz der Rechte und Freiheiten der betroffenen Personen sowie bezüglich der Verantwortung und Haftung der Verantwortlichen und der Auftragsverarbeiter bedarf es – auch mit Blick auf die Überwachungs- und sonstigen Maßnahmen von Aufsichtsbehörden – einer klaren Zuteilung der Verantwortlichkeiten durch diese Verordnung, einschließlich der Fälle, in denen ein Verantwortlicher die Verarbeitungszwecke und -mittel gemeinsam mit anderen Verantwortlichen festlegt oder ein Verarbeitungsvorgang im Auftrag eines Verantwortlichen durchgeführt wird.

Artikel der DSGVO	Erwägungsgrund/Erwägungsgründe sowie korrespondierende Vorschriften des BDSG-neu
Artikel 27: Vertreter von nicht in der Union niedergelassenen Verantwortlichen oder Auftragsverarbeitern Siehe Abschn. 4.3.8	
1. In den Fällen gemäß Artikel 3 Absatz 2 benennt der Verantwortliche oder der Auftragsverarbeiter schriftlich einen Vertreter in der Union. 2. Die Pflicht gemäß Absatz 1 des vorliegenden Artikels gilt nicht für (a) eine Verarbeitung, die gelegentlich erfolgt, nicht die umfangreiche Verarbeitung besonderer Datenkategorien im Sinne des Artikels 9 Absatz 1 oder die umfangreiche Verarbeitung von personenbezogenen Daten über strafrechtliche Verurteilungen und Straftaten im Sinne des Artikels 10 einschließt und unter Berücksichtigung der Art, der Umstände, des Umfangs und der Zwecke der Verarbeitung voraussichtlich nicht zu einem Risiko für die Rechte und Freiheiten natürlicher Personen führt, oder (b) Behörden oder öffentliche Stellen. 3. Der Vertreter muss in einem der Mitgliedstaaten niedergelassen sein, in denen die betroffenen Personen, deren personenbezogene Daten im Zusammenhang mit den ihnen angebotenen Waren oder Dienstleistungen verarbeitet werden oder deren Verhalten beobachtet wird, sich befinden. 4. Der Vertreter wird durch den Verantwortlichen oder den Auftragsverarbeiter beauftragt, zusätzlich zu diesem oder an seiner Stelle insbesondere	(80) Jeder Verantwortliche oder Auftragsverarbeiter ohne Niederlassung in der Union, dessen Verarbeitungstätigkeiten sich auf betroffene Personen beziehen, die sich in der Union aufhalten, und dazu dienen, diesen Personen in der Union Waren oder Dienstleistungen anzubieten – unabhängig davon, ob von der betroffenen Person eine Zahlung verlangt wird – oder deren Verhalten, soweit dieses innerhalb der Union erfolgt, zu beobachten, sollte einen Vertreter benennen müssen, es sei denn, die Verarbeitung erfolgt gelegentlich, schließt nicht die umfangreiche Verarbeitung besonderer Kategorien personenbezogener Daten oder die Verarbeitung von personenbezogenen Daten über strafrechtliche Verurteilungen und Straftaten ein und bringt unter Berücksichtigung ihrer Art, ihrer Umstände, ihres Umfangs und ihrer Zwecke wahrscheinlich kein Risiko für die Rechte und Freiheiten natürlicher Personen mit sich oder bei dem Verantwortlichen handelt es sich um eine Behörde oder öffentliche Stelle. Der Vertreter sollte im Namen des Verantwortlichen oder des Auftragsverarbeiters tätig werden und den Aufsichtsbehörden als Anlaufstelle dienen. Der Verantwortliche oder der Auftragsverarbeiter sollte den Vertreter ausdrücklich bestellen und schriftlich beauftragen, in Bezug auf die ihm nach dieser Verordnung obliegenden Verpflichtungen an seiner Stelle zu handeln. Die Benennung eines solchen Vertreters berührt nicht die Verantwortung oder Haftung des Verantwortlichen oder des Auftragsverarbeiters nach Maßgabe dieser Verordnung. Ein solcher Vertreter sollte seine Aufgaben entsprechend dem Mandat des Verantwortlichen oder Auftragsverarbeiters ausführen und insbesondere mit den zuständigen Aufsichtsbehörden in Bezug auf Maßnahmen, die die Einhaltung dieser Verordnung sicherstellen sollen, zusammenarbeiten. Bei Verstößen des Verantwortlichen oder Auftragsverarbeiters sollte der bestellte Vertreter Durchsetzungsverfahren unterworfen werden.

Artikel der DSGVO	Erwägungsgrund/Erwägungsgründe sowie korrespondierende Vorschriften des BDSG-neu
für Aufsichtsbehörden und betroffene Personen bei sämtlichen Fragen im Zusammenhang mit der Verarbeitung zur Gewährleistung der Einhaltung dieser Verordnung als Anlaufstelle zu dienen. 5. Die Benennung eines Vertreters durch den Verantwortlichen oder den Auftragsverarbeiter erfolgt unbeschadet etwaiger rechtlicher Schritte gegen den Verantwortlichen oder den Auftragsverarbeiter selbst.	
Artikel 28: Auftragsverarbeiter Siehe Abschn. 3.10	
1. Erfolgt eine Verarbeitung im Auftrag eines Verantwortlichen, so arbeitet dieser nur mit Auftragsverarbeitern, die hinreichend Garantien dafür bieten, dass geeignete technische und organisatorische Maßnahmen so durchgeführt werden, dass die Verarbeitung im Einklang mit den Anforderungen dieser Verordnung erfolgt und den Schutz der Rechte der betroffenen Person gewährleistet. 2. Der Auftragsverarbeiter nimmt keinen weiteren Auftragsverarbeiter ohne vorherige gesonderte oder allgemeine schriftliche Genehmigung des Verantwortlichen in Anspruch. Im Fall einer allgemeinen schriftlichen Genehmigung informiert der Auftragsverarbeiter den Verantwortlichen immer über jede beabsichtigte Änderung in Bezug auf die Hinzuziehung oder die Ersetzung anderer Auftragsverarbeiter, wodurch der Verantwortliche die Möglichkeit erhält, gegen derartige Änderungen Einspruch zu erheben.	(81) Damit die Anforderungen dieser Verordnung in Bezug auf die vom Auftragsverarbeiter im Namen des Verantwortlichen vorzunehmende Verarbeitung eingehalten werden, sollte ein Verantwortlicher, der einen Auftragsverarbeiter mit Verarbeitungstätigkeiten betrauen will, nur Auftragsverarbeiter heranziehen, die – insbesondere im Hinblick auf Fachwissen, Zuverlässigkeit und Ressourcen – hinreichende Garantien dafür bieten, dass technische und organisatorische Maßnahmen – auch für die Sicherheit der Verarbeitung – getroffen werden, die den Anforderungen dieser Verordnung genügen. Die Einhaltung genehmigter Verhaltensregeln oder eines genehmigten Zertifizierungsverfahrens durch einen Auftragsverarbeiter kann als Faktor herangezogen werden, um die Erfüllung der Pflichten des Verantwortlichen nachzuweisen. Die Durchführung einer Verarbeitung durch einen Auftragsverarbeiter sollte auf Grundlage eines Vertrags oder eines anderen Rechtsinstruments nach dem Recht der Union oder der Mitgliedstaaten erfolgen, der bzw. das den Auftragsverarbeiter an den Verantwortlichen bindet und in dem Gegenstand und Dauer der Verarbeitung, Art und Zwecke der Verarbeitung, die Art der personenbezogenen Daten und die Kategorien von betroffenen Personen festgelegt sind, wobei die besonderen Aufgaben und Pflichten des Auftragsverarbeiters bei der geplanten Verarbeitung und das Risiko für die Rechte und Freiheiten der betroffenen Person zu berücksichtigen sind. Der Verantwortliche und der Auftragsverarbeiter können entscheiden, ob sie einen individuellen Vertrag oder Standardvertragsklauseln verwenden, die entweder unmittelbar von der Kommission erlassen oder aber nach dem Kohärenzverfahren

Artikel der DSGVO	Erwägungsgrund/Erwägungsgründe sowie korrespondierende Vorschriften des BDSG-neu
3. Die Verarbeitung durch einen Auftragsverarbeiter erfolgt auf der Grundlage eines Vertrags oder eines anderen Rechtsinstruments nach dem Unionsrecht oder dem Recht der Mitgliedstaaten, der bzw. das den Auftragsverarbeiter in Bezug auf den Verantwortlichen bindet und in dem Gegenstand und Dauer der Verarbeitung, Art und Zweck der Verarbeitung, die Art der personenbezogenen Daten, die Kategorien betroffener Personen und die Pflichten und Rechte des Verantwortlichen festgelegt sind. Dieser Vertrag bzw. dieses andere Rechtsinstrument sieht insbesondere vor, dass der Auftragsverarbeiter	von einer Aufsichtsbehörde angenommen und dann von der Kommission erlassen wurden. Nach Beendigung der Verarbeitung im Namen des Verantwortlichen sollte der Auftragsverarbeiter die personenbezogenen Daten nach Wahl des Verantwortlichen entweder zurückgeben oder löschen, sofern nicht nach dem Recht der Union oder der Mitgliedstaaten, dem der Auftragsverarbeiter unterliegt, eine Verpflichtung zur Speicherung der personenbezogenen Daten besteht.
(a) die personenbezogenen Daten nur auf dokumentierte Weisung des Verantwortlichen – auch in Bezug auf die Übermittlung personenbezogener Daten an ein Drittland oder eine internationale Organisation – verarbeitet, sofern er nicht durch das Recht der Union oder der Mitgliedstaaten, dem der Auftragsverarbeiter unterliegt, hierzu verpflichtet ist; in einem solchen Fall teilt der Auftragsverarbeiter dem Verantwortlichen diese rechtlichen Anforderungen vor der Verarbeitung mit, sofern das betreffende Recht eine solche Mitteilung nicht wegen eines wichtigen öffentlichen Interesses verbietet;	
(b) gewährleistet, dass sich die zur Verarbeitung der personenbezogenen Daten befugten Personen zur Vertraulichkeit verpflichtet haben oder einer angemessenen gesetzlichen Verschwiegenheitspflicht unterliegen;	

Artikel der DSGVO	Erwägungsgrund/Erwägungsgründe sowie korrespondierende Vorschriften des BDSG-neu
(c) alle gemäß Artikel 32 erforderlichen Maßnahmen ergreift;	
(d) die in den Absätzen 2 und 4 genannten Bedingungen für die Inanspruchnahme der Dienste eines weiteren Auftragsverarbeiters einhält;	
(e) angesichts der Art der Verarbeitung den Verantwortlichen nach Möglichkeit mit geeigneten technischen und organisatorischen Maßnahmen dabei unterstützt, seiner Pflicht zur Beantwortung von Anträgen auf Wahrnehmung der in Kapitel III genannten Rechte der betroffenen Person nachzukommen;	
(f) unter Berücksichtigung der Art der Verarbeitung und der ihm zur Verfügung stehenden Informationen den Verantwortlichen bei der Einhaltung der in den Artikeln 32 bis 36 genannten Pflichten unterstützt;	
(g) nach Abschluss der Erbringung der Verarbeitungsleistungen alle personenbezogenen Daten nach Wahl des Verantwortlichen entweder löscht oder zurückgibt, sofern nicht nach dem Unionsrecht oder dem Recht der Mitgliedstaaten eine Verpflichtung zur Speicherung der personenbezogenen Daten besteht;	
(h) dem Verantwortlichen alle erforderlichen Informationen zum Nachweis der Einhaltung der in diesem Artikel niedergelegten Pflichten zur Verfügung stellt und Überprüfungen – einschließlich Inspektionen –, die vom Verantwortlichen oder einem anderen von diesem beauftragten Prüfer durchgeführt werden, ermöglicht und dazu beiträgt.	

Artikel der DSGVO	Erwägungsgrund/Erwägungsgründe sowie korrespondierende Vorschriften des BDSG-neu
Mit Blick auf Unterabsatz 1 Buchstabe h informiert der Auftragsverarbeiter den Verantwortlichen unverzüglich, falls er der Auffassung ist, dass eine Weisung gegen diese Verordnung oder gegen andere Datenschutzbestimmungen der Union oder der Mitgliedstaaten verstößt.	
4. Nimmt der Auftragsverarbeiter die Dienste eines weiteren Auftragsverarbeiters in Anspruch, um bestimmte Verarbeitungstätigkeiten im Namen des Verantwortlichen auszuführen, so werden diesem weiteren Auftragsverarbeiter im Wege eines Vertrags oder eines anderen Rechtsinstruments nach dem Unionsrecht oder dem Recht des betreffenden Mitgliedstaats dieselben Datenschutzpflichten auferlegt, die in dem Vertrag oder anderen Rechtsinstrument zwischen dem Verantwortlichen und dem Auftragsverarbeiter gemäß Absatz 3 festgelegt sind, wobei insbesondere hinreichende Garantien dafür geboten werden muss, dass die geeigneten technischen und organisatorischen Maßnahmen so durchgeführt werden, dass die Verarbeitung entsprechend den Anforderungen dieser Verordnung erfolgt. Kommt der weitere Auftragsverarbeiter seinen Datenschutzpflichten nicht nach, so haftet der erste Auftragsverarbeiter gegenüber dem Verantwortlichen für die Einhaltung der Pflichten jenes anderen Auftragsverarbeiters.	
5. Die Einhaltung genehmigter Verhaltensregeln gemäß Artikel 40 oder eines genehmigten Zertifizierungsverfahrens gemäß	

Artikel der DSGVO	Erwägungsgrund/Erwägungsgründe sowie korrespondierende Vorschriften des BDSG-neu
Artikel 42 durch einen Auftragsverarbeiter kann als Faktor herangezogen werden, um hinreichende Garantien im Sinne der Absätze 1 und 4 des vorliegenden Artikels nachzuweisen. 6. Unbeschadet eines individuellen Vertrags zwischen dem Verantwortlichen und dem Auftragsverarbeiter kann der Vertrag oder das andere Rechtsinstrument im Sinne der Absätze 3 und 4 des vorliegenden Artikels ganz oder teilweise auf den in den Absätzen 7 und 8 des vorliegenden Artikels genannten Standardvertragsklauseln beruhen, auch wenn diese Bestandteil einer dem Verantwortlichen oder dem Auftragsverarbeiter gemäß den Artikeln 42 und 43 erteilten Zertifizierung sind. 7. Die Kommission kann im Einklang mit dem Prüfverfahren gemäß Artikel 87 Absatz 2 Standardvertragsklauseln zur Regelung der in den Absätzen 3 und 4 des vorliegenden Artikels genannten Fragen festlegen. 8. Eine Aufsichtsbehörde kann im Einklang mit dem Kohärenzverfahren gemäß Artikel 63 Standardvertragsklauseln zur Regelung der in den Absätzen 3 und 4 des vorliegenden Artikels genannten Fragen festlegen. 9. Der Vertrag oder das andere Rechtsinstrument im Sinne der Absätze 3 und 4 ist schriftlich abzufassen, was auch in einem elektronischen Format erfolgen kann. 10. Unbeschadet der Artikel 82, 83 und 84 gilt ein Auftragsverarbeiter, der unter	

Artikel der DSGVO	Erwägungsgrund/Erwägungsgründe sowie korrespondierende Vorschriften des BDSG-neu
Verstoß gegen diese Verordnung die Zwecke und Mittel der Verarbeitung bestimmt, in Bezug auf diese Verarbeitung als Verantwortlicher.	
Artikel 29: Verarbeitung unter der Aufsicht des Verantwortlichen oder des Auftragsverarbeiters	
Der Auftragsverarbeiter und jede dem Verantwortlichen oder dem Auftragsverarbeiter unterstellte Person, die Zugang zu personenbezogenen Daten hat, dürfen diese Daten ausschließlich auf Weisung des Verantwortlichen verarbeiten, es sei denn, dass sie nach dem Unionsrecht oder dem Recht der Mitgliedstaaten zur Verarbeitung verpflichtet sind.	–
Artikel 30: Verzeichnis von Verarbeitungstätigkeiten Siehe Abschn. 3.4	
1. Jeder Verantwortliche und gegebenenfalls sein Vertreter führen ein Verzeichnis aller Verarbeitungstätigkeiten, die ihrer Zuständigkeit unterliegen. Dieses Verzeichnis enthält sämtliche folgenden Angaben: (a) den Namen und die Kontaktdaten des Verantwortlichen und gegebenenfalls des gemeinsam mit ihm Verantwortlichen, des Vertreters des Verantwortlichen sowie eines etwaigen Datenschutzbeauftragten; (b) die Zwecke der Verarbeitung; (c) eine Beschreibung der Kategorien betroffener Personen und der Kategorien personenbezogener Daten; (d) die Kategorien von Empfängern, gegenüber denen	(13) Damit in der Union ein gleichmäßiges Datenschutzniveau für natürliche Personen gewährleistet ist und Unterschiede, die den freien Verkehr personenbezogener Daten im Binnenmarkt behindern könnten, beseitigt werden, ist eine Verordnung erforderlich, die für die Wirtschaftsteilnehmer einschließlich Kleinstunternehmen sowie kleiner und mittlerer Unternehmen Rechtssicherheit und Transparenz schafft, natürliche Personen in allen Mitgliedstaaten mit demselben Niveau an durchsetzbaren Rechten ausstattet, dieselben Pflichten und Zuständigkeiten für die Verantwortlichen und Auftragsverarbeiter vorsieht und eine gleichmäßige Kontrolle der Verarbeitung personenbezogener Daten und gleichwertige Sanktionen in allen Mitgliedstaaten sowie eine wirksame Zusammenarbeit zwischen den Aufsichtsbehörden der einzelnen Mitgliedstaaten gewährleistet. Das reibungslose Funktionieren des Binnenmarkts erfordert, dass der freie Verkehr personenbezogener Daten in der Union nicht aus Gründen des Schutzes natürlicher Personen bei der Verarbeitung personenbezogener Daten eingeschränkt oder verboten wird. Um der besonderen Situation der Kleinstunternehmen sowie der kleinen und mittleren Unternehmen Rechnung zu tragen, enthält diese Verordnung eine abweichende Regelung hinsichtlich des

Artikel der DSGVO	Erwägungsgrund/Erwägungsgründe sowie korrespondierende Vorschriften des BDSG-neu
die personenbezogenen Daten offengelegt worden sind oder noch offengelegt werden, einschließlich Empfänger in Drittländern oder internationalen Organisationen; (e) gegebenenfalls Übermittlungen von personenbezogenen Daten an ein Drittland oder an eine internationale Organisation, einschließlich der Angabe des betreffenden Drittlands oder der betreffenden internationalen Organisation, sowie bei den in Artikel 49 Absatz 1 Unterabsatz 2 genannten Datenübermittlungen die Dokumentierung geeigneter Garantien; (f) wenn möglich, die vorgesehenen Fristen für die Löschung der verschiedenen Datenkategorien; (g) wenn möglich, eine allgemeine Beschreibung der technischen und organisatorischen Maßnahmen gemäß Artikel 32 Absatz 1. 2. Jeder Auftragsverarbeiter und gegebenenfalls sein Vertreter führen ein Verzeichnis zu allen Kategorien von im Auftrag eines Verantwortlichen durchgeführten Tätigkeiten der Verarbeitung, die Folgendes enthält: (a) den Namen und die Kontaktdaten des Auftragsverarbeiters oder der Auftragsverarbeiter und jedes Verantwortlichen, in dessen Auftrag der Auftragsverarbeiter tätig ist, sowie gegebenenfalls des Vertreters des Verantwortlichen oder des Auftragsverarbeiters und eines etwaigen Datenschutzbeauftragten;	Führens eines Verzeichnisses für Einrichtungen, die weniger als 250 Mitarbeiter beschäftigen. Außerdem werden die Organe und Einrichtungen der Union sowie die Mitgliedstaaten und deren Aufsichtsbehörden dazu angehalten, bei der Anwendung dieser Verordnung die besonderen Bedürfnisse von Kleinstunternehmen sowie von kleinen und mittleren Unternehmen zu berücksichtigen. Für die Definition des Begriffs „Kleinstunternehmen sowie kleine und mittlere Unternehmen" sollte Artikel 2 des Anhangs zur Empfehlung 2003/361/EG der Kommission maßgebend sein. (82) Zum Nachweis der Einhaltung dieser Verordnung sollte der Verantwortliche oder der Auftragsverarbeiter ein Verzeichnis der Verarbeitungstätigkeiten, die seiner Zuständigkeit unterliegen, führen. Jeder Verantwortliche und jeder Auftragsverarbeiter sollte verpflichtet sein, mit der Aufsichtsbehörde zusammenzuarbeiten und dieser auf Anfrage das entsprechende Verzeichnis vorzulegen, damit die betreffenden Verarbeitungsvorgänge anhand dieser Verzeichnisse kontrolliert werden können.

Artikel der DSGVO	Erwägungsgrund/Erwägungsgründe sowie korrespondierende Vorschriften des BDSG-neu
(b) die Kategorien von Verarbeitungen, die im Auftrag jedes Verantwortlichen durchgeführt werden;	
(c) gegebenenfalls Übermittlungen von personenbezogenen Daten an ein Drittland oder an eine internationale Organisation, einschließlich der Angabe des betreffenden Drittlands oder der betreffenden internationalen Organisation, sowie bei den in Artikel 49 Absatz 1 Unterabsatz 2 genannten Datenübermittlungen die Dokumentierung geeigneter Garantien;	
(d) wenn möglich, eine allgemeine Beschreibung der technischen und organisatorischen Maßnahmen gemäß Artikel 32 Absatz 1.	
3. Das in den Absätzen 1 und 2 genannte Verzeichnis ist schriftlich zu führen, was auch in einem elektronischen Format erfolgen kann.	
4. Der Verantwortliche oder der Auftragsverarbeiter sowie gegebenenfalls der Vertreter des Verantwortlichen oder des Auftragsverarbeiters stellen der Aufsichtsbehörde das Verzeichnis auf Anfrage zur Verfügung.	
5. Die in den Absätzen 1 und 2 genannten Pflichten gelten nicht für Unternehmen oder Einrichtungen, die weniger als 250 Mitarbeiter beschäftigen, sofern die von ihnen vorgenommene Verarbeitung nicht ein Risiko für die Rechte und Freiheiten der betroffenen Personen birgt, die Verarbeitung nicht nur gelegentlich erfolgt oder nicht die Verarbeitung besonderer Datenkategorien gemäß	

Artikel der DSGVO	Erwägungsgrund/Erwägungsgründe sowie korrespondierende Vorschriften des BDSG-neu
Artikel 9 Absatz 1 bzw. die Verarbeitung von personenbezogenen Daten über strafrechtliche Verurteilungen und Straftaten im Sinne des Artikels 10 einschließt.	
Artikel 31: Zusammenarbeit mit der Aufsichtsbehörde Siehe Abschn. 3.2.3	
Der Verantwortliche und der Auftragsverarbeiter und gegebenenfalls deren Vertreter arbeiten auf Anfrage mit der Aufsichtsbehörde bei der Erfüllung ihrer Aufgaben zusammen.	–
Abschnitt 2 – Sicherheit personenbezogener Daten	
Artikel 32: Sicherheit der Verarbeitung Siehe Abschn. 3.3	
1. Unter Berücksichtigung des Stands der Technik, der Implementierungskosten und der Art, des Umfangs, der Umstände und der Zwecke der Verarbeitung sowie der unterschiedlichen Eintrittswahrscheinlichkeit und Schwere des Risikos für die Rechte und Freiheiten natürlicher Personen treffen der Verantwortliche und der Auftragsverarbeiter geeignete technische und organisatorische Maßnahmen, um ein dem Risiko angemessenes Schutzniveau zu gewährleisten; diese Maßnahmen schließen unter anderem Folgendes ein: (a) die Pseudonymisierung und Verschlüsselung personenbezogener Daten; (b) die Fähigkeit, die Vertraulichkeit, Integrität, Verfügbarkeit und Belastbarkeit der Systeme und Dienste im Zusammenhang mit der Verarbeitung auf Dauer sicherzustellen;	(76) Eintrittswahrscheinlichkeit und Schwere des Risikos für die Rechte und Freiheiten der betroffenen Person sollten in Bezug auf die Art, den Umfang, die Umstände und die Zwecke der Verarbeitung bestimmt werden. Das Risiko sollte anhand einer objektiven Bewertung beurteilt werden, bei der festgestellt wird, ob die Datenverarbeitung ein Risiko oder ein hohes Risiko birgt. (77) Anleitungen, wie der Verantwortliche oder Auftragsverarbeiter geeignete Maßnahmen durchzuführen hat und wie die Einhaltung der Anforderungen nachzuweisen ist, insbesondere was die Ermittlung des mit der Verarbeitung verbundenen Risikos, dessen Abschätzung in Bezug auf Ursache, Art, Eintrittswahrscheinlichkeit und Schwere und die Festlegung bewährter Verfahren für dessen Eindämmung betrifft, könnten insbesondere in Form von genehmigten Verhaltensregeln, genehmigten Zertifizierungsverfahren, Leitlinien des Ausschusses oder Hinweisen eines Datenschutzbeauftragten gegeben werden. Der Ausschuss kann ferner Leitlinien für Verarbeitungsvorgänge ausgeben, bei denen davon auszugehen ist, dass sie kein hohes Risiko für die Rechte und Freiheiten natürlicher Personen mit sich bringen, und angeben, welche Abhilfemaßnahmen in diesen Fällen ausreichend sein können. (83) Zur Aufrechterhaltung der Sicherheit und zur Vorbeugung gegen eine gegen diese Verordnung verstoßende Verarbeitung sollte der Verantwortliche oder der Auftragsverarbeiter die mit der Verarbeitung verbundenen Risiken

Artikel der DSGVO	Erwägungsgrund/Erwägungsgründe sowie korrespondierende Vorschriften des BDSG-neu
(c) die Fähigkeit, die Verfügbarkeit der personenbezogenen Daten und den Zugang zu ihnen bei einem physischen oder technischen Zwischenfall rasch wiederherzustellen; (d) ein Verfahren zur regelmäßigen Überprüfung, Bewertung und Evaluierung der Wirksamkeit der technischen und organisatorischen Maßnahmen zur Gewährleistung der Sicherheit der Verarbeitung. 2. Bei der Beurteilung des angemessenen Schutzniveaus sind insbesondere die Risiken zu berücksichtigen, die mit der Verarbeitung verbunden sind, insbesondere durch ob unbeabsichtigt oder unrechtmäßig – Vernichtung, Verlust, Veränderung oder unbefugte Offenlegung von beziehungsweise unbefugten Zugang zu personenbezogenen Daten, die übermittelt, gespeichert oder auf andere Weise verarbeitet wurden. 3. Die Einhaltung genehmigter Verhaltensregeln gemäß Artikel 40 oder eines genehmigten Zertifizierungsverfahrens gemäß Artikel 42 kann als Faktor herangezogen werden, um die Erfüllung der in Absatz 1 des vorliegenden Artikels genannten Anforderungen nachzuweisen. 4. Der Verantwortliche und der Auftragsverarbeiter unternehmen Schritte, um sicherzustellen, dass ihnen unterstellte natürliche Personen, die Zugang zu personenbezogenen Daten haben, diese nur auf Anweisung des Verantwortlichen verarbeiten, es sei denn, sie sind nach dem Recht der Union oder der Mitgliedstaaten zur Verarbeitung verpflichtet.	ermitteln und Maßnahmen zu ihrer Eindämmung, wie etwa eine Verschlüsselung, treffen. Diese Maßnahmen sollten unter Berücksichtigung des Stands der Technik und der Implementierungskosten ein Schutzniveau – auch hinsichtlich der Vertraulichkeit – gewährleisten, das den von der Verarbeitung ausgehenden Risiken und der Art der zu schützenden personenbezogenen Daten angemessen ist. Bei der Bewertung der Datensicherheitsrisiken sollten die mit der Verarbeitung personenbezogener Daten verbundenen Risiken berücksichtigt werden, wie etwa ob unbeabsichtigt oder unrechtmäßig – Vernichtung, Verlust, Veränderung oder unbefugte Offenlegung von oder unbefugter Zugang zu personenbezogenen Daten, die übermittelt, gespeichert oder auf sonstige Weise verarbeitet wurden, insbesondere wenn dies zu einem physischen, materiellen oder immateriellen Schaden führen könnte.

Artikel der DSGVO	Erwägungsgrund/Erwägungsgründe sowie korrespondierende Vorschriften des BDSG-neu
Artikel 33: Meldung von Verletzungen des Schutzes personenbezogener Daten an die Aufsichtsbehörde Siehe Abschn. 3.8	
1. Im Falle einer Verletzung des Schutzes personenbezogener Daten meldet der Verantwortliche unverzüglich und möglichst binnen 72 Stunden, nachdem ihm die Verletzung bekannt wurde, diese der gemäß Artikel 51 zuständigen Aufsichtsbehörde, es sei denn, dass die Verletzung des Schutzes personenbezogener Daten voraussichtlich nicht zu einem Risiko für die Rechte und Freiheiten natürlicher Personen führt. Erfolgt die Meldung an die Aufsichtsbehörde nicht binnen 72 Stunden, so ist ihr eine Begründung für die Verzögerung beizufügen. 2. Wenn dem Auftragsverarbeiter eine Verletzung des Schutzes personenbezogener Daten bekannt wird, meldet er diese dem Verantwortlichen unverzüglich. 3. Die Meldung gemäß Absatz 1 enthält zumindest folgende Informationen: (a) eine Beschreibung der Art der Verletzung des Schutzes personenbezogener Daten, soweit möglich mit Angabe der Kategorien und der ungefähren Zahl der betroffenen Personen, der betroffenen Kategorien und der ungefähren Zahl der betroffenen personenbezogenen Datensätze; (b) den Namen und die Kontaktdaten des Datenschutzbeauftragten oder einer sonstigen Anlaufstelle für weitere Informationen;	(85) Eine Verletzung des Schutzes personenbezogener Daten kann – wenn nicht rechtzeitig und angemessen reagiert wird – einen physischen, materiellen oder immateriellen Schaden für natürliche Personen nach sich ziehen, wie etwa Verlust der Kontrolle über ihre personenbezogenen Daten oder Einschränkung ihrer Rechte, Diskriminierung, Identitätsdiebstahl oder -betrug, finanzielle Verluste, unbefugte Aufhebung der Pseudonymisierung, Rufschädigung, Verlust der Vertraulichkeit von dem Berufsgeheimnis unterliegenden Daten oder andere erhebliche wirtschaftliche oder gesellschaftliche Nachteile für die betroffene natürliche Person. Deshalb sollte der Verantwortliche, sobald ihm eine Verletzung des Schutzes personenbezogener Daten bekannt wird, die Aufsichtsbehörde von der Verletzung des Schutzes personenbezogener Daten unverzüglich und, falls möglich, binnen höchstens 72 Stunden, nachdem ihm die Verletzung bekannt wurde, unterrichten, es sei denn, der Verantwortliche kann im Einklang mit dem Grundsatz der Rechenschaftspflicht nachweisen, dass die Verletzung des Schutzes personenbezogener Daten voraussichtlich nicht zu einem Risiko für die persönlichen Rechte und Freiheiten natürlicher Personen führt. Falls diese Benachrichtigung nicht binnen 72 Stunden erfolgen kann, sollten in ihr die Gründe für die Verzögerung angegeben werden müssen, und die Informationen können schrittweise ohne unangemessene weitere Verzögerung bereitgestellt werden. (87) Es sollte festgestellt werden, ob alle geeigneten technischen Schutz- sowie organisatorischen Maßnahmen getroffen wurden, um sofort feststellen zu können, ob eine Verletzung des Schutzes personenbezogener Daten aufgetreten ist, und um die Aufsichtsbehörde und die betroffene Person umgehend unterrichten zu können. Bei der Feststellung, ob die Meldung unverzüglich erfolgt ist, sollten die Art und Schwere der Verletzung des Schutzes personenbezogener Daten sowie deren Folgen und nachteilige Auswirkungen für die betroffene Person berücksichtigt werden. Die entsprechende Meldung kann zu einem Tätigwerden der Aufsichtsbehörde im Einklang mit ihren in dieser Verordnung festgelegten Aufgaben und Befugnissen führen. (88) Bei der detaillierten Regelung des Formats und der Verfahren für die Meldung von Verletzungen des Schutzes personenbezogener Daten sollten die Umstände der Verletzung hinreichend berücksichtigt

Artikel der DSGVO	Erwägungsgrund/Erwägungsgründe sowie korrespondierende Vorschriften des BDSG-neu
(c) eine Beschreibung der wahrscheinlichen Folgen der Verletzung des Schutzes personenbezogener Daten; (d) eine Beschreibung der von dem Verantwortlichen ergriffenen oder vorgeschlagenen Maßnahmen zur Behebung der Verletzung des Schutzes personenbezogener Daten und gegebenenfalls Maßnahmen zur Abmilderung ihrer möglichen nachteiligen Auswirkungen. 4. Wenn und soweit die Informationen nicht zur gleichen Zeit bereitgestellt werden können, kann der Verantwortliche diese Informationen ohne unangemessene weitere Verzögerung schrittweise zur Verfügung stellen. 5. Der Verantwortliche dokumentiert Verletzungen des Schutzes personenbezogener Daten einschließlich aller im Zusammenhang mit der Verletzung des Schutzes personenbezogener Daten stehenden Fakten, von deren Auswirkungen und der ergriffenen Abhilfemaßnahmen. Diese Dokumentation muss der Aufsichtsbehörde die Überprüfung der Einhaltung der Bestimmungen dieses Artikels ermöglichen.	werden, beispielsweise (ob personenbezogene Daten durch geeignete technische Sicherheitsvorkehrungen geschützt waren, die die Wahrscheinlichkeit eines Identitätsbetrugs oder anderer Formen des Datenmissbrauchs wirksam verringern. Überdies sollten solche Regeln und Verfahren den berechtigten Interessen der Strafverfolgungsbehörden in Fällen Rechnung tragen, in denen die Untersuchung der Umstände einer Verletzung des Schutzes personenbezogener Daten durch eine frühzeitige Offenlegung in unnötiger Weise behindert würde.
Artikel 34: Benachrichtigung der von einer Verletzung des Schutzes personenbezogener Daten betroffenen Person Siehe Abschn. 3.8.3	
1. Hat die Verletzung des Schutzes personenbezogener Daten voraussichtlich ein hohes Risiko für die persönlichen Rechte und Freiheiten natürlicher Personen	(86) Der für die Verarbeitung Verantwortliche sollte die betroffene Person unverzüglich von der Verletzung des Schutzes personenbezogener Daten benachrichtigen, wenn diese Verletzung des Schutzes personenbezogener Daten voraussichtlich zu einem hohen Risiko für die

Artikel der DSGVO	Erwägungsgrund/Erwägungsgründe sowie korrespondierende Vorschriften des BDSG-neu
zur Folge, so benachrichtigt der Verantwortliche die betroffene Person unverzüglich von der Verletzung. 2. Die in Absatz 1 genannte Benachrichtigung der betroffenen Person beschreibt in klarer und einfacher Sprache die Art der Verletzung des Schutzes personenbezogener Daten und enthält zumindest die in Artikel 33 Absatz 3 Buchstaben b, c und d genannten Informationen und Maßnahmen. 3. Die Benachrichtigung der betroffenen Person gemäß Absatz 1 ist nicht erforderlich, wenn eine der folgenden Bedingungen erfüllt ist: (a) der Verantwortliche geeignete technische und organisatorische Sicherheitsvorkehrungen getroffen hat und diese Vorkehrungen auf die von der Verletzung betroffenen personenbezogenen Daten angewandt wurden, insbesondere solche, durch die die personenbezogenen Daten für alle Personen, die nicht zum Zugang zu den personenbezogenen Daten befugt sind, unzugänglich gemacht werden, etwa durch Verschlüsselung; (b) der Verantwortliche durch nachfolgende Maßnahmen sichergestellt hat, dass das hohe Risiko für die Rechte und Freiheiten der betroffenen Personen gemäß Absatz 1 aller Wahrscheinlichkeit nach nicht mehr besteht; (c) dies mit einem unverhältnismäßigen Aufwand verbunden wäre. In diesem Fall hat stattdessen eine öffentliche Bekanntmachung oder eine ähnliche Maßnahme zu erfolgen, durch die die betroffenen Personen vergleichbar wirksam informiert werden.	persönlichen Rechte und Freiheiten natürlicher Personen führt, damit diese die erforderlichen Vorkehrungen treffen können. Die Benachrichtigung sollte eine Beschreibung der Art der Verletzung des Schutzes personenbezogener Daten sowie an die betroffene natürliche Person gerichtete Empfehlungen zur Minderung etwaiger nachteiliger Auswirkungen dieser Verletzung enthalten. Solche Benachrichtigungen der betroffenen Person sollten stets so rasch wie nach allgemeinem Ermessen möglich, in enger Absprache mit der Aufsichtsbehörde und nach Maßgabe der von dieser oder von anderen zuständigen Behörden wie beispielsweise Strafverfolgungsbehörden erteilten Weisungen erfolgen. Um beispielsweise das Risiko eines unmittelbaren Schadens mindern zu können, müssten betroffene Personen sofort benachrichtigt werden, wohingegen eine längere Benachrichtigungsfrist gerechtfertigt sein kann, wenn es darum geht, geeignete Maßnahmen gegen fortlaufende oder vergleichbare Verletzungen des Schutzes personenbezogener Daten zu treffen. (87) Es sollte festgestellt werden, ob alle geeigneten technischen Schutz- sowie organisatorischen Maßnahmen getroffen wurden, um sofort feststellen zu können, ob eine Verletzung des Schutzes personenbezogener Daten aufgetreten ist, und um die Aufsichtsbehörde und die betroffene Person umgehend unterrichten zu können. Bei der Feststellung, ob die Meldung unverzüglich erfolgt ist, sollten die Art und Schwere der Verletzung des Schutzes personenbezogener Daten sowie deren Folgen und nachteilige Auswirkungen für die betroffene Person berücksichtigt werden. Die entsprechende Meldung kann zu einem Tätigwerden der Aufsichtsbehörde im Einklang mit ihren in dieser Verordnung festgelegten Aufgaben und Befugnissen führen. (88) Bei der detaillierten Regelung des Formats und der Verfahren für die Meldung von Verletzungen des Schutzes personenbezogener Daten sollten die Umstände der Verletzung hinreichend berücksichtigt werden, beispielsweise ob personenbezogene Daten durch geeignete technische Sicherheitsvorkehrungen geschützt waren, die die Wahrscheinlichkeit eines Identitätsbetrugs oder anderer Formen des Datenmissbrauchs wirksam verringern. Überdies sollten solche Regeln und Verfahren den berechtigten Interessen der Strafverfolgungsbehörden in Fällen Rechnung tragen, in denen die Untersuchung der Umstände einer Verletzung des Schutzes personenbezogener Daten durch eine frühzeitige Offenlegung in unnötiger Weise behindert würde.

Artikel der DSGVO	Erwägungsgrund/Erwägungsgründe sowie korrespondierende Vorschriften des BDSG-neu
4. Wenn der Verantwortliche die betroffene Person nicht bereits über die Verletzung des Schutzes personenbezogener Daten benachrichtigt hat, kann die Aufsichtsbehörde unter Berücksichtigung der Wahrscheinlichkeit, mit der die Verletzung des Schutzes personenbezogener Daten zu einem hohen Risiko führt, von dem Verantwortlichen verlangen, dies nachzuholen, oder sie kann mit einem Beschluss feststellen, dass bestimmte der in Absatz 3 genannten Voraussetzungen erfüllt sind.	**§ 29 BDSG: Rechte der betroffenen Person und aufsichtsbehördliche Befugnisse im Fall von Geheimhaltungspflichten** (1) […] Die Pflicht zur Benachrichtigung gemäß Artikel 34 der Verordnung (EU) 2016/679 besteht ergänzend zu der in Artikel 34 Absatz 3 der Verordnung (EU) 2016/679 genannten Ausnahme nicht, soweit durch die Benachrichtigung Informationen offenbart würden, die nach einer Rechtsvorschrift oder ihrem Wesen nach, insbesondere wegen der überwiegenden berechtigten Interessen eines Dritten, geheim gehalten werden müssen. Abweichend von der Ausnahme nach Satz 3 ist die betroffene Person nach Artikel 34 der Verordnung (EU) 2016/679 zu benachrichtigen, wenn die Interessen der betroffenen Person, insbesondere unter Berücksichtigung drohender Schäden, gegenüber dem Geheimhaltungsinteresse überwiegen. […]
Abschnitt 3 – Datenschutz-Folgenabschätzung und vorherige Konsultation	
Artikel 35: Datenschutz-Folgenabschätzung Siehe Abschn. 3.5	
1. Hat eine Form der Verarbeitung, insbesondere bei Verwendung neuer Technologien, aufgrund der Art, des Umfangs, der Umstände und der Zwecke der Verarbeitung voraussichtlich ein hohes Risiko für die Rechte und Freiheiten natürlicher Personen zur Folge, so führt der Verantwortliche vorab eine Abschätzung der Folgen der vorgesehenen Verarbeitungsvorgänge für den Schutz personenbezogener Daten durch. Für die Untersuchung mehrerer ähnlicher Verarbeitungsvorgänge mit ähnlich hohen Risiken kann eine einzige Abschätzung vorgenommen werden. 2. Der Verantwortliche holt bei der Durchführung einer Datenschutz-Folgenabschätzung den Rat des Datenschutzbeauftragten, sofern ein solcher benannt wurde, ein.	(76) Eintrittswahrscheinlichkeit und Schwere des Risikos für die Rechte und Freiheiten der betroffenen Person sollten in Bezug auf die Art, den Umfang, die Umstände und die Zwecke der Verarbeitung bestimmt werden. Das Risiko sollte anhand einer objektiven Bewertung beurteilt werden, bei der festgestellt wird, ob die Datenverarbeitung ein Risiko oder ein hohes Risiko birgt. (77) Anleitungen, wie der Verantwortliche oder Auftragsverarbeiter geeignete Maßnahmen durchzuführen hat und wie die Einhaltung der Anforderungen nachzuweisen ist, insbesondere was die Ermittlung des mit der Verarbeitung verbundenen Risikos, dessen Abschätzung in Bezug auf Ursache, Art, Eintrittswahrscheinlichkeit und Schwere und die Festlegung bewährter Verfahren für dessen Eindämmung betrifft, könnten insbesondere in Form von genehmigten Verhaltensregeln, genehmigten Zertifizierungsverfahren, Leitlinien des Ausschusses oder Hinweisen eines Datenschutzbeauftragten gegeben werden. Der Ausschuss kann ferner Leitlinien für Verarbeitungsvorgänge ausgeben, bei denen davon auszugehen ist, dass sie kein hohes Risiko für die Rechte und Freiheiten natürlicher Personen mit sich bringen, und angeben, welche Abhilfemaßnahmen in diesen Fällen ausreichend sein können.

Artikel der DSGVO	Erwägungsgrund/Erwägungsgründe sowie korrespondierende Vorschriften des BDSG-neu
3. Eine Datenschutz-Folgenabschätzung gemäß Absatz 1 ist insbesondere in folgenden Fällen erforderlich: (a) systematische und umfassende Bewertung persönlicher Aspekte natürlicher Personen, die sich auf automatisierte Verarbeitung einschließlich Profiling gründet und die ihrerseits als Grundlage für Entscheidungen dient, die Rechtswirkung gegenüber natürlichen Personen entfalten oder diese in ähnlich erheblicher Weise beeinträchtigen; (b) umfangreiche Verarbeitung besonderer Kategorien von personenbezogenen Daten gemäß Artikel 9 Absatz 1 oder von personenbezogenen Daten über strafrechtliche Verurteilungen und Straftaten gemäß Artikel 10 oder (c) systematische umfangreiche Überwachung öffentlich zugänglicher Bereiche. 4. Die Aufsichtsbehörde erstellt eine Liste der Verarbeitungsvorgänge, für die gemäß Absatz 1 eine Datenschutz-Folgenabschätzung durchzuführen ist, und veröffentlicht diese. Die Aufsichtsbehörde übermittelt diese Listen dem in Artikel 68 genannten Ausschuss. 5. Die Aufsichtsbehörde kann des Weiteren eine Liste der Arten von Verarbeitungsvorgängen erstellen und veröffentlichen, für die keine Datenschutz-Folgenabschätzung erforderlich ist. Die Aufsichtsbehörde übermittelt diese Listen dem Ausschuss.	(84) Damit diese Verordnung in Fällen, in denen die Verarbeitungsvorgänge wahrscheinlich ein hohes Risiko für die Rechte und Freiheiten natürlicher Personen mit sich bringen, besser eingehalten wird, sollte der Verantwortliche für die Durchführung einer Datenschutz-Folgenabschätzung, mit der insbesondere die Ursache, Art, Besonderheit und Schwere dieses Risikos evaluiert werden, verantwortlich sein. Die Ergebnisse der Abschätzung sollten berücksichtigt werden, wenn darüber entschieden wird, welche geeigneten Maßnahmen ergriffen werden müssen, um nachzuweisen, dass die Verarbeitung der personenbezogenen Daten mit dieser Verordnung in Einklang steht. Geht aus einer Datenschutz-Folgenabschätzung hervor, dass Verarbeitungsvorgänge ein hohes Risiko bergen, das der Verantwortliche nicht durch geeignete Maßnahmen in Bezug auf verfügbare Technik und Implementierungskosten eindämmen kann, so sollte die Aufsichtsbehörde vor der Verarbeitung konsultiert werden. (90) In derartigen Fällen sollte der Verantwortliche vor der Verarbeitung eine Datenschutz-Folgenabschätzung durchführen, mit der die spezifische Eintrittswahrscheinlichkeit und die Schwere dieses hohen Risikos unter Berücksichtigung der Art, des Umfangs, der Umstände und der Zwecke der Verarbeitung und der Ursachen des Risikos bewertet werden. Diese Folgenabschätzung sollte sich insbesondere mit den Maßnahmen, Garantien und Verfahren befassen, durch die dieses Risiko eingedämmt, der Schutz personenbezogener Daten sichergestellt und die Einhaltung der Bestimmungen dieser Verordnung nachgewiesen werden soll. (91) Dies sollte insbesondere für umfangreiche Verarbeitungsvorgänge gelten, die dazu dienen, große Mengen personenbezogener Daten auf regionaler, nationaler oder supranationaler Ebene zu verarbeiten, eine große Zahl von Personen betreffen könnten und – beispielsweise aufgrund ihrer Sensibilität – wahrscheinlich ein hohes Risiko mit sich bringen und bei denen entsprechend dem jeweils aktuellen Stand der Technik in großem Umfang eine neue Technologie eingesetzt wird, sowie für andere Verarbeitungsvorgänge, die ein hohes Risiko für die Rechte und Freiheiten der betroffenen Personen mit sich bringen, insbesondere dann, wenn diese Verarbeitungsvorgänge den betroffenen Personen die Ausübung ihrer Rechte erschweren. Eine Datenschutz-Folgenabschätzung sollte auch durchgeführt

Artikel der DSGVO	Erwägungsgrund/Erwägungsgründe sowie korrespondierende Vorschriften des BDSG-neu
6. Vor Festlegung der in den Absätzen 4 und 5 genannten Listen wendet die zuständige Aufsichtsbehörde das Kohärenzverfahren gemäß Artikel 63 an, wenn solche Listen Verarbeitungstätigkeiten umfassen, die mit dem Angebot von Waren oder Dienstleistungen für betroffene Personen oder der Beobachtung des Verhaltens dieser Personen in mehreren Mitgliedstaaten im Zusammenhang stehen oder die den freien Verkehr personenbezogener Daten innerhalb der Union erheblich beeinträchtigen könnten. 7. Die Folgenabschätzung enthält zumindest Folgendes: (a) eine systematische Beschreibung der geplanten Verarbeitungsvorgänge und der Zwecke der Verarbeitung, gegebenenfalls einschließlich der von dem Verantwortlichen verfolgten berechtigten Interessen; (b) eine Bewertung der Notwendigkeit und Verhältnismäßigkeit der Verarbeitungsvorgänge in Bezug auf den Zweck; (c) eine Bewertung der Risiken für die Rechte und Freiheiten der betroffenen Personen gemäß Absatz 1 und (d) die zur Bewältigung der Risiken geplanten Abhilfemaßnahmen, einschließlich Garantien, Sicherheitsvorkehrungen und Verfahren, durch die der Schutz personenbezogener Daten sichergestellt und der Nachweis dafür erbracht wird, dass diese Verordnung eingehalten wird, wobei den Rechten und	werden, wenn die personenbezogenen Daten für das Treffen von Entscheidungen in Bezug auf bestimmte natürliche Personen im Anschluss an eine systematische und eingehende Bewertung persönlicher Aspekte natürlicher Personen auf der Grundlage eines Profilings dieser Daten oder im Anschluss an die Verarbeitung besonderer Kategorien von personenbezogenen Daten, biometrischen Daten oder von Daten über strafrechtliche Verurteilungen und Straftaten sowie damit zusammenhängende Sicherungsmaßregeln verarbeitet werden. Gleichermaßen erforderlich ist eine Datenschutz-Folgenabschätzung für die weiträumige Überwachung öffentlich zugänglicher Bereiche, insbesondere mittels optoelektronischer Vorrichtungen, oder für alle anderen Vorgänge, bei denen nach Auffassung der zuständigen Aufsichtsbehörde die Verarbeitung wahrscheinlich ein hohes Risiko für die Rechte und Freiheiten der betroffenen Personen mit sich bringt, insbesondere weil sie die betroffenen Personen an der Ausübung eines Rechts oder der Nutzung einer Dienstleistung bzw. Durchführung eines Vertrags hindern oder weil sie systematisch in großem Umfang erfolgen. Die Verarbeitung personenbezogener Daten sollte nicht als umfangreich gelten, wenn die Verarbeitung personenbezogene Daten von Patienten oder von Mandanten betrifft und durch einen einzelnen Arzt, sonstigen Angehörigen eines Gesundheitsberufes oder Rechtsanwalt erfolgt. In diesen Fällen sollte eine Datenschutz-Folgenabschätzung nicht zwingend vorgeschrieben sein. (92) Unter bestimmten Umständen kann es vernünftig und unter ökonomischen Gesichtspunkten zweckmäßig sein, eine Datenschutz-Folgenabschätzung nicht lediglich auf ein bestimmtes Projekt zu beziehen, sondern sie thematisch breiter anzulegen – beispielsweise wenn Behörden oder öffentliche Stellen eine gemeinsame Anwendung oder Verarbeitungsplattform schaffen möchten oder wenn mehrere Verantwortliche eine gemeinsame Anwendung oder Verarbeitungsumgebung für einen gesamten Wirtschaftssektor, für ein bestimmtes Marktsegment oder für eine weit verbreitete horizontale Tätigkeit einführen möchten. (93) Anlässlich des Erlasses des Gesetzes des Mitgliedstaats, auf dessen Grundlage die Behörde oder öffentliche Stelle ihre Aufgaben wahrnimmt und das den fraglichen Verarbeitungsvorgang oder die fraglichen Arten von Verarbeitungsvorgängen regelt, können die Mitgliedstaaten es für erforderlich erachten, solche Folgeabschätzungen vor den Verarbeitungsvorgängen durchzuführen.

Artikel der DSGVO	Erwägungsgrund/Erwägungsgründe sowie korrespondierende Vorschriften des BDSG-neu
berechtigten Interessen der betroffenen Personen und sonstiger Betroffener Rechnung getragen wird. 8. Die Einhaltung genehmigter Verhaltensregeln gemäß Artikel 40 durch die zuständigen Verantwortlichen oder die zuständigen Auftragsverarbeiter ist bei der Beurteilung der Auswirkungen der von diesen durchgeführten Verarbeitungsvorgänge, insbesondere für die Zwecke einer Datenschutz-Folgenabschätzung, gebührend zu berücksichtigen. 9. Der Verantwortliche holt gegebenenfalls den Standpunkt der betroffenen Personen oder ihrer Vertreter zu der beabsichtigten Verarbeitung unbeschadet des Schutzes gewerblicher oder öffentlicher Interessen oder der Sicherheit der Verarbeitungsvorgänge ein. 10. Falls die Verarbeitung gemäß Artikel 6 Absatz 1 Buchstabe c oder e auf einer Rechtsgrundlage im Unionsrecht oder im Recht des Mitgliedstaats, dem der Verantwortliche unterliegt, beruht und falls diese Rechtsvorschriften den konkreten Verarbeitungsvorgang oder die konkreten Verarbeitungsvorgänge regeln und bereits im Rahmen der allgemeinen Folgenabschätzung im Zusammenhang mit dem Erlass dieser Rechtsgrundlage eine Datenschutz-Folgenabschätzung erfolgte, gelten die Absätze 1 bis 7 nur, wenn es nach dem Ermessen der Mitgliedstaaten erforderlich ist, vor den betreffenden Verarbeitungstätigkeiten eine solche Folgenabschätzung durchzuführen.	

Artikel der DSGVO	Erwägungsgrund/Erwägungsgründe sowie korrespondierende Vorschriften des BDSG-neu
11. Erforderlichenfalls führt der Verantwortliche eine Überprüfung durch, um zu bewerten, ob die Verarbeitung gemäß der Datenschutz-Folgenabschätzung durchgeführt wird; dies gilt zumindest, wenn hinsichtlich des mit den Verarbeitungsvorgängen verbundenen Risikos Änderungen eingetreten sind.	
Artikel 36 – Vorherige Konsultation Siehe Abschn. 3.5.2.4	
1. Der Verantwortliche konsultiert vor der Verarbeitung die Aufsichtsbehörde, wenn aus einer Datenschutz-Folgenabschätzung gemäß Artikel 35 hervorgeht, dass die Verarbeitung ein hohes Risiko zur Folge hätte, sofern der Verantwortliche keine Maßnahmen zur Eindämmung des Risikos trifft. 2. Falls die Aufsichtsbehörde der Auffassung ist, dass die geplante Verarbeitung gemäß Absatz 1 nicht im Einklang mit dieser Verordnung stünde, insbesondere weil der Verantwortliche das Risiko nicht ausreichend ermittelt oder nicht ausreichend eingedämmt hat, unterbreitet sie dem Verantwortlichen und gegebenenfalls dem Auftragsverarbeiter innerhalb eines Zeitraums von bis zu acht Wochen nach Erhalt des Ersuchens um Konsultation entsprechende schriftliche Empfehlungen und kann ihre in Artikel 58 genannten Befugnisse ausüben. Diese Frist kann unter Berücksichtigung der Komplexität der geplanten Verarbeitung um sechs Wochen	(89) Gemäß der Richtlinie 95/46/EG waren Verarbeitungen personenbezogener Daten bei den Aufsichtsbehörden generell meldepflichtig. Diese Meldepflicht ist mit einem bürokratischen und finanziellen Aufwand verbunden und hat dennoch nicht in allen Fällen zu einem besseren Schutz personenbezogener Daten geführt. Diese unterschiedslosen allgemeinen Meldepflichten sollten daher abgeschafft und durch wirksame Verfahren und Mechanismen ersetzt werden, die sich stattdessen vorrangig mit denjenigen Arten von Verarbeitungsvorgängen befassen, die aufgrund ihrer Art, ihres Umfangs, ihrer Umstände und ihrer Zwecke wahrscheinlich ein hohes Risiko für die Rechte und Freiheiten natürlicher Personen mit sich bringen. Zu solchen Arten von Verarbeitungsvorgängen gehören insbesondere solche, bei denen neue Technologien eingesetzt werden oder die neuartig sind und bei denen der Verantwortliche noch keine Datenschutz-Folgenabschätzung durchgeführt hat bzw. bei denen aufgrund der seit der ursprünglichen Verarbeitung vergangenen Zeit eine Datenschutz-Folgenabschätzung notwendig geworden ist. (94) Geht aus einer Datenschutz-Folgenabschätzung hervor, dass die Verarbeitung bei Fehlen von Garantien, Sicherheitsvorkehrungen und Mechanismen zur Minderung des Risikos ein hohes Risiko für die Rechte und Freiheiten natürlicher Personen mit sich bringen würde, und ist der Verantwortliche der Auffassung, dass das Risiko nicht durch in Bezug auf verfügbare Technologien und Implementierungskosten vertretbare Mittel eingedämmt werden kann, so sollte die Aufsichtsbehörde vor Beginn der Verarbeitungstätigkeiten konsultiert werden. Ein solches hohes Risiko ist wahrscheinlich mit bestimmten Arten der Verarbeitung

Artikel der DSGVO	Erwägungsgrund/Erwägungsgründe sowie korrespondierende Vorschriften des BDSG-neu
verlängert werden. Die Aufsichtsbehörde unterrichtet den Verantwortlichen oder gegebenenfalls den Auftragsverarbeiter über eine solche Fristverlängerung innerhalb eines Monats nach Eingang des Antrags auf Konsultation zusammen mit den Gründen für die Verzögerung. Diese Fristen können ausgesetzt werden, bis die Aufsichtsbehörde die für die Zwecke der Konsultation angeforderten Informationen erhalten hat. 3. Der Verantwortliche stellt der Aufsichtsbehörde bei einer Konsultation gemäß Absatz 1 folgende Informationen zur Verfügung: (a) gegebenenfalls Angaben zu den jeweiligen Zuständigkeiten des Verantwortlichen, der gemeinsam Verantwortlichen und der an der Verarbeitung beteiligten Auftragsverarbeiter, insbesondere bei einer Verarbeitung innerhalb einer Gruppe von Unternehmen; (b) die Zwecke und die Mittel der beabsichtigten Verarbeitung; (c) die zum Schutz der Rechte und Freiheiten der betroffenen Personen gemäß dieser Verordnung vorgesehenen Maßnahmen und Garantien; (d) gegebenenfalls die Kontaktdaten des Datenschutzbeauftragten; (e) die Datenschutz-Folgenabschätzung gemäß Artikel 35 und (f) alle sonstigen von der Aufsichtsbehörde angeforderten Informationen.	und dem Umfang und der Häufigkeit der Verarbeitung verbunden, die für natürliche Personen auch eine Schädigung oder eine Beeinträchtigung der persönlichen Rechte und Freiheiten mit sich bringen können. Die Aufsichtsbehörde sollte das Beratungsersuchen innerhalb einer bestimmten Frist beantworten. Allerdings kann sie, auch wenn sie nicht innerhalb dieser Frist reagiert (hat, entsprechend ihren in dieser Verordnung festgelegten Aufgaben und Befugnissen eingreifen, was die Befugnis einschließt, Verarbeitungsvorgänge zu untersagen. Im Rahmen dieses Konsultationsprozesses kann das Ergebnis einer im Hinblick auf die betreffende Verarbeitung personenbezogener Daten durchgeführten Datenschutz-Folgenabschätzung der Aufsichtsbehörde unterbreitet werden; dies gilt insbesondere für die zur Eindämmung des Risikos für die Rechte und Freiheiten natürlicher Personen geplanten Maßnahmen. (95) Der Auftragsverarbeiter sollte erforderlichenfalls den Verantwortlichen auf Anfrage bei der Gewährleistung der Einhaltung der sich aus der Durchführung der Datenschutz-Folgenabschätzung und der vorherigen Konsultation der Aufsichtsbehörde ergebenden Auflagen unterstützen. (96) Eine Konsultation der Aufsichtsbehörde sollte auch während der Ausarbeitung von Gesetzes- oder Regelungsvorschriften, in denen eine Verarbeitung personenbezogener Daten vorgesehen ist, erfolgen, um die Vereinbarkeit der geplanten Verarbeitung mit dieser Verordnung sicherzustellen und insbesondere das mit ihr für die betroffene Person verbundene Risiko einzudämmen.

Artikel der DSGVO	Erwägungsgrund/Erwägungsgründe sowie korrespondierende Vorschriften des BDSG-neu
4. Die Mitgliedstaaten konsultieren die Aufsichtsbehörde bei der Ausarbeitung eines Vorschlags für von einem nationalen Parlament zu erlassende Gesetzgebungsmaßnahmen oder von auf solchen Gesetzgebungsmaßnahmen basierenden Regelungsmaßnahmen, die die Verarbeitung betreffen.	
5. Ungeachtet des Absatzes 1 können Verantwortliche durch das Recht der Mitgliedstaaten verpflichtet werden, bei der Verarbeitung zur Erfüllung einer im öffentlichen Interesse liegenden Aufgabe, einschließlich der Verarbeitung zu Zwecken der sozialen Sicherheit und der öffentlichen Gesundheit, die Aufsichtsbehörde zu konsultieren und deren vorherige Genehmigung einzuholen.	
Abschnitt 4 – Datenschutzbeauftragter	
Artikel 37: Benennung eines Datenschutzbeauftragten Siehe Abschn. 3.6.1 und 3.6.2	
1. Der Verantwortliche und der Auftragsverarbeiter benennen auf jeden Fall einen Datenschutzbeauftragten, wenn (a) die Verarbeitung von einer Behörde oder öffentlichen Stelle durchgeführt wird, mit Ausnahme von Gerichten, die im Rahmen ihrer justiziellen Tätigkeit handeln, (b) die Kerntätigkeit des Verantwortlichen oder des Auftragsverarbeiters in der Durchführung von Verarbeitungsvorgängen besteht, welche aufgrund ihrer Art, ihres Umfangs und/oder ihrer	(97) In Fällen, in denen die Verarbeitung durch eine Behörde – mit Ausnahmen von Gerichten oder unabhängigen Justizbehörden, die im Rahmen ihrer justiziellen Tätigkeit handeln –, im privaten Sektor durch einen Verantwortlichen erfolgt, dessen Kerntätigkeit in Verarbeitungsvorgängen besteht, die eine regelmäßige und systematische Überwachung der betroffenen Personen in großem Umfang erfordern, oder wenn die Kerntätigkeit des Verantwortlichen oder des Auftragsverarbeiters in der umfangreichen Verarbeitung besonderer Kategorien von personenbezogenen Daten oder von Daten über strafrechtliche Verurteilungen und Straftaten besteht, sollte der Verantwortliche oder der Auftragsverarbeiter bei der Überwachung der internen Einhaltung der Bestimmungen dieser Verordnung von einer weiteren Person, die über Fachwissen auf dem Gebiet des Datenschutzrechts und der Datenschutzverfahren verfügt, unterstützt werden Im privaten Sektor bezieht sich

Artikel der DSGVO	Erwägungsgrund/Erwägungsgründe sowie korrespondierende Vorschriften des BDSG-neu
Zwecke eine umfangreiche regelmäßige und systematische Überwachung von betroffenen Personen erforderlich machen, oder

(c) die Kerntätigkeit des Verantwortlichen oder des Auftragsverarbeiters in der umfangreichen Verarbeitung besonderer Kategorien von Daten gemäß Artikel 9 oder von personenbezogenen Daten über strafrechtliche Verurteilungen und Straftaten gemäß Artikel 10 besteht.

2. Eine Unternehmensgruppe darf einen gemeinsamen Datenschutzbeauftragten ernennen, sofern von jeder Niederlassung aus der Datenschutzbeauftragte leicht erreicht werden kann.

3. Falls es sich bei dem Verantwortlichen oder dem Auftragsverarbeiter um eine Behörde oder öffentliche Stelle handelt, kann für mehrere solcher Behörden oder Stellen unter Berücksichtigung ihrer Organisationsstruktur und ihrer Größe ein gemeinsamer Datenschutzbeauftragter benannt werden.

4. In anderen als den in Absatz 1 genannten Fällen können der Verantwortliche oder der Auftragsverarbeiter oder Verbände und andere Vereinigungen, die Kategorien von Verantwortlichen oder Auftragsverarbeitern vertreten, einen Datenschutzbeauftragten benennen; falls dies nach dem Recht der Union oder der Mitgliedstaaten vorgeschrieben ist, müssen sie einen solchen benennen. Der Datenschutzbeauftragte kann für | die Kerntätigkeit eines Verantwortlichen auf seine Haupttätigkeiten und nicht auf die Verarbeitung personenbezogener Daten als Nebentätigkeit. Das erforderliche Niveau des Fachwissens sollte sich insbesondere nach den durchgeführten Datenverarbeitungsvorgängen und dem erforderlichen Schutz für die von dem Verantwortlichen oder dem Auftragsverarbeiter verarbeiteten personenbezogenen Daten richten. Derartige Datenschutzbeauftragte sollten unabhängig davon, ob es sich bei ihnen um Beschäftigte des Verantwortlichen handelt oder nicht, ihre Pflichten und Aufgaben in vollständiger Unabhängigkeit ausüben können.

§ 5 BDSG: Benennung [Datenschutzbeauftragter öffentlicher Stellen]

(1) Öffentliche Stellen benennen eine Datenschutzbeauftragte oder einen Datenschutzbeauftragten. Dies gilt auch für öffentliche Stellen nach § 2 Absatz 5, die am Wettbewerb teilnehmen.

(2) Für mehrere öffentliche Stellen kann unter Berücksichtigung ihrer Organisationsstruktur und ihrer Größe eine gemeinsame Datenschutzbeauftragte oder ein gemeinsamer Datenschutzbeauftragter benannt werden.

(3) Die oder der Datenschutzbeauftragte wird auf der Grundlage ihrer oder seiner beruflichen Qualifikation und insbesondere ihres oder seines Fachwissens benannt, das sie oder er auf dem Gebiet des Datenschutzrechts und der Datenschutzpraxis besitzt, sowie auf der Grundlage ihrer oder seiner Fähigkeit zur Erfüllung der in § 7 genannten Aufgaben.

(4) Die oder der Datenschutzbeauftragte kann Beschäftigte oder Beschäftigter der öffentlichen Stelle sein oder ihre oder seine Aufgaben auf der Grundlage eines Dienstleistungsvertrags erfüllen.

(5) Die öffentliche Stelle veröffentlicht die Kontaktdaten der oder des Datenschutzbeauftragten und teilt diese Daten der oder dem Bundesbeauftragten für den Datenschutz und die Informationsfreiheit mit.

§ 38 BDSG: Datenschutzbeauftragte nichtöffentlicher Stellen

(1) Ergänzend zu Artikel 37 Absatz 1 Buchstabe b und c der Verordnung (EU) 2016/679 benennen der Verantwortliche und der Auftragsverarbeiter eine Datenschutzbeauftragte oder einen Datenschutzbeauftragten, soweit sie in der Regel mindestens zehn Personen ständig mit der automatisierten Verarbeitung personenbezogener Daten beschäftigen. |

Artikel der DSGVO	Erwägungsgrund/Erwägungsgründe sowie korrespondierende Vorschriften des BDSG-neu
derartige Verbände und andere Vereinigungen, die Verantwortliche oder Auftragsverarbeiter vertreten, handeln. 5. Der Datenschutzbeauftragte wird auf der Grundlage seiner beruflichen Qualifikation und insbesondere des Fachwissens benannt, das er auf dem Gebiet des Datenschutzrechts und der Datenschutzpraxis besitzt, sowie auf der Grundlage seiner Fähigkeit zur Erfüllung der in Artikel 39 genannten Aufgaben. 6. Der Datenschutzbeauftragte kann Beschäftigter des Verantwortlichen oder des Auftragsverarbeiters sein oder seine Aufgaben auf der Grundlage eines Dienstleistungsvertrags erfüllen. 7. Der Verantwortliche oder der Auftragsverarbeiter veröffentlicht die Kontaktdaten des Datenschutzbeauftragten und teilt diese Daten der Aufsichtsbehörde mit.	Nehmen der Verantwortliche oder der Auftragsverarbeiter Verarbeitungen vor, die einer Datenschutz-Folgenabschätzung nach Artikel 35 der Verordnung (EU) 2016/679 unterliegen, oder verarbeiten sie personenbezogene Daten geschäftsmäßig zum Zweck der Übermittlung, der anonymisierten Übermittlung oder für Zwecke der Markt- oder Meinungsforschung, haben sie unabhängig von der Anzahl der mit der Verarbeitung beschäftigten Personen eine Datenschutzbeauftragte oder einen Datenschutzbeauftragten zu benennen. (2) § 6 Absatz 4, 5 Satz 2 und Absatz 6 finden Anwendung, § 6 Absatz 4 jedoch nur, wenn die Benennung einer oder eines Datenschutzbeauftragten verpflichtend ist.
Artikel 38: Stellung des Datenschutzbeauftragten Siehe Abschn. 3.6.3	
1. Der Verantwortliche und der Auftragsverarbeiter stellen sicher, dass der Datenschutzbeauftragte ordnungsgemäß und frühzeitig in alle mit dem Schutz personenbezogener Daten zusammenhängenden Fragen eingebunden wird. 2. Der Verantwortliche und der Auftragsverarbeiter unterstützen den Datenschutzbeauftragten bei der Erfüllung seiner Aufgaben gemäß Artikel 39, indem sie die für die Erfüllung dieser Aufgaben erforderlichen Ressourcen und den Zugang zu	(97) In Fällen, in denen die Verarbeitung durch eine Behörde – mit Ausnahmen von Gerichten oder unabhängigen Justizbehörden, die im Rahmen ihrer justiziellen Tätigkeit handeln –, im privaten Sektor durch einen Verantwortlichen erfolgt, dessen Kerntätigkeit in Verarbeitungsvorgängen besteht, die eine regelmäßige und systematische Überwachung der betroffenen Personen in großem Umfang erfordern, oder wenn die Kerntätigkeit des Verantwortlichen oder des Auftragsverarbeiters in der umfangreichen Verarbeitung besonderer Kategorien von personenbezogenen Daten oder von Daten über strafrechtliche Verurteilungen und Straftaten besteht, sollte der Verantwortliche oder der Auftragsverarbeiter bei der Überwachung der internen Einhaltung der Bestimmungen dieser Verordnung von einer weiteren Person, die über Fachwissen auf dem Gebiet des Datenschutzrechts und der Datenschutzverfahren verfügt, unterstützt werden

Artikel der DSGVO	Erwägungsgrund/Erwägungsgründe sowie korrespondierende Vorschriften des BDSG-neu
personenbezogenen Daten und Verarbeitungsvorgängen sowie die zur Erhaltung seines Fachwissens erforderlichen Ressourcen zur Verfügung stellen. 3. Der Verantwortliche und der Auftragsverarbeiter stellen sicher, dass der Datenschutzbeauftragte bei der Erfüllung seiner Aufgaben keine Anweisungen bezüglich der Ausübung dieser Aufgaben erhält. Der Datenschutzbeauftragte darf von dem Verantwortlichen oder dem Auftragsverarbeiter wegen der Erfüllung seiner Aufgaben nicht abberufen oder benachteiligt werden. Der Datenschutzbeauftragte berichtet unmittelbar der höchsten Managementebene des Verantwortlichen oder des Auftragsverarbeiters. 4. Betroffene Personen können den Datenschutzbeauftragten zu allen mit der Verarbeitung ihrer personenbezogenen Daten und mit der Wahrnehmung ihrer Rechte gemäß dieser Verordnung im Zusammenhang stehenden Fragen zu Rate ziehen. 5. Der Datenschutzbeauftragte ist nach dem Recht der Union oder der Mitgliedstaaten bei der Erfüllung seiner Aufgaben an die Wahrung der Geheimhaltung oder der Vertraulichkeit gebunden. 6. Der Datenschutzbeauftragte kann andere Aufgaben und Pflichten wahrnehmen. Der Verantwortliche oder der Auftragsverarbeiter stellt sicher, dass derartige Aufgaben und Pflichten nicht zu einem Interessenkonflikt führen.	Im privaten Sektor bezieht sich die Kerntätigkeit eines Verantwortlichen auf seine Haupttätigkeiten und nicht auf die Verarbeitung personenbezogener Daten als Nebentätigkeit. Das erforderliche Niveau des Fachwissens sollte sich insbesondere nach den durchgeführten Datenverarbeitungsvorgängen und dem erforderlichen Schutz für die von dem Verantwortlichen oder dem Auftragsverarbeiter verarbeiteten personenbezogenen Daten richten. Derartige Datenschutzbeauftragte sollten unabhängig davon, ob es sich bei ihnen um Beschäftigte des Verantwortlichen handelt oder nicht, ihre Pflichten und Aufgaben in vollständiger Unabhängigkeit ausüben können. **§ 6 BDSG: Stellung [der Datenschutzbeauftragten öffentlicher Stellen]** (1) Die öffentliche Stelle stellt sicher, dass die oder der Datenschutzbeauftragte ordnungsgemäß und frühzeitig in alle mit dem Schutz personenbezogener Daten zusammenhängenden Fragen eingebunden wird. (2) Die öffentliche Stelle unterstützt die Datenschutzbeauftragte oder den Datenschutzbeauftragten bei der Erfüllung ihrer oder seiner Aufgaben gemäß § 7, indem sie die für die Erfüllung dieser Aufgaben erforderlichen Ressourcen und den Zugang zu personenbezogenen Daten und Verarbeitungsvorgängen sowie die zur Erhaltung ihres oder seines Fachwissens erforderlichen Ressourcen zur Verfügung stellt. (3) Die öffentliche Stelle stellt sicher, dass die oder der Datenschutzbeauftragte bei der Erfüllung ihrer oder seiner Aufgaben keine Anweisungen bezüglich der Ausübung dieser Aufgaben erhält. Die oder der Datenschutzbeauftragte berichtet unmittelbar der höchsten Leitungsebene der öffentlichen Stelle. Die oder der Datenschutzbeauftragte darf von der öffentlichen Stelle wegen der Erfüllung ihrer oder seiner Aufgaben nicht abberufen oder benachteiligt werden. (4) Die Abberufung der oder des Datenschutzbeauftragten ist nur in entsprechender Anwendung des § 626 des Bürgerlichen Gesetzbuchs zulässig. Die Kündigung des Arbeitsverhältnisses ist unzulässig, es sei denn, dass Tatsachen vorliegen, welche die öffentliche Stelle zur Kündigung aus wichtigem Grund ohne Einhaltung einer Kündigungsfrist berechtigen. Nach dem Ende der Tätigkeit als Datenschutzbeauftragte oder als Datenschutzbeauftragter ist die Kündigung des Arbeitsverhältnisses innerhalb eines Jahres unzulässig, es sei denn, dass die öffentliche Stelle zur Kündigung aus wichtigem Grund ohne Einhaltung einer Kündigungsfrist berechtigt ist. (5) Betroffene Personen können die Datenschutzbeauftragte oder den Datenschutzbeauftragten zu allen mit der Verarbeitung ihrer personenbezogenen Daten und mit der Wahrnehmung ihrer Rechte gemäß der

Artikel der DSGVO	Erwägungsgrund/Erwägungsgründe sowie korrespondierende Vorschriften des BDSG-neu
	Verordnung (EU) 2016/679, diesem Gesetz sowie anderen Rechtsvorschriften über den Datenschutz im Zusammenhang stehenden Fragen zu Rate ziehen. Die oder der Datenschutzbeauftragte ist zur Verschwiegenheit über die Identität der betroffenen Person sowie über Umstände, die Rückschlüsse auf die betroffene Person zulassen, verpflichtet, soweit sie oder er nicht davon durch die betroffene Person befreit wird.
	(6) Wenn die oder der Datenschutzbeauftragte bei ihrer oder seiner Tätigkeit Kenntnis von Daten erhält, für die der Leitung oder einer bei der öffentlichen Stelle beschäftigten Person aus beruflichen Gründen ein Zeugnisverweigerungsrecht zusteht, steht dieses Recht auch der oder dem Datenschutzbeauftragten und den ihr oder ihm unterstellten Beschäftigten zu. Über die Ausübung dieses Rechts entscheidet die Person, der das Zeugnisverweigerungsrecht aus beruflichen Gründen zusteht, es sei denn, dass diese Entscheidung in absehbarer Zeit nicht herbeigeführt werden kann. Soweit das Zeugnisverweigerungsrecht der oder des Datenschutzbeauftragten reicht, unterliegen ihre oder seine Akten und andere Dokumente einem Beschlagnahmeverbot.
Artikel 39: Aufgaben des Datenschutzbeauftragten Siehe Abschn. 3.6.4	
1. Dem Datenschutzbeauftragten obliegen zumindest folgende Aufgaben: (a) Unterrichtung und Beratung des Verantwortlichen oder des Auftragsverarbeiters und der Beschäftigten, die Verarbeitungen durchführen, hinsichtlich ihrer Pflichten nach dieser Verordnung sowie nach sonstigen Datenschutzvorschriften der Union bzw. der Mitgliedstaaten; (b) Überwachung der Einhaltung dieser Verordnung, anderer Datenschutzvorschriften der Union bzw. der Mitgliedstaaten sowie der Strategien des Verantwortlichen oder des Auftragsverarbeiters für den Schutz personenbezogener Daten einschließlich der Zuweisung von Zuständigkeiten, der Sensibilisierung und Schulung der an den Verarbeitungsvorgängen	**§ 7 BDSG: Aufgaben [der Datenschutzbeauftragten öffentlicher Stellen]** (1) Der oder dem Datenschutzbeauftragten obliegen neben den in der Verordnung (EU) 2016/679 genannten Aufgaben zumindest folgende Aufgaben: 1. Unterrichtung und Beratung der öffentlichen Stelle und der Beschäftigten, die Verarbeitungen durchführen, hinsichtlich ihrer Pflichten nach diesem Gesetz und sonstigen Vorschriften über den Datenschutz, einschließlich der zur Umsetzung der Richtlinie (EU) 2016/680 erlassenen Rechtsvorschriften; 2. Überwachung der Einhaltung dieses Gesetzes und sonstiger Vorschriften über den Datenschutz, einschließlich der zur Umsetzung der Richtlinie (EU) 2016/680 erlassenen Rechtsvorschriften, sowie der Strategien der öffentlichen Stelle für den Schutz personenbezogener Daten, einschließlich der Zuweisung von Zuständigkeiten, der Sensibilisierung und der Schulung der an den Verarbeitungsvorgängen beteiligten Beschäftigten und der diesbezüglichen Überprüfungen; 3. Beratung im Zusammenhang mit der Datenschutz-Folgenabschätzung und Überwachung ihrer Durchführung gemäß § 67 dieses Gesetzes;

Artikel der DSGVO	Erwägungsgrund/Erwägungsgründe sowie korrespondierende Vorschriften des BDSG-neu
beteiligten Mitarbeiter und der diesbezüglichen Überprüfungen; (c) Beratung – auf Anfrage – im Zusammenhang mit der Datenschutz-Folgenabschätzung und Überwachung ihrer Durchführung gemäß Artikel 35; (d) Zusammenarbeit mit der Aufsichtsbehörde; (e) Tätigkeit als Anlaufstelle für die Aufsichtsbehörde in mit der Verarbeitung zusammenhängenden Fragen, einschließlich der vorherigen Konsultation gemäß Artikel 36, und gegebenenfalls Beratung zu allen sonstigen Fragen. 2. Der Datenschutzbeauftragte trägt bei der Erfüllung seiner Aufgaben dem mit den Verarbeitungsvorgängen verbundenen Risiko gebührend Rechnung, wobei er die Art, den Umfang, die Umstände und die Zwecke der Verarbeitung berücksichtigt.	4. Zusammenarbeit mit der Aufsichtsbehörde; 5. Tätigkeit als Anlaufstelle für die Aufsichtsbehörde in mit der Verarbeitung zusammenhängenden Fragen, einschließlich der vorherigen Konsultation gemäß § 69 dieses Gesetzes, und gegebenenfalls Beratung zu allen sonstigen Fragen. Im Fall einer oder eines bei einem Gericht bestellten Datenschutzbeauftragten beziehen sich diese Aufgaben nicht auf das Handeln des Gerichts im Rahmen seiner justiziellen Tätigkeit. (2) Die oder der Datenschutzbeauftragte kann andere Aufgaben und Pflichten wahrnehmen. Die öffentliche Stelle stellt sicher, dass derartige Aufgaben und Pflichten nicht zu einem Interessenkonflikt führen. (3) Die oder der Datenschutzbeauftragte trägt bei der Erfüllung ihrer oder seiner Aufgaben dem mit den Verarbeitungsvorgängen verbundenen Risiko gebührend Rechnung, wobei sie oder er die Art, den Umfang, die Umstände und die Zwecke der Verarbeitung berücksichtigt.
Abschnitt 5 – Verhaltensregeln und Zertifizierung	
Artikel 40: Verhaltensregeln Abschn. 3.9.2	
1. Die Mitgliedstaaten, die Aufsichtsbehörden, der Ausschuss und die Kommission fördern die Ausarbeitung von Verhaltensregeln, die nach Maßgabe der Besonderheiten der einzelnen Verarbeitungsbereiche und der besonderen Bedürfnisse von Kleinstunternehmen sowie kleinen und mittleren Unternehmen zur ordnungsgemäßen Anwendung dieser Verordnung beitragen sollen.	(98) Verbände oder andere Vereinigungen, die bestimmte Kategorien von Verantwortlichen oder Auftragsverarbeitern vertreten, sollten ermutigt werden, in den Grenzen dieser Verordnung Verhaltensregeln auszuarbeiten, um eine wirksame Anwendung dieser Verordnung zu erleichtern, wobei den Besonderheiten der in bestimmten Sektoren erfolgenden Verarbeitungen und den besonderen Bedürfnissen der Kleinstunternehmen sowie der kleinen und mittleren Unternehmen Rechnung zu tragen ist. Insbesondere könnten in diesen Verhaltensregeln – unter Berücksichtigung des mit der Verarbeitung wahrscheinlich einhergehenden Risikos für die Rechte und Freiheiten natürlicher Personen – die Pflichten der Verantwortlichen und der Auftragsverarbeiter bestimmt werden.

Artikel der DSGVO	Erwägungsgrund/Erwägungsgründe sowie korrespondierende Vorschriften des BDSG-neu
2. Verbände und andere Vereinigungen, die Kategorien von Verantwortlichen oder Auftragsverarbeitern vertreten, können Verhaltensregeln ausarbeiten oder ändern oder erweitern, mit denen die Anwendung dieser Verordnung beispielsweise zu dem Folgenden präzisiert wird:	
(a) faire und transparente Verarbeitung;	
(b) die berechtigten Interessen des Verantwortlichen in bestimmten Zusammenhängen;	
(c) Erhebung personenbezogener Daten;	
(d) Pseudonymisierung personenbezogener Daten;	
(e) Unterrichtung der Öffentlichkeit und der betroffenen Personen;	
(f) Ausübung der Rechte betroffener Personen;	
(g) Unterrichtung und Schutz von Kindern und Art und Weise, in der die Einwilligung des Trägers der elterlichen Verantwortung für das Kind einzuholen ist;	
(h) die Maßnahmen und Verfahren gemäß den Artikeln 24 und 25 und die Maßnahmen für die Sicherheit der Verarbeitung gemäß Artikel 32;	
(i) die Meldung von Verletzungen des Schutzes personenbezogener Daten an Aufsichtsbehörden und die Benachrichtigung der betroffenen Person von solchen Verletzungen des Schutzes personenbezogener Daten;	
(j) die Übermittlung personenbezogener Daten an Drittländer oder an internationale Organisationen oder	

Artikel der DSGVO	Erwägungsgrund/Erwägungsgründe sowie korrespondierende Vorschriften des BDSG-neu
(k) außergerichtliche Verfahren und sonstige Streitbeilegungsverfahren zur Beilegung von Streitigkeiten zwischen Verantwortlichen und betroffenen Personen im Zusammenhang mit der Verarbeitung, unbeschadet der Rechte betroffener Personen gemäß den Artikeln 77 und 79.	
3. Zusätzlich zur Einhaltung durch die unter diese Verordnung fallenden Verantwortlichen oder Auftragsverarbeiter können Verhaltensregeln, die gemäß Absatz 5 des vorliegenden Artikels genehmigt wurden und gemäß Absatz 9 des vorliegenden Artikels allgemeine Gültigkeit besitzen, können auch von Verantwortlichen oder Auftragsverarbeitern, die gemäß Artikel 3 nicht unter diese Verordnung fallen, eingehalten werden, um geeignete Garantien im Rahmen der Übermittlung personenbezogener Daten an Drittländer oder internationale Organisationen nach Maßgabe des Artikels 46 Absatz 2 Buchstabe e zu bieten. Diese Verantwortlichen oder Auftragsverarbeiter gehen mittels vertraglicher oder sonstiger rechtlich bindender Instrumente die verbindliche und durchsetzbare Verpflichtung ein, die geeigneten Garantien anzuwenden, auch im Hinblick auf die Rechte der betroffenen Personen.	
4. Die Verhaltensregeln gemäß Absatz 2 des vorliegenden Artikels müssen Verfahren vorsehen, die es der in Artikel 41 Absatz 1 genannten Stelle ermöglichen, die obligatorische Überwachung der Einhaltung ihrer	

Artikel der DSGVO	Erwägungsgrund/Erwägungsgründe sowie korrespondierende Vorschriften des BDSG-neu
Bestimmungen durch die Verantwortlichen oder die Auftragsverarbeiter, die sich zur Anwendung der Verhaltensregeln verpflichten, vorzunehmen, unbeschadet der Aufgaben und Befugnisse der Aufsichtsbehörde, die nach Artikel 55 oder 56 zuständig ist. 5. Verbände und andere Vereinigungen gemäß Absatz 2 des vorliegenden Artikels, die beabsichtigen, Verhaltensregeln auszuarbeiten oder bestehende Verhaltensregeln zu ändern oder zu erweitern, legen den Entwurf der Verhaltensregeln bzw. den Entwurf zu deren Änderung oder Erweiterung der Aufsichtsbehörde vor, die nach Artikel 55 zuständig ist. Die Aufsichtsbehörde gibt eine Stellungnahme darüber ab, ob der Entwurf der Verhaltensregeln bzw. der Entwurf zu deren Änderung oder Erweiterung mit dieser Verordnung vereinbar ist und genehmigt diesen Entwurf der Verhaltensregeln bzw. den Entwurf zu deren Änderung oder Erweiterung, wenn sie der Auffassung ist, dass er ausreichende geeignete Garantien bietet. 6. Wird durch die Stellungnahme nach Absatz 5 der Entwurf der Verhaltensregeln bzw. der Entwurf zu deren Änderung oder Erweiterung genehmigt und beziehen sich die betreffenden Verhaltensregeln nicht auf Verarbeitungstätigkeiten in mehreren Mitgliedstaaten, so nimmt die Aufsichtsbehörde die Verhaltensregeln in ein Verzeichnis auf und veröffentlicht sie.	

Artikel der DSGVO	Erwägungsgrund/Erwägungsgründe sowie korrespondierende Vorschriften des BDSG-neu
7. Bezieht sich der Entwurf der Verhaltensregeln auf Verarbeitungstätigkeiten in mehreren Mitgliedstaaten, so legt die nach Artikel 55 zuständige Aufsichtsbehörde bevor sie den Entwurf der Verhaltensregeln bzw. den Entwurf zu deren Änderung oder Erweiterung genehmigt – ihn nach dem Verfahren gemäß Artikel 63 dem Ausschuss vor, der zu der Frage Stellung nimmt, ob der Entwurf der Verhaltensregeln bzw. der Entwurf zu deren Änderung oder Erweiterung mit dieser Verordnung vereinbar ist oder – im Fall nach Absatz 3 dieses Artikels – geeignete Garantien vorsieht.	
8. Wird durch die Stellungnahme nach Absatz 7 bestätigt, dass der Entwurf der Verhaltensregeln bzw. der Entwurf zu deren Änderung oder Erweiterung mit dieser Verordnung vereinbar ist oder – im Fall nach Absatz 3 – geeignete Garantien vorsieht, so übermittelt der Ausschuss seine Stellungnahme der Kommission.	
9. Die Kommission kann im Wege von Durchführungsrechtsakten beschließen, dass die ihr gemäß Absatz 8 übermittelten genehmigten Verhaltensregeln bzw. deren genehmigte Änderung oder Erweiterung allgemeine Gültigkeit in der Union besitzen. Diese Durchführungsrechtsakte werden gemäß dem Prüfverfahren nach Artikel 93 Absatz 2 erlassen.	
10. Die Kommission trägt dafür Sorge, dass die genehmigten Verhaltensregeln, denen gemäß Absatz 9 allgemeine Gültigkeit zuerkannt wurde, in geeigneter Weise veröffentlicht werden.	

Artikel der DSGVO	Erwägungsgrund/Erwägungsgründe sowie korrespondierende Vorschriften des BDSG-neu
11. Der Ausschuss nimmt alle genehmigten Verhaltensregeln bzw. deren genehmigte Änderungen oder Erweiterungen in ein Register auf und veröffentlicht sie in geeigneter Weise.	
Artikel 41: Überwachung der genehmigten Verhaltensregeln Siehe Abschn. 3.9.2.3	
1. Unbeschadet der Aufgaben und Befugnisse der zuständigen Aufsichtsbehörde gemäß den Artikeln 57 und 58 kann die Überwachung der Einhaltung von Verhaltensregeln gemäß Artikel 40 von einer Stelle durchgeführt werden, die über das geeignete Fachwissen hinsichtlich des Gegenstands der Verhaltensregeln verfügt und die von der zuständigen Aufsichtsbehörde zu diesem Zweck akkreditiert wurde.	
2. Eine Stelle gemäß Absatz 1 kann zum Zwecke der Überwachung der Einhaltung von Verhaltensregeln akkreditiert werden, wenn sie	
(a) ihre Unabhängigkeit und ihr Fachwissen hinsichtlich des Gegenstands der Verhaltensregeln zur Zufriedenheit der zuständigen Aufsichtsbehörde nachgewiesen hat;	
(b) Verfahren festgelegt hat, die es ihr ermöglichen, zu bewerten, ob Verantwortliche und Auftragsverarbeiter die Verhaltensregeln anwenden können, die Einhaltung der Verhaltensregeln durch die Verantwortlichen und Auftragsverarbeiter zu überwachen und die Anwendung der Verhaltensregeln regelmäßig zu überprüfen;	

Artikel der DSGVO	Erwägungsgrund/Erwägungsgründe sowie korrespondierende Vorschriften des BDSG-neu
(c) Verfahren und Strukturen festgelegt hat, mit denen sie Beschwerden über Verletzungen der Verhaltensregeln oder über die Art und Weise, in der die Verhaltensregeln von dem Verantwortlichen oder dem Auftragsverarbeiter angewendet werden oder wurden, nachgeht und diese Verfahren und Strukturen für betroffene Personen und die Öffentlichkeit transparent macht, und	
(d) zur Zufriedenheit der zuständigen Aufsichtsbehörde nachgewiesen hat, dass ihre Aufgaben und Pflichten nicht zu einem Interessenkonflikt führen.	
3. Die zuständige Aufsichtsbehörde übermittelt den Entwurf der Kriterien für die Akkreditierung einer Stelle nach Absatz 1 gemäß dem Kohärenzverfahren nach Artikel 63 an den Ausschuss.	
4. Unbeschadet der Aufgaben und Befugnisse der zuständigen Aufsichtsbehörde und der Bestimmungen des Kapitels VIII ergreift eine Stelle gemäß Absatz 1 vorbehaltlich geeigneter Garantien im Falle einer Verletzung der Verhaltensregeln durch einen Verantwortlichen oder einen Auftragsverarbeiter geeignete Maßnahmen, einschließlich eines vorläufigen oder endgültigen Ausschlusses des Verantwortlichen oder Auftragsverarbeiters von den Verhaltensregeln. Sie unterrichtet die zuständige Aufsichtsbehörde über solche Maßnahmen und deren Begründung.	
5. Die zuständige Aufsichtsbehörde widerruft die Akkreditierung einer Stelle gemäß Absatz 1, wenn die Voraussetzungen für ihre Akkreditierung nicht	

Artikel der DSGVO	Erwägungsgrund/Erwägungsgründe sowie korrespondierende Vorschriften des BDSG-neu
oder nicht mehr erfüllt sind oder wenn die Stelle Maßnahmen ergreift, die nicht mit dieser Verordnung vereinbar sind.	
6. Dieser Artikel gilt nicht für die Verarbeitung durch Behörden oder öffentliche Stellen.	
Artikel 42: Zertifizierung Siehe Abschn. 3.9.3	
1. Die Mitgliedstaaten, die Aufsichtsbehörden, der Ausschuss und die Kommission fördern insbesondere auf Unionsebene die Einführung von datenschutzspezifischen Zertifizierungsverfahren sowie von Datenschutzsiegeln und -prüfzeichen, die dazu dienen, nachzuweisen, dass diese Verordnung bei Verarbeitungsvorgängen von Verantwortlichen oder Auftragsverarbeitern eingehalten wird. Den besonderen Bedürfnissen von Kleinstunternehmen sowie kleinen und mittleren Unternehmen wird Rechnung getragen.	(100) Um die Transparenz zu erhöhen und die Einhaltung dieser Verordnung zu verbessern, sollte angeregt werden, dass Zertifizierungsverfahren sowie Datenschutzsiegel und -prüfzeichen eingeführt werden, die den betroffenen Personen einen raschen Überblick über das Datenschutzniveau einschlägiger Produkte und Dienstleistungen ermöglichen.
2. Zusätzlich zur Einhaltung durch die unter diese Verordnung fallenden Verantwortlichen oder Auftragsverarbeiter können auch datenschutzspezifische Zertifizierungsverfahren, Siegel oder Prüfzeichen, die gemäß Absatz 5 des vorliegenden Artikels genehmigt worden sind, vorgesehen werden, um nachzuweisen, dass die Verantwortlichen oder Auftragsverarbeiter, die gemäß Artikel 3 nicht unter diese Verordnung fallen, im Rahmen der Übermittlung personenbezogener Daten an Drittländer oder internationale Organisationen nach Maßgabe von Artikel 46 Absatz 2 Buchstabe f geeignete Garantien bieten. Diese Verantwortlichen oder Auftragsverarbeiter gehen mittels vertraglicher oder sonstiger rechtlich bindender Instrumente	

Artikel der DSGVO	Erwägungsgrund/Erwägungsgründe sowie korrespondierende Vorschriften des BDSG-neu
die verbindliche und durchsetzbare Verpflichtung ein, diese geeigneten Garantien anzuwenden, auch im Hinblick auf die Rechte der betroffenen Personen. 3. Die Zertifizierung muss freiwillig und über ein transparentes Verfahren zugänglich sein. 4. Eine Zertifizierung gemäß diesem Artikel mindert nicht die Verantwortung des Verantwortlichen oder des Auftragsverarbeiters für die Einhaltung dieser Verordnung und berührt nicht die Aufgaben und Befugnisse der Aufsichtsbehörden, die gemäß Artikel 55 oder 56 zuständig sind. 5. Eine Zertifizierung nach diesem Artikel wird durch die Zertifizierungsstellen nach Artikel 43 oder durch die zuständige Aufsichtsbehörde anhand der von dieser zuständigen Aufsichtsbehörde gemäß Artikel 58 Absatz 3 oder – gemäß Artikel 63 – durch den Ausschuss genehmigten Kriterien erteilt. Werden die Kriterien vom Ausschuss genehmigt, kann dies zu einer gemeinsamen Zertifizierung, dem Europäischen Datenschutzsiegel, führen. 6. Der Verantwortliche oder der Auftragsverarbeiter, der die von ihm durchgeführte Verarbeitung dem Zertifizierungsverfahren unterwirft, stellt der Zertifizierungsstelle nach Artikel 43 oder gegebenenfalls der zuständigen Aufsichtsbehörde alle für die Durchführung des Zertifizierungsverfahrens erforderlichen Informationen zur Verfügung und gewährt ihr den in diesem Zusammenhang erforderlichen Zugang zu seinen Verarbeitungstätigkeiten.	

Artikel der DSGVO	Erwägungsgrund/Erwägungsgründe sowie korrespondierende Vorschriften des BDSG-neu
7. Die Zertifizierung wird einem Verantwortlichen oder einem Auftragsverarbeiter für eine Höchstdauer von drei Jahren erteilt und kann unter denselben Bedingungen verlängert werden, sofern die einschlägigen Voraussetzungen weiterhin erfüllt werden. Die Zertifizierung wird gegebenenfalls durch die Zertifizierungsstellen nach Artikel 43 oder durch die zuständige Aufsichtsbehörde widerrufen, wenn die Voraussetzungen für die Zertifizierung nicht oder nicht mehr erfüllt werden.	
8. Der Ausschuss nimmt alle Zertifizierungsverfahren und Datenschutzsiegel und -prüfzeichen in ein Register auf und veröffentlicht sie in geeigneter Weise.	
Artikel 43: Zertifizierungsstellen Siehe Abschn. 3.9.3.3	
1. Unbeschadet der Aufgaben und Befugnisse der zuständigen Aufsichtsbehörde gemäß den Artikeln 57 und 58 erteilen oder verlängern Zertifizierungsstellen, die über das geeignete Fachwissen hinsichtlich des Datenschutzes verfügen, nach Unterrichtung der Aufsichtsbehörde – damit diese erforderlichenfalls von ihren Befugnissen gemäß Artikel 58 Absatz 2 Buchstabe h Gebrauch machen kann – die Zertifizierung. Die Mitgliedstaaten stellen sicher, dass diese Zertifizierungsstellen von einer oder beiden der folgenden Stellen akkreditiert werden: (a) der gemäß Artikel 55 oder 56 zuständigen Aufsichtsbehörde; (b) der nationalen Akkreditierungsstelle, die gemäß der Verordnung (EG) Nr. 765/2008 des	**§ 39 BDSG: Akkreditierung** Die Erteilung der Befugnis, als Zertifizierungsstelle gemäß Artikel 43 Absatz 1 Satz 1 der Verordnung (EU) 2016/679 tätig zu werden, erfolgt durch die für die datenschutzrechtliche Aufsicht über die Zertifizierungsstelle zuständige Aufsichtsbehörde des Bundes oder der Länder auf der Grundlage einer Akkreditierung durch die Deutsche Akkreditierungsstelle. § 2 Absatz 3 Satz 2, § 4 Absatz 3 und § 10 Absatz 1 Satz 1 Nummer 3 des Akkreditierungsstellengesetzes finden mit der Maßgabe Anwendung, dass der Datenschutz als ein dem Anwendungsbereich des § 1 Absatz 2 Satz 2 unterfallender Bereich gilt.

Artikel der DSGVO	Erwägungsgrund/Erwägungsgründe sowie korrespondierende Vorschriften des BDSG-neu
Europäischen Parlaments und des Rates (20) im Einklang mit EN-ISO/IEC 17065/2012 und mit den zusätzlichen von der gemäß Artikel 55 oder 56 zuständigen Aufsichtsbehörde festgelegten Anforderungen benannt wurde.	
2. Zertifizierungsstellen nach Absatz 1 dürfen nur dann gemäß dem genannten Absatz akkreditiert werden, wenn sie	
(a) ihre Unabhängigkeit und ihr Fachwissen hinsichtlich des Gegenstands der Zertifizierung zur Zufriedenheit der zuständigen Aufsichtsbehörde nachgewiesen haben;	
(b) sich verpflichtet haben, die Kriterien nach Artikel 42 Absatz 5, die von der gemäß Artikel 55 oder 56 zuständigen Aufsichtsbehörde oder – gemäß Artikel 63 – von dem Ausschuss genehmigt wurden, einzuhalten;	
(c) Verfahren für die Erteilung, die regelmäßige Überprüfung und den Widerruf der Datenschutzzertifizierung sowie der Datenschutzsiegel und -prüfzeichen festgelegt haben;	
(d) Verfahren und Strukturen festgelegt haben, mit denen sie Beschwerden über Verletzungen der Zertifizierung oder die Art und Weise, in der die Zertifizierung von dem Verantwortlichen oder dem Auftragsverarbeiter umgesetzt wird oder wurde, nachgehen und diese Verfahren und Strukturen für betroffene Personen und die Öffentlichkeit transparent machen, und	
(e) zur Zufriedenheit der zuständigen Aufsichtsbehörde nachgewiesen haben, dass ihre Aufgaben und Pflichten nicht zu einem Interessenkonflikt führen.	

Artikel der DSGVO	Erwägungsgrund/Erwägungsgründe sowie korrespondierende Vorschriften des BDSG-neu
3. Die Akkreditierung von Zertifizierungsstellen nach den Absätzen 1 und 2 erfolgt anhand der Kriterien, die von der gemäß Artikel 55 oder 56 zuständigen Aufsichtsbehörde oder – gemäß Artikel 63 – von dem Ausschuss genehmigt wurden. Im Fall einer Akkreditierung nach Absatz 1 Buchstabe b des vorliegenden Artikels ergänzen diese Anforderungen diejenigen, die in der Verordnung (EG) Nr. 765/2008 und in den technischen Vorschriften, in denen die Methoden und Verfahren der Zertifizierungsstellen beschrieben werden, vorgesehen sind.	
4. Die Zertifizierungsstellen nach Absatz 1 sind unbeschadet der Verantwortung, die der Verantwortliche oder der Auftragsverarbeiter für die Einhaltung dieser Verordnung hat, für die angemessene Bewertung, die der Zertifizierung oder dem Widerruf einer Zertifizierung zugrunde liegt, verantwortlich. Die Akkreditierung wird für eine Höchstdauer von fünf Jahren erteilt und kann unter denselben Bedingungen verlängert werden, sofern die Zertifizierungsstelle die Anforderungen dieses Artikels erfüllt.	
5. Die Zertifizierungsstellen nach Absatz 1 teilen den zuständigen Aufsichtsbehörden die Gründe für die Erteilung oder den Widerruf der beantragten Zertifizierung mit.	
6. Die Anforderungen nach Absatz 3 des vorliegenden Artikels und die Kriterien nach Artikel 42 Absatz 5 werden von der Aufsichtsbehörde in leicht zugänglicher Form veröffentlicht.	

Artikel der DSGVO	Erwägungsgrund/Erwägungsgründe sowie korrespondierende Vorschriften des BDSG-neu
Die Aufsichtsbehörden übermitteln diese Anforderungen und Kriterien auch dem Ausschuss. Der Ausschuss nimmt alle Zertifizierungsverfahren und Datenschutzsiegel in ein Register auf und veröffentlicht sie in geeigneter Weise. 7. Unbeschadet des Kapitels VIII widerruft die zuständige Aufsichtsbehörde oder die nationale Akkreditierungsstelle die Akkreditierung einer Zertifizierungsstelle nach Absatz 1, wenn die Voraussetzungen für die Akkreditierung nicht oder nicht mehr erfüllt sind oder wenn eine Zertifizierungsstelle Maßnahmen ergreift, die nicht mit dieser Verordnung vereinbar sind. 8. Der Kommission wird die Befugnis übertragen, gemäß Artikel 92 delegierte Rechtsakte zu erlassen, um die Anforderungen festzulegen, die für die in Artikel 42 Absatz 1 genannten datenschutzspezifischen Zertifizierungsverfahren zu berücksichtigen sind. 9. Die Kommission kann Durchführungsrechtsakte erlassen, mit denen technische Standards für Zertifizierungsverfahren und Datenschutzsiegel und -prüfzeichen sowie Mechanismen zur Förderung und Anerkennung dieser Zertifizierungsverfahren und Datenschutzsiegel und -prüfzeichen festgelegt werden. Diese Durchführungsrechtsakte werden gemäß dem in Artikel 93 Absatz 2 genannten Prüfverfahren erlassen.	

Artikel der DSGVO	Erwägungsgrund/Erwägungsgründe sowie korrespondierende Vorschriften des BDSG-neu
Kapitel V – Übermittlungen personenbezogener Daten an Drittländer oder an internationale Organisationen	
Artikel 44: Allgemeine Grundsätze der Datenübermittlung Siehe Abschn. 4.3	
Jedwede Übermittlung personenbezogener Daten, die bereits verarbeitet werden oder nach ihrer Übermittlung an ein Drittland oder eine internationale Organisation verarbeitet werden sollen, ist nur zulässig, wenn der Verantwortliche und der Auftragsverarbeiter die in diesem Kapitel niedergelegten Bedingungen einhalten und auch die sonstigen Bestimmungen dieser Verordnung eingehalten werden; dies gilt auch für die etwaige Weiterübermittlung personenbezogener Daten durch das betreffende Drittland oder die betreffende internationale Organisation an ein anderes Drittland oder eine andere internationale Organisation. Alle Bestimmungen dieses Kapitels sind anzuwenden, um sicherzustellen, dass das durch diese Verordnung gewährleistete Schutzniveau für natürliche Personen nicht untergraben wird.	(101) Der Fluss personenbezogener Daten aus Drittländern und internationalen Organisationen und in Drittländer und internationale Organisationen ist für die Ausweitung des internationalen Handels und der internationalen Zusammenarbeit notwendig. Durch die Zunahme dieser Datenströme sind neue Herausforderungen und Anforderungen in Bezug auf den Schutz personenbezogener Daten entstanden. Das durch diese Verordnung unionsweit gewährleistete Schutzniveau für natürliche Personen sollte jedoch bei der Übermittlung personenbezogener Daten aus der Union an Verantwortliche, Auftragsverarbeiter oder andere Empfänger in Drittländern oder an eine internationale Organisation nicht untergraben werden, und zwar auch dann nicht, wenn aus einem Drittland oder von einer internationalen Organisation personenbezogene Daten an Verantwortliche oder Auftragsverarbeiter in demselben oder einem anderen Drittland oder an dieselbe oder eine andere internationale Organisation weiterübermittelt werden. In jedem Fall sind derartige Datenübermittlungen an Drittländer und internationale Organisationen nur unter strikter Einhaltung dieser Verordnung zulässig. Eine Datenübermittlung könnte nur stattfinden, wenn die in dieser Verordnung festgelegten Bedingungen zur Übermittlung personenbezogener Daten an Drittländer oder internationale Organisationen vorbehaltlich der übrigen Bestimmungen dieser Verordnung von dem Verantwortlichen oder dem Auftragsverarbeiter erfüllt werden. (102) Internationale Abkommen zwischen der Union und Drittländern über die Übermittlung von personenbezogenen Daten einschließlich geeigneter Garantien für die betroffenen Personen werden von dieser Verordnung nicht berührt. Die Mitgliedstaaten können völkerrechtliche Übereinkünfte schließen, die die Übermittlung personenbezogener Daten an Drittländer oder internationale Organisationen beinhalten, sofern sich diese Übereinkünfte weder auf diese Verordnung noch auf andere Bestimmungen des Unionsrechts auswirken und ein angemessenes Schutzniveau für die Grundrechte der betroffenen Personen umfassen.

Artikel der DSGVO	Erwägungsgrund/Erwägungsgründe sowie korrespondierende Vorschriften des BDSG-neu
Artikel 45: Datenübermittlung auf der Grundlage eines Angemessenheitsbeschlusses Siehe Abschn. 4.3.1	
1. Eine Übermittlung personenbezogener Daten an ein Drittland oder eine internationale Organisation darf vorgenommen werden, wenn die Kommission beschlossen hat, dass das betreffende Drittland, ein Gebiet oder ein oder mehrere spezifische Sektoren in diesem Drittland oder die betreffende internationale Organisation ein angemessenes Schutzniveau bietet. Eine solche Datenübermittlung bedarf keiner besonderen Genehmigung. 2. Bei der Prüfung der Angemessenheit des gebotenen Schutzniveaus berücksichtigt die Kommission insbesondere das Folgende: (a) die Rechtsstaatlichkeit, die Achtung der Menschenrechte und Grundfreiheiten, die in dem betreffenden Land bzw. bei der betreffenden internationalen Organisation geltenden einschlägigen Rechtsvorschriften sowohl allgemeiner als auch sektoraler Art – auch in Bezug auf öffentliche Sicherheit, Verteidigung, nationale Sicherheit und Strafrecht sowie Zugang der Behörden zu personenbezogenen Daten – sowie die Anwendung dieser Rechtsvorschriften, Datenschutzvorschriften, Berufsregeln und Sicherheitsvorschriften einschließlich der Vorschriften für die Weiterübermittlung personenbezogener Daten an ein anderes Drittland bzw. eine andere internationale Organisation, die Rechtsprechung sowie wirksame und durchsetzbare Rechte	(103) Die Kommission darf mit Wirkung für die gesamte Union beschließen, dass ein bestimmtes Drittland, ein Gebiet oder ein bestimmter Sektor eines Drittlands oder eine internationale Organisation ein angemessenes Datenschutzniveau bietet, und auf diese Weise in Bezug auf das Drittland oder die internationale Organisation, das bzw. die für fähig gehalten wird, ein solches Schutzniveau zu bieten, in der gesamten Union Rechtssicherheit schaffen und eine einheitliche Rechtsanwendung sicherstellen. In derartigen Fällen dürfen personenbezogene Daten ohne weitere Genehmigung an dieses Land oder diese internationale Organisation übermittelt werden. Die Kommission kann, nach Abgabe einer ausführlichen Erklärung, in der dem Drittland oder der internationalen Organisation eine Begründung gegeben wird, auch entscheiden, eine solche Feststellung zu widerrufen. (104) In Übereinstimmung mit den Grundwerten der Union, zu denen insbesondere der Schutz der Menschenrechte zählt, sollte die Kommission bei der Bewertung des Drittlands oder eines Gebiets oder eines bestimmten Sektors eines Drittlands berücksichtigen, inwieweit dort die Rechtsstaatlichkeit gewahrt ist, der Rechtsweg gewährleistet ist und die internationalen Menschenrechtsnormen und -standards eingehalten werden und welche allgemeinen und sektorspezifischen Vorschriften, wozu auch die Vorschriften über die öffentliche Sicherheit, die Landesverteidigung und die nationale Sicherheit sowie die öffentliche Ordnung und das Strafrecht zählen, dort gelten. Die Annahme eines Angemessenheitsbeschlusses in Bezug auf ein Gebiet oder einen bestimmten Sektor eines Drittlands sollte unter Berücksichtigung eindeutiger und objektiver Kriterien wie bestimmter Verarbeitungsvorgänge und des Anwendungsbereichs anwendbarer Rechtsnormen und geltender Rechtsvorschriften in dem Drittland erfolgen. Das Drittland sollte Garantien für ein angemessenes Schutzniveau bieten, das dem innerhalb der Union gewährleisteten Schutzniveau der Sache nach gleichwertig ist, insbesondere in Fällen, in denen personenbezogene Daten in einem oder mehreren spezifischen Sektoren verarbeitet werden. Das Drittland sollte insbesondere eine wirksame unabhängige Überwachung des Datenschutzes gewährleisten und Mechanismen für eine Zusammenarbeit mit den Datenschutzbehörden der Mitgliedstaaten vorsehen, und den betroffenen Personen sollten wirksame und

Artikel der DSGVO	Erwägungsgrund/Erwägungsgründe sowie korrespondierende Vorschriften des BDSG-neu
der betroffenen Person und wirksame verwaltungsrechtliche und gerichtliche Rechtsbehelfe für betroffene Personen, deren personenbezogene Daten übermittelt werden, (b) die Existenz und die wirksame Funktionsweise einer oder mehrerer unabhängiger Aufsichtsbehörden in dem betreffenden Drittland oder denen eine internationale Organisation untersteht und die für die Einhaltung und Durchsetzung der Datenschutzvorschriften, einschließlich angemessener Durchsetzungsbefugnisse, für die Unterstützung und Beratung der betroffenen Personen bei der Ausübung ihrer Rechte und für die Zusammenarbeit mit den Aufsichtsbehörden der Mitgliedstaaten zuständig sind, und (c) die von dem betreffenden Drittland bzw. der betreffenden internationalen Organisation eingegangenen internationalen Verpflichtungen oder andere Verpflichtungen, die sich aus rechtsverbindlichen Übereinkünften oder Instrumenten sowie aus der Teilnahme des Drittlands oder der internationalen Organisation an multilateralen oder regionalen Systemen insbesondere in Bezug auf den Schutz personenbezogener Daten ergeben. 3. Nach der Beurteilung der Angemessenheit des Schutzniveaus kann die Kommission im Wege eines Durchführungsrechtsaktes beschließen, dass ein Drittland, ein Gebiet oder ein oder mehrere spezifische Sektoren in einem Drittland oder eine internationale Organisation ein angemessenes Schutzniveau im Sinne des Absatzes 2 des vorliegenden	durchsetzbare Rechte sowie wirksame verwaltungsrechtliche und gerichtliche Rechtsbehelfe eingeräumt werden. (105) Die Kommission sollte neben den internationalen Verpflichtungen, die das Drittland oder die internationale Organisation eingegangen ist, die Verpflichtungen, die sich aus der Teilnahme des Drittlands oder der internationalen Organisation an multilateralen oder regionalen Systemen insbesondere im Hinblick auf den Schutz personenbezogener Daten ergeben, sowie die Umsetzung dieser Verpflichtungen berücksichtigen. Insbesondere sollte der Beitritt des Drittlands zum Übereinkommen des Europarates vom 28. Januar 1981 zum Schutz des Menschen bei der automatischen Verarbeitung personenbezogener Daten und dem dazugehörigen Zusatzprotokoll berücksichtigt werden. Die Kommission sollte den Ausschuss konsultieren, wenn sie das Schutzniveau in Drittländern oder internationalen Organisationen bewertet. (106) Die Kommission sollte die Wirkungsweise von Feststellungen zum Schutzniveau in einem Drittland, einem Gebiet oder einem bestimmten Sektor eines Drittlands oder einer internationalen Organisation überwachen; sie sollte auch die Wirkungsweise der Feststellungen, die auf der Grundlage des Artikels 25 Absatz 6 oder des Artikels 26 Absatz 4 der Richtlinie 95/46/EG erlassen werden, überwachen. In ihren Angemessenheitsbeschlüssen sollte die Kommission einen Mechanismus für die regelmäßige Überprüfung von deren Wirkungsweise vorsehen. Diese regelmäßige Überprüfung sollte in Konsultation mit dem betreffenden Drittland oder der betreffenden internationalen Organisation erfolgen und allen maßgeblichen Entwicklungen in dem Drittland oder der internationalen Organisation Rechnung tragen. Für die Zwecke der Überwachung und der Durchführung der regelmäßigen Überprüfungen sollte die Kommission die Standpunkte und Feststellungen des Europäischen Parlaments und des Rates sowie der anderen einschlägigen Stellen und Quellen berücksichtigen. Die Kommission sollte innerhalb einer angemessenen Frist die Wirkungsweise der letztgenannten Beschlüsse bewerten und dem durch diese Verordnung eingesetzten Ausschuss im Sinne der Verordnung (EU) Nr. 182/2011 des Europäischen Parlaments und des Rates sowie dem Europäischen Parlament und dem Rat über alle maßgeblichen Feststellungen Bericht erstatten. (107) Die Kommission kann feststellen, dass ein Drittland, ein Gebiet oder ein bestimmter Sektor eines Drittlands oder eine internationale Organisation kein angemessenes Datenschutzniveau mehr bietet. Die Übermittlung personenbezogener Daten an dieses Drittland oder an diese internationale Organisation sollte daraufhin

Artikel der DSGVO	Erwägungsgrund/Erwägungsgründe sowie korrespondierende Vorschriften des BDSG-neu
Artikels bieten. In dem Durchführungsrechtsakt ist ein Mechanismus für eine regelmäßige Überprüfung, die mindestens alle vier Jahre erfolgt, vorzusehen, bei der allen maßgeblichen Entwicklungen in dem Drittland oder bei der internationalen Organisation Rechnung getragen wird. Im Durchführungsrechtsakt werden der territoriale und der sektorale Anwendungsbereich sowie gegebenenfalls die in Absatz 2 Buchstabe b des vorliegenden Artikels genannte Aufsichtsbehörde bzw. genannten Aufsichtsbehörden angegeben. Der Durchführungsrechtsakt wird gemäß dem in Artikel 93 Absatz 2 genannten Prüfverfahren erlassen. 4. Die Kommission überwacht fortlaufend die Entwicklungen in Drittländern und bei internationalen Organisationen, die die Wirkungsweise der nach Absatz 3 des vorliegenden Artikels erlassenen Beschlüsse und der nach Artikel 25 Absatz 6 der Richtlinie 95/46/EG erlassenen Feststellungen beeinträchtigen könnten. 5. Die Kommission widerruft, ändert oder setzt die in Absatz 3 des vorliegenden Artikels genannten Beschlüsse im Wege von Durchführungsrechtsakten aus, soweit dies nötig ist und ohne rückwirkende Kraft, soweit entsprechende Informationen – insbesondere im Anschluss an die in Absatz 3 des vorliegenden Artikels genannte Überprüfung – dahingehend vorliegen, dass ein Drittland, ein Gebiet oder ein oder mehrere spezifischer Sektor in einem Drittland oder eine internationale Organisation kein angemessenes Schutzniveau im Sinne des Absatzes 2 des vorliegenden Artikels mehr gewährleistet. Diese	verboten werden, es sei denn, die Anforderungen dieser Verordnung in Bezug auf die Datenübermittlung vorbehaltlich geeigneter Garantien, einschließlich verbindlicher interner Datenschutzvorschriften und auf Ausnahmen für bestimmte Fälle werden erfüllt. In diesem Falle sollten Konsultationen zwischen der Kommission und den betreffenden Drittländern oder internationalen Organisationen vorgesehen werden. Die Kommission sollte dem Drittland oder der internationalen Organisation frühzeitig die Gründe mitteilen und Konsultationen aufnehmen, um Abhilfe für die Situation zu schaffen. **§ 21 BDSG: Antrag der Aufsichtsbehörde auf gerichtliche Entscheidung bei angenommener Rechtswidrigkeit eines Beschlusses der Europäischen Kommission** (1) Hält eine Aufsichtsbehörde einen Angemessenheitsbeschluss der Europäischen Kommission, einen Beschluss über die Anerkennung von Standardschutzklauseln oder über die Allgemeingültigkeit von genehmigten Verhaltensregeln, auf dessen Gültigkeit es für eine Entscheidung der Aufsichtsbehörde ankommt, für rechtswidrig, so hat die Aufsichtsbehörde ihr Verfahren auszusetzen und einen Antrag auf gerichtliche Entscheidung zu stellen. (2) Für Verfahren nach Absatz 1 ist der Verwaltungsrechtsweg gegeben. Die Verwaltungsgerichtsordnung ist nach Maßgabe der Absätze 3 bis 6 anzuwenden. (3) Über einen Antrag der Aufsichtsbehörde nach Absatz 1 entscheidet im ersten und letzten Rechtszug das Bundesverwaltungsgericht.((4) In Verfahren nach Absatz 1 ist die Aufsichtsbehörde beteiligungsfähig. An einem Verfahren nach Absatz 1 ist die Aufsichtsbehörde als Antragstellerin beteiligt; § 63 Nummer 3 und 4 der Verwaltungsgerichtsordnung bleibt unberührt. Das Bundesverwaltungsgericht kann der Europäischen Kommission Gelegenheit zur Äußerung binnen einer zu bestimmenden Frist geben. (5) Ist ein Verfahren zur Überprüfung der Gültigkeit eines Beschlusses der Europäischen Kommission nach Absatz 1 bei dem Gerichtshof der Europäischen Union anhängig, so kann das Bundesverwaltungsgericht anordnen, dass die Verhandlung bis zur Erledigung des Verfahrens vor dem Gerichtshof der Europäischen Union auszusetzen sei. (6) In Verfahren nach Absatz 1 ist § 47 Absatz 5 Satz 1 und Absatz 6 der Verwaltungsgerichtsordnung entsprechend anzuwenden. Kommt das Bundesverwaltungsgericht zu der Überzeugung, dass der Beschluss der Europäischen Kommission nach Absatz 1 gültig ist, so stellt es dies in seiner Entscheidung fest. Andernfalls legt es die Frage nach der Gültigkeit des Beschlusses gemäß Artikel

Artikel der DSGVO	Erwägungsgrund/Erwägungsgründe sowie korrespondierende Vorschriften des BDSG-neu
Durchführungsrechtsakte werden gemäß dem Prüfverfahren nach Artikel 93 Absatz 2 erlassen. In hinreichend begründeten Fällen äußerster Dringlichkeit erlässt die Kommission gemäß dem in Artikel 93 Absatz 3 genannten Verfahren sofort geltende Durchführungsrechtsakte. 6. Die Kommission nimmt Beratungen mit dem betreffenden Drittland bzw. der betreffenden internationalen Organisation auf, um Abhilfe für die Situation zu schaffen, die zu dem gemäß Absatz 5 erlassenen Beschluss geführt hat. 7. Übermittlungen personenbezogener Daten an das betreffende Drittland, das Gebiet oder einen oder mehrere spezifische Sektoren in diesem Drittland oder an die betreffende internationale Organisation gemäß den Artikeln 46 bis 49 werden durch einen Beschluss nach Absatz 5 des vorliegenden Artikels nicht berührt. 8. Die Kommission veröffentlicht im Amtsblatt der Europäischen Union und auf ihrer Website eine Liste aller Drittländer beziehungsweise Gebiete und spezifischen Sektoren in einem Drittland und aller internationalen Organisationen, für die sie durch Beschluss festgestellt hat, dass sie ein angemessenes Schutzniveau gewährleisten bzw. nicht mehr gewährleisten. 9. Von der Kommission auf der Grundlage von Artikel 25 Absatz 6 der Richtlinie 95/46/EG erlassene Feststellungen bleiben so lange in Kraft, bis sie durch einen nach dem Prüfverfahren gemäß den Absätzen 3 oder 5 des vorliegenden Artikels erlassenen Beschluss der Kommission geändert, ersetzt oder aufgehoben werden.	267 des Vertrags über die Arbeitsweise der Europäischen Union dem Gerichtshof der Europäischen Union zur Entscheidung vor.

Artikel der DSGVO	Erwägungsgrund/Erwägungsgründe sowie korrespondierende Vorschriften des BDSG-neu
Artikel 46: Datenübermittlung vorbehaltlich geeigneter Garantien Siehe Abschn. 4.3.3 bis Abschn. 4.3.6	
1. Falls kein Beschluss nach Artikel 45 Absatz 3 vorliegt, darf ein Verantwortlicher oder ein Auftragsverarbeiter personenbezogene Daten an ein Drittland oder eine internationale Organisation nur übermitteln, sofern der Verantwortliche oder der Auftragsverarbeiter geeignete Garantien vorgesehen hat und sofern den betroffenen Personen durchsetzbare Rechte und wirksame Rechtsbehelfe zur Verfügung stehen. 2. Die in Absatz 1 genannten geeigneten Garantien können, ohne dass hierzu eine besondere Genehmigung einer Aufsichtsbehörde erforderlich wäre, bestehen in (a) einem rechtlich bindenden und durchsetzbaren Dokument zwischen den Behörden oder öffentlichen Stellen, (b) verbindlichen internen Datenschutzvorschriften gemäß Artikel 47, (c) Standarddatenschutzklauseln, die von der Kommission gemäß dem Prüfverfahren nach Artikel 93 Absatz 2 erlassen werden, (d) von einer Aufsichtsbehörde angenommenen Standarddatenschutzklauseln, die von der Kommission gemäß dem Prüfverfahren nach Artikel 93 Absatz 2 genehmigt wurden, (e) genehmigten Verhaltensregeln gemäß Artikel 40 zusammen mit rechtsverbindlichen und durchsetzbaren Verpflichtungen des Verantwortlichen oder des	(108) Bei Fehlen eines Angemessenheitsbeschlusses sollte der Verantwortliche oder der Auftragsverarbeiter als Ausgleich für den in einem Drittland bestehenden Mangel an Datenschutz geeignete Garantien für den Schutz der betroffenen Person vorsehen. Diese geeigneten Garantien können darin bestehen, dass auf verbindliche interne Datenschutzvorschriften, von der Kommission oder von einer Aufsichtsbehörde angenommene Standarddatenschutzklauseln oder von einer Aufsichtsbehörde genehmigte Vertragsklauseln zurückgegriffen wird. Diese Garantien sollten sicherstellen, dass die Datenschutzvorschriften und die Rechte der betroffenen Personen auf eine der Verarbeitung innerhalb der Union angemessene Art und Weise beachtet werden; dies gilt auch hinsichtlich der Verfügbarkeit von durchsetzbaren Rechten der betroffenen Person und von wirksamen Rechtsbehelfen einschließlich des Rechts auf wirksame verwaltungsrechtliche oder gerichtliche Rechtsbehelfe sowie des Rechts auf Geltendmachung von Schadenersatzansprüchen in der Union oder in einem Drittland. Sie sollten sich insbesondere auf die Einhaltung der allgemeinen Grundsätze für die Verarbeitung personenbezogener Daten, die Grundsätze des Datenschutzes durch Technik und durch datenschutzfreundliche Voreinstellungen beziehen. Datenübermittlungen dürfen auch von Behörden oder öffentlichen Stellen an Behörden oder öffentliche Stellen in Drittländern oder an internationale Organisationen mit entsprechenden Pflichten oder Aufgaben vorgenommen werden, auch auf der Grundlage von Bestimmungen, die in Verwaltungsvereinbarungen – wie beispielsweise einer gemeinsamen Absichtserklärung –, mit denen den betroffenen Personen durchsetzbare und wirksame Rechte eingeräumt werden, aufzunehmen sind. Die Genehmigung der zuständigen Aufsichtsbehörde sollte erlangt werden, wenn die Garantien in nicht rechtsverbindlichen Verwaltungsvereinbarungen vorgesehen sind. (109) Die dem Verantwortlichen oder dem Auftragsverarbeiter offenstehende Möglichkeit, auf die von der Kommission oder einer Aufsichtsbehörde festgelegten Standard-Datenschutzklauseln zurückzugreifen, sollte den Verantwortlichen oder den Auftragsverarbeiter weder daran hindern, die Standard-Datenschutzklauseln auch in umfangreicheren Verträgen, wie zum Beispiel Verträgen zwischen dem Auftragsverarbeiter und einem anderen Auftragsverarbeiter, zu verwenden, noch ihn daran

Artikel der DSGVO	Erwägungsgrund/Erwägungsgründe sowie korrespondierende Vorschriften des BDSG-neu
Auftragsverarbeiters in dem Drittland zur Anwendung der geeigneten Garantien, einschließlich in Bezug auf die Rechte der betroffenen Personen, oder (f) einem genehmigten Zertifizierungsmechanismus gemäß Artikel 42 zusammen mit rechtsverbindlichen und durchsetzbaren Verpflichtungen des Verantwortlichen oder des Auftragsverarbeiters in dem Drittland zur Anwendung der geeigneten Garantien, einschließlich in Bezug auf die Rechte der betroffenen Personen. 3. Vorbehaltlich der Genehmigung durch die zuständige Aufsichtsbehörde können die geeigneten Garantien gemäß Absatz 1 auch insbesondere bestehen in (a) Vertragsklauseln, die zwischen dem Verantwortlichen oder dem Auftragsverarbeiter und dem Verantwortlichen, dem Auftragsverarbeiter oder dem Empfänger der personenbezogenen Daten im Drittland oder der internationalen Organisation vereinbart wurden, oder (b) Bestimmungen, die in Verwaltungsvereinbarungen zwischen Behörden oder öffentlichen Stellen aufzunehmen sind und durchsetzbare und wirksame Rechte für die betroffenen Personen einschließen. 4. Die Aufsichtsbehörde wendet das Kohärenzverfahren nach Artikel 63 an, wenn ein Fall gemäß Absatz 3 des vorliegenden Artikels vorliegt. 5. Von einem Mitgliedstaat oder einer Aufsichtsbehörde auf der Grundlage von Artikel 26 Absatz 2 der Richtlinie 95/46/EG erteilte Genehmigungen bleiben so lange gültig, bis sie	hindern, ihnen weitere Klauseln oder zusätzliche Garantien hinzuzufügen, solange diese weder mittelbar noch unmittelbar im Widerspruch zu den von der Kommission oder einer Aufsichtsbehörde erlassenen Standard-Datenschutzklauseln stehen oder die Grundrechte und Grundfreiheiten der betroffenen Personen beschneiden. Die Verantwortlichen und die Auftragsverarbeiter sollten ermutigt werden, mit vertraglichen Verpflichtungen, die die Standard-Schutzklauseln ergänzen, zusätzliche Garantien zu bieten. (114) In allen Fällen, in denen kein Kommissionsbeschluss zur Angemessenheit des in einem Drittland bestehenden Datenschutzniveaus vorliegt, sollte der Verantwortliche oder der Auftragsverarbeiter auf Lösungen zurückgreifen, mit denen den betroffenen Personen durchsetzbare und wirksame Rechte in Bezug auf die Verarbeitung ihrer personenbezogenen Daten in der Union nach der Übermittlung dieser Daten eingeräumt werden, damit sie weiterhin die Grundrechte und Garantien genießen können.

Artikel der DSGVO	Erwägungsgrund/Erwägungsgründe sowie korrespondierende Vorschriften des BDSG-neu
erforderlichenfalls von dieser Aufsichtsbehörde geändert, ersetzt oder aufgehoben werden. Von der Kommission auf der Grundlage von Artikel 26 Absatz 4 der Richtlinie 95/46/EG erlassene Feststellungen bleiben so lange in Kraft, bis sie erforderlichenfalls mit einem nach Absatz 2 des vorliegenden Artikels erlassenen Beschluss der Kommission geändert, ersetzt oder aufgehoben werden.	
Artikel 47: Verbindliche interne Datenschutzvorschriften Siehe Abschn. 4.3.5	
1. Die zuständige Aufsichtsbehörde genehmigt gemäß dem Kohärenzverfahren nach Artikel 63 verbindliche interne Datenschutzvorschriften, sofern diese (a) rechtlich bindend sind, für alle betreffenden Mitglieder der Unternehmensgruppe oder einer Gruppe von Unternehmen, die eine gemeinsame Wirtschaftstätigkeit ausüben, gelten und von diesen Mitgliedern durchgesetzt werden, und dies auch für ihre Beschäftigten gilt, (b) den betroffenen Personen ausdrücklich durchsetzbare Rechte in Bezug auf die Verarbeitung ihrer personenbezogenen Daten übertragen und (c) die in Absatz 2 festgelegten Anforderungen erfüllen. 2. Die verbindlichen internen Datenschutzvorschriften nach Absatz 1 enthalten mindestens folgende Angaben: (a) Struktur und Kontaktdaten der Unternehmensgruppe oder Gruppe von Unternehmen, die eine gemeinsame Wirtschaftstätigkeit ausüben, und jedes ihrer Mitglieder;	(110) Jede Unternehmensgruppe oder jede Gruppe von Unternehmen, die eine gemeinsame Wirtschaftstätigkeit ausüben, sollte für ihre internationalen Datenübermittlungen aus der Union an Organisationen derselben Unternehmensgruppe oder derselben Gruppe von Unternehmen, die eine gemeinsame Wirtschaftstätigkeit ausüben, genehmigte verbindliche interne Datenschutzvorschriften anwenden dürfen, sofern diese sämtliche Grundprinzipien und durchsetzbaren Rechte enthalten, die geeignete Garantien für die Übermittlungen beziehungsweise Kategorien von Übermittlungen personenbezogener Daten bieten.

Artikel der DSGVO	Erwägungsgrund/Erwägungsgründe sowie korrespondierende Vorschriften des BDSG-neu
(b) die betreffenden Datenübermittlungen oder Reihen von Datenübermittlungen einschließlich der betreffenden Arten personenbezogener Daten, Art und Zweck der Datenverarbeitung, Art der betroffenen Personen und das betreffende Drittland beziehungsweise die betreffenden Drittländer;	
(c) interne und externe Rechtsverbindlichkeit der betreffenden internen Datenschutzvorschriften;	
(d) die Anwendung der allgemeinen Datenschutzgrundsätze, insbesondere Zweckbindung, Datenminimierung, begrenzte Speicherfristen, Datenqualität, Datenschutz durch Technikgestaltung und durch datenschutzfreundliche Voreinstellungen, Rechtsgrundlage für die Verarbeitung, Verarbeitung besonderer Kategorien von personenbezogenen Daten, Maßnahmen zur Sicherstellung der Datensicherheit und Anforderungen für die Weiterübermittlung an nicht an diese internen Datenschutzvorschriften gebundene Stellen;	
(e) die Rechte der betroffenen Personen in Bezug auf die Verarbeitung und die diesen offenstehenden Mittel zur Wahrnehmung dieser Rechte einschließlich des Rechts, nicht einer ausschließlich auf einer automatisierten Verarbeitung – einschließlich Profiling – beruhenden Entscheidung nach Artikel 22 unterworfen zu werden sowie des in Artikel 79 niedergelegten Rechts auf Beschwerde bei der zuständigen Aufsichtsbehörde beziehungsweise auf Einlegung eines Rechtsbehelfs bei den zuständigen Gerichten der Mitgliedstaaten und im Falle einer Verletzung der verbindlichen	

Artikel der DSGVO	Erwägungsgrund/Erwägungsgründe sowie korrespondierende Vorschriften des BDSG-neu
internen Datenschutzvorschriften Wiedergutmachung und gegebenenfalls Schadenersatz zu erhalten;	
(f) die von dem in einem Mitgliedstaat niedergelassenen Verantwortlichen oder Auftragsverarbeiter übernommene Haftung für etwaige Verstöße eines nicht in der Union niedergelassenen betreffenden Mitglieds der Unternehmensgruppe gegen die verbindlichen internen Datenschutzvorschriften; der Verantwortliche oder der Auftragsverarbeiter ist nur dann teilweise oder vollständig von dieser Haftung befreit, wenn er nachweist, dass der Umstand, durch den der Schaden eingetreten ist, dem betreffenden Mitglied nicht zur Last gelegt werden kann;	
(g) die Art und Weise, wie die betroffenen Personen über die Bestimmungen der Artikel 13 und 14 hinaus über die verbindlichen internen Datenschutzvorschriften und insbesondere über die unter den Buchstaben d, e und f dieses Absatzes genannten Aspekte informiert werden;	
(h) die Aufgaben jedes gemäß Artikel 37 benannten Datenschutzbeauftragten oder jeder anderen Person oder Einrichtung, die mit der Überwachung der Einhaltung der verbindlichen internen Datenschutzvorschriften in der Unternehmensgruppe oder Gruppe von Unternehmen, die eine gemeinsame Wirtschaftstätigkeit ausüben, sowie mit der Überwachung der Schulungsmaßnahmen und dem Umgang mit Beschwerden befasst ist;	
(i) die Beschwerdeverfahren;	

Artikel der DSGVO	Erwägungsgrund/Erwägungsgründe sowie korrespondierende Vorschriften des BDSG-neu
(j) die innerhalb der Unternehmensgruppe oder Gruppe von Unternehmen, die eine gemeinsame Wirtschaftstätigkeit ausüben, bestehenden Verfahren zur Überprüfung der Einhaltung der verbindlichen internen Datenschutzvorschriften. Derartige Verfahren beinhalten Datenschutzüberprüfungen und Verfahren zur Gewährleistung von Abhilfemaßnahmen zum Schutz der Rechte der betroffenen Person. Die Ergebnisse derartiger Überprüfungen sollten der in Buchstabe h genannten Person oder Einrichtung sowie dem Verwaltungsrat des herrschenden Unternehmens einer Unternehmensgruppe oder der Gruppe von Unternehmen, die eine gemeinsame Wirtschaftstätigkeit ausüben, mitgeteilt werden und sollten der zuständigen Aufsichtsbehörde auf Anfrage zur Verfügung gestellt werden;	
(k) die Verfahren für die Meldung und Erfassung von Änderungen der Vorschriften und ihre Meldung an die Aufsichtsbehörde;	
(l) die Verfahren für die Zusammenarbeit mit der Aufsichtsbehörde, die die Befolgung der Vorschriften durch sämtliche Mitglieder der Unternehmensgruppe oder Gruppe von Unternehmen, die eine gemeinsame Wirtschaftstätigkeit ausüben, gewährleisten, insbesondere durch Offenlegung der Ergebnisse von Überprüfungen der unter Buchstabe j genannten Maßnahmen gegenüber der Aufsichtsbehörde;	
(m) die Meldeverfahren zur Unterrichtung der zuständigen Aufsichtsbehörde über jegliche für ein Mitglied der	

Artikel der DSGVO	Erwägungsgrund/Erwägungsgründe sowie korrespondierende Vorschriften des BDSG-neu
Unternehmensgruppe oder Gruppe von Unternehmen, die eine gemeinsame Wirtschaftstätigkeit ausüben, in einem Drittland geltenden rechtlichen Bestimmungen, die sich nachteilig auf die Garantien auswirken könnten, die die verbindlichen internen Datenschutzvorschriften bieten, und (n) geeignete Datenschutzschulungen für Personal mit ständigem oder regelmäßigem Zugang zu personenbezogenen Daten. 3. Die Kommission kann das Format und die Verfahren für den Informationsaustausch über verbindliche interne Datenschutzvorschriften im Sinne des vorliegenden Artikels zwischen Verantwortlichen, Auftragsverarbeitern und Aufsichtsbehörden festlegen. Diese Durchführungsrechtsakte werden gemäß dem Prüfverfahren nach Artikel 93 Absatz 2 erlassen.	
Artikel 48: Nach dem Unionsrecht nicht zulässige Übermittlung oder Offenlegung	
Jegliches Urteil eines Gerichts eines Drittlands und jegliche Entscheidung einer Verwaltungsbehörde eines Drittlands, mit denen von einem Verantwortlichen oder einem Auftragsverarbeiter die Übermittlung oder Offenlegung personenbezogener Daten verlangt wird, dürfen unbeschadet anderer Gründe für die Übermittlung gemäß diesem Kapitel jedenfalls nur dann anerkannt oder vollstreckbar werden, wenn sie auf eine in Kraft befindliche internationale Übereinkunft wie etwa ein Rechtshilfeabkommen zwischen dem ersuchenden Drittland und der Union oder einem Mitgliedstaat gestützt sind.	–

Artikel der DSGVO	Erwägungsgrund/Erwägungsgründe sowie korrespondierende Vorschriften des BDSG-neu
Artikel 49: Ausnahmen für bestimmte Fälle Siehe Abschn. 4.3.7	
1. Falls weder ein Angemessenheitsbeschluss nach Artikel 45 Absatz 3 vorliegt noch geeignete Garantien nach Artikel 46, einschließlich verbindlicher interner Datenschutzvorschriften, bestehen, ist eine Übermittlung oder eine Reihe von Übermittlungen personenbezogener Daten an ein Drittland oder an eine internationale Organisation nur unter einer der folgenden Bedingungen zulässig: (a) die betroffene Person hat in die vorgeschlagene Datenübermittlung ausdrücklich eingewilligt, nachdem sie über die für sie bestehenden möglichen Risiken derartiger Datenübermittlungen ohne Vorliegen eines Angemessenheitsbeschlusses und ohne geeignete Garantien unterrichtet wurde, (b) die Übermittlung ist für die Erfüllung eines Vertrags zwischen der betroffenen Person und dem Verantwortlichen oder zur Durchführung von vorvertraglichen Maßnahmen auf Antrag der betroffenen Person erforderlich, (c) die Übermittlung ist zum Abschluss oder zur Erfüllung eines im Interesse der betroffenen Person von dem Verantwortlichen mit einer anderen natürlichen oder juristischen Person geschlossenen Vertrags erforderlich, (d) die Übermittlung ist aus wichtigen Gründen des öffentlichen Interesses notwendig, (e) die Übermittlung ist zur Geltendmachung, Ausübung oder Verteidigung von Rechtsansprüchen erforderlich,	(111) Datenübermittlungen sollten unter bestimmten Voraussetzungen zulässig sein, nämlich wenn die betroffene Person ihre ausdrückliche Einwilligung erteilt hat, wenn die Übermittlung gelegentlich erfolgt und im Rahmen eines Vertrags oder zur Geltendmachung von Rechtsansprüchen, sei es vor Gericht oder auf dem Verwaltungswege oder in außergerichtlichen Verfahren, wozu auch Verfahren vor Regulierungsbehörden zählen, erforderlich ist. Die Übermittlung sollte zudem möglich sein, wenn sie zur Wahrung eines im Unionsrecht oder im Recht eines Mitgliedstaats festgelegten wichtigen öffentlichen Interesses erforderlich ist oder wenn sie aus einem durch Rechtsvorschriften vorgesehenen Register erfolgt, das von der Öffentlichkeit oder Personen mit berechtigtem Interesse eingesehen werden kann. In letzterem Fall sollte sich eine solche Übermittlung nicht auf die Gesamtheit oder ganze Kategorien der im Register enthaltenen personenbezogenen Daten erstrecken dürfen. Ist das betreffende Register zur Einsichtnahme durch Personen mit berechtigtem Interesse bestimmt, sollte die Übermittlung nur auf Anfrage dieser Personen oder nur dann erfolgen, wenn diese Personen die Adressaten der Übermittlung sind, wobei den Interessen und Grundrechten der betroffenen Person in vollem Umfang Rechnung zu tragen ist. (112) Diese Ausnahmen sollten insbesondere für Datenübermittlungen gelten, die aus wichtigen Gründen des öffentlichen Interesses erforderlich sind, beispielsweise für den internationalen Datenaustausch zwischen Wettbewerbs-, Steuer- oder Zollbehörden, zwischen Finanzaufsichtsbehörden oder zwischen für Angelegenheiten der sozialen Sicherheit oder für die öffentliche Gesundheit zuständigen Diensten, beispielsweise im Falle der Umgebungsuntersuchung bei ansteckenden Krankheiten oder zur Verringerung und/oder Beseitigung des Dopings im Sport. Die Übermittlung personenbezogener Daten sollte ebenfalls als rechtmäßig angesehen werden, wenn sie erforderlich ist, um ein Interesse, das für die lebenswichtigen Interessen – einschließlich der körperlichen Unversehrtheit oder des Lebens – der betroffenen Person oder einer anderen Person wesentlich ist, zu schützen und die betroffene Person außerstande ist, ihre Einwilligung zu geben. Liegt kein Angemessenheitsbeschluss vor, so können im Unionsrecht oder im Recht der Mitgliedstaaten aus wichtigen Gründen des öffentlichen Interesses ausdrücklich Beschränkungen der Übermittlung bestimmter Kategorien von Daten an Drittländer oder internationale Organisationen vorgesehen werden. Die

Artikel der DSGVO	Erwägungsgrund/Erwägungsgründe sowie korrespondierende Vorschriften des BDSG-neu
(f) die Übermittlung ist zum Schutz lebenswichtiger Interessen der betroffenen Person oder anderer Personen erforderlich, sofern die betroffene Person aus physischen oder rechtlichen Gründen außerstande ist, ihre Einwilligung zu geben, (g) die Übermittlung erfolgt aus einem Register, das gemäß dem Recht der Union oder der Mitgliedstaaten zur Information der Öffentlichkeit bestimmt ist und entweder der gesamten Öffentlichkeit oder allen Personen, die ein berechtigtes Interesse nachweisen können, zur Einsichtnahme offensteht, aber nur soweit die im Recht der Union oder der Mitgliedstaaten festgelegten Voraussetzungen für die Einsichtnahme im Einzelfall gegeben sind. Falls die Übermittlung nicht auf eine Bestimmung der Artikel 45 oder 46 – einschließlich der verbindlichen internen Datenschutzvorschriften – gestützt werden könnte und keine der Ausnahmen für einen bestimmten Fall gemäß dem ersten Unterabsatz anwendbar ist, darf eine Übermittlung an ein Drittland oder eine internationale Organisation nur dann erfolgen, wenn die Übermittlung nicht wiederholt erfolgt, nur eine begrenzte Zahl von betroffenen Personen betrifft, für die Wahrung der zwingenden berechtigten Interessen des Verantwortlichen erforderlich ist, sofern die Interessen oder die Rechte und Freiheiten der betroffenen Person nicht überwiegen, und der Verantwortliche alle Umstände der Datenübermittlung beurteilt und auf der Grundlage dieser Beurteilung geeignete Garantien in Bezug auf den Schutz personenbezogener	Mitgliedstaaten sollten solche Bestimmungen der Kommission mitteilen. Jede Übermittlung personenbezogener Daten einer betroffenen Person, die aus physischen oder rechtlichensen Gründen außerstande ist, ihre Einwilligung zu erteilen, an eine internationale humanitäre Organisation, die erfolgt, um eine nach den Genfer Konventionen obliegende Aufgabe auszuführen oder um dem in bewaffneten Konflikten anwendbaren humanitären Völkerrecht nachzukommen, könnte als aus einem wichtigen Grund im öffentlichen Interesse notwendig oder als im lebenswichtigen Interesse der betroffenen Person liegend erachtet werden. (113) Übermittlungen, die als nicht wiederholt erfolgend gelten können und nur eine begrenzte Zahl von betroffenen Personen betreffen, könnten auch zur Wahrung der zwingenden berechtigten Interessen des Verantwortlichen möglich sein, sofern die Interessen oder Rechte und Freiheiten der betroffenen Person nicht überwiegen und der Verantwortliche sämtliche Umstände der Datenübermittlung geprüft hat. Der Verantwortliche sollte insbesondere die Art der personenbezogenen Daten, den Zweck und die Dauer der vorgesehenen Verarbeitung, die Situation im Herkunftsland, in dem betreffenden Drittland und im Endbestimmungsland berücksichtigen und angemessene Garantien zum Schutz der Grundrechte und Grundfreiheiten natürlicher Personen in Bezug auf die Verarbeitung ihrer personenbezogener Daten vorsehen. Diese Übermittlungen sollten nur in den verbleibenden Fällen möglich sein, in denen keiner der anderen Gründe für die Übermittlung anwendbar ist. Bei wissenschaftlichen oder historischen Forschungszwecken oder zu statistischen Zwecken sollten die legitimen gesellschaftlichen Erwartungen in Bezug auf einen Wissenszuwachs berücksichtigt werden. Der Verantwortliche sollte die Aufsichtsbehörde und die betroffene Person von der Übermittlung in Kenntnis setzen. (114) In allen Fällen, in denen kein Kommissionsbeschluss zur Angemessenheit des in einem Drittland bestehenden Datenschutzniveaus vorliegt, sollte der Verantwortliche oder der Auftragsverarbeiter auf Lösungen zurückgreifen, mit denen den betroffenen Personen durchsetzbare und wirksame Rechte in Bezug auf die Verarbeitung ihrer personenbezogenen Daten in der Union nach der Übermittlung dieser Daten eingeräumt werden, damit sie weiterhin die Grundrechte und Garantien genießen können. (115) Manche Drittländer erlassen Gesetze, Vorschriften und sonstige Rechtsakte, die vorgeben, die Verarbeitungstätigkeiten natürlicher und juristischer Personen, die der

Artikel der DSGVO	Erwägungsgrund/Erwägungsgründe sowie korrespondierende Vorschriften des BDSG-neu
Daten vorgesehen hat. Der Verantwortliche setzt die Aufsichtsbehörde von der Übermittlung in Kenntnis. Der Verantwortliche unterrichtet die betroffene Person über die Übermittlung und seine zwingenden berechtigten Interessen; dies erfolgt zusätzlich zu den der betroffenen Person nach den Artikeln 13 und 14 mitgeteilten Informationen. 2. Datenübermittlungen gemäß Absatz 1 Unterabsatz 1 Buchstabe g dürfen nicht die Gesamtheit oder ganze Kategorien der im Register enthaltenen personenbezogenen Daten umfassen. Wenn das Register der Einsichtnahme durch Personen mit berechtigtem Interesse dient, darf die Übermittlung nur auf Anfrage dieser Personen oder nur dann erfolgen, wenn diese Personen die Adressaten der Übermittlung sind. 3. Absatz 1 Unterabsatz 1 Buchstaben a, b und c und sowie Absatz 1 Unterabsatz 2 gelten nicht für Tätigkeiten, die Behörden in Ausübung ihrer hoheitlichen Befugnisse durchführen. 4. Das öffentliche Interesse im Sinne des Absatzes 1 Unterabsatz 1 Buchstabe d muss im Unionsrecht oder im Recht des Mitgliedstaats, dem der Verantwortliche unterliegt, anerkannt sein. 5. Liegt kein Angemessenheitsbeschluss vor, so können im Unionsrecht oder im Recht der Mitgliedstaaten aus wichtigen Gründen des öffentlichen Interesses ausdrücklich Beschränkungen der Übermittlung bestimmter Kategorien von personenbezogenen Daten an Drittländer oder internationale	Rechtsprechung der Mitgliedstaaten unterliegen, unmittelbar zu regeln. Dies kann Urteile von Gerichten und Entscheidungen von Verwaltungsbehörden in Drittländern umfassen, mit denen von einem Verantwortlichen oder einem Auftragsverarbeiter die Übermittlung oder Offenlegung personenbezogener Daten verlangt wird und die nicht auf eine in Kraft befindliche internationale Übereinkunft wie etwa ein Rechtshilfeabkommen zwischen dem ersuchenden Drittland und der Union oder einem Mitgliedstaat gestützt sind. Die Anwendung dieser Gesetze, Verordnungen und sonstigen Rechtsakte außerhalb des Hoheitsgebiets der betreffenden Drittländer kann gegen internationales Recht verstoßen und dem durch diese Verordnung in der Union gewährleisteten Schutz natürlicher Personen zuwiderlaufen. Datenübermittlungen sollten daher nur zulässig sein, wenn die Bedingungen dieser Verordnung für Datenübermittlungen an Drittländer eingehalten werden. Dies kann unter anderem der Fall sein, wenn die Offenlegung aus einem wichtigen öffentlichen Interesse erforderlich ist, das im Unionsrecht oder im Recht des Mitgliedstaats, dem der Verantwortliche unterliegt, anerkannt ist.

Artikel der DSGVO	Erwägungsgrund/Erwägungsgründe sowie korrespondierende Vorschriften des BDSG-neu
Organisationen vorgesehen werden. Die Mitgliedstaaten teilen der Kommission derartige Bestimmungen mit. 6. Der Verantwortliche oder der Auftragsverarbeiter erfasst die von ihm vorgenommene Beurteilung sowie die angemessenen Garantien im Sinne des Absatzes 1 Unterabsatz 2 des vorliegenden Artikels in der Dokumentation gemäß Artikel 30.	
Artikel 50: Internationale Zusammenarbeit zum Schutz personenbezogener Daten	
In Bezug auf Drittländer und internationale Organisationen treffen die Kommission und die Aufsichtsbehörden geeignete Maßnahmen zur (a) Entwicklung von Mechanismen der internationalen Zusammenarbeit, durch die die wirksame Durchsetzung von Rechtsvorschriften zum Schutz personenbezogener Daten erleichtert wird, (b) gegenseitigen Leistung internationaler Amtshilfe bei der Durchsetzung von Rechtsvorschriften zum Schutz personenbezogener Daten, unter anderem durch Meldungen, Beschwerdeverweisungen, Amtshilfe bei Untersuchungen und Informationsaustausch, sofern geeignete Garantien für den Schutz personenbezogener Daten und anderer Grundrechte und Grundfreiheiten bestehen, (c) Einbindung maßgeblicher Interessenträger in Diskussionen und Tätigkeiten, die zum Ausbau der internationalen Zusammenarbeit bei der Durchsetzung von Rechtsvorschriften zum Schutz personenbezogener Daten dienen,	(116) Wenn personenbezogene Daten in ein anderes Land außerhalb der Union übermittelt werden, besteht eine erhöhte Gefahr, dass natürliche Personen ihre Datenschutzrechte nicht wahrnehmen können und sich insbesondere gegen die unrechtmäßige Nutzung oder Offenlegung dieser Informationen zu schützen. Ebenso kann es vorkommen, dass Aufsichtsbehörden Beschwerden nicht nachgehen oder Untersuchungen nicht durchführen können, die einen Bezug zu Tätigkeiten außerhalb der Grenzen ihres Mitgliedstaats haben. Ihre Bemühungen um grenzüberschreitende Zusammenarbeit können auch durch unzureichende Präventiv- und Abhilfebefugnisse, widersprüchliche Rechtsordnungen und praktische Hindernisse wie Ressourcenknappheit behindert werden. Die Zusammenarbeit zwischen den Datenschutzaufsichtsbehörden muss daher gefördert werden, damit sie Informationen austauschen und mit den Aufsichtsbehörden in anderen Ländern Untersuchungen durchführen können. Um Mechanismen der internationalen Zusammenarbeit zu entwickeln, die die internationale Amtshilfe bei der Durchsetzung von Rechtsvorschriften zum Schutz personenbezogener Daten erleichtern und sicherstellen, sollten die Kommission und die Aufsichtsbehörden Informationen austauschen und bei Tätigkeiten, die mit der Ausübung ihrer Befugnisse in Zusammenhang stehen, mit den zuständigen Behörden der Drittländer nach dem Grundsatz der Gegenseitigkeit und gemäß dieser Verordnung zusammenarbeiten.

Artikel der DSGVO	Erwägungsgrund/Erwägungsgründe sowie korrespondierende Vorschriften des BDSG-neu
(d) Förderung des Austauschs und der Dokumentation von Rechtsvorschriften und Praktiken zum Schutz personenbezogener Daten einschließlich Zuständigkeitskonflikten mit Drittländern.	
Kapitel VI – Unabhängige Aufsichtsbehörden	
Abschnitt 1 – Unabhängigkeit	
Artikel 51: Aufsichtsbehörden Siehe Kap. 6	
1. Jeder Mitgliedstaat sieht vor, dass eine oder mehrere unabhängige Behörden für die Überwachung der Anwendung dieser Verordnung zuständig sind, damit die Grundrechte und Grundfreiheiten natürlicher Personen bei der Verarbeitung geschützt werden und der freie Verkehr personenbezogener Daten in der Union erleichtert wird (im Folgenden „Aufsichtsbehörde"). 2. Jede Aufsichtsbehörde leistet einen Beitrag zur einheitlichen Anwendung dieser Verordnung in der gesamten Union. Zu diesem Zweck arbeiten die Aufsichtsbehörden untereinander sowie mit der Kommission gemäß Kapitel VII zusammen. 3. Gibt es in einem Mitgliedstaat mehr als eine Aufsichtsbehörde, so bestimmt dieser Mitgliedstaat die Aufsichtsbehörde, die diese Behörden im Ausschuss vertritt, und führt ein Verfahren ein, mit dem sichergestellt wird, dass die anderen Behörden die Regeln für das Kohärenzverfahren nach Artikel 63 einhalten. 4. Jeder Mitgliedstaat teilt der Kommission bis spätestens 25. Mai 2018 die Rechtsvorschriften, die er aufgrund dieses Kapitels erlässt, sowie unverzüglich alle folgenden Änderungen dieser Vorschriften mit.	(20) Diese Verordnung gilt zwar unter anderem für die Tätigkeiten der Gerichte und anderer Justizbehörden, doch könnte im Unionsrecht oder im Recht der Mitgliedstaaten festgelegt werden, wie die Verarbeitungsvorgänge und Verarbeitungsverfahren bei der Verarbeitung personenbezogener Daten durch Gerichte und andere Justizbehörden im Einzelnen auszusehen haben. Damit die Unabhängigkeit der Justiz bei der Ausübung ihrer gerichtlichen Aufgaben einschließlich ihrer Beschlussfassung unangetastet bleibt, sollten die Aufsichtsbehörden nicht für die Verarbeitung personenbezogener Daten durch Gerichte im Rahmen ihrer justiziellen Tätigkeit zuständig sein. Mit der Aufsicht über diese Datenverarbeitungsvorgänge sollten besondere Stellen im Justizsystem des Mitgliedstaats betraut werden können, die insbesondere die Einhaltung der Vorschriften dieser Verordnung sicherstellen, Richter und Staatsanwälte besser für ihre Pflichten aus dieser Verordnung sensibilisieren und Beschwerden in Bezug auf derartige Datenverarbeitungsvorgänge bearbeiten sollten. (117) Die Errichtung von Aufsichtsbehörden in den Mitgliedstaaten, die befugt sind, ihre Aufgaben und Befugnisse völlig unabhängig wahrzunehmen, ist ein wesentlicher Bestandteil des Schutzes natürlicher Personen bei der Verarbeitung personenbezogener Daten. Die Mitgliedstaaten sollten mehr als eine Aufsichtsbehörde errichten können, wenn dies ihrer verfassungsmäßigen, organisatorischen und administrativen Struktur entspricht. (118) Die Tatsache, dass die Aufsichtsbehörden unabhängig sind, sollte nicht bedeuten, dass sie hinsichtlich ihrer Ausgaben keinem Kontroll- oder Überwachungsmechanismus unterworfen werden bzw. sie keiner gerichtlichen Überprüfung unterzogen werden können. (119) Errichtet ein Mitgliedstaat mehrere Aufsichtsbehörden, so sollte er mittels Rechtsvorschriften sicherstellen, dass diese Aufsichtsbehörden am Kohärenzverfahren wirksam beteiligt werden. Insbesondere sollte dieser Mitgliedstaat eine Aufsichtsbehörde bestimmen, die als

Artikel der DSGVO	Erwägungsgrund/Erwägungsgründe sowie korrespondierende Vorschriften des BDSG-neu
	zentrale Anlaufstelle für eine wirksame Beteiligung dieser Behörden an dem Verfahren fungiert und eine rasche und reibungslose Zusammenarbeit mit anderen Aufsichtsbehörden, dem Ausschuss und der Kommission gewährleistet.
	§ 17 BDSG: Vertretung im Europäischen Datenschutzausschuss, zentrale Anlaufstelle
	(1) Gemeinsamer Vertreter im Europäischen Datenschutzausschuss und zentrale Anlaufstelle ist die oder der Bundesbeauftragte (gemeinsamer Vertreter). Als Stellvertreterin oder Stellvertreter des gemeinsamen Vertreters wählt der Bundesrat eine Leiterin oder einen Leiter der Aufsichtsbehörde eines Landes (Stellvertreter). Die Wahl erfolgt für fünf Jahre. Mit dem Ausscheiden aus dem Amt als Leiterin oder Leiter der Aufsichtsbehörde eines Landes endet zugleich die Funktion als Stellvertreter. Wiederwahl ist zulässig.
	(2) Der gemeinsame Vertreter überträgt in Angelegenheiten, die die Wahrnehmung einer Aufgabe betreffen, für welche die Länder allein das Recht zur Gesetzgebung haben, oder welche die Einrichtung oder das Verfahren von Landesbehörden betreffen, dem Stellvertreter auf dessen Verlangen die Verhandlungsführung und das Stimmrecht im Europäischen Datenschutzausschuss.
	§ 18 BDSG: Verfahren der Zusammenarbeit der Aufsichtsbehörden des Bundes und der Länder
	(1) Die oder der Bundesbeauftragte und die Aufsichtsbehörden der Länder (Aufsichtsbehörden des Bundes und der Länder) arbeiten in Angelegenheiten der Europäischen Union mit dem Ziel einer einheitlichen Anwendung der Verordnung (EU) 2016/679 und der Richtlinie (EU) 2016/680 zusammen. Vor der Übermittlung eines gemeinsamen Standpunktes an die Aufsichtsbehörden der anderen Mitgliedstaaten, die Europäische Kommission oder den Europäischen Datenschutzausschuss geben sich die Aufsichtsbehörden des Bundes und der Länder frühzeitig Gelegenheit zur Stellungnahme. Zu diesem Zweck tauschen sie untereinander alle zweckdienlichen Informationen aus. Die Aufsichtsbehörden des Bundes und der Länder beteiligen die nach den Artikeln 85 und 91 der Verordnung (EU) 2016/679 eingerichteten spezifischen Aufsichtsbehörden, sofern diese von der Angelegenheit betroffen sind.
	(2) Soweit die Aufsichtsbehörden des Bundes und der Länder kein Einvernehmen über den gemeinsamen Standpunkt erzielen, legen die federführende Behörde oder in Ermangelung einer solchen der gemeinsame Vertreter und sein Stellvertreter einen Vorschlag für einen gemeinsamen Standpunkt vor. Einigen sich der gemeinsame Vertreter

Artikel der DSGVO	Erwägungsgrund/Erwägungsgründe sowie korrespondierende Vorschriften des BDSG-neu
	und sein Stellvertreter nicht auf einen Vorschlag für einen gemeinsamen Standpunkt, legt in Angelegenheiten, die die Wahrnehmung von Aufgaben betreffen, für welche die Länder allein das Recht der Gesetzgebung haben, oder welche die Einrichtung oder das Verfahren von Landesbehörden betreffen, der Stellvertreter den Vorschlag für einen gemeinsamen Standpunkt fest. In den übrigen Fällen fehlenden Einvernehmens nach Satz 2 legt der gemeinsame Vertreter den Standpunkt fest. Der nach den Sätzen 1 bis 3 vorgeschlagene Standpunkt ist den Verhandlungen zu Grunde zu legen, wenn nicht die Aufsichtsbehörden von Bund und Ländern einen anderen Standpunkt mit einfacher Mehrheit beschließen. Der Bund und jedes Land haben jeweils eine Stimme. Enthaltungen werden nicht gezählt.
	(3) Der gemeinsame Vertreter und dessen Stellvertreter sind an den gemeinsamen Standpunkt nach den Absätzen 1 und 2 gebunden und legen unter Beachtung dieses Standpunktes einvernehmlich die jeweilige Verhandlungsführung fest. Sollte ein Einvernehmen nicht erreicht werden, entscheidet in den in § 18 Absatz 2 Satz 2 genannten Angelegenheiten der Stellvertreter über die weitere Verhandlungsführung. In den übrigen Fällen gibt die Stimme des gemeinsamen Vertreters den Ausschlag.
Artikel 52: Unabhängigkeit Siehe Kap. 6	
1. Jede Aufsichtsbehörde handelt bei der Erfüllung ihrer Aufgaben und bei der Ausübung ihrer Befugnisse gemäß dieser Verordnung völlig unabhängig. 2. Das Mitglied oder die Mitglieder jeder Aufsichtsbehörde unterliegen bei der Erfüllung ihrer Aufgaben und der Ausübung ihrer Befugnisse gemäß dieser Verordnung weder direkter noch indirekter Beeinflussung von außen und ersuchen weder um Weisung noch nehmen sie Weisungen entgegen. 3. Das Mitglied oder die Mitglieder der Aufsichtsbehörde sehen von allen mit den Aufgaben ihres Amtes nicht zu vereinbarenden Handlungen ab und üben während ihrer Amtszeit keine andere mit ihrem Amt nicht zu vereinbarende entgeltliche oder unentgeltliche Tätigkeit aus.	(118) Die Tatsache, dass die Aufsichtsbehörden unabhängig sind, sollte nicht bedeuten, dass sie hinsichtlich ihrer Ausgaben keinem Kontroll- oder Überwachungsmechanismus unterworfen werden bzw. sie keiner gerichtlichen Überprüfung unterzogen werden können. (120) Jede Aufsichtsbehörde sollte mit Finanzmitteln, Personal, Räumlichkeiten und einer Infrastruktur ausgestattet werden, wie sie für die wirksame Wahrnehmung ihrer Aufgaben, einschließlich derer im Zusammenhang mit der Amtshilfe und Zusammenarbeit mit anderen Aufsichtsbehörden in der gesamten Union, notwendig sind. Jede Aufsichtsbehörde sollte über einen eigenen, öffentlichen, jährlichen Haushaltsplan verfügen, der Teil des gesamten Staatshaushalts oder nationalen Haushalts sein kann. **§ 10 BDSG: Unabhängigkeit [Bundesbeauftragte für den Datenschutz und die Informationssicherheit]** (1) Die oder der Bundesbeauftragte handelt bei der Erfüllung ihrer oder seiner Aufgaben und bei der Ausübung ihrer oder seiner Befugnisse völlig unabhängig. Sie oder er unterliegt weder direkter noch indirekter Beeinflussung von außen und ersucht weder um Weisung noch nimmt sie oder er Weisungen entgegen.

Artikel der DSGVO	Erwägungsgrund/Erwägungsgründe sowie korrespondierende Vorschriften des BDSG-neu
4. Jeder Mitgliedstaat stellt sicher, dass jede Aufsichtsbehörde mit den personellen, technischen und finanziellen Ressourcen, Räumlichkeiten und Infrastrukturen ausgestattet wird, die sie benötigt, um ihre Aufgaben und Befugnisse auch im Rahmen der Amtshilfe, Zusammenarbeit und Mitwirkung im Ausschuss effektiv wahrnehmen zu können.	(2) Die oder der Bundesbeauftragte unterliegt der Rechnungsprüfung durch den Bundesrechnungshof, soweit hierdurch ihre oder seine Unabhängigkeit nicht beeinträchtigt wird.
5. Jeder Mitgliedstaat stellt sicher, dass jede Aufsichtsbehörde ihr eigenes Personal auswählt und hat, das ausschließlich der Leitung des Mitglieds oder der Mitglieder der betreffenden Aufsichtsbehörde untersteht.	
6. Jeder Mitgliedstaat stellt sicher, dass jede Aufsichtsbehörde einer Finanzkontrolle unterliegt, die ihre Unabhängigkeit nicht beeinträchtigt und dass sie über eigene, öffentliche, jährliche Haushaltspläne verfügt, die Teil des gesamten Staatshaushalts oder nationalen Haushalts sein können.	
Artikel 53: Allgemeine Bedingungen für die Mitglieder der Aufsichtsbehörde	
1. Die Mitgliedstaaten sehen vor, dass jedes Mitglied ihrer Aufsichtsbehörden im Wege eines transparenten Verfahrens ernannt wird, und zwar – vom Parlament, – von der Regierung, – vom Staatsoberhaupt oder – von einer unabhängigen Stelle, die nach dem Recht des Mitgliedstaats mit der Ernennung betraut wird. 2. Jedes Mitglied muss über die für die Erfüllung seiner Aufgaben und Ausübung seiner Befugnisse erforderliche Qualifikation, Erfahrung und Sachkunde insbesondere im Bereich des Schutzes personenbezogener Daten verfügen.	(121) Die allgemeinen Anforderungen an das Mitglied oder die Mitglieder der Aufsichtsbehörde sollten durch Rechtsvorschriften von jedem Mitgliedstaat geregelt werden und insbesondere vorsehen, dass diese Mitglieder im Wege eines transparenten Verfahrens entweder – auf Vorschlag der Regierung, eines Mitglieds der Regierung, des Parlaments oder einer Parlamentskammer – vom Parlament, der Regierung oder dem Staatsoberhaupt des Mitgliedstaats oder von einer unabhängigen Stelle ernannt werden, die nach dem Recht des Mitgliedstaats mit der Ernennung betraut wird. Um die Unabhängigkeit der Aufsichtsbehörde zu gewährleisten, sollten ihre Mitglieder ihr Amt integer ausüben, von allen mit den Aufgaben ihres Amts nicht zu vereinbarenden Handlungen absehen und während ihrer Amtszeit keine andere mit ihrem Amt nicht zu vereinbarende entgeltliche oder unentgeltliche Tätigkeit ausüben. Die Aufsichtsbehörde sollte über eigenes Personal verfügen, das sie selbst oder eine nach dem Recht des Mitgliedstaats eingerichtete unabhängige Stelle auswählt

Artikel der DSGVO	Erwägungsgrund/Erwägungsgründe sowie korrespondierende Vorschriften des BDSG-neu
3. Das Amt eines Mitglieds endet mit Ablauf der Amtszeit, mit seinem Rücktritt oder verpflichtender Versetzung in den Ruhestand gemäß dem Recht des betroffenen Mitgliedstaats. 4. Ein Mitglied wird seines Amtes nur enthoben, wenn es eine schwere Verfehlung begangen hat oder die Voraussetzungen für die Wahrnehmung seiner Aufgaben nicht mehr erfüllt.	und das ausschließlich der Leitung des Mitglieds oder der Mitglieder der Aufsichtsbehörde unterstehen sollte. **§ 12 BDSG: Amtsverhältnis [Bundesbeauftragte für den Datenschutz und die Informationssicherheit]** (1) Die oder der Bundesbeauftragte steht nach Maßgabe dieses Gesetzes zum Bund in einem öffentlich-rechtlichen Amtsverhältnis. (2) Das Amtsverhältnis beginnt mit der Aushändigung der Ernennungsurkunde. Es endet mit dem Ablauf der Amtszeit oder mit dem Rücktritt. Die Bundespräsidentin oder der Bundespräsident enthebt auf Vorschlag der Präsidentin oder des Präsidenten des Bundestages die Bundesbeauftragte ihres oder den Bundesbeauftragten seines Amtes, wenn die oder der Bundesbeauftragte eine schwere Verfehlung begangen hat oder die Voraussetzungen für die Wahrnehmung ihrer oder seiner Aufgaben nicht mehr erfüllt. Im Fall der Beendigung des Amtsverhältnisses oder der Amtsenthebung erhält die oder der Bundesbeauftragte eine von der Bundespräsidentin oder dem Bundespräsidenten vollzogene Urkunde. Eine Amtsenthebung wird mit der Aushändigung der Urkunde wirksam. Endet das Amtsverhältnis mit Ablauf der Amtszeit, ist die oder der Bundesbeauftragte verpflichtet, auf Ersuchen der Präsidentin oder des Präsidenten des Bundestages die Geschäfte bis zur Ernennung einer Nachfolgerin oder eines Nachfolgers für die Dauer von höchstens sechs Monaten weiterzuführen. (3) Die Leitende Beamtin oder der Leitende Beamte nimmt die Rechte der oder des Bundesbeauftragten wahr, wenn die oder der Bundesbeauftragte an der Ausübung ihres oder seines Amtes verhindert ist oder wenn ihr oder sein Amtsverhältnis endet und sie oder er nicht zur Weiterführung der Geschäfte verpflichtet ist. § 10 Absatz 1 ist entsprechend anzuwenden. (4) Die oder der Bundesbeauftragte erhält vom Beginn des Kalendermonats an, in dem das Amtsverhältnis beginnt, bis zum Schluss des Kalendermonats, in dem das Amtsverhältnis endet, im Fall des Absatzes 2 Satz 6 bis zum Ende des Monats, in dem die Geschäftsführung endet, Amtsbezüge in Höhe der Besoldungsgruppe B 11 sowie den Familienzuschlag entsprechend Anlage V des Bundesbesoldungsgesetzes. Das Bundesreisekostengesetz und das Bundesumzugskostengesetz sind entsprechend anzuwenden. Im Übrigen sind § 12 Absatz 6 sowie die §§ 13 bis 20 und 21a Absatz 5 des Bundesministergesetzes mit den Maßgaben anzuwenden, dass an die Stelle der vierjährigen Amtszeit in § 15 Absatz 1 des Bundesministergesetzes eine Amtszeit von fünf Jahren tritt. Abweichend von Satz 3 in Verbindung mit den §§ 15 bis 17

Artikel der DSGVO	Erwägungsgrund/Erwägungsgründe sowie korrespondierende Vorschriften des BDSG-neu
	und 21a Absatz 5 des Bundesministergesetzes berechnet sich das Ruhegehalt der oder des Bundesbeauftragten unter Hinzurechnung der Amtszeit als ruhegehaltsfähige Dienstzeit in entsprechender Anwendung des Beamtenversorgungsgesetzes, wenn dies günstiger ist und die oder der Bundesbeauftragte sich unmittelbar vor ihrer oder seiner Wahl zur oder zum Bundesbeauftragten als Beamtin oder Beamter oder als Richterin oder Richter mindestens in dem letzten gewöhnlich vor Erreichen der Besoldungsgruppe B 11 zu durchlaufenden Amt befunden hat. **§ 13 BDSG: Rechte und Pflichten [Bundesbeauftragte für den Datenschutz und die Informationssicherheit]** (1) Die oder der Bundesbeauftragte sieht von allen mit den Aufgaben ihres oder seines Amtes nicht zu vereinbarenden Handlungen ab und übt während ihrer oder seiner Amtszeit keine andere mit ihrem oder seinem Amt nicht zu vereinbarende entgeltliche oder unentgeltliche Tätigkeit aus. Insbesondere darf die oder der Bundesbeauftragte neben ihrem oder seinem Amt kein anderes besoldetes Amt, kein Gewerbe und keinen Beruf ausüben und weder der Leitung oder dem Aufsichtsrat oder Verwaltungsrat eines auf Erwerb gerichteten Unternehmens noch einer Regierung oder einer gesetzgebenden Körperschaft des Bundes oder eines Landes angehören. Sie oder er darf nicht gegen Entgelt außergerichtliche Gutachten abgeben. (2) Die oder der Bundesbeauftragte hat der Präsidentin oder dem Präsidenten des Bundestages Mitteilung über Geschenke zu machen, die sie oder er in Bezug auf das Amt erhält. Die Präsidentin oder der Präsident des Bundestages entscheidet über die Verwendung der Geschenke. Sie oder er kann Verfahrensvorschriften erlassen. (3) Die oder der Bundesbeauftragte ist berechtigt, über Personen, die ihr oder ihm in ihrer oder seiner Eigenschaft als Bundesbeauftragte oder Bundesbeauftragter Tatsachen anvertraut haben, sowie über diese Tatsachen selbst das Zeugnis zu verweigern. Dies gilt auch für die Mitarbeiterinnen und Mitarbeiter der oder des Bundesbeauftragten mit der Maßgabe, dass über die Ausübung dieses Rechts die oder der Bundesbeauftragte entscheidet. Soweit das Zeugnisverweigerungsrecht der oder des Bundesbeauftragten reicht, darf die Vorlegung oder Auslieferung von Akten oder anderen Dokumenten von ihr oder ihm nicht gefordert werden. (4) Die oder der Bundesbeauftragte ist, auch nach Beendigung ihres oder seines Amtsverhältnisses, verpflichtet, über die ihr oder ihm amtlich bekanntgewordenen Angelegenheiten Verschwiegenheit zu bewahren. Dies gilt nicht für Mitteilungen im dienstlichen Verkehr oder über Tatsachen, die offenkundig sind oder ihrer Bedeutung

Artikel der DSGVO	Erwägungsgrund/Erwägungsgründe sowie korrespondierende Vorschriften des BDSG-neu
	nach keiner Geheimhaltung bedürfen. Die oder der Bundesbeauftragte entscheidet nach pflichtgemäßem Ermessen, ob und inwieweit sie oder er über solche Angelegenheiten vor Gericht oder außergerichtlich aussagt oder Erklärungen abgibt; wenn sie oder er nicht mehr im Amt ist, ist die Genehmigung der oder des amtierenden Bundesbeauftragten erforderlich. Unberührt bleibt die gesetzlich begründete Pflicht, Straftaten anzuzeigen und bei einer Gefährdung der freiheitlichen demokratischen Grundordnung für deren Erhaltung einzutreten. Für die Bundesbeauftragte oder den Bundesbeauftragten und ihre oder seine Mitarbeiterinnen und Mitarbeiter gelten die §§ 93, 97 und 105 Absatz 1, § 111 Absatz 5 in Verbindung mit § 105 Absatz 1 sowie § 116 Absatz 1 der Abgabenordnung nicht. Satz 5 findet keine Anwendung, soweit die Finanzbehörden die Kenntnis für die Durchführung eines Verfahrens wegen einer Steuerstraftat sowie eines damit zusammenhängenden Steuerverfahrens benötigen, an deren Verfolgung ein zwingendes öffentliches Interesse besteht, oder soweit es sich um vorsätzlich falsche Angaben der oder des Auskunftspflichtigen oder der für sie oder ihn tätigen Personen handelt. Stellt die oder der Bundesbeauftragte einen Datenschutzverstoß fest, ist sie oder er befugt, diesen anzuzeigen und die betroffene Person hierüber zu informieren.
	(5) Die oder der Bundesbeauftragte darf als Zeugin oder Zeuge aussagen, es sei denn, die Aussage würde
	1. dem Wohl des Bundes oder eines Landes Nachteile bereiten, insbesondere Nachteile für die Sicherheit der Bundesrepublik Deutschland oder ihre Beziehungen zu anderen Staaten, oder
	2. Grundrechte verletzen.
	Betrifft die Aussage laufende oder abgeschlossene Vorgänge, die dem Kernbereich exekutiver Eigenverantwortung der Bundesregierung zuzurechnen sind oder sein könnten, darf die oder der Bundesbeauftragte nur im Benehmen mit der Bundesregierung aussagen. § 28 des Bundesverfassungsgerichtsgesetzes bleibt unberührt.
	(6) Die Absätze 3 und 4 Satz 5 bis 7 gelten entsprechend für die öffentlichen Stellen, die für die Kontrolle der Einhaltung der Vorschriften über den Datenschutz in den Ländern zuständig sind.

Artikel der DSGVO	Erwägungsgrund/Erwägungsgründe sowie korrespondierende Vorschriften des BDSG-neu
Artikel 54: Errichtung der Aufsichtsbehörde	
1. Jeder Mitgliedstaat sieht durch Rechtsvorschriften Folgendes vor: (a) die Errichtung jeder Aufsichtsbehörde; (b) die erforderlichen Qualifikationen und sonstigen Voraussetzungen für die Ernennung zum Mitglied jeder Aufsichtsbehörde; (c) die Vorschriften und Verfahren für die Ernennung des Mitglieds oder der Mitglieder jeder Aufsichtsbehörde; (d) die Amtszeit des Mitglieds oder der Mitglieder jeder Aufsichtsbehörde von mindestens vier Jahren; dies gilt nicht für die erste Amtszeit nach 24. Mai 2016, die für einen Teil der Mitglieder kürzer sein kann, wenn eine zeitlich versetzte Ernennung zur Wahrung der Unabhängigkeit der Aufsichtsbehörde notwendig ist; (e) die Frage, ob und – wenn ja – wie oft das Mitglied oder die Mitglieder jeder Aufsichtsbehörde wiederernannt werden können; (f) die Bedingungen im Hinblick auf die Pflichten des Mitglieds oder der Mitglieder und der Bediensteten jeder Aufsichtsbehörde, die Verbote von Handlungen, beruflichen Tätigkeiten und Vergütungen während und nach der Amtszeit, die mit diesen Pflichten unvereinbar sind, und die Regeln für die Beendigung des Beschäftigungsverhältnisses.	**§ 8 BDSG: Errichtung [Bundesbeauftragte für den Datenschutz und die Informationssicherheit]** (1) Die oder der Bundesbeauftragte für den Datenschutz und die Informationsfreiheit (Bundesbeauftragte) ist eine oberste Bundesbehörde. Der Dienstsitz ist Bonn. (2) Die Beamtinnen und Beamten der oder des Bundesbeauftragten sind Beamtinnen und Beamte des Bundes. (3) Die oder der Bundesbeauftragte kann Aufgaben der Personalverwaltung und Personalwirtschaft auf andere Stellen des Bundes übertragen, soweit hierdurch die Unabhängigkeit der oder des Bundesbeauftragten nicht beeinträchtigt wird. Diesen Stellen dürfen personenbezogene Daten der Beschäftigten übermittelt werden, soweit deren Kenntnis zur Erfüllung der übertragenen Aufgaben erforderlich ist. **§ 11 BDSG: Ernennung und Amtszeit** (1) Der Deutsche Bundestag wählt ohne Aussprache auf Vorschlag der Bundesregierung die Bundesbeauftragte oder den Bundesbeauftragten mit mehr als der Hälfte der gesetzlichen Zahl seiner Mitglieder. Die oder der Gewählte ist von der Bundespräsidentin oder dem Bundespräsidenten zu ernennen. Die oder der Bundesbeauftragte muss bei ihrer oder seiner Wahl das 35. Lebensjahr vollendet haben. Sie oder er muss über die für die Erfüllung ihrer oder seiner Aufgaben und Ausübung ihrer oder seiner Befugnisse erforderliche Qualifikation, Erfahrung und Sachkunde insbesondere im Bereich des Schutzes personenbezogener Daten verfügen. Insbesondere muss die oder der Bundesbeauftragte über durch einschlägige Berufserfahrung erworbene Kenntnisse des Datenschutzrechts verfügen und die Befähigung zum Richteramt oder höheren Verwaltungsdienst haben. (2) Die oder der Bundesbeauftragte leistet vor der Bundespräsidentin oder dem Bundespräsidenten folgenden Eid: „Ich schwöre, dass ich meine Kraft dem Wohle des deutschen Volkes widmen, seinen Nutzen mehren, Schaden von ihm wenden, das Grundgesetz und die Gesetze des Bundes wahren und verteidigen, meine Pflichten gewissenhaft erfüllen und Gerechtigkeit gegen jedermann üben werde. So wahr mir Gott helfe." Der Eid kann auch ohne religiöse Beteuerung geleistet werden.

Artikel der DSGVO	Erwägungsgrund/Erwägungsgründe sowie korrespondierende Vorschriften des BDSG-neu
2. Das Mitglied oder die Mitglieder und die Bediensteten jeder Aufsichtsbehörde sind gemäß dem Unionsrecht oder dem Recht der Mitgliedstaaten sowohl während ihrer Amts- beziehungsweise Dienstzeit als auch nach deren Beendigung verpflichtet, über alle vertraulichen Informationen, die ihnen bei der Wahrnehmung ihrer Aufgaben oder der Ausübung ihrer Befugnisse bekannt geworden sind, Verschwiegenheit zu wahren. Während dieser Amts- beziehungsweise Dienstzeit gilt diese Verschwiegenheitspflicht insbesondere für die von natürlichen Personen gemeldeten Verstößen gegen diese Verordnung.	(3) Die Amtszeit der oder des Bundesbeauftragten beträgt fünf Jahre. Einmalige Wiederwahl ist zulässig.
Abschnitt 2 – Zuständigkeit, Aufgaben und Befugnisse	
Artikel 55: Zuständigkeit Siehe Abschn. 6.1	
1. Jede Aufsichtsbehörde ist für die Erfüllung der Aufgaben und die Ausübung der Befugnisse, die ihr mit dieser Verordnung übertragen wurden, im Hoheitsgebiet ihres eigenen Mitgliedstaats zuständig. 2. Erfolgt die Verarbeitung durch Behörden oder private Stellen auf der Grundlage von Artikel 6 Absatz 1 Buchstabe c oder e, so ist die Aufsichtsbehörde des betroffenen Mitgliedstaats zuständig. In diesem Fall findet Artikel 56 keine Anwendung. 3. Die Aufsichtsbehörden sind nicht zuständig für die Aufsicht über die von Gerichten im Rahmen ihrer justiziellen Tätigkeit vorgenommenen Verarbeitungen.	(20) Diese Verordnung gilt zwar unter anderem für die Tätigkeiten der Gerichte und anderer Justizbehörden, doch könnte im Unionsrecht oder im Recht der Mitgliedstaaten festgelegt werden, wie die Verarbeitungsvorgänge und Verarbeitungsverfahren bei der Verarbeitung personenbezogener Daten durch Gerichte und andere Justizbehörden im Einzelnen auszusehen haben. Damit die Unabhängigkeit der Justiz bei der Ausübung ihrer gerichtlichen Aufgaben einschließlich ihrer Beschlussfassung unangetastet bleibt, sollten die Aufsichtsbehörden nicht für die Verarbeitung personenbezogener Daten durch Gerichte im Rahmen ihrer justiziellen Tätigkeit zuständig sein. Mit der Aufsicht über diese Datenverarbeitungsvorgänge sollten besondere Stellen im Justizsystem des Mitgliedstaats betraut werden können, die insbesondere die Einhaltung der Vorschriften dieser Verordnung sicherstellen, Richter und Staatsanwälte besser für ihre Pflichten aus dieser Verordnung sensibilisieren und Beschwerden in Bezug auf derartige Datenverarbeitungsvorgänge bearbeiten sollten. (122) Jede Aufsichtsbehörde sollte dafür zuständig sein, im Hoheitsgebiet ihres Mitgliedstaats die Befugnisse auszuüben und die Aufgaben zu erfüllen, die ihr mit dieser Verordnung übertragen wurden. Dies sollte insbesondere

Artikel der DSGVO	Erwägungsgrund/Erwägungsgründe sowie korrespondierende Vorschriften des BDSG-neu
	für Folgendes gelten: die Verarbeitung im Rahmen der Tätigkeiten einer Niederlassung des Verantwortlichen oder Auftragsverarbeiters im Hoheitsgebiet ihres Mitgliedstaats, die Verarbeitung personenbezogener Daten durch Behörden oder private Stellen, die im öffentlichen Interesse handeln, Verarbeitungstätigkeiten, die Auswirkungen auf betroffene Personen in ihrem Hoheitsgebiet haben, oder Verarbeitungstätigkeiten eines Verantwortlichen oder Auftragsverarbeiters ohne Niederlassung in der Union, sofern sie auf betroffene Personen mit Wohnsitz in ihrem Hoheitsgebiet ausgerichtet sind. Dies sollte auch die Bearbeitung von Beschwerden einer betroffenen Person, die Durchführung von Untersuchungen über die Anwendung dieser Verordnung sowie die Förderung der Information der Öffentlichkeit über Risiken, Vorschriften, Garantien und Rechte im Zusammenhang mit der Verarbeitung personenbezogener Daten einschließen. **§ 9 BDSG: Zuständigkeit [Bundesbeauftragte für den Datenschutz und die Informationssicherheit]** (1) Die oder der Bundesbeauftragte ist zuständig für die Aufsicht über die öffentlichen Stellen des Bundes, auch soweit sie als öffentlich-rechtliche Unternehmen am Wettbewerb teilnehmen. Die Vorschriften dieses Kapitels gelten auch für Auftragsverarbeiter, soweit sie nichtöffentliche Stellen sind, bei denen dem Bund die Mehrheit der Anteile gehört oder die Mehrheit der Stimmen zusteht und der Auftraggeber eine öffentliche Stelle des Bundes ist. (2) Die oder der Bundesbeauftragte ist nicht zuständig für die Aufsicht über die von den Bundesgerichten im Rahmen ihrer justiziellen Tätigkeit vorgenommenen Verarbeitungen.
Artikel 56: Zuständigkeit der federführenden Aufsichtsbehörde Siehe Abschn. 6.2 und 6.3	
1. Unbeschadet des Artikels 55 ist die Aufsichtsbehörde der Hauptniederlassung oder der einzigen Niederlassung des Verantwortlichen oder des Auftragsverarbeiters gemäß dem Verfahren nach Artikel 60 die zuständige federführende Aufsichtsbehörde für die von diesem Verantwortlichen oder diesem Auftragsverarbeiter durchgeführte grenzüberschreitende Verarbeitung.	(124) Findet die Verarbeitung personenbezogener Daten im Zusammenhang mit der Tätigkeit einer Niederlassung eines Verantwortlichen oder eines Auftragsverarbeiters in der Union statt und hat der Verantwortliche oder der Auftragsverarbeiter Niederlassungen in mehr als einem Mitgliedstaat oder hat die Verarbeitungstätigkeit im Zusammenhang mit der Tätigkeit einer einzigen Niederlassung eines Verantwortlichen oder Auftragsverarbeiters in der Union erhebliche Auswirkungen auf betroffene Personen in mehr als einem Mitgliedstaat bzw. wird sie voraussichtlich solche Auswirkungen haben, so sollte die Aufsichtsbehörde für die Hauptniederlassung des Verantwortlichen oder Auftragsverarbeiters oder für die einzige

Artikel der DSGVO	Erwägungsgrund/Erwägungsgründe sowie korrespondierende Vorschriften des BDSG-neu
2. Abweichend von Absatz 1 ist jede Aufsichtsbehörde dafür zuständig, sich mit einer bei ihr eingereichten Beschwerde oder einem etwaigen Verstoß gegen diese Verordnung zu befassen, wenn der Gegenstand nur mit einer Niederlassung in ihrem Mitgliedstaat zusammenhängt oder betroffene Personen nur ihres Mitgliedstaats erheblich beeinträchtigt. 3. In den in Absatz 2 des vorliegenden Artikels genannten Fällen unterrichtet die Aufsichtsbehörde unverzüglich die federführende Aufsichtsbehörde über diese Angelegenheit. Innerhalb einer Frist von drei Wochen nach der Unterrichtung entscheidet die federführende Aufsichtsbehörde, ob sie sich mit dem Fall gemäß dem Verfahren nach Artikel 60 befasst oder nicht, wobei sie berücksichtigt, ob der Verantwortliche oder der Auftragsverarbeiter in dem Mitgliedstaat, dessen Aufsichtsbehörde sie unterrichtet hat, eine Niederlassung hat oder nicht. 4. Entscheidet die federführende Aufsichtsbehörde, sich mit dem Fall zu befassen, so findet das Verfahren nach Artikel 60 Anwendung. Die Aufsichtsbehörde, die die federführende Aufsichtsbehörde unterrichtet hat, kann dieser einen Beschlussentwurf vorlegen. Die federführende Aufsichtsbehörde trägt diesem Entwurf bei der Ausarbeitung des Beschlussentwurfs nach Artikel 60 Absatz 3 weitestgehend Rechnung. 5. Entscheidet die federführende Aufsichtsbehörde, sich mit dem Fall nicht selbst zu befassen, so	Niederlassung des Verantwortlichen oder Auftragsverarbeiters als federführende Behörde fungieren. Sie sollte mit den anderen Behörden zusammenarbeiten, die betroffen sind, weil der Verantwortliche oder Auftragsverarbeiter eine Niederlassung im Hoheitsgebiet ihres Mitgliedstaats hat, weil die Verarbeitung erhebliche Auswirkungen auf betroffene Personen mit Wohnsitz in ihrem Hoheitsgebiet hat oder weil bei ihnen eine Beschwerde eingelegt wurde. Auch wenn eine betroffene Person ohne Wohnsitz in dem betreffenden Mitgliedstaat eine Beschwerde eingelegt hat, sollte die Aufsichtsbehörde, bei der Beschwerde eingelegt wurde, auch eine betroffene Aufsichtsbehörde sein. Der Ausschuss sollte – im Rahmen seiner Aufgaben in Bezug auf die Herausgabe von Leitlinien zu allen Fragen im Zusammenhang mit der Anwendung dieser Verordnung – insbesondere Leitlinien zu den Kriterien ausgeben können, die bei der Feststellung zu berücksichtigen sind, ob die fragliche Verarbeitung erhebliche Auswirkungen auf betroffene Personen in mehr als einem Mitgliedstaat hat und was einen maßgeblichen und begründeten Einspruch darstellt. (125) Die federführende Behörde sollte berechtigt sein, verbindliche Beschlüsse über Maßnahmen zu erlassen, mit denen die ihr gemäß dieser Verordnung übertragenen Befugnisse ausgeübt werden. In ihrer Eigenschaft als federführende Behörde sollte diese Aufsichtsbehörde für die enge Einbindung und Koordinierung der betroffenen Aufsichtsbehörden im Entscheidungsprozess sorgen. Wird beschlossen, die Beschwerde der betroffenen Person vollständig oder teilweise abzuweisen, so sollte dieser Beschluss von der Aufsichtsbehörde angenommen werden, bei der die Beschwerde eingelegt wurde. (127) Jede Aufsichtsbehörde, die nicht als federführende Aufsichtsbehörde fungiert, sollte in örtlichen Fällen zuständig sein, wenn der Verantwortliche oder Auftragsverarbeiter Niederlassungen in mehr als einem Mitgliedstaat hat, der Gegenstand der spezifischen Verarbeitung aber nur die Verarbeitungstätigkeiten in einem einzigen Mitgliedstaat und nur betroffene Personen in diesem einen Mitgliedstaat betrifft, beispielsweise wenn es um die Verarbeitung von personenbezogenen Daten von Arbeitnehmern im spezifischen Beschäftigungskontext eines Mitgliedstaats geht. In solchen Fällen sollte die Aufsichtsbehörde unverzüglich die federführende Aufsichtsbehörde über diese Angelegenheit unterrichten. Nach ihrer Unterrichtung sollte die federführende Aufsichtsbehörde entscheiden, ob sie den Fall nach den Bestimmungen zur Zusammenarbeit zwischen der federführenden Aufsichtsbehörde und anderen betroffenen Aufsichtsbehörden

Artikel der DSGVO	Erwägungsgrund/Erwägungsgründe sowie korrespondierende Vorschriften des BDSG-neu
befasst die Aufsichtsbehörde, die die federführende Aufsichtsbehörde unterrichtet hat, sich mit dem Fall gemäß den Artikeln 61 und 62. 6. Die federführende Aufsichtsbehörde ist der einzige Ansprechpartner der Verantwortlichen oder der Auftragsverarbeiter für Fragen der von diesem Verantwortlichen oder diesem Auftragsverarbeiter durchgeführten grenzüberschreitenden Verarbeitung.	gemäß der Vorschrift zur Zusammenarbeit zwischen der federführenden Aufsichtsbehörde und anderen betroffenen Aufsichtsbehörden (im Folgenden „Verfahren der Zusammenarbeit und Kohärenz") regelt oder ob die Aufsichtsbehörde, die sie unterrichtet hat, den Fall auf örtlicher Ebene regeln sollte. Dabei sollte die federführende Aufsichtsbehörde berücksichtigen, ob der Verantwortliche oder der Auftragsverarbeiter in dem Mitgliedstaat, dessen Aufsichtsbehörde sie unterrichtet hat, eine Niederlassung hat, damit Beschlüsse gegenüber dem Verantwortlichen oder dem Auftragsverarbeiter wirksam durchgesetzt werden. Entscheidet die federführende Aufsichtsbehörde, den Fall selbst zu regeln, sollte die Aufsichtsbehörde, die sie unterrichtet hat, die Möglichkeit haben, einen Beschlussentwurf vorzulegen, dem die federführende Aufsichtsbehörde bei der Ausarbeitung ihres Beschlussentwurfs im Rahmen dieses Verfahrens der Zusammenarbeit und Kohärenz weitestgehend Rechnung tragen sollte. (128) Die Vorschriften über die federführende Behörde und das Verfahren der Zusammenarbeit und Kohärenz sollten keine Anwendung finden, wenn die Verarbeitung durch Behörden oder private Stellen im öffentlichen Interesse erfolgt. In diesen Fällen sollte die Aufsichtsbehörde des Mitgliedstaats, in dem die Behörde oder private Einrichtung ihren Sitz hat, die einzige Aufsichtsbehörde sein, die dafür zuständig ist, die Befugnisse auszuüben, die ihr mit dieser Verordnung übertragen wurden.
Artikel 57: Aufgaben Siehe Abschn. 7.1	
1. Unbeschadet anderer in dieser Verordnung dargelegter Aufgaben muss jede Aufsichtsbehörde in ihrem Hoheitsgebiet (a) die Anwendung dieser Verordnung überwachen und durchsetzen; (b) die Öffentlichkeit für die Risiken, Vorschriften, Garantien und Rechte im Zusammenhang mit der Verarbeitung sensibilisieren und sie darüber aufklären. Besondere Beachtung finden dabei spezifische Maßnahmen für Kinder; (c) im Einklang mit dem Recht des Mitgliedstaats das nationale	(123) Die Aufsichtsbehörden sollten die Anwendung der Bestimmungen dieser Verordnung überwachen und zu ihrer einheitlichen Anwendung in der gesamten Union beitragen, um natürliche Personen im Hinblick auf die Verarbeitung ihrer Daten zu schützen und den freien Verkehr personenbezogener Daten im Binnenmarkt zu erleichtern. Zu diesem Zweck sollten die Aufsichtsbehörden untereinander und mit der Kommission zusammenarbeiten, ohne dass eine Vereinbarung zwischen den Mitgliedstaaten über die Leistung von Amtshilfe oder über eine derartige Zusammenarbeit erforderlich wäre. (132) Auf die Öffentlichkeit ausgerichtete Sensibilisierungsmaßnahmen der Aufsichtsbehörden sollten spezifische Maßnahmen einschließen, die sich an die Verantwortlichen und die Auftragsverarbeiter, einschließlich Kleinstunternehmen sowie kleiner und mittlerer Unternehmen, und an natürliche Personen, insbesondere im Bildungsbereich, richten.

Artikel der DSGVO	Erwägungsgrund/Erwägungsgründe sowie korrespondierende Vorschriften des BDSG-neu
Parlament, die Regierung und andere Einrichtungen und Gremien über legislative und administrative Maßnahmen zum Schutz der Rechte und Freiheiten natürlicher Personen in Bezug auf die Verarbeitung beraten; (d) die Verantwortlichen und die Auftragsverarbeiter für die ihnen aus dieser Verordnung entstehenden Pflichten sensibilisieren; (e) auf Anfrage jeder betroffenen Person Informationen über die Ausübung ihrer Rechte aufgrund dieser Verordnung zur Verfügung stellen und gegebenenfalls zu diesem Zweck mit den Aufsichtsbehörden in anderen Mitgliedstaaten zusammenarbeiten; (f) sich mit Beschwerden einer betroffenen Person oder Beschwerden einer Stelle, einer Organisation oder eines Verbandes gemäß Artikel 80 befassen, den Gegenstand der Beschwerde in angemessenem Umfang untersuchen und den Beschwerdeführer innerhalb einer angemessenen Frist über den Fortgang und das Ergebnis der Untersuchung unterrichten, insbesondere, wenn eine weitere Untersuchung oder Koordinierung mit einer anderen Aufsichtsbehörde notwendig ist; (g) mit anderen Aufsichtsbehörden zusammenarbeiten, auch durch Informationsaustausch, und ihnen Amtshilfe leisten, um die einheitliche Anwendung und Durchsetzung dieser Verordnung zu gewährleisten; (h) Untersuchungen über die Anwendung dieser Verordnung durchführen, auch auf der Grundlage von Informationen einer anderen Aufsichtsbehörde oder einer anderen Behörde;	**§ 14 BDSG: Aufgaben [Bundesbeauftragte für den Datenschutz und die Informationssicherheit]** (1) Die oder der Bundesbeauftragte hat neben den in der Verordnung (EU) 2016/679 genannten Aufgaben die Aufgaben, 1. die Anwendung dieses Gesetzes und sonstiger Vorschriften über den Datenschutz, einschließlich der zur Umsetzung der Richtlinie (EU) 2016/680 erlassenen Rechtsvorschriften, zu überwachen und durchzusetzen, 2. die Öffentlichkeit für die Risiken, Vorschriften, Garantien und Rechte im Zusammenhang mit der Verarbeitung personenbezogener Daten zu sensibilisieren und sie darüber aufzuklären, wobei spezifische Maßnahmen für Kinder besondere Beachtung finden, 3. den Deutschen Bundestag und den Bundesrat, die Bundesregierung und andere Einrichtungen und Gremien über legislative und administrative Maßnahmen zum Schutz der Rechte und Freiheiten natürlicher Personen in Bezug auf die Verarbeitung personenbezogener Daten zu beraten, 4. die Verantwortlichen und die Auftragsverarbeiter für die ihnen aus diesem Gesetz und sonstigen Vorschriften über den Datenschutz, einschließlich den zur Umsetzung der Richtlinie (EU) 2016/680 erlassenen Rechtsvorschriften, entstehenden Pflichten zu sensibilisieren, 5. auf Anfrage jeder betroffenen Person Informationen über die Ausübung ihrer Rechte aufgrund dieses Gesetzes und sonstiger Vorschriften über den Datenschutz, einschließlich der zur Umsetzung der Richtlinie (EU) 2016/680 erlassenen Rechtsvorschriften, zur Verfügung zu stellen und gegebenenfalls zu diesem Zweck mit den Aufsichtsbehörden in anderen Mitgliedstaaten zusammenzuarbeiten, 6. sich mit Beschwerden einer betroffenen Person oder Beschwerden einer Stelle, einer Organisation oder eines Verbandes gemäß Artikel 55 der Richtlinie (EU) 2016/680 zu befassen, den Gegenstand der Beschwerde in angemessenem Umfang zu untersuchen und den Beschwerdeführer innerhalb einer angemessenen Frist über den Fortgang und das Ergebnis der Untersuchung zu unterrichten, insbesondere, wenn eine weitere Untersuchung oder Koordinierung mit einer anderen Aufsichtsbehörde notwendig ist, 7. mit anderen Aufsichtsbehörden zusammenzuarbeiten, auch durch Informationsaustausch, und ihnen Amtshilfe zu leisten, um die einheitliche Anwendung und Durchsetzung dieses Gesetzes und sonstiger Vorschriften über den Datenschutz, einschließlich der zur Umsetzung der Richtlinie (EU) 2016/680 erlassenen Rechtsvorschriften, zu gewährleisten,

Artikel der DSGVO	Erwägungsgrund/Erwägungsgründe sowie korrespondierende Vorschriften des BDSG-neu
(i) maßgebliche Entwicklungen verfolgen, soweit sie sich auf den Schutz personenbezogener Daten auswirken, insbesondere die Entwicklung der Informations- und Kommunikationstechnologie und der Geschäftspraktiken; (j) Standardvertragsklauseln im Sinne des Artikels 28 Absatz 8 und des Artikels 46 Absatz 2 Buchstabe d festlegen; (k) eine Liste der Verarbeitungsarten erstellen und führen, für die gemäß Artikel 35 Absatz 4 eine Datenschutz-Folgenabschätzung durchzuführen ist; (l) Beratung in Bezug auf die in Artikel 36 Absatz 2 genannten Verarbeitungsvorgänge leisten; (m) die Ausarbeitung von Verhaltensregeln gemäß Artikel 40 Absatz 1 fördern und zu diesen Verhaltensregeln, die ausreichende Garantien im Sinne des Artikels 40 Absatz 5 bieten müssen, Stellungnahmen abgeben und sie billigen; (n) die Einführung von Datenschutzzertifizierungsmechanismen und von Datenschutzsiegeln und -prüfzeichen nach Artikel 42 Absatz 1 anregen und Zertifizierungskriterien nach Artikel 42 Absatz 5 billigen; (o) gegebenenfalls die nach Artikel 42 Absatz 7 erteilten Zertifizierungen regelmäßig überprüfen; (p) die Kriterien für die Akkreditierung einer Stelle für die Überwachung der Einhaltung der Verhaltensregeln gemäß Artikel 41 und einer Zertifizierungsstelle gemäß Artikel 43 abfassen und veröffentlichen;	8. Untersuchungen über die Anwendung dieses Gesetzes und sonstiger Vorschriften über den Datenschutz, einschließlich der zur Umsetzung der Richtlinie (EU) 2016/680 erlassenen Rechtsvorschriften, durchzuführen, auch auf der Grundlage von Informationen einer anderen Aufsichtsbehörde oder einer anderen Behörde, 9. maßgebliche Entwicklungen zu verfolgen, soweit sie sich auf den Schutz personenbezogener Daten auswirken, insbesondere die Entwicklung der Informations- und Kommunikationstechnologie und der Geschäftspraktiken, 10. Beratung in Bezug auf die in § 69 genannten Verarbeitungsvorgänge zu leisten und 11. Beiträge zur Tätigkeit des Europäischen Datenschutzausschusses zu leisten. Im Anwendungsbereich der Richtlinie (EU) 2016/680 nimmt die oder der Bundesbeauftragte zudem die Aufgabe nach § 60 wahr. (2) Zur Erfüllung der in Absatz 1 Satz 1 Nummer 3 genannten Aufgabe kann die oder der Bundesbeauftragte zu allen Fragen, die im Zusammenhang mit dem Schutz personenbezogener Daten stehen, von sich aus oder auf Anfrage Stellungnahmen an den Deutschen Bundestag oder einen seiner Ausschüsse, den Bundesrat, die Bundesregierung, sonstige Einrichtungen und Stellen sowie an die Öffentlichkeit richten. Auf Ersuchen des Deutschen Bundestages, eines seiner Ausschüsse oder der Bundesregierung geht die oder der Bundesbeauftragte ferner Hinweisen auf Angelegenheiten und Vorgänge des Datenschutzes bei den öffentlichen Stellen des Bundes nach. (3) Die oder der Bundesbeauftragte erleichtert das Einreichen der in Absatz 1 Satz 1 Nummer 6 genannten Beschwerden durch Maßnahmen wie etwa die Bereitstellung eines Beschwerdeformulars, das auch elektronisch ausgefüllt werden kann, ohne dass andere Kommunikationsmittel ausgeschlossen werden. (4) Die Erfüllung der Aufgaben der oder des Bundesbeauftragten ist für die betroffene Person unentgeltlich. Bei offenkundig unbegründeten oder, insbesondere im Fall von häufiger Wiederholung, exzessiven Anfragen kann die oder der Bundesbeauftragte eine angemessene Gebühr auf der Grundlage der Verwaltungskosten verlangen oder sich weigern, aufgrund der Anfrage tätig zu werden. In diesem Fall trägt die oder der Bundesbeauftragte die Beweislast für den offenkundig unbegründeten oder exzessiven Charakter der Anfrage.

Artikel der DSGVO	Erwägungsgrund/Erwägungsgründe sowie korrespondierende Vorschriften des BDSG-neu
(q) die Akkreditierung einer Stelle für die Überwachung der Einhaltung der Verhaltensregeln gemäß Artikel 41 und einer Zertifizierungsstelle gemäß Artikel 43 vornehmen;	
(r) Vertragsklauseln und Bestimmungen im Sinne des Artikels 46 Absatz 3 genehmigen;	
(s) verbindliche interne Vorschriften gemäß Artikel 47 genehmigen;	
(t) Beiträge zur Tätigkeit des Ausschusses leisten;	
(u) interne Verzeichnisse über Verstöße gegen diese Verordnung und gemäß Artikel 58 Absatz 2 ergriffene Maßnahmen und	
(v) jede sonstige Aufgabe im Zusammenhang mit dem Schutz personenbezogener Daten erfüllen.	
2. Jede Aufsichtsbehörde erleichtert das Einreichen von in Absatz 1 Buchstabe f genannten Beschwerden durch Maßnahmen wie etwa die Bereitstellung eines Beschwerdeformulars, das auch elektronisch ausgefüllt werden kann, ohne dass andere Kommunikationsmittel ausgeschlossen werden.	
3. Die Erfüllung der Aufgaben jeder Aufsichtsbehörde ist für die betroffene Person und gegebenenfalls für den Datenschutzbeauftragten unentgeltlich.	
4. Bei offenkundig unbegründeten oder – insbesondere im Fall von häufiger Wiederholung – exzessiven Anfragen kann die Aufsichtsbehörde eine angemessene Gebühr auf der Grundlage der Verwaltungskosten verlangen oder sich weigern, aufgrund der Anfrage tätig zu werden. In diesem Fall trägt die Aufsichtsbehörde die Beweislast für den offenkundig unbegründeten oder exzessiven Charakter der Anfrage.	

Artikel der DSGVO	Erwägungsgrund/Erwägungsgründe sowie korrespondierende Vorschriften des BDSG-neu
Artikel 58: Befugnisse Siehe Abschn. 7.1	
1. Jede Aufsichtsbehörde verfügt über sämtliche folgenden Untersuchungsbefugnisse, die es ihr gestatten, (a) den Verantwortlichen, den Auftragsverarbeiter und gegebenenfalls den Vertreter des Verantwortlichen oder des Auftragsverarbeiters anzuweisen, alle Informationen bereitzustellen, die für die Erfüllung ihrer Aufgaben erforderlich sind, (b) Untersuchungen in Form von Datenschutzüberprüfungen durchzuführen, (c) eine Überprüfung der nach Artikel 42 Absatz 7 erteilten Zertifizierungen durchzuführen, (d) den Verantwortlichen oder den Auftragsverarbeiter auf einen vermeintlichen Verstoß gegen diese Verordnung hinzuweisen, (e) von dem Verantwortlichen und dem Auftragsverarbeiter Zugang zu allen personenbezogenen Daten und Informationen, die zur Erfüllung ihrer Aufgaben notwendig sind, zu erhalten, (f) gemäß dem Verfahrensrecht der Union oder dem Verfahrensrecht des Mitgliedstaats Zugang zu den Geschäftsräumen, einschließlich aller Datenverarbeitungsanlagen und -geräte, des Verantwortlichen und des Auftragsverarbeiters zu erhalten. 2. Jede Aufsichtsbehörde verfügt über sämtliche folgenden Abhilfebefugnisse, die es ihr gestatten, (a) einen Verantwortlichen oder einen Auftragsverarbeiter zu warnen, dass beabsichtigte Verarbeitungsvorgänge voraussichtlich gegen diese Verordnung verstoßen,	(129) Um die einheitliche Überwachung und Durchsetzung dieser Verordnung in der gesamten Union sicherzustellen, sollten die Aufsichtsbehörden in jedem Mitgliedstaat dieselben Aufgaben und wirksamen Befugnisse haben, darunter, insbesondere im Fall von Beschwerden natürlicher Personen, Untersuchungsbefugnisse, Abhilfebefugnisse und Sanktionsbefugnisse und Genehmigungsbefugnisse und beratende Befugnisse, sowie – unbeschadet der Befugnisse der Strafverfolgungsbehörden nach dem Recht der Mitgliedstaaten – die Befugnis, Verstöße gegen diese Verordnung den Justizbehörden zur Kenntnis zu bringen und Gerichtsverfahren anzustrengen. Dazu sollte auch die Befugnis zählen, eine vorübergehende oder endgültige Beschränkung der Verarbeitung, einschließlich eines Verbots, zu verhängen. Die Mitgliedstaaten können andere Aufgaben im Zusammenhang mit dem Schutz personenbezogener Daten im Rahmen dieser Verordnung festlegen. Die Befugnisse der Aufsichtsbehörden sollten in Übereinstimmung mit den geeigneten Verfahrensgarantien nach dem Unionsrecht und dem Recht der Mitgliedstaaten unparteiisch, gerecht und innerhalb einer angemessenen Frist ausgeübt werden. Insbesondere sollte jede Maßnahme im Hinblick auf die Gewährleistung der Einhaltung dieser Verordnung geeignet, erforderlich und verhältnismäßig sein, wobei die Umstände des jeweiligen Einzelfalls zu berücksichtigen sind, das Recht einer jeden Person, gehört zu werden, bevor eine individuelle Maßnahme getroffen wird, die nachteilige Auswirkungen auf diese Person hätte, zu achten ist und überflüssige Kosten und übermäßige Unannehmlichkeiten für die Betroffenen zu vermeiden sind. Untersuchungsbefugnisse im Hinblick auf den Zugang zu Räumlichkeiten sollten im Einklang mit besonderen Anforderungen im Verfahrensrecht der Mitgliedstaaten ausgeübt werden, wie etwa dem Erfordernis einer vorherigen richterlichen Genehmigung. Jede rechtsverbindliche Maßnahme der Aufsichtsbehörde sollte schriftlich erlassen werden und sie sollte klar und eindeutig sein; die Aufsichtsbehörde, die die Maßnahme erlassen hat, und das Datum, an dem die Maßnahme erlassen wurde, sollten angegeben werden und die Maßnahme sollte vom Leiter oder von einem von ihm bevollmächtigten Mitglied der Aufsichtsbehörde unterschrieben sein und eine Begründung für die Maßnahme sowie einen Hinweis auf das Recht auf einen wirksamen Rechtsbehelf enthalten. Dies sollte zusätzliche Anforderungen nach dem Verfahrensrecht der Mitgliedstaaten nicht ausschließen. Der Erlass eines rechtsverbindlichen Beschlusses setzt voraus, dass er in dem Mitgliedstaat der Aufsichtsbehörde, die den Beschluss erlassen hat, gerichtlich überprüft werden kann.

Artikel der DSGVO	Erwägungsgrund/Erwägungsgründe sowie korrespondierende Vorschriften des BDSG-neu
(b) einen Verantwortlichen oder einen Auftragsverarbeiter zu verwarnen, wenn er mit Verarbeitungsvorgängen gegen diese Verordnung verstoßen hat, (c) den Verantwortlichen oder den Auftragsverarbeiter anzuweisen, den Anträgen der betroffenen Person auf Ausübung der ihr nach dieser Verordnung zustehenden Rechte zu entsprechen, (d) den Verantwortlichen oder den Auftragsverarbeiter anzuweisen, Verarbeitungsvorgänge gegebenenfalls auf bestimmte Weise und innerhalb eines bestimmten Zeitraums in Einklang mit dieser Verordnung zu bringen, (e) den Verantwortlichen anzuweisen, die von einer Verletzung des Schutzes personenbezogener Daten betroffenen Person entsprechend zu benachrichtigen, (f) eine vorübergehende oder endgültige Beschränkung der Verarbeitung, einschließlich eines Verbots, zu verhängen, (g) die Berichtigung oder Löschung von personenbezogenen Daten oder die Einschränkung der Verarbeitung gemäß den Artikeln 16, 17 und 18 und die Unterrichtung der Empfänger, an die diese personenbezogenen Daten gemäß Artikel 17 Absatz 2 und Artikel 19 offengelegt wurden, über solche Maßnahmen anzuordnen, (h) eine Zertifizierung zu widerrufen oder die Zertifizierungsstelle anzuweisen, eine gemäß den Artikel 42 und 43 erteilte Zertifizierung zu widerrufen, oder die Zertifizierungsstelle anzuweisen, keine Zertifizierung zu erteilen, wenn die Voraussetzungen für die Zertifizierung nicht oder nicht mehr erfüllt werden,	**§ 16 BDSG: Befugnisse [Bundesbeauftragte für den Datenschutz und die Informationssicherheit]** (1) Die oder der Bundesbeauftragte nimmt im Anwendungsbereich der Verordnung (EU) 2016/679 die Befugnisse gemäß Artikel 58 der Verordnung (EU) 2016/679 wahr. Kommt die oder der Bundesbeauftragte zu dem Ergebnis, dass Verstöße gegen die Vorschriften über den Datenschutz oder sonstige Mängel bei der Verarbeitung personenbezogener Daten vorliegen, teilt sie oder er dies der zuständigen Rechts- oder Fachaufsichtsbehörde mit und gibt dieser vor der Ausübung der Befugnisse des Artikels 58 Absatz 2 Buchstabe b bis g, i und j der Verordnung (EU) 2016/679 gegenüber dem Verantwortlichen Gelegenheit zur Stellungnahme innerhalb einer angemessenen Frist. Von der Einräumung der Gelegenheit zur Stellungnahme kann abgesehen werden, wenn eine sofortige Entscheidung wegen Gefahr im Verzug oder im öffentlichen Interesse notwendig erscheint oder ihr ein zwingendes öffentliches Interesse entgegensteht. Die Stellungnahme soll auch eine Darstellung der Maßnahmen enthalten, die aufgrund der Mitteilung der oder des Bundesbeauftragten getroffen worden sind. (2) Stellt die oder der Bundesbeauftragte bei Datenverarbeitungen durch öffentliche Stellen des Bundes zu Zwecken außerhalb des Anwendungsbereichs der Verordnung (EU) 2016/679 Verstöße gegen die Vorschriften dieses Gesetzes oder gegen andere Vorschriften über den Datenschutz oder sonstige Mängel bei der Verarbeitung oder Nutzung personenbezogener Daten fest, so beanstandet sie oder er dies gegenüber der zuständigen obersten Bundesbehörde und fordert diese zur Stellungnahme innerhalb einer von ihr oder ihm zu bestimmenden Frist auf. Die oder der Bundesbeauftragte kann von einer Beanstandung absehen oder auf eine Stellungnahme verzichten, insbesondere wenn es sich um unerhebliche oder inzwischen beseitigte Mängel handelt. Die Stellungnahme soll auch eine Darstellung der Maßnahmen enthalten, die aufgrund der Beanstandung der oder des Bundesbeauftragten getroffen worden sind. Die oder der Bundesbeauftragte kann den Verantwortlichen auch davor warnen, dass beabsichtigte Verarbeitungsvorgänge voraussichtlich gegen in diesem Gesetz enthaltene und andere auf die jeweilige Datenverarbeitung anzuwendende Vorschriften über den Datenschutz verstoßen. (3) Die Befugnisse der oder des Bundesbeauftragten erstrecken sich auch auf 1. von öffentlichen Stellen des Bundes erlangte personenbezogene Daten über den Inhalt und die näheren Umstände des Brief-, Post- und Fernmeldeverkehrs und

Artikel der DSGVO	Erwägungsgrund/Erwägungsgründe sowie korrespondierende Vorschriften des BDSG-neu
(i) eine Geldbuße gemäß Artikel 83 zu verhängen, zusätzlich zu oder anstelle von in diesem Absatz genannten Maßnahmen, je nach den Umständen des Einzelfalls, (j) die Aussetzung der Übermittlung von Daten an einen Empfänger in einem Drittland oder an eine internationale Organisation anzuordnen. 3. Jede Aufsichtsbehörde verfügt über sämtliche folgenden Genehmigungsbefugnisse und beratenden Befugnisse, die es ihr gestatten, (a) gemäß dem Verfahren der vorherigen Konsultation nach Artikel 36 den Verantwortlichen zu beraten, (b) zu allen Fragen, die im Zusammenhang mit dem Schutz personenbezogener Daten stehen, von sich aus oder auf Anfrage Stellungnahmen an das nationale Parlament, die Regierung des Mitgliedstaats oder im Einklang mit dem Recht des Mitgliedstaats an sonstige Einrichtungen und Stellen sowie an die Öffentlichkeit zu richten, (c) die Verarbeitung gemäß Artikel 36 Absatz 5 zu genehmigen, falls im Recht des Mitgliedstaats eine derartige vorherige Genehmigung verlangt wird, (d) eine Stellungnahme abzugeben und Entwürfe von Verhaltensregeln gemäß Artikel 40 Absatz 5 zu billigen, (e) Zertifizierungsstellen gemäß Artikel 43 zu akkreditieren, (f) im Einklang mit Artikel 42 Absatz 5 Zertifizierungen zu erteilen und Kriterien für die Zertifizierung zu billigen,	2. personenbezogene Daten, die einem besonderen Amtsgeheimnis, insbesondere dem Steuergeheimnis nach § 30 der Abgabenordnung, unterliegen. Das Grundrecht des Brief-, Post- und Fernmeldegeheimnisses des Artikels 10 des Grundgesetzes wird insoweit eingeschränkt. (4) Die öffentlichen Stellen des Bundes sind verpflichtet, der oder dem Bundesbeauftragten und ihren oder seinen Beauftragten 1. jederzeit Zugang zu den Grundstücken und Diensträumen, einschließlich aller Datenverarbeitungsanlagen und -geräte, sowie zu allen personenbezogenen Daten und Informationen, die zur Erfüllung ihrer oder seiner Aufgaben notwendig sind, zu gewähren und 2. alle Informationen, die für die Erfüllung ihrer oder seiner Aufgaben erforderlich sind, bereitzustellen. (5) Die oder der Bundesbeauftragte wirkt auf die Zusammenarbeit mit den öffentlichen Stellen, die für die Kontrolle der Einhaltung der Vorschriften über den Datenschutz in den Ländern zuständig sind, sowie mit den Aufsichtsbehörden nach § 40 hin. § 40 Absatz 3 Satz 1 zweiter Halbsatz gilt entsprechend. **§ 29 BDSG: Rechte der betroffenen Person und aufsichtsbehördliche Befugnisse im Fall von Geheimhaltungspflichten** [...] (3) Gegenüber den in § 203 Absatz 1, 2a und 3 des Strafgesetzbuchs genannten Personen oder deren Auftragsverarbeitern bestehen die Untersuchungsbefugnisse der Aufsichtsbehörden gemäß Artikel 58 Absatz 1 Buchstabe e und f der Verordnung (EU) 2016/679 nicht, soweit die Inanspruchnahme der Befugnisse zu einem Verstoß gegen die Geheimhaltungspflichten dieser Personen führen würde. Erlangt eine Aufsichtsbehörde im Rahmen einer Untersuchung Kenntnis von Daten, die einer Geheimhaltungspflicht im Sinne des Satzes 1 unterliegen, gilt die Geheimhaltungspflicht auch für die Aufsichtsbehörde. **§ 40 BDSG: Aufsichtsbehörden der Länder** (1) Die nach Landesrecht zuständigen Behörden überwachen im Anwendungsbereich der Verordnung (EU) 2016/679 bei den nichtöffentlichen Stellen die Anwendung der Vorschriften über den Datenschutz. (2) Hat der Verantwortliche oder Auftragsverarbeiter mehrere inländische Niederlassungen, findet für die Bestimmung der zuständigen Aufsichtsbehörde Artikel 4

Artikel der DSGVO	Erwägungsgrund/Erwägungsgründe sowie korrespondierende Vorschriften des BDSG-neu
(g) Standarddatenschutzklauseln nach Artikel 28 Absatz 8 und Artikel 46 Absatz 2 Buchstabe d festzulegen, (h) Vertragsklauseln gemäß Artikel 46 Absatz 3 Buchstabe a zu genehmigen, (i) Verwaltungsvereinbarungen gemäß Artikel 46 Absatz 3 Buchstabe b zu genehmigen (j) verbindliche interne Vorschriften gemäß Artikel 47 zu genehmigen. 4. Die Ausübung der der Aufsichtsbehörde gemäß diesem Artikel übertragenen Befugnisse erfolgt vorbehaltlich geeigneter Garantien einschließlich wirksamer gerichtlicher Rechtsbehelfe und ordnungsgemäßer Verfahren gemäß dem Unionsrecht und dem Recht des Mitgliedstaats im Einklang mit der Charta. 5. Jeder Mitgliedstaat sieht durch Rechtsvorschriften vor, dass seine Aufsichtsbehörde befugt ist, Verstöße gegen diese Verordnung den Justizbehörden zur Kenntnis zu bringen und gegebenenfalls die Einleitung eines gerichtlichen Verfahrens zu betreiben oder sich sonst daran zu beteiligen, um die Bestimmungen dieser Verordnung durchzusetzen. 6. Jeder Mitgliedstaat kann durch Rechtsvorschriften vorsehen, dass seine Aufsichtsbehörde neben den in den Absätzen 1, 2 und 3 aufgeführten Befugnissen über zusätzliche Befugnisse verfügt. Die Ausübung dieser Befugnisse darf nicht die effektive Durchführung des Kapitels VII beeinträchtigen.	Nummer 16 der Verordnung (EU) 2016/679 entsprechende Anwendung. Wenn sich mehrere Behörden für zuständig oder für unzuständig halten oder wenn die Zuständigkeit aus anderen Gründen zweifelhaft ist, treffen die Aufsichtsbehörden die Entscheidung gemeinsam nach Maßgabe des § 18 Absatz 2. § 3 Absatz 3 und 4 des Verwaltungsverfahrensgesetzes findet entsprechende Anwendung. (3) Die Aufsichtsbehörde darf die von ihr gespeicherten Daten nur für Zwecke der Aufsicht verarbeiten; hierbei darf sie Daten an andere Aufsichtsbehörden übermitteln. Eine Verarbeitung zu einem anderen Zweck ist über Artikel 6 Absatz 4 der Verordnung (EU) 2016/679 hinaus zulässig, wenn 1. offensichtlich ist, dass sie im Interesse der betroffenen Person liegt und kein Grund zu der Annahme besteht, dass sie in Kenntnis des anderen Zwecks ihre Einwilligung verweigern würde, 2. sie zur Abwehr erheblicher Nachteile für das Gemeinwohl oder einer Gefahr für die öffentliche Sicherheit oder zur Wahrung erheblicher Belange des Gemeinwohls erforderlich ist oder 3. sie zur Verfolgung von Straftaten oder Ordnungswidrigkeiten, zur Vollstreckung oder zum Vollzug von Strafen oder Maßnahmen im Sinne des § 11 Absatz 1 Nummer 8 des Strafgesetzbuchs oder von Erziehungsmaßregeln oder Zuchtmitteln im Sinne des Jugendgerichtsgesetzes oder zur Vollstreckung von Geldbußen erforderlich ist. Stellt die Aufsichtsbehörde einen Verstoß gegen die Vorschriften über den Datenschutz fest, so ist sie befugt, die betroffenen Personen hierüber zu unterrichten, den Verstoß anderen für die Verfolgung oder Ahndung zuständigen Stellen anzuzeigen sowie bei schwerwiegenden Verstößen die Gewerbeaufsichtsbehörde zur Durchführung gewerberechtlicher Maßnahmen zu unterrichten. § 13 Absatz 4 Satz 4 bis 7 gilt entsprechend. (4) Die der Aufsicht unterliegenden Stellen sowie die mit deren Leitung beauftragten Personen haben einer Aufsichtsbehörde auf Verlangen die für die Erfüllung ihrer Aufgaben erforderlichen Auskünfte zu erteilen. Der Auskunftspflichtige kann die Auskunft auf solche Fragen verweigern, deren Beantwortung ihn selbst oder einen der in § 383 Absatz 1 Nummer 1 bis 3 der Zivilprozessordnung bezeichneten Angehörigen der Gefahr strafgerichtlicher Verfolgung oder eines Verfahrens nach dem Gesetz über Ordnungswidrigkeiten aussetzen würde. Der Auskunftspflichtige ist darauf hinzuweisen.

Artikel der DSGVO	Erwägungsgrund/Erwägungsgründe sowie korrespondierende Vorschriften des BDSG-neu
	(5) Die von einer Aufsichtsbehörde mit der Überwachung der Einhaltung der Vorschriften über den Datenschutz beauftragten Personen sind befugt, zur Erfüllung ihrer Aufgaben Grundstücke und Geschäftsräume der Stelle zu betreten und Zugang zu allen Datenverarbeitungsanlagen und –geräten zu erhalten. Die Stelle ist insoweit zur Duldung verpflichtet. § 16 Absatz 4 gilt entsprechend.
	(6) Die Aufsichtsbehörden beraten und unterstützen die Datenschutzbeauftragten mit Rücksicht auf deren typische Bedürfnisse. Sie können die Abberufung der oder des Datenschutzbeauftragten verlangen, wenn sie oder er die zur Erfüllung ihrer oder seiner Aufgaben erforderliche Fachkunde nicht besitzt oder im Fall des Artikels 38 Absatz 6 der Verordnung (EU) 2016/679 ein schwerwiegender Interessenkonflikt vorliegt.
	(7) Die Anwendung der Gewerbeordnung bleibt unberührt.
Artikel 59: Tätigkeitsbericht	
Jede Aufsichtsbehörde erstellt einen Jahresbericht über ihre Tätigkeit, der eine Liste der Arten der gemeldeten Verstöße und der Arten der getroffenen Maßnahmen nach Artikel 58 Absatz 2 enthalten kann. Diese Berichte werden dem nationalen Parlament, der Regierung und anderen nach dem Recht der Mitgliedstaaten bestimmten Behörden übermittelt. Sie werden der Öffentlichkeit, der Kommission und dem Ausschuss zugänglich gemacht.	**§ 15 BDSG: Tätigkeitsbericht [Bundesbeauftragte für den Datenschutz und die Informationssicherheit]** Die oder der Bundesbeauftragte erstellt einen Jahresbericht über ihre oder seine Tätigkeit, der eine Liste der Arten der gemeldeten Verstöße und der Arten der getroffenen Maßnahmen, einschließlich der verhängten Sanktionen und der Maßnahmen nach Artikel 58 Absatz 2 der Verordnung (EU) 2016/679, enthalten kann. Die oder der Bundesbeauftragte übermittelt den Bericht dem Deutschen Bundestag, dem Bundesrat und der Bundesregierung und macht ihn der Öffentlichkeit, der Europäischen Kommission und dem Europäischen Datenschutzausschuss zugänglich.
Kapitel VII – Zusammenarbeit und Kohärenz	
Abschnitt 1 – Zusammenarbeit	
Artikel 60: Zusammenarbeit zwischen der federführenden Aufsichtsbehörde und den anderen betroffenen Aufsichtsbehörden Siehe Abschn. 6.4	
1. Die federführende Aufsichtsbehörde arbeitet mit den anderen betroffenen Aufsichtsbehörden im Einklang mit diesem Artikel zusammen und bemüht sich dabei,	(124) Findet die Verarbeitung personenbezogener Daten im Zusammenhang mit der Tätigkeit einer Niederlassung eines Verantwortlichen oder eines Auftragsverarbeiters in der Union statt und hat der Verantwortliche oder der Auftragsverarbeiter Niederlassungen in mehr als einem

Artikel der DSGVO	Erwägungsgrund/Erwägungsgründe sowie korrespondierende Vorschriften des BDSG-neu
Mit einen Konsens zu erzielen. Die federführende Aufsichtsbehörde und die betroffenen Aufsichtsbehörden tauschen untereinander alle zweckdienlichen Informationen aus. 2. Die federführende Aufsichtsbehörde kann jederzeit andere betroffene Aufsichtsbehörden um Amtshilfe gemäß Artikel 61 ersuchen und gemeinsame Maßnahmen gemäß Artikel 62 durchführen, insbesondere zur Durchführung von Untersuchungen oder zur Überwachung der Umsetzung einer Maßnahme in Bezug auf einen Verantwortlichen oder einen Auftragsverarbeiter, der in einem anderen Mitgliedstaat niedergelassen ist. 3. Die federführende Aufsichtsbehörde übermittelt den anderen betroffenen Aufsichtsbehörden unverzüglich die zweckdienlichen Informationen zu der Angelegenheit. Sie legt den anderen betroffenen Aufsichtsbehörden unverzüglich einen Beschlussentwurf zur Stellungnahme vor und trägt deren Standpunkten gebührend Rechnung. 4. Legt eine der anderen betroffenen Aufsichtsbehörden innerhalb von vier Wochen, nachdem sie gemäß Absatz 3 des vorliegenden Artikels konsultiert wurde, gegen diesen Beschlussentwurf einen maßgeblichen und begründeten Einspruch ein und schließt sich die federführende Aufsichtsbehörde dem maßgeblichen und begründeten Einspruch nicht an oder ist der Ansicht, dass der Einspruch nicht maßgeblich oder nicht begründet ist, so leitet die federführende Aufsichtsbehörde das Kohärenzverfahren gemäß Artikel 63 für die Angelegenheit ein.	Mitgliedstaat oder hat die Verarbeitungstätigkeit im Zusammenhang mit der Tätigkeit einer einzigen Niederlassung eines Verantwortlichen oder Auftragsverarbeiters in der Union erhebliche Auswirkungen auf betroffene Personen in mehr als einem Mitgliedstaat bzw. wird sie voraussichtlich solche Auswirkungen haben, so sollte die Aufsichtsbehörde für die Hauptniederlassung des Verantwortlichen oder Auftragsverarbeiters oder für die einzige Niederlassung des Verantwortlichen oder Auftragsverarbeiters als federführende Behörde fungieren. Sie sollte mit den anderen Behörden zusammenarbeiten, die betroffen sind, weil der Verantwortliche oder Auftragsverarbeiter eine Niederlassung im Hoheitsgebiet ihres Mitgliedstaats hat, weil die Verarbeitung erhebliche Auswirkungen auf betroffene Personen mit Wohnsitz in ihrem Hoheitsgebiet hat oder weil bei ihnen eine Beschwerde eingelegt wurde. Auch wenn eine betroffene Person ohne Wohnsitz in dem betreffenden Mitgliedstaat eine Beschwerde eingelegt hat, sollte die Aufsichtsbehörde, bei der Beschwerde eingelegt wurde, auch eine betroffene Aufsichtsbehörde sein. Der Ausschuss sollte – im Rahmen seiner Aufgaben in Bezug auf die Herausgabe von Leitlinien zu allen Fragen im Zusammenhang mit der Anwendung dieser Verordnung – insbesondere Leitlinien zu den Kriterien ausgeben können, die bei der Feststellung zu berücksichtigen sind, ob die fragliche Verarbeitung erhebliche Auswirkungen auf betroffene Personen in mehr als einem Mitgliedstaat hat und was einen maßgeblichen und begründeten Einspruch darstellt. (125) Die federführende Behörde sollte berechtigt sein, verbindliche Beschlüsse über Maßnahmen zu erlassen, mit denen die ihr gemäß dieser Verordnung übertragenen Befugnisse ausgeübt werden. In ihrer Eigenschaft als federführende Behörde sollte diese Aufsichtsbehörde für die enge Einbindung und Koordinierung der betroffenen Aufsichtsbehörden im Entscheidungsprozess sorgen. Wird beschlossen, die Beschwerde der betroffenen Person vollständig oder teilweise abzuweisen, so sollte dieser Beschluss von der Aufsichtsbehörde angenommen werden, bei der die Beschwerde eingelegt wurde. (126) Der Beschluss sollte von der federführenden Aufsichtsbehörde und den betroffenen Aufsichtsbehörden gemeinsam vereinbart werden und an die Hauptniederlassung oder die einzige Niederlassung des Verantwortlichen oder Auftragsverarbeiters gerichtet sein und für den Verantwortlichen und den Auftragsverarbeiter verbindlich sein. Der Verantwortliche oder Auftragsverarbeiter sollte die erforderlichen Maßnahmen treffen, um die Einhaltung dieser Verordnung und die Umsetzung des Beschlusses zu gewährleisten, der der Hauptniederlassung des Verantwortlichen oder Auftragsverarbeiters im Hinblick auf die Verarbeitungstätigkeiten in der Union von der federführenden Aufsichtsbehörde mitgeteilt wurde.

Artikel der DSGVO	Erwägungsgrund/Erwägungsgründe sowie korrespondierende Vorschriften des BDSG-neu
5. Beabsichtigt die federführende Aufsichtsbehörde, sich dem maßgeblichen und begründeten Einspruch anzuschließen, so legt sie den anderen betroffenen Aufsichtsbehörden einen überarbeiteten Beschlussentwurf zur Stellungnahme vor. Der überarbeitete Beschlussentwurf wird innerhalb von zwei Wochen dem Verfahren nach Absatz 4 unterzogen. 6. Legt keine der anderen betroffenen Aufsichtsbehörden Einspruch gegen den Beschlussentwurf ein, der von der federführenden Aufsichtsbehörde innerhalb der in den Absätzen 4 und 5 festgelegten Frist vorgelegt wurde, so gelten die federführende Aufsichtsbehörde und die betroffenen Aufsichtsbehörden als mit dem Beschlussentwurf einverstanden und sind an ihn gebunden. 7. Die federführende Aufsichtsbehörde erlässt den Beschluss und teilt ihn der Hauptniederlassung oder der einzigen Niederlassung des Verantwortlichen oder gegebenenfalls des Auftragsverarbeiters mit und setzt die anderen betroffenen Aufsichtsbehörden und den Ausschuss von dem betreffenden Beschluss einschließlich einer Zusammenfassung der maßgeblichen Fakten und Gründe in Kenntnis. Die Aufsichtsbehörde, bei der eine Beschwerde eingereicht worden ist, unterrichtet den Beschwerdeführer über den Beschluss. 8. Wird eine Beschwerde abgelehnt oder abgewiesen, so erlässt die Aufsichtsbehörde, bei der die Beschwerde eingereicht wurde, abweichend von Absatz 7 den Beschluss, teilt ihn dem Beschwerdeführer mit und setzt den Verantwortlichen in Kenntnis.	(127) Jede Aufsichtsbehörde, die nicht als federführende Aufsichtsbehörde fungiert, sollte in örtlichen Fällen zuständig sein, wenn der Verantwortliche oder Auftragsverarbeiter Niederlassungen in mehr als einem Mitgliedstaat hat, der Gegenstand der spezifischen Verarbeitung aber nur die Verarbeitungstätigkeiten in einem einzigen Mitgliedstaat und nur betroffene Personen in diesem einen Mitgliedstaat betrifft, beispielsweise wenn es um die Verarbeitung von personenbezogenen Daten von Arbeitnehmern im spezifischen Beschäftigungskontext eines Mitgliedstaats geht. In solchen Fällen sollte die Aufsichtsbehörde unverzüglich die federführende Aufsichtsbehörde über diese Angelegenheit unterrichten. Nach ihrer Unterrichtung sollte die federführende Aufsichtsbehörde entscheiden, ob sie den Fall nach den Bestimmungen zur Zusammenarbeit zwischen der federführenden Aufsichtsbehörde und anderen betroffenen Aufsichtsbehörden gemäß der Vorschrift zur Zusammenarbeit zwischen der federführenden Aufsichtsbehörde und anderen betroffenen Aufsichtsbehörden (im Folgenden „Verfahren der Zusammenarbeit und Kohärenz") regelt oder ob die Aufsichtsbehörde, die sie unterrichtet hat, den Fall auf örtlicher Ebene regeln sollte. Dabei sollte die federführende Aufsichtsbehörde berücksichtigen, ob der Verantwortliche oder der Auftragsverarbeiter in dem Mitgliedstaat, dessen Aufsichtsbehörde sie unterrichtet hat, eine Niederlassung hat, damit Beschlüsse gegenüber dem Verantwortlichen oder dem Auftragsverarbeiter wirksam durchgesetzt werden. Entscheidet die federführende Aufsichtsbehörde, den Fall selbst zu regeln, sollte die Aufsichtsbehörde, die sie unterrichtet hat, die Möglichkeit haben, einen Beschlussentwurf vorzulegen, dem die federführende Aufsichtsbehörde bei der Ausarbeitung ihres Beschlussentwurfs im Rahmen dieses Verfahrens der Zusammenarbeit und Kohärenz weitestgehend Rechnung tragen sollte. (130) Ist die Aufsichtsbehörde, bei der die Beschwerde eingereicht wurde, nicht die federführende Aufsichtsbehörde, so sollte die federführende Aufsichtsbehörde gemäß den Bestimmungen dieser Verordnung über Zusammenarbeit und Kohärenz eng mit der Aufsichtsbehörde zusammenarbeiten, bei der die Beschwerde eingereicht wurde. In solchen Fällen sollte die federführende Aufsichtsbehörde bei Maßnahmen, die rechtliche Wirkungen entfalten sollen, unter anderem bei der Verhängung von Geldbußen, den Standpunkt der Aufsichtsbehörde, bei der die Beschwerde eingereicht wurde und die weiterhin befugt sein sollte, in Abstimmung mit der zuständigen Aufsichtsbehörde Untersuchungen im Hoheitsgebiet ihres eigenen Mitgliedstaats durchzuführen, weitestgehend berücksichtigen.

Artikel der DSGVO	Erwägungsgrund/Erwägungsgründe sowie korrespondierende Vorschriften des BDSG-neu
9. Sind sich die federführende Aufsichtsbehörde und die betreffenden Aufsichtsbehörden darüber einig, Teile der Beschwerde abzulehnen oder abzuweisen und bezüglich anderer Teile dieser Beschwerde tätig zu werden, so wird in dieser Angelegenheit für jeden dieser Teile ein eigener Beschluss erlassen. Die federführende Aufsichtsbehörde erlässt den Beschluss für den Teil, der das Tätigwerden in Bezug auf den Verantwortlichen betrifft, teilt ihn der Hauptniederlassung oder einzigen Niederlassung des Verantwortlichen oder des Auftragsverarbeiters im Hoheitsgebiet ihres Mitgliedstaats mit und setzt den Beschwerdeführer hiervon in Kenntnis, während die für den Beschwerdeführer zuständige Aufsichtsbehörde den Beschluss für den Teil erlässt, der die Ablehnung oder Abweisung dieser Beschwerde betrifft, und ihn diesem Beschwerdeführer mitteilt und den Verantwortlichen oder den Auftragsverarbeiter hiervon in Kenntnis setzt. 10. Nach der Unterrichtung über den Beschluss der federführenden Aufsichtsbehörde gemäß den Absätzen 7 und 9 ergreift der Verantwortliche oder der Auftragsverarbeiter die erforderlichen Maßnahmen, um die Verarbeitungstätigkeiten all seiner Niederlassungen in der Union mit dem Beschluss in Einklang zu bringen. Der Verantwortliche oder der Auftragsverarbeiter teilt der federführenden Aufsichtsbehörde die Maßnahmen mit, die zur Einhaltung des Beschlusses ergriffen wurden; diese wiederum unterrichtet die anderen betroffenen Aufsichtsbehörden. 11. Hat – in Ausnahmefällen – eine betroffene Aufsichtsbehörde Grund zu der Annahme, dass zum Schutz der Interessen betroffener	(131) Wenn eine andere Aufsichtsbehörde als federführende Aufsichtsbehörde für die Verarbeitungstätigkeiten des Verantwortlichen oder des Auftragsverarbeiters fungieren sollte, der konkrete Gegenstand einer Beschwerde oder der mögliche Verstoß jedoch nur die Verarbeitungstätigkeiten des Verantwortlichen oder des Auftragsverarbeiters in dem Mitgliedstaat betrifft, in dem die Beschwerde eingereicht wurde oder der mögliche Verstoß aufgedeckt wurde, und die Angelegenheit keine erheblichen Auswirkungen auf betroffene Personen in anderen Mitgliedstaaten hat oder haben dürfte, sollte die Aufsichtsbehörde, bei der eine Beschwerde eingereicht wurde oder die Situationen, die mögliche Verstöße gegen diese Verordnung darstellen, aufgedeckt hat bzw. auf andere Weise darüber informiert wurde, versuchen, eine gütliche Einigung mit dem Verantwortlichen zu erzielen; falls sich dies als nicht erfolgreich erweist, sollte sie die gesamte Bandbreite ihrer Befugnisse wahrnehmen. Dies sollte auch Folgendes umfassen: die spezifische Verarbeitung im Hoheitsgebiet des Mitgliedstaats der Aufsichtsbehörde oder im Hinblick auf betroffene Personen im Hoheitsgebiet dieses Mitgliedstaats; die Verarbeitung im Rahmen eines Angebots von Waren oder Dienstleistungen, das speziell auf betroffene Personen im Hoheitsgebiet des Mitgliedstaats der Aufsichtsbehörde ausgerichtet ist; oder eine Verarbeitung, die unter Berücksichtigung der einschlägigen rechtlichen Verpflichtungen nach dem Recht der Mitgliedstaaten bewertet werden muss. **§ 19 BDSG: Zuständigkeiten** (1) Federführende Aufsichtsbehörde eines Landes im Verfahren der Zusammenarbeit und Kohärenz nach Kapitel VII der Verordnung (EU) 2016/679 ist die Aufsichtsbehörde des Landes, in dem der Verantwortliche oder der Auftragsverarbeiter seine Hauptniederlassung im Sinne des Artikels 4 Nummer 16 der Verordnung (EU) 2016/679 oder seine einzige Niederlassung in der Europäischen Union im Sinne des Artikels 56 Absatz 1 der Verordnung (EU) 2016/679 hat. Im Zuständigkeitsbereich der oder des Bundesbeauftragten gilt Artikel 56 Absatz 1 in Verbindung mit Artikel 4 Nummer 16 der Verordnung (EU) 2016/679 entsprechend. Besteht über die Federführung kein Einvernehmen, findet für die Festlegung der federführenden Aufsichtsbehörde das Verfahren des § 18 Absatz 2 entsprechende Anwendung. (2) Die Aufsichtsbehörde, bei der eine betroffene Person Beschwerde eingereicht hat, gibt die Beschwerde an die federführende Aufsichtsbehörde nach Absatz 1, in Ermangelung einer solchen an die Aufsichtsbehörde eines Landes ab, in dem der Verantwortliche oder der Auftragsverarbeiter eine Niederlassung hat. Wird eine Beschwerde bei einer sachlich unzuständigen

Artikel der DSGVO	Erwägungsgrund/Erwägungsgründe sowie korrespondierende Vorschriften des BDSG-neu
Personen dringender Handlungsbedarf besteht, so kommt das Dringlichkeitsverfahren nach Artikel 66 zur Anwendung. 12. Die federführende Aufsichtsbehörde und die anderen betroffenen Aufsichtsbehörden übermitteln einander die nach diesem Artikel geforderten Informationen auf elektronischem Wege unter Verwendung eines standardisierten Formats.	Aufsichtsbehörde eingereicht, gibt diese, sofern eine Abgabe nach Satz 1 nicht in Betracht kommt, die Beschwerde an die Aufsichtsbehörde am Wohnsitz des Beschwerdeführers ab. Die empfangende Aufsichtsbehörde gilt als die Aufsichtsbehörde nach Maßgabe des Kapitels VII der Verordnung (EU) 2016/679, bei der die Beschwerde eingereicht worden ist, und kommt den Verpflichtungen aus Artikel 60 Absatz 7 bis 9 und Artikel 65 Absatz 6 der Verordnung (EU) 2016/679 nach.
Artikel 61: Gegenseitige Amtshilfe Siehe Abschn. 6.4.2	
1. Die Aufsichtsbehörden übermitteln einander maßgebliche Informationen und gewähren einander Amtshilfe, um diese Verordnung einheitlich durchzuführen und anzuwenden, und treffen Vorkehrungen für eine wirksame Zusammenarbeit. Die Amtshilfe bezieht sich insbesondere auf Auskunftsersuchen und aufsichtsbezogene Maßnahmen, beispielsweise Ersuchen um vorherige Genehmigungen und eine vorherige Konsultation, um Vornahme von Nachprüfungen und Untersuchungen. 2. Jede Aufsichtsbehörde ergreift alle geeigneten Maßnahmen, um einem Ersuchen einer anderen Aufsichtsbehörde unverzüglich und spätestens innerhalb eines Monats nach Eingang des Ersuchens nachzukommen. Dazu kann insbesondere auch die Übermittlung maßgeblicher Informationen über die Durchführung einer Untersuchung gehören. 3. Amtshilfeersuchen enthalten alle erforderlichen Informationen, einschließlich Zweck und Begründung des Ersuchens. Die übermittelten Informationen werden ausschließlich für den Zweck verwendet, für den sie angefordert wurden.	(133) Die Aufsichtsbehörden sollten sich gegenseitig bei der Erfüllung ihrer Aufgaben unterstützen und Amtshilfe leisten, damit eine einheitliche Anwendung und Durchsetzung dieser Verordnung im Binnenmarkt gewährleistet ist. Eine Aufsichtsbehörde, die um Amtshilfe ersucht hat, kann eine einstweilige Maßnahme erlassen, wenn sie nicht binnen eines Monats nach Eingang des Amtshilfeersuchens bei der ersuchten Aufsichtsbehörde eine Antwort von dieser erhalten hat.

Artikel der DSGVO	Erwägungsgrund/Erwägungsgründe sowie korrespondierende Vorschriften des BDSG-neu
4. Die ersuchte Aufsichtsbehörde lehnt das Ersuchen nur ab, wenn	
(a) sie für den Gegenstand des Ersuchens oder für die Maßnahmen, die sie durchführen soll, nicht zuständig ist oder	
(b) ein Eingehen auf das Ersuchen gegen diese Verordnung verstoßen würde oder gegen das Unionsrecht oder das Recht der Mitgliedstaaten, dem die Aufsichtsbehörde, bei der das Ersuchen eingeht, unterliegt.	
5. Die ersuchte Aufsichtsbehörde informiert die ersuchende Aufsichtsbehörde über die Ergebnisse oder gegebenenfalls über den Fortgang der Maßnahmen, die getroffen wurden, um dem Ersuchen nachzukommen. Die ersuchte Aufsichtsbehörde erläutert gemäß Absatz 4 die Gründe für die Ablehnung des Ersuchens.	
6. Die ersuchten Aufsichtsbehörden übermitteln die Informationen, um die von einer anderen Aufsichtsbehörde ersucht wurde, in der Regel auf elektronischem Wege unter Verwendung eines standardisierten Formats.	
7. Ersuchte Aufsichtsbehörden verlangen für Maßnahmen, die sie aufgrund eines Amtshilfeersuchens getroffen haben, keine Gebühren. Die Aufsichtsbehörden können untereinander Regeln vereinbaren, um einander in Ausnahmefällen besondere aufgrund der Amtshilfe entstandene Ausgaben zu erstatten.	
8. Erteilt eine ersuchte Aufsichtsbehörde nicht binnen eines Monats nach Eingang des Ersuchens einer anderen Aufsichtsbehörde die Informationen gemäß Absatz 5, so kann die	

Artikel der DSGVO	Erwägungsgrund/Erwägungsgründe sowie korrespondierende Vorschriften des BDSG-neu
ersuchende Aufsichtsbehörde eine einstweilige Maßnahme im Hoheitsgebiet ihres Mitgliedstaats gemäß Artikel 55 Absatz 1 ergreifen. In diesem Fall wird von einem dringenden Handlungsbedarf gemäß Artikel 66 Absatz 1 ausgegangen, der einen im Dringlichkeitsverfahren angenommenen verbindlichen Beschluss des Ausschuss gemäß Artikel 66 Absatz 2 erforderlich macht.	
9. Die Kommission kann im Wege von Durchführungsrechtsakten Form und Verfahren der Amtshilfe nach diesem Artikel und die Ausgestaltung des elektronischen Informationsaustauschs zwischen den Aufsichtsbehörden sowie zwischen den Aufsichtsbehörden und dem Ausschuss, insbesondere das in Absatz 6 des vorliegenden Artikels genannte standardisierte Format, festlegen. Diese Durchführungsrechtsakte werden gemäß dem in Artikel 93 Absatz 2 genannten Prüfverfahren erlassen.	
Artikel 62: Gemeinsame Maßnahmen der Aufsichtsbehörden	
1. Die Aufsichtsbehörden führen gegebenenfalls gemeinsame Maßnahmen einschließlich gemeinsamer Untersuchungen und gemeinsamer Durchsetzungsmaßnahmen durch, an denen Mitglieder oder Bedienstete der Aufsichtsbehörden anderer Mitgliedstaaten teilnehmen.	(134) Jede Aufsichtsbehörde sollte gegebenenfalls an gemeinsamen Maßnahmen von anderen Aufsichtsbehörden teilnehmen. Die ersuchte Aufsichtsbehörde sollte auf das Ersuchen binnen einer bestimmten Frist antworten müssen.
2. Verfügt der Verantwortliche oder der Auftragsverarbeiter über Niederlassungen in mehreren Mitgliedstaaten oder werden die Verarbeitungsvorgänge	

Artikel der DSGVO	Erwägungsgrund/Erwägungsgründe sowie korrespondierende Vorschriften des BDSG-neu
voraussichtlich auf eine bedeutende Zahl betroffener Personen in mehr als einem Mitgliedstaat erhebliche Auswirkungen haben, ist die Aufsichtsbehörde jedes dieser Mitgliedstaaten berechtigt, an den gemeinsamen Maßnahmen teilzunehmen. Die gemäß Artikel 56 Absatz 1 oder Absatz 4 zuständige Aufsichtsbehörde lädt die Aufsichtsbehörde jedes dieser Mitgliedstaaten zur Teilnahme an den gemeinsamen Maßnahmen ein und antwortet unverzüglich auf das Ersuchen einer Aufsichtsbehörde um Teilnahme. 3. Eine Aufsichtsbehörde kann gemäß dem Recht des Mitgliedstaats und mit Genehmigung der unterstützenden Aufsichtsbehörde den an den gemeinsamen Maßnahmen beteiligten Mitgliedern oder Bediensteten der unterstützenden Aufsichtsbehörde Befugnisse einschließlich Untersuchungsbefugnisse übertragen oder, soweit dies nach dem Recht des Mitgliedstaats der einladenden Aufsichtsbehörde zulässig ist, den Mitgliedern oder Bediensteten der unterstützenden Aufsichtsbehörde gestatten, ihre Untersuchungsbefugnisse nach dem Recht des Mitgliedstaats der unterstützenden Aufsichtsbehörde auszuüben. Diese Untersuchungsbefugnisse können nur unter der Leitung und in Gegenwart der Mitglieder oder Bediensteten der einladenden Aufsichtsbehörde ausgeübt werden. Die Mitglieder oder Bediensteten der unterstützenden Aufsichtsbehörde unterliegen dem Recht des Mitgliedstaats der einladenden Aufsichtsbehörde.	

Artikel der DSGVO	Erwägungsgrund/Erwägungsgründe sowie korrespondierende Vorschriften des BDSG-neu
4. Sind gemäß Absatz 1 Bedienstete einer unterstützenden Aufsichtsbehörde in einem anderen Mitgliedstaat im Einsatz, so übernimmt der Mitgliedstaat der einladenden Aufsichtsbehörde nach Maßgabe des Rechts des Mitgliedstaats, in dessen Hoheitsgebiet der Einsatz erfolgt, die Verantwortung für ihr Handeln, einschließlich der Haftung für alle von ihnen bei ihrem Einsatz verursachten Schäden.	
5. Der Mitgliedstaat, in dessen Hoheitsgebiet der Schaden verursacht wurde, ersetzt diesen Schaden so, wie er ihn ersetzen müsste, wenn seine eigenen Bediensteten ihn verursacht hätten. Der Mitgliedstaat der unterstützenden Aufsichtsbehörde, deren Bedienstete im Hoheitsgebiet eines anderen Mitgliedstaats einer Person Schaden zugefügt haben, erstattet diesem anderen Mitgliedstaat den Gesamtbetrag des Schadenersatzes, den dieser an die Berechtigten geleistet hat.	
6. Unbeschadet der Ausübung seiner Rechte gegenüber Dritten und mit Ausnahme des Absatzes 5 verzichtet jeder Mitgliedstaat in dem Fall des Absatzes 1 darauf, den in Absatz 4 genannten Betrag des erlittenen Schadens anderen Mitgliedstaaten gegenüber geltend zu machen.	
7. Ist eine gemeinsame Maßnahme geplant und kommt eine Aufsichtsbehörde binnen eines Monats nicht der Verpflichtung nach Absatz 2 Satz 2 des vorliegenden Artikels nach, so können die anderen Aufsichtsbehörden eine einstweilige Maßnahme im Hoheitsgebiet ihres Mitgliedstaats gemäß Artikel 55 ergreifen. In diesem Fall wird von einem dringenden	

Artikel der DSGVO	Erwägungsgrund/Erwägungsgründe sowie korrespondierende Vorschriften des BDSG-neu
Handlungsbedarf gemäß Artikel 66 Absatz 1 ausgegangen, der eine im Dringlichkeitsverfahren angenommene Stellungnahme oder einen im Dringlichkeitsverfahren angenommenen verbindlichen Beschluss des Ausschusses gemäß Artikel 66 Absatz 2 erforderlich macht.	
Abschnitt 2 – Kohärenz	
Artikel 63: Kohärenzverfahren Siehe Abschn. 6.4.3	
Um zur einheitlichen Anwendung dieser Verordnung in der gesamten Union beizutragen, arbeiten die Aufsichtsbehörden im Rahmen des in diesem Abschnitt beschriebenen Kohärenzverfahrens untereinander und gegebenenfalls mit der Kommission zusammen.	(135) Um die einheitliche Anwendung dieser Verordnung in der gesamten Union sicherzustellen, sollte ein Verfahren zur Gewährleistung einer einheitlichen Rechtsanwendung (Kohärenzverfahren) für die Zusammenarbeit zwischen den Aufsichtsbehörden eingeführt werden. Dieses Verfahren sollte insbesondere dann angewendet werden, wenn eine Aufsichtsbehörde beabsichtigt, eine Maßnahme zu erlassen, die rechtliche Wirkungen in Bezug auf Verarbeitungsvorgänge entfalten soll, die für eine bedeutende Zahl betroffener Personen in mehreren Mitgliedstaaten erhebliche Auswirkungen haben. Ferner sollte es zur Anwendung kommen, wenn eine betroffene Aufsichtsbehörde oder die Kommission beantragt, dass die Angelegenheit im Rahmen des Kohärenzverfahrens behandelt wird. Dieses Verfahren sollte andere Maßnahmen, die die Kommission möglicherweise in Ausübung ihrer Befugnisse nach den Verträgen trifft, unberührt lassen.
Artikel 64: Stellungnahme des Ausschusses	
1. Der Ausschuss gibt eine Stellungnahme ab, wenn die zuständige Aufsichtsbehörde beabsichtigt, eine der nachstehenden Maßnahmen zu erlassen. Zu diesem Zweck übermittelt die zuständige Aufsichtsbehörde dem Ausschuss den Entwurf des Beschlusses, wenn dieser (a) der Annahme einer Liste der Verarbeitungsvorgänge dient, die der Anforderung einer Datenschutz-Folgenabschätzung gemäß Artikel 35 Absatz 4 unterliegen,	(136) Bei Anwendung des Kohärenzverfahrens sollte der Ausschuss, falls von der Mehrheit seiner Mitglieder so entschieden wird oder falls eine andere betroffene Aufsichtsbehörde oder die Kommission darum ersuchen, binnen einer festgelegten Frist eine Stellungnahme abgeben. Dem Ausschuss sollte auch die Befugnis übertragen werden, bei Streitigkeiten zwischen Aufsichtsbehörden rechtsverbindliche Beschlüsse zu erlassen. Zu diesem Zweck sollte er in klar bestimmten Fällen, in denen die Aufsichtsbehörden insbesondere im Rahmen des Verfahrens der Zusammenarbeit zwischen der federführenden Aufsichtsbehörde und den betroffenen Aufsichtsbehörden widersprüchliche Standpunkte zu dem Sachverhalt, vor allem in der Frage, ob ein Verstoß gegen diese Verordnung vorliegt, vertreten, grundsätzlich mit einer Mehrheit von zwei Dritteln seiner Mitglieder rechtsverbindliche Beschlüsse erlassen.

Artikel der DSGVO	Erwägungsgrund/Erwägungsgründe sowie korrespondierende Vorschriften des BDSG-neu
(b) eine Angelegenheit gemäß Artikel 40 Absatz 7 und damit die Frage betrifft, ob ein Entwurf von Verhaltensregeln oder eine Änderung oder Ergänzung von Verhaltensregeln mit dieser Verordnung in Einklang steht,	
(c) der Billigung der Kriterien für die Akkreditierung einer Stelle nach Artikel 41 Absatz 3 oder einer Zertifizierungsstelle nach Artikel 43 Absatz 3 dient,	
(d) der Festlegung von Standard-Datenschutzklauseln gemäß Artikel 46 Absatz 2 Buchstabe d und Artikel 28 Absatz 8 dient,	
(e) der Genehmigung von Vertragsklauseln gemäß Artikels 46 Absatz 3 Buchstabe a dient, oder	
(f) der Annahme verbindlicher interner Vorschriften im Sinne von Artikel 47 dient.	
2. Jede Aufsichtsbehörde, der Vorsitz des Ausschuss oder die Kommission können beantragen, dass eine Angelegenheit mit allgemeiner Geltung oder mit Auswirkungen in mehr als einem Mitgliedstaat vom Ausschuss geprüft wird, um eine Stellungnahme zu erhalten, insbesondere wenn eine zuständige Aufsichtsbehörde den Verpflichtungen zur Amtshilfe gemäß Artikel 61 oder zu gemeinsamen Maßnahmen gemäß Artikel 62 nicht nachkommt.	
3. In den in den Absätzen 1 und 2 genannten Fällen gibt der Ausschuss eine Stellungnahme zu der Angelegenheit ab, die ihm vorgelegt wurde, sofern er nicht bereits eine Stellungnahme zu derselben Angelegenheit abgegeben hat. Diese Stellungnahme wird binnen acht Wochen mit der einfachen Mehrheit der	

Artikel der DSGVO	Erwägungsgrund/Erwägungsgründe sowie korrespondierende Vorschriften des BDSG-neu
Mitglieder des Ausschusses angenommen. Diese Frist kann unter Berücksichtigung der Komplexität der Angelegenheit um weitere sechs Wochen verlängert werden. Was den in Absatz 1 genannten Beschlussentwurf angeht, der gemäß Absatz 5 den Mitgliedern des Ausschusses übermittelt wird, so wird angenommen, dass ein Mitglied, das innerhalb einer vom Vorsitz angegebenen angemessenen Frist keine Einwände erhoben hat, dem Beschlussentwurf zustimmt. 4. Die Aufsichtsbehörden und die Kommission übermitteln unverzüglich dem Ausschuss auf elektronischem Wege unter Verwendung eines standardisierten Formats alle zweckdienlichen Informationen, einschließlich – je nach Fall – einer kurzen Darstellung des Sachverhalts, des Beschlussentwurfs, der Gründe, warum eine solche Maßnahme ergriffen werden muss, und der Standpunkte anderer betroffener Aufsichtsbehörden. 5. Der Vorsitz des Ausschusses unterrichtet unverzüglich auf elektronischem Wege (a) unter Verwendung eines standardisierten Formats die Mitglieder des Ausschusses und die Kommission über alle zweckdienlichen Informationen, die ihm zugegangen sind. Soweit erforderlich stellt das Sekretariat des Ausschusses Übersetzungen der zweckdienlichen Informationen zur Verfügung und (b) je nach Fall die in den Absätzen 1 und 2 genannte Aufsichtsbehörde und die Kommission über die Stellungnahme und veröffentlicht sie.	

Artikel der DSGVO	Erwägungsgrund/Erwägungsgründe sowie korrespondierende Vorschriften des BDSG-neu
6. Die zuständige Aufsichtsbehörde nimmt den in Absatz 1 genannten Beschlussentwurf nicht vor Ablauf der in Absatz 3 genannten Frist an.	
7. Die in Absatz 1 genannte Aufsichtsbehörde trägt der Stellungnahme des Ausschusses s weitestgehend Rechnung und teilt dessen Vorsitz binnen zwei Wochen nach Eingang der Stellungnahme auf elektronischem Wege unter Verwendung eines standardisierten Formats mit, ob sie den Beschlussentwurf beibehalten oder ändern wird; gegebenenfalls übermittelt sie den geänderten Beschlussentwurf.	
8. Teilt die betroffene Aufsichtsbehörde dem Vorsitz des Ausschusses innerhalb der Frist nach Absatz 7 des vorliegenden Artikels unter Angabe der maßgeblichen Gründe mit, dass sie beabsichtigt, der Stellungnahme des Ausschusses insgesamt oder teilweise nicht zu folgen, so gilt Artikel 65 Absatz 1.	
Artikel 65: Streitbeilegung durch den Ausschuss	
1. Um die ordnungsgemäße und einheitliche Anwendung dieser Verordnung in Einzelfällen sicherzustellen, erlässt der Ausschuss in den folgenden Fällen einen verbindlichen Beschluss:	–
(a) wenn eine betroffene Aufsichtsbehörde in einem Fall nach Artikel 60 Absatz 4 einen maßgeblichen und begründeten Einspruch gegen einen Beschlussentwurf der federführenden Behörde eingelegt hat oder die federführende Behörde einen solchen Einspruch als nicht maßgeblich oder nicht begründet abgelehnt hat. Der verbindliche Beschluss betrifft alle	

Artikel der DSGVO	Erwägungsgrund/Erwägungsgründe sowie korrespondierende Vorschriften des BDSG-neu
Angelegenheiten, die Gegenstand des maßgeblichen und begründeten Einspruchs sind, insbesondere die Frage, ob ein Verstoß gegen diese Verordnung vorliegt; (b) wenn es widersprüchliche Standpunkte dazu gibt, welche der betroffenen Aufsichtsbehörden für die Hauptniederlassung zuständig ist, (c) wenn eine zuständige Aufsichtsbehörde in den in Artikel 64 Absatz 1 genannten Fällen keine Stellungnahme des Ausschusses einholt oder der Stellungnahme des Ausschusses gemäß Artikel 64 nicht folgt. In diesem Fall kann jede betroffene Aufsichtsbehörde oder die Kommission die Angelegenheit dem Ausschuss vorlegen. 2. Der in Absatz 1 genannte Beschluss wird innerhalb eines Monats nach der Befassung mit der Angelegenheit mit einer Mehrheit von zwei Dritteln der Mitglieder des Ausschusses angenommen. Diese Frist kann wegen der Komplexität der Angelegenheit um einen weiteren Monat verlängert werden. Der in Absatz 1 genannte Beschluss wird begründet und an die federführende Aufsichtsbehörde und alle betroffenen Aufsichtsbehörden übermittelt und ist für diese verbindlich. 3. War der Ausschuss nicht in der Lage, innerhalb der in Absatz 2 genannten Fristen einen Beschluss anzunehmen, so nimmt er seinen Beschluss innerhalb von zwei Wochen nach Ablauf des in Absatz 2 genannten zweiten Monats mit einfacher Mehrheit der Mitglieder des Ausschusses an. Bei Stimmengleichheit zwischen den Mitgliedern des Ausschusses gibt die Stimme des Vorsitzes den Ausschlag.	

Artikel der DSGVO	Erwägungsgrund/Erwägungsgründe sowie korrespondierende Vorschriften des BDSG-neu
4. Die betroffenen Aufsichtsbehörden nehmen vor Ablauf der in den Absätzen 2 und 3 genannten Fristen keinen Beschluss über die dem Ausschuss vorgelegte Angelegenheit an.	
5. Der Vorsitz des Ausschusses unterrichtet die betroffenen Aufsichtsbehörden unverzüglich über den in Absatz 1 genannten Beschluss. Er setzt die Kommission hiervon in Kenntnis. Der Beschluss wird unverzüglich auf der Website des Ausschusses veröffentlicht, nachdem die Aufsichtsbehörde den in Absatz 6 genannten endgültigen Beschluss mitgeteilt hat.	
6. Die federführende Aufsichtsbehörde oder gegebenenfalls die Aufsichtsbehörde, bei der die Beschwerde eingereicht wurde, trifft den endgültigen Beschluss auf der Grundlage des in Absatz 1 des vorliegenden Artikels genannten Beschlusses unverzüglich und spätestens einen Monat, nachdem der Europäische Datenschutzausschuss seinen Beschluss mitgeteilt hat. Die federführende Aufsichtsbehörde oder gegebenenfalls die Aufsichtsbehörde, bei der die Beschwerde eingereicht wurde, setzt den Ausschuss von dem Zeitpunkt, zu dem ihr endgültiger Beschluss dem Verantwortlichen oder dem Auftragsverarbeiter bzw. der betroffenen Person mitgeteilt wird, in Kenntnis. Der endgültige Beschluss der betroffenen Aufsichtsbehörden wird gemäß Artikel 60 Absätze 7, 8 und 9 angenommen. Im endgültigen Beschluss wird auf den in Absatz 1 genannten Beschluss verwiesen und festgelegt, dass der in Absatz 1 des vorliegenden Artikels genannte	

Artikel der DSGVO	Erwägungsgrund/Erwägungsgründe sowie korrespondierende Vorschriften des BDSG-neu
Beschluss gemäß Absatz 5 auf der Website des Ausschusses veröffentlicht wird. Dem endgültigen Beschluss wird der in Absatz 1 des vorliegenden _ Artikels genannte Beschluss beigefügt.	
Artikel 66: Dringlichkeitsverfahren	
1. Unter außergewöhnlichen Umständen kann eine betroffene Aufsichtsbehörde abweichend vom Kohärenzverfahren nach Artikel 63, 64 und 65 oder dem Verfahren nach Artikel 60 sofort einstweilige Maßnahmen mit festgelegter Geltungsdauer von höchstens drei Monaten treffen, die in ihrem Hoheitsgebiet rechtliche Wirkung entfalten sollen, wenn sie zu der Auffassung gelangt, dass dringender Handlungsbedarf besteht, um Rechte und Freiheiten von betroffenen Personen zu schützen. Die Aufsichtsbehörde setzt die anderen betroffenen Aufsichtsbehörden, den Ausschuss und die Kommission unverzüglich von diesen Maßnahmen und den Gründen für deren Erlass in Kenntnis.	(137) Es kann dringender Handlungsbedarf zum Schutz der Rechte und Freiheiten von betroffenen Personen bestehen, insbesondere wenn eine erhebliche Behinderung der Durchsetzung des Rechts einer betroffenen Person droht. Eine Aufsichtsbehörde sollte daher hinreichend begründete einstweilige Maßnahmen in ihrem Hoheitsgebiet mit einer festgelegten Geltungsdauer von höchstens drei Monaten erlassen können.

(138) Die Anwendung dieses Verfahrens sollte in den Fällen, in denen sie verbindlich vorgeschrieben ist, eine Bedingung für die Rechtmäßigkeit einer Maßnahme einer Aufsichtsbehörde sein, die rechtliche Wirkungen entfalten soll. In anderen Fällen von grenzüberschreitender Relevanz sollte das Verfahren der Zusammenarbeit zwischen der federführenden Aufsichtsbehörde und den betroffenen Aufsichtsbehörden zur Anwendung gelangen, und die betroffenen Aufsichtsbehörden können auf bilateraler oder multilateraler Ebene Amtshilfe leisten und gemeinsame Maßnahmen durchführen, ohne auf das Kohärenzverfahren zurückzugreifen. |
| 1. Hat eine Aufsichtsbehörde eine Maßnahme nach Absatz 1 ergriffen und ist sie der Auffassung, dass dringend endgültige Maßnahmen erlassen werden müssen, kann sie unter Angabe von Gründen im Dringlichkeitsverfahren um eine Stellungnahme oder einen verbindlichen Beschluss des Ausschusses ersuchen. | |
| 3. Jede Aufsichtsbehörde kann unter Angabe von Gründen, auch für den dringenden Handlungsbedarf, im Dringlichkeitsverfahren um eine Stellungnahme | |

Artikel der DSGVO	Erwägungsgrund/Erwägungsgründe sowie korrespondierende Vorschriften des BDSG-neu
oder gegebenenfalls einen verbindlichen Beschluss des Ausschusses ersuchen, wenn eine zuständige Aufsichtsbehörde trotz dringenden Handlungsbedarfs keine geeignete Maßnahme getroffen hat, um die Rechte und Freiheiten von betroffenen Personen zu schützen.	
4. Abweichend von Artikel 64 Absatz 3 und Artikel 65 Absatz 2 wird eine Stellungnahme oder ein verbindlicher Beschluss im Dringlichkeitsverfahren nach den Absätzen 2 und 3 binnen zwei Wochen mit einfacher Mehrheit der Mitglieder des Ausschusses angenommen.	
Artikel 67: Informationsaustausch	
Die Kommission kann Durchführungsrechtsakte von allgemeiner Tragweite zur Festlegung der Ausgestaltung des elektronischen Informationsaustauschs zwischen den Aufsichtsbehörden sowie zwischen den Aufsichtsbehörden und dem Ausschuss, insbesondere des standardisierten Formats nach Artikel 64, erlassen.	–
Diese Durchführungsrechtsakte werden gemäß dem Prüfverfahren nach Artikel 93 Absatz 2 erlassen.	
Abschnitt 3 – Europäischer Datenschutzausschuss	
Artikel 68: Europäischer Datenschutzausschuss Siehe Abschn. 6.4.1	
1. Der Europäische Datenschutzausschuss (im Folgenden „Ausschuss") wird als Einrichtung der Union mit eigener Rechtspersönlichkeit eingerichtet. 2. Der Ausschuss wird von seinem Vorsitz vertreten.	(139) Zur Förderung der einheitlichen Anwendung dieser Verordnung sollte der Ausschuss als unabhängige Einrichtung der Union eingesetzt werden. Damit der Ausschuss seine Ziele erreichen kann, sollte er Rechtspersönlichkeit besitzen. Der Ausschuss sollte von seinem Vorsitz vertreten werden. Er sollte die mit der Richtlinie 95/46/EG eingesetzte Arbeitsgruppe für den Schutz der Rechte von Personen bei der Verarbeitung personenbezogener Daten ersetzen. Er sollte aus dem Leiter einer Aufsichtsbehörde

Artikel der DSGVO	Erwägungsgrund/Erwägungsgründe sowie korrespondierende Vorschriften des BDSG-neu
3. Der Ausschuss besteht aus dem Leiter einer Aufsichtsbehörde jedes Mitgliedstaats und dem Europäischen Datenschutzbeauftragten oder ihren jeweiligen Vertretern. 4. Ist in einem Mitgliedstaat mehr als eine Aufsichtsbehörde für die Überwachung der Anwendung der nach Maßgabe dieser Verordnung erlassenen Vorschriften zuständig, so wird im Einklang mit den Rechtsvorschriften dieses Mitgliedstaats ein gemeinsamer Vertreter benannt. 5. Die Kommission ist berechtigt, ohne Stimmrecht an den Tätigkeiten und Sitzungen des Ausschusses teilzunehmen. Die Kommission benennt einen Vertreter. Der Vorsitz des Ausschusses unterrichtet die Kommission über die Tätigkeiten des Ausschusses. 6. In den in Artikel 65 genannten Fällen ist der Europäische Datenschutzbeauftragte nur bei Beschlüssen stimmberechtigt, die Grundsätze und Vorschriften betreffen, die für die Organe, Einrichtungen, Ämter und Agenturen der Union gelten und inhaltlich den Grundsätzen und Vorschriften dieser Verordnung entsprechen.	jedes Mitgliedstaats und dem Europäischen Datenschutzbeauftragten oder deren jeweiligen Vertretern gebildet werden. An den Beratungen des Ausschusses sollte die Kommission ohne Stimmrecht teilnehmen und der Europäische Datenschutzbeauftragte sollte spezifische Stimmrechte haben. Der Ausschuss sollte zur einheitlichen Anwendung der Verordnung in der gesamten Union beitragen, die Kommission insbesondere im Hinblick auf das Schutzniveau in Drittländern oder internationalen Organisationen beraten und die Zusammenarbeit der Aufsichtsbehörden in der Union fördern. Der Ausschuss sollte bei der Erfüllung seiner Aufgaben unabhängig handeln.
Artikel 69: Unabhängigkeit Siehe Abschn. 6.4.1	
1. Der Ausschuss handelt bei der Erfüllung seiner Aufgaben oder in Ausübung seiner Befugnisse gemäß den Artikeln 70 und 71 unabhängig. 2. Unbeschadet der Ersuchen der Kommission gemäß Artikel 70 Absatz 1 Buchstabe b und Absatz 2 ersucht der Ausschuss bei der Erfüllung seiner Aufgaben oder in Ausübung seiner Befugnisse weder um Weisung noch nimmt er Weisungen entgegen.	(139) Zur Förderung der einheitlichen Anwendung dieser Verordnung sollte der Ausschuss als unabhängige Einrichtung der Union eingesetzt werden. Damit der Ausschuss seine Ziele erreichen kann, sollte er Rechtspersönlichkeit besitzen. Der Ausschuss sollte von seinem Vorsitz vertreten werden. Er sollte die mit der Richtlinie 95/46/EG eingesetzte Arbeitsgruppe für den Schutz der Rechte von Personen bei der Verarbeitung personenbezogener Daten ersetzen. Er sollte aus dem Leiter einer Aufsichtsbehörde jedes Mitgliedstaats und dem Europäischen Datenschutzbeauftragten oder deren jeweiligen Vertretern gebildet werden. An den Beratungen des Ausschusses sollte die Kommission ohne Stimmrecht teilnehmen und der

Annex I – Gegenüberstellung der Vorschriften ...

Artikel der DSGVO	Erwägungsgrund/Erwägungsgründe sowie korrespondierende Vorschriften des BDSG-neu
	Europäische Datenschutzbeauftragte sollte spezifische Stimmrechte haben. Der Ausschuss sollte zur einheitlichen Anwendung der Verordnung in der gesamten Union beitragen, die Kommission insbesondere im Hinblick auf das Schutzniveau in Drittländern oder internationalen Organisationen beraten und die Zusammenarbeit der Aufsichtsbehörden in der Union fördern. Der Ausschuss sollte bei der Erfüllung seiner Aufgaben unabhängig handeln.
Artikel 70: Aufgaben des Ausschusses Siehe Abschn. 6.4.1	
1. Der Ausschuss stellt die einheitliche Anwendung dieser Verordnung sicher. Hierzu nimmt der Ausschuss von sich aus oder gegebenenfalls auf Ersuchen der Kommission insbesondere folgende Tätigkeiten wahr: (a) Überwachung und Sicherstellung der ordnungsgemäßen Anwendung dieser Verordnung in den in den Artikeln 64 und 65 genannten Fällen unbeschadet der Aufgaben der nationalen Aufsichtsbehörden; (b) Beratung der Kommission in allen Fragen, die im Zusammenhang mit dem Schutz personenbezogener Daten in der Union stehen, einschließlich etwaiger Vorschläge zur Änderung dieser Verordnung; (c) Beratung der Kommission über das Format und die Verfahren für den Austausch von Informationen zwischen den Verantwortlichen, den Auftragsverarbeitern und den Aufsichtsbehörden in Bezug auf verbindliche interne Datenschutzvorschriften; (d) Bereitstellung von Leitlinien, Empfehlungen und bewährten Verfahren zu Verfahren für die Löschung gemäß Artikel 17 Absatz 2 von Links zu personenbezogenen Daten oder Kopien oder Replikationen dieser Daten aus öffentlich zugänglichen Kommunikationsdiensten;	(139) Zur Förderung der einheitlichen Anwendung dieser Verordnung sollte der Ausschuss als unabhängige Einrichtung der Union eingesetzt werden. Damit der Ausschuss seine Ziele erreichen kann, sollte er Rechtspersönlichkeit besitzen. Der Ausschuss sollte von seinem Vorsitz vertreten werden. Er sollte die mit der Richtlinie 95/46/EG eingesetzte Arbeitsgruppe für den Schutz der Rechte von Personen bei der Verarbeitung personenbezogener Daten ersetzen. Er sollte aus dem Leiter einer Aufsichtsbehörde jedes Mitgliedstaats und dem Europäischen Datenschutzbeauftragten oder deren jeweiligen Vertretern gebildet werden. An den Beratungen des Ausschusses sollte die Kommission ohne Stimmrecht teilnehmen und der Europäische Datenschutzbeauftragte sollte spezifische Stimmrechte haben. Der Ausschuss sollte zur einheitlichen Anwendung der Verordnung in der gesamten Union beitragen, die Kommission insbesondere im Hinblick auf das Schutzniveau in Drittländern oder internationalen Organisationen beraten und die Zusammenarbeit der Aufsichtsbehörden in der Union fördern. Der Ausschuss sollte bei der Erfüllung seiner Aufgaben unabhängig handeln.

Artikel der DSGVO	Erwägungsgrund/Erwägungsgründe sowie korrespondierende Vorschriften des BDSG-neu
(e) Prüfung – von sich aus, auf Antrag eines seiner Mitglieder oder auf Ersuchen der Kommission – von die Anwendung dieser Verordnung betreffenden Fragen und Bereitstellung von Leitlinien, Empfehlungen und bewährten Verfahren zwecks Sicherstellung einer einheitlichen Anwendung dieser Verordnung;	
(f) Bereitstellung von Leitlinien, Empfehlungen und bewährten Verfahren gemäß Buchstabe e des vorliegenden Absatzes zur näheren Bestimmung der Kriterien und Bedingungen für die auf Profiling beruhenden Entscheidungen gemäß Artikel 22 Absatz 2;	
(g) Bereitstellung von Leitlinien, Empfehlungen und bewährten Verfahren gemäß Buchstabe e des vorliegenden Absatzes für die Feststellung von Verletzungen des Schutzes personenbezogener Daten und die Festlegung der Unverzüglichkeit im Sinne des Artikels 33 Absätze 1 und 2, und zu den spezifischen Umständen, unter denen der Verantwortliche oder der Auftragsverarbeiter die Verletzung des Schutzes personenbezogener Daten zu melden hat;	
(h) Bereitstellung von Leitlinien, Empfehlungen und bewährten Verfahren gemäß Buchstabe e des vorliegenden Absatzes zu den Umständen, unter denen eine Verletzung des Schutzes personenbezogener Daten voraussichtlich ein hohes Risiko für die Rechte und Freiheiten natürlicher Personen im Sinne des Artikels 34 Absatz 1 zur Folge hat;	

Artikel der DSGVO	Erwägungsgrund/Erwägungsgründe sowie korrespondierende Vorschriften des BDSG-neu
(i) Bereitstellung von Leitlinien, Empfehlungen und bewährten Verfahren gemäß Buchstabe e des vorliegenden Absatzes zur näheren Bestimmung der in Artikel 47 aufgeführten Kriterien und Anforderungen für die Übermittlungen personenbezogener Daten, die auf verbindlichen internen Datenschutzvorschriften von Verantwortlichen oder Auftragsverarbeitern beruhen, und der dort aufgeführten weiteren erforderlichen Anforderungen zum Schutz personenbezogener Daten der betroffenen Personen;	
(j) Bereitstellung von Leitlinien, Empfehlungen und bewährten Verfahren gemäß Buchstabe e des vorliegenden Absatzes zur näheren Bestimmung der Kriterien und Bedingungen für die Übermittlungen personenbezogener Daten gemäß Artikel 49 Absatz 1;	
(k) Ausarbeitung von Leitlinien für die Aufsichtsbehörden in Bezug auf die Anwendung von Maßnahmen nach Artikel 58 Absätze 1, 2 und 3 und die Festsetzung von Geldbußen gemäß Artikel 83;	
(l) Überprüfung der praktischen Anwendung der unter den Buchstaben e und f genannten Leitlinien, Empfehlungen und bewährten Verfahren;	
(m) Bereitstellung von Leitlinien, Empfehlungen und bewährten Verfahren gemäß Buchstabe e des vorliegenden Absatzes zur Festlegung gemeinsamer Verfahren für die von natürlichen Personen vorgenommene Meldung von Verstößen gegen diese Verordnung gemäß Artikel 54 Absatz 2;	

Artikel der DSGVO	Erwägungsgrund/Erwägungsgründe sowie korrespondierende Vorschriften des BDSG-neu
(n) Förderung der Ausarbeitung von Verhaltensregeln und der Einrichtung von datenschutzspezifischen Zertifizierungsverfahren sowie Datenschutzsiegeln und -prüfzeichen gemäß den Artikeln 40 und 42;	
(o) Akkreditierung von Zertifizierungsstellen und deren regelmäßige Überprüfung gemäß Artikel 43 und Führung eines öffentlichen Registers der akkreditierten Einrichtungen gemäß Artikel 43 Absatz 6 und der in Drittländern niedergelassenen akkreditierten Verantwortlichen oder Auftragsverarbeiter gemäß Artikel 42 Absatz 7;	
(p) Präzisierung der in Artikel 43 Absatz 3 genannten Anforderungen im Hinblick auf die Akkreditierung von Zertifizierungsstellen gemäß Artikel 42;	
(q) Abgabe einer Stellungnahme für die Kommission zu den Zertifizierungsanforderungen gemäß Artikel 43 Absatz 8;	
(r) Abgabe einer Stellungnahme für die Kommission zu den Bildsymbolen gemäß Artikel 12 Absatz 7;	
(s) Abgabe einer Stellungnahme für die Kommission zur Beurteilung der Angemessenheit des in einem Drittland oder einer internationalen Organisation gebotenen Schutzniveaus einschließlich zur Beurteilung der Frage, ob das Drittland, das Gebiet, ein oder mehrere spezifische Sektoren in diesem Drittland oder eine internationale Organisation kein angemessenes Schutzniveau mehr gewährleistet. Zu diesem Zweck gibt die Kommission dem Ausschuss alle erforderlichen	

Artikel der DSGVO	Erwägungsgrund/Erwägungsgründe sowie korrespondierende Vorschriften des BDSG-neu
Unterlagen, darunter den Schriftwechsel mit der Regierung des Drittlands, dem Gebiet oder spezifischen Sektor oder der internationalen Organisation;	
(t) Abgabe von Stellungnahmen im Kohärenzverfahren gemäß Artikel 64 Absatz 1 zu Beschlussentwürfen von Aufsichtsbehörden, zu Angelegenheiten, die nach Artikel 64 Absatz 2 vorgelegt wurden und um Erlass verbindlicher Beschlüsse gemäß Artikel 65, einschließlich der in Artikel 66 genannten Fälle;	
(u) Förderung der Zusammenarbeit und eines wirksamen bilateralen und multilateralen Austauschs von Informationen und bewährten Verfahren zwischen den Aufsichtsbehörden;	
(v) Förderung von Schulungsprogrammen und Erleichterung des Personalaustausches zwischen Aufsichtsbehörden sowie gegebenenfalls mit Aufsichtsbehörden von Drittländern oder mit internationalen Organisationen;	
(w) Förderung des Austausches von Fachwissen und von Dokumentationen über Datenschutzvorschriften und -praxis mit Datenschutzaufsichtsbehörden in aller Welt;	
(x) Abgabe von Stellungnahmen zu den auf Unionsebene erarbeiteten Verhaltensregeln gemäß Artikel 40 Absatz 9 und	
(y) Führung eines öffentlich zugänglichen elektronischen Registers der Beschlüsse der Aufsichtsbehörden und Gerichte in Bezug auf Fragen, die im Rahmen des Kohärenzverfahrens behandelt wurden.	

Artikel der DSGVO	Erwägungsgrund/Erwägungsgründe sowie korrespondierende Vorschriften des BDSG-neu
2. Die Kommission kann, wenn sie den Ausschuss um Rat ersucht, unter Berücksichtigung der Dringlichkeit des Sachverhalts eine Frist angeben. 3. Der Ausschuss leitet seine Stellungnahmen, Leitlinien, Empfehlungen und bewährten Verfahren an die Kommission und an den in Artikel 93 genannten Ausschuss weiter und veröffentlicht sie. 4. Der Ausschuss konsultiert gegebenenfalls interessierte Kreise und gibt ihnen Gelegenheit, innerhalb einer angemessenen Frist Stellung zu nehmen. Unbeschadet des Artikels 76 macht der Ausschuss die Ergebnisse der Konsultation der Öffentlichkeit zugänglich.	
Artikel 71: Berichterstattung	
1. Der Ausschuss erstellt einen Jahresbericht über den Schutz natürlicher Personen bei der Verarbeitung in der Union und gegebenenfalls in Drittländern und internationalen Organisationen. Der Bericht wird veröffentlicht und dem Europäischen Parlament, dem Rat und der Kommission übermittelt. 2. Der Jahresbericht enthält eine Überprüfung der praktischen Anwendung der in Artikel 70 Absatz 1 Buchstabe l genannten Leitlinien, Empfehlungen und bewährten Verfahren sowie der in Artikel 65 genannten verbindlichen Beschlüsse.	–
Artikel 72: Verfahrensweise	
1. Sofern in dieser Verordnung nichts anderes bestimmt ist, fasst der Ausschuss seine Beschlüsse mit einfacher Mehrheit seiner Mitglieder.	–

Artikel der DSGVO	Erwägungsgrund/Erwägungsgründe sowie korrespondierende Vorschriften des BDSG-neu
2. Der Ausschuss gibt sich mit einer Mehrheit von zwei Dritteln seiner Mitglieder eine Geschäftsordnung und legt seine Arbeitsweise fest.	
Artikel 73: Vorsitz	
1. Der Ausschuss wählt aus dem Kreis seiner Mitglieder mit einfacher Mehrheit einen Vorsitzenden und zwei stellvertretende Vorsitzende.	–
2. Die Amtszeit des Vorsitzenden und seiner beiden Stellvertreter beträgt fünf Jahre; ihre einmalige Wiederwahl ist zulässig.	
Artikel 74: Aufgaben des Vorsitzes	
1. Der Vorsitz hat folgende Aufgaben:	–
(a) Einberufung der Sitzungen des Ausschusses und Erstellung der Tagesordnungen,	
(b) Übermittlung der Beschlüsse des Ausschusses nach Artikel 65 an die federführende Aufsichtsbehörde und die betroffenen Aufsichtsbehörden,	
(c) Sicherstellung einer rechtzeitigen Ausführung der Aufgaben des Ausschusses, insbesondere der Aufgaben im Zusammenhang mit dem Kohärenzverfahren nach Artikel 63.	
2. Der Ausschuss legt die Aufteilung der Aufgaben zwischen dem Vorsitzenden und dessen Stellvertretern in seiner Geschäftsordnung fest.	
Artikel 75: Sekretariat	
1. Der Ausschuss wird von einem Sekretariat unterstützt, das von dem Europäischen Datenschutzbeauftragten bereitgestellt wird.	(140) Der Ausschuss sollte von einem Sekretariat unterstützt werden, das von dem Europäischen Datenschutzbeauftragten bereitgestellt wird. Das Personal des Europäischen Datenschutzbeauftragten, das an der Wahrnehmung der dem Ausschuss gemäß dieser Verordnung übertragenen

Artikel der DSGVO	Erwägungsgrund/Erwägungsgründe sowie korrespondierende Vorschriften des BDSG-neu
2. Das Sekretariat führt seine Aufgaben ausschließlich auf Anweisung des Vorsitzes des Ausschusses aus.	Aufgaben beteiligt ist, sollte diese Aufgaben ausschließlich gemäß den Anweisungen des Vorsitzes des Ausschusses durchführen und diesem Bericht erstatten.
3. Das Personal des Europäischen Datenschutzbeauftragten, das an der Wahrnehmung der dem Ausschuss gemäß dieser Verordnung übertragenen Aufgaben beteiligt ist, unterliegt anderen Berichtspflichten als das Personal, das an der Wahrnehmung der dem Europäischen Datenschutzbeauftragten übertragenen Aufgaben beteiligt ist.	
4. Soweit angebracht, erstellen und veröffentlichen der Ausschuss und der Europäische Datenschutzbeauftragte eine Vereinbarung zur Anwendung des vorliegenden Artikels, in der die Bedingungen ihrer Zusammenarbeit festgelegt sind und die für das Personal des Europäischen Datenschutzbeauftragten gilt, das an der Wahrnehmung der dem Ausschuss gemäß dieser Verordnung übertragenen Aufgaben beteiligt ist.	
5. Das Sekretariat leistet dem Ausschuss analytische, administrative und logistische Unterstützung.	
6. Das Sekretariat ist insbesondere verantwortlich für	
(a) das Tagesgeschäft des Ausschusses,	
(b) die Kommunikation zwischen den Mitgliedern des Ausschusses, seinem Vorsitz und der Kommission,	
(c) die Kommunikation mit anderen Organen und mit der Öffentlichkeit,	
(d) den Rückgriff auf elektronische Mittel für die interne und die externe Kommunikation,	

Artikel der DSGVO	Erwägungsgrund/Erwägungsgründe sowie korrespondierende Vorschriften des BDSG-neu
(e) die Übersetzung sachdienlicher Informationen,	
(f) die Vor- und Nachbereitung der Sitzungen des Ausschusses,	
(g) die Vorbereitung, Abfassung und Veröffentlichung von Stellungnahmen, von Beschlüssen über die Beilegung von Streitigkeiten zwischen Aufsichtsbehörden und von sonstigen vom Ausschuss angenommenen Dokumenten.	
Artikel 76: Vertraulichkeit	
1. Die Beratungen des Ausschusses sind gemäß seiner Geschäftsordnung vertraulich, wenn der Ausschuss dies für erforderlich hält.	–
2. Der Zugang zu Dokumenten, die Mitgliedern des Ausschusses, Sachverständigen und Vertretern von Dritten vorgelegt werden, wird durch die Verordnung (EG) Nr. 1049/2001 des Europäischen Parlaments und des Rates geregelt.	
Kapitel VIII – Rechtsbehelfe, Haftung und Sanktionen	
Artikel 77: Recht auf Beschwerde bei einer Aufsichtsbehörde Siehe Abschn. 7.4.2	
1. Jede betroffene Person hat unbeschadet eines anderweitigen verwaltungsrechtlichen oder gerichtlichen Rechtsbehelfs das Recht auf Beschwerde bei einer Aufsichtsbehörde, insbesondere in dem Mitgliedstaat ihres Aufenthaltsorts, ihres Arbeitsplatzes oder des Orts des mutmaßlichen Verstoßes, wenn die betroffene Person der Ansicht ist, dass die Verarbeitung der sie betreffenden personenbezogenen Daten gegen diese Verordnung verstößt.	(141) Jede betroffene Person sollte das Recht haben, bei einer einzigen Aufsichtsbehörde insbesondere in dem Mitgliedstaat ihres gewöhnlichen Aufenthalts eine Beschwerde einzureichen und gemäß Artikel 47 der Charta einen wirksamen gerichtlichen Rechtsbehelf einzulegen, wenn sie sich in ihren Rechten gemäß dieser Verordnung verletzt sieht oder wenn die Aufsichtsbehörde auf eine Beschwerde hin nicht tätig wird, eine Beschwerde teilweise oder ganz abweist oder ablehnt oder nicht tätig wird, obwohl dies zum Schutz der Rechte der betroffenen Person notwendig ist. Die auf eine Beschwerde folgende Untersuchung sollte vorbehaltlich gerichtlicher Überprüfung so weit gehen, wie dies im Einzelfall angemessen ist. Die Aufsichtsbehörde sollte die betroffene Person innerhalb eines angemessenen Zeitraums über den Fortgang

Artikel der DSGVO	Erwägungsgrund/Erwägungsgründe sowie korrespondierende Vorschriften des BDSG-neu
2. Die Aufsichtsbehörde, bei der die Beschwerde eingereicht wurde, unterrichtet den Beschwerdeführer über den Stand und die Ergebnisse der Beschwerde einschließlich der Möglichkeit eines gerichtlichen Rechtsbehelfs nach Artikel 78.	und die Ergebnisse der Beschwerde unterrichten. Sollten weitere Untersuchungen oder die Abstimmung mit einer anderen Aufsichtsbehörde erforderlich sein, sollte die betroffene Person über den Zwischenstand informiert werden. Jede Aufsichtsbehörde sollte Maßnahmen zur Erleichterung der Einreichung von Beschwerden treffen, wie etwa die Bereitstellung eines Beschwerdeformulars, das auch elektronisch ausgefüllt werden kann, ohne dass andere Kommunikationsmittel ausgeschlossen werden.
Artikel 78: Recht auf wirksamen gerichtlichen Rechtsbehelf gegen eine Aufsichtsbehörde Siehe Abschn. 7.4	
1. Jede natürliche oder juristische Person hat unbeschadet eines anderweitigen verwaltungsrechtlichen oder außergerichtlichen Rechtsbehelfs das Recht auf einen wirksamen gerichtlichen Rechtsbehelf gegen einen sie betreffenden rechtsverbindlichen Beschluss einer Aufsichtsbehörde. 2. Jede betroffene Person hat unbeschadet eines anderweitigen verwaltungsrechtlichen oder außergerichtlichen Rechtbehelfs das Recht auf einen wirksamen gerichtlichen Rechtsbehelf, wenn die nach den Artikeln 55 und 56 zuständige Aufsichtsbehörde sich nicht mit einer Beschwerde befasst oder die betroffene Person nicht innerhalb von drei Monaten über den Stand oder das Ergebnis der gemäß Artikel 77 erhobenen Beschwerde in Kenntnis gesetzt hat. 3. Für Verfahren gegen eine Aufsichtsbehörde sind die Gerichte des Mitgliedstaats zuständig, in dem die Aufsichtsbehörde ihren Sitz hat. 4. Kommt es zu einem Verfahren gegen den Beschluss einer Aufsichtsbehörde, dem eine Stellungnahme oder ein Beschluss	(143) Jede natürliche oder juristische Person hat das Recht, unter den in Artikel 263 AEUV genannten Voraussetzungen beim Gerichtshof eine Klage auf Nichtigerklärung eines Beschlusses des Ausschusses zu erheben. Als Adressaten solcher Beschlüsse müssen die betroffenen Aufsichtsbehörden, die diese Beschlüsse anfechten möchten, binnen zwei Monaten nach deren Übermittlung gemäß Artikel 263 AEUV Klage erheben. Sofern Beschlüsse des Ausschusses einen Verantwortlichen, einen Auftragsverarbeiter oder den Beschwerdeführer unmittelbar und individuell betreffen, so können diese Personen binnen zwei Monaten nach Veröffentlichung der betreffenden Beschlüsse auf der Website des Ausschusses im Einklang mit Artikel 263 AEUV eine Klage auf Nichtigerklärung erheben. Unbeschadet dieses Rechts nach Artikel 263 AEUV sollte jede natürliche oder juristische Person das Recht auf einen wirksamen gerichtlichen Rechtsbehelf bei dem zuständigen einzelstaatlichen Gericht gegen einen Beschluss einer Aufsichtsbehörde haben, der gegenüber dieser Person Rechtswirkungen entfaltet. Ein derartiger Beschluss betrifft insbesondere die Ausübung von Untersuchungs-, Abhilfe- und Genehmigungsbefugnissen durch die Aufsichtsbehörde oder die Ablehnung oder Abweisung von Beschwerden. Das Recht auf einen wirksamen gerichtlichen Rechtsbehelf umfasst jedoch nicht rechtlich nicht bindende Maßnahmen der Aufsichtsbehörden wie von ihr abgegebene Stellungnahmen oder Empfehlungen. Verfahren gegen eine Aufsichtsbehörde sollten bei den Gerichten des Mitgliedstaats angestrengt werden, in dem die Aufsichtsbehörde ihren Sitz hat, und sollten im Einklang mit dem Verfahrensrecht dieses Mitgliedstaats durchgeführt werden. Diese Gerichte sollten eine uneingeschränkte Zuständigkeit besitzen, was die Zuständigkeit, sämtliche für den bei ihnen anhängigen Rechtsstreit maßgebliche Sach- und Rechtsfragen zu prüfen, einschließt. Wurde eine

Artikel der DSGVO	Erwägungsgrund/Erwägungsgründe sowie korrespondierende Vorschriften des BDSG-neu
des Ausschusses im Rahmen des Kohärenzverfahrens vorangegangen ist, so leitet die Aufsichtsbehörde diese Stellungnahme oder diesen Beschluss dem Gericht zu.	Beschwerde von einer Aufsichtsbehörde abgelehnt oder abgewiesen, kann der Beschwerdeführer Klage bei den Gerichten desselben Mitgliedstaats erheben. Im Zusammenhang mit gerichtlichen Rechtsbehelfen in Bezug auf die Anwendung dieser Verordnung können einzelstaatliche Gerichte, die eine Entscheidung über diese Frage für erforderlich halten, um ihr Urteil erlassen zu können, bzw. müssen einzelstaatliche Gerichte in den Fällen nach Artikel 267 AEUV den Gerichtshof um eine Vorabentscheidung zur Auslegung des Unionsrechts – das auch diese Verordnung einschließt – ersuchen. Wird darüber hinaus der Beschluss einer Aufsichtsbehörde zur Umsetzung eines Beschlusses des Ausschusses vor einem einzelstaatlichen Gericht angefochten und wird die Gültigkeit des Beschlusses des Ausschusses infrage gestellt, so hat dieses einzelstaatliche Gericht nicht die Befugnis, den Beschluss des Ausschusses für nichtig zu erklären, sondern es muss im Einklang mit Artikel 267 AEUV in der Auslegung des Gerichtshofs den Gerichtshof mit der Frage der Gültigkeit befassen, wenn es den Beschluss für nichtig hält. Allerdings darf ein einzelstaatliches Gericht den Gerichtshof nicht auf Anfrage einer natürlichen oder juristischen Person mit Fragen der Gültigkeit des Beschlusses des Ausschusses befassen, wenn diese Person Gelegenheit hatte, eine Klage auf Nichtigerklärung dieses Beschlusses zu erheben – insbesondere wenn sie unmittelbar und individuell von dem Beschluss betroffen war –, diese Gelegenheit jedoch nicht innerhalb der Frist gemäß Artikel 263 AEUV genutzt hat. **§ 20 BDSG: Gerichtlicher Rechtsschutz** (1) Für Streitigkeiten zwischen einer natürlichen oder einer juristischen Person und einer Aufsichtsbehörde des Bundes oder eines Landes über Rechte gemäß Artikel 78 Absatz 1 und 2 der Verordnung (EU) 2016/679 sowie § 61 ist der Verwaltungsrechtsweg gegeben. Satz 1 gilt nicht für Bußgeldverfahren. (2) Die Verwaltungsgerichtsordnung ist nach Maßgabe der Absätze 3 bis 7 anzuwenden. (3) Für Verfahren nach Absatz 1 Satz 1 ist das Verwaltungsgericht örtlich zuständig, in dessen Bezirk die Aufsichtsbehörde ihren Sitz hat. (4) In Verfahren nach Absatz 1 Satz 1 ist die Aufsichtsbehörde beteiligungsfähig. (5) Beteiligte eines Verfahrens nach Absatz 1 Satz 1 sind 1. die natürliche oder juristische Person als Klägerin oder Antragstellerin und 2. die Aufsichtsbehörde als Beklagte oder Antragsgegnerin.

Artikel der DSGVO	Erwägungsgrund/Erwägungsgründe sowie korrespondierende Vorschriften des BDSG-neu
	§ 63 Nummer 3 und 4 der Verwaltungsgerichtsordnung bleibt unberührt. (6) Ein Vorverfahren findet nicht statt. (7) Die Aufsichtsbehörde darf gegenüber einer Behörde oder deren Rechtsträger nicht die sofortige Vollziehung gemäß § 80 Absatz 2 Satz 1 Nummer 4 der Verwaltungsgerichtsordnung anordnen.
Artikel 79: Recht auf wirksamen gerichtlichen Rechtsbehelf gegen Verantwortliche oder Auftragsverarbeiter Siehe Abschn. 7.4.2	
1. Jede betroffene Person hat unbeschadet eines verfügbaren verwaltungsrechtlichen oder außergerichtlichen Rechtsbehelfs einschließlich des Rechts auf Beschwerde bei einer Aufsichtsbehörde gemäß Artikel 77 das Recht auf einen wirksamen gerichtlichen Rechtsbehelf, wenn sie der Ansicht ist, dass die ihr aufgrund dieser Verordnung zustehenden Rechte infolge einer nicht im Einklang mit dieser Verordnung stehenden Verarbeitung ihrer personenbezogenen Daten verletzt wurden. 2. Für Klagen gegen einen Verantwortlichen oder gegen einen Auftragsverarbeiter sind die Gerichte des Mitgliedstaats zuständig, in dem der Verantwortliche oder der Auftragsverarbeiter eine Niederlassung hat. Wahlweise können solche Klagen auch bei den Gerichten des Mitgliedstaats erhoben werden, in dem die betroffene Person ihren Aufenthaltsort hat, es sei denn, es handelt sich bei dem Verantwortlichen oder dem Auftragsverarbeiter um eine Behörde eines Mitgliedstaats, die in Ausübung ihrer hoheitlichen Befugnisse tätig geworden ist.	(145) Bei Verfahren gegen Verantwortliche oder Auftragsverarbeiter sollte es dem Kläger überlassen bleiben, ob er die Gerichte des Mitgliedstaats anruft, in dem der Verantwortliche oder der Auftragsverarbeiter eine Niederlassung hat, oder des Mitgliedstaats, in dem die betroffene Person ihren Aufenthaltsort hat; dies gilt nicht, wenn es sich bei dem Verantwortlichen um eine Behörde eines Mitgliedstaats handelt, die in Ausübung ihrer hoheitlichen Befugnisse tätig geworden ist. **§ 44 BDSG: Klagen gegen den Verantwortlichen oder Auftragsverarbeiter** (1) Klagen der betroffenen Person gegen einen Verantwortlichen oder einen Auftragsverarbeiter wegen eines Verstoßes gegen datenschutzrechtliche Bestimmungen im Anwendungsbereich der Verordnung (EU) 2016/679 oder der darin enthaltenen Rechte der betroffenen Person können bei dem Gericht des Ortes erhoben werden, an dem sich eine Niederlassung des Verantwortlichen oder Auftragsverarbeiters befindet. Klagen nach Satz 1 können auch bei dem Gericht des Ortes erhoben werden, an dem die betroffene Person ihren gewöhnlichen Aufenthaltsort hat. (2) Absatz 1 gilt nicht für Klagen gegen Behörden, die in Ausübung ihrer hoheitlichen Befugnisse tätig geworden sind. (3) Hat der Verantwortliche oder Auftragsverarbeiter einen Vertreter nach Artikel 27 Absatz 1 der Verordnung (EU) 2016/679 benannt, gilt dieser auch als bevollmächtigt, Zustellungen in zivilgerichtlichen Verfahren nach Absatz 1 entgegenzunehmen. § 184 der Zivilprozessordnung bleibt unberührt.

Artikel der DSGVO	Erwägungsgrund/Erwägungsgründe sowie korrespondierende Vorschriften des BDSG-neu
Artikel 80: Vertretung von betroffenen Personen	
1. Die betroffene Person hat das Recht, eine Einrichtung, Organisationen oder Vereinigung ohne Gewinnerzielungsabsicht, die ordnungsgemäß nach dem Recht eines Mitgliedstaats gegründet ist, deren satzungsmäßige Ziele im öffentlichem Interesse liegen und die im Bereich des Schutzes der Rechte und Freiheiten von betroffenen Personen in Bezug auf den Schutz ihrer personenbezogenen Daten tätig ist, zu beauftragen, in ihrem Namen eine Beschwerde einzureichen, in ihrem Namen die in den Artikeln 77, 78 und 79 genannten Rechte wahrzunehmen und das Recht auf Schadensersatz gemäß Artikel 82 in Anspruch zu nehmen, sofern dieses im Recht der Mitgliedstaaten vorgesehen ist. 2. Die Mitgliedstaaten können vorsehen, dass jede der in Absatz 1 des vorliegenden Artikels genannten Einrichtungen, Organisationen oder Vereinigungen unabhängig von einem Auftrag der betroffenen Person in diesem Mitgliedstaat das Recht hat, bei der gemäß Artikel 77 zuständigen Aufsichtsbehörde eine Beschwerde einzulegen und die in den Artikeln 78 und 79 aufgeführten Rechte in Anspruch zu nehmen, wenn ihres Erachtens die Rechte einer betroffenen Person gemäß dieser Verordnung infolge einer Verarbeitung verletzt worden sind.	(142) Betroffene Personen, die sich in ihren Rechten gemäß dieser Verordnung verletzt sehen, sollten das Recht haben, nach dem Recht eines Mitgliedstaats gegründete Einrichtungen, Organisationen oder Verbände ohne Gewinnerzielungsabsicht, deren satzungsmäßige Ziele im öffentlichem Interesse liegen und die im Bereich des Schutzes personenbezogener Daten tätig sind, zu beauftragen, in ihrem Namen Beschwerde bei einer Aufsichtsbehörde oder einen gerichtlichen Rechtsbehelf einzulegen oder das Recht auf Schadensersatz in Anspruch zu nehmen, sofern dieses im Recht der Mitgliedstaaten vorgesehen ist. Die Mitgliedstaaten können vorsehen, dass diese Einrichtungen, Organisationen oder Verbände das Recht haben, unabhängig vom Auftrag einer betroffenen Person in dem betreffenden Mitgliedstaat eine eigene Beschwerde einzulegen, und das Recht auf einen wirksamen gerichtlichen Rechtsbehelf haben sollten, wenn sie Grund zu der Annahme haben, dass die Rechte der betroffenen Person infolge einer nicht im Einklang mit dieser Verordnung stehenden Verarbeitung verletzt worden sind. Diesen Einrichtungen, Organisationen oder Verbänden kann unabhängig vom Auftrag einer betroffenen Person nicht gestattet werden, im Namen einer betroffenen Person Schadenersatz zu verlangen.
Artikel 81: Aussetzung des Verfahrens	
1. Erhält ein zuständiges Gericht in einem Mitgliedstaat Kenntnis von einem Verfahren zu demselben Gegenstand in Bezug auf die Verarbeitung durch denselben	(144) Hat ein mit einem Verfahren gegen die Entscheidung einer Aufsichtsbehörde befasstes Gericht Anlass zu der Vermutung, dass ein dieselbe Verarbeitung betreffendes Verfahren – etwa zu demselben Gegenstand in Bezug auf die Verarbeitung durch denselben Verantwortlichenben

Artikel der DSGVO	Erwägungsgrund/Erwägungsgründe sowie korrespondierende Vorschriften des BDSG-neu
Verantwortlichen oder Auftragsverarbeiter, das vor einem Gericht in einem anderen Mitgliedstaat anhängig ist, so nimmt es mit diesem Gericht Kontakt auf, um sich zu vergewissern, dass ein solches Verfahren existiert. 2. Ist ein Verfahren zu demselben Gegenstand in Bezug auf die Verarbeitung durch denselben Verantwortlichen oder Auftragsverarbeiter vor einem Gericht in einem anderen Mitgliedstaat anhängig, so kann jedes später angerufene zuständige Gericht das bei ihm anhängige Verfahren aussetzen. 3. Sind diese Verfahren in erster Instanz anhängig, so kann sich jedes später angerufene Gericht auf Antrag einer Partei auch für unzuständig erklären, wenn das zuerst angerufene Gericht für die betreffenden Klagen zuständig ist und die Verbindung der Klagen nach seinem Recht zulässig ist.	oder Auftragsverarbeiter oder wegen desselben Anspruchs – vor einem zuständigen Gericht in einem anderen Mitgliedstaat anhängig ist, so sollte es mit diesem Gericht Kontakt aufnehmen, um sich zu vergewissern, dass ein solches verwandtes Verfahren existiert. Sind verwandte Verfahren vor einem Gericht in einem anderen Mitgliedstaat anhängig, so kann jedes später angerufene Gericht das Verfahren aussetzen oder sich auf Anfrage einer Partei auch zugunsten des zuerst angerufenen Gerichts für unzuständig erklären, wenn dieses später angerufene Gericht für die betreffenden Verfahren zuständig ist und die Verbindung von solchen verwandten Verfahren nach seinem Recht zulässig ist. Verfahren gelten als miteinander verwandt, wenn zwischen ihnen eine so enge Beziehung gegeben ist, dass eine gemeinsame Verhandlung und Entscheidung geboten erscheint, um zu vermeiden, dass in getrennten Verfahren einander widersprechende Entscheidungen ergehen.
Artikel 82: Haftung und Recht auf Schadenersatz Siehe Abschn. 7.2	
1. Jede Person, der wegen eines Verstoßes gegen diese Verordnung ein materieller oder immaterieller Schaden entstanden ist, hat Anspruch auf Schadenersatz gegen den Verantwortlichen oder gegen den Auftragsverarbeiter. 2. Jeder an einer Verarbeitung beteiligte Verantwortliche haftet für den Schaden, der durch eine nicht dieser Verordnung entsprechende Verarbeitung verursacht wurde. Ein Auftragsverarbeiter haftet für den durch eine Verarbeitung verursachten Schaden nur dann, wenn er seinen speziell	(146) Der Verantwortliche oder der Auftragsverarbeiter sollte Schäden, die einer Person aufgrund einer Verarbeitung entstehen, die mit dieser Verordnung nicht im Einklang steht, ersetzen. Der Verantwortliche oder der Auftragsverarbeiter sollte von seiner Haftung befreit werden, wenn er nachweist, dass er in keiner Weise für den Schaden verantwortlich ist. Der Begriff des Schadens sollte im Lichte der Rechtsprechung des Gerichtshofs weit auf eine Art und Weise ausgelegt werden, die den Zielen dieser Verordnung in vollem Umfang entspricht. Dies gilt unbeschadet von Schadenersatzforderungen aufgrund von Verstößen gegen andere Vorschriften des Unionsrechts oder des Rechts der Mitgliedstaaten. Zu einer Verarbeitung, die mit der vorliegenden Verordnung nicht im Einklang steht, zählt auch eine Verarbeitung, die nicht mit den nach Maßgabe der vorliegenden Verordnung erlassenen delegierten Rechtsakten und Durchführungsrechtsakten und Rechtsvorschriften der Mitgliedstaaten zur Präzisierung den

Artikel der DSGVO	Erwägungsgrund/Erwägungsgründe sowie korrespondierende Vorschriften des BDSG-neu
Auftragsverarbeitern auferlegten Pflichten aus dieser Verordnung nicht nachgekommen ist oder unter Nichtbeachtung der rechtmäßig erteilten Anweisungen des für die Datenverarbeitung Verantwortlichen oder gegen diese Anweisungen gehandelt hat. 3. Der Verantwortliche oder der Auftragsverarbeiter wird von der Haftung gemäß Absatz 2 befreit, wenn er nachweist, dass er in keinerlei Hinsicht für den Umstand, durch den der Schaden eingetreten ist, verantwortlich ist. 4. Ist mehr als ein Verantwortlicher oder mehr als ein Auftragsverarbeiter bzw. sowohl ein Verantwortlicher als auch ein Auftragsverarbeiter an derselben Verarbeitung beteiligt und sind sie gemäß den Absätzen 2 und 3 für einen durch die Verarbeitung verursachten Schaden verantwortlich, so haftet jeder Verantwortliche oder jeder Auftragsverarbeiter für den gesamten Schaden, damit ein wirksamer Schadensersatz für die betroffene Person sichergestellt ist. 5. Hat ein Verantwortlicher oder Auftragsverarbeiter gemäß Absatz 4 vollständigen Schadensersatz für den erlittenen Schaden gezahlt, so ist dieser Verantwortliche oder Auftragsverarbeiter berechtigt, von den übrigen an derselben Verarbeitung beteiligten für die Datenverarbeitung Verantwortlichen oder Auftragsverarbeitern den Teil des Schadenersatzes zurückzufordern, der unter den in Absatz 2 festgelegten Bedingungen ihrem Anteil an der Verantwortung für den Schaden entspricht.	von Bestimmungen der vorliegenden Verordnung im Einklang steht. Die betroffenen Personen sollten einen vollständigen und wirksamen Schadenersatz für den erlittenen Schaden erhalten. Sind Verantwortliche oder Auftragsverarbeiter an derselben Verarbeitung beteiligt, so sollte jeder Verantwortliche oder Auftragsverarbeiter für den gesamten Schaden haftbar gemacht werden. Werden sie jedoch nach Maßgabe des Rechts der Mitgliedstaaten zu demselben Verfahren hinzugezogen, so können sie im Verhältnis zu der Verantwortung anteilmäßig haftbar gemacht werden, die jeder Verantwortliche oder Auftragsverarbeiter für den durch die Verarbeitung entstandenen Schaden zu tragen hat, sofern sichergestellt ist, dass die betroffene Person einen vollständigen und wirksamen Schadenersatz für den erlittenen Schaden erhält. Jeder Verantwortliche oder Auftragsverarbeiter, der den vollen Schadenersatz geleistet hat, kann anschließend ein Rückgriffsverfahren gegen andere an derselben Verarbeitung beteiligte Verantwortliche oder Auftragsverarbeiter anstrengen. (147) Soweit in dieser Verordnung spezifische Vorschriften über die Gerichtsbarkeit – insbesondere in Bezug auf Verfahren im Hinblick auf einen gerichtlichen Rechtsbehelf einschließlich Schadenersatz gegen einen Verantwortlichen oder Auftragsverarbeiter – enthalten sind, sollten die allgemeinen Vorschriften über die Gerichtsbarkeit, wie sie etwa in der Verordnung (EU) Nr. 1215/2012 des Europäischen Parlaments und des Rates enthalten sind, der Anwendung dieser spezifischen Vorschriften nicht entgegenstehen.

Artikel der DSGVO	Erwägungsgrund/Erwägungsgründe sowie korrespondierende Vorschriften des BDSG-neu
6. Mit Gerichtsverfahren zur Inanspruchnahme des Rechts auf Schadenersatz sind die Gerichte zu befassen, die nach den in Artikel 79 Absatz 2 genannten Rechtsvorschriften des Mitgliedstaats zuständig sind.	
Artikel 83: Allgemeine Bedingungen für die Verhängung von Geldbußen Siehe Abschn. 7.3	
1. Jede Aufsichtsbehörde stellt sicher, dass die Verhängung von Geldbußen gemäß diesem Artikel für Verstöße gegen diese Verordnung gemäß den Absätzen 5 und 6 in jedem Einzelfall wirksam, verhältnismäßig und abschreckend ist. 2. Geldbußen werden je nach den Umständen des Einzelfalls zusätzlich zu oder anstelle von Maßnahmen nach Artikel 58 Absatz 2 Buchstaben a bis h und i verhängt. Bei der Entscheidung über die Verhängung einer Geldbuße und über deren Betrag wird in jedem Einzelfall Folgendes gebührend berücksichtigt: (a) Art, Schwere und Dauer des Verstoßes unter Berücksichtigung der Art, des Umfangs oder des Zwecks der betreffenden Verarbeitung sowie der Zahl der von der Verarbeitung betroffenen Personen und des Ausmaßes des von ihnen erlittenen Schadens; (b) Vorsätzlichkeit oder Fahrlässigkeit des Verstoßes; (c) jegliche von dem Verantwortlichen oder dem Auftragsverarbeiter getroffenen Maßnahmen zur Minderung des den betroffenen Personen entstandenen Schadens;	(148) Im Interesse einer konsequenteren Durchsetzung der Vorschriften dieser Verordnung sollten bei Verstößen gegen diese Verordnung zusätzlich zu den geeigneten Maßnahmen, die die Aufsichtsbehörde gemäß dieser Verordnung verhängt, oder an Stelle solcher Maßnahmen Sanktionen einschließlich Geldbußen verhängt werden. Im Falle eines geringfügigeren Verstoßes oder falls voraussichtlich zu verhängende Geldbuße eine unverhältnismäßige Belastung für eine natürliche Person bewirken würde, kann anstelle einer Geldbuße eine Verwarnung erteilt werden. Folgendem sollte jedoch gebührend Rechnung getragen werden: der Art, Schwere und Dauer des Verstoßes, dem vorsätzlichen Charakter des Verstoßes, den Maßnahmen zur Minderung des entstandenen Schadens, dem Grad der Verantwortlichkeit oder jeglichem früheren Verstoß, der Art und Weise, wie der Verstoß der Aufsichtsbehörde bekannt wurde, der Einhaltung der gegen den Verantwortlichen oder Auftragsverarbeiter angeordneten Maßnahmen, der Einhaltung von Verhaltensregeln und jedem anderen erschwerenden oder mildernden Umstand. Für die Verhängung von Sanktionen einschließlich Geldbußen sollte es angemessene Verfahrensgarantien geben, die den allgemeinen Grundsätzen des Unionsrechts und der Charta, einschließlich des Rechts auf wirksamen Rechtsschutz und ein faires Verfahren, entsprechen. (150) Um die verwaltungsrechtlichen Sanktionen bei Verstößen gegen diese Verordnung zu vereinheitlichen und ihnen mehr Wirkung zu verleihen, sollte jede Aufsichtsbehörde befugt sein, Geldbußen zu verhängen. In dieser Verordnung sollten die Verstöße sowie die Obergrenze der entsprechenden Geldbußen und die Kriterien für ihre Festsetzung genannt werden, wobei diese Geldbußen von der zuständigen Aufsichtsbehörde in jedem Einzelfall unter Berücksichtigung aller besonderen Umstände und insbesondere der Art, Schwere und Dauer des Verstoßes

Artikel der DSGVO	Erwägungsgrund/Erwägungsgründe sowie korrespondierende Vorschriften des BDSG-neu
(d) Grad der Verantwortung des Verantwortlichen oder des Auftragsverarbeiters unter Berücksichtigung der von ihnen gemäß den Artikeln 25 und 32 getroffenen technischen und organisatorischen Maßnahmen; (e) etwaige einschlägige frühere Verstöße des Verantwortlichen oder des Auftragsverarbeiters; (f) Umfang der Zusammenarbeit mit der Aufsichtsbehörde, um dem Verstoß abzuhelfen und seine möglichen nachteiligen Auswirkungen zu mindern; (g) Kategorien personenbezogener Daten, die von dem Verstoß betroffen sind; (h) Art und Weise, wie der Verstoß der Aufsichtsbehörde bekannt wurde, insbesondere ob und gegebenenfalls in welchem Umfang der Verantwortliche oder der Auftragsverarbeiter den Verstoß mitgeteilt hat; (i) Einhaltung der nach Artikel 58 Absatz 2 früher gegen den für den betreffenden Verantwortlichen oder Auftragsverarbeiter in Bezug auf denselben Gegenstand angeordneten Maßnahmen, wenn solche Maßnahmen angeordnet wurden; (j) Einhaltung von genehmigten Verhaltensregeln nach Artikel 40 oder genehmigten Zertifizierungsverfahren nach Artikel 42 und (k) jegliche anderen erschwerenden oder mildernden Umstände im jeweiligen Fall, wie unmittelbar oder mittelbar durch den Verstoß erlangte finanzielle Vorteile oder vermiedene Verluste.	und seiner Folgen sowie der Maßnahmen, die ergriffen worden sind, um die Einhaltung der aus dieser Verordnung erwachsenden Verpflichtungen zu gewährleisten und die Folgen des Verstoßes abzuwenden oder abzumildern, festzusetzen sind. Werden Geldbußen Unternehmen auferlegt, sollte zu diesem Zweck der Begriff „Unternehmen" im Sinne der Artikel 101 und 102 AEUV verstanden werden. Werden Geldbußen Personen auferlegt, bei denen es sich nicht um Unternehmen handelt, so sollte die Aufsichtsbehörde bei der Erwägung des angemessenen Betrags für die Geldbuße dem allgemeinen Einkommensniveau in dem betreffenden Mitgliedstaat und der wirtschaftlichen Lage der Personen Rechnung tragen. Das Kohärenzverfahren kann auch genutzt werden, um eine kohärente Anwendung von Geldbußen zu fördern. Die Mitgliedstaaten sollten bestimmen können, ob und inwieweit gegen Behörden Geldbußen verhängt werden können. Auch wenn die Aufsichtsbehörden bereits Geldbußen verhängt oder eine Verwarnung erteilt haben, können sie ihre anderen Befugnisse ausüben oder andere Sanktionen nach Maßgabe dieser Verordnung verhängen. (151) Nach den Rechtsordnungen Dänemarks und Estlands sind die in dieser Verordnung vorgesehenen Geldbußen nicht zulässig. Die Vorschriften über die Geldbußen können so angewandt werden, dass die Geldbuße in Dänemark durch die zuständigen nationalen Gerichte als Strafe und in Estland durch die Aufsichtsbehörde im Rahmen eines Verfahrens bei Vergehen verhängt wird, sofern eine solche Anwendung der Vorschriften in diesen Mitgliedstaaten die gleiche Wirkung wie die von den Aufsichtsbehörden verhängten Geldbußen hat. Daher sollten die zuständigen nationalen Gerichte die Empfehlung der Aufsichtsbehörde, die die Geldbuße in die Wege geleitet hat, berücksichtigen. In jeden Fall sollten die verhängten Geldbußen wirksam, verhältnismäßig und abschreckend sein. **§ 41 BDSG: Anwendung der Vorschriften über das Bußgeld- und Strafverfahren** (1) Für Verstöße nach Artikel 83 Absatz 4 bis 6 der Verordnung (EU) 2016/679 gelten, soweit dieses Gesetz nichts anderes bestimmt, die Vorschriften des Gesetzes über Ordnungswidrigkeiten sinngemäß. Die §§ 17, 35 und 36 des Gesetzes über Ordnungswidrigkeiten finden keine Anwendung. § 68 des Gesetzes über Ordnungswidrigkeiten findet mit der Maßgabe Anwendung, dass das Landgericht entscheidet, wenn die festgesetzte Geldbuße den Betrag von einhunderttausend Euro übersteigt.

Artikel der DSGVO	Erwägungsgrund/Erwägungsgründe sowie korrespondierende Vorschriften des BDSG-neu
3. Verstößt ein Verantwortlicher oder ein Auftragsverarbeiter bei gleichen oder miteinander verbundenen Verarbeitungsvorgängen vorsätzlich oder fahrlässig gegen mehrere Bestimmungen dieser Verordnung, so übersteigt der Gesamtbetrag der Geldbuße nicht den Betrag für den schwerwiegendsten Verstoß. 4. Bei Verstößen gegen die folgenden Bestimmungen werden im Einklang mit Absatz 2 Geldbußen von bis zu 10.000.000 EUR oder im Fall eines Unternehmens von bis zu 2 % seines gesamten weltweit erzielten Jahresumsatzes des vorangegangenen Geschäftsjahrs verhängt, je nachdem, welcher der Beträge höher ist: (a) die Pflichten der Verantwortlichen und der Auftragsverarbeiter gemäß den Artikeln 8, 11, 25 bis 39, 42 und 43; (b) die Pflichten der Zertifizierungsstelle gemäß den Artikeln 42 und 43; (c) die Pflichten der Überwachungsstelle gemäß Artikel 41 Absatz 4. 5. Bei Verstößen gegen die folgenden Bestimmungen werden im Einklang mit Absatz 2 Geldbußen von bis zu 20.000.000 EUR oder im Fall eines Unternehmens von bis zu 4 % seines gesamten weltweit erzielten Jahresumsatzes des vorangegangenen Geschäftsjahrs verhängt, je nachdem, welcher der Beträge höher ist: (a) die Grundsätze für die Verarbeitung, einschließlich der Bedingungen für die Einwilligung, gemäß den Artikeln 5, 6, 7 und 9;	(2) Für Verfahren wegen eines Verstoßes nach Artikel 83 Absatz 4 bis 6 der Verordnung (EU) 2016/679 gelten, soweit dieses Gesetz nichts anderes bestimmt, die Vorschriften des Gesetzes über Ordnungswidrigkeiten und der allgemeinen Gesetze über das Strafverfahren, namentlich der Strafprozessordnung und des Gerichtsverfassungsgesetzes, entsprechend. Die §§ 56 bis 58, 87, 88, 99 und 100 des Gesetzes über Ordnungswidrigkeiten finden keine Anwendung. § 69 Absatz 4 Satz 2 des Gesetzes über Ordnungswidrigkeiten findet mit der Maßgabe Anwendung, dass die Staatsanwaltschaft das Verfahren nur mit Zustimmung der Aufsichtsbehörde, die den Bußgeldbescheid erlassen hat, einstellen kann. **§ 43 BDSG: Bußgeldvorschriften** (1) Ordnungswidrig handelt, wer vorsätzlich oder fahrlässig 1. entgegen § 30 Absatz 1 ein Auskunftsverlangen nicht richtig behandelt oder 2. entgegen § 30 Absatz 2 Satz 1 einen Verbraucher nicht, nicht richtig, nicht vollständig oder nicht rechtzeitig unterrichtet. (2) Die Ordnungswidrigkeit kann mit einer Geldbuße bis zu fünfzigtausend Euro geahndet werden. (3) Gegen Behörden und sonstige öffentliche Stellen im Sinne des § 2 Absatz 1 werden keine Geldbußen verhängt. (4) Eine Meldung nach Artikel 33 der Verordnung (EU) 2016/679 oder eine Benachrichtigung nach Artikel 34 Absatz 1 der Verordnung (EU) 2016/679 darf in einem Verfahren nach dem Gesetz über Ordnungswidrigkeiten gegen den Meldepflichtigen oder Benachrichtigenden oder seine in § 52 Absatz 1 der Strafprozessordnung bezeichneten Angehörigen nur mit Zustimmung des Meldepflichtigen oder Benachrichtigenden verwendet werden.

Artikel der DSGVO	Erwägungsgrund/Erwägungsgründe sowie korrespondierende Vorschriften des BDSG-neu
(b) die Rechte der betroffenen Person gemäß den Artikeln 12 bis 22;	
(c) die Übermittlung personenbezogener Daten an einen Empfänger in einem Drittland oder an eine internationale Organisation gemäß den Artikeln 44 bis 49;	
(d) alle Pflichten gemäß den Rechtsvorschriften der Mitgliedstaaten, die im Rahmen des Kapitels IX erlassen wurden;	
(e) Nichtbefolgung einer Anweisung oder einer vorübergehenden oder endgültigen Beschränkung oder Aussetzung der Datenübermittlung durch die Aufsichtsbehörde gemäß Artikel 58 Absatz 2 oder Nichtgewährung des Zugangs unter Verstoß gegen Artikel 58 Absatz 1.	
6. Bei Nichtbefolgung einer Anweisung der Aufsichtsbehörde gemäß Artikel 58 Absatz 2 werden im Einklang mit Absatz 2 des vorliegenden Artikels Geldbußen von bis zu 20.000.000 EUR oder im Fall eines Unternehmens von bis zu 4 % seines gesamten weltweit erzielten Jahresumsatzes des vorangegangenen Geschäftsjahrs verhängt, je nachdem, welcher der Beträge höher ist.	
7. Unbeschadet der Abhilfebefugnisse der Aufsichtsbehörden gemäß Artikel 58 Absatz 2 kann jeder Mitgliedstaat Vorschriften dafür festlegen, ob und in welchem Umfang gegen Behörden und öffentliche Stellen, die in dem betreffenden Mitgliedstaat niedergelassen sind, Geldbußen verhängt werden können.	

Artikel der DSGVO	Erwägungsgrund/Erwägungsgründe sowie korrespondierende Vorschriften des BDSG-neu
8. Die Ausübung der eigenen Befugnisse durch eine Aufsichtsbehörde gemäß diesem Artikel muss angemessenen Verfahrensgarantien gemäß dem Unionsrecht und dem Recht der Mitgliedstaaten, einschließlich wirksamer gerichtlicher Rechtsbehelfe und ordnungsgemäßer Verfahren, unterliegen.	
9. Sieht die Rechtsordnung eines Mitgliedstaats keine Geldbußen vor, kann dieser Artikel so angewandt werden, dass die Geldbuße von der zuständigen Aufsichtsbehörde in die Wege geleitet und von den zuständigen nationalen Gerichten verhängt wird, wobei sicherzustellen ist, dass diese Rechtsbehelfe wirksam sind und die gleiche Wirkung wie die von Aufsichtsbehörden verhängten Geldbußen haben. In jeden Fall müssen die verhängten Geldbußen wirksam, verhältnismäßig und abschreckend sein. Die betreffenden Mitgliedstaaten teilen der Kommission bis zum 25. Mai 2018 die Rechtsvorschriften mit, die sie aufgrund dieses Absatzes erlassen, sowie unverzüglich alle späteren Änderungsgesetze oder Änderungen dieser Vorschriften.	
Artikel 84: Sanktionen Siehe Abschn. 7.3	
1. Die Mitgliedstaaten legen die Vorschriften über andere Sanktionen für Verstöße gegen diese Verordnung – insbesondere für Verstöße, die keiner Geldbuße gemäß Artikel 83 unterliegen – fest und treffen alle zu deren Anwendung erforderlichen Maßnahmen. Diese Sanktionen müssen wirksam, verhältnismäßig und abschreckend sein.	(149) Die Mitgliedstaaten sollten die strafrechtlichen Sanktionen für Verstöße gegen diese Verordnung, auch für Verstöße gegen auf der Grundlage und in den Grenzen dieser Verordnung erlassene nationale Vorschriften, festlegen können. Diese strafrechtlichen Sanktionen können auch die Einziehung der durch die Verstöße gegen diese Verordnung erzielten Gewinne ermöglichen. Die Verhängung von strafrechtlichen Sanktionen für Verstöße gegen solche nationalen Vorschriften und von verwaltungsrechtlichen Sanktionen sollte jedoch nicht zu einer Verletzung des Grundsatzes „ne bis in idem", wie er vom Gerichtshof ausgelegt worden ist, führen.

Artikel der DSGVO	Erwägungsgrund/Erwägungsgründe sowie korrespondierende Vorschriften des BDSG-neu
2. Jeder Mitgliedstaat teilt der Kommission bis zum 25. Mai 2018 die Rechtsvorschriften, die er aufgrund von Absatz 1 erlässt, sowie unverzüglich alle späteren Änderungen dieser Vorschriften mit.	(152) Soweit diese Verordnung verwaltungsrechtliche Sanktionen nicht harmonisiert oder wenn es in anderen Fällen – beispielsweise bei schweren Verstößen gegen diese Verordnung – erforderlich ist, sollten die Mitgliedstaaten eine Regelung anwenden, die wirksame, verhältnismäßige und abschreckende Sanktionen vorsieht. Es sollte im Recht der Mitgliedstaaten geregelt werden, ob diese Sanktionen strafrechtlicher oder verwaltungsrechtlicher Art sind. **§ 42 BDSG: Strafvorschriften** (1) Mit Freiheitsstrafe bis zu drei Jahren oder mit Geldstrafe wird bestraft, wer wissentlich nicht allgemein zugängliche personenbezogene Daten einer großen Zahl von Personen, ohne hierzu berechtigt zu sein, 1. einem Dritten übermittelt oder 2. auf andere Art und Weise zugänglich macht und hierbei gewerbsmäßig handelt. (2) Mit Freiheitsstrafe bis zu zwei Jahren oder mit Geldstrafe wird bestraft, wer personenbezogene Daten, die nicht allgemein zugänglich sind, 1. ohne hierzu berechtigt zu sein, verarbeitet oder 2. durch unrichtige Angaben erschleicht und hierbei gegen Entgelt oder in der Absicht handelt, sich oder einen anderen zu bereichern oder einen anderen zu schädigen. (3) Die Tat wird nur auf Antrag verfolgt. Antragsberechtigt sind die betroffene Person, der Verantwortliche, die oder der Bundesbeauftragte und die Aufsichtsbehörde. (4) Eine Meldung nach Artikel 33 der Verordnung (EU) 2016/679 oder eine Benachrichtigung nach Artikel 34 Absatz 1 der Verordnung (EU) 2016/679 darf in einem Strafverfahren gegen den Meldepflichtigen oder Benachrichtigenden oder seine in § 52 Absatz 1 der Strafprozessordnung bezeichneten Angehörigen nur mit Zustimmung des Meldepflichtigen oder Benachrichtigenden verwendet werden.
Kapitel IX – Vorschriften für besondere Verarbeitungssituationen	
Artikel 85: Verarbeitung und Freiheit der Meinungsäußerung und Informationsfreiheit Siehe Abschn. 8.1.2	
1. Die Mitgliedstaaten bringen durch Rechtsvorschriften das Recht auf den Schutz	(153) Im Recht der Mitgliedstaaten sollten die Vorschriften über die freie Meinungsäußerung und Informationsfreiheit, auch von Journalisten, Wissenschaftlern, Künstlern

Artikel der DSGVO	Erwägungsgrund/Erwägungsgründe sowie korrespondierende Vorschriften des BDSG-neu
personenbezogener Daten gemäß dieser Verordnung mit dem Recht auf freie Meinungsäußerung und Informationsfreiheit, einschließlich der Verarbeitung zu journalistischen Zwecken und zu wissenschaftlichen, künstlerischen oder literarischen Zwecken, in Einklang. 2. Für die Verarbeitung, die zu journalistischen Zwecken oder zu wissenschaftlichen, künstlerischen oder literarischen Zwecken erfolgt, sehen die Mitgliedstaaten Abweichungen oder Ausnahmen von Kapitel II (Grundsätze), Kapitel III (Rechte der betroffenen Person), Kapitel IV (Verantwortlicher und Auftragsverarbeiter), Kapitel V (Übermittlung personenbezogener Daten an Drittländer oder an internationale Organisationen), Kapitel VI (Unabhängige Aufsichtsbehörden), Kapitel VII (Zusammenarbeit und Kohärenz) und Kapitel IX (Vorschriften für besondere Verarbeitungssituationen) vor, wenn dies erforderlich ist, um das Recht auf Schutz der personenbezogenen Daten mit der Freiheit der Meinungsäußerung und der Informationsfreiheit in Einklang zu bringen. 3. Jeder Mitgliedstaat teilt der Kommission die Rechtsvorschriften, die er aufgrund von Absatz 2 erlassen hat, sowie unverzüglich alle späteren Änderungsgesetze oder Änderungen dieser Vorschriften mit.	und/oder Schriftstellern, mit dem Recht auf Schutz der personenbezogenen Daten gemäß dieser Verordnung in Einklang gebracht werden. Für die Verarbeitung personenbezogener Daten ausschließlich zu journalistischen Zwecken oder zu wissenschaftlichen, künstlerischen oder literarischen Zwecken sollten Abweichungen und Ausnahmen von bestimmten Vorschriften dieser Verordnung gelten, wenn dies erforderlich ist, um das Recht auf Schutz der personenbezogenen Daten mit dem Recht auf Freiheit der Meinungsäußerung und Informationsfreiheit, wie es in Artikel 11 der Charta garantiert ist, in Einklang zu bringen. Dies sollte insbesondere für die Verarbeitung personenbezogener Daten im audiovisuellen Bereich sowie in Nachrichten- und Pressearchiven gelten. Die Mitgliedstaaten sollten daher Gesetzgebungsmaßnahmen zur Regelung der Abweichungen und Ausnahmen erlassen, die zum Zwecke der Abwägung zwischen diesen Grundrechten notwendig sind. Die Mitgliedstaaten sollten solche Abweichungen und Ausnahmen in Bezug auf die allgemeinen Grundsätze, die Rechte der betroffenen Person, den Verantwortlichen und den Auftragsverarbeiter, die Übermittlung von personenbezogenen Daten an Drittländer oder an internationale Organisationen, die unabhängigen Aufsichtsbehörden, die Zusammenarbeit und Kohärenz und besondere Datenverarbeitungssituationen erlassen. Sollten diese Abweichungen oder Ausnahmen von Mitgliedstaat zu Mitgliedstaat unterschiedlich sein, sollte das Recht des Mitgliedstaats angewendet werden, dem der Verantwortliche unterliegt. Um der Bedeutung des Rechts auf freie Meinungsäußerung in einer demokratischen Gesellschaft Rechnung zu tragen, müssen Begriffe wie Journalismus, die sich auf diese Freiheit beziehen, weit ausgelegt werden.

Artikel der DSGVO	Erwägungsgrund/Erwägungsgründe sowie korrespondierende Vorschriften des BDSG-neu
Artikel 86: Verarbeitung und Zugang der Öffentlichkeit zu amtlichen Dokumenten Siehe Abschn. 8.1.2	
Personenbezogene Daten in amtlichen Dokumenten, die sich im Besitz einer Behörde oder einer öffentlichen Einrichtung oder einer privaten Einrichtung zur Erfüllung einer im öffentlichen Interesse liegenden Aufgabe befinden, können von der Behörde oder der Einrichtung gemäß dem Unionsrecht oder dem Recht des Mitgliedstaats, dem die Behörde oder Einrichtung unterliegt, offengelegt werden, um den Zugang der Öffentlichkeit zu amtlichen Dokumenten mit dem Recht auf Schutz personenbezogener Daten gemäß dieser Verordnung in Einklang zu bringen.	(154) Diese Verordnung ermöglicht es, dass bei ihrer Anwendung der Grundsatz des Zugangs der Öffentlichkeit zu amtlichen Dokumenten berücksichtigt wird. Der Zugang der Öffentlichkeit zu amtlichen Dokumenten kann als öffentliches Interesse betrachtet werden. Personenbezogene Daten in Dokumenten, die sich im Besitz einer Behörde oder einer öffentlichen Stelle befinden, sollten von dieser Behörde oder Stelle öffentlich offengelegt werden können, sofern dies im Unionsrecht oder im Recht der Mitgliedstaaten, denen sie unterliegt, vorgesehen ist. Diese Rechtsvorschriften sollten den Zugang der Öffentlichkeit zu amtlichen Dokumenten und die Weiterverwendung von Informationen des öffentlichen Sektors mit dem Recht auf Schutz personenbezogener Daten in Einklang bringen und können daher die notwendige Übereinstimmung mit dem Recht auf Schutz personenbezogener Daten gemäß dieser Verordnung regeln. Die Bezugnahme auf Behörden und öffentliche Stellen sollte in diesem Kontext sämtliche Behörden oder sonstigen Stellen beinhalten, die vom Recht des jeweiligen Mitgliedstaats über den Zugang der Öffentlichkeit zu Dokumenten erfasst werden. Die Richtlinie 2003/98/EG des Europäischen Parlaments und des Rates lässt das Schutzniveau für natürliche Personen in Bezug auf die Verarbeitung personenbezogener Daten gemäß den Bestimmungen des Unionsrechts und des Rechts der Mitgliedstaaten unberührt und beeinträchtigt diesen in keiner Weise, und sie bewirkt insbesondere keine Änderung der in dieser Verordnung dargelegten Rechte und Pflichten. Insbesondere sollte die genannte Richtlinie nicht für Dokumente gelten, die nach den Zugangsregelungen der Mitgliedstaaten aus Gründen des Schutzes personenbezogener Daten nicht oder nur eingeschränkt zugänglich sind, oder für Teile von Dokumenten, die nach diesen Regelungen zugänglich sind, wenn sie personenbezogene Daten enthalten, bei denen Rechtsvorschriften vorsehen, dass ihre Weiterverwendung nicht mit dem Recht über den Schutz natürlicher Personen in Bezug auf die Verarbeitung personenbezogener Daten vereinbar ist.

Artikel der DSGVO	Erwägungsgrund/Erwägungsgründe sowie korrespondierende Vorschriften des BDSG-neu
Artikel 87: Verarbeitung der nationalen Kennziffer	
Die Mitgliedstaaten können näher bestimmen, unter welchen spezifischen Bedingungen eine nationale Kennziffer oder andere Kennzeichen von allgemeiner Bedeutung Gegenstand einer Verarbeitung sein dürfen. In diesem Fall darf die nationale Kennziffer oder das andere Kennzeichen von allgemeiner Bedeutung nur unter Wahrung geeigneter Garantien für die Rechte und Freiheiten der betroffenen Person gemäß dieser Verordnung verwendet werden.	–
Artikel 88: Datenverarbeitung im Beschäftigungskontext Siehe Abschn. 8.2	
1. Die Mitgliedstaaten können durch Rechtsvorschriften oder durch Kollektivvereinbarungen spezifischere Vorschriften zur Gewährleistung des Schutzes der Rechte und Freiheiten hinsichtlich der Verarbeitung personenbezogener Beschäftigtendaten im Beschäftigungskontext, insbesondere für Zwecke der Einstellung, der Erfüllung des Arbeitsvertrags einschließlich der Erfüllung von durch Rechtsvorschriften oder durch Kollektivvereinbarungen festgelegten Pflichten, des Managements, der Planung und der Organisation der Arbeit, der Gleichheit und Diversität am Arbeitsplatz, der Gesundheit und Sicherheit am Arbeitsplatz, des Schutzes des Eigentums der Arbeitgeber oder der Kunden sowie für Zwecke der Inanspruchnahme der mit der Beschäftigung zusammenhängenden individuellen oder kollektiven Rechte und Leistungen und für Zwecke der Beendigung des Beschäftigungsverhältnisses vorsehen.	(155) Im Recht der Mitgliedstaaten oder in Kollektivvereinbarungen (einschließlich ‚Betriebsvereinbarungen') können spezifische Vorschriften für die Verarbeitung personenbezogener Beschäftigtendaten im Beschäftigungskontext vorgesehen werden, und zwar insbesondere Vorschriften über die Bedingungen, unter denen personenbezogene Daten im Beschäftigungskontext auf der Grundlage der Einwilligung des Beschäftigten verarbeitet werden dürfen, über die Verarbeitung dieser Daten für Zwecke der Einstellung, der Erfüllung des Arbeitsvertrags einschließlich der Erfüllung von durch Rechtsvorschriften oder durch Kollektivvereinbarungen festgelegten Pflichten, des Managements, der Planung und der Organisation der Arbeit, der Gleichheit und Diversität am Arbeitsplatz, der Gesundheit und Sicherheit am Arbeitsplatz sowie für Zwecke der Inanspruchnahme der mit der Beschäftigung zusammenhängenden individuellen oder kollektiven Rechte und Leistungen und für Zwecke der Beendigung des Beschäftigungsverhältnisses. **§ 26 BDSG: Datenverarbeitung für Zwecke des Beschäftigungsverhältnisses** (1) Personenbezogene Daten von Beschäftigten dürfen für Zwecke des Beschäftigungsverhältnisses verarbeitet werden, wenn dies für die Entscheidung über die Begründung eines Beschäftigungsverhältnisses oder nach Begründung des Beschäftigungsverhältnisses für dessen Durchführung oder Beendigung oder zur Ausübung oder Erfüllung der sich aus einem Gesetz oder einem Tarifvertrag, einer

Artikel der DSGVO	Erwägungsgrund/Erwägungsgründe sowie korrespondierende Vorschriften des BDSG-neu
2. Diese Vorschriften umfassen angemessene und besondere Maßnahmen zur Wahrung der menschlichen Würde, der berechtigten Interessen und der Grundrechte der betroffenen Person, insbesondere im Hinblick auf die Transparenz der Verarbeitung, die Übermittlung personenbezogener Daten innerhalb einer Unternehmensgruppe oder einer Gruppe von Unternehmen, die eine gemeinsame Wirtschaftstätigkeit ausüben, und die Überwachungssysteme am Arbeitsplatz. 3. Jeder Mitgliedstaat teilt der Kommission bis zum 25. Mai 2018 die Rechtsvorschriften, die er aufgrund von Absatz 1 erlässt, sowie unverzüglich alle späteren Änderungen dieser Vorschriften mit.	Betriebs- oder Dienstvereinbarung (Kollektivvereinbarung) ergebenden Rechte und Pflichten der Interessenvertretung der Beschäftigten erforderlich ist. Zur Aufdeckung von Straftaten dürfen personenbezogene Daten von Beschäftigten nur dann verarbeitet werden, wenn zu dokumentierende tatsächliche Anhaltspunkte den Verdacht begründen, dass die betroffene Person im Beschäftigungsverhältnis eine Straftat begangen hat, die Verarbeitung zur Aufdeckung erforderlich ist und das schutzwürdige Interesse der oder des Beschäftigten an dem Ausschluss der Verarbeitung nicht überwiegt, insbesondere Art und Ausmaß im Hinblick auf den Anlass nicht unverhältnismäßig sind. (2) Erfolgt die Verarbeitung personenbezogener Daten von Beschäftigten auf der Grundlage einer Einwilligung, so sind für die Beurteilung der Freiwilligkeit der Einwilligung insbesondere die im Beschäftigungsverhältnis bestehende Abhängigkeit der beschäftigten Person sowie die Umstände, unter denen die Einwilligung erteilt worden ist, zu berücksichtigen. Freiwilligkeit kann insbesondere vorliegen, wenn für die beschäftigte Person ein rechtlicher oder wirtschaftlicher Vorteil erreicht wird oder Arbeitgeber und beschäftigte Person gleichgelagerte Interessen verfolgen. Die Einwilligung bedarf der Schriftform, soweit nicht wegen besonderer Umstände eine andere Form angemessen ist. Der Arbeitgeber hat die beschäftigte Person über den Zweck der Datenverarbeitung und über ihr Widerrufsrecht nach Artikel 7 Absatz 3 der Verordnung (EU) 2016/679 in Textform aufzuklären. (3) Abweichend von Artikel 9 Absatz 1 der Verordnung (EU) 2016/679 ist die Verarbeitung besonderer Kategorien personenbezogener Daten im Sinne des Artikels 9 Absatz 1 der Verordnung (EU) 2016/679 für Zwecke des Beschäftigungsverhältnisses zulässig, wenn sie zur Ausübung von Rechten oder zur Erfüllung rechtlicher Pflichten aus dem Arbeitsrecht, dem Recht der sozialen Sicherheit und des Sozialschutzes erforderlich ist und kein Grund zu der Annahme besteht, dass das schutzwürdige Interesse der betroffenen Person an dem Ausschluss der Verarbeitung überwiegt. Absatz 2 gilt auch für die Einwilligung in die Verarbeitung besonderer Kategorien personenbezogener Daten; die Einwilligung muss sich dabei ausdrücklich auf diese Daten beziehen. § 22 Absatz 2 gilt entsprechend. (5) Die Verarbeitung personenbezogener Daten, einschließlich besonderer Kategorien personenbezogener Daten von Beschäftigten für Zwecke des Beschäftigungsverhältnisses, ist auf der Grundlage von Kollektivvereinbarungen zulässig. Dabei haben die Verhandlungspartner Artikel 88 Absatz 2 der Verordnung (EU) 2016/679 zu beachten.

Artikel der DSGVO	Erwägungsgrund/Erwägungsgründe sowie korrespondierende Vorschriften des BDSG-neu
	(6) Der Verantwortliche muss geeignete Maßnahmen ergreifen, um sicherzustellen, dass insbesondere die in Artikel 5 der Verordnung (EU) 2016/679 dargelegten Grundsätze für die Verarbeitung personenbezogener Daten eingehalten werden.
	(7) Die Beteiligungsrechte der Interessenvertretungen der Beschäftigten bleiben unberührt.
	(8) Die Absätze 1 bis 6 sind auch anzuwenden, wenn personenbezogene Daten, einschließlich besonderer Kategorien personenbezogener Daten, von Beschäftigten verarbeitet werden, ohne dass sie in einem Dateisystem gespeichert sind oder gespeichert werden sollen.
	(9) Beschäftigte im Sinne dieses Gesetzes sind:
	1. Arbeitnehmerinnen und Arbeitnehmer, einschließlich der Leiharbeitnehmerinnen und Leiharbeitnehmer im Verhältnis zum Entleiher,
	2. zu ihrer Berufsbildung Beschäftigte,
	3. Teilnehmerinnen und Teilnehmer an Leistungen zur Teilhabe am Arbeitsleben sowie an Abklärungen der beruflichen Eignung oder Arbeitserprobung (Rehabilitandinnen und Rehabilitanden),
	4. in anerkannten Werkstätten für behinderte Menschen Beschäftigte,
	5. Freiwillige, die einen Dienst nach dem Jugendfreiwilligendienstegesetz oder dem Bundesfreiwilligendienstgesetz leisten,
	6. Personen, die wegen ihrer wirtschaftlichen Unselbständigkeit als arbeitnehmerähnliche Personen anzusehen sind; zu diesen gehören auch die in Heimarbeit Beschäftigten und die ihnen Gleichgestellten,
	7. Beamtinnen und Beamte des Bundes, Richterinnen und Richter des Bundes, Soldatinnen und Soldaten sowie Zivildienstleistende.
	Bewerberinnen und Bewerber für ein Beschäftigungsverhältnis sowie Personen, deren Beschäftigungsverhältnis beendet ist, gelten als Beschäftigte.

Artikel der DSGVO	Erwägungsgrund/Erwägungsgründe sowie korrespondierende Vorschriften des BDSG-neu
Artikel 89: Garantien und Ausnahmen in Bezug auf die Verarbeitung zu im öffentlichen Interesse liegenden Archivzwecken, zu wissenschaftlichen oder historischen Forschungszwecken und zu statistischen Zwecken Siehe Abschn. 8.1.2	
1. Die Verarbeitung zu im öffentlichen Interesse liegenden Archivzwecken, zu wissenschaftlichen oder historischen Forschungszwecken oder zu statistischen Zwecken unterliegt geeigneten Garantien für die Rechte und Freiheiten der betroffenen Person gemäß dieser Verordnung. Mit diesen Garantien wird sichergestellt, dass technische und organisatorische Maßnahmen bestehen, mit denen insbesondere die Achtung des Grundsatzes der Datenminimierung gewährleistet wird. Zu diesen Maßnahmen kann die Pseudonymisierung gehören, sofern es möglich ist, diese Zwecke auf diese Weise zu erfüllen. In allen Fällen, in denen diese Zwecke durch die Weiterverarbeitung, bei der die Identifizierung von betroffenen Personen nicht oder nicht mehr möglich ist, erfüllt werden können, werden diese Zwecke auf diese Weise erfüllt. 2. Werden personenbezogene Daten zu wissenschaftlichen oder historischen Forschungszwecken oder zu statistischen	(156) Die Verarbeitung personenbezogener Daten für im öffentlichen Interesse liegende Archivzwecke, zu wissenschaftlichen oder historischen Forschungszwecken oder zu statistischen Zwecken sollte geeigneten Garantien für die Rechte und Freiheiten der betroffenen Person gemäß dieser Verordnung unterliegen. Mit diesen Garantien sollte sichergestellt werden, dass technische und organisatorische Maßnahmen bestehen, mit denen insbesondere der Grundsatz der Datenminimierung gewährleistet wird. Die Weiterverarbeitung personenbezogener Daten zu im öffentlichen Interesse liegende Archivzwecken, zu wissenschaftlichen oder historischen Forschungszwecken oder zu statistischen Zwecken erfolgt erst dann, wenn der Verantwortliche geprüft hat, ob es möglich ist, diese Zwecke durch die Verarbeitung von personenbezogenen Daten, bei der die Identifizierung von betroffenen Personen nicht oder nicht mehr möglich ist, zu erfüllen, sofern geeignete Garantien bestehen (wie z. B. die Pseudonymisierung von personenbezogenen Daten). Die Mitgliedstaaten sollten geeignete Garantien in Bezug auf die Verarbeitung personenbezogener Daten für im öffentlichen Interesse liegende Archivzwecke, zu wissenschaftlichen oder historischen Forschungszwecken oder zu statistischen Zwecken vorsehen. Es sollte den Mitgliedstaaten erlaubt sein, unter bestimmten Bedingungen und vorbehaltlich geeigneter Garantien für die betroffenen Personen Präzisierungen und Ausnahmen in Bezug auf die Informationsanforderungen sowie der Rechte auf Berichtigung, Löschung, Vergessenwerden, zur Einschränkung der Verarbeitung, auf Datenübertragbarkeit sowie auf Widerspruch bei der Verarbeitung personenbezogener Daten zu im öffentlichen Interesse liegende Archivzwecken, zu wissenschaftlichen oder historischen

Artikel der DSGVO	Erwägungsgrund/Erwägungsgründe sowie korrespondierende Vorschriften des BDSG-neu
Zwecken verarbeitet, können vorbehaltlich der Bedingungen und Garantien gemäß Absatz 1 des vorliegenden Artikels im Unionsrecht oder im Recht der Mitgliedstaaten insoweit Ausnahmen von den Rechten gemäß der Artikel 15, 16, 18 und 21 vorgesehen werden, als diese Rechte voraussichtlich die Verwirklichung der spezifischen Zwecke unmöglich machen oder ernsthaft beeinträchtigen und solche Ausnahmen für die Erfüllung dieser Zwecke notwendig sind. 3. Werden personenbezogene Daten für im öffentlichen Interesse liegende Archivzwecke verarbeitet, können vorbehaltlich der Bedingungen und Garantien gemäß Absatz 1 des vorliegenden Artikels im Unionsrecht oder im Recht der Mitgliedstaaten insoweit Ausnahmen von den Rechten gemäß der Artikel 15, 16, 18, 19, 20 und 21 vorgesehen werden, als diese Rechte voraussichtlich die Verwirklichung der spezifischen Zwecke unmöglich machen oder ernsthaft beeinträchtigen und solche Ausnahmen für die Erfüllung dieser Zwecke notwendig sind. 4. Dient die in den Absätzen 2 und 3 genannte Verarbeitung gleichzeitig einem anderen Zweck, gelten die Ausnahmen nur für die Verarbeitung zu den in diesen Absätzen genannten Zwecken.	Forschungszwecken oder zu statistischen Zwecken vorzusehen. Im Rahmen der betreffenden Bedingungen und Garantien können spezifische Verfahren für die Ausübung dieser Rechte durch die betroffenen Personen vorgesehen sein – sofern dies angesichts der mit der spezifischen Verarbeitung verfolgten Zwecke angemessen ist – sowie technische und organisatorische Maßnahmen zur Minimierung der Verarbeitung personenbezogener Daten im Hinblick auf die Grundsätze der Verhältnismäßigkeit und der Notwendigkeit. Die Verarbeitung personenbezogener Daten zu wissenschaftlichen Zwecken sollte auch anderen einschlägigen Rechtsvorschriften, beispielsweise für klinische Prüfungen, genügen. (157) Durch die Verknüpfung von Informationen aus Registern können Forscher neue Erkenntnisse von großem Wert in Bezug auf weit verbreiteten Krankheiten wie Herz-Kreislauferkrankungen, Krebs und Depression erhalten. Durch die Verwendung von Registern können bessere Forschungsergebnisse erzielt werden, da sie auf einen größeren Bevölkerungsanteil gestützt sind. Im Bereich der Sozialwissenschaften ermöglicht die Forschung anhand von Registern es den Forschern, entscheidende Erkenntnisse über den langfristigen Zusammenhang einer Reihe sozialer Umstände zu erlangen, wie Arbeitslosigkeit und Bildung mit anderen Lebensumständen. Durch Register erhaltene Forschungsergebnisse bieten solide, hochwertige Erkenntnisse, die die Basis für die Erarbeitung und Umsetzung wissensgestützter politischer Maßnahmen darstellen, die Lebensqualität zahlreicher Menschen verbessern und die Effizienz der Sozialdienste verbessern können. Zur Erleichterung der wissenschaftlichen Forschung können daher personenbezogene Daten zu wissenschaftlichen Forschungszwecken verarbeitet werden, wobei sie angemessenen Bedingungen und Garantien unterliegen, die im Unionsrecht oder im Recht der Mitgliedstaaten festgelegt sind. (158) Diese Verordnung sollte auch für die Verarbeitung personenbezogener Daten zu Archivzwecken gelten, wobei darauf hinzuweisen ist, dass die Verordnung nicht für verstorbene Personen gelten sollte. Behörden oder öffentliche oder private Stellen, die Aufzeichnungen von öffentlichem Interesse führen, sollten gemäß dem Unionsrecht oder dem Recht der Mitgliedstaaten rechtlich verpflichtet sein, Aufzeichnungen von bleibendem Wert für das allgemeine öffentliche Interesse zu erwerben, zu erhalten, zu bewerten, aufzubereiten, zu beschreiben, mitzuteilen, zu fördern, zu verbreiten sowie Zugang dazu bereitzustellen. Es sollte den Mitgliedstaaten ferner erlaubt sein vorzusehen, dass personenbezogene Daten zu Archivzwecken weiterverarbeitet werden, beispielsweise im Hinblick auf die Bereitstellung spezifischer Informationen im Zusammenhang mit dem politischen Verhalten unter ehemaligen totalitären Regimen, Völkermord, Verbrechen gegen die Menschlichkeit, insbesondere dem Holocaust, und Kriegsverbrechen.

Artikel der DSGVO	Erwägungsgrund/Erwägungsgründe sowie korrespondierende Vorschriften des BDSG-neu
	(159) Diese Verordnung sollte auch für die Verarbeitung personenbezogener Daten zu wissenschaftlichen Forschungszwecken gelten. Die Verarbeitung personenbezogener Daten zu wissenschaftlichen Forschungszwecken im Sinne dieser Verordnung sollte weit ausgelegt werden und die Verarbeitung für beispielsweise die technologische Entwicklung und die Demonstration, die Grundlagenforschung, die angewandte Forschung und die privat finanzierte Forschung einschließen. Darüber hinaus sollte sie dem in Artikel 179 Absatz 1 AEUV festgeschriebenen Ziel, einen europäischen Raum der Forschung zu schaffen, Rechnung tragen. Die wissenschaftlichen Forschungszwecke sollten auch Studien umfassen, die im öffentlichen Interesse im Bereich der öffentlichen Gesundheit durchgeführt werden. Um den Besonderheiten der Verarbeitung personenbezogener Daten zu wissenschaftlichen Forschungszwecken zu genügen, sollten spezifische Bedingungen insbesondere hinsichtlich der Veröffentlichung oder sonstigen Offenlegung personenbezogener Daten im Kontext wissenschaftlicher Zwecke gelten. Geben die Ergebnisse wissenschaftlicher Forschung insbesondere im Gesundheitsbereich Anlass zu weiteren Maßnahmen im Interesse der betroffenen Person, sollten die allgemeinen Vorschriften dieser Verordnung für diese Maßnahmen gelten.
	(160) Diese Verordnung sollte auch für die Verarbeitung personenbezogener Daten zu historischen Forschungszwecken gelten. Dazu sollte auch historische Forschung und Forschung im Bereich der Genealogie zählen, wobei darauf hinzuweisen ist, dass diese Verordnung nicht für verstorbene Personen gelten sollte.
	(161) Für die Zwecke der Einwilligung in die Teilnahme an wissenschaftlichen Forschungstätigkeiten im Rahmen klinischer Prüfungen sollten die einschlägigen Bestimmungen der Verordnung (EU) Nr. 536/2014 des Europäischen Parlaments und des Rates gelten.
	(162) Diese Verordnung sollte auch für die Verarbeitung personenbezogener Daten zu statistischen Zwecken gelten. Das Unionsrecht oder das Recht der Mitgliedstaaten sollte in den Grenzen dieser Verordnung den statistischen Inhalt, die Zugangskontrolle, die Spezifikationen für die Verarbeitung personenbezogener Daten zu statistischen Zwecken und geeignete Maßnahmen zur Sicherung der Rechte und Freiheiten der betroffenen Personen und zur Sicherstellung der statistischen Geheimhaltung bestimmen. Unter dem Begriff „statistische Zwecke" ist jeder für die Durchführung statistischer Untersuchungen und die Erstellung statistischer Ergebnisse erforderliche Vorgang der Erhebung und Verarbeitung personenbezogener

Artikel der DSGVO	Erwägungsgrund/Erwägungsgründe sowie korrespondierende Vorschriften des BDSG-neu
	Daten zu verstehen. Diese statistischen Ergebnisse können für verschiedene Zwecke, so auch für wissenschaftliche Forschungszwecke, weiterverwendet werden. Im Zusammenhang mit den statistischen Zwecken wird vorausgesetzt, dass die Ergebnisse der Verarbeitung zu statistischen Zwecken keine personenbezogenen Daten, sondern aggregierte Daten sind und diese Ergebnisse oder personenbezogenen Daten nicht für Maßnahmen oder Entscheidungen gegenüber einzelnen natürlichen Personen verwendet werden. (163) Die vertraulichen Informationen, die die statistischen Behörden der Union und der Mitgliedstaaten zur Erstellung der amtlichen europäischen und der amtlichen nationalen Statistiken erheben, sollten geschützt werden. Die europäischen Statistiken sollten im Einklang mit den in Artikel 338 Absatz 2 AEUV dargelegten statistischen Grundsätzen entwickelt, erstellt und verbreitet werden, wobei die nationalen Statistiken auch mit dem Recht der Mitgliedstaaten übereinstimmen müssen. Die Verordnung (EG) Nr. 223/2009 des Europäischen Parlaments und des Rates (16) enthält genauere Bestimmungen zur Vertraulichkeit europäischer Statistiken. **§ 27 BDSG: Datenverarbeitung zu wissenschaftlichen oder historischen Forschungszwecken und zu statistischen Zwecken** (1) Abweichend von Artikel 9 Absatz 1 der Verordnung (EU) 2016/679 ist die Verarbeitung besonderer Kategorien personenbezogener Daten im Sinne des Artikels 9 Absatz 1 der Verordnung (EU) 2016/679 auch ohne Einwilligung für wissenschaftliche oder historische Forschungszwecke oder für statistische Zwecke zulässig, wenn die Verarbeitung zu diesen Zwecken erforderlich ist und die Interessen des Verantwortlichen an der Verarbeitung die Interessen der betroffenen Person an einem Ausschluss der Verarbeitung erheblich überwiegen. Der Verantwortliche sieht angemessene und spezifische Maßnahmen zur Wahrung der Interessen der betroffenen Person gemäß § 22 Absatz 2 Satz 2 vor. (2) Die in den Artikeln 15, 16, 18 und 21 der Verordnung (EU) 2016/679 vorgesehenen Rechte der betroffenen Person sind insoweit beschränkt, als diese Rechte voraussichtlich die Verwirklichung der Forschungs- oder Statistikzwecke unmöglich machen oder ernsthaft beinträchtigen und die Beschränkung für die Erfüllung der Forschungs- oder Statistikzwecke notwendig ist. Das Recht auf Auskunft gemäß Artikel 15 der Verordnung (EU) 2016/679 besteht darüber hinaus nicht, wenn die Daten für Zwecke der wissenschaftlichen Forschung erforderlich sind und die Auskunftserteilung einen unverhältnismäßigen Aufwand erfordern würde.

Artikel der DSGVO	Erwägungsgrund/Erwägungsgründe sowie korrespondierende Vorschriften des BDSG-neu
	(3) Ergänzend zu den in § 22 Absatz 2 genannten Maßnahmen sind zu wissenschaftlichen oder historischen Forschungszwecken oder zu statistischen Zwecken verarbeitete besondere Kategorien personenbezogener Daten im Sinne des Artikels 9 Absatz 1 der Verordnung (EU) 2016/679 zu anonymisieren, sobald dies nach dem Forschungs- oder Statistikzweck möglich ist, es sei denn, berechtigte Interessen der betroffenen Person stehen dem entgegen. Bis dahin sind die Merkmale gesondert zu speichern, mit denen Einzelangaben über persönliche oder sachliche Verhältnisse einer bestimmten oder bestimmbaren Person zugeordnet werden können. Sie dürfen mit den Einzelangaben nur zusammengeführt werden, soweit der Forschungs- oder Statistikzweck dies erfordert. (4) Der Verantwortliche darf personenbezogene Daten nur veröffentlichen, wenn die betroffene Person eingewilligt hat oder dies für die Darstellung von Forschungsergebnissen über Ereignisse der Zeitgeschichte unerlässlich ist. **§ 28 BDSG: Datenverarbeitung zu im öffentlichen Interesse liegenden Archivzwecken** (1) Abweichend von Artikel 9 Absatz 1 der Verordnung (EU) 2016/679 ist die Verarbeitung besonderer Kategorien personenbezogener Daten im Sinne des Artikels 9 Absatz 1 der Verordnung (EU) 2016/679 zulässig, wenn sie für im öffentlichen Interesse liegende Archivzwecke erforderlich ist. Der Verantwortliche sieht angemessene und spezifische Maßnahmen zur Wahrung der Interessen der betroffenen Person gemäß § 22 Absatz 2 Satz 2 vor. (2) Das Recht auf Auskunft der betroffenen Person gemäß Artikel 15 der Verordnung (EU) 2016/679 besteht nicht, wenn das Archivgut nicht durch den Namen der Person erschlossen ist oder keine Angaben gemacht werden, die das Auffinden des betreffenden Archivguts mit vertretbarem Verwaltungsaufwand ermöglichen. (3) Das Recht auf Berichtigung der betroffenen Person gemäß Artikel 16 der Verordnung (EU) 2016/679 besteht nicht, wenn die personenbezogenen Daten zu Archivzwecken im öffentlichen Interesse verarbeitet werden. Bestreitet die betroffene Person die Richtigkeit der personenbezogenen Daten, ist ihr die Möglichkeit einer Gegendarstellung einzuräumen. Das zuständige Archiv ist verpflichtet, die Gegendarstellung den Unterlagen hinzuzufügen. (4) Die in Artikel 18 Absatz 1 Buchstabe a, b und d, den Artikeln 20 und 21 der Verordnung (EU) 2016/679 vorgesehenen Rechte bestehen nicht, soweit diese Rechte voraussichtlich die Verwirklichung der im öffentlichen Interesse liegenden Archivzwecke unmöglich machen oder ernsthaft beeinträchtigen und die Ausnahmen für die Erfüllung dieser Zwecke erforderlich sind.

Artikel der DSGVO	Erwägungsgrund/Erwägungsgründe sowie korrespondierende Vorschriften des BDSG-neu
Artikel 90: Geheimhaltungspflichten Siehe Abschn. 8.1.2	
1. Die Mitgliedstaaten können die Befugnisse der Aufsichtsbehörden im Sinne des Artikels 58 Absatz 1 Buchstaben e und f gegenüber den Verantwortlichen oder den Auftragsverarbeitern, die nach Unionsrecht oder dem Recht der Mitgliedstaaten oder nach einer von den zuständigen nationalen Stellen erlassenen Verpflichtung dem Berufsgeheimnis oder einer gleichwertigen Geheimhaltungspflicht unterliegen, regeln, soweit dies notwendig und verhältnismäßig ist, um das Recht auf Schutz der personenbezogenen Daten mit der Pflicht zur Geheimhaltung in Einklang zu bringen. Diese Vorschriften gelten nur in Bezug auf personenbezogene Daten, die der Verantwortliche oder der Auftragsverarbeiter bei einer Tätigkeit erlangt oder erhoben hat, die einer solchen Geheimhaltungspflicht unterliegt. 2. Jeder Mitgliedstaat teilt der Kommission bis zum 25. Mai 2018 die Vorschriften mit, die er aufgrund von Absatz 1 erlässt, und setzt sie unverzüglich von allen weiteren Änderungen dieser Vorschriften in Kenntnis.	(164) Hinsichtlich der Befugnisse der Aufsichtsbehörden, von dem Verantwortlichen oder vom Auftragsverarbeiter Zugang zu personenbezogenen Daten oder zu seinen Räumlichkeiten zu erlangen, können die Mitgliedstaaten in den Grenzen dieser Verordnung den Schutz des Berufsgeheimnisses oder anderer gleichwertiger Geheimhaltungspflichten durch Rechtsvorschriften regeln, soweit dies notwendig ist, um das Recht auf Schutz der personenbezogenen Daten mit einer Pflicht zur Wahrung des Berufsgeheimnisses in Einklang zu bringen. Dies berührt nicht die bestehenden Verpflichtungen der Mitgliedstaaten zum Erlass von Vorschriften über das Berufsgeheimnis, wenn dies aufgrund des Unionsrechts erforderlich ist. **§ 1 BDSG: Anwendungsbereich des Gesetzes** […] (2) Die Verpflichtung zur Wahrung gesetzlicher Geheimhaltungspflichten oder von Berufs- oder besonderen Amtsgeheimnissen, die nicht auf gesetzlichen Vorschriften beruhen, bleibt unberührt. […] **§ 29 BDSG: Rechte der betroffenen Person und aufsichtsbehördliche Befugnisse im Fall von Geheimhaltungspflichten** […] (3) Gegenüber den in § 203 Absatz 1, 2a und 3 des Strafgesetzbuchs genannten Personen oder deren Auftragsverarbeitern bestehen die Untersuchungsbefugnisse der Aufsichtsbehörden gemäß Artikel 58 Absatz 1 Buchstabe e und f der Verordnung (EU) 2016/679 nicht, soweit die Inanspruchnahme der Befugnisse zu einem Verstoß gegen die Geheimhaltungspflichten dieser Personen führen würde. Erlangt eine Aufsichtsbehörde im Rahmen einer Untersuchung Kenntnis von Daten, die einer Geheimhaltungspflicht im Sinne des Satzes 1 unterliegen, gilt die Geheimhaltungspflicht auch für die Aufsichtsbehörde.

Artikel der DSGVO	Erwägungsgrund/Erwägungsgründe sowie korrespondierende Vorschriften des BDSG-neu
Artikel 91: Bestehende Datenschutzvorschriften von Kirchen und religiösen Vereinigungen oder Gemeinschaften	
1. Wendet eine Kirche oder eine religiöse Vereinigung oder Gemeinschaft in einem Mitgliedstaat zum Zeitpunkt des Inkrafttretens dieser Verordnung umfassende Regeln zum Schutz natürlicher Personen bei der Verarbeitung an, so dürfen diese Regeln weiter angewandt werden, sofern sie mit dieser Verordnung in Einklang gebracht werden.	(165) Im Einklang mit Artikel 17 AEUV achtet diese Verordnung den Status, den Kirchen und religiöse Vereinigungen oder Gemeinschaften in den Mitgliedstaaten nach deren bestehenden verfassungsrechtlichen Vorschriften genießen, und beeinträchtigt ihn nicht.
2. Kirchen und religiöse Vereinigungen oder Gemeinschaften, die gemäß Absatz 1 umfassende Datenschutzregeln anwenden, unterliegen der Aufsicht durch eine unabhängige Aufsichtsbehörde, die spezifischer Art sein kann, sofern sie die in Kapitel VI niedergelegten Bedingungen erfüllt.	
Kapitel X – Delegierte Rechtsakte und Durchführungsrechtsakte	
Artikel 92: Ausübung der Befugnisübertragung	
1. Die Befugnis zum Erlass delegierter Rechtsakte wird der Kommission unter den in diesem Artikel festgelegten Bedingungen übertragen. 2. Die Befugnis zum Erlass delegierter Rechtsakte gemäß Artikel 12 Absatz 8 und Artikel 43 Absatz 8 wird der Kommission auf unbestimmte Zeit ab dem 24. Mai 2016 übertragen.	(166) Um die Zielvorgaben dieser Verordnung zu erfüllen, d. h. die Grundrechte und Grundfreiheiten natürlicher Personen und insbesondere ihr Recht auf Schutz ihrer personenbezogenen Daten zu schützen und den freien Verkehr personenbezogener Daten innerhalb der Union zu gewährleisten, sollte der Kommission die Befugnis übertragen werden, gemäß Artikel 290 AEUV Rechtsakte zu erlassen. Delegierte Rechtsakte sollten insbesondere in Bezug auf die für Zertifizierungsverfahren geltenden Kriterien und Anforderungen, die durch standardisierte Bildsymbole darzustellenden Informationen und die Verfahren für

Artikel der DSGVO	Erwägungsgrund/Erwägungsgründe sowie korrespondierende Vorschriften des BDSG-neu
3. Die Befugnisübertragung gemäß Artikel 12 Absatz 8 und Artikel 43 Absatz 8 kann vom Europäischen Parlament oder vom Rat jederzeit widerrufen werden. Der Beschluss über den Widerruf beendet die Übertragung der in diesem Beschluss angegebenen Befugnis. Er wird am Tag nach seiner Veröffentlichung im Amtsblatt der Europäischen Union oder zu einem im Beschluss über den Widerruf angegebenen späteren Zeitpunkt wirksam. Die Gültigkeit von delegierten Rechtsakten, die bereits in Kraft sind, wird von dem Beschluss über den Widerruf nicht berührt. 4. Sobald die Kommission einen delegierten Rechtsakt erlässt, übermittelt sie ihn gleichzeitig dem Europäischen Parlament und dem Rat. 5. Ein delegierter Rechtsakt, der gemäß Artikel 12 Absatz 8 und Artikel 43 Absatz 8 erlassen wurde, tritt nur in Kraft, wenn weder das Europäische Parlament noch der Rat innerhalb einer Frist von drei Monaten nach Übermittlung dieses Rechtsakts an das Europäische Parlament und den Rat Einwände erhoben haben oder wenn vor Ablauf dieser Frist das Europäische Parlament und der Rat beide der Kommission mitgeteilt haben, dass sie keine Einwände erheben werden. Auf Veranlassung des Europäischen Parlaments oder des Rates wird diese Frist um drei Monate verlängert.	die Bereitstellung dieser Bildsymbole erlassen werden. Es ist von besonderer Bedeutung, dass die Kommission im Zuge ihrer Vorbereitungsarbeit angemessene Konsultationen, auch auf der Ebene von Sachverständigen, durchführt. Bei der Vorbereitung und Ausarbeitung delegierter Rechtsakte sollte die Kommission gewährleisten, dass die einschlägigen Dokumente dem Europäischen Parlament und dem Rat gleichzeitig, rechtzeitig und auf angemessene Weise übermittelt werden. (167) Zur Gewährleistung einheitlicher Bedingungen für die Durchführung dieser Verordnung sollten der Kommission Durchführungsbefugnisse übertragen werden, wenn dies in dieser Verordnung vorgesehen ist. Diese Befugnisse sollten nach Maßgabe der Verordnung (EU) Nr. 182/2011 des Europäischen Parlaments und des Rates ausgeübt werden. In diesem Zusammenhang sollte die Kommission besondere Maßnahmen für Kleinstunternehmen sowie kleine und mittlere Unternehmen erwägen. (168) Für den Erlass von Durchführungsrechtsakten bezüglich Standardvertragsklauseln für Verträge zwischen Verantwortlichen und Auftragsverarbeitern sowie zwischen Auftragsverarbeitern; Verhaltensregeln; technische Standards und Verfahren für die Zertifizierung; Anforderungen an die Angemessenheit des Datenschutzniveaus in einem Drittland, einem Gebiet oder bestimmten Sektor dieses Drittlands oder in einer internationalen Organisation; Standardschutzklauseln; Formate und Verfahren für den Informationsaustausch zwischen Verantwortlichen, Auftragsverarbeitern und Aufsichtsbehörden im Hinblick auf verbindliche interne Datenschutzvorschriften; Amtshilfe; sowie Vorkehrungen für den elektronischen Informationsaustausch zwischen Aufsichtsbehörden und zwischen Aufsichtsbehörden und dem Ausschuss sollte das Prüfverfahren angewandt werden. (169) Die Kommission sollte sofort geltende Durchführungsrechtsakte erlassen, wenn anhand vorliegender Beweise festgestellt wird, dass ein Drittland, ein Gebiet oder ein bestimmter Sektor in diesem Drittland oder eine internationale Organisation kein angemessenes Schutzniveau gewährleistet, und dies aus Gründen äußerster Dringlichkeit erforderlich ist.

Artikel der DSGVO	Erwägungsgrund/Erwägungsgründe sowie korrespondierende Vorschriften des BDSG-neu
Artikel 93: Ausschussverfahren	
1. Die Kommission wird von einem Ausschuss unterstützt. Dieser Ausschuss ist ein Ausschuss im Sinne der Verordnung (EU) Nr. 182/2011. 2. Wird auf diesen Absatz Bezug genommen, so gilt Artikel 5 der Verordnung (EU) Nr. 182/2011. 3. Wird auf diesen Absatz Bezug genommen, so gilt Artikel 8 der Verordnung (EU) Nr. 182/2011 in Verbindung mit deren Artikel 5.	–
Kapitel XI – Schlussbestimmungen	
Artikel 94: Aufhebung der Richtlinie 95/46/EG	
1. Die Richtlinie 95/46/EG wird mit Wirkung vom 25. Mai 2018 aufgehoben. 2. Verweise auf die aufgehobene Richtlinie gelten als Verweise auf die vorliegende Verordnung. Verweise auf die durch Artikel 29 der Richtlinie 95/46/EG eingesetzte Gruppe für den Schutz von Personen bei der Verarbeitung personenbezogener Daten gelten als Verweise auf den kraft dieser Verordnung errichteten Europäischen Datenschutzausschuss.	(171) Die Richtlinie 95/46/EG sollte durch diese Verordnung aufgehoben werden. Verarbeitungen, die zum Zeitpunkt der Anwendung dieser Verordnung bereits begonnen haben, sollten innerhalb von zwei Jahren nach dem Inkrafttreten dieser Verordnung mit ihr in Einklang gebracht werden. Beruhen die Verarbeitungen auf einer Einwilligung gemäß der Richtlinie 95/46/EG, so ist es nicht erforderlich, dass die betroffene Person erneut ihre Einwilligung dazu erteilt, wenn die Art der bereits erteilten Einwilligung den Bedingungen dieser Verordnung entspricht, sodass der Verantwortliche die Verarbeitung nach dem Zeitpunkt der Anwendung der vorliegenden Verordnung fortsetzen kann. Auf der Richtlinie 95/46/EG beruhende Entscheidungen bzw. Beschlüsse der Kommission und Genehmigungen der Aufsichtsbehörden bleiben in Kraft, bis sie geändert, ersetzt oder aufgehoben werden.
Artikel 95: Verhältnis zur Richtlinie 2002/58/EG	
Diese Verordnung erlegt natürlichen oder juristischen Personen in Bezug auf die Verarbeitung in Verbindung mit der Bereitstellung öffentlich zugänglicher elektronischer Kommunikationsdienste in öffentlichen Kommunikationsnetzen in der Union keine zusätzlichen Pflichten auf, soweit sie besonderen in der Richtlinie 2002/58/EG festgelegten Pflichten unterliegen, die dasselbe Ziel verfolgen.	(173) Diese Verordnung sollte auf alle Fragen des Schutzes der Grundrechte und Grundfreiheiten bei der Verarbeitung personenbezogener Daten Anwendung finden, die nicht den in der Richtlinie 2002/58/EG des Europäischen Parlaments und des Rates bestimmte Pflichten, die dasselbe Ziel verfolgen, unterliegen, einschließlich der Pflichten des Verantwortlichen und der Rechte natürlicher Personen. Um das Verhältnis zwischen der vorliegenden Verordnung und der Richtlinie 2002/58/EG klarzustellen, sollte die Richtlinie entsprechend geändert werden. Sobald diese Verordnung angenommen ist, sollte die Richtlinie 2002/58/EG einer Überprüfung unterzogen werden, um insbesondere die Kohärenz mit dieser Verordnung zu gewährleisten.

Artikel der DSGVO	Erwägungsgrund/Erwägungsgründe sowie korrespondierende Vorschriften des BDSG-neu
Artikel 96: Verhältnis zu bereits geschlossenen Übereinkünften	
Internationale Übereinkünfte, die die Übermittlung personenbezogener Daten an Drittländer oder internationale Organisationen mit sich bringen, die von den Mitgliedstaaten vor dem 24. Mai 2016 abgeschlossen wurden und die im Einklang mit dem vor diesem Tag geltenden Unionsrecht stehen, bleiben in Kraft, bis sie geändert, ersetzt oder gekündigt werden.	–
Artikel 97: Berichte der Kommission	
1. Bis zum 25. Mai 2020 und danach alle vier Jahre legt die Kommission dem Europäischen Parlament und dem Rat einen Bericht über die Bewertung und Überprüfung dieser Verordnung vor. Die Berichte werden öffentlich gemacht. 2. Im Rahmen der Bewertungen und Überprüfungen nach Absatz 1 prüft die Kommission insbesondere die Anwendung und die Wirkungsweise (a) des Kapitels V über die Übermittlung personenbezogener Daten an Drittländer oder an internationale Organisationen insbesondere im Hinblick auf die gemäß Artikel 45 Absatz 3 der vorliegenden Verordnung erlassenen Beschlüsse sowie die gemäß Artikel 25 Absatz 6 der Richtlinie 95/46/EG erlassenen Feststellungen, (b) des Kapitels VII über Zusammenarbeit und Kohärenz.	–

Artikel der DSGVO	Erwägungsgrund/Erwägungsgründe sowie korrespondierende Vorschriften des BDSG-neu
3. Für den in Absatz 1 genannten Zweck kann die Kommission Informationen von den Mitgliedstaaten und den Aufsichtsbehörden anfordern.	
4. Bei den in den Absätzen 1 und 2 genannten Bewertungen und Überprüfungen berücksichtigt die Kommission die Standpunkte und Feststellungen des Europäischen Parlaments, des Rates und anderer einschlägiger Stellen oder Quellen.	
5. Die Kommission legt erforderlichenfalls geeignete Vorschläge zur Änderung dieser Verordnung vor und berücksichtigt dabei insbesondere die Entwicklungen in der Informationstechnologie und die Fortschritte in der Informationsgesellschaft.	
Artikel 98: Überprüfung anderer Rechtsakte der Union zum Datenschutz	
Die Kommission legt gegebenenfalls Gesetzgebungsvorschläge zur Änderung anderer Rechtsakte der Union zum Schutz personenbezogener Daten vor, damit ein einheitlicher und kohärenter Schutz natürlicher Personen bei der Verarbeitung sichergestellt wird. Dies betrifft insbesondere die Vorschriften zum Schutz natürlicher Personen bei der Verarbeitung solcher Daten durch die Organe, Einrichtungen, Ämter und Agenturen der Union und zum freien Verkehr solcher Daten.	–

Artikel der DSGVO	Erwägungsgrund/Erwägungsgründe sowie korrespondierende Vorschriften des BDSG-neu
Artikel 99: Inkrafttreten und Anwendung	
1. Diese Verordnung tritt am zwanzigsten Tag nach ihrer Veröffentlichung im Amtsblatt der Europäischen Union in Kraft. 2. Sie gilt ab dem 25. Mai 2018.	–
Subsidiaritätsgrundsatz	(170) Da das Ziel dieser Verordnung, nämlich die Gewährleistung eines gleichwertigen Datenschutzniveaus für natürliche Personen und des freien Verkehrs personenbezogener Daten in der Union, von den Mitgliedstaaten nicht ausreichend verwirklicht werden kann, sondern vielmehr wegen des Umfangs oder der Wirkungen der Maßnahme auf Unionsebene besser zu verwirklichen ist, kann die Union im Einklang mit dem in Artikel 5 des Vertrags über die Europäische Union (EUV) verankerten Subsidiaritätsprinzip tätig werden. Entsprechend dem in demselben Artikel genannten Grundsatz der Verhältnismäßigkeit geht diese Verordnung nicht über das für die Verwirklichung dieses Ziels erforderliche Maß hinaus.
Sonstiges	(172) Der Europäische Datenschutzbeauftragte wurde gemäß Artikel 28 Absatz 2 der Verordnung (EG) Nr. 45/2001 konsultiert und hat am 7. März 2012 eine Stellungnahme abgegeben.

Stichwortverzeichnis

A
Abhilfebefugnis, 276
Allgemeine Geschäftsbedingungen, 121
Alt-Einwilligungen, 128
Angemessenheitsbeschluss, 157, 163
Anlaufstelle, 45, 76, 178
Anonymisierung, 16, 83, 313
Antrag der betroffenen Person, 196, 200
Anwendungsbereich, 16
Arbeitnehmer, 73, 77
Aufsichtsbehörde, 46, 63, 77, 85, 91, 96–97, 101, 160, 170, 265, 278, 283–284
    federführende, 253–254
Auftragsverarbeiter, 22, 24, 47, 54, 66, 85–86, 103, 161, 168, 252, 273, 315
Auftragsverarbeitung, 8
Auftragsverarbeitungsvereinbarung, 104
Auskunftsrecht, 199

B
Benachrichtigung, 89
Benennung, freiwillige, 71
Beobachtung, 33, 141
Beschäftigtendaten, 102
Beschäftigungskontext, 122, 129, 231, 294, 297
Beschwerde, 284
Bestätigung der Identität, 199, 204
Betriebsrat, 304
Betroffenenrecht
    Beschränkungen, 246
Beweislast, 102, 120
Big Data, 312
Binding Corporate Rules, 162, 166, 181
Bußgelder, 3, 40, 54, 83, 98, 113, 186, 277

C
Cloud Computing, 24, 53, 315
Consistency mechanism, 262

D
Data Protection Impact Assessment. *Siehe* Datenschutz, Folgenabschätzung
Data Protection Officer. *Siehe* Datenschutzbeauftragter
Daten, 13
    Erhebung, 189, 191
    Kopie, 203
    personenbezogene, 13
        besondere Kategorien, 7, 57, 59, 145, 303
    Empfänger, 219
    über strafrechtliche Verurteilungen und Straftaten, 154
    unrichtige, 207
    unvollständige, 208
    Übermittlung in Drittländer, 60, 155, 317
Datenminimierung, 17, 117
Datenschutz
    durch datenschutzfreundliche Voreinstellungen, 81–82
    durch Technikgestaltung, 81, 102
    Folgenabschätzung, 5, 58, 138
    Managementsystem, 42, 45, 49, 87, 324
        risikobasierter Ansatz, 42
    präventiver, 58, 81, 319
    Verletzung, 6, 84
Datenschutz-Anpassungs- und -Umsetzungsgesetz EU, 3
Datenschutzbeauftragter, 5, 62, 65, 107, 267, 324
    freiwillige Benennung, 71
    gemeinsamer, 70, 181
Datenschutz-Grundverordnung, 1–2
    Anwendungsbereich, 18
    risikobasierter Ansatz, 39, 50, 59, 66, 85
Datenschutzkonzept, 51
Datenschutzorganisation, 4
Datentransfer, konzerninterner, 136

Datenverarbeitung
  automatisierte, 214
  Erforderlichkeit, 300
  konzerninterne, 70
  manuelle, 12
Deutsche Akkreditierungsstelle, 101
Dienste der Informationsgesellschaft, 126, 239
Direkterhebung, 192
Direktwerbung, 132, 237, 243
Dokumentationspflicht, 89

E
ECJ, 166
EG-Datenschutzrichtlinie, 1, 41, 119, 167, 254
Einrichtung, feste, 27
Einwilligung, 114, 147, 158, 209, 227, 244, 302, 318
Empfänger, 224
  der personenbezogenen Daten, 219
Entscheidungsfindung, automatisierte, 240
ePrivacy-Richtlinie, 307
Erforderlichkeit, 140, 300
Erfüllung eines Vertrags, 130, 172
Erhebung der Daten, 189, 191
Europäische Kommission, 96, 99, 157, 161
Europäischer Datenschutzausschuss, 91, 261
European Data Protection Board. *Siehe* Europäischer Datenschutzausschuss
EU-U.S. Privacy Shield, 163
Principles, 164

F
Forschungs-/Statistikzwecke, 201, 224, 237, 295
Forum Shopping, 26
Freiwilligkeit, 122, 302

G
Geheimhaltungspflicht, 76, 90, 195, 202, 294, 296
Gemeinsam für die Verarbeitung Verantwortlicher, 22, 43, 134, 179
Genehmigungsverfahren, 96
Geschäftsgeheimnis, 231

H
Haftung, zivilrechtliche, 270
Hauptniederlassung, 254

I
Identifizierbarkeit, 14
Informationspflicht, 188, 192, 240
Integrität, 119

Interesse
  lebenswichtiges, 148, 174
  öffentliches, 137, 150, 174
Interessenabwägung, 50, 132, 135, 141
Interessenkonflikt, 78–79
Internet of Things, 317
Interoperabilität, 232
IP-Adresse, 15
IT-Sicherheit, 52, 133

K
Kennzeichnungspflicht, 141
Kerntätigkeit, 66
Kinder, 25, 125, 211
Kohärenzverfahren, 262
Kommunikation, 187
Konsultation, 64
Konzernprivileg, 21, 168, 178, 256
Kopie der Daten, 203
Koppelungsverbot, 123
Kriterien, relative, 14

L
Legislative purpose, 1
Legitimität, 115
Löschung, 215
Löschungsgründe, 209

M
Marktortprinzip, 31, 176, 257
Maßnahmen
  organisatorische, 47, 82, 104, 107, 117, 246
  technische, 47, 82, 104, 107, 117, 246
Meldefrist, 85
Meldepflicht, 88
Mitteilungspflicht, 224

N
Nachweis, 98
Netzwerk, soziales, 20, 225
Niederlassung, 27–28, 254
NIS-Richtlinie, 52

O
Öffnungsklausel, 3, 66, 68, 244, 246, 289, 297, 325
One-Stop-Shop, 252, 258–259
Ordnungswidrigkeit, 281

P
Person
  betroffene, 34, 50, 89, 252, 272, 284

Antrag, 196
natürliche, 25
Privilegierung, 103
Profiling, 33, 59, 240, 242
Pseudonymisierung, 18, 48–49, 83, 143
Publication, 217

R

Rechenschaftspflicht, 39, 43, 114, 129, 313
Recht
　auf Berichtigung, 206, 220
　auf Datenübertragbarkeit, 225
　auf Einschränkung der Verarbeitung, 214, 220
　auf Löschung, 208, 223, 233
　auf Vergessenwerden, 216, 225
Rechtsbehelfe, 282
Rechtsgrundlagen, 7, 113
Richtigkeit, 118
Risikoanalyse, 323

S

Sanktionen, strafrechtliche, 281
Schadensersatz, 271
Schriftform, 75, 88, 176, 303
Scoring, 60, 296
Selbstregulierung. *Siehe* Self-regulation
Selbstzertifizierung, 164
Self-regulation, 92
Situation der betroffenen Person, 236
Special categories of personal data. *Siehe* Daten, personenbezogene, besondere Kategorien
Speicherbegrenzung, 118
Standard contractual clauses. *Siehe* Standardvertragsklauseln
Standardvertragsklauseln, 159, 171
Stillschweigen, 122

T

Tätigkeit, ausschließlich persönliche oder familiäre, 20
Telemediendatenschutz, 306
Transparency/Transparenz, 54, 84, 114, 185

U

Überwachung öffentlich zugänglicher Bereiche, 59
Überwachungsstelle, 96
Umsetzungsrechtsakt, 2
Unabhängigkeit, 75
Unentgeltlichkeit, 197
Unmissverständlichkeit, 121

Unter-Auftragsverarbeiter, 108
Unternehmen
　Kerntätigkeit, 67
　Kleinst-, kleine und mittlere, 56
Unternehmensgruppe, 167, 256, 279, 321
Untersuchungsbefugnis, 266, 268
Unverzüglichkeit, 87, 198

V

Verantwortlicher, 21, 24, 40–41, 45, 47, 54, 66, 88, 104, 161, 168, 199, 227, 252, 273
　berechtigte Interessen, 132, 174, 180, 318
Verarbeitung, 11
Verarbeitungsgrundsätze, 40, 113, 314
Verarbeitungszwecke, 15
　Änderung, 142
　Vereinbarkeit, 142
Verbot mit Erlaubnisvorbehalt, 119
Verbotsausnahmen im BDSG-neu, 151
Verbraucherkredit, 281, 296
Verfahren
　automatisiertes, 12
　zur Zusammenarbeit, 261
Verhaltensregeln, 50, 62, 92, 171
Verpflichtung, rechtliche, 137
Verschwiegenheitspflicht, 76
Verstorbene, 14
Vertraulichkeit, 119
Vertreter, 6, 176
Verwaltungsrechtsweg, 283, 285
Verwaltungsverfahren, 47
Verzeichnis von Verarbeitungstätigkeiten, 4, 54, 325
Videoüberwachung, 138, 194

W

Weiterverarbeitung, 115, 190–192
Widerruf, 125
Widerspruchsrecht, 221, 235

Z

Zertifizierung, 50, 83, 92, 99, 171
Zertifizierungsstelle, 101
Zivilrechtsweg, 286
Zuständigkeit, lokale, 258
Zweck, 23, 55, 114–115
Zweckbindung, 115

Lightning Source UK Ltd.
Milton Keynes UK
UKHW02n1215050418
320567UK00002B/35/P

9 783662 561867